포토샵 &
일러스트레이터 &
인디자인 CC 2026

김경미, 최리진 지음

생능북스

- 이 책에 기재한 회사명 및 제품명은 각 회사의 상표 및 등록명입니다.
- 본문에 수록된 예제 이미지의 일부는 프리픽에 의해서 디자인됨

한 권으로 끝내는 디자인 교과서

포토샵 & 일러스트레이터 & 인디자인 CC 2026

초판 1쇄 인쇄 2026년 1월 15일
초판 1쇄 발행 2026년 1월 20일

지은이 | 김경미, 최리진
펴낸이 | 김승기, 김민수
펴낸곳 | ㈜생능출판사 / **주소** | 경기도 파주시 광인사길 143
브랜드 | 생능북스
출판사 등록일 | 2005년 1월 21일 / **신고번호** | 제406-2005-000002호
대표전화 | (031) 955-0761 / **팩스** | (031) 955-0768
홈페이지 | www.booksr.co.kr

책임편집 | 최동진
편집 | 신성민, 이종무
교정·교열 | 강민철
본문·표지 디자인 | 최리진
영업 | 최복락, 심수경, 차종필, 송성환, 최태웅, 김민정
마케팅 | 백수정, 명하나

ISBN 979-11-94630-29-6 (13000)
값 25,000원

포토샵, 일러스트레이터, 인디자인을 넘나드는

디자인의 무한한 가능성을 탐험해 보세요!

디자인과 출판 작업이 디지털 환경에서 이루어지는 오늘날, 어도비 포토샵, 일러스트레이터, 인디자인은 크리에이티브 분야에서 없어서는 안 될 핵심 도구로 자리 잡았습니다.
포토샵은 감각적인 이미지 편집과 그래픽 제작에, 일러스트레이터는 정교한 벡터 그래픽과 아이콘 디자인에, 인디자인은 인쇄 및 디지털 출판을 위한 완성도 높은 레이아웃 구성에 특화되어 있습니다. 각 프로그램을 개별적으로 익히는 것도 중요하지만, 이들을 유기적으로 연계해 활용할 때 디자인의 완성도와 작업 효율은 한층 더 높아집니다.

이 책은 단순히 포토샵, 일러스트레이터, 인디자인의 기능을 나열하는 데 그치지 않고, 실전에서 자주 활용되는 예제를 통해 각 프로그램을 연계하여 사용하는 다양한 방법을 소개합니다.

디자인을 처음 접하는 분들에게는 탄탄한 기초를 다지는 길잡이가 되어줄 것이며, 이미 디자인 작업을 하고 있는 분들에게는 더 빠르고 효율적인 작업 방식과 새로운 영감을 제공하는 도구가 될 것입니다.

어도비의 강력한 프로그램을 자유자재로 활용하며, 보다 창의적이고 완성도 높은 결과물을 제작하는 즐거움을 경험해 보시기 바랍니다. 이 책이 여러분의 창작 과정에 새로운 영감을 불어넣고, 디자인을 더욱 자유롭고 완성도 있게 만들어 줄 수 있기를 바랍니다.

디자인의 완성도를 높이는 가장 효과적인 길, 이 책과 함께 시작해 보세요.

원고를 마무리하며
김경미, 최리진

이 책을 보는 방법

이 책은 디자인 작업을 효율적으로 사용하는 방법에 대해 다룹니다. 입문자가 쉽게 따라할 수 있도록 각 작업에 대한 내용을 빠짐없이 설명하고 있으며, 상황에 따라 어떨 때 사용하면 좋은지도 구분했습니다.

LESSON

제목을 통해 내용을 미리 알아볼 수 있습니다.

예제 파일 & 완성 파일

각 레슨에서 배울 내용을 따라할 수 있도록 예제 파일과 완성 파일을 제공합니다.

미리보기

예제의 결과 화면을 미리 볼 수 있도록 제공하였습니다.

[예제 및 완성 파일 다운로드]

생능출판사 홈페이지(https://booksr.co.kr)에서 다운로드 할 수 있습니다.

▶ '포토샵', '일러스트레이터', '인디자인'으로 검색
▶ 여러 도서 중 이 책의 도서명을 찾아 클릭
▶ [보조자료]에서 다운로드

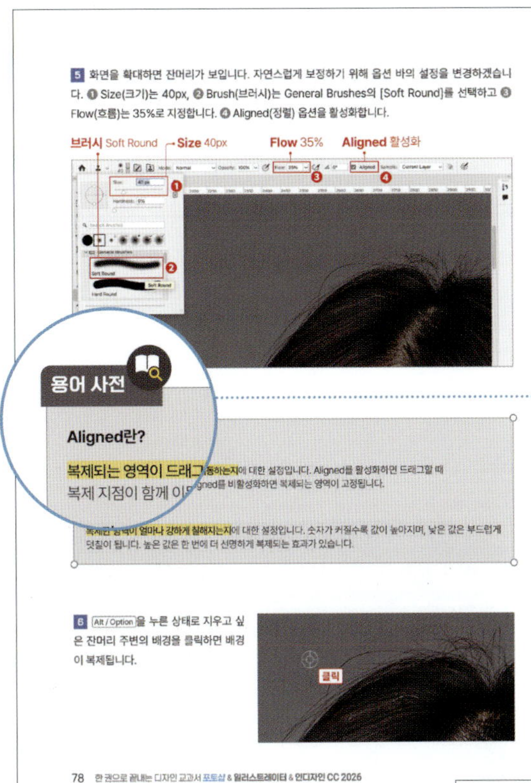

용어 사전

예제를 학습하면서
알아 두면 좋은 용어에 대해
추가 설명을 하였습니다.

여기서 잠깐

예제를 학습하면서 주의해서 작업
해야 할 중요 요소뿐만 아니라 꼭
알고 넘어가야 할 내용만을 뽑아 정
리하였습니다.

꿀팁!

작업을 하다 보면 좀 더 쉽고, 빠르
게 할 수 있는 노하우를 알려 주고,
주제와 관련 있는 트릭, 팁, 상세 내
용들을 알려 줍니다.

어도비 크리에이티브 클라우드 설치하기

어도비는 2013년부터 클라우드 서비스로 전환되어 어도비의 모든 그래픽 툴은 서로 호환이 가능합니다. 작업한 파일도 클라우드에 저장되어 작업 환경이 달라져도 언제 어디서든 자신의 아이디로 로그인만 한다면 같은 작업 환경에서 작업할 수 있다는 장점이 있습니다. 크리에이티브 클라우드는 월 결제 또는 연 결제로 이루어지는 플랜 구독 서비스로 진행됩니다. 그럼 2025년 12월 기준 어도비 크리에이티브 클라우드 설치하는 방법을 알아보겠습니다.

1 어도비 홈페이지(https://www.adobe.com)에 접속하여 [모든 플랜 보기]를 클릭합니다.

꿀팁!

학생 및 교사의 경우 플랜 구독비가 할인되니 비교해 보고 구독하세요.

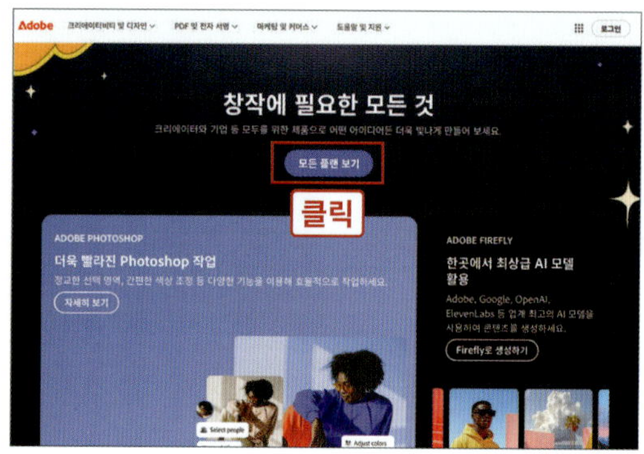

2 플랜 구독 팝업 창이 뜨면 원하는 상품을 선택합니다. 필자는 매월 결제되는 연간 상품을 구독하겠습니다. [구매하기]를 클릭합니다.

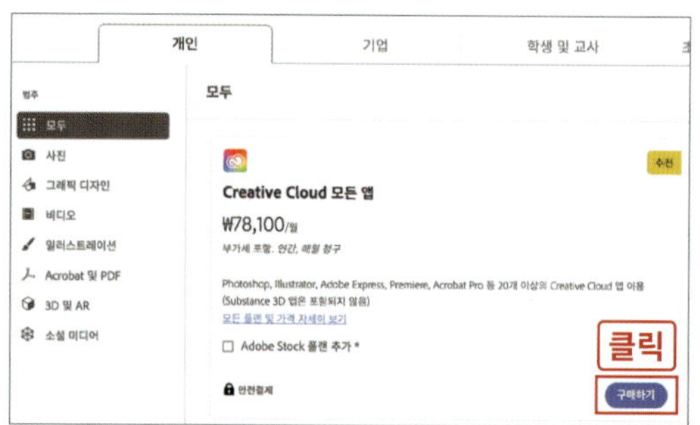

3 장바구니에 선택한 상품이 담겼습니다. [구매하기]를 클릭합니다.

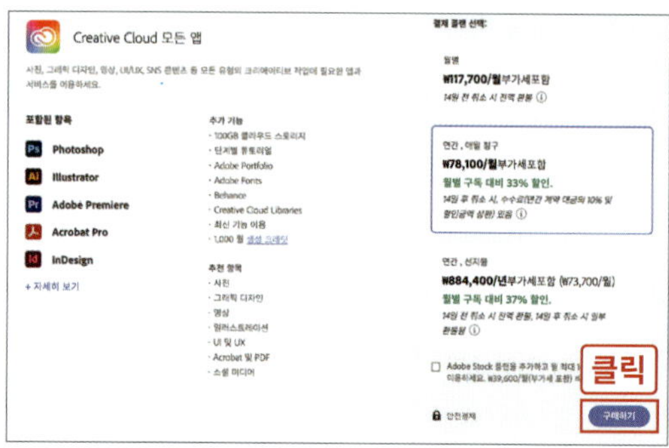

4 ❶ 이메일 주소를 입력하고 ❷ 필수 확인 박스
에 체크 표시를 한 후 ❸ [계속] 버튼을 클릭합니다.

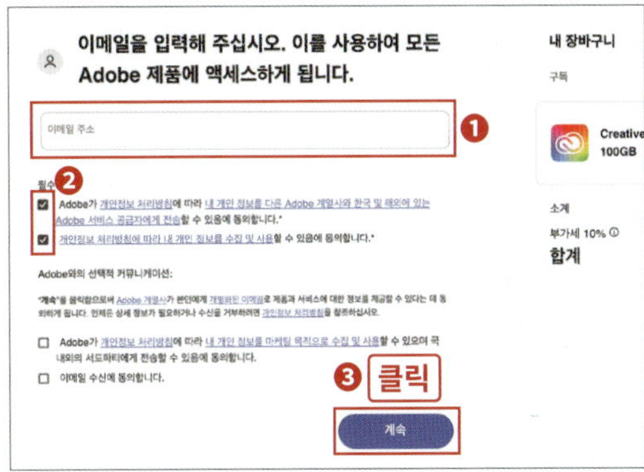

5 ❶ 개인 결제 정보를 입력한 후 정보 제공에
동의하고 ❷ [동의 및 구독]을 클릭합니다.

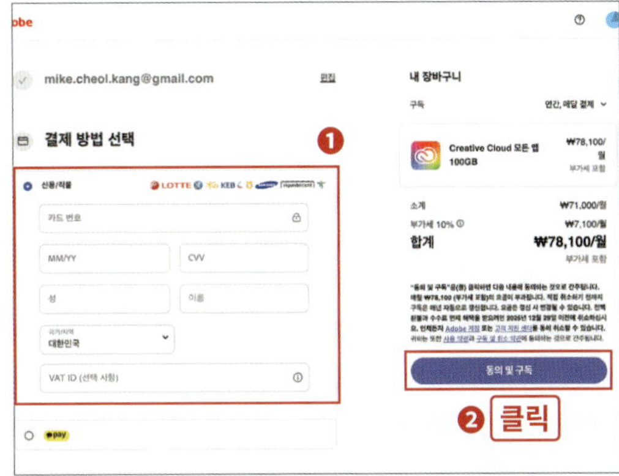

6 크리에이티브 클라우드 설치가 완료되었다면
이제 어도비에 가입해 보겠습니다. 어도비 홈페이
지 오른쪽 상단에 [로그인] 버튼을 클릭합니다.

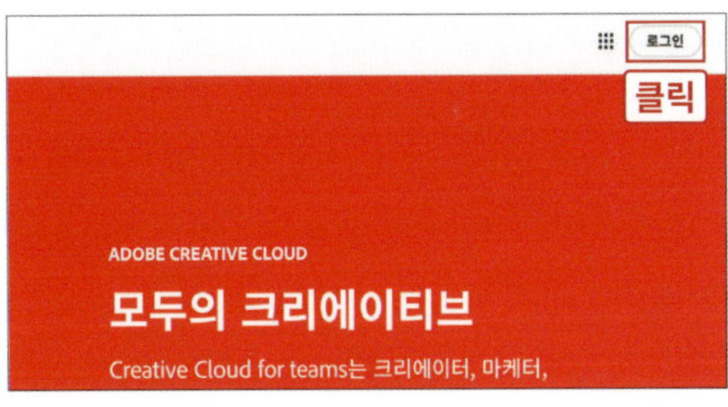

7 홈페이지 오른쪽 상단에 [계정 만들기] 버튼을
클릭합니다.

8 ❶ 항목 기입 및 체크 후 ❷ [계정 만들기] 버튼
을 클릭하면 클라우드를 사용할 수 있습니다.

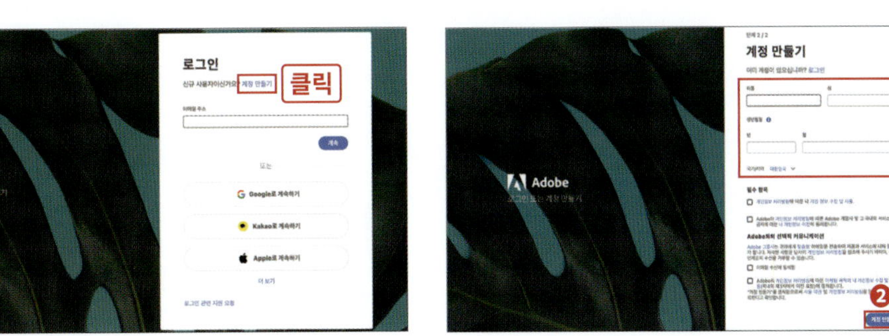

1 어도비 클라우드를 실행한 후 앞서 만든 아이디로 로그인합니다.

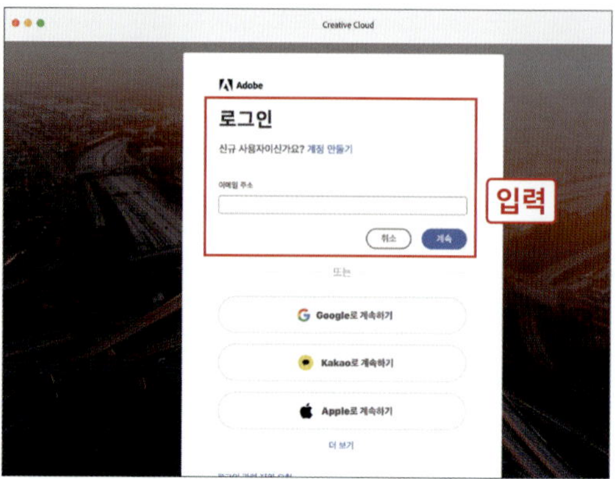

2 ❶ 클라우드 오른쪽 상단 아이콘을 클릭한 후 ❷ [환경 설정]을 클릭합니다.

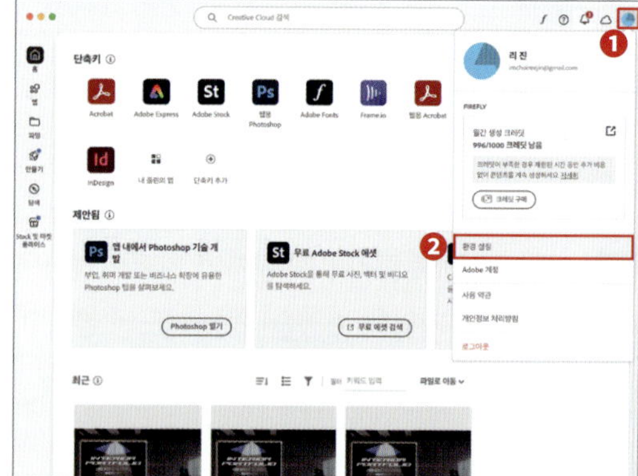

3 ❶ 왼쪽 상단 [앱]을 클릭한 후 ❷ 언어 설정을 [English(International)]로 선택합니다.

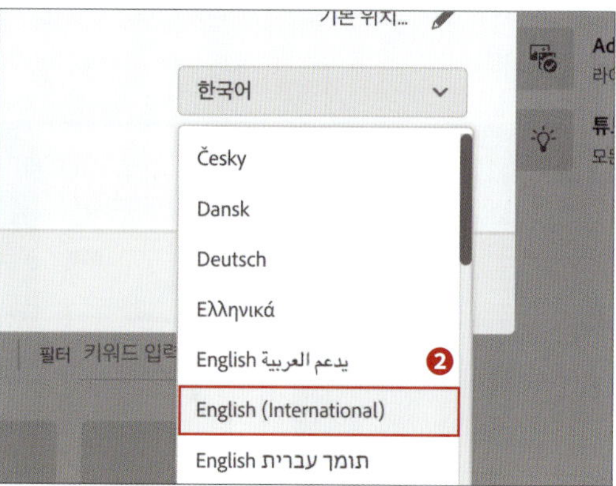

4 포토샵, 일러스트레이터 프로그램을 설치합니다.

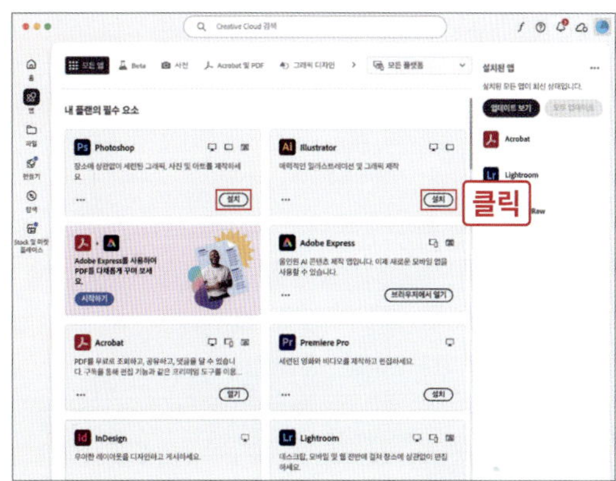

5 인디자인은 다른 프로그램과 달리 언어 설정
으로 [한국어]로 선택한 후 설치합니다.

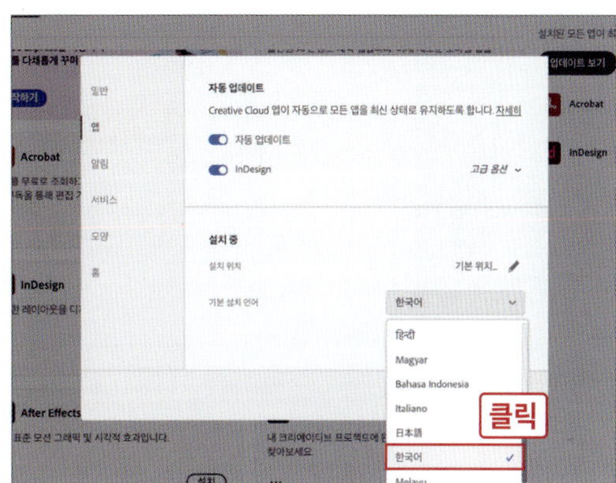

여기서 잠깐 STOP

언어 설정에서 [한국어]로 설정을 바꾼 후 인디자인 설치를 진행하는 것이 좋습니다. 언어에 따라 인디
자인의 세부 설정이 다르기 때문에 한글 관련 기능을 사용하려면 **꼭 [한국어]로 설정**하기 바랍니다.

이제 프로그램을 모두 설치했으니 본격적인 프로그램 공부를 시작해 보겠습니다.

포토샵 작업 환경

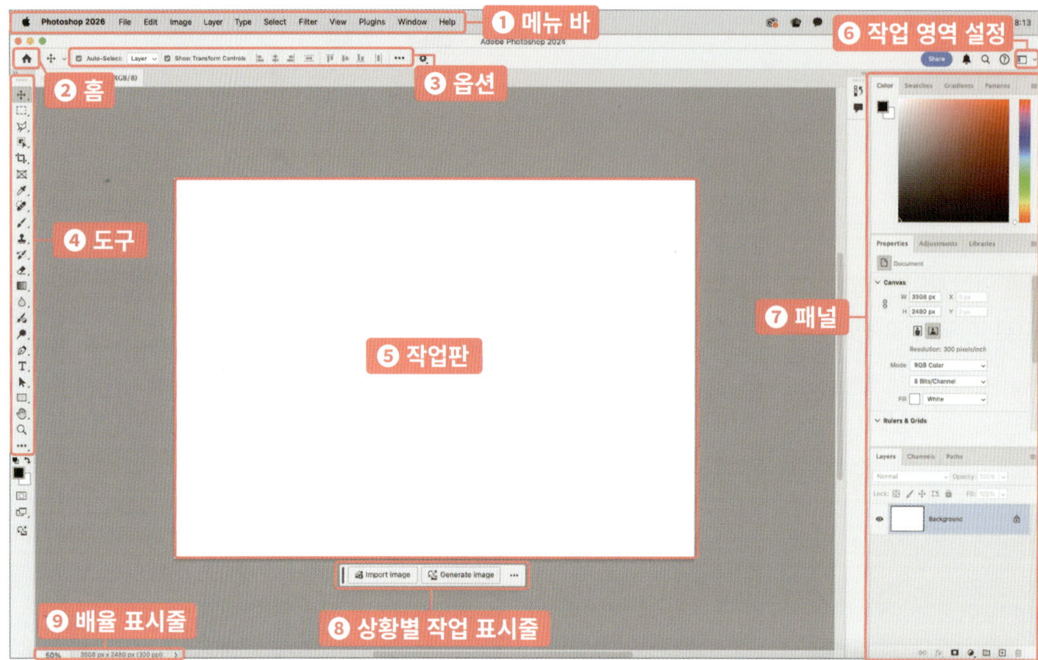

❶ 메뉴 바	다양한 기능들이 카테고리로 묶여 있는 메뉴 바입니다. 총 11개의 카테고리로 구성되어 있으며 자세한 기능들은 예제 실습에서 다뤄 보겠습니다.
❷ 홈	파일을 새로 생성하거나 작업 파일을 불러올 수 있는 시작 화면이 나옵니다.
❸ 옵션	도구를 클릭하면 브러시 크기, 종류, 흐름 정도 등을 선택할 수 있는 세부 옵션들이 표시되는 옵션 바입니다. 도구를 클릭하면 해당하는 옵션들이 표시됩니다.
❹ 도구	도구들이 표시되는 패널입니다.
❺ 작업판	이미지 보정, 디자인 등 여러분이 작업할 수 있는 작업판입니다. 일러스트레이터에서는 '아트보드', 인디자인에서는 '페이지'라고 부릅니다.
❻ 작업 영역 설정	작업 영역을 설정할 수 있습니다. Lesson 01에서 자세히 알아보겠습니다.
❼ 패널	메뉴 바에서 [Window]에 있는 기능들을 선택하면 패널에 나타납니다.
❽ 상황별 작업 표시줄	Adobe 2024년 버전부터 지원하는 서비스로 여러분이 선택한 레이어에 맞는 옵션이 나타나며 생성형 AI를 사용할 수 있는 편리한 기능입니다.
❾ 배율 표시줄	작업 환경의 배율을 조정할 수 있고, 이미지의 세부 정보를 알 수 있습니다.

프로그램 작업 환경은 포토샵뿐만 아니라 일러스트레이터, 인디자인에도 동일한 형태를 띄고 있습니다.

■ 일러스트레이터 작업 환경

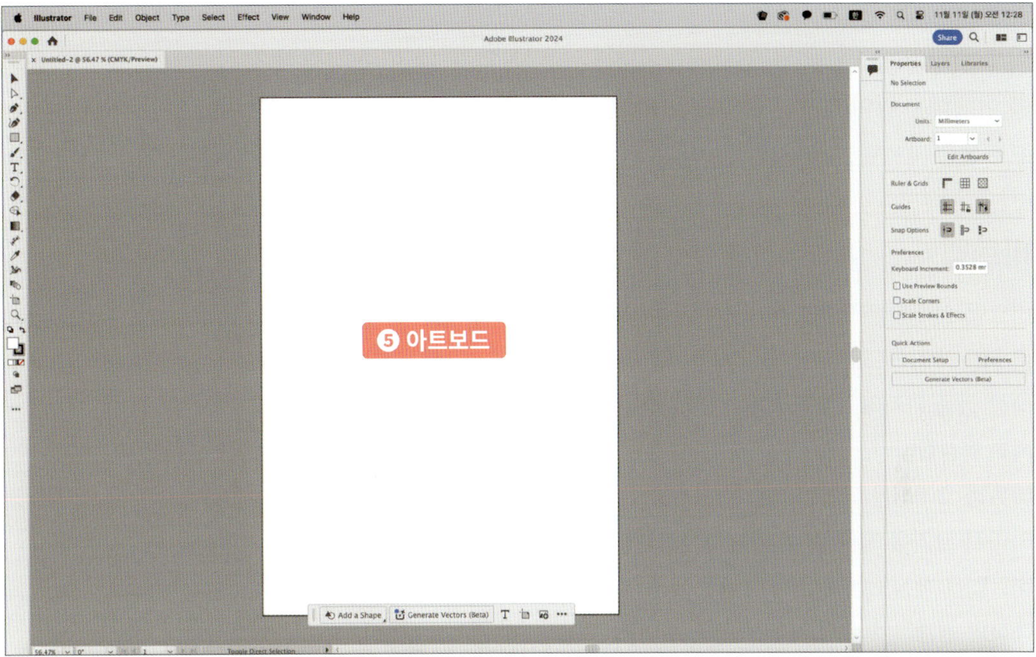

■ 인디자인 작업 환경

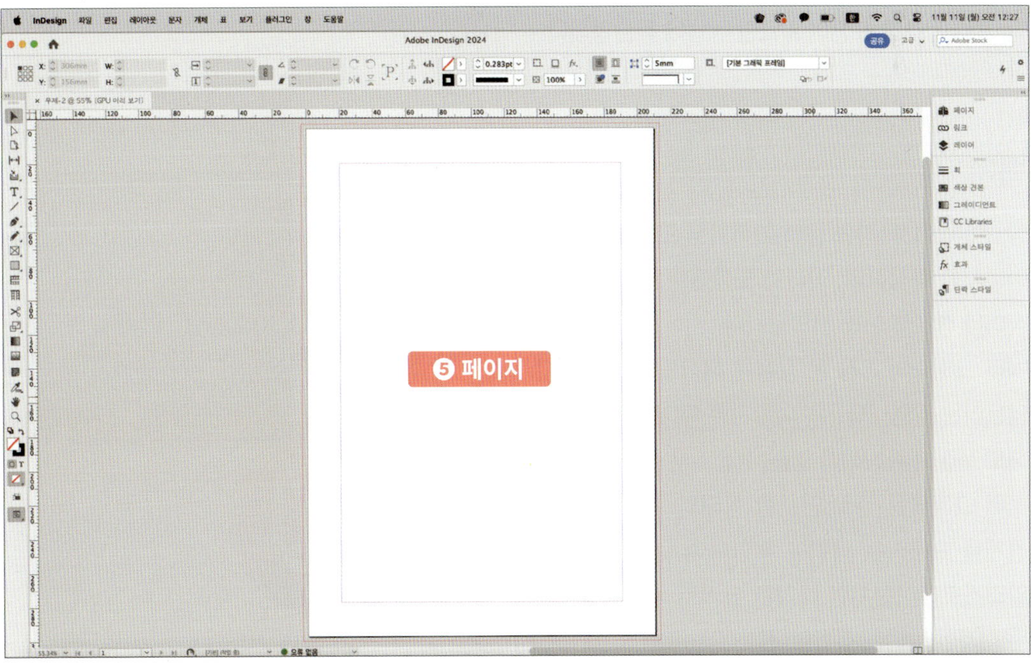

비트맵(Bitmap)과 벡터(Vector)는 디지털 이미지의 두 가지 주요 형식으로, 각각의 특성과 용도를 이해하는 것이 디자인 작업에 있어 매우 중요합니다.
포토샵은 비트맵, 일러스트레이터는 벡터 형식을 주로 이용하는 프로그램입니다.

비트맵

비트맵 그래픽은 이미지를 픽셀(pixel)이라는 작은 점들의 집합으로 구성합니다. 각 픽셀은 특정한 색상 값을 가지며, 이 픽셀들이 모여 하나의 이미지를 형성합니다.

비트맵 그래픽은 다양한 색상을 표현할 수 있으며 이미지 크기를 지정할 수 있는 장점이 있습니다. 비트맵은 해상도에 의존하기 때문에 이미지를 확대하면 경계가 고르지 않아 픽셀이 보이며 그래픽 품질이 저하됩니다.

비트맵 그래픽은 PNG, JPG, BMP 같은 파일 형식을 사용하며, 이 방식은 주로 디지털 사진, 웹 그래픽, 세밀한 색상 표현이 필요한 작업에 적합합니다.

벡터

점, 선, 곡선, 다각형 등의 기하학적 도형들이 모여 이미지를 형성하며, 이러한 도형들은 수학적 방정식이나 좌표를 통해 정의됩니다.

벡터 그래픽의 가장 큰 장점은 해상도에 구애받지 않는다는 점입니다. 즉, 이미지를 확대하거나 축소해도 품질이 손상되지 않습니다.

벡터 그래픽은 주로 단순한 형태와 색상, 선명한 경계를 요구하는 작업에 적합하여 로고, 아이콘, 일러스트레이션처럼 다양한 크기로 사용될 수 있는 디자인 작업에 적합합니다.

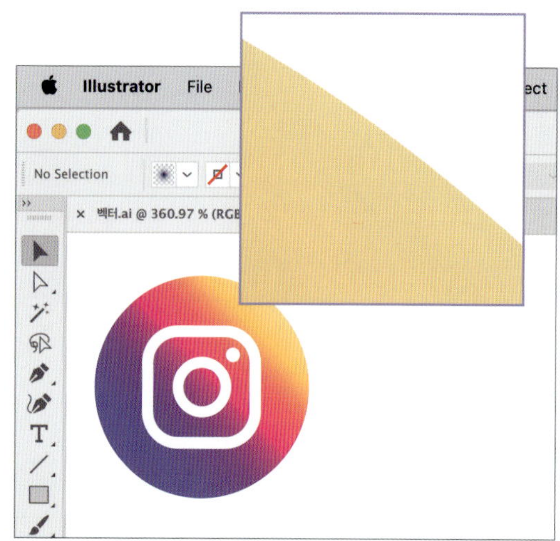

색상은 크게 디지털 화면에서 사용되는 RGB와 인쇄물에 사용되는 CMYK로 구분됩니다. 두 색상 표현 방식의 특성을 이해해 앞으로의 작업에 활용해 보겠습니다.

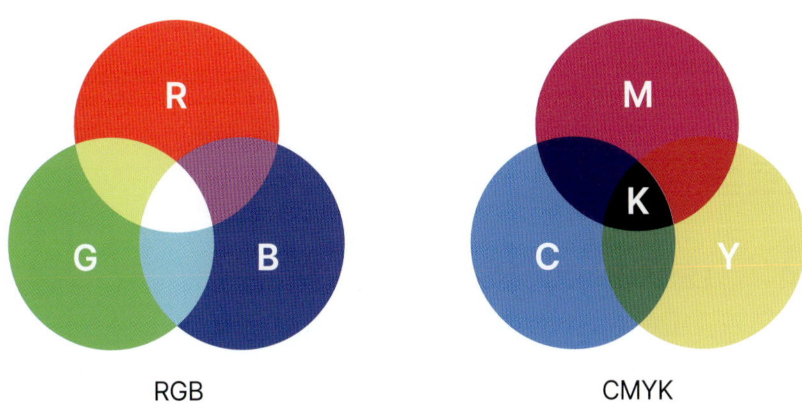

RGB(Red, Green, Blue)

- **사용 목적**   디지털 디스플레이(모니터, TV, 스마트폰, 웹사이트 등)
- **색 혼합 방식** 가산 혼합 방식으로 빛의 삼원색인 빨강(R), 초록(G), 파랑(B)을 조합하여 색을 만듭니다. 모든 빛을 최대치로 더하면 흰색이 되고, 빛이 없을 때는 검은색이 됩니다.
- **범위**   RGB는 밝고 선명한 색상을 표현하는 데 유리합니다. 디스플레이 화면에서 사용하는 색상 모델이기 때문에 빛을 기반으로 한 더 넓은 색상 범위를 지원합니다.

CMYK(Cyan, Magenta, Yellow, Key/Black)

- **사용 목적**   인쇄물(포스터, 책, 잡지 등)
- **색 혼합 방식** 시안(C), 마젠타(M), 노랑(Y), 검정(K)의 네 가지 잉크를 사용하며, 잉크를 겹쳐 칠할수록 어두운 색이 되는 감산 혼합 방식입니다. 모든 잉크를 혼합하면 검은색이 되고, 잉크를 사용하지 않은 부분은 종이의 흰색이 그대로 나타납니다.
- **범위**   CMYK는 RGB보다 색상 범위가 좁아 매우 밝은 색상 표현이 어렵지만, 주로 포스터, 잡지 등 출력물에서 정확한 색상을 구현하는 데 최적화되어 있습니다.

☰ Contents

Ps 포토샵

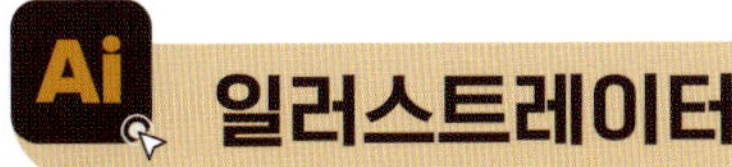

일러스트레이터

Id 인디자인

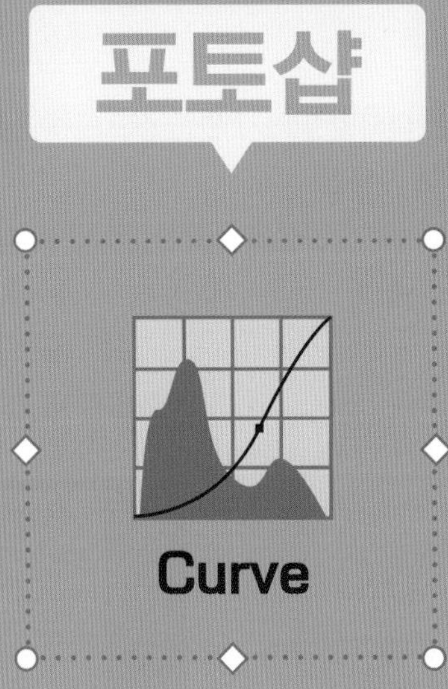

포토샵
Curve

사진과 그래픽을 위한 전문 소프트웨어

포토샵

포토샵은 어도비에서 개발한 디지털 이미지 편집 소프트웨어로, 주로 사진 편집이나 디자인에 활용할 소스를 만들 때에 사용합니다.
디지털 기반의 작업(웹사이트, SNS 콘텐츠 등)에서 빠질 수 없는 필수 프로그램입니다.

- 색상, 밝기, 대비, 채도 등 조정
- 크기 조정, 왜곡, 회전 결함 제거 및 리터칭

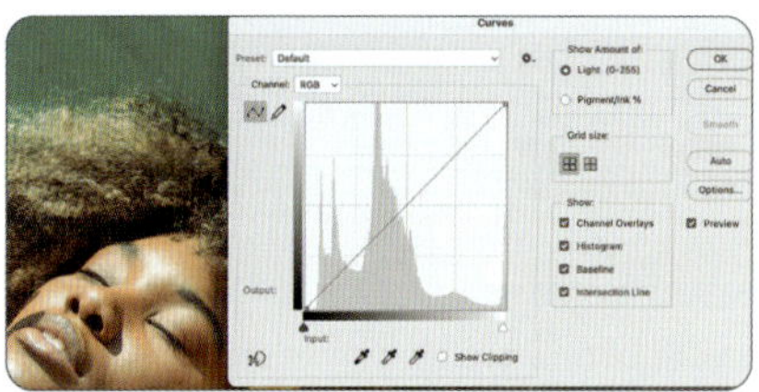

- 로고, 배너, 포스터 등 디자인
- 비트맵 그래픽 작업

- 레이어를 사용해 작업을 효율적으로 관리
- 마스크 기능으로 세부적인 작업 가능

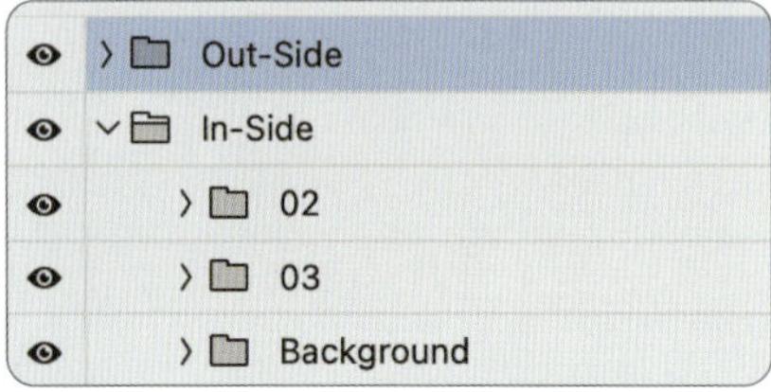

- 필터와 이펙트를 활용해 창의적인 결과물 제작
- 텍스트와 3D 오브젝트 효과

- JPEG, PNG, PSD 등 다양한 포맷 지원
- 다른 어도비 프로그램과의 호환성

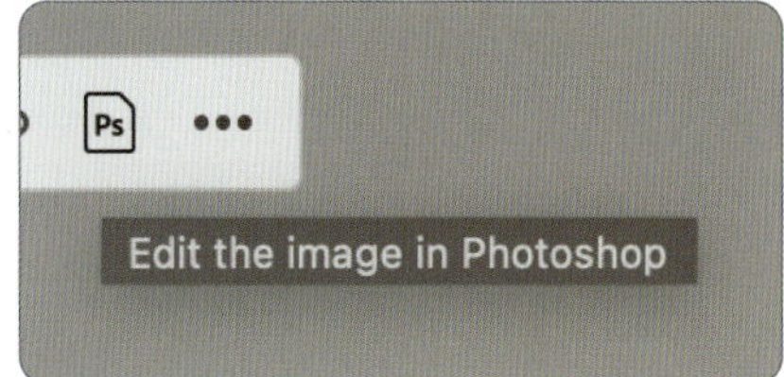

- 자동 배경 제거, 콘텐츠 생성 기능
- 얼굴, 물체 인식 등의 스마트 기능

LESSON 01

창의력의 문을 열다!

포토샵 시작하기

문서 생성하기

문서 생성은 앞으로 진행할 작업의 품질과 효율성을 결정 짓는 중요한 첫 단계입니다. 초기 설정이 이루어지지 않으면 작업 중간에 번거롭게 수정해야 하거나, 최종 결과물에 영향을 미칠 수 있기 때문에 신중하게 접근해야 합니다.

새 문서를 만드는 법과 문서의 세부 설정에 대해 알아보겠습니다.

1 포토샵 프로그램을 엽니다. 화면의 왼쪽 상단에 있는 [New file]을 클릭합니다.

단축키 Windows | Ctrl + N
Mac | Cmd + N

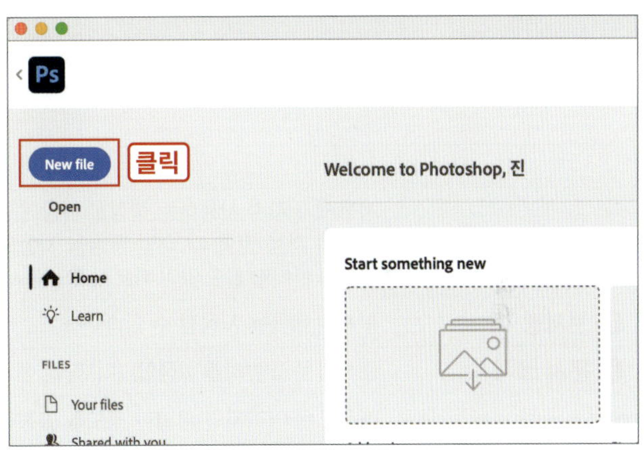

2 새 문서를 생성할 수 있는 창이 생성됩니다. 자세한 사항은 다음 페이지에서 공부해 보겠습니다.

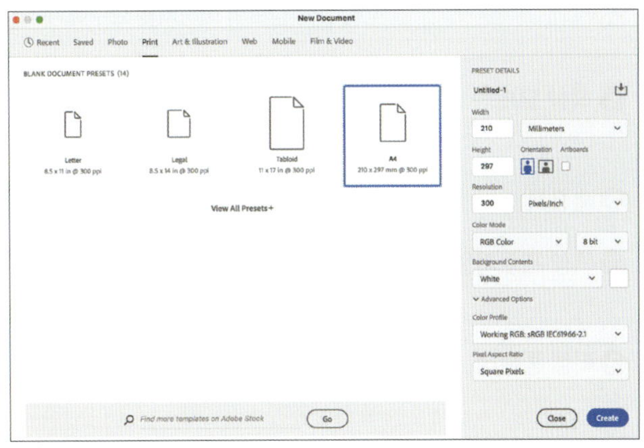

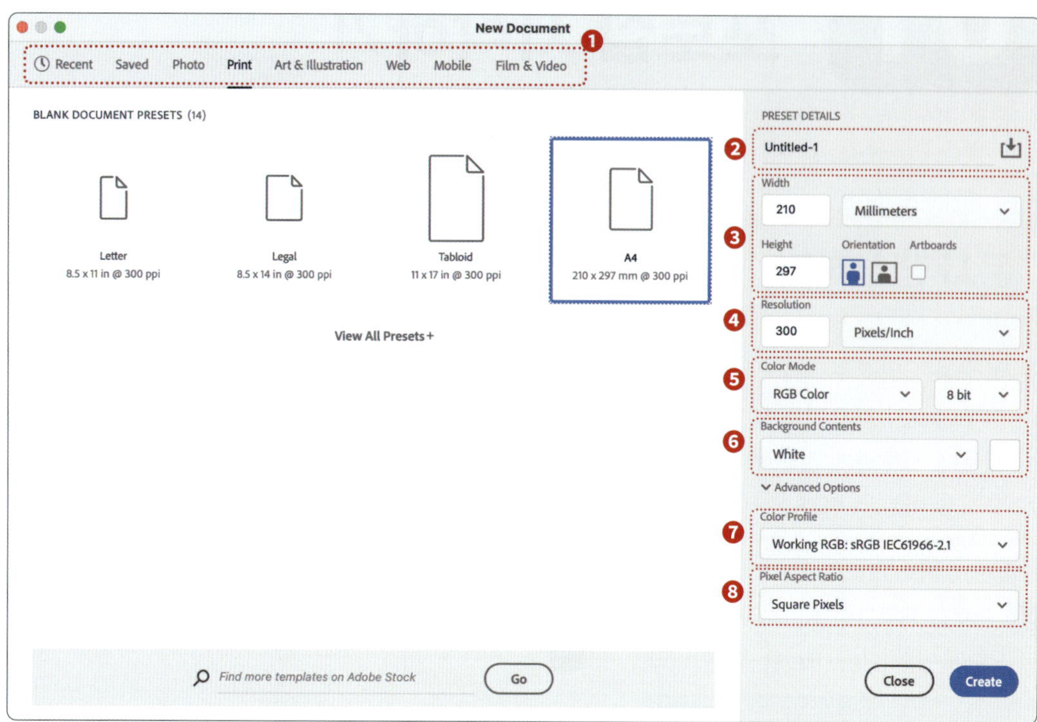

❶ 프리셋	사용자가 자주 사용하는 설정을 저장해 놓은 사전 설정 템플릿입니다. 문서를 처음 만들 때 작업 환경을 자동으로 설정해 주기 때문에 작업할 때마다 동일한 설정을 반복할 필요 없이 빠르게 작업을 시작할 수 있도록 도와줍니다.	
❷ 문서명	문서의 이름을 지정할 수 있습니다.	
❸ 문서 크기	문서의 폭과 높이를 설정합니다. 픽셀, 센티미터, 밀리미터 등 단위를 선택할 수 있습니다.	
❹ 해상도	해상도는 이미지의 세밀한 정도를 결정하는 중요한 요소로, ppi(pixels per inch)로 표시됩니다. 해상도가 높을수록 더 세밀한 이미지를 만들 수 있지만 파일 크기도 커집니다. 웹디자인의 경우 보통 72ppi로 설정해야 웹 화면에서 선명하게 보이며, 인쇄 디자인은 고해상도의 이미지를 요구하기 때문에 300ppi로 설정하는 것이 일반적입니다.	
❺ 색상 모드	문서에서 사용할 색상 모드를 설정하는 항목입니다. 주로 사용하는 모드로는 디지털 화면에 적합한 RGB와 인쇄 작업에 적합한 CMYK, 색상 정확도가 중요한 사진 작업에 주로 사용되는 Lab이 있습니다.	
❻ 배경색	문서의 배경색을 설정하는 옵션으로 흰색 배경으로 하려면 [White]를 선택하고, 오브젝트만 보이게 하고 싶을 때는 [Transparent]를 선택해 투명한 배경으로 설정합니다.	
❼ 색상 프로파일	디지털 이미지의 색상을 정확하게 표현하기 위해 사용하는 기준을 말합니다.	
❽ 픽셀 종횡비	픽셀의 가로와 세로 비율을 의미합니다(픽셀에 대한 내용은 12쪽을 확인하세요). 일반적으로 픽셀은 정사각형이지만 영상 작업에서는 직사각형 형태로 사용할 수도 있습니다. 이 책에서는 픽셀을 정사각형으로 지정해 사용하기 때문에 [Square Pixels]로 지정해 파일을 생성하기 바랍니다.	

3 ❶ 프리셋에서 [Print], [A4]를 선택합니다. A4 크기의 인쇄물 작업 환경이 자동으로 설정됩니다. 설정을 좀 더 세부적으로 변경해 보겠습니다. ❷ 문서명을 'A4사이즈 문서 생성'으로 입력하고 ❸ 색상 모드를 [CMYK]로 선택한 후 ❹ [Create]를 클릭합니다.

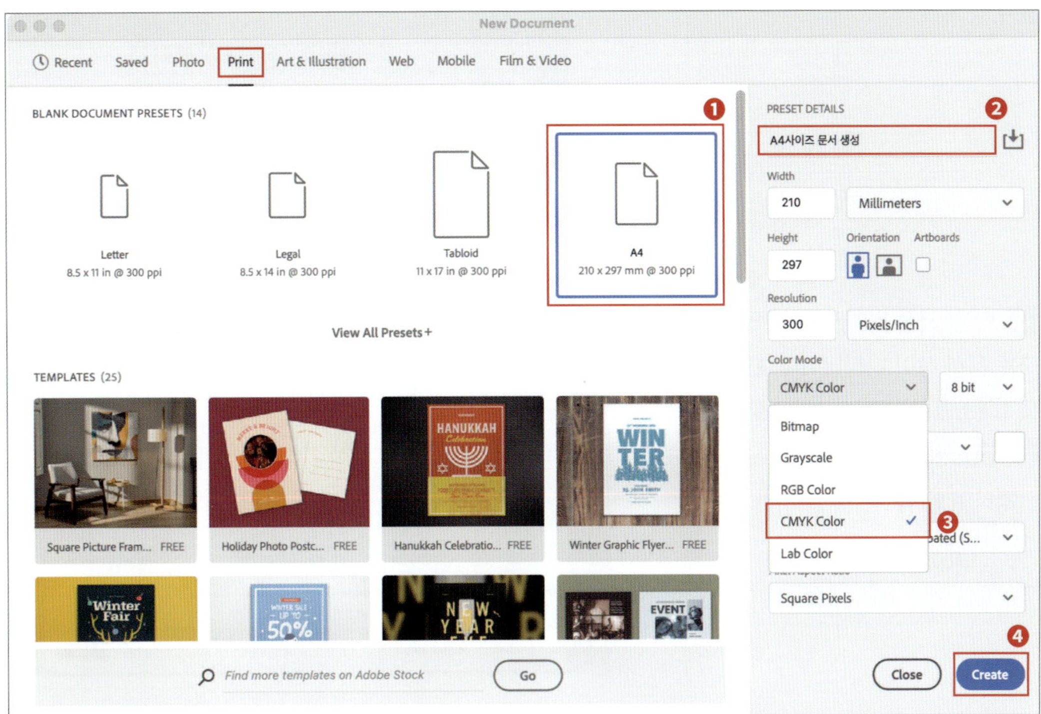

4 문서가 생성되었습니다. 화면 상단을 보면 설정한 문서명 'A4사이즈 문서 생성'과 색상 값 'CMYK'가 표시됩니다. 포토샵에서 문서를 생성하였으나 최종적으로 문서가 실제 파일로 생성되려면 생성한 문서를 저장해야 합니다.

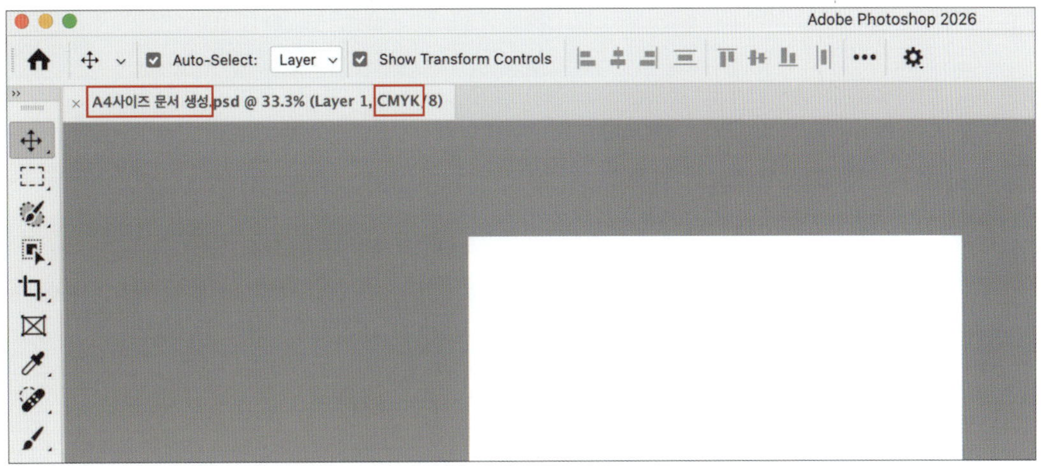

5 메뉴 바에서 [File] > [Save As]를 클릭합니다. Save As(다른 이름으로 저장)는 새 파일을 저장하기 위한 기본 방법입니다.

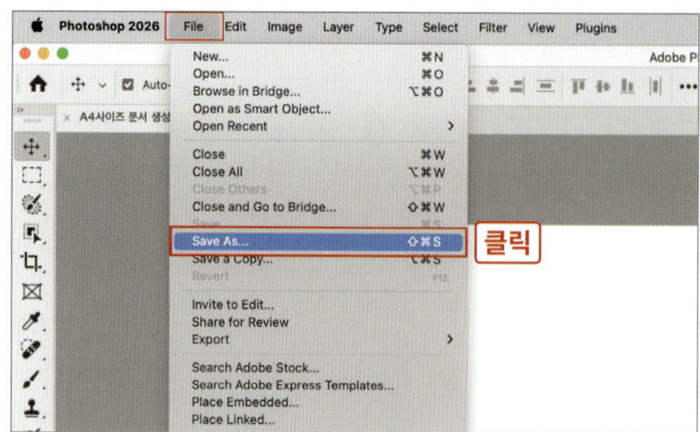

6 이름, 저장 위치, 파일 포맷 등을 설정하는 옵션 창이 나타납니다. ❶ 파일 위치를 [데스크탑(바탕화면)]으로 선택하고, ❷ Format(포맷)을 [Photoshop]으로 선택하며 ❸ [저장]을 클릭합니다.

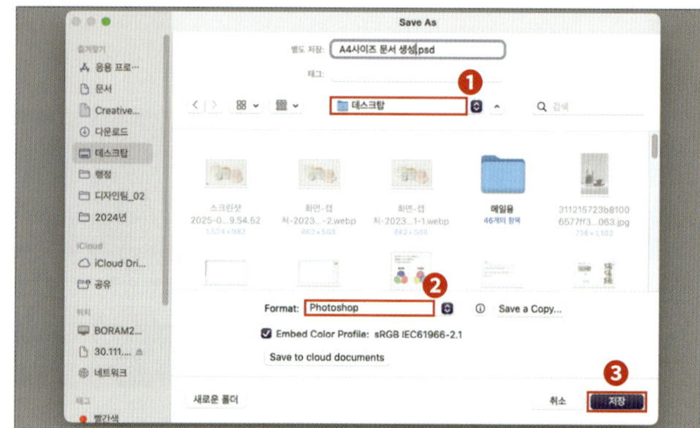

7 데스크탑(바탕화면)을 보면 포토샵 파일이 생성되었습니다.

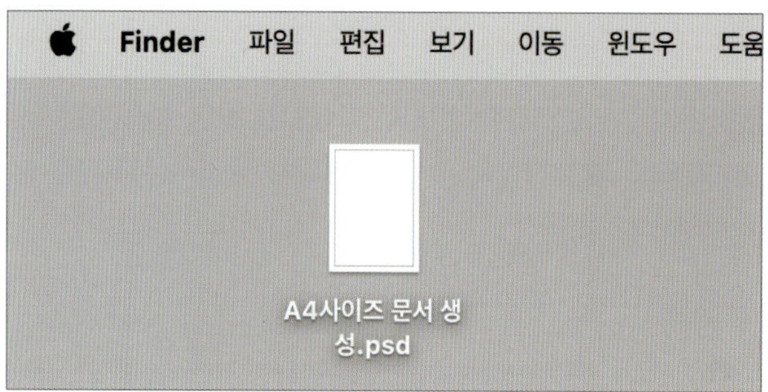

8 문서를 닫는 방법도 알아보겠습니다. 포토샵 프로그램을 열어 왼쪽 상단의 ✕ 를 클릭하여 문서를 닫습니다.

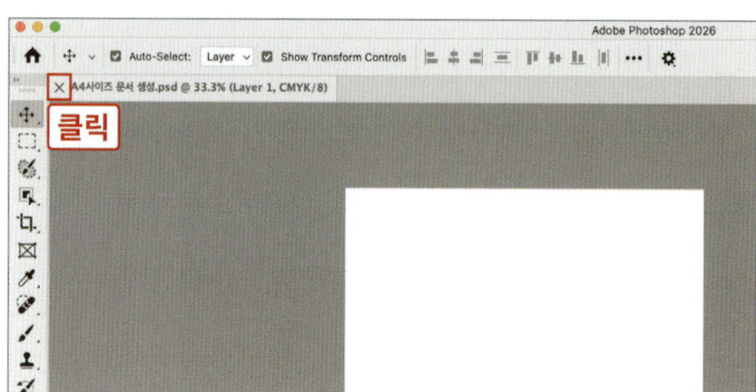

다양한 저장 방법

📁 **예제 파일** PSLESSON01 > 이미지 저장하기.psd, 액션_1~8.jpg

문서를 생성하기 위해 다른 이름으로 저장을 사용하여 파일을 저장하는 방법 말고도 다양한 저장 방법이 있습니다. 그중 작업에서 보편적으로 쓰는 저장, 사본 저장, 웹용으로 저장, 내보내기에 대해 알아보겠습니다.

01 저장하기

1 저장 방법을 알아보기 위해 작업 내역을 만들어 보겠습니다. 예제 파일 [PSLESSON01] > [이미지 저장하기.psd]를 더블클릭해 파일을 엽니다.

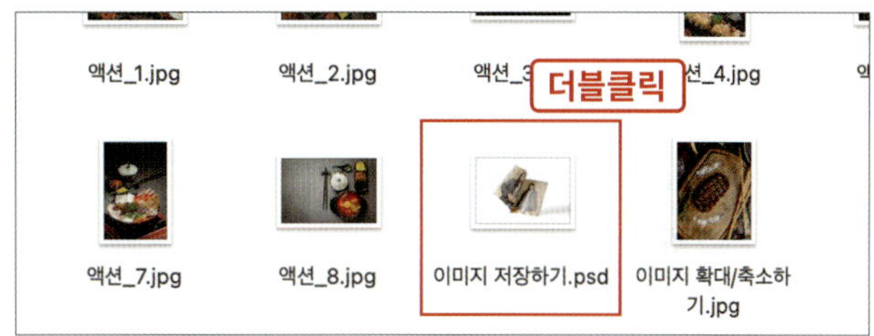

2 Layers(레이어) 패널에서 ➕를 클릭해 새로운 레이어를 생성합니다.

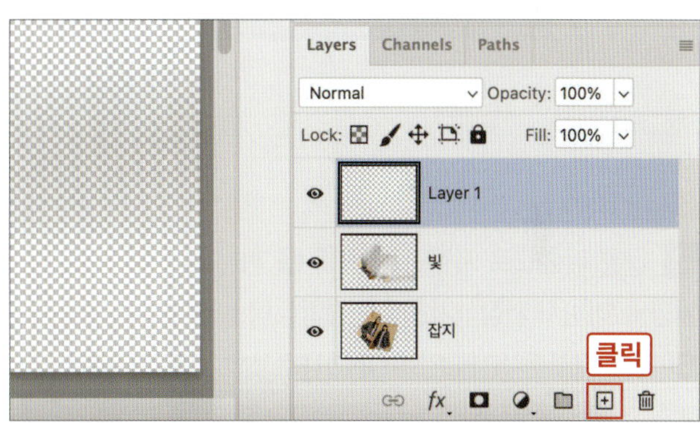

3 메뉴 바에서 [File] > [Save]를 클릭합니다. 작업 내역이 기존 파일에 덮어 써서 저장되었습니다.

단축키 Windows | Ctrl + S
Mac | Cmd + S

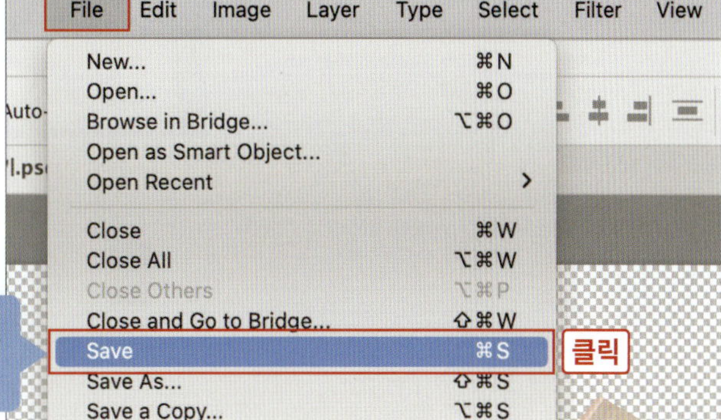

02 다른 이름으로 저장하기

1 예제 파일 [PSLESSON01] > [이미지 저장하기.psd] 파일을 엽니다.

2 메뉴 바에서 [File] > [Save As]를 클릭합니다.

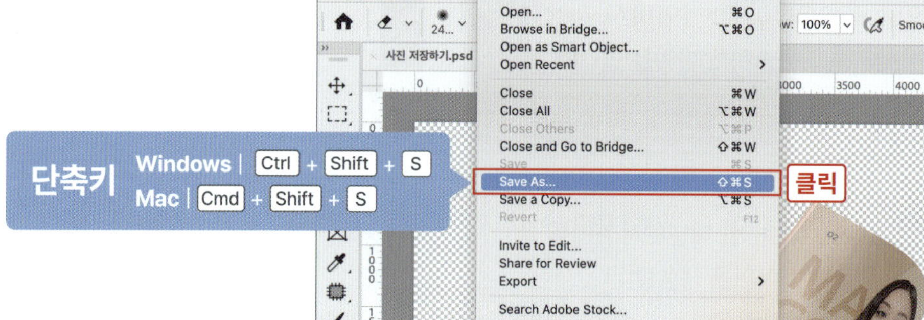

3 다른 이름으로 저장하기 위해 ❶ 파일명을 '이미지 저장하기2'로 변경합니다. ❷ 저장 위치를 [PSLESSON01]로 선택하고 ❸ Format은 [Photoshop]으로 선택한 후 ❹ [저장]을 클릭하면 다른 이름으로 파일이 저장됩니다.

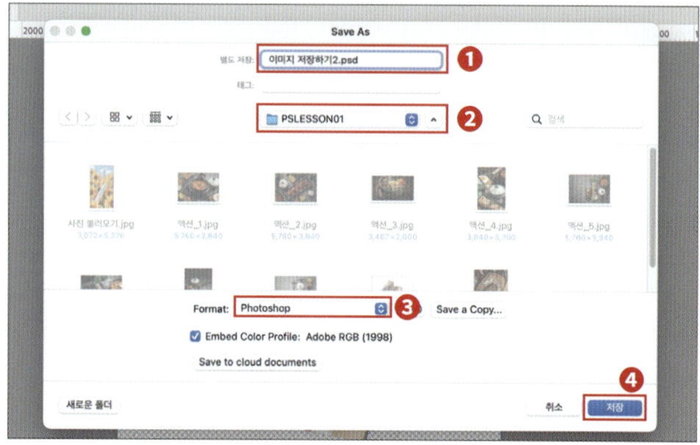

4 [이미지 저장하기2.psd] 파일이 생성되었습니다.

 한 권으로 끝내는 디자인 교과서 **포토샵** & **일러스트레이터** & **인디자인 CC 2026**

03 사본으로 저장하기

1 예제 파일 [PSLESSON01] > [이미지 저장하기.psd] 파일을 엽니다. 메뉴 바에서 [File] > [Save a Copy]를 클릭합니다.

2 ❶ 저장 위치를 설정하고 ❷ Format을 [Photoshop]으로 선택한 후 ❸ [저장]을 클릭합니다. 팝업창이 뜨면 [OK]를 클릭합니다.

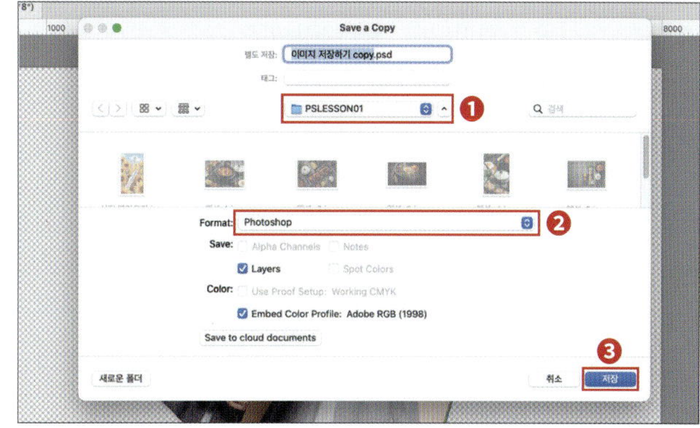

3 기존 파일명 뒤에 자동으로 'copy'가 추가되어 [이미지 저장하기 copy.psd] 파일이 생성되었습니다.

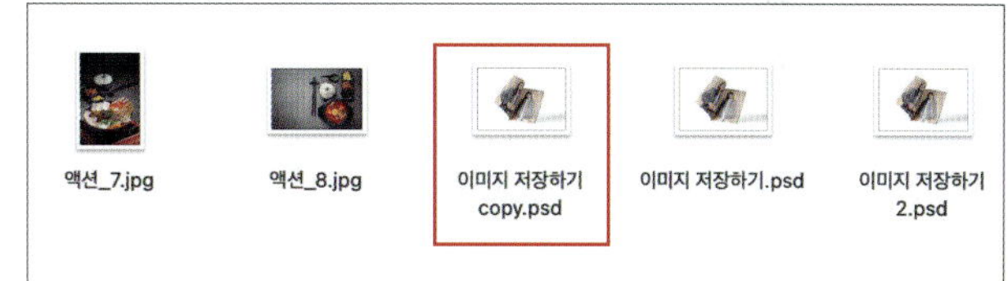

여기서 잠깐 STOP

Save a Copy는 다양한 형식으로 저장이 가능합니다.
그중 파일 포맷을 JPG로 저장할 때 이미지 품질을 설정할 수 있는 JPEG Options 창이 나타납니다. Image Options의 바를 large file 쪽으로 이동할수록 고품질 파일로 저장됩니다.

large file 쪽으로 이동할수록 고품질 파일로 저장

04 웹용으로 저장하기

1 예제 파일 [PSLESSON01] > [이미지 저장하기.psd] 파일을 엽니다. 메뉴 바에서 [File] > [Export] > [Save for Web]을 클릭합니다.

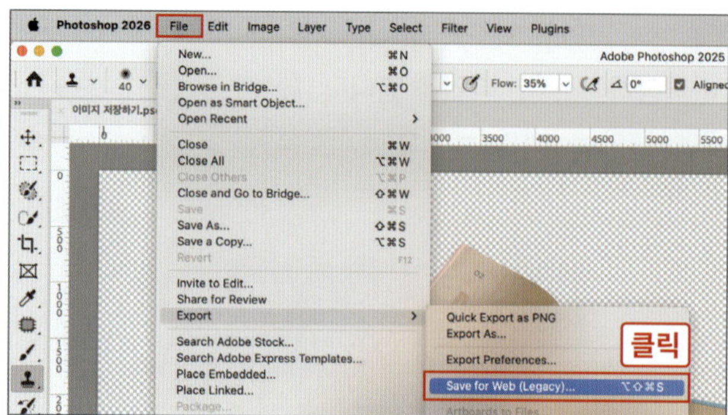

2 Save for Web은 GIF, PNG, JPEG, WBMP 형식을 지원합니다 . **①** 프리셋을 [JPEG High]로 설정합니다. **②** [Save]를 클릭합니다.

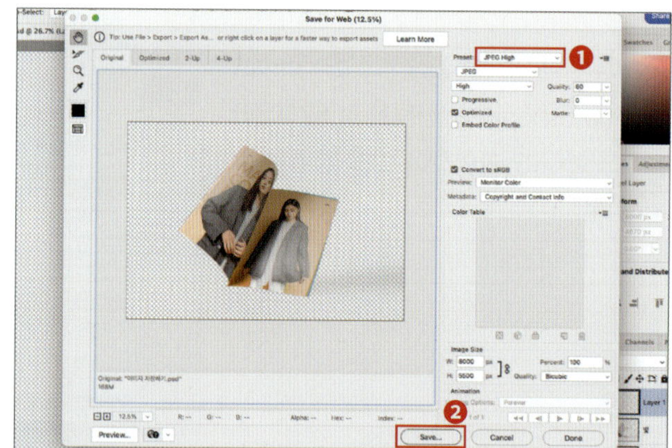

3 파일 저장 위치를 선택할 수 있는 창이 생성됩니다. 파일명을 [웹용_이미지 저장하기]로 입력한 후 [저장]을 클릭합니다. 파일이 웹용 이미지로 저장되었습니다.

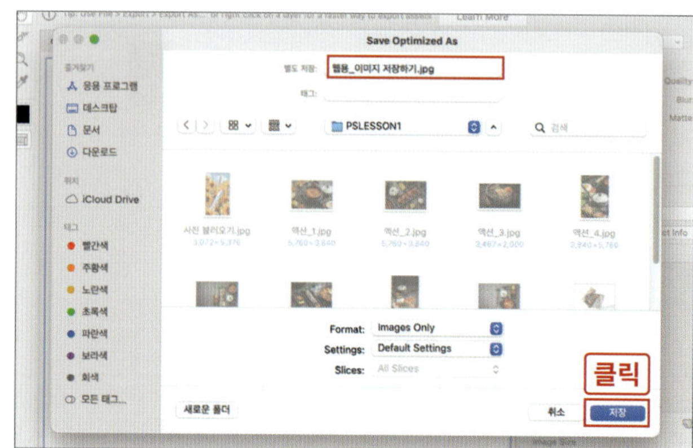

4 [웹용_이미지 저장하기.jpg] 파일이 생성되었습니다.

05 내보내기로 저장하기

1 예제 파일 [PSLESSON01] > [이미지 저장하기.psd] 파일을 엽니다. 메뉴 바에서 [File] > [Export] > [Export As]를 클릭합니다.

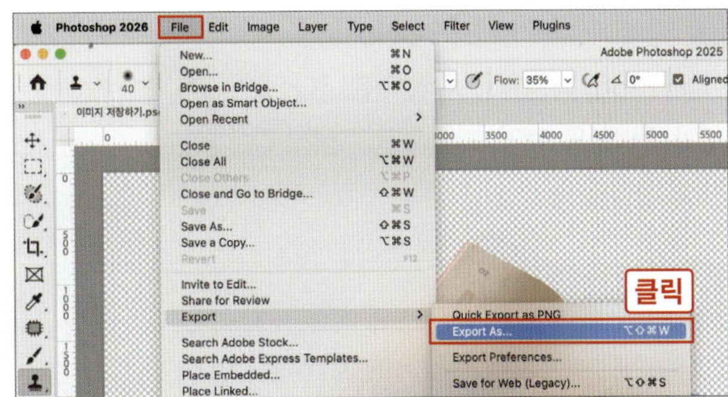

2 ❶ [PNG] 파일 포맷을 선택한 후 ❷ [Export]를 클릭합니다. 저장 위치를 설정하고 [저장]을 클릭하면 투명 배경의 이미지가 저장됩니다.

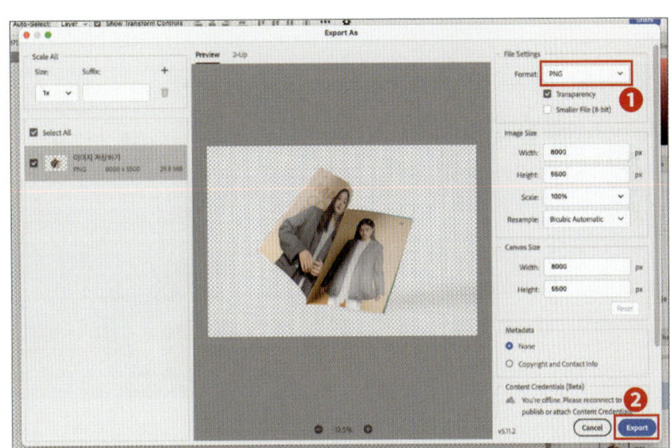

여기서 잠깐 STOP

JPG로 저장하면 투명 배경이 흰색이 되며, PNG로 저장하면 투명 배경이 유지됩니다.

3 [이미지 저장하기.png] 파일이 생성되었습니다.

06 액션 기능을 활용해 저장하기

1 예제 파일 [PSLESSON01] > [액션_1~8.jpg] 파일을 모두 불러옵니다. 상단의 파일명을 보면 모든 사진의 색상 값이 RGB임을 알 수 있습니다.

> **여기서 잠깐** **STOP**
>
> 파일을 포토샵에 불러오는 방법은 35쪽의 [사진 불러오기]를 참고하세요.

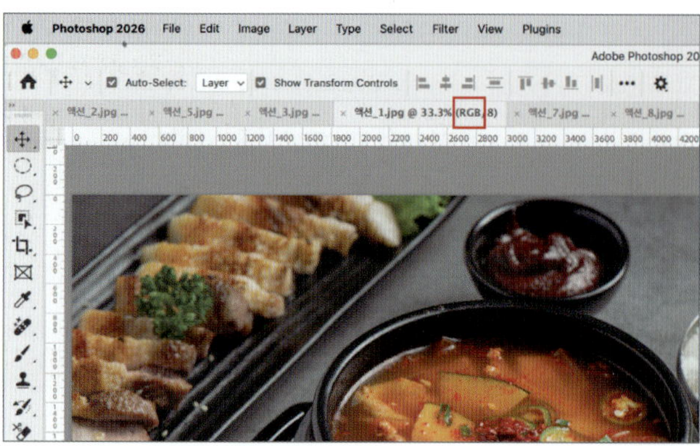

2 상단 메뉴 바에서 [Window] > [Actions]를 클릭합니다.

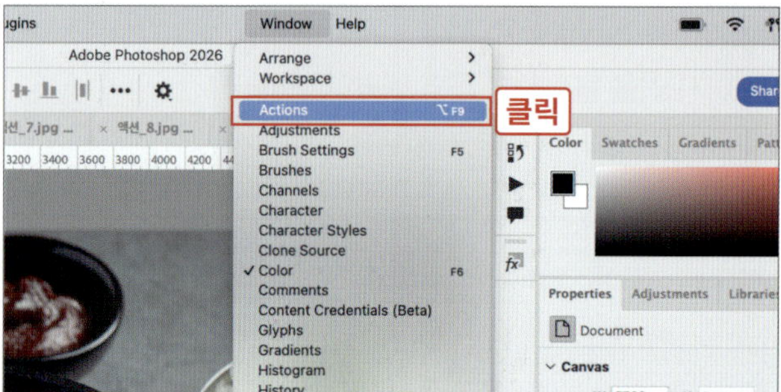

3 ❶ Actions 패널에서 ＋ 를 클릭하고 ❷ Name을 'CMYK로 변경'이라고 입력한 후 ❸ [Record]를 클릭합니다.

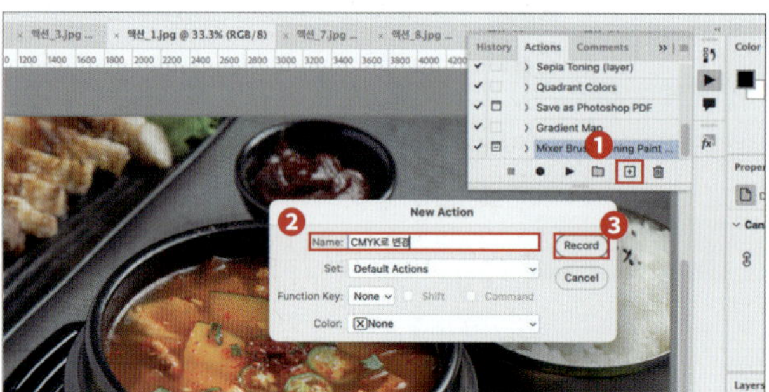

4 녹화 버튼이 빨간색(●)으로 변경되며 액션 녹화가 시작됩니다. 상단 메뉴 바의 [Image] > [Mode] > [CMYK Color]를 클릭합니다.

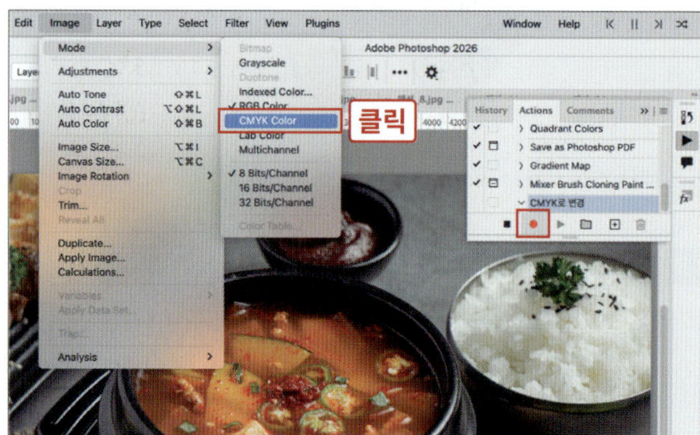

5 팝업 창이 뜨면 [OK]를 클릭합니다.

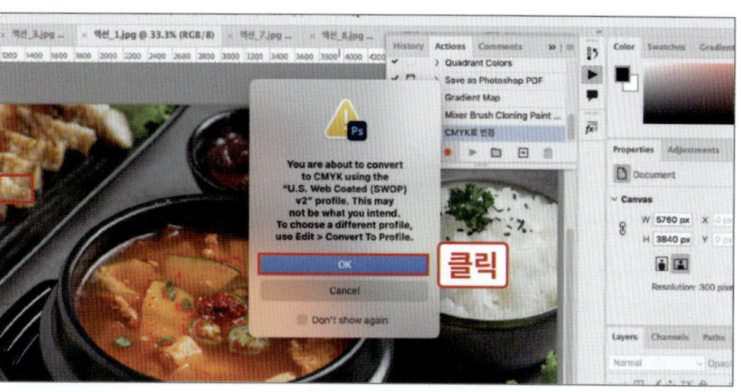

6 ① 파일명 옆의 ☒ 를 클릭하고 ② [Save]를 클릭해 파일을 저장합니다.

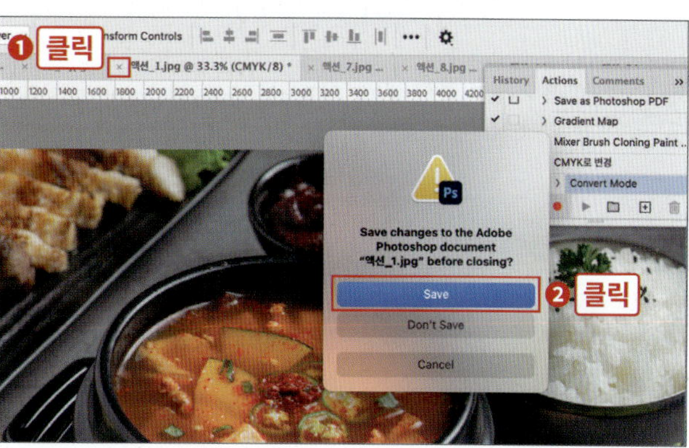

7 ① Actions 패널의 ■ 를 클릭해 녹화를 중지합니다. ② 녹화된 [CMYK로 변경]을 선택한 후 ③ ▶ 를 반복해 클릭하면 나머지 사진들도 녹화된 액션대로 저장됩니다.

8 저장된 파일을 다시 열어 색상 값을 확인해 보면 모든 사진이 CMYK로 변경됨을 알 수 있습니다.

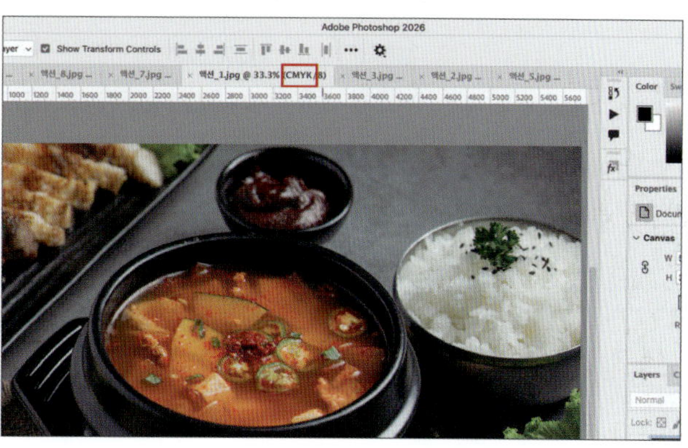

Save (저장)

포맷 PSD, PDF, Large Document Format, TIFF, JPG, PNG, WebP 등
단축키 Window: `Ctrl` + `S` / Mac: `Cmd` + `S`

작업 내역을 작업 중인 파일에 저장할 때 사용하는 방법으로 현재 작업 중인 파일에 덮어쓰며 저장됩니다.
컴퓨터나 프로그램의 오류 때문에 작업한 내용을 손실하지 않게끔 작업 중에 주기적으로 저장하는 습관을 가지는 것이 좋습니다.

Save As (다른 이름으로 저장)

포맷 PSD, PDF, Large Document Format, TIFF
단축키 Window: `Ctrl` + `Shift` + `S` / Mac: `Cmd` + `Shift` + `S`

기본적으로 새로운 파일을 생성할 때 저장하는 방법으로 PSD 외에 JPG, PNG, TIFF 등 다른 형식으로 저장할 수 있어, 용도에 맞게 파일을 변환할 수 있습니다.
새 파일이 다른 이름으로 저장되므로 원본 파일을 보존할 수 있습니다.

Save a Copy (사본으로 저장)

포맷 PSD, PDF, Large Document Format, TIFF, JPG, PNG, WebP 등 모든 포맷
단축키 Window: `Ctrl` + `Alt` + `S` / Mac: `Cmd` + `Option` + `S`

[다른 이름으로 저장]보다 JPG, PNG 등 더 많은 파일 형식을 지원합니다.
인쇄용 고해상도 이미지는 PSD, TIFF 또는 PDF로 저장하는 것이 좋습니다.
기존 파일명 뒤에 'copy'가 자동으로 추가되어 이전 작업을 보존한 채 다른 버전의 작업물을 생성할 때 유용하게 사용할 수 있습니다.

Save for Web (웹용으로 저장)

포맷 JPG, PNG, GIF
단축키 Window: `Ctrl` + `Alt` + `Shift` + `S` / Mac: `Cmd` + `Option` + `Shift` + `S`

파일 크기 조정이 가능하고, 이미지의 품질(해상도, 색상)을 선택할 수 있어 웹에서의 빠른 로딩을 지원합니다.
[웹용으로 저장]하면 저용량으로 저장되며 화질이 깨지지 않는 장점이 있습니다.

Export (내보내기)

포맷 JPG, PNG, GIF
단축키 Window: `Ctrl` + `Alt` + `Shift` + `W` / Mac: `Cmd` + `Option` + `Shift` + `W`

이미지 형태로 저장하는 방법으로 여러 개의 이미지를 한 번에 내보낼 때 매우 유용합니다.
형식 변환 및 크기 조정이 가능하고, 품질 옵션을 설정할 수 있어 파일 크기와 품질을 유연하게 조정할 수 있습니다.

사진 불러오기

📂 **예제 파일** PSLESSON01 > 사진 불러오기.jpg

포토샵에서 사진을 불러오는 방법에는 여러 가지가 있으며, 작업 환경에 따라 적합한 방법을 선택하는 것이 중요합니다. 이번에는 포토샵에서 사진을 불러오는 다양한 방법을 살펴보겠습니다.

01 메뉴 바를 활용해 불러오기

1 메뉴 바에서 [File] > [Open]을 클릭합니다.

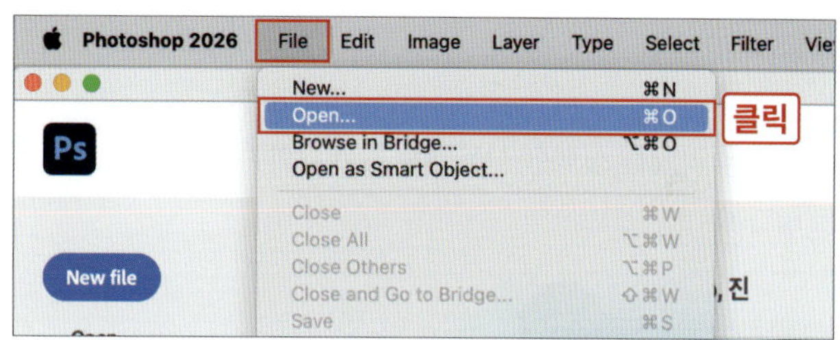

2 [PSLESSON01] > [사진 불러오기.jpg]를 선택하고 [Place]를 클릭합니다.

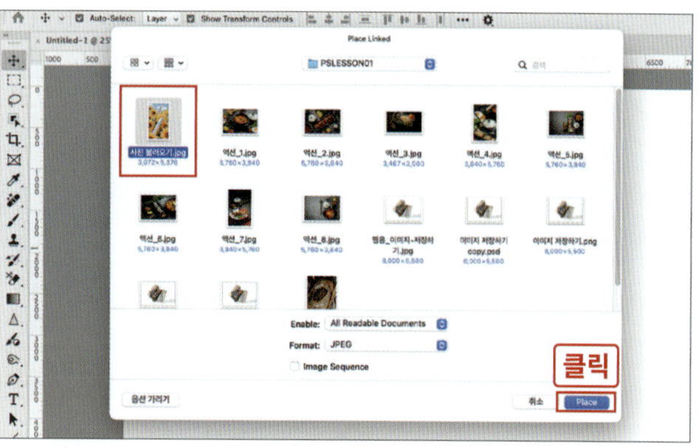

3 사진을 불러왔습니다.

1 [PSLESSON01] > [사진 불러오기.jpg]를 선택합니다.

2 해당 파일을 선택한 상태에서 드래그하여 [포토샵 바로 가기] 아이콘에 끌어 오면 포토샵에서 파일이 열립니다.

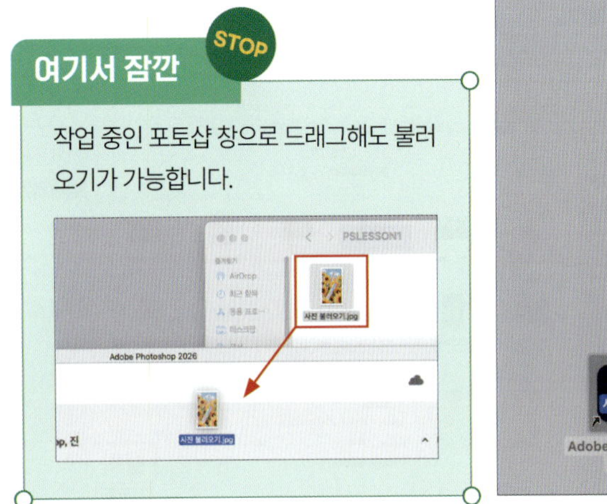

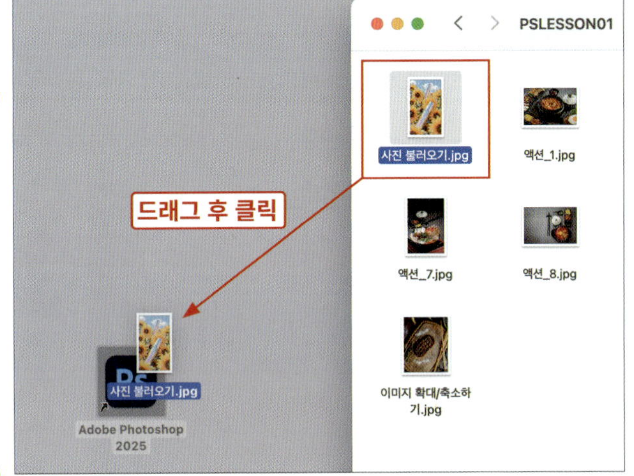

3 포토샵에 사진을 불러왔습니다.

03 레이어로 불러오기

1 앞서 공부한 방법으로 메뉴 바에서 [File] > [New]를 클릭해 원하는 크기의 작업판을 생성합니다.

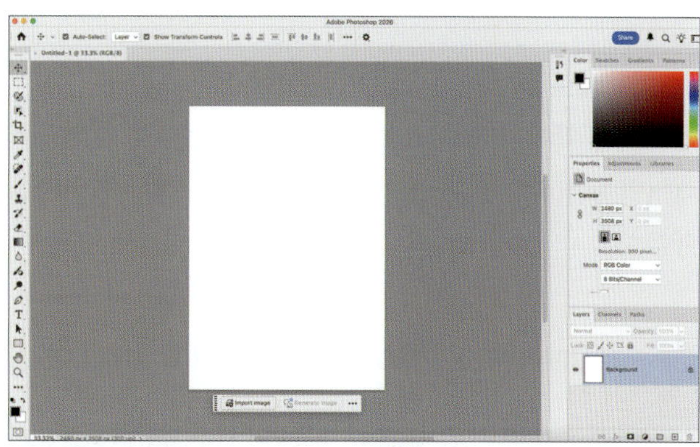

2 [File] > [Place Linked]를 클릭합니다.

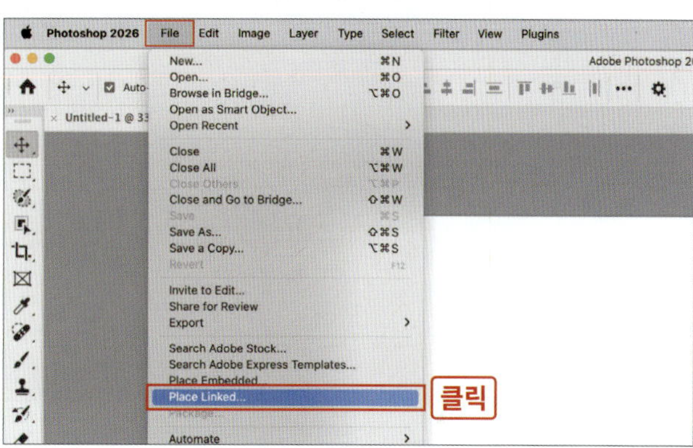

3 [PSLESSON01] > [사진 불러오기.jpg]를 선택하고 [Place]를 클릭합니다.

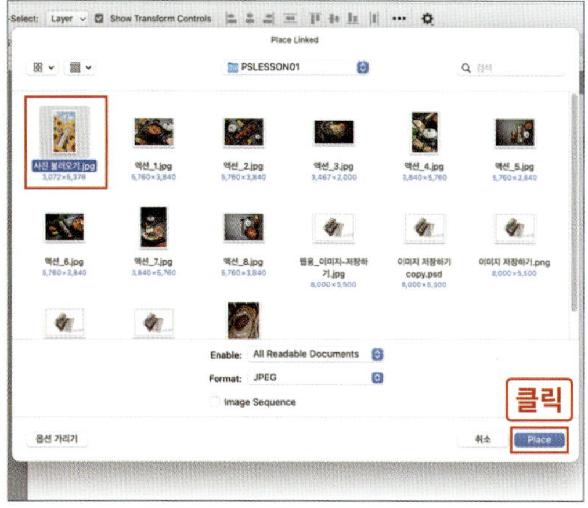

4 새 레이어가 생성되면서 이미지를 가져왔습니다. 이미지를 작업판으로 바로 드래그해도 새로운 레이어가 생성됩니다.

이미지 확대/축소하기

이미지를 확대하거나 축소하는 기능은 작업의 디테일을 세밀하게 조정하거나, 전체적인 구성과 레이아웃을 확인할 때 유용합니다. 포토샵에서 이미지를 확대하거나 축소하는 다양한 방법을 알아봅시다.

1 포토샵에서 [PSLESSON01] > [이미지 확대/축소하기.jpg] 파일을 불러옵니다.

2 도구 모음에서 [Zoom Tool] 을 클릭합니다.

꿀팁!

알파벳으로만 단축키를 사용할 때 단축키가 작동하지 않을 수 있습니다.
그럴 땐 키보드의 **[한/영]을 영문으로 설정**하면 단축키가 작동합니다.

3 [Zoom Tool]을 선택하면 상단 옵션 바에서 ⊕, ⊖ 을 선택할 수 있습니다.

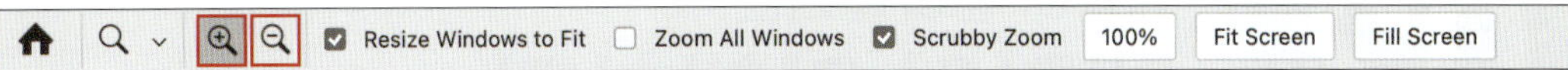

4 옵션 바에서 ⊕ 을 선택해 이미지를 클릭하면 확대됩니다. 반대로 ⊖ 를 선택하여 클릭하면 이미지가 축소됩니다.

여기서 잠깐 STOP

이미지 축소/확대는 자주 사용하기 때문에 단축키를 활용하는 것이 효율적입니다.
단축키로는 확대 Ctrl / cmd + + 또는 축소 Ctrl / cmd + - 가 있지만, 실무자들이 자주 사용하는 방법은 다음과 같습니다.

확대 Ctrl / cmd + Space bar
누른 상태로 **오른쪽 드래그**

축소 Ctrl / cmd + Space bar
누른 상태로 **왼쪽 드래그**

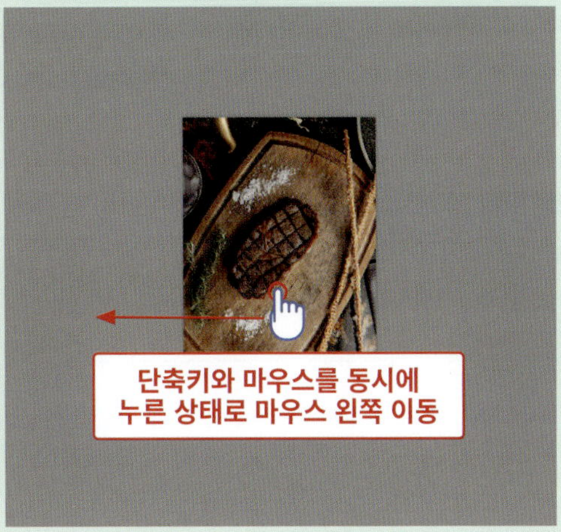

겹겹이 쌓아올리는
레이어 이해하기

레이어란?

레이어는 각 요소들이 여러 겹으로 나뉘어 쌓여 있는 투명한 층의 형태입니다.
쉽게 말해서 그림, 텍스트, 사진의 레이어가 따로 분리되어 있다고 생각하면 됩니다. 각 레이어는
독립적인 요소로 존재하며, 다른 레이어와 겹쳐서 하나의 완성된 이미지를 만듭니다. 레이어는
아래에서부터 층층이 쌓이며 상단의 레이어가 아래의 레이어를 덮는 형식으로 구성되어 있습니다. 따라서 레이어가 많이 쌓일수록 풍부한 이미지를 만들 수 있습니다.

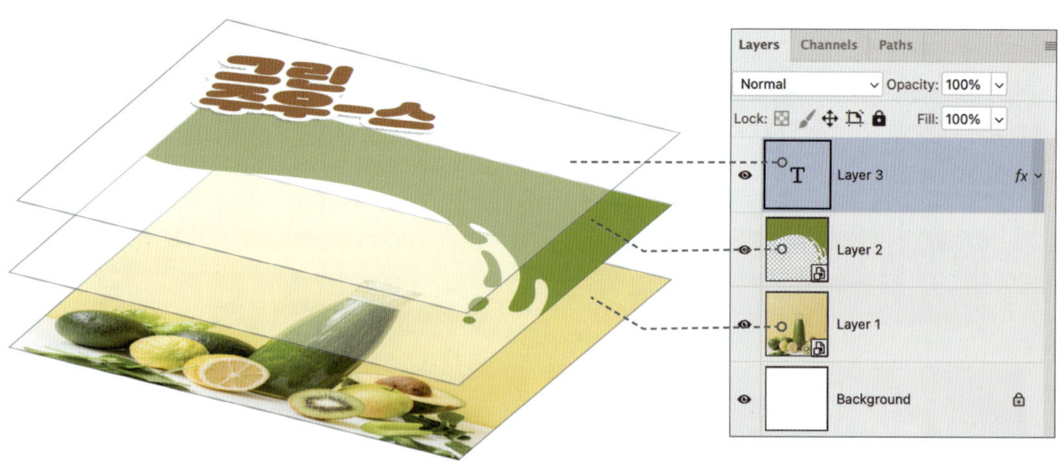

여기서 잠깐 STOP

Layers 패널이 보이지 않는다면 [Window] > [Layers]를 클릭하면 나타납니다.

 Layers 패널 구성 알아보기

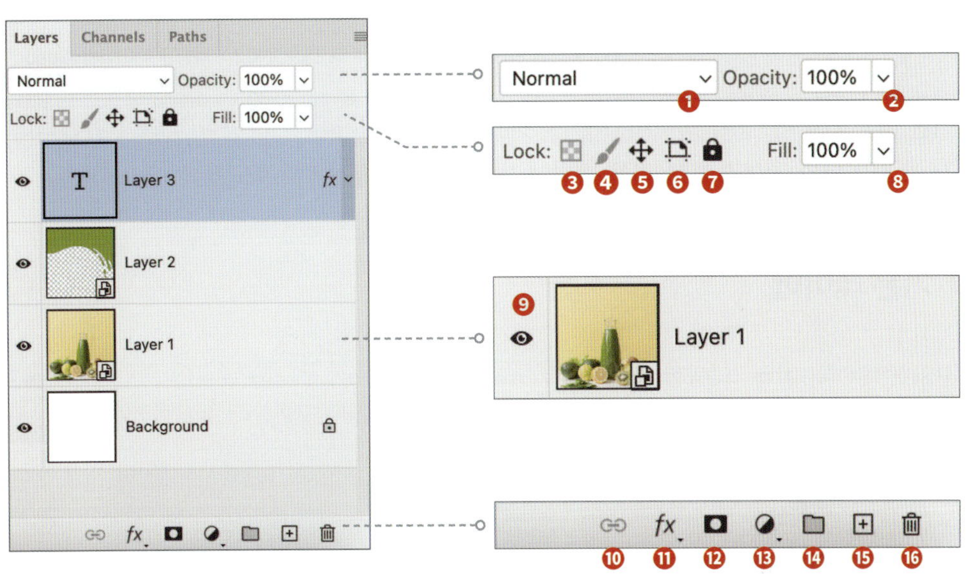

❶ 블렌딩 모드	레이어의 합성 방법으로 아래 레이어와 어떻게 상호작용할지 설정할 수 있습니다.
❷ 불투명도	레이어의 불투명도를 0%(완전 투명)에서 100%(불투명)까지 조절합니다.
❸ 투명 픽셀 잠금	레이어의 투명한 부분에 작업을 할 수 없도록 잠그는 방법입니다.
❹ 페인팅 잠금	브러시 기능을 사용할 수 없도록 잠그는 방법입니다. 브러시가 칠해져 기존 레이어를 훼손하는 것을 방지합니다.
❺ 이동 잠금	레이어의 위치를 잠그는 방법으로 실수로 위치가 변경되는 것을 방지합니다.
❻ 자동 중첩 방지	레이어가 아닌 대지를 추가했을 때 다른 대지에 레이어가 보이지 않도록 설정하는 방법입니다.
❼ 전체 잠금	레이어 안의 브러시 작업, 이동 작업 모두를 잠그는 방법입니다.
❽ 채우기	지정해 놓은 레이어 스타일을 제외하고 색상 값만 투명도를 지정하는 방법입니다.
❾ 레이어 가시성	필요한 레이어만 작업판에 보이게 설정할 수 있는 방법으로, 눈 아이콘을 누르면 레이어를 작업 화면에서 숨길 수 있습니다.
❿ 레이어 링크	레이어들을 한 번에 이동 및 변형할 수 있는 방법으로, 원하는 레이어들을 묶을 수 있습니다.
⓫ 레이어 스타일	레이어의 이미지에 그림자, 외부 광선, 획 추가 등 스타일을 추가하는 방법으로, 레이어를 더블클릭해도 창을 실행할 수 있습니다.
⓬ 레이어 마스크	레이어에 마스크를 설정하는 방법입니다. 자세한 내용은 다음 페이지에서 알아보겠습니다.
⓭ 조정 레이어	이미지의 노출, 밝기, 대비 등을 조정하는 방법입니다. 클릭하면 조정 레이어가 생성됩니다.
⓮ 그룹 생성	레이어를 그룹화하는 방법입니다.
⓯ 새 레이어	새로운 레이어를 추가하는 방법으로 투명한 배경의 레이어가 생성됩니다.
⓰ 레이어 삭제	삭제할 레이어를 선택한 후 클릭하면 삭제됩니다.

다양한 레이어

레이어는 기본 레이어, 문자 레이어, 이미지 레이어, 조정 레이어 등 다양한 형태가 있습니다. 예제에서 각 레이어의 특성과 효과 적용 방법에 대해 알아보겠습니다.

01 기본 레이어

1 [PSLESSON02] > [다양한 레이어.jpg] 파일을 불러옵니다. 자동으로 Background 레이어가 생성되었습니다.

여기서 잠깐 STOP

Background(배경) 레이어는 효과 설정이 불가능하게 잠금되어 있는 형태입니다.

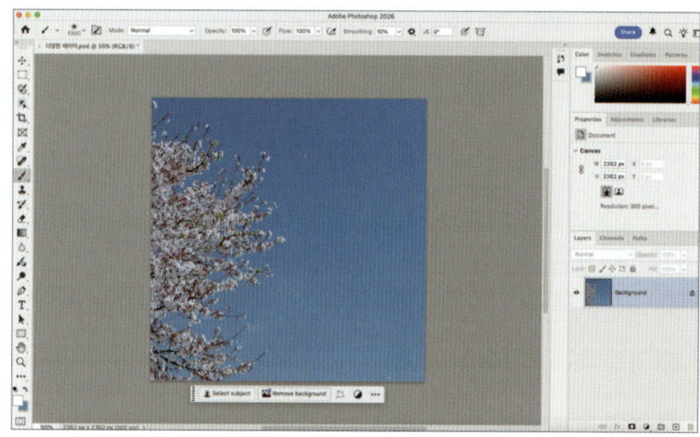

2 Layers 패널에서 ＋를 클릭해 기본 레이어 'Layer 1'을 생성합니다.

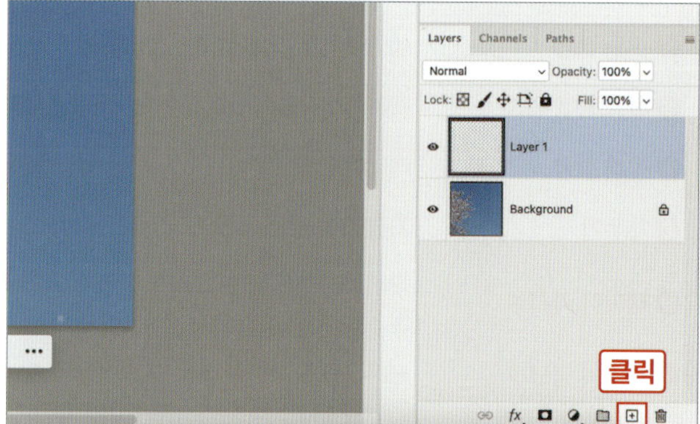

3 생성한 레이어의 이름을 더블클릭하면 이름 변경이 가능합니다. 이름을 '햇빛'으로 입력 후 Enter 를 눌러 변경합니다.

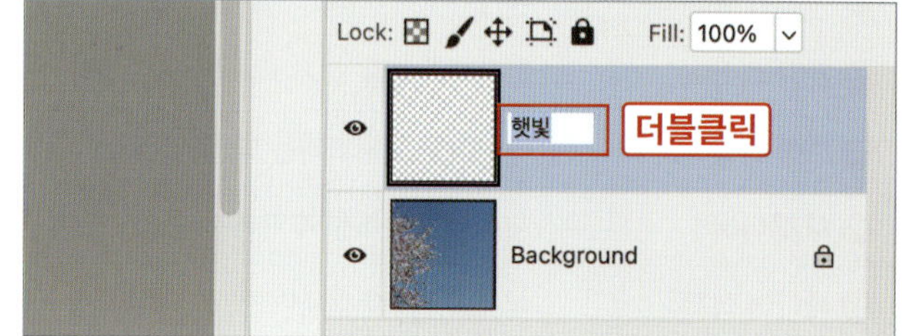

4 도구 모음에서 [Brush Tool] (브러시 도구)을 클릭합니다.

단축키 Windows | B
Mac | B

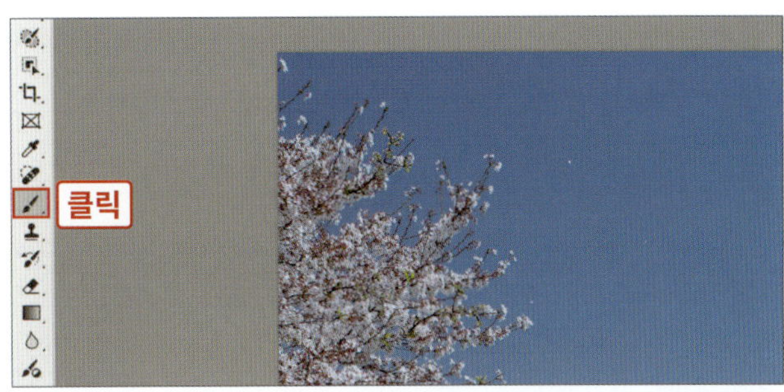

5 ❶도구 모음 아래에 있는 [Set foreground color]를 더블클릭하면 브러시 색상을 변경할 수 있는 팝업 창이 나타납니다. ❷ 색상 코드를 'ffffff'로 변경하고 ❸ [OK]를 클릭합니다.

색상을 세부적으로 변경하는 방법은 LESSON 06의 응용편에서 배워 보겠습니다.

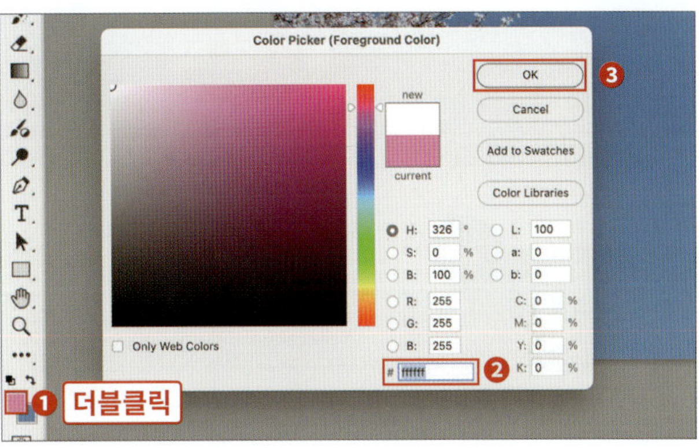

6 [Brush Tool]을 선택하면 ❶ 상단 옵션에서 브러시 모양과 크기를 변경할 수 있습니다. ❷ 브러시 Size는 500px, ❸ 브러시 모양은 Soft Round를 선택합니다. ❹ 작업판에 클릭합니다.

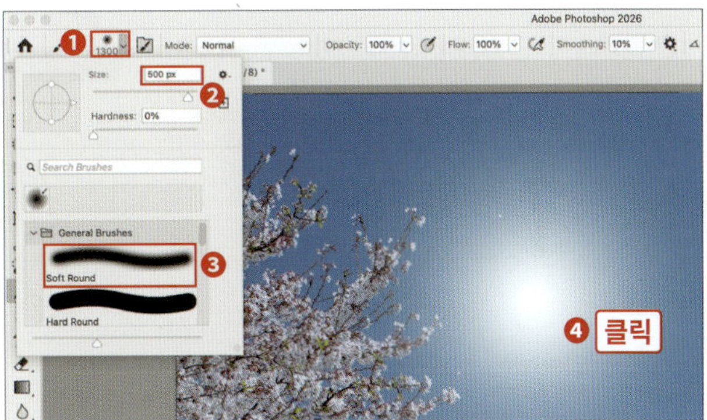

7 [햇빛] 레이어에 브러시로 햇빛을 그렸습니다.

8 햇빛의 위치를 이동해 보겠습니다. ❶ 도구 모음에서 [Move Tool]을 클릭하고 ❷ 햇빛을 선택해 오른쪽 상단으로 이동합니다.

여기서 잠깐 STOP

레이어를 분리하지 않고 Background 레이어에서 작업할 경우 하나의 이미지로 합쳐져 각 오브젝트의 특성을 변경하거나 크기, 위치 조정이 불가능합니다. 그러므로 작업 시 각 오브젝트별로 레이어를 생성하여 관리하기 바랍니다.

Background 레이어에 작업해 레이어가 합쳐진 모습

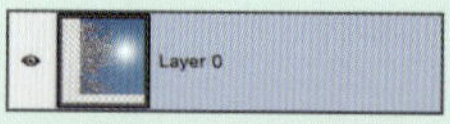

Background 레이어에 작업하면 Background 레이어가 Layer 0으로 변경됨과 동시에 잠금이 해제되며 레이어 이동이 가능합니다.

새 레이어를 생성해 배경 레이어와 분리된 모습

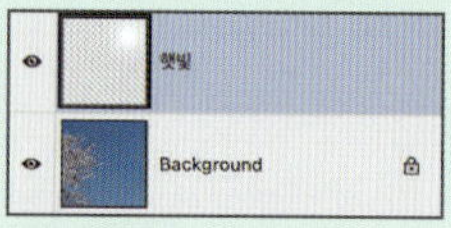

Background 레이어가 유지된 채 다른 레이어를 자유롭게 변형할 수 있습니다.

02 문자 레이어

1 도구 모음에서 [Horizontal text Tool] T 을 클릭합니다.

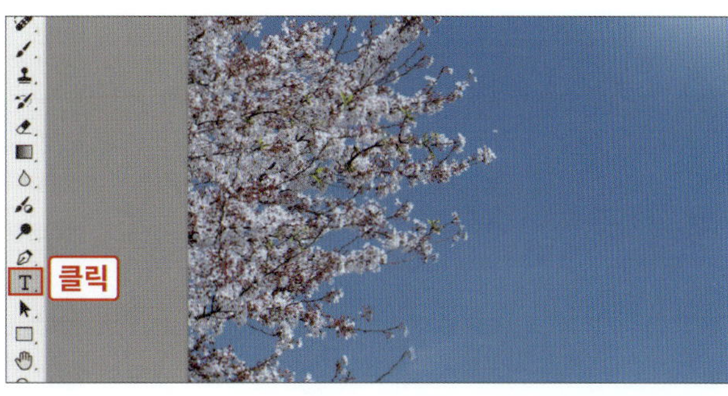

2 ❶ 작업판에 마우스를 한 번 클릭하면 'Lorem Ipsum'이라는 문자가 입력되며 레이어가 생성됩니다. ❷ Character 패널에서 폰트 크기, 색상 등을 설정해 원하는 문구를 입력합니다.

여기서 잠깐 STOP

문자 세부 설정은 옵션, 상황별 작업 표시줄에서도 가능합니다.

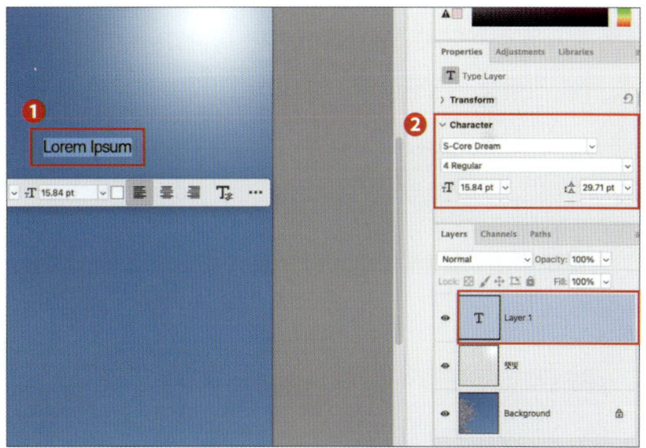

3 여기서는 문자 레이어 두 개를 생성하고 문구를 입력했습니다. 다음 페이지에서 문자 레이어에 효과를 적용해 보겠습니다.

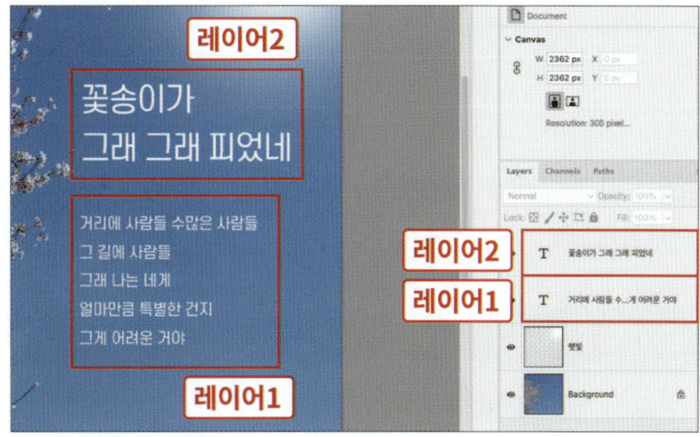

4 문자 레이어를 선택한 상태에서 [Layer Styles] *fx* 를 클릭합니다.

5 [Outer Glow]를 선택합니다.

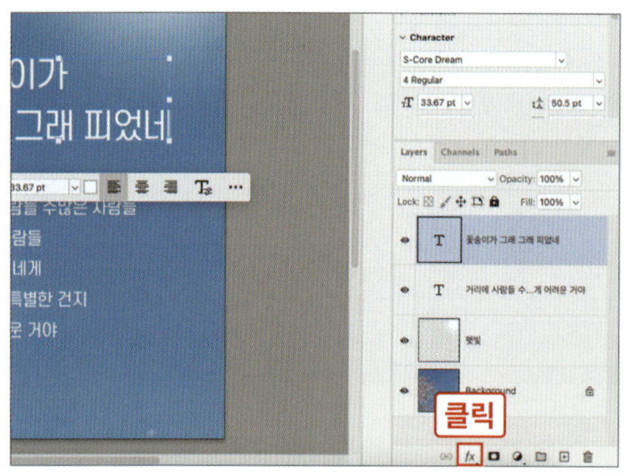

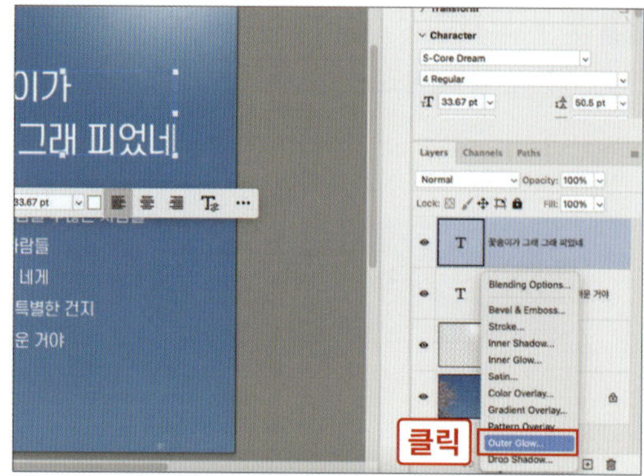

6 효과를 적용할 수 있는 옵션 창이 나타납니다. ❶Blend Mode를 [Screen]으로, Opacity를 45%로 지정, 원하는 색상을 선택, ❷ Size를 60px로 지정한 후 ❸ [OK]를 클릭합니다.

여기서 잠깐 STOP

문자 레이어를 더블클릭해도 Layer Styles 팝업 창이 나타납니다.

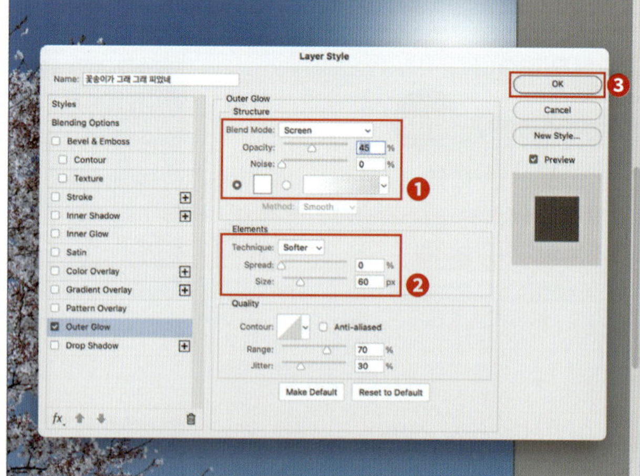

7 문자 레이어에 Outer Glow를 적용해 문자의 바깥쪽이 빛나는 모습입니다.

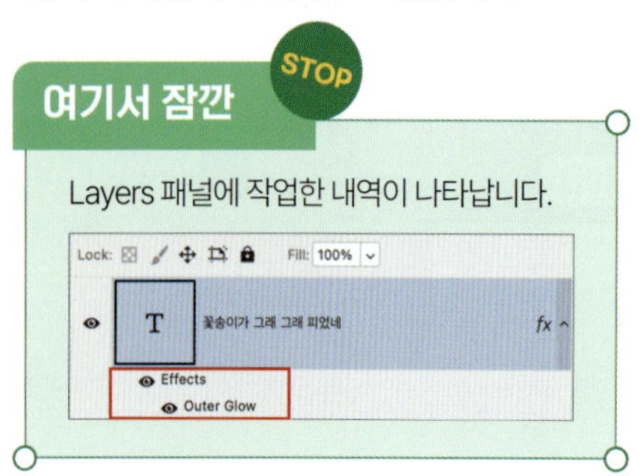

여기서 잠깐 STOP

Layers 패널에 작업한 내역이 나타납니다.

03 이미지 레이어

1 [PSLESSON02] > [꽃모양.eps]
를 레이어 불러오기로 불러옵니다.

2 원하는 크기로 조절한 후 `Enter`를
누릅니다. 이미지가 자동으로 Smart
Object 설정이 되었습니다.

여기서 잠깐 STOP

스마트 오브젝트(Smart Object)는 고급 오브젝트로 일시적으로 벡터 이미지로 만드는 방법입니다.
스마트 오브젝트의 오브젝트는 크기를 키워도 화질이 깨지지 않아 작업의 퀄리티를 유지할 수 있는 장점이 있습니다.

스마트 오브젝트에서 크기를 키웠을 때

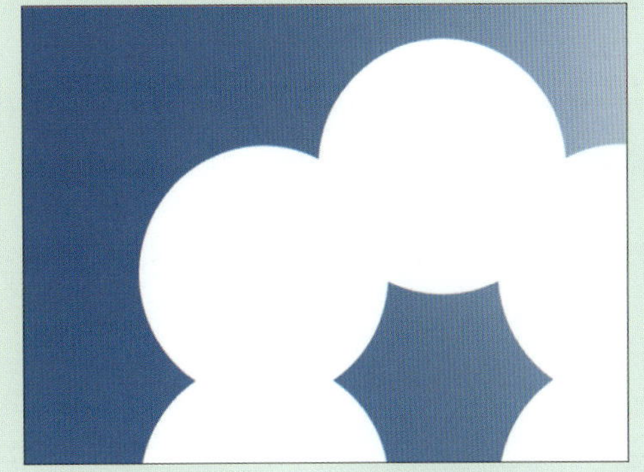

기본 레이어에서 크기를 키웠을 때

04 조정 레이어

1️⃣ ❶ Background 레이어를 선택하고 ❷ Layers 패널의 ◑ [Adjustment Layer](조정 레이어) > [Brightness/Contrast]를 선택합니다.

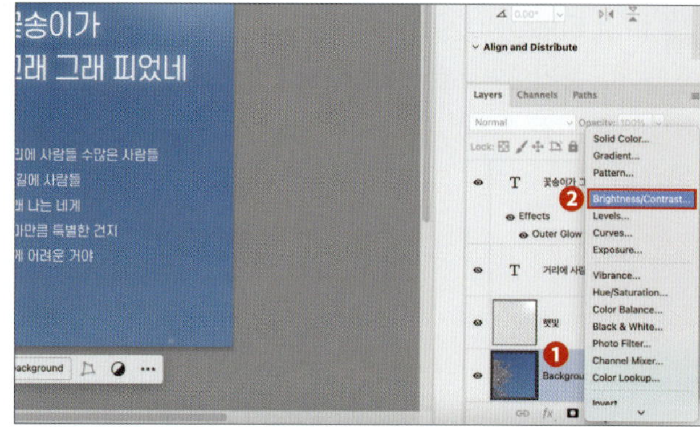

2️⃣ Properties 패널에서 Brightness를 50으로, Contrast를 79로 입력합니다.

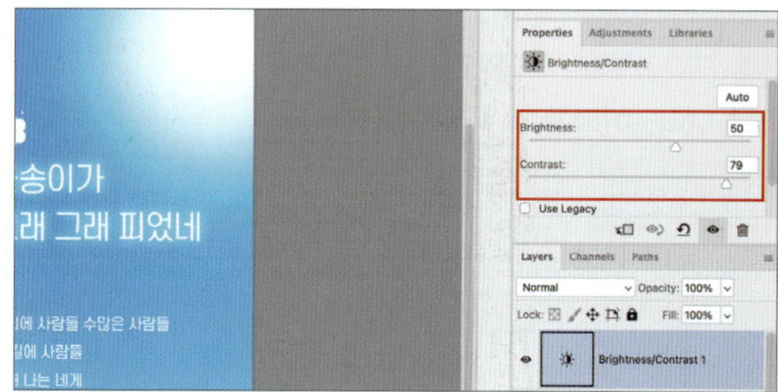

3️⃣ 조정 레이어가 자동으로 생성되었습니다.

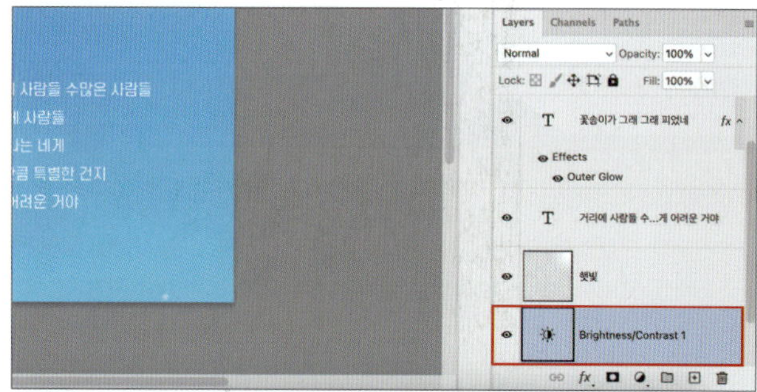

4️⃣ Background 레이어를 선택한 상태에서 단축키 Ctrl / Cmd + J 를 눌러 Background 레이어를 복제합니다.

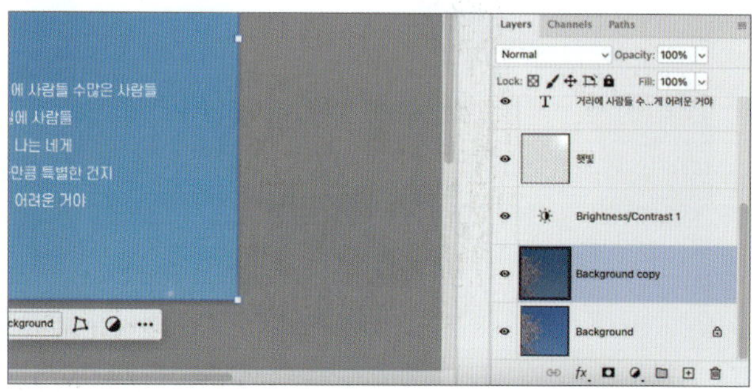

5 화면 상단 메뉴 바에서 [Image] > [Adjustments] > [Brightness/Contrast] 를 클릭합니다.

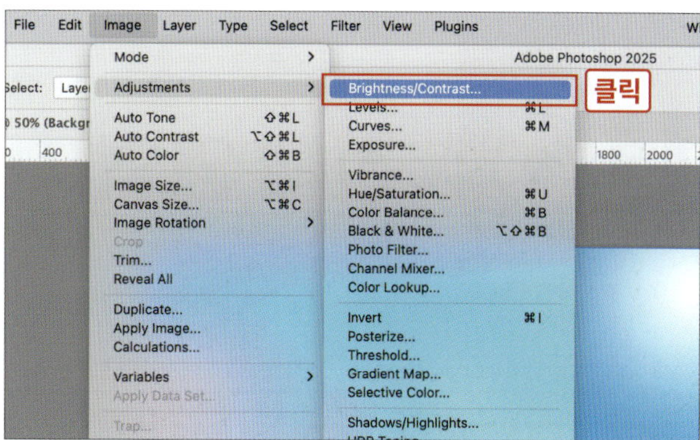

6 ❶ Brightness를 -30, Contrast를 -50으로 입력하고 ❷ [OK]를 클릭합니다.

7 메뉴 바에서 Adjustment를 활용하면 레이어가 생성되지 않은 채 덮여 쓰여 있습니다.

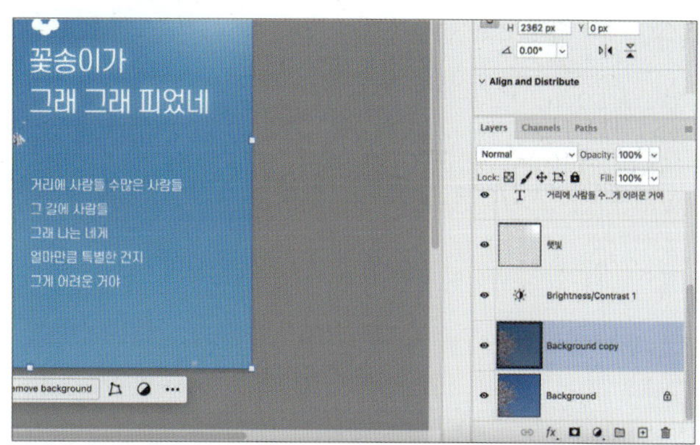

여기서 잠깐 STOP

Layers 패널에서 Adjustment 기능을 적용하지 않고 메뉴 바의 [Image]로 적용하면 조정 레이어가 생성되지 않은 채로 조정 기능이 적용되기 때문에 작업 시 조정 기능 수정이 불가능합니다. 이 점을 유의하여 작업하세요.

사각형과 원을 자유롭고 정밀하게
선택 영역 지정하기

도구 모음을 활용해 선택하기

📁 **예제 파일** PSLESSON03 > 도형.jpg, 올가미.jpg, 개체선택.jpg, 펜툴.jpg

포토샵은 선택 영역을 설정할 수 있는 다양한 도구가 존재합니다. 도구 모음을 이용한 가장 기본적인 선택 도구부터 세밀한 선택 영역 설정까지 알아보겠습니다.

01 도형을 이용해 선택하기

1 [PSLESSON03] > [도형.jpg] 파일을 불러옵니다. 도구 모음에서 [Rectangular Marquee Tool] (사각형 선택 도구)을 클릭합니다.

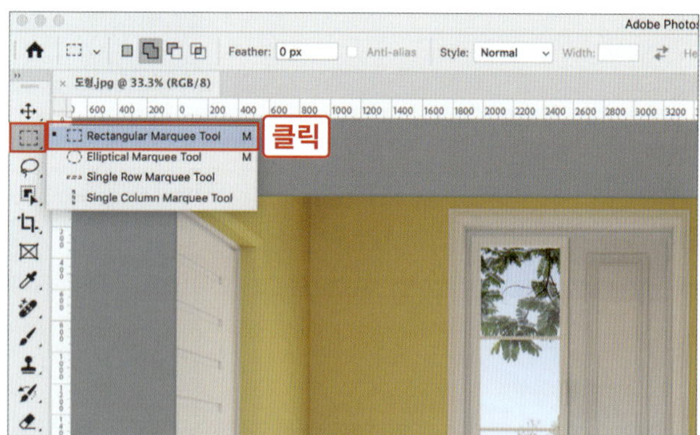

2 왼쪽 창문 모양으로 드래그하여 선택합니다.

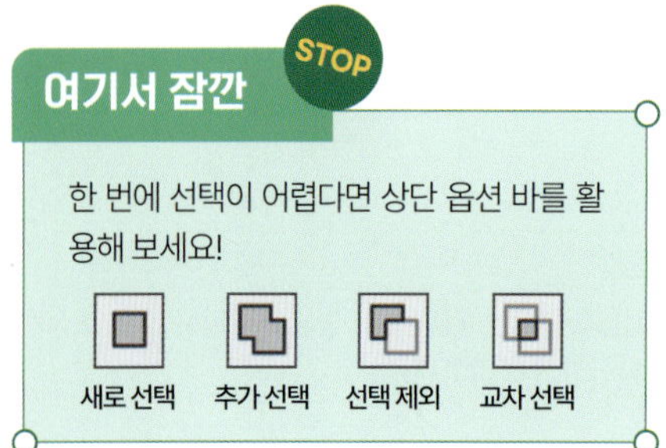

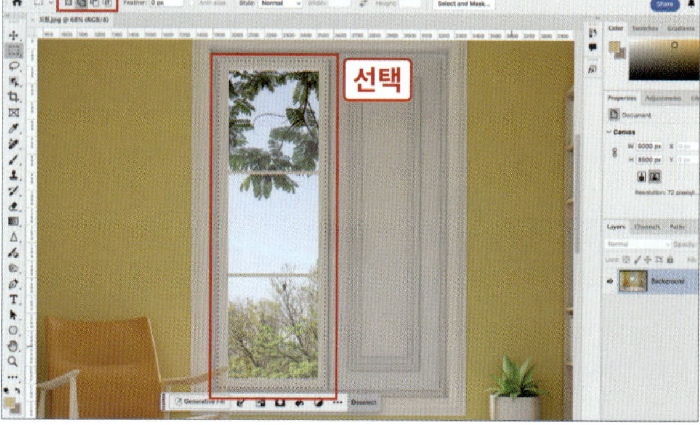

3 ❶ 단축키 Ctrl + J 를 눌러 레이어를 복제합니다. ❷ 단축키 Ctrl / Cmd + T 를 눌러 상황별 작업 표시줄의 ◄| 를 클릭해 이미지를 반전, ❸ 오른쪽으로 이동합니다. 선택 영역이 복제되어 유리창처럼 변경되었습니다.

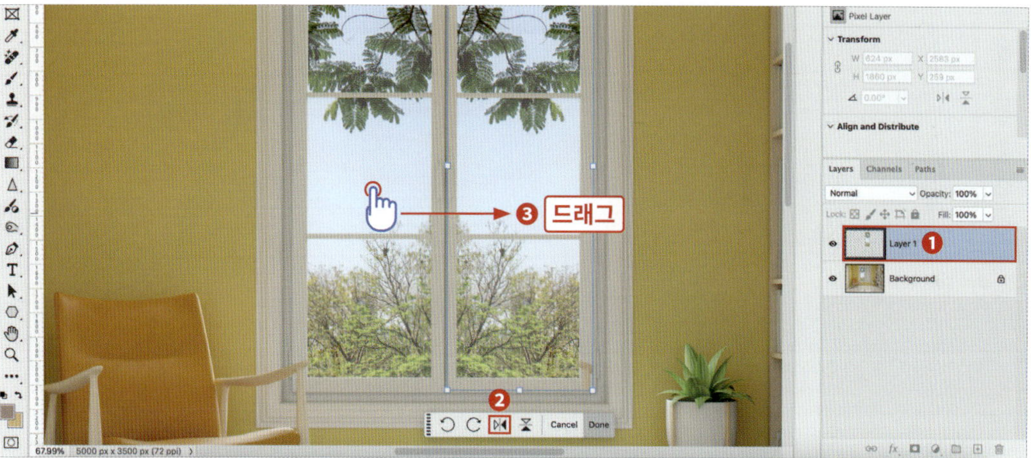

02 올가미를 이용해 선택하기

1 [PSLESSON03] > [올가미.jpg] 파일을 불러옵니다. 도구 모음에서 [Polygonal Lasso Tool] (다각형 올가미 도구)을 선택합니다.

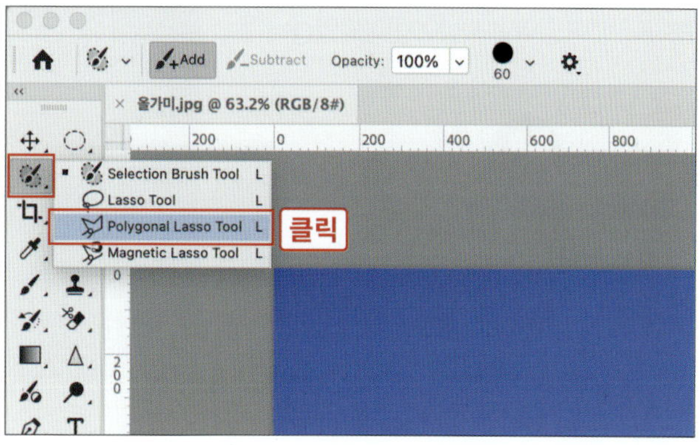

2 간판 모서리를 클릭하면 선택 영역 지점이 나타납니다. 커서를 옮기며 클릭하면 선택한 지점이 실선으로 표시됩니다. 시작 지점으로 마우스를 가져가 클릭하면 올가미 도구 오른쪽에 동그란 모양 이 생기며 선택 영역 지정이 끝납니다.

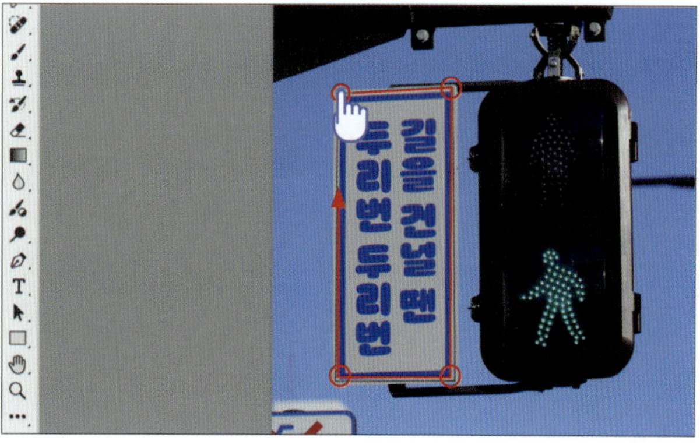

3 선택 영역 지정 상태에서 Layers 패널의 [Adjustment Layer] 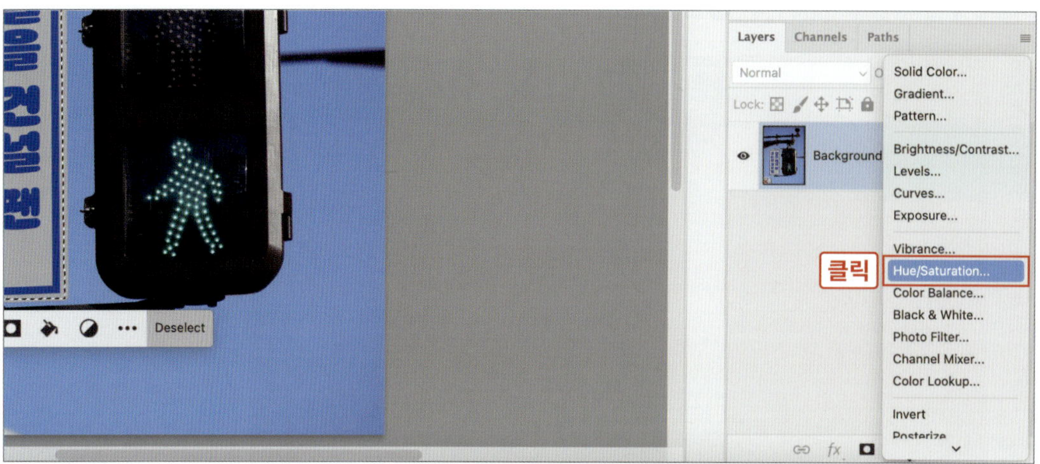 > [Hue/Saturation]을 선택합니다.

4 레이어 마스크가 선택 영역만 씌워진 상태로 조정 레이어가 생성되었습니다. Properties 패널에서 Hue를 +132로 조정합니다. 선택 영역만 색상이 변경되었습니다.

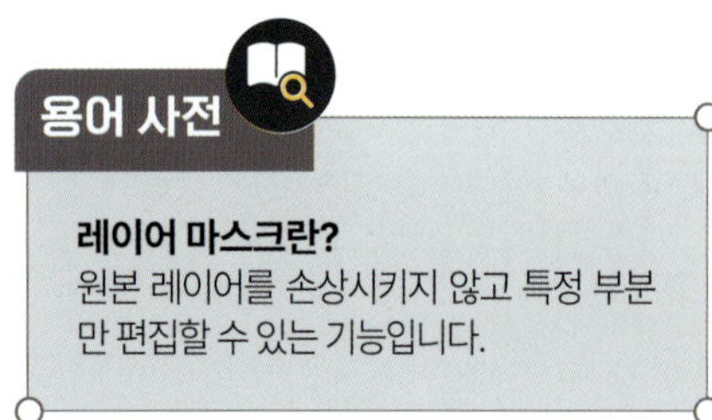

용어 사전

레이어 마스크란?
원본 레이어를 손상시키지 않고 특정 부분만 편집할 수 있는 기능입니다.

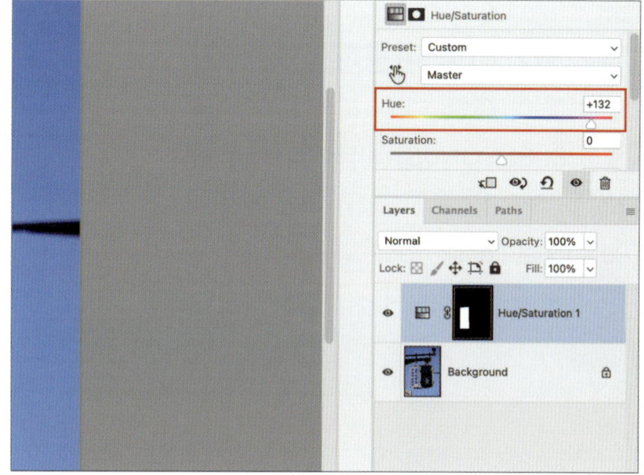

5 도구를 변경하여 다른 영역을 지정해 보겠습니다. 도구 모음에서 [Lasso Tool](올가미 도구)을 선택합니다.

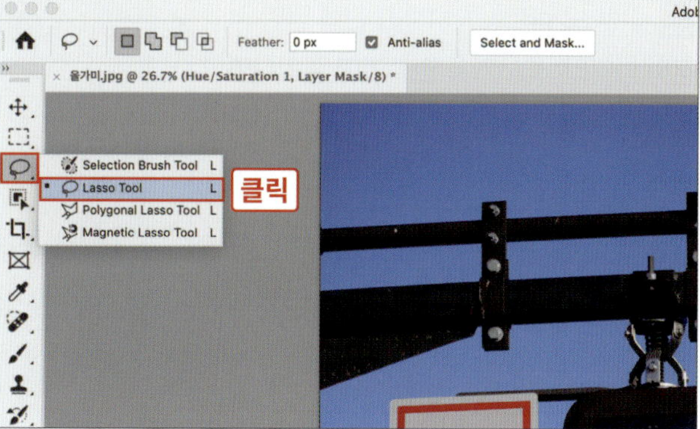

6 왼쪽 하단의 간판을 선택합니다. 마우스 버튼을 꾹 누른 채로 자유롭게 움직인 후 커서를 떼면 선택 영역이 지정됩니다.

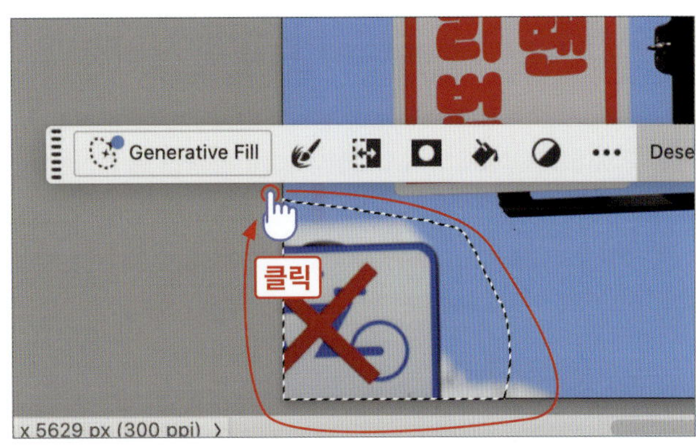

7 Background 레이어를 선택하고 ❶ Layers 패널의 [Adjustment Layer] > [Hue/Saturation]을 선택하면 조정 레이어가 생성됩니다. ❷ 패널에서 Reds를 선택하고 ❸ Saturation을 -100으로 조정합니다. 선택 영역의 빨간색이 회색으로 변경됩니다.

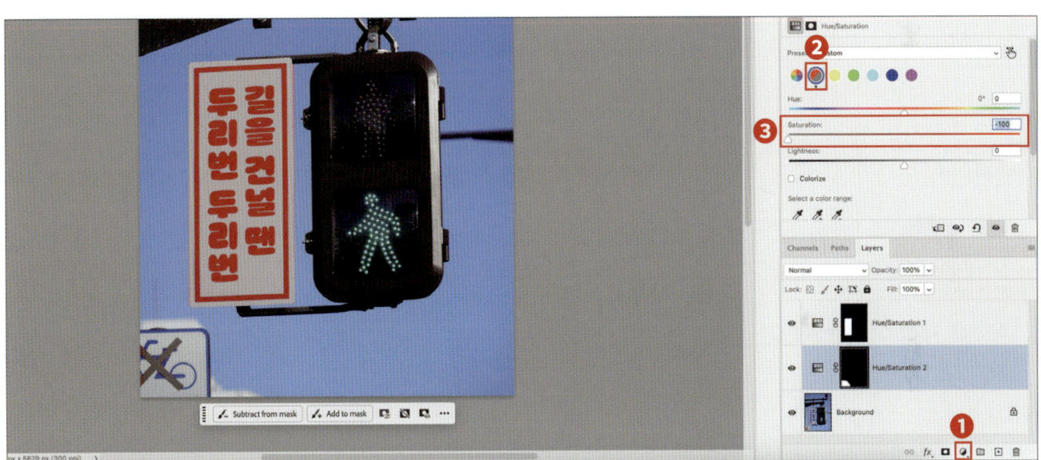

꿀팁!

나머지 올가미 도구도 사용해 보고 유용하게 활용해 보세요.

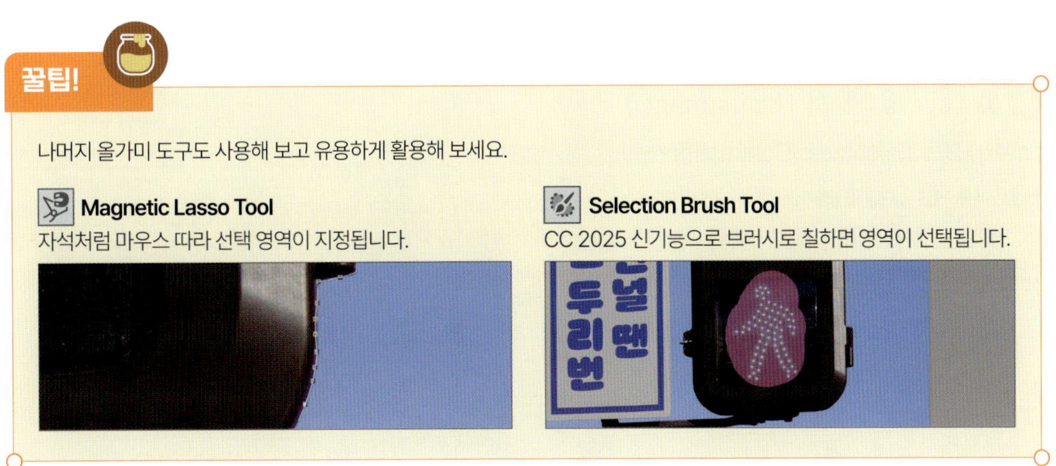

Magnetic Lasso Tool
자석처럼 마우스 따라 선택 영역이 지정됩니다.

Selection Brush Tool
CC 2025 신기능으로 브러시로 칠하면 영역이 선택됩니다.

03 Quick Selection Tool로 선택하기

1 [PSLESSON03] > [개체선택.jpg] 파일을 불러옵니다. 도구 모음에서 [Quick Selection Tool] 을
클릭합니다.

2 감자튀김의 빨간 포장지를 클릭해
선택합니다.

3 ❶ Layers 패널의 [Adjustment
Layer] > [Brightness/Contrast]를 선
택합니다. ❷ Brightness는 50, Contrast
는 100으로 지정합니다. 밝고 선명한 빨간
색이 되었습니다.

여기서 잠깐 **STOP**

선택된 영역을 확대해서 보면 오브젝트가 지저분하게 선택된 것이 보입니다. 따라서 Quick Selection Tool은 디테일한 작업에는 지양하는 것이 좋겠습니다.

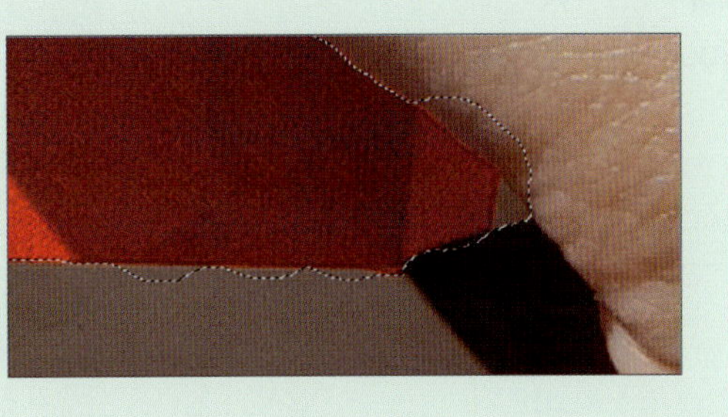

4 햄버거 패티를 선택해 보겠습니다. 도구 모음에서 [Magic Wand Tool] 을 클릭합니다.

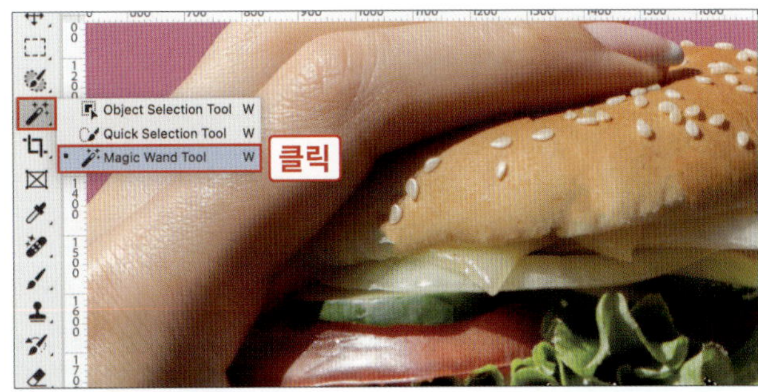

5 ❶ 햄버거 패티를 선택합니다. ❷ Layers 패널의 [Adjustment Layer] ◑ > [Photo Filter]를 선택합니다.

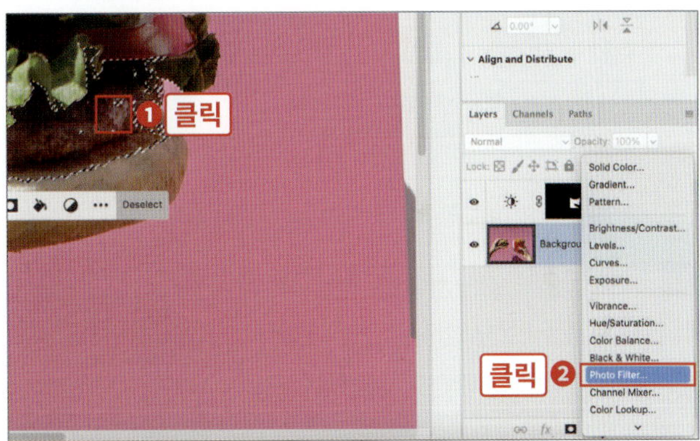

6 ❶ Properties 패널에서 Color를 원하는 색상으로 지정합니다. 예제에서는 주황색으로 변경하겠습니다. ❷ Density를 100%로 조정합니다. 선택 영역의 색상이 변경되었습니다.

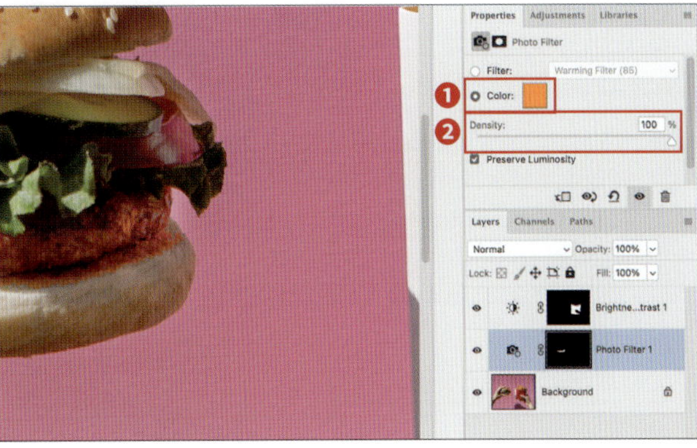

7 도구 모음에서 [Object Selection Tool]🔳을 클릭합니다.

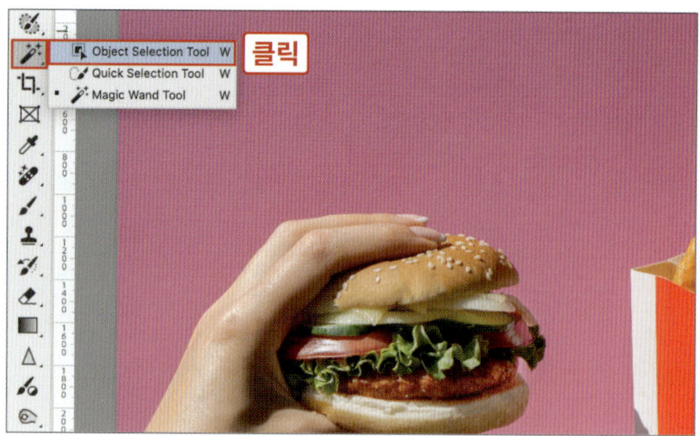

8 [Background] 레이어를 선택한 상태에서 햄버거와 감자튀김, 손을 클릭해 선택합니다.

여기서 잠깐 STOP

한 번에 선택이 어렵다면 상단 옵션 바를 활용해 보세요!

새로 선택   추가 선택   선택 제외   교차 선택

9 단축키 Ctrl / Cmd + Shift + I 를 눌러 선택 영역을 반전시킵니다. 손과 햄버거, 감자튀김을 제외한 배경이 선택영역으로 지정되었습니다.

10 [Background] 레이어를 선택한 상태에서 [Adjustment Layer]  > [Hue / Saturation]을 클릭합니다.

11 ❶ Properties 패널에서 Hue를 +160 으로 지정하고 ❷ Saturation을 -70으로 입력합니다.

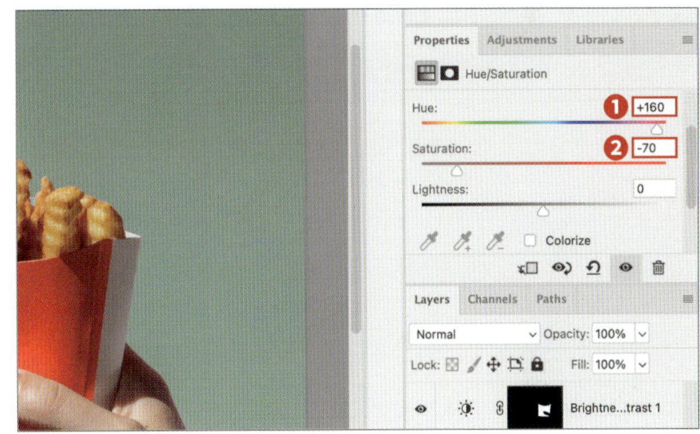

12 선택한 배경만 색상이 변경되었습니다.

04 펜 도구로 선택하기

1 [PSLESSON03] > [펜툴.jpg] 파일을 불러옵니다. 도구 모음에서 [Pen Tool(펜 도구)] 을 클릭합니다.

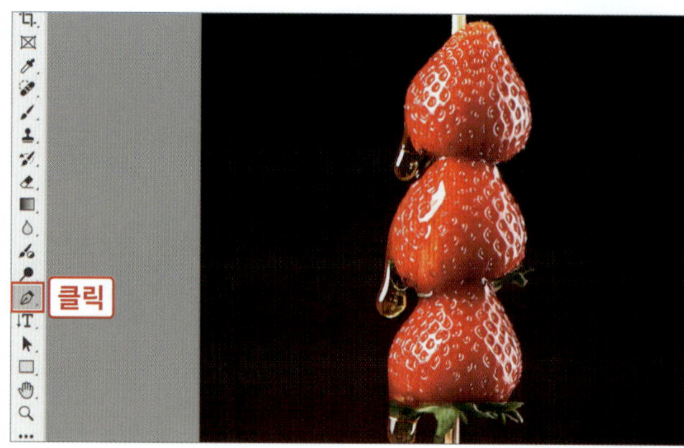

2 사진을 확대해 딸기의 윤곽을 따라 **①** 시작점을 클릭하고 **②** 그 다음 점을 클릭하면 클릭한 부분을 따라 직선이 생성됩니다.

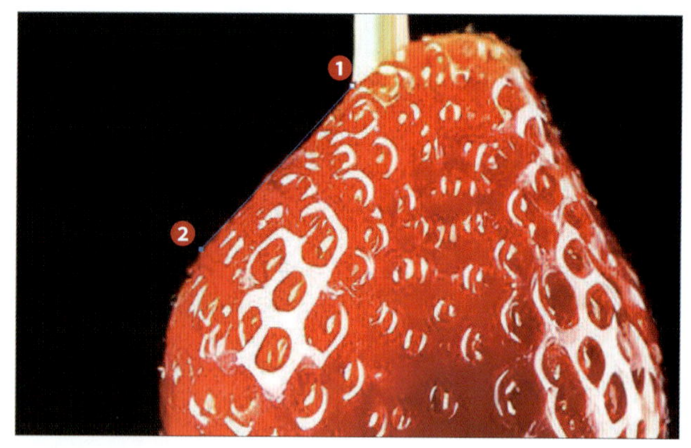

3 곡선은 다음과 같이 작업합니다. **①** 기준점을 마우스로 누른 상태에서 **②** 마우스를 드래그하면 방향선이 생기며 곡선이 생성됩니다.

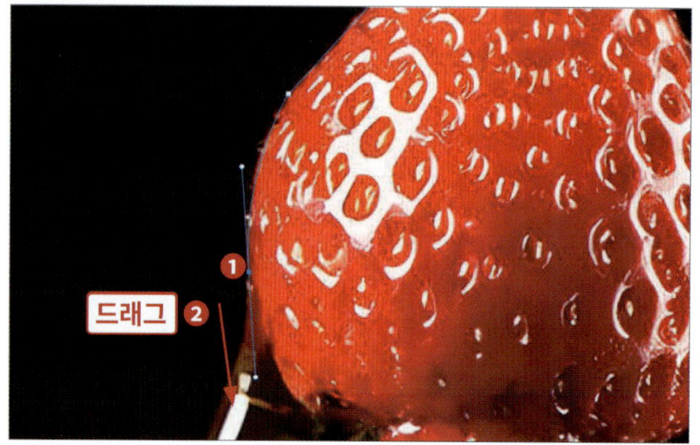

4 딸기 윤곽을 따라 계속해서 패스를 그려 줍니다. 처음 시작 지점으로 마우스를 가져가면 오른쪽에 동그란 모양( )이 나타나면 클릭합니다. 패스가 완성됩니다.

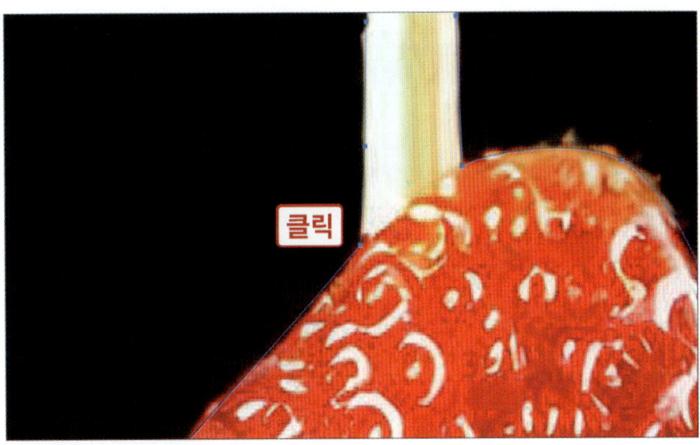

여기서 잠깐 STOP

Alt / Option 을 누른 상태로 방향선을 움직이면 곡선을 정밀하게 조정할 수 있으며, 가운데 점을 누르면 방향선이 잘려 다음 패스를 직선으로 생성할 수 있습니다.

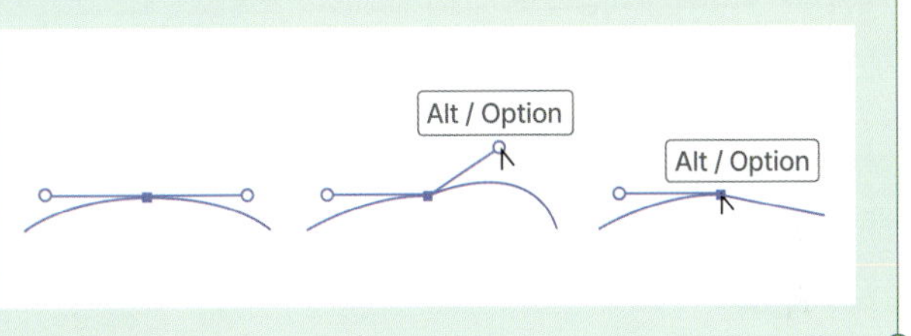

5 ❶ Paths 패널을 클릭합니다. 방금 생성한 Work Path를 선택한 상태로 ❷ 아래의  를 클릭해 패스를 선택 영역으로 변경합니다.

여기서 잠깐 STOP

[Window] > [Paths]를 클릭하면 패스가 패널에 나타납니다.

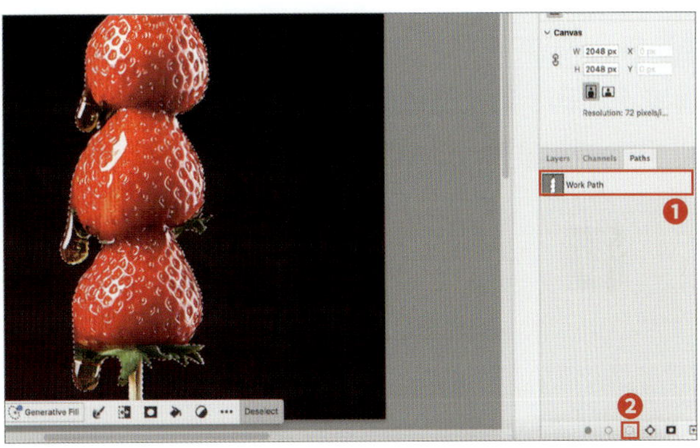

6 ❶ 선택 영역이 지정된 상태에서 단축키 Ctrl + J 를 눌러 선택한 부분만 레이어 복제를 합니다. ❷ Layers 패널에서 [Background] 레이어의 눈을 끄면 딸기 이미지만 선택 영역으로 지정되어 복제된 모습을 볼 수 있습니다.

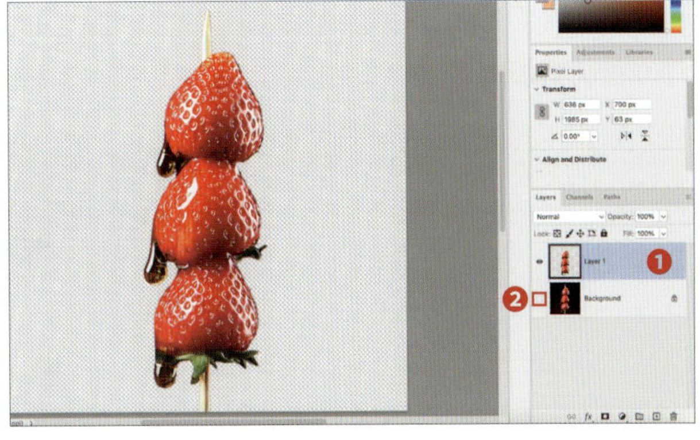

채널을 활용해 선택하기

📁 **예제 파일** PSLESSON03 > 채널.jpg, 채널_합성.jpg

도구 모음은 복잡한 영역을 선택하는 데 시간이 많이 걸려 불편합니다. 그럴 때는 채널을 활용하면 쉽고 빠르게 선택 영역을 지정할 수 있습니다.

1 [PSLESSON03] > [채널.jpg] 파일을 불러옵니다. 패널에서 [Channels](채널)를 클릭하면 색상별로 채널이 나뉘어져 있음을 알 수 있습니다.

여기서 잠깐 STOP

[Window] > [Channels]를 클릭하면 Channels가 패널에 나타납니다.

2 Blue 채널만 선택하면 흑백으로 하늘과 유채꽃이 확연히 분리되어 보입니다. Blue 채널을 복사합니다.

3 메뉴 바에서 [Image]> [Adjustments] > [Levels](레벨)를 클릭합니다.

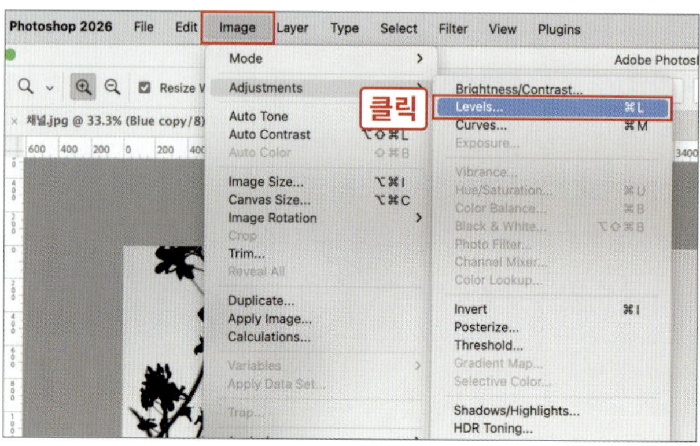

4 ❶ 오른쪽 세 번째 숫자 값을 87로 변경합니다. 하늘과 유채꽃이 검은색과 흰색으로 더 확실히 구분되었습니다. ❷ [OK]를 클릭합니다.

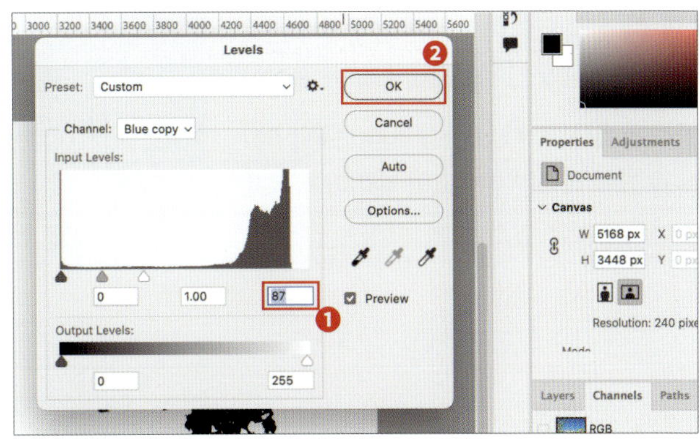

5 RGB 채널을 클릭하면 화면의 이미지가 원래의 색상으로 돌아옵니다.

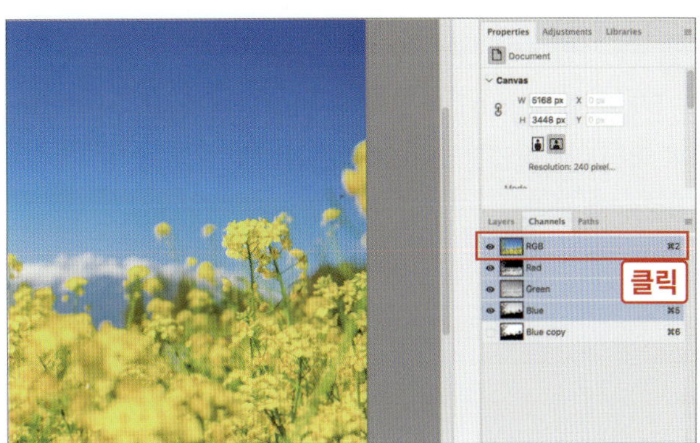

6 메뉴 바에서 [Select] > [Load Selection](선택 영역 불러오기)을 클릭합니다.

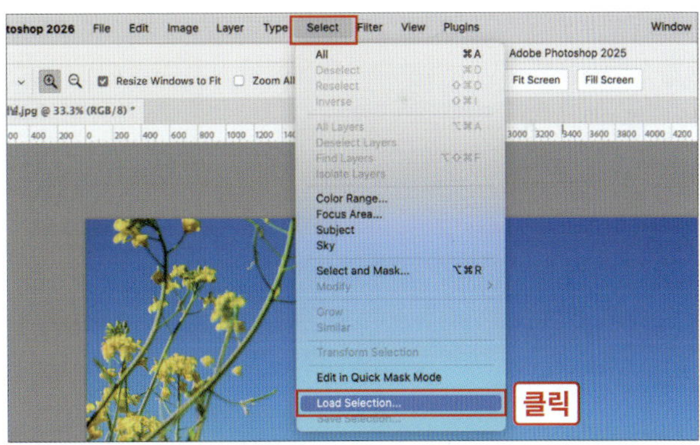

7 ❶ Channel을 [Blue copy]로 선택하고 ❷ [OK]를 클릭합니다.

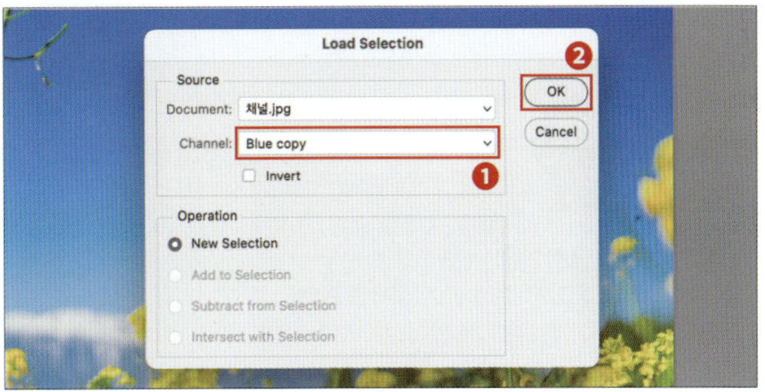

8 ❶ 선택 영역이 지정된 상태에서 단축키 Ctrl / Cmd + J 로 선택 부분만 레이어 복제를 합니다. ❷ Background 레이어를 눈을 끄면 하늘만 선택되어 레이어가 복제되었음을 알 수 있습니다.

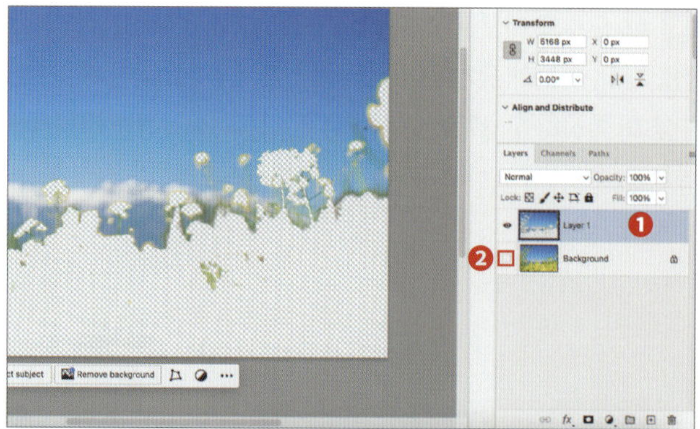

9 ❶ 작업판에 [PSLESSON03] > [채널_합성.jpg] 파일을 불러옵니다. 이미지를 작업판 크기로 키운 후 ❷ [Done]을 클릭합니다.

10 '채널_합성' 레이어에서 마우스 오른쪽 버튼을 클릭하고 [Create Clipping Mask] (클리핑 마스크 생성)을 클릭합니다.

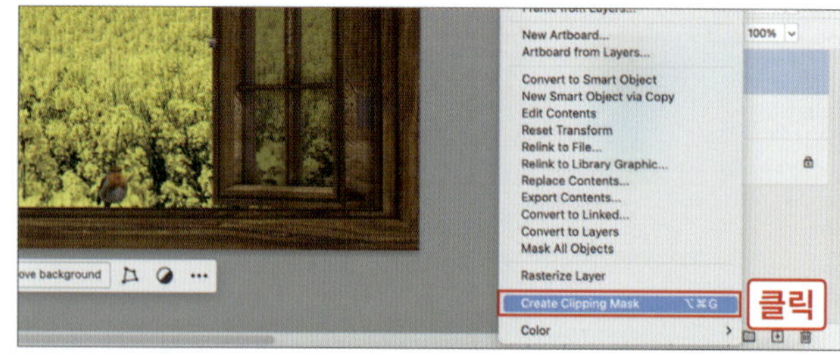

11 '채널_합성' 레이어가 아래 레이어에 클리핑 마스크 효과가 적용되어 합성되었습니다.

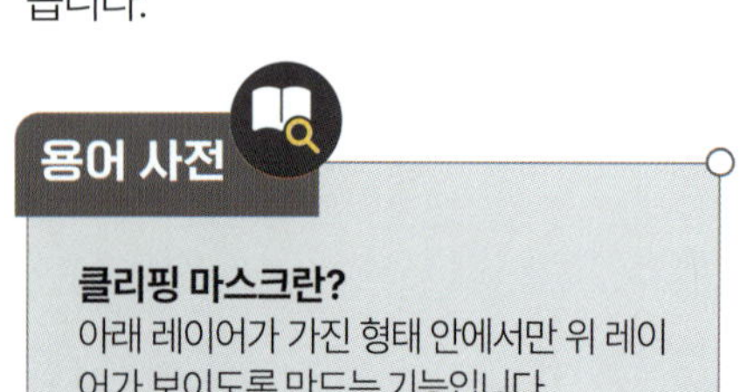

용어 사전

클리핑 마스크란?
아래 레이어가 가진 형태 안에서만 위 레이어가 보이도록 만드는 기능입니다.

메뉴 바를 활용해 선택하기

📁 **예제 파일** PSLESSON03 > Select 하늘.jpg, Select 메뉴바.jpg

색상이 다양한 물체를 선택할 때에는 메뉴 바를 활용하면 정확도 높게 선택 영역을 지정할 수 있습니다. 포토샵 2021 버전부터 사용할 수 있는 메뉴 바의 [Select](선택)를 활용해 선택 영역을 지정해 보겠습니다.

01 하늘 선택하기

1 [PSLESSON03] > [Select 하늘.jpg] 파일을 불러옵니다. 메뉴 바에서 [Select] > [Sky](하늘)를 클릭합니다.

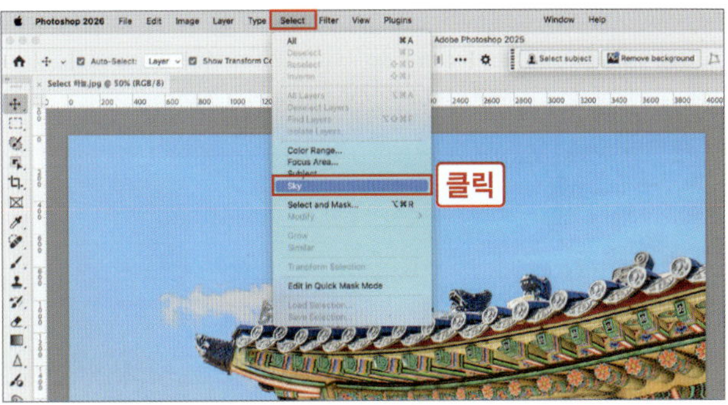

2 ❶ 단축키 Ctrl + U 를 눌러 Hue/Saturation을 열고 ❷ Hue를 +180으로 지정한 후 ❸ [OK]를 선택합니다.

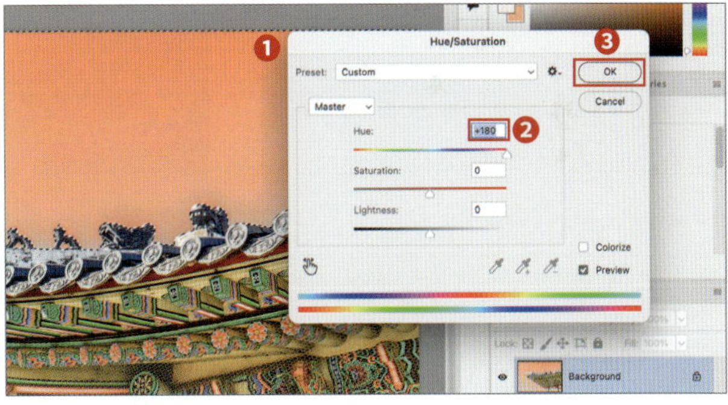

3 하늘이 노을 진 것처럼 색상이 변경되었습니다.

02 물체 선택하기

1 [PSLESSON03] > [Select 메뉴
바.jpg] 파일을 불러옵니다.

2 메뉴 바에서 [Select] > [Subject](물체)
를 클릭합니다.

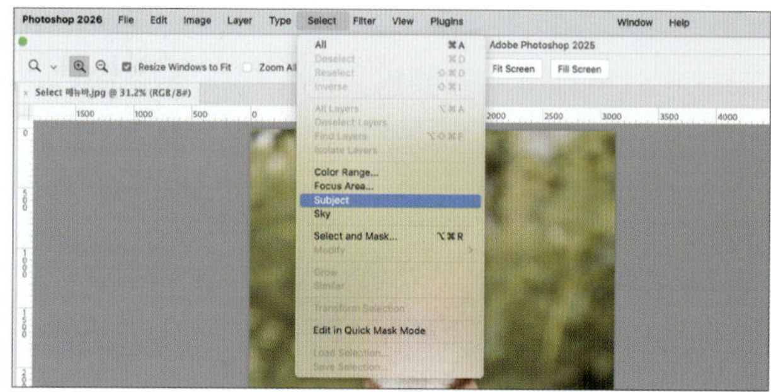

3 강아지만 선택 영역으로 지정되었습
니다.

4 강아지 털을 선택하기 위해 메뉴 바에
서 [Select] > [Select and Mask](선택 및
마스크)를 클릭합니다.

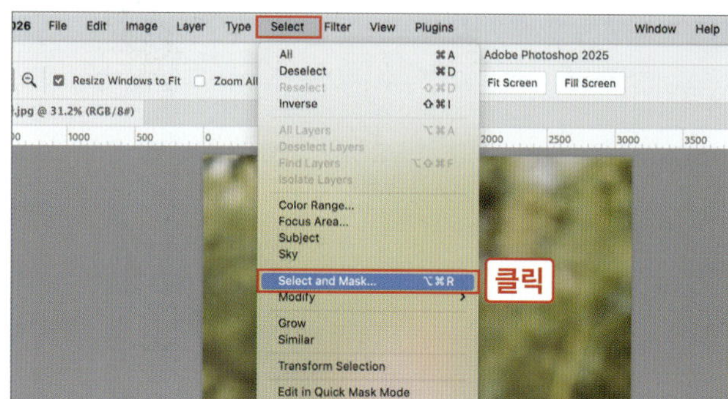

5 Select and Mask 팝업 창이 나타납니다. 왼쪽 도구 모음에서 [Refine Edge Tool] (가장자리 다듬기 도구)을 선택합니다.

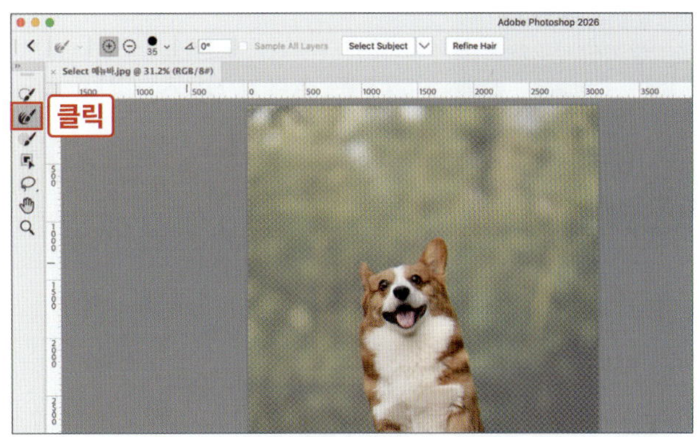

6 강아지의 가장자리 털 부분을 드래그합니다. 털이 섬세하게 선택되었습니다.

7 ❶ 강아지 발을 선택하기 위해 왼쪽 도구 모음에서 [Quick Selection Tool] (빠른 선택 도구)을 클릭합니다. ❷ 발 부분을 드래그합니다. 발이 선명하게 나타나며 선택 영역으로 지정되었습니다. ❸ [OK]를 클릭합니다.

8 강아지가 선택 영역으로 지정된 상태에서 단축키 Ctrl + J 를 눌러 레이어 복제를 합니다. ❷ Background 레이어를 끄면 강아지 털이 섬세하게 선택된 채로 복제되었음을 알 수 있습니다.

포토샵의 핵심 기능
사진 보정 기초

이미지 알맞게 자르기

📁 **예제 파일** PSLESSON04 > 사진 알맞게 자르기.jpg

사진을 보정할 때 필요 없는 부분을 자르거나 각도를 조절하여 이미지를 조정하면 분산된 시선을 집중시켜 정보 전달에 효율적입니다. 사진을 알맞게 자르는 방법을 알아보겠습니다.

미리보기
PREVIEW
—

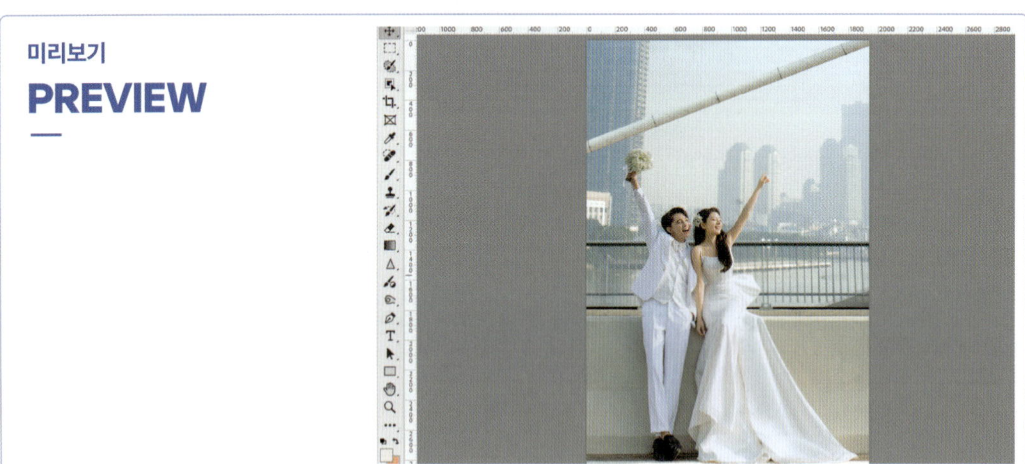

1 [PSLESSON04] > [사진 알맞게 자르기.jpg] 파일을 불러옵니다. 사진이 기울어져 있습니다. 작업을 시작하기 전에 Layers 패널에서 Background 레이어를 선택한 상태에서 ➕로 드래그하면 레이어 복사본이 생성됩니다.

2 ❶ 단축키 [Ctrl] + [R] 를 누르면 눈금자 가이드라인이 생성됩니다. 상단 눈금자를 안쪽으로 끌어와 놓으면 파란색의 수평 가이드라인이 생성됩니다. ❷ 단축키 [Ctrl / Cmd] + [T] 를 눌러 자유 변형을 활성화한 후 가이드라인에 맞춰 사진을 회전시켜 수평을 맞춥니다.

3 ❶ 도구 모음에서 [Crop Tool](자르기 도구)을 선택하고 ❷ 원하는 크기로 선택 영역을 지정한 뒤 ❸ [Done]을 클릭합니다.

4 다리를 늘려 비율을 좋게 만들어 보겠습니다. ❶ 단축키 [Ctrl] + [T] 를 눌러 자유 변형을 활성화합니다. ❷ [Ctrl / Cmd] 를 누른 상태에서 아래 꼭지점을 늘리면 선택한 부분의 이미지만 늘어납니다. ❸ 사진을 마름모 모양으로 조정해 [Done]을 클릭합니다.

5 불필요한 배경 제거와 비율이 좋은 신랑 신부의 모습이 완성되었습니다.

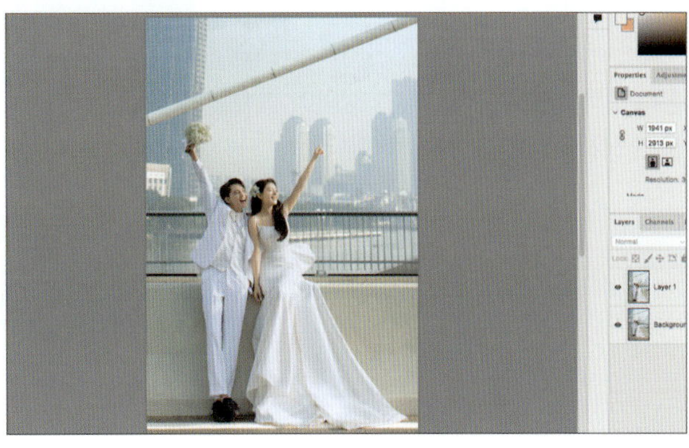

조정 기능 활용하기

조정 기능을 사용하여 사진을 보정할 때는 색조, 채도, 명도를 보완하는 것도 중요하지만, 미세한 조정으로 풍부한 이미지를 만드는 것도 중요합니다.

1 [PSLESSON04] > [조정.jpg] 파일을 불러옵니다. 작업 시작 전 Layers 패널에서 Background 레이어를 선택한 상태에서 ➕로 드래그하면 레이어 복사본이 생성됩니다.

2 메뉴 바에서 [Image] > [Adjustments] > [Levels]를 클릭합니다.

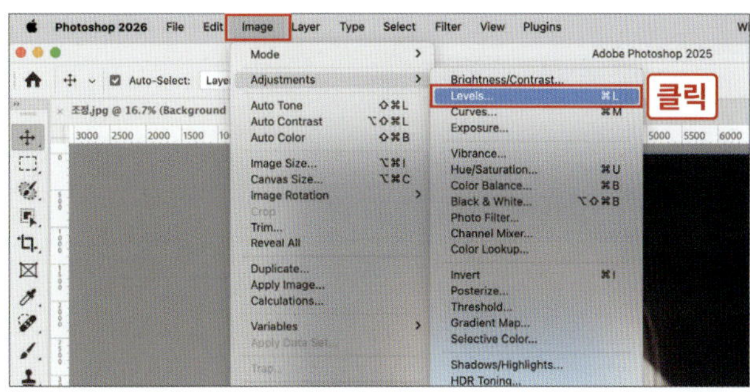

여기서 잠깐 STOP

패널이 아닌 메뉴에서 Adjustments를 사용하는 경우 레이어가 생성되지 않습니다.

3 ❶ 왼쪽 첫 번째 값을 25로, ❷ 세 번째 값을 240으로 지정합니다. ❸ [OK]를 클릭합니다.

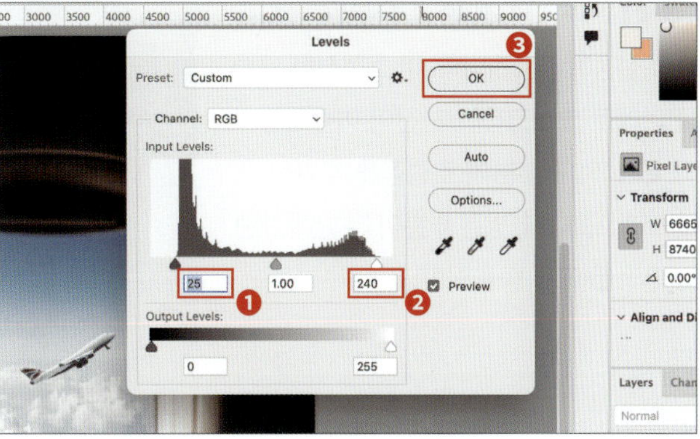

여기서 잠깐 STOP

Levels(레벨)의 그래프는 왼쪽의 어두운 영역(Shadow), 가운데의 중간 밝기 영역(Mid tone), 오른쪽의 밝은 영역(Highlight)으로 나뉩니다. 양옆의 영역을 가운데 영역으로 가깝게 지정할수록 사진의 대비감이 높아집니다.

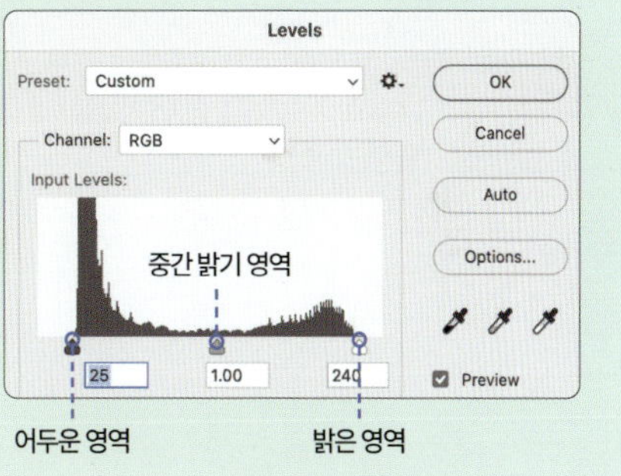

4 사진에 대비감이 생겼습니다.

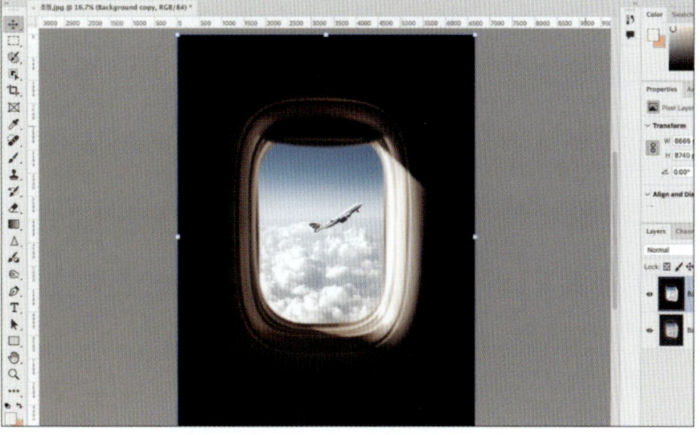

5 구름의 질감을 살리면서 사진의 깊이감을 만들어 보겠습니다. 메뉴 바에서 [Image] > [Adjustments] > [Curves](곡선)를 클릭합니다.

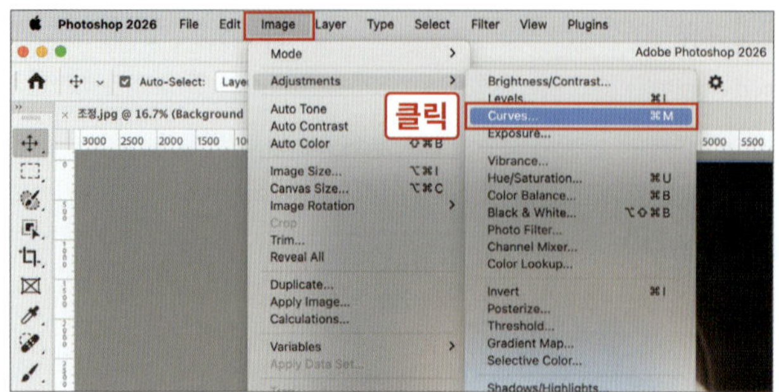

6 ❶ 그래프의 선 중간 부분을 클릭하면 조절점이 추가됩니다. 이 조절점을 오른쪽 아래로 드래그하면 사진이 어두워집니다. ❷ 선의 윗부분에 조절점을 추가해 위로 드래그합니다. 밝은 부분이 더 밝게 표현됩니다. ❸ [OK]를 클릭합니다.

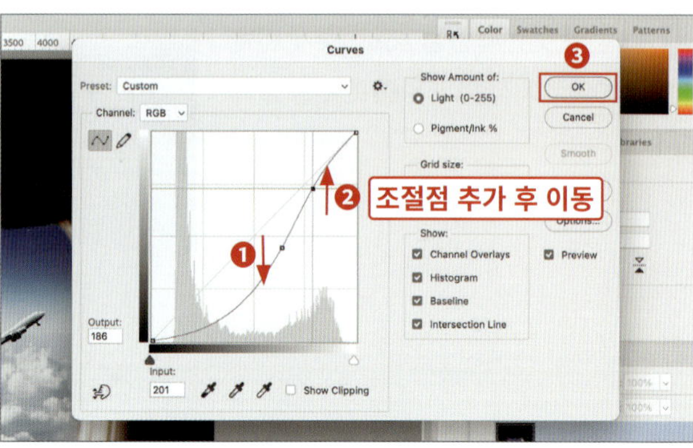

여기서 잠깐 STOP

Curves(곡선)의 그래프는 밝은 영역과 어두운 영역이 위아래와 사선으로 구성되어 있습니다. 기준점을 계속 추가할 수 있는 것이 장점이며, Levels 기능보다 좀 더 세심하게 대비감 조절을 할 수 있는 것이 특징입니다.

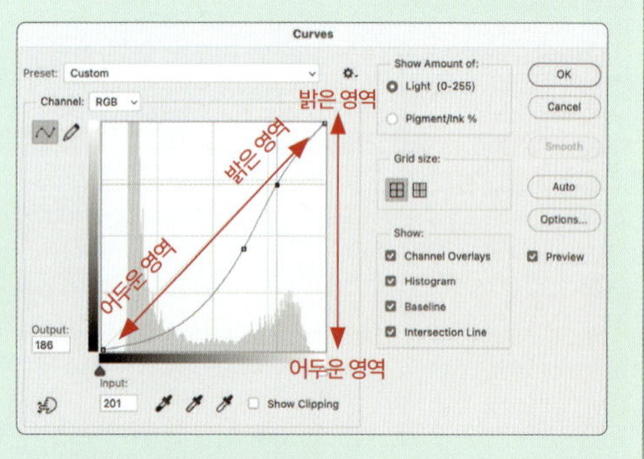

7 곡선 기능을 추가해 구름이 좀 더 입체적인 톤으로 설정되었습니다.

Adjustments 패널 알아보기

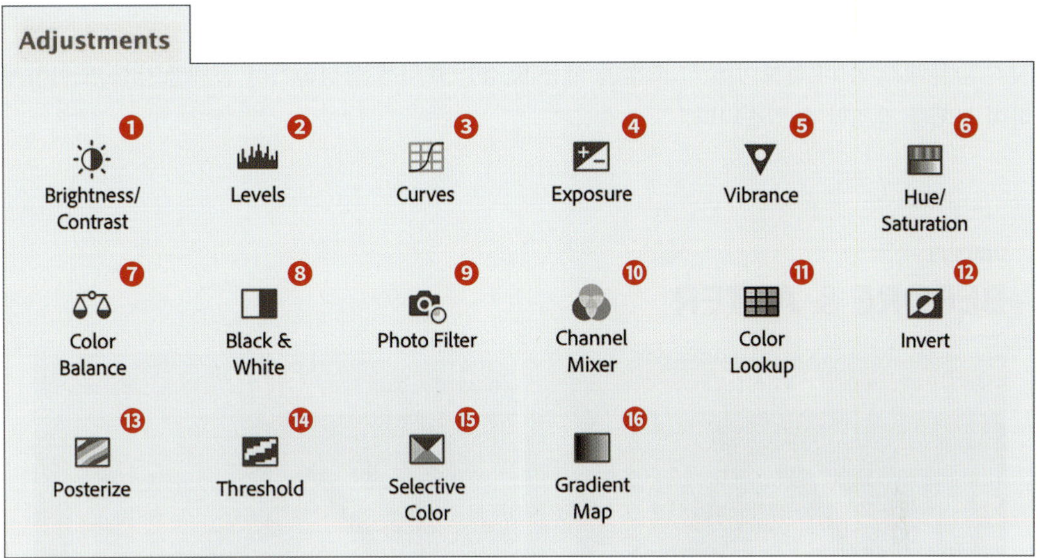

❶ **밝기 / 대비**	이미지의 밝기와 대비를 조절하는 기능입니다.
❷ **레벨**	이미지의 명도와 대비를 좀 더 세분화해서 조절하는 기능입니다.
❸ **곡선**	이미지의 명도와 대비를 곡선으로 자유롭게 조절하는 기능입니다.
❹ **노출**	노출 값을 조절하는 기능으로 너무 밝아서 사라진 질감과 디테일을 살릴 때 주로 사용합니다.
❺ **활기**	채도와 생동감을 보정하는 기능으로, CMYK 모드에는 적용할 수 없는 기능입니다.
❻ **색조 / 채도**	색상, 채도, 명도를 조절하는 기능입니다.
❼ **색상 균형**	색상의 균형을 맞추는 기능으로 서로 반대되는 색상을 추가해 균형을 맞춥니다.
❽ **흑백**	특정 색상을 흑백으로 변경해 주는 기능입니다. CMYK 모드에서는 적용할 수 없습니다.
❾ **포토 필터**	이미지의 전체적인 색조를 변경하는 기능입니다.
❿ **채널 혼합**	색상을 추가하고, 혼합하는 기능입니다.
⓫ **컬러 룩업**	이미지의 색감과 톤을 특유한 느낌으로 변경하는 기능입니다.
⓬ **반전**	이미지의 색상을 반전시키는 기능입니다.
⓭ **포스터화**	이미지를 구성하는 색상 단계를 단순화하는 기능입니다.
⓮ **한계 값**	이미지의 음영 단계를 조절하는 기능입니다.
⓯ **색상 선별 보정**	특정한 색상만 선택해서 원하는 색상으로 변경하는 기능입니다.
⓰ **그레이디언트 맵**	그레이디언트 견본 색상을 사용하여 이미지의 픽셀 밝기에 따라 색상을 변경하는 기능입니다.

필터 활용하기

사진의 물체가 좀 더 돋보이게 하고 싶을 때는 배경을 흐리게 설정하거나 물체를 더욱 또렷하게 하여 물체를 강조할 수 있습니다.

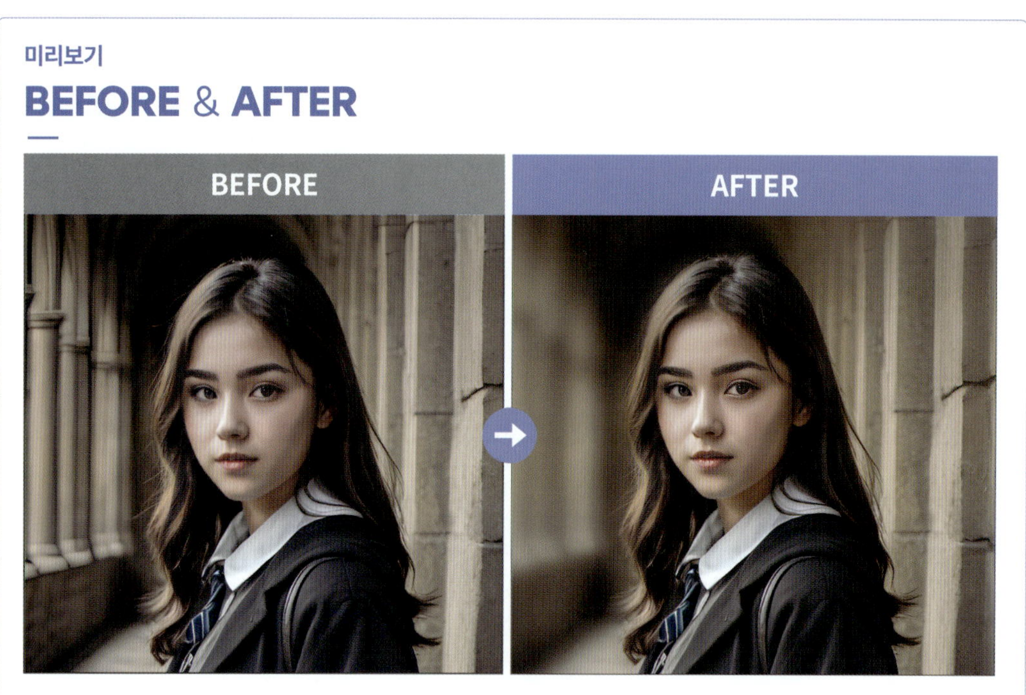

1 [PSLESSON04] > [필터.jpg] 파일을 불러옵니다. Layers 패널에서 Background 레이어를 선택한 상태에서 ➕로 드래그하면 레이어 복사본이 생성됩니다.

2 메뉴 바에서 [Select] > [Subject]를 클릭합니다.

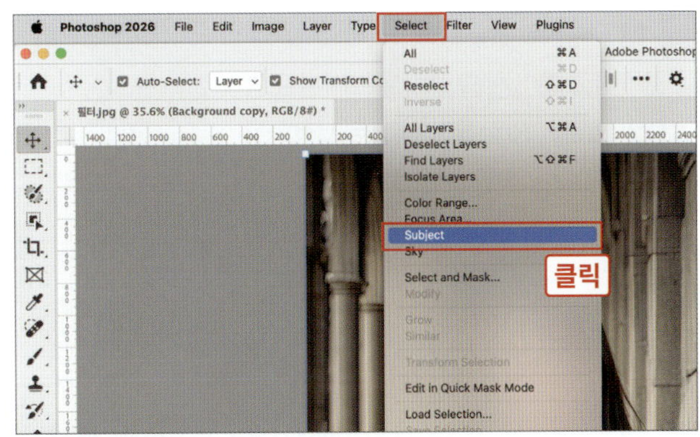

3 선택 영역이 지정된 상태에서 단축키 Ctrl / Cmd + Shift + I 를 눌러 선택 영역을 반전합니다. ❶ Layers 패널에서 ▣를 클릭해 레이어 마스크를 생성합니다. ❷ 레이어 마스크가 아닌 이미지를 선택합니다.

4 메뉴 바에서 [Filter] > [Blur] > [Gaussian Blur]를 클릭합니다.

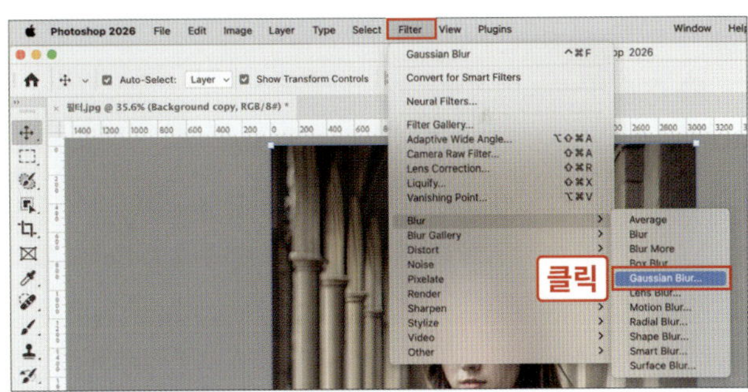

5 ❶ 흐림 효과의 값을 15로 지정하고 ❷ [OK]를 클릭합니다. 클리핑 마스크가 지정된 배경이 흐려졌습니다.

6 ❶ Layers 패널에서 클리핑 마스크를 클릭하고 ❷ ✏ 를 클릭해 브러시 모양을 Soft Brush, Size를 500px로 지정하고 Opacity를 50%로 설정합니다.

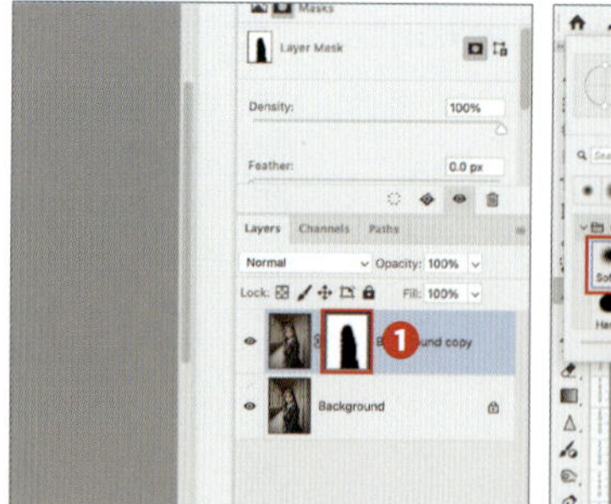
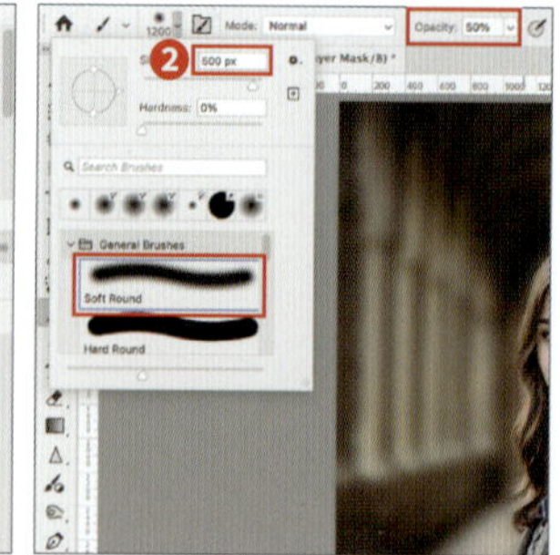

7 ❶ [Set foreground color]의 색상을 '000000'으로 지정, ❷ 레이어 마스크를 선택한 상태에서 오른쪽에 있는 벽을 브러시를 이용하여 드래그합니다. 오른쪽에 있는 Gaussian Blur로 흐려진 벽이 선명해집니다.

꿀팁!

물체와 가까운 영역에 흐림 효과를 제거하면 좀 더 자연스러운 이미지가 완성됩니다.

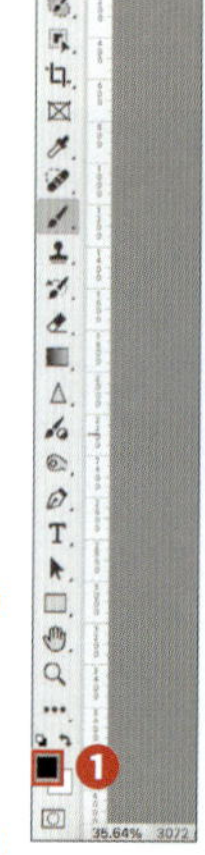

8 얼굴을 선명하게 만들어 보겠습니다. ❶ [Elliptical Marquee Tool] ⭕ (원형 선택 도구)을 선택하고 ❷ Feather 값을 30px로 지정, ❸ 드래그해 얼굴을 선택합니다.

9 ❶ Layers 패널에서 [Background] 레이어를 복제한 상태에서 ▢ 를 클릭해 레이어 마스크를 생성합니다. ❷ 레이어 마스크가 아닌 이미지를 선택합니다.

10 메뉴 바에서 [Filter] > [Sharpen] > [Smart Sharpen](고급 선명 효과)을 클릭합니다.

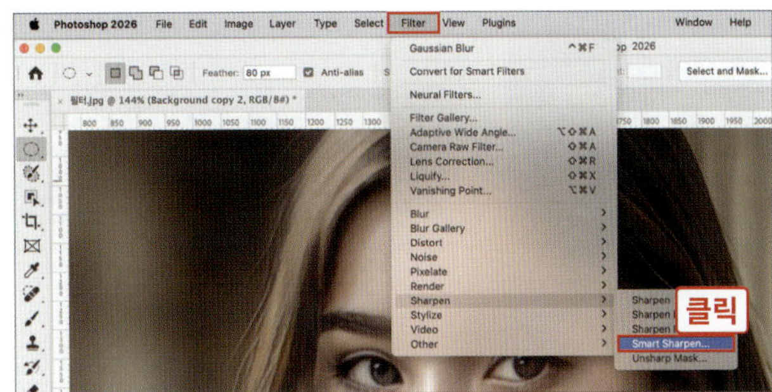

11 ❶ Amount를 100%로, Radius를 4px로, Reduce Noise를 100%로 지정합니다. ❷ [OK]를 클릭합니다.

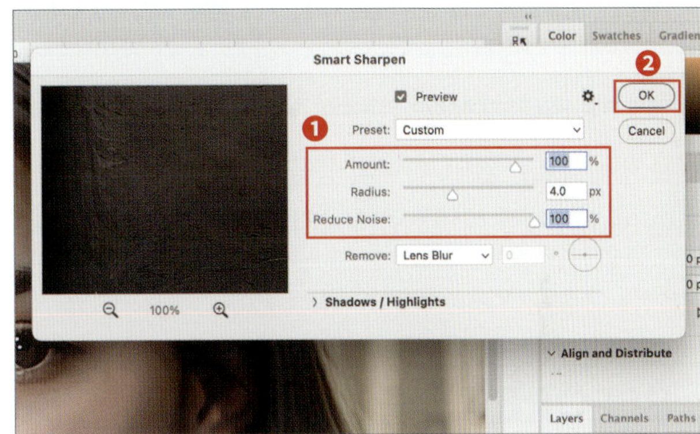

용어 사전

Amount란?
선명도의 양을 수치로 나타낸 값입니다. 퍼센트가 높아질수록 선명도가 높아집니다.

Radius란?
이미지의 반경(선, 음영 등) 값으로 값이 커질수록 반경이 굵어집니다.

Reduce Noise란?
선명도를 높이면 생기는 노이즈를 부드럽게 만들어 주는 값으로, 퍼센트가 높아질수록 이미지가 부드러워집니다.

12 소녀의 얼굴이 선명해졌습니다.

Before & After가 확실하게!
사진 보정 응용

일반인을 모델 같이, 인물 보정하기

📁 **예제 파일** PSLESSON05 > 인물.jpg 📁 **완성 파일** PSLESSON05 > 인물.psd

인물의 불필요한 잡티, 잔머리 등을 정리하고 윤곽을 보정하여 깔끔한 이미지를 만드는 것도 중요하지만 이 모든 것을 자연스럽게 보정하는 것이 가장 중요합니다.

미리보기
BEFORE & AFTER

01 도장 도구로 잔머리 정리하기

1 포토샵에 [PSLESSON05] > [인물.jpg] 파일을 엽니다.

2 인물 주변의 흐트러진 잔머리를 정리해 보겠습니다. Layers 패널에서 Background 레이어를 선택하고 ＋를 클릭해 레이어 복사본을 생성합니다.

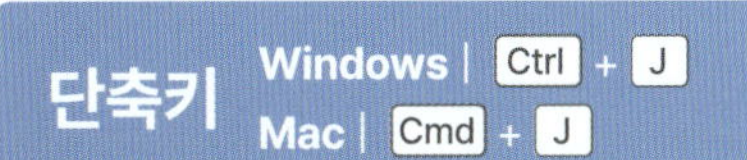

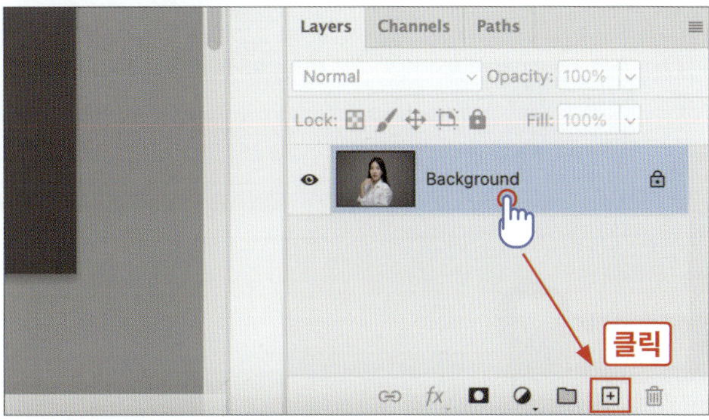

3 복사한 레이어 이름을 '잔머리 정리'로 입력합니다.

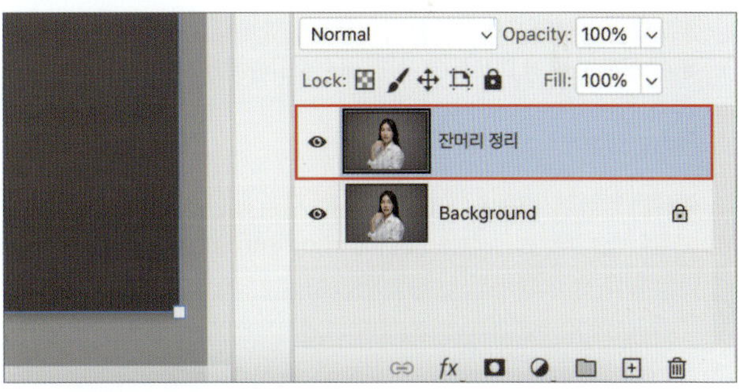

4 도구 모음에서 [Clone Stamp Tool]🔳(도장 도구)을 클릭합니다.

5 화면을 확대하면 잔머리가 보입니다. 자연스럽게 보정하기 위해 옵션 바의 설정을 변경하겠습니다. ❶ Size(크기)는 40px, ❷ Brush(브러시)는 General Brushes의 [Soft Round]를 선택하고 ❸ Flow(흐름)는 35%로 지정합니다. ❹ Aligned(정렬) 옵션을 활성화합니다.

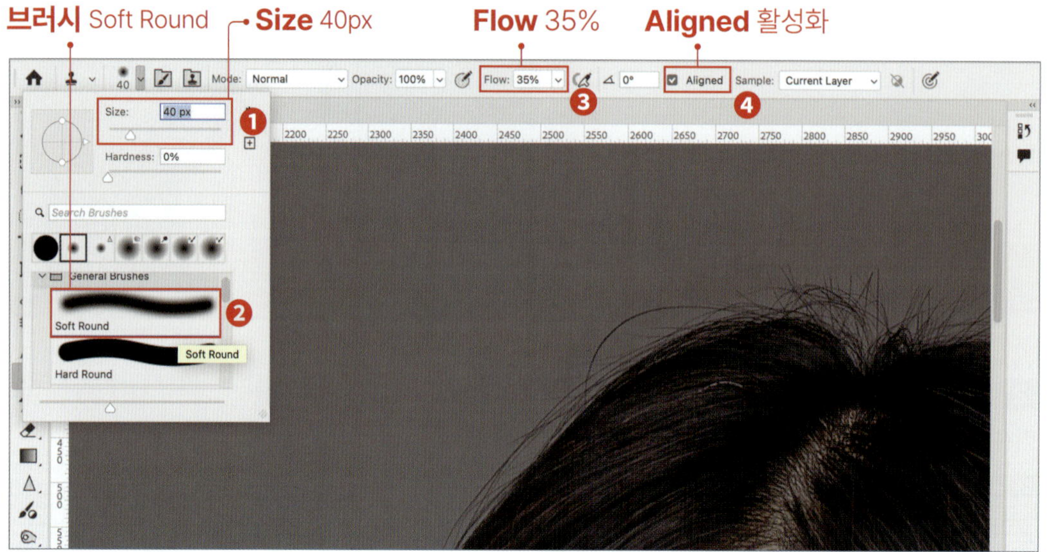

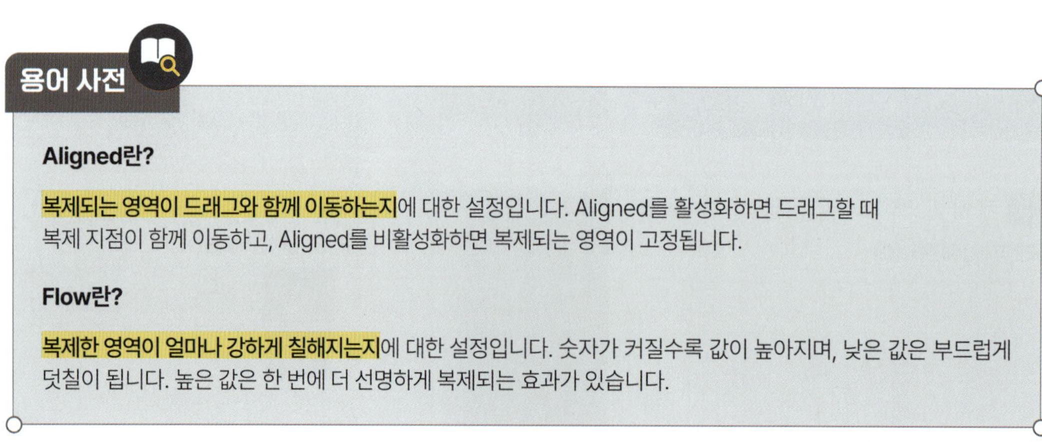

용어 사전

Aligned란?

복제되는 영역이 드래그와 함께 이동하는지에 대한 설정입니다. Aligned를 활성화하면 드래그할 때 복제 지점이 함께 이동하고, Aligned를 비활성화하면 복제되는 영역이 고정됩니다.

Flow란?

복제한 영역이 얼마나 강하게 칠해지는지에 대한 설정입니다. 숫자가 커질수록 값이 높아지며, 낮은 값은 부드럽게 덧칠이 됩니다. 높은 값은 한 번에 더 선명하게 복제되는 효과가 있습니다.

6 Alt / Option 을 누른 상태로 지우고 싶은 잔머리 주변의 배경을 클릭하면 배경이 복제됩니다.

7 마우스를 누른 상태로 지우고 싶은 부분을 드래그하면 잔머리가 사라집니다. 해당 작업을 여러 번 반복해 나머지 잔머리를 정리합니다. 브러시 크기를 다양하게 조절해 세부적으로 지워 보세요.

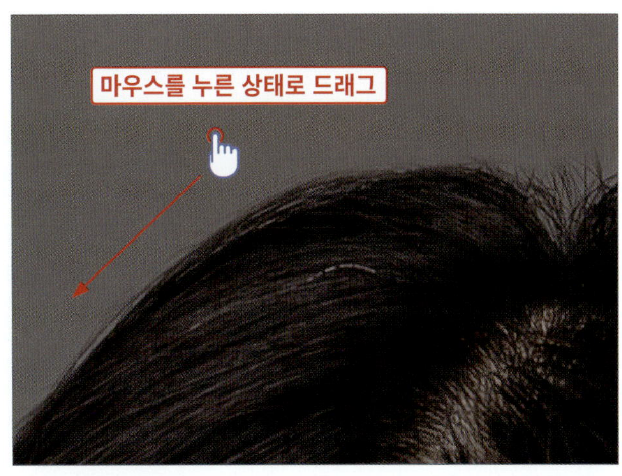

여기서 잠깐 STOP

멀리 있는 배경을 사용하면 색상 값의 차이로 인해 지저분하게 복제되니 조심하세요.

8 잔머리를 모두 지운 모습입니다.

꿀팁!

너무 깔끔하게 잔머리를 다 지울 필요는 없다!

잔머리를 모두 지워버리면 머리카락의 볼륨이 전부 사라져 자연스럽지 않습니다. 자연스럽게 머리를 정리하기 위해 머리카락 한두 가닥 정도 남겨 두는 것이 좋습니다.

(X) 잔머리를 모두 지워 볼륨이 사라진 예

(O) 잔머리를 적당히 지워 자연스러운 예

1 피부 잡티를 보정하겠습니다. [잔머리 정리] 레이어를 복사해 레이어 이름을 '잡티 제거'로 입력합니다.

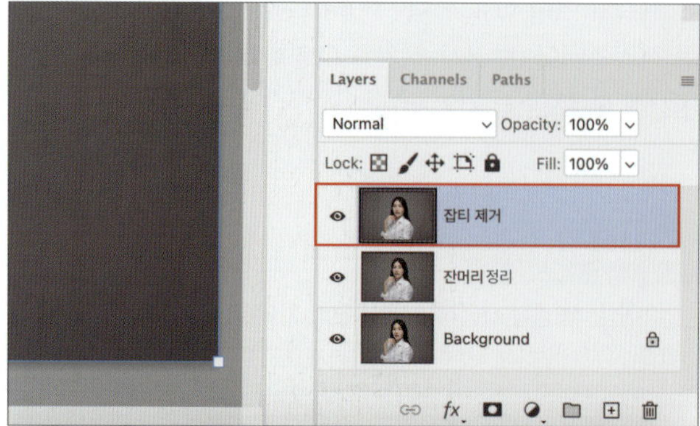

2 도구 모음에서 [Patch Tool](패치 도구)을 선택합니다.

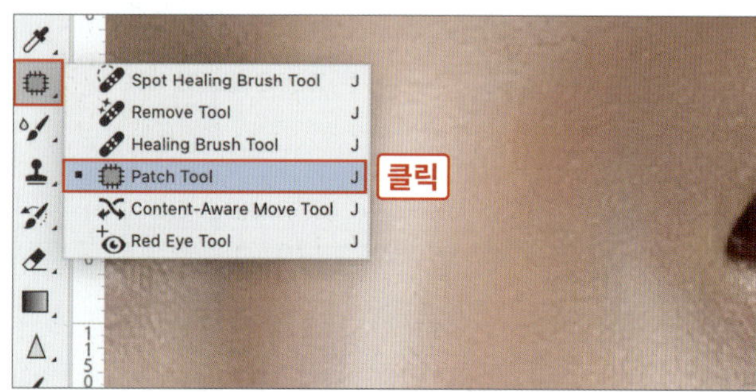

3 지우고 싶은 영역을 [Patch Tool]을 이용해 자유롭게 선택합니다.

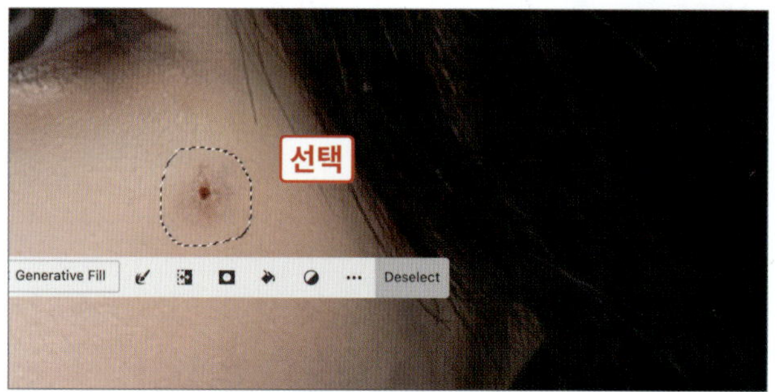

4 선택 영역을 복제하고 싶은 피부로 드래그하면 자연스럽게 잡티가 제거됩니다. 같은 방식으로 나머지 잡티도 제거해 줍니다.

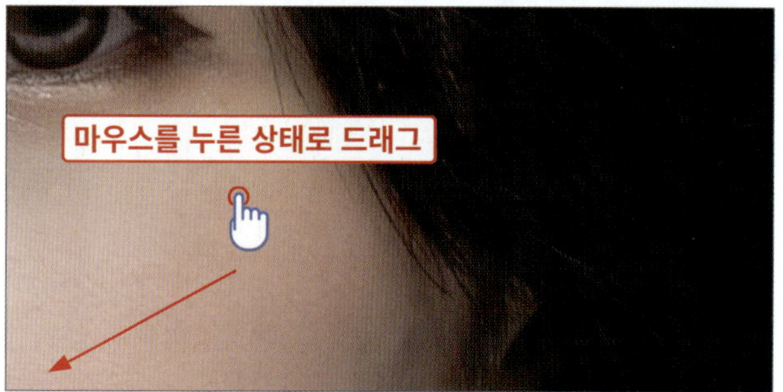

03 픽셀 유동화로 윤곽 보정하기

1 Liquify(픽셀 유동화) 기능을 활용해
윤곽 보정을 해 보겠습니다. [잡티 제거]
레이어를 복사해 레이어 이름을 '픽셀유
동화'로 입력합니다.

2 메뉴 바의 [Filter] > [Liquify](픽셀 유
동화)를 클릭합니다.

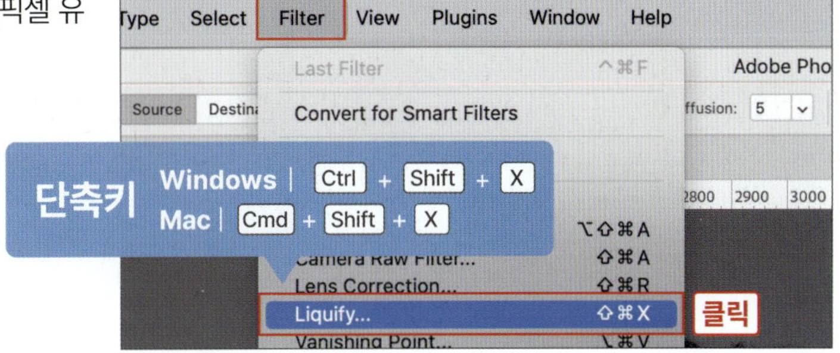

3 Liquify 옵션 창이 나타나면 ❶ 왼쪽의 도구 모음에서 [Forward Warp Tool] (뒤틀기 도구)을 선택합니
다. ❷ 오른쪽의 Brush Tool Options(브러시 옵션)로 브러시 크기를 조정해 ❸ 인물의 광대 부분을 줄이고 싶
은 만큼 마우스를 누른 상태로 안쪽으로 드래그합니다.

4 ❶ 턱 부분을 보정해 보겠습니다. 보정하기 전 움직이면 안 되는 영역을 [Freeze Mask Tool] (이미지 고정 도구)로 ❷ 칠해 고정한 후 ❸ 를 클릭하고 턱 부분을 드래그해 보정합니다.

5 ❶ [Thaw Mask Tool] (고정 해제 도구)을 선택하고 ❷ 고정해 둔 영역을 칠하면 고정 영역이 해제됩니다.

6 ❶ 를 선택해 ❷ 머리카락을 드래그해 볼륨을 살려 줍니다. 나머지 원하는 부분을 자유롭게 보정합니다. ❸ [OK]를 클릭합니다.

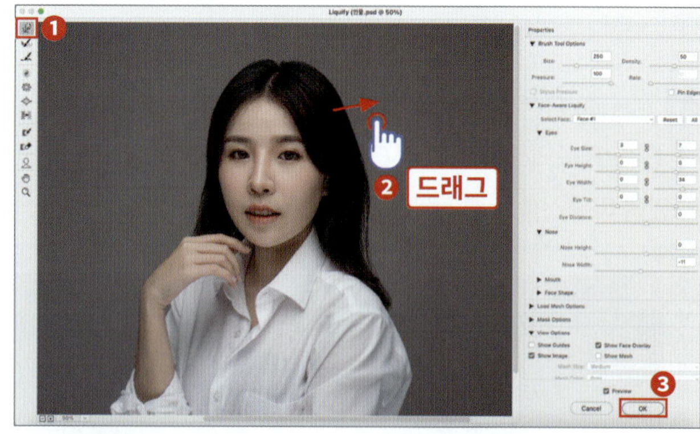

7 픽셀 유동화로 윤곽을 다듬은 모습입니다.

04 도구 모음으로 디테일하게 보정하기

1 레이어를 복사해 이름을 '디테일'로 지정하고, 도구 모음에서 [Dodge Tool] 🔍 (닷지 도구)을 선택합니다.

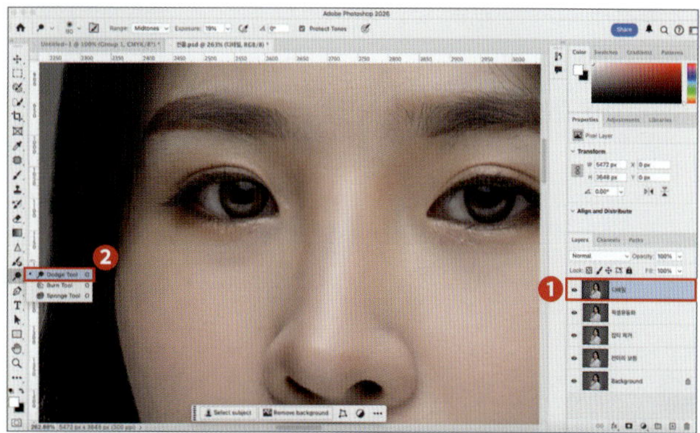

2 눈의 흰자 부분을 클릭합니다. 눈의 흰자 부분이 밝아졌습니다.

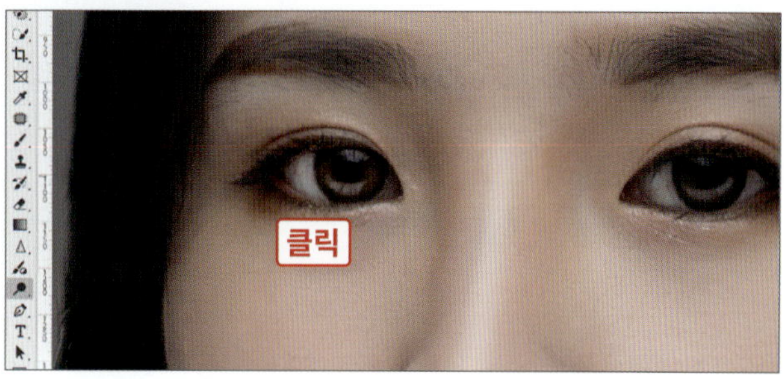

3 얼굴에 음영을 만들어 보겠습니다. 도구 모음에서 [Burn Tool] 🖐 (번 도구)을 선택합니다. Exposure 값을 20%로 지정합니다.

용어 사전

Exposure란?
닷지 도구와 번 도구가 적용되는 강도입니다. 퍼센트가 높을수록 효과가 강해집니다.

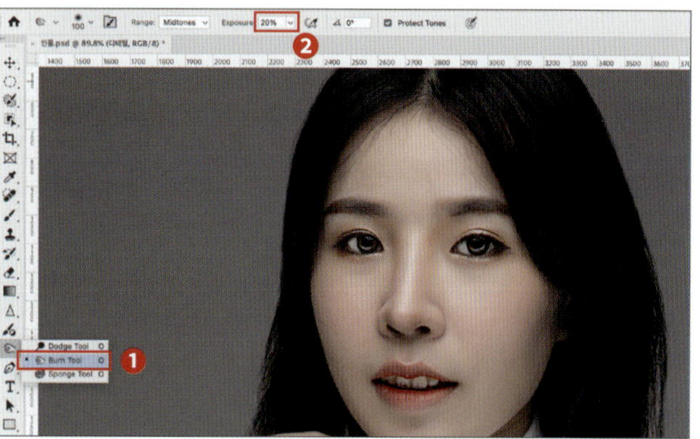

4 얼굴의 윤곽, 음영 부분을 드래그합니다. 음영이 어두워지며 얼굴이 더 또렷해졌습니다.

5 픽셀 유동화와 닷지, 번 도구를 사용하면 이미지의 화질이 손상됩니다. 이럴 때는 얼굴의 눈, 코, 입을 선명하게 하면 화질이 개선되어 보입니다. 도구 모음에서 [Sharpen Tool]△(선명 도구)을 클릭합니다.

6 눈과 코, 입을 드래그하면 선명하게 표현됩니다.

7 눈이 선명해지면서 흰자의 핏줄이 도드라져 보입니다. 핏줄을 지워 보겠습니다. ❶ 를 클릭하고 ❷ Opacity는 50%, Flow는 63%로 지정합니다.

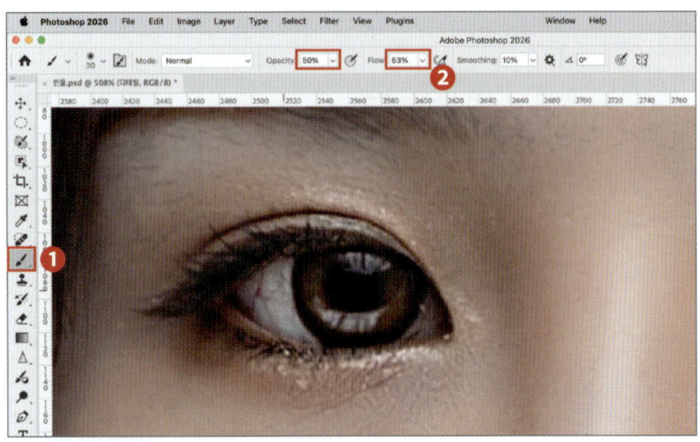

8 ❶ Alt / Option 을 누르면 모양으로 변합니다. 흰자 부분을 선택해 색상 값을 복제한 후 ❷ 브러시로 칠합니다. 오른쪽 눈도 마찬가지로 작업해 줍니다.

9 입을 확대해서 보면 [Sharpen Tool]을 사용해 치아의 어둠이 생겼습니다. 도구 모음에서 [Mixer Brush Tool] (혼합 브러시 도구)을 선택합니다.

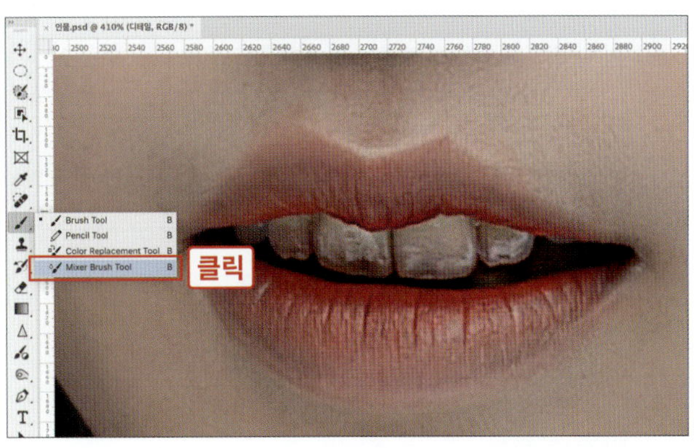

10 ❶ 를 클릭해 선택을 해제하고, ❷ Wet는 30%, Load는 35%, Mix는 20%, Flow는 35%로 지정합니다.

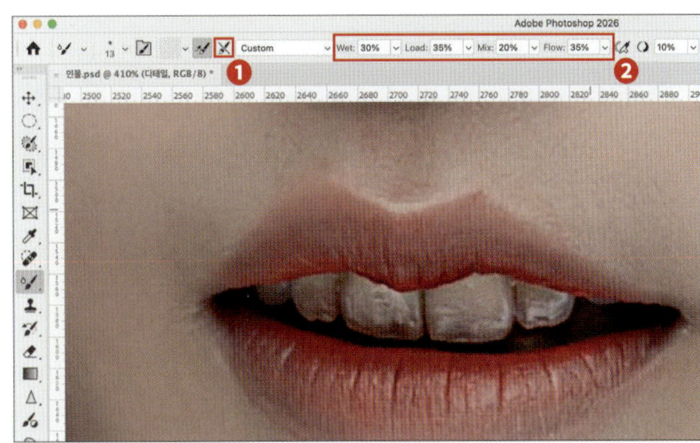

11 Alt / Option 을 누르면 모양이 생깁니다. ❶ Alt / Option 을 누른 상태로 치아를 클릭하면 질감이 복제됩니다. ❷ 복제된 상태로 브러시를 이용해 어두운 부분을 칠하면 치아 색이 자연스럽게 정돈됩니다.

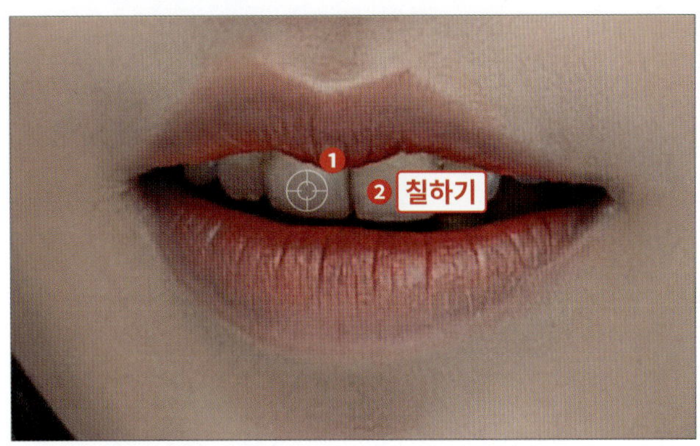

12 섬세하게 보정된 완성 사진입니다.

지갑을 열게 하는 제품 보정하기

📁 **예제 파일** PSLESSON05 > 제품보정하기, 제품보정_합성, 제품보정_라벨.jpg　📁 **완성 파일** PSLESSON05 > 제품보정하기.psd

정돈되지 않은 제품 사진도 편집과 보정을 하면 마치 전문가가 촬영한 것 같은 사진이 될 수 있습니다. 실무에 활용하기 좋은 제품 사진 보정 방법에 대해 알아보겠습니다.

01 반사 개체 매끈하게 보정하기

1 포토샵에 [PSLESSON05] > [제품보정하기.jpg] 파일을 엽니다.

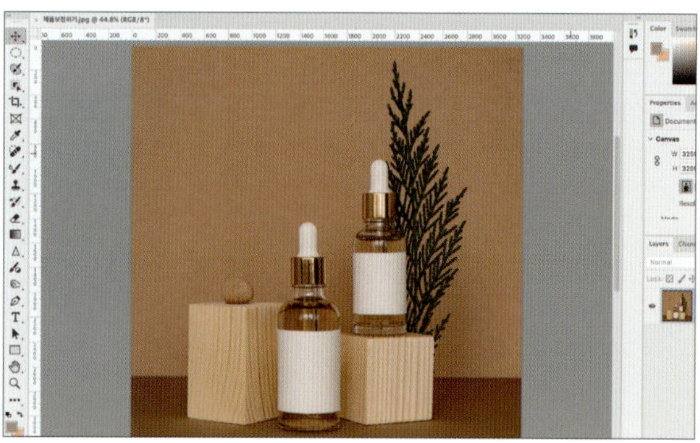

2 ❶ [Pen Tool] 🖊 을 클릭하고 ❷ 중앙에 있는 앰풀 병의 윤곽을 따라 패스를 생성합니다.

3 Path 패널에서 ⬚ 를 클릭해 패스를 선택 영역으로 변경합니다.

4 ❶ 단축키 Ctrl + J 를 눌러 레이어를 복제한 후 ❷ Background 레이어의 눈을 끕니다.

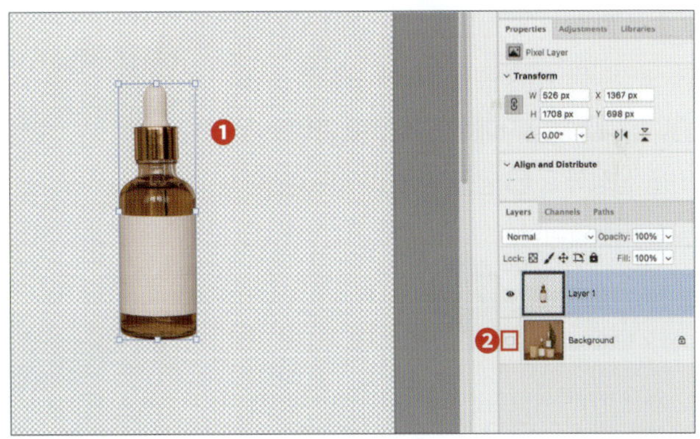

5 작업판에 [PSLESSON05] > [제품보정_합성.jpg] 파일을 불러옵니다.

6 ❶ 도구 모음의 (자르기 도구)를 클릭하고 ❷ 작업판을 배경에 맞게 자른 후 [Enter] 키를 누릅니다.

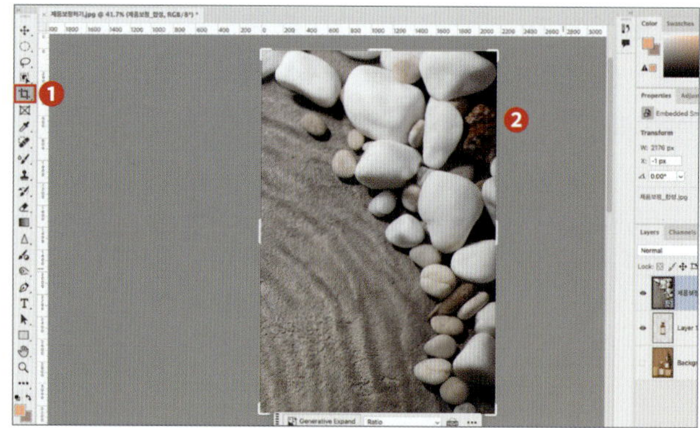

7 Layers 패널에서 '제품보정_합성' 레이어를 'Layer 1' 아래로 이동합니다.

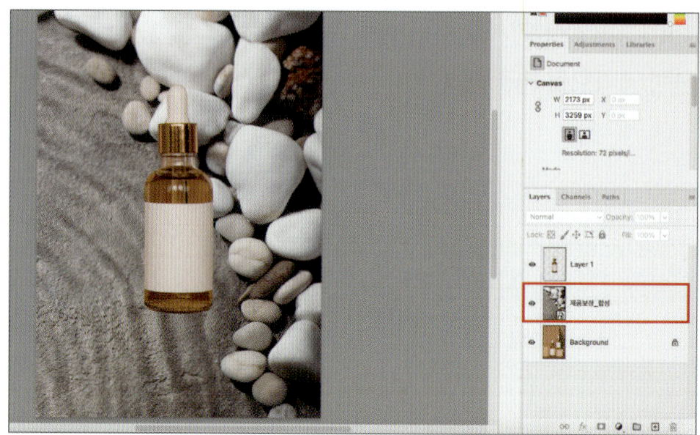

8 뚜껑 부분에 스크래치가 있어 지저분해 보입니다. 뚜껑을 깔끔하게 보정해 보겠습니다. ❶ 눈금자에서 드래그해 가이드라인을 생성하고 ❷ 앰풀 병을 가이드라인에 맞춰 회전합니다.

여기서 잠깐 STOP

눈금자가 보이지 않을 때는
단축키 [Ctrl / Cmd] + [R] 을 눌러 보세요.

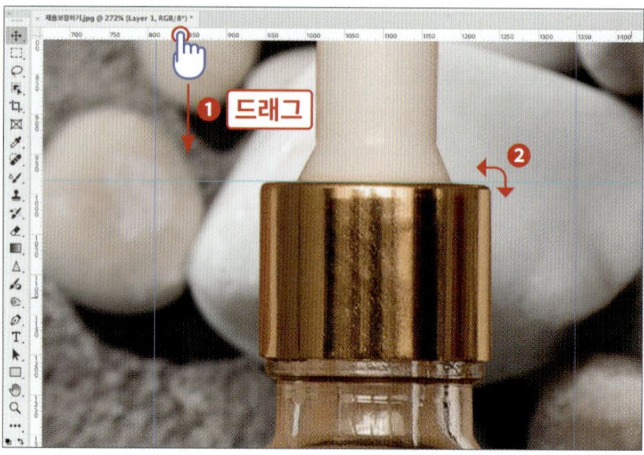

9 ❶ 도구 모음에서 (사각형 선택 도구)를 클릭하고 ❷ 뚜껑을 가로로 얇게 선택합니다.

10 ① 메뉴 바에서 [Filter] > [Blur] > [Gaussian Blur]를 선택하고 ② Radius를 1.5로 입력한 후 ③ [OK]를 클릭합니다.

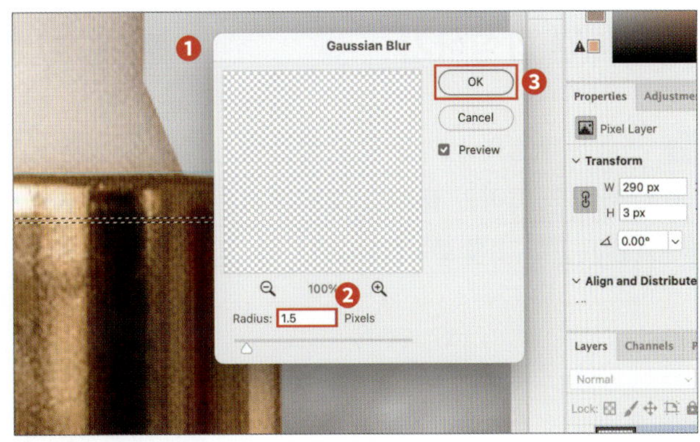

11 ① 단축키 Ctrl / Cmd + T 를 눌러 자유 변형을 활성화합니다. ② Shift 를 누른 상태로 드래그해 금색 뚜껑 부분까지 늘리고 ③ [Done]을 클릭합니다.

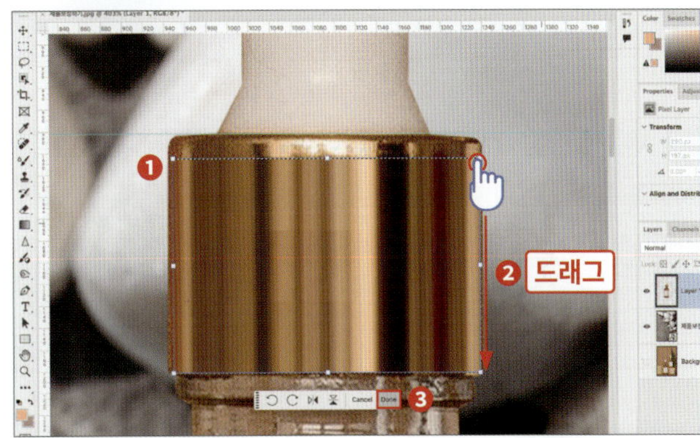

12 병 이미지와 어우러지게 노이즈를 추가하겠습니다. ① 메뉴 바에서 [Filter] > [Noise] > [Add Noise]를 선택합니다. ② Amount를 4로 입력한 후 ③ [OK]를 클릭합니다.

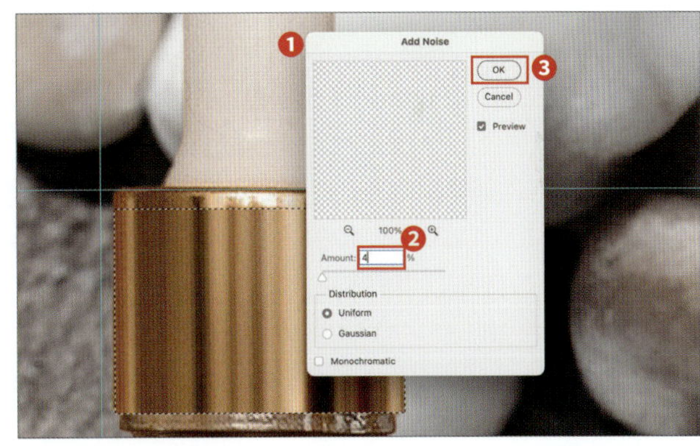

13 ① 'Layer 1'의 이름을 '제품'으로 변경합니다. ② 제품을 돌에 기댄 모습으로 만들기 위해 회전시킵니다.

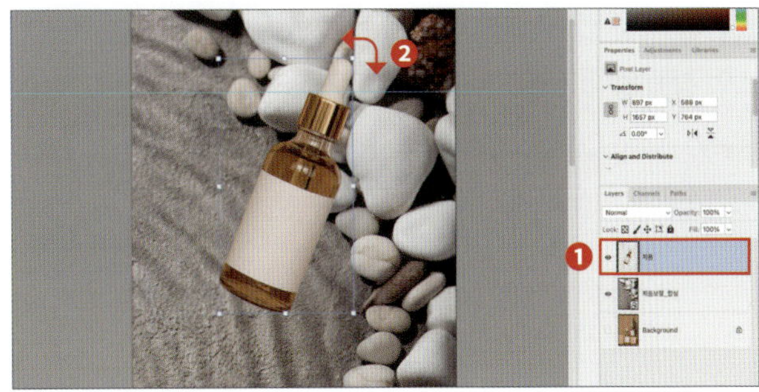

02 배경 합성하기

1 제품에 배경이 비치도록 만들겠습니다. 제품 레이어의 블렌딩 모드에서 [Multiply](곱하기)를 클릭합니다.

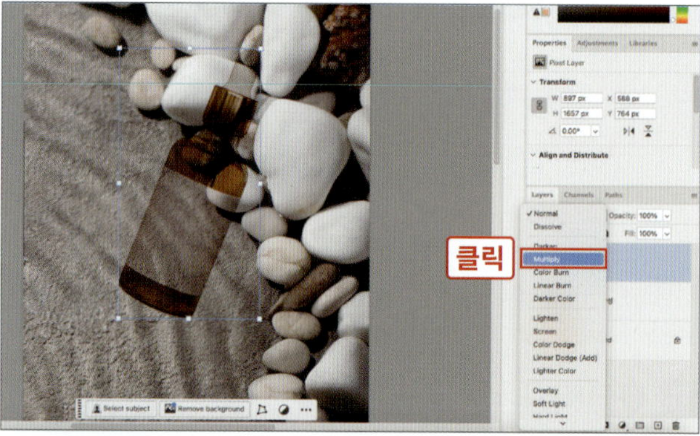

2 제품에 배경이 비칩니다. 밝은 영역을 만들어 자연스럽게 합성하겠습니다. 단축키 [Ctrl]+[J]를 눌러 레이어를 복제합니다.

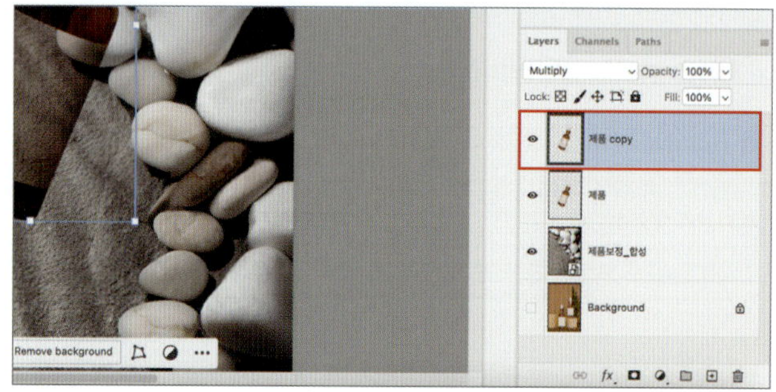

3 블렌딩 모드에서 [Screen]을 클릭합니다.

4 ❶ 레이어를 더블클릭해 Layer Styles 팝업 창을 엽니다. ❷ Blending Options의 Blend if에서 Current Layer의 왼쪽 ▲을 이미지와 같이 오른쪽으로 드래그합니다.

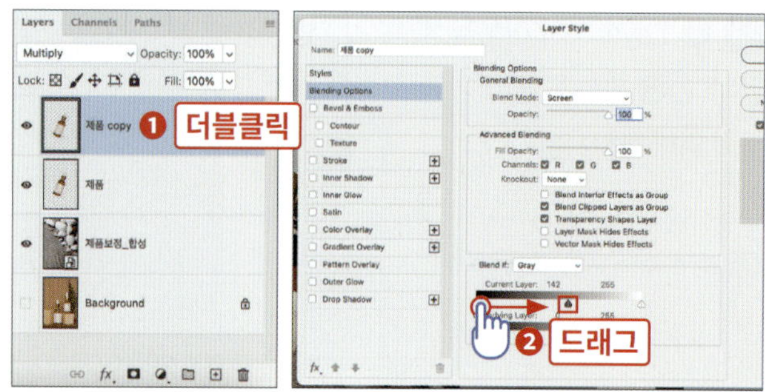

5 단축키 [Alt / Option]을 누른 상태로 ◉을 누르면 두 갈래로 나뉩니다. 왼쪽 ◧을 왼쪽으로 드래그하고 [OK]를 클릭합니다. 제품에 배경이 비쳐 보입니다.

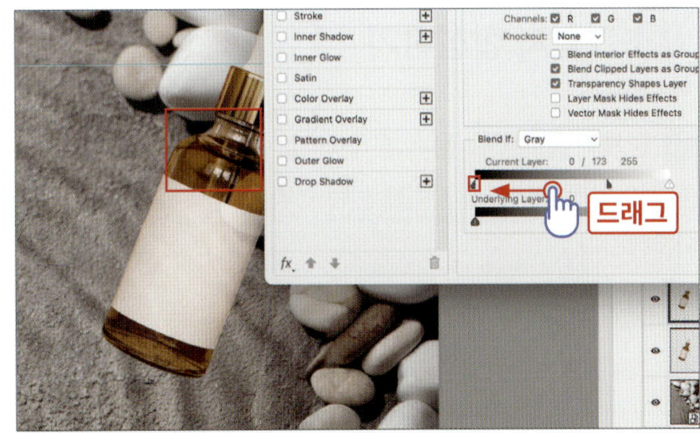

6 불투명한 병 부분에는 배경이 비쳐 보이지 않도록 합성해 보겠습니다. ❶ '제품' 레이어를 선택한 상태에서 단축키 [Ctrl] + [J]를 눌러 '제품' 레이어를 복제한 후 레이어 순서를 맨 위로 이동하고 ❷ 블렌딩 모드를 [Normal](기본)로 변경합니다.

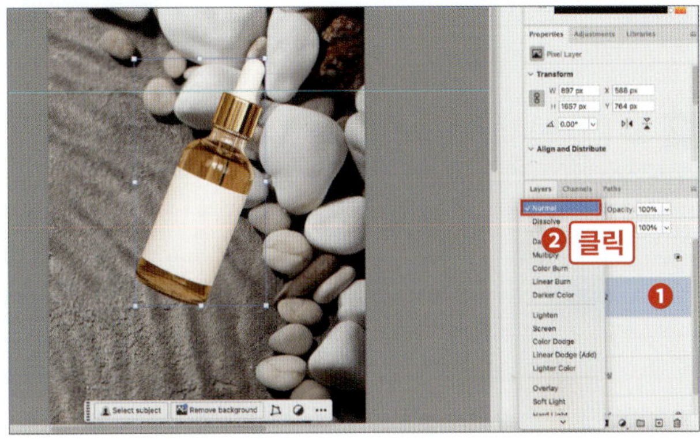

7 ❶ '제품' 레이어를 더블클릭해 Layer Styles 팝업 창을 엽니다. ❷ Blend if에서 Current Layer의 왼쪽 지점을 오른쪽으로 드래그합니다. ❸ [OK]를 클릭합니다.

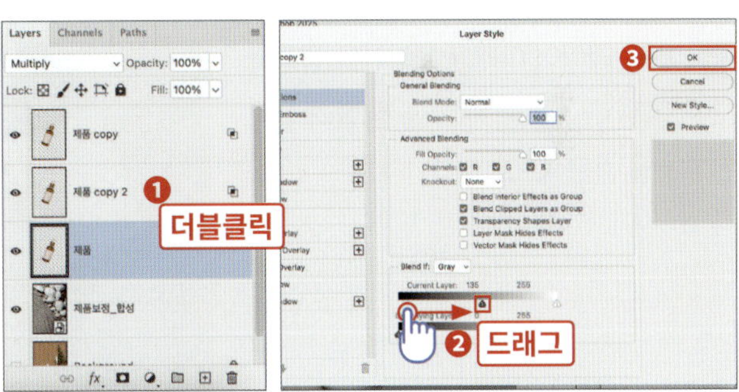

8 배경과 어우러지도록 제품이 합성되었습니다.

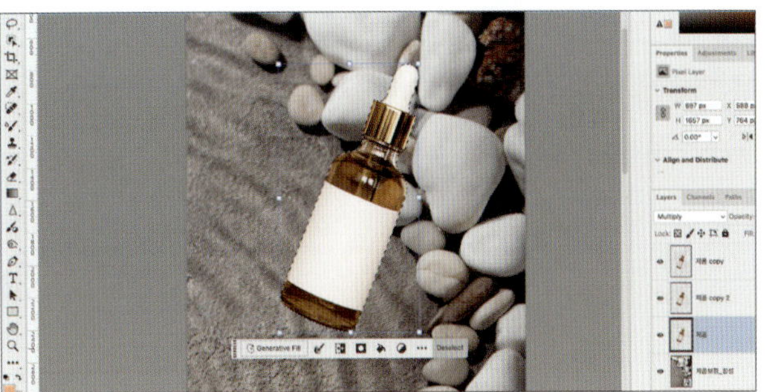

03 그림자 합성하기

1 단축키 Ctrl / Cmd 을 누른 상태로 '제품' 레이어의 섬네일을 클릭해 선택 영역을 지정합니다.

2 ❶ [Foreground Color] 색상 값을 '000000'으로 입력하고 ❷[OK]를 클릭합니다.

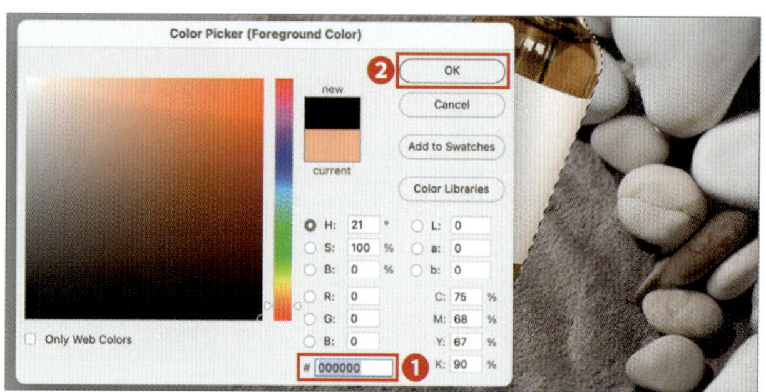

3 '제품' 레이어 아래에 레이어를 생성하고 단축키 Alt / Option + Delete 를 눌러 선택된 부분을 검은색으로 칠합니다.

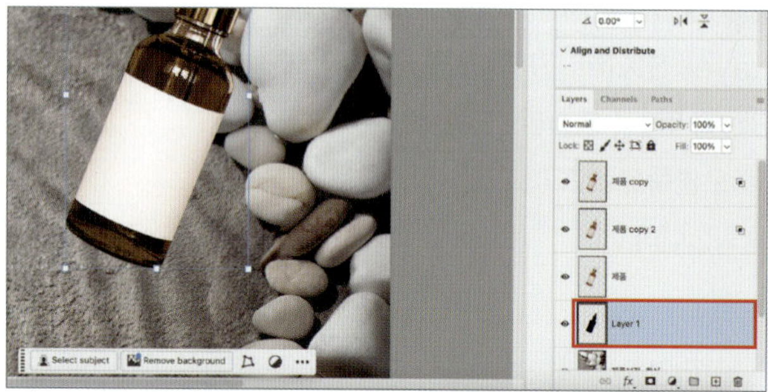

4 ❶ 단축키 Ctrl / Cmd + T 를 눌러 자유 변형을 활성화하고 레이어를 오른쪽으로 움직입니다. ❷[Done]을 클릭합니다.

5 꺾인 그림자를 만들기 위해 메뉴 바의 [Edit] > [Perspective Warp]를 클릭합니다.

6 화면에 드래그해 격자 모양의 박스를 생성합니다.

7 박스의 꼭지점을 이동해 격자 모양의 박스를 다음과 같이 변경합니다.

8 한 번 더 드래그해 박스를 생성합니다. 박스가 자동으로 수직선 박스와 이어졌습니다.

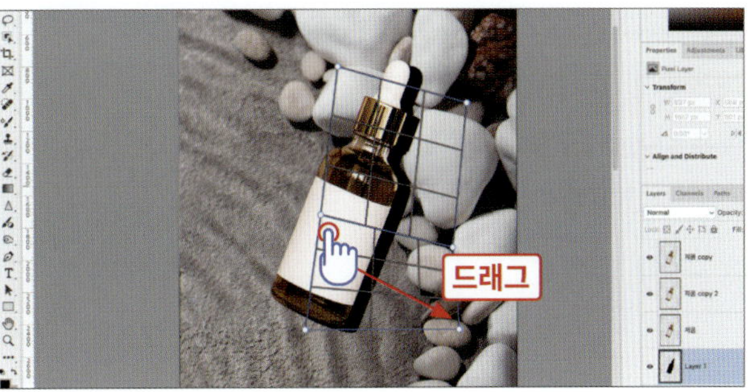

9 마찬가지로 박스의 꼭지점을 이동해 다음과 같이 모양을 변경합니다.

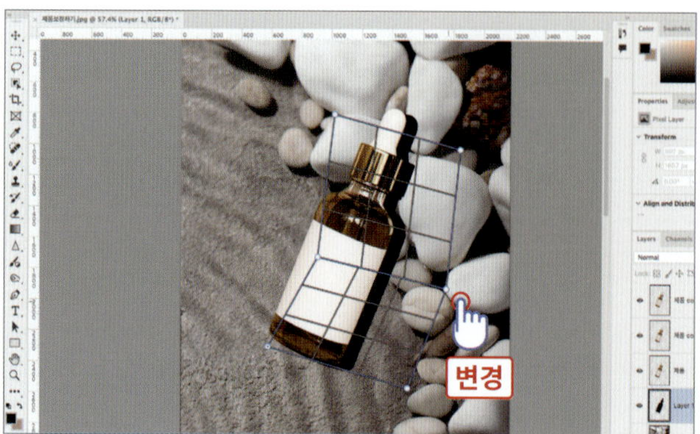

10 상단의 [Warp]을 선택합니다. 격자 무늬 박스가 해제되면서 그림자를 뒤틀 수 있는 박스로 변경됩니다.

11 ❶ 오른쪽 가운데의 꼭지점을 오른쪽으로 드래그합니다. ❷ 상단의 체크 표시를 선택하여 [Perspective Warp] 기능을 마무리합니다.

12 단축키 Ctrl / Cmd + D 를 눌러 선택 해제를 한 후 그림자의 경계를 풀기 위해 메뉴 바에서 [Filter] > [Blur] > [Gaussian Blur]를 선택합니다.

13 ❶ Radius 값을 20으로 지정하고 ❷ [OK]를 클릭합니다.

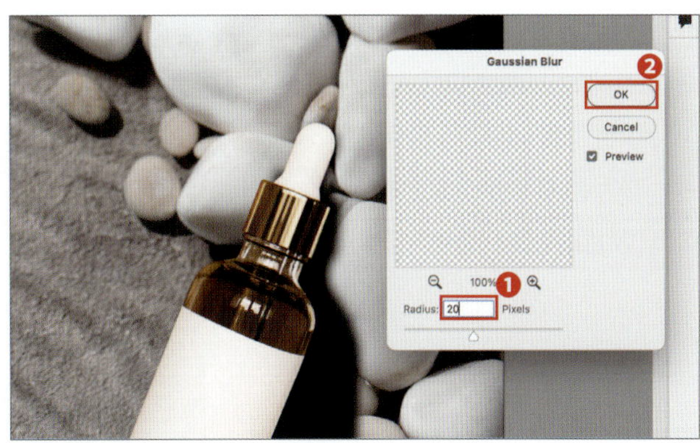

14 ❶ 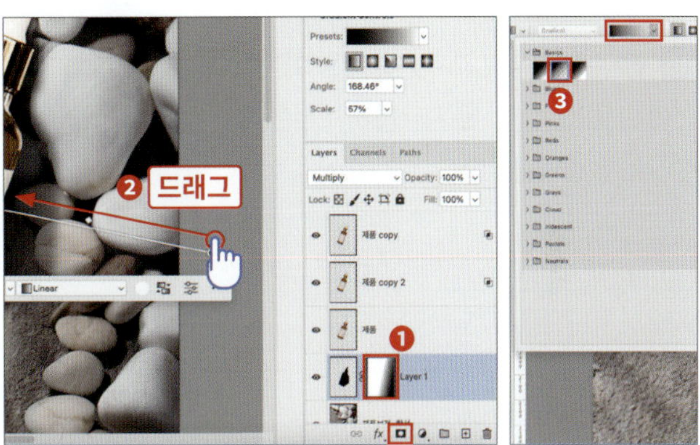를 눌러 'Layer 1' 의 레이어 마스크를 생성합니다. 도구 모음에서 [Gradient Tool] 을 선택하고 ❷ 그림자에 드래그합니다. ❸ 상단 바의 를 클릭해 Basics 카테고리에 있는 두 번째 그러데이션을 클릭합니다.

15 그림자가 사진과 어우러지게 노이즈를 추가해 보겠습니다. 'Layer 1' 이미지 레이어를 선택한 상태에서 메뉴 바에서 [Filter] > [Noise] > [Add Noise]를 클릭합니다.

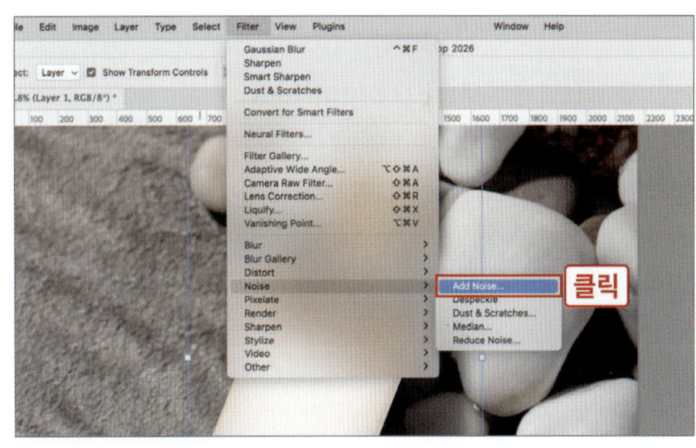

16 ❶ Amount 값을 15로 지정하고 ❷ [OK]를 클릭합니다.

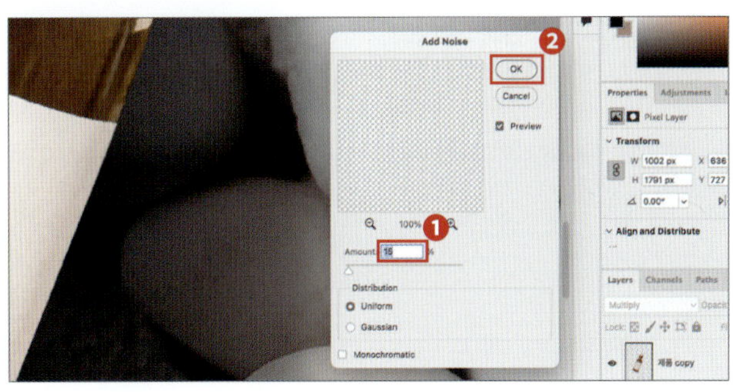

17 돌의 곡선에 맞게 그림자를 변형하겠습니다. 레이어 마스크가 아닌 그림자의 이미지를 선택한 상태에서 단축키 Ctrl / Cmd + T 를 누른 후 마우스 오른쪽 버튼을 클릭하고 [Warp](뒤틀기)를 선택합니다.

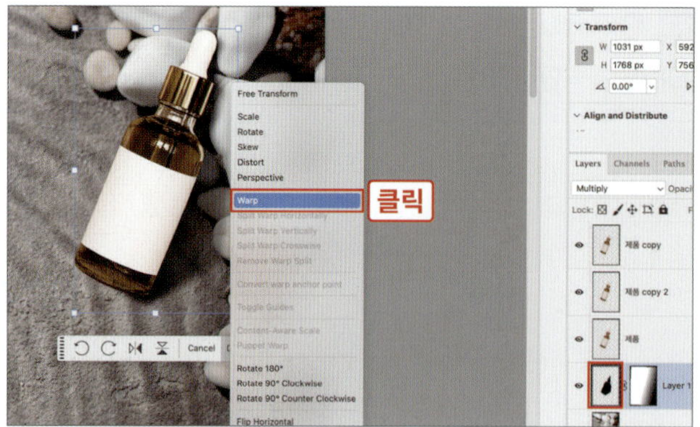

18 ❶ 수직 부분의 격자 선을 이동하면 곡선이 만들어집니다. ❷ 자유롭게 조정한 후 [Done]을 클릭합니다.

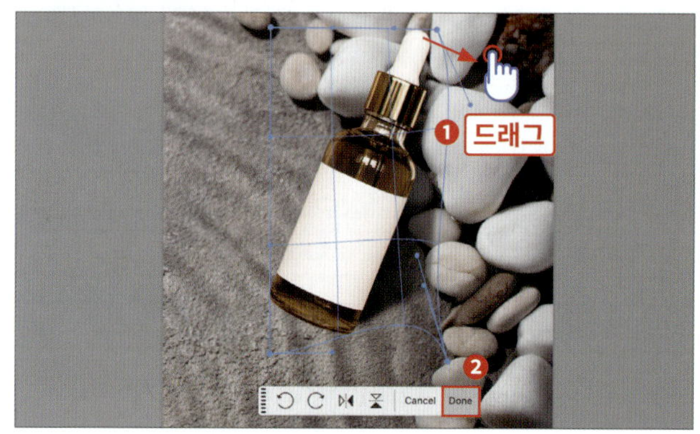

19 ❶ 를 클릭하고 [Foreground Color]의 색상값을 '000000'으로 지정한 상태에서 ❷ 'Layer 1'의 레이어 마스크에서 제품의 병 부분을 칠합니다. 그림자로 인해 가려졌던 배경 부분이 다시 보입니다.

20 그림자가 합성되었습니다.

04 그림자에 빛 만들기

1 ❶ 도구 모음에서 [⬭]를 클릭하고 ❷ '제품' 레이어 아래에 레이어 하나를 생성해 '그림자 빛'으로 이름을 변경합니다.

2 ❶ 상단 옵션 바에 Feather 값을 40px로 입력하고 ❷ 제품 그림자 쪽에 드래그해 원형 선택 영역을 생성합니다.

3 ❶ [Foreground Color] 색상 값을 'e1bc78'로 입력하고 ❷ [OK]를 클릭합니다.

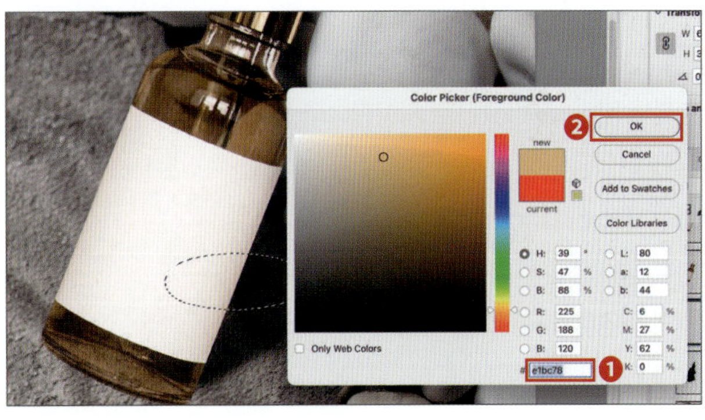

4 ❶ 단축키 [Alt / Option] + [Delete]를 눌러 선택된 부분을 칠하고, 레이어를 회전시켜 그림자와 방향을 같게 합니다. ❷ 블렌딩 모드를 [Soft Light]로 변경합니다. 그림자에 빛이 만들어졌습니다.

05 라벨 합성하기

1 ❶ 작업판에 [PSLESSON05] > [제품보정_라벨.jpg]를 불러옵니다. 이미지를 회전시켜 제품의 라벨에 맞게 위치합니다. ❷ 옵션 바 오른쪽의 🗭를 클릭합니다.

2 ❶ Warp에서 Arch를 선택하고 ❷ Bend를 -17%로 지정합니다. ❸ 오른쪽 상단의 체크 표시를 클릭합니다.

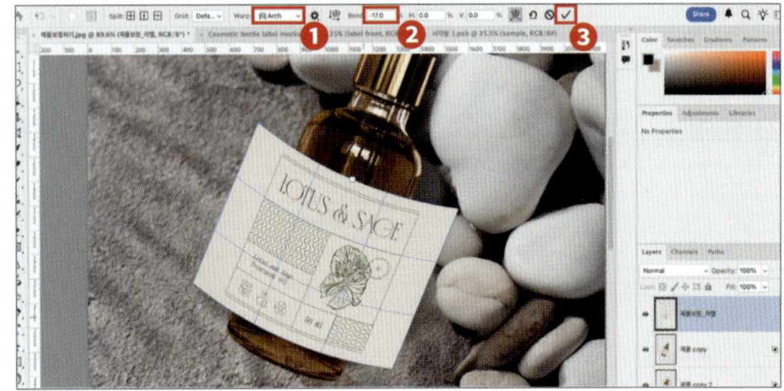

3 ❶ '제품보정_라벨' 레이어의 블렌딩 모드를 [Darker Color]로 지정합니다. 레이어를 더블클릭해 Layer Styles 팝업 창을 생성하고 ❷ Underlying Layer 그래프의 왼쪽 🛆를 오른쪽으로 드래그하면 제품 외의 배경에 있던 라벨 이미지가 사라집니다. ❸ [OK]를 클릭합니다.

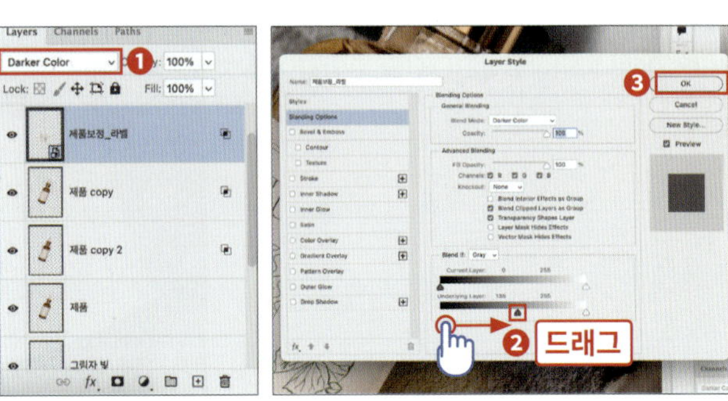

4 라벨이 합성되었습니다.

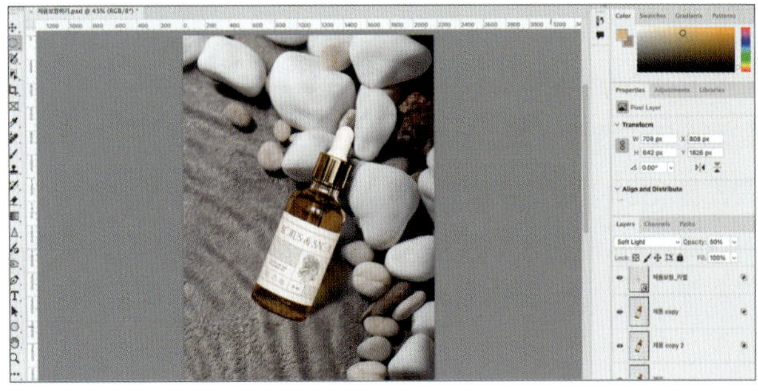

06 제품에 음영 주기

1 ❶ 상단에 새 레이어를 생성하고 ❷ `Ctrl / Cmd` 을 누른 상태로 제품 레이어의 이미지 부분을 클릭해 선택 영역을 지정합니다.

2 ❶ 도구 모음에서 [Gradient Tool]을 클릭해 오른쪽 사선으로 드래그합니다. ❷ 상단 바의 ▆▆▆▆ ✔ 를 클릭해 Basics 카테고리에 있는 두 번째 그러데이션을 클릭합니다.

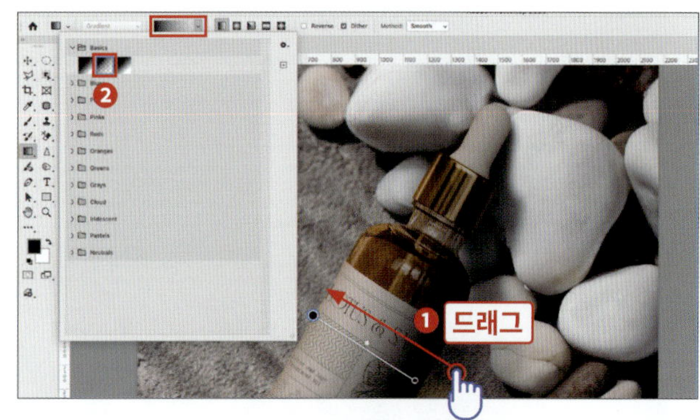

3 ❶ Gradient 바에서 이미지와 같은 지점을 클릭해 중간 지점을 생성, ❷ 오른쪽의 지점을 더블클릭해 [Colot Picker] 옵션창이 나타나면 흰색으로 색상을 지정합니다.

4 'Layer 2' 레이어의 블렌딩 모드에서 [Soft Light]를 클릭합니다. 제품 형태에 어울리는 음영이 생성되었습니다.

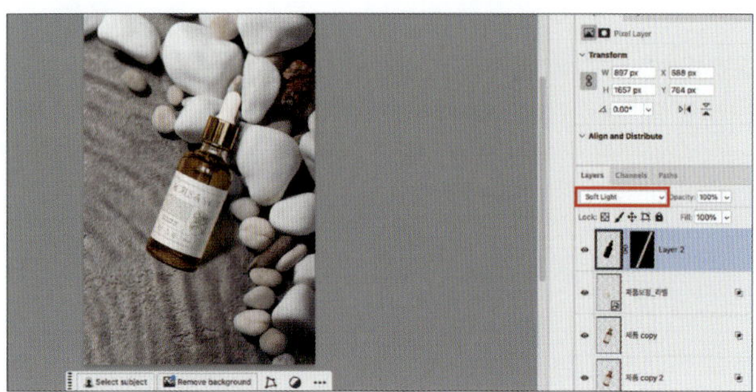

군침이 도는 음식 사진 보정하기

📁 **예제 파일** PSLESSON05 > 음식보정하기.jpg, 음식보정_파슬리.png　📁 **완성 파일** PSLESSON05 > 음식보정하기.psd

음식 사진의 핵심은 바로 '맛있어 보이게' 만드는 것입니다. 각종 레이어와 조정 도구를 활용하여 음식의 질감, 색감, 그리고 세부적인 요소들을 생동감 있게 보정하는 방법을 알아보겠습니다.

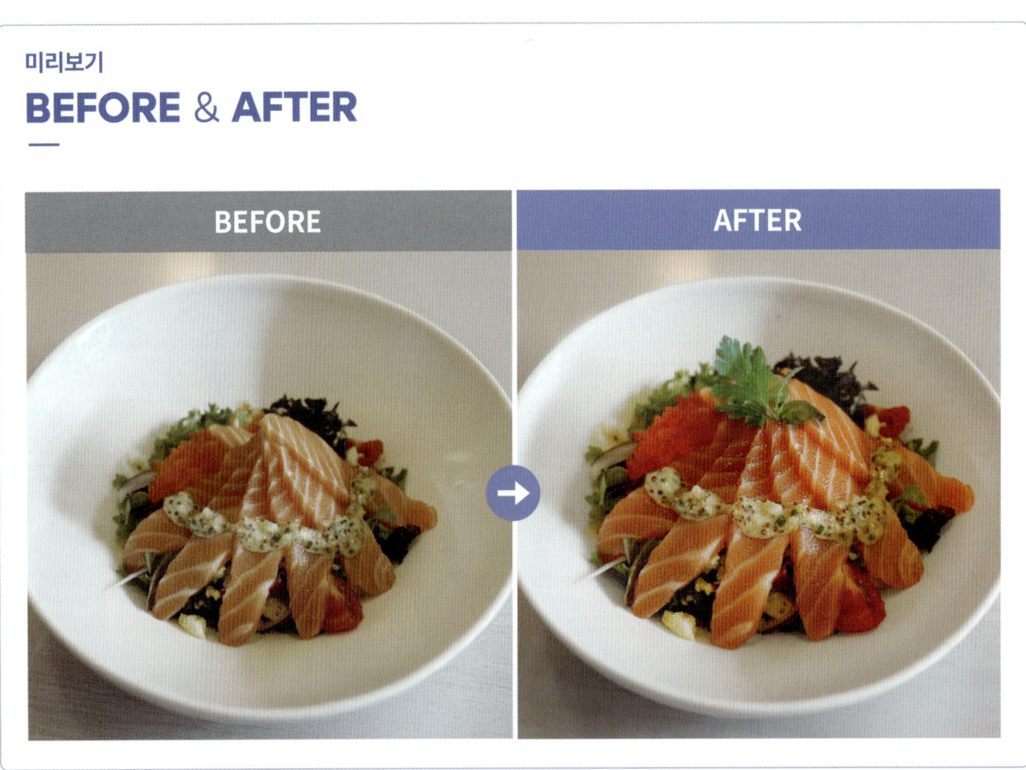

01 배경 정리하기

1 포토샵에 [PSLESSON05] > [음식보정하기.jpg] 파일을 엽니다. 단축키 Ctrl / Cmd + J 를 눌러 레이어를 복제하고 이름을 '배경보정'으로 변경합니다.

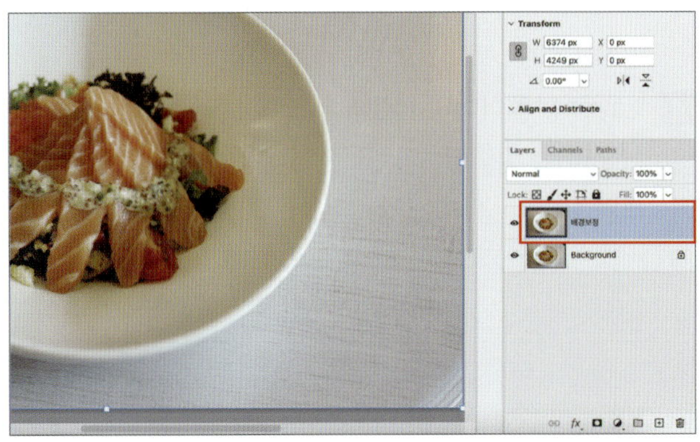

2 도구 모음에서 [Spot Healing Brush Tool] 을 선택하고 배경 오른쪽 상단의 검은 부분을 칠합니다.

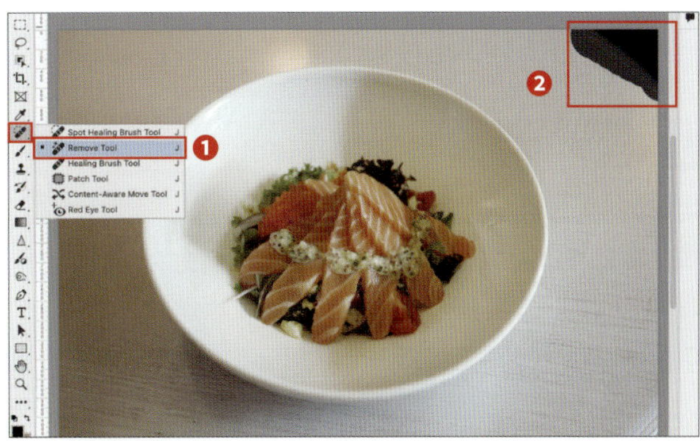

3 주변 이미지와 어우러져 깔끔하게 배경이 정리되었습니다. ① 도구 모음에서 [Object Selection Tool] 을 선택하고 ② 접시를 드래그한 후 단축키 Ctrl / Cmd + Shift + I 를 눌러 선택 영역을 반전합니다.

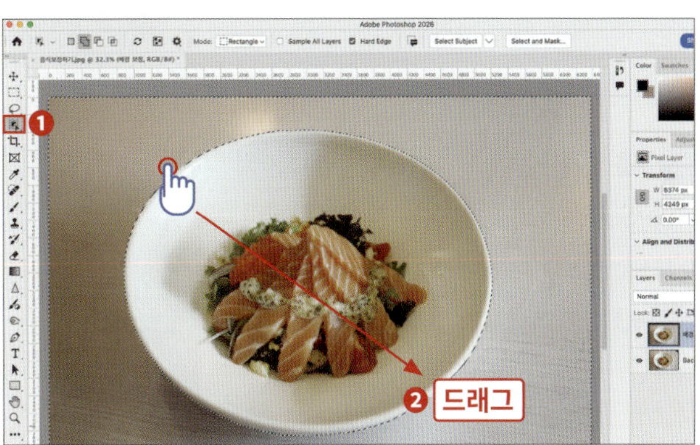

4 ① 메뉴 바에서 [Filter] > [Blur] > [Gaussian Blur]를 클릭합니다. ②Radius 값을 10으로 입력하고 ③[OK]를 클릭합니다.

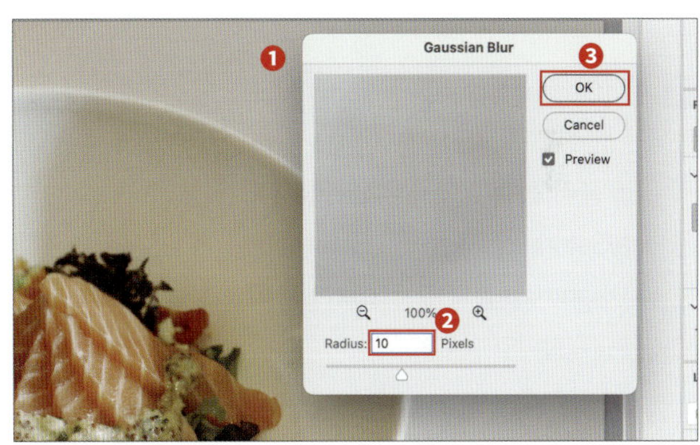

5 배경에 흐림 효과를 줘서 음식의 질감이 상대적으로 또렷하게 보입니다.

02 색상 보정하기

1 ❶ 왼쪽 도구 모음에서 [Object Selection Tool] 을 클릭하고 ❷ 음식 접시를 선택한 후 단축키 Ctrl / Cmd + J 를 눌러 선택 영역만 복제합니다. 레이어 이름을 '음식 색상 보정'으로 변경합니다.

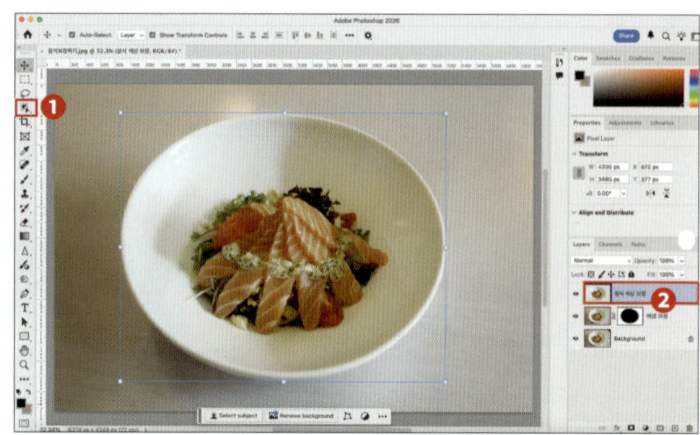

2 ❶ 단축키 Ctrl / Cmd + U 를 눌러 Hue/Saturation 팝업 창을 활성화합니다. ❷ Hue를 -3, Saturation을 +30으로 입력 하고 ❸ [OK]를 클릭합니다.

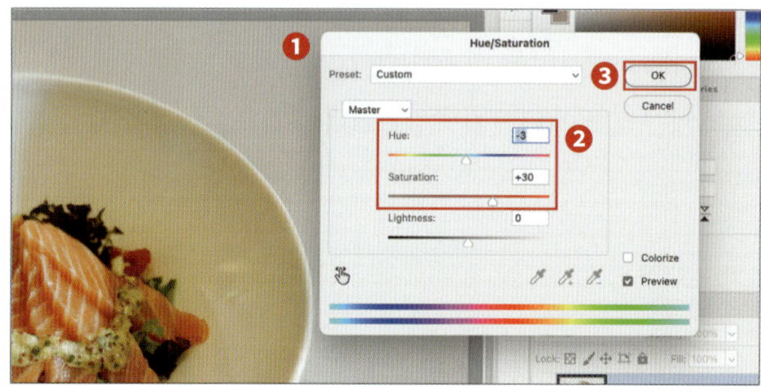

3 ❶ [Object Selection Tool] 로 음식만 선택하고 단축키 Ctrl / Cmd + Shift + I 를 눌러 선택 영역을 반전시킵니다. ❷ Hue/Saturation에 들어가 Saturation 을 -40, Lightness를 10으로 입력한 후 ❸ [OK]를 클릭합니다.

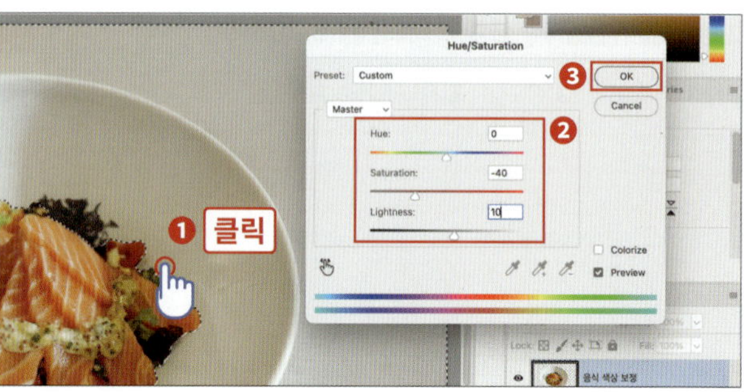

4 음식의 색상은 먹음직스럽게, 그릇은 깨끗한 화이트 톤으로 변경되었습니다.

03 음식 먹음직스럽게 보정하기

1 도구 모음에서 [Sharpen Tool] △
을 클릭합니다.

2 음식을 드래그합니다.

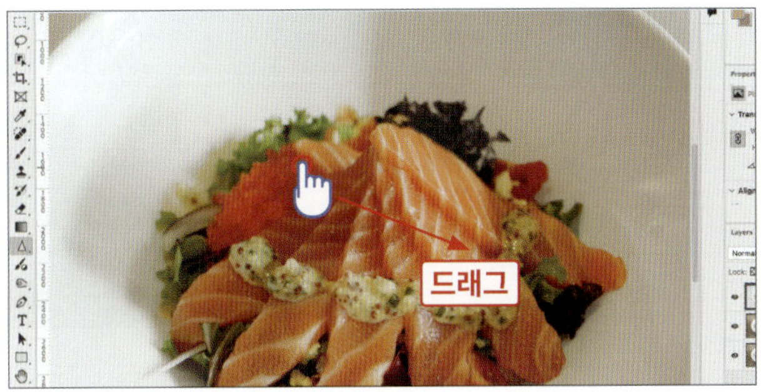

3 선명하게 질감이 살아납니다. 드래그
를 반복해 음식이 더 선명해지게 합니다.

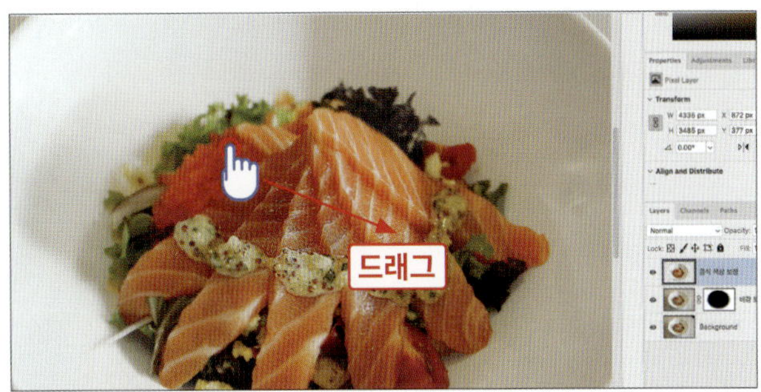

4 음식의 질감이 살아나 더욱 입체적
인 사진이 되었습니다.

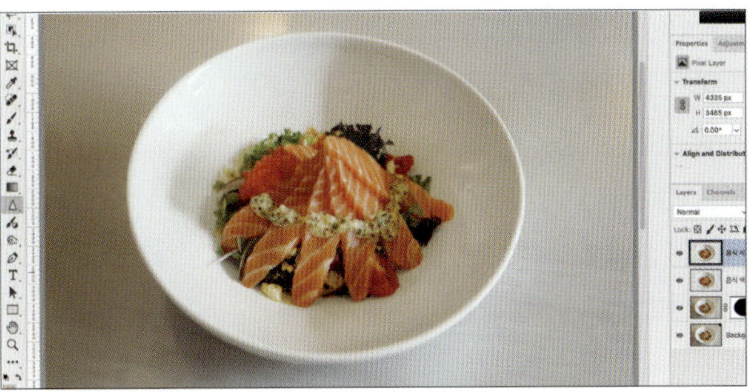

5 음식이 더 돋보이게 크기를 키워 보겠습니다. ❶ 도구 모음에서 [Lasso Tool]을 클릭하고 ❷Feather 값을 30px로 입력한 후 ❸음식을 선택합니다. ❹단축키 Ctrl / Cmd + J 를 눌러 선택 영역만 복제하고 레이어 이름을 '크기 키우기'로 변경합니다.

6 단축키 Ctrl / Cmd + T 를 눌러 자유 변형을 활성화합니다. 크기를 키웁니다.

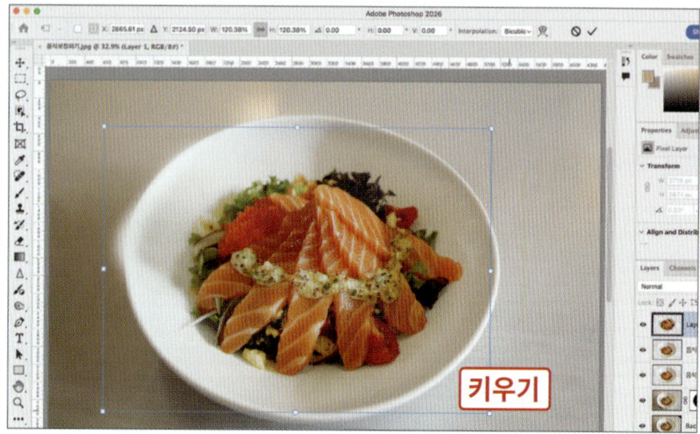

7 도구 모음에서 [Eraser Tool]을 선택해 그릇에 삐져 나온 이미지를 지웁니다.

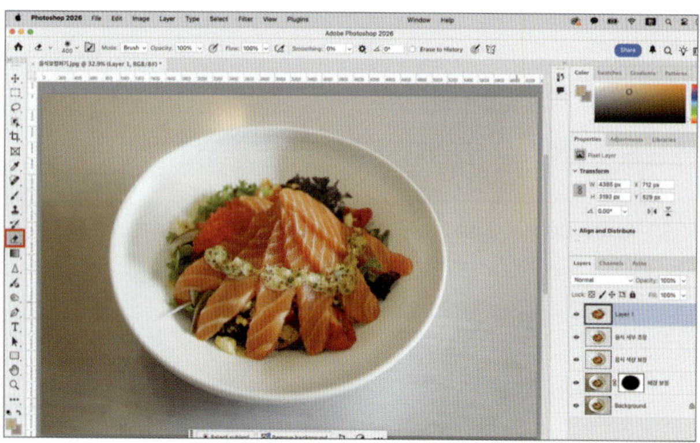

8 ❶ 작업판에 [음식보정_파슬리.png] 파일을 불러와 음식 위에 배치합니다. ❷ Layer Styles에서 Drop Shadow를 선택하고 ❸Blend Mode를 Multiply로, Angle을 80°, Distance를 13px, Size를 20px로 입력한 후 ❹[OK]를 클릭합니다.

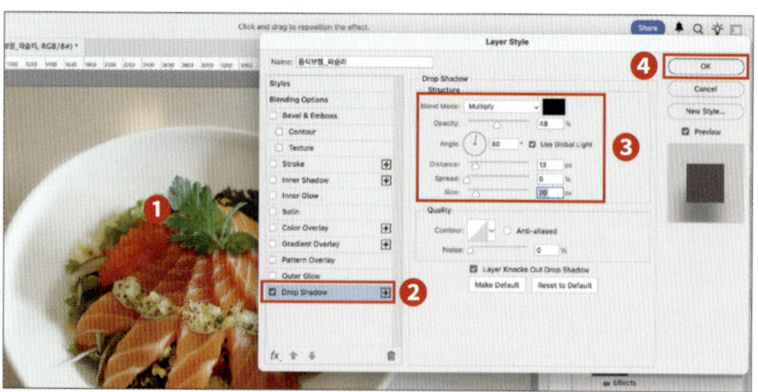

9 ❶ Hue/Saturation에서 ❷ Hue를 -15로 입력한 후 ❸ [OK]를 클릭합니다.

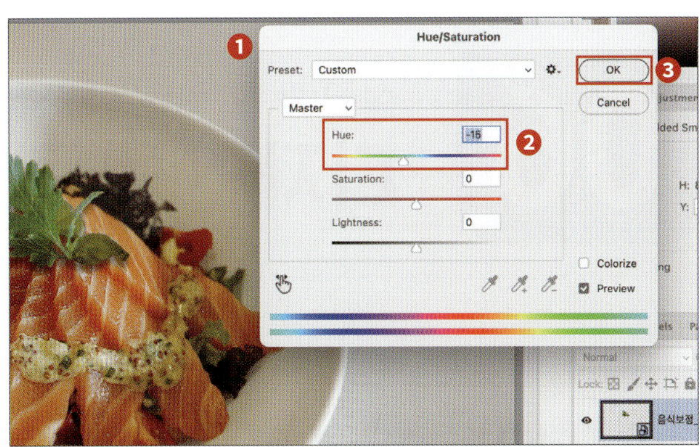

10 '음식보정_파슬리.png' 이미지의 경계를 부드럽게 해 이미지와 잘 어우러지도록 보정해 보겠습니다. ❶ 단축키 Ctrl / Cmd 를 누른 상태에서 레이어를 클릭해 선택 영역으로 지정한 상태에서 ❷ 메뉴 바에서 [Select] > [Select and Mask]에 들어갑니다.

11 ❶ Feather 값을 5px로 입력하고 ❷ [OK]를 클릭합니다.

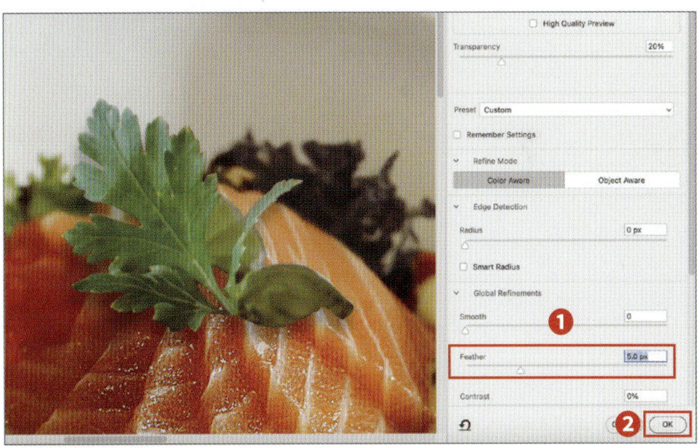

12 Layers 패널에서 ◧ 를 클릭해 레이어 마스크를 씌웁니다. 파슬리가 자연스럽게 합성되었습니다.

실무에 활용하는 다양한 포토샵 기술
디자인 응용

인스타그램 콘텐츠 만들기

📁 **예제 파일** PSLESSON06 > 얼음.png, 아메리카노 누끼, 인스타그램 아트보드.jpg
📁 **완성 파일** PSLESSON06 > 인스타그램 이벤트_완성.psd, 인스타그램 아트보드_완성.psd

포토샵의 효과를 활용하면 인스타그램 콘텐츠도 보다 빠르고 쉽게 디자인할 수 있습니다. 다양한 효과
적용 방법을 알아봅시다.

미리보기
PREVIEW
—

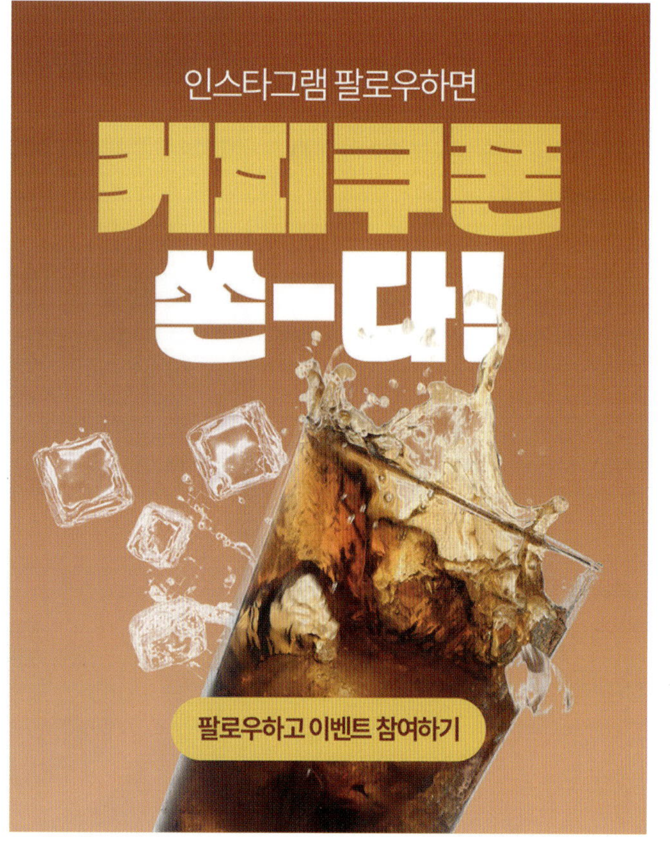

01 배경 그러데이션 만들기

1 ❶ 단축키 Ctrl / Cmd + N 을 눌러 새 문서 생성 팝업 창에 들어갑니다. ❷ 이름을 '인스타그램 이벤트'로 입력하고 ❸ 작업판 크기를 1080*1350px, Color Mode를 RGB Color로 지정한 후 ❹ [Create]를 클릭합니다.

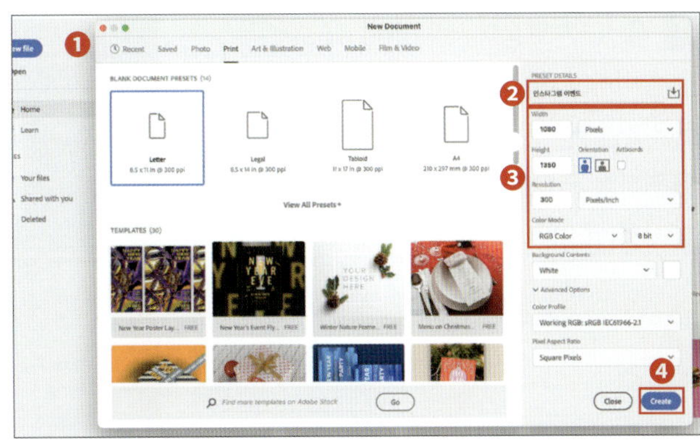

2 도구 모음에서 [Gradient Tool] 을 선택하고 작업판에 드래그합니다.

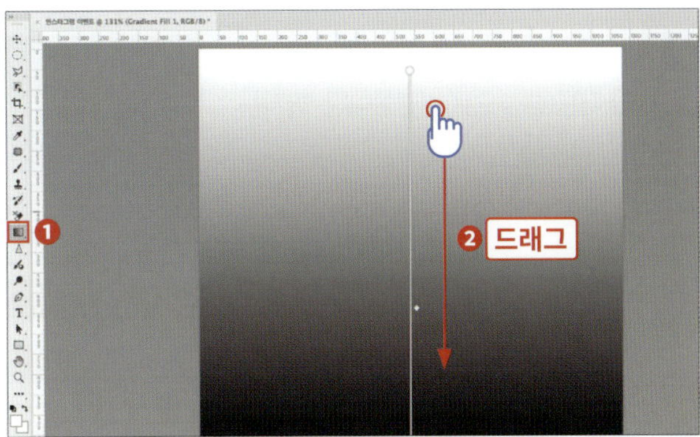

3 각 지점을 더블클릭하면 Color Picker 창이 뜹니다. 원하는 색상으로 변경합니다.

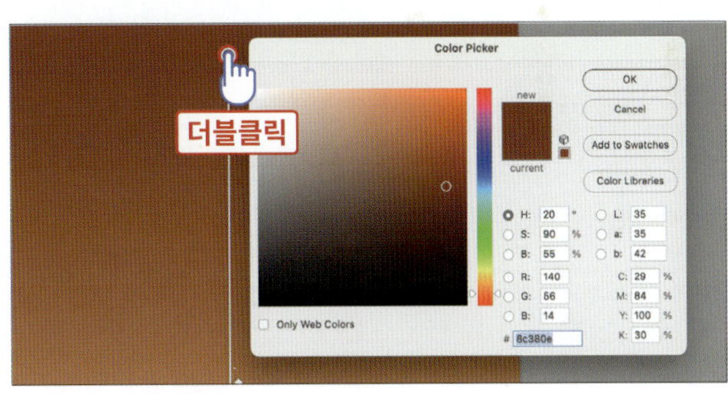

4 상단 옵션 바의 색상 값을 클릭하면 다양한 버전의 그레이디언트 값 표본이 나옵니다. 원하는 그레이디언트를 클릭해 사용해도 됩니다.

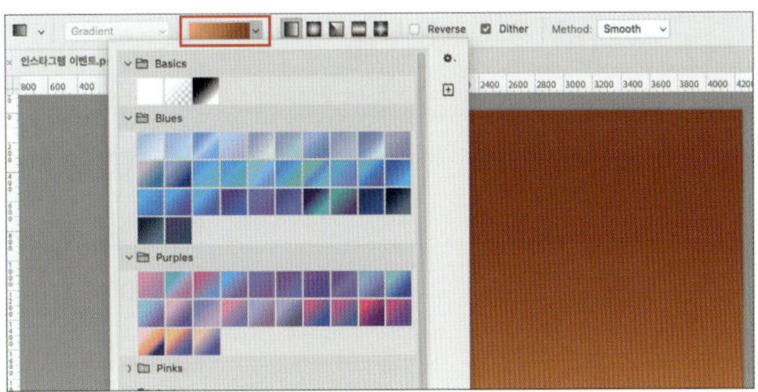

1 ❶ 도구 모음에서 [Type Tool] T 을 클릭하고 ❷ 작업판에 '인스타그램 팔로우하면 커피쿠폰 쏜-다!'를 입력합니다. ❸ 원하는 폰트로 변경한 후 색상을 ffffff 로 지정합니다.

2 ❶ T 도구를 이용해 '커피쿠폰'을 드래그, ❷ 다른 색상으로 변경합니다. 필자는 fecf38로 변경하였습니다.

T Type Layer 패널 알아보기

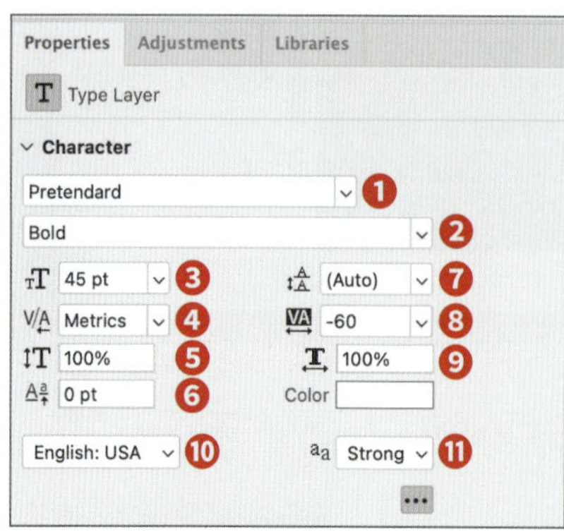

❶ 글꼴 모음	글꼴을 선택하는 창입니다.
❷ 글꼴 스타일	글꼴의 굵기를 선택하는 창입니다.
❸ 글꼴 크기	글꼴의 크기를 조정하는 창입니다.
❹ 커닝	문자 사이의 간격을 조정하는 창입니다.
❺ 세로 비율	글꼴의 세로 비율을 조정하는 창입니다.
❻ 기준선	문자의 기준 높이를 지정하는 창입니다.
❼ 행간	문자의 행간을 조정하는 창입니다.
❽ 자간	글꼴 전체의 간격을 조정하는 창입니다.
❾ 장평	글꼴의 가로 비율을 조정하는 창입니다.
❿ 언어	각 언어의 맞춤법을 검사하는 창입니다.
⓫ 앤티앨리어스	문자의 경계를 부드럽게 설정하는 창입니다.

03 투명한 오브젝트 누끼따기

1 ① 작업판에 [PSLESSON06] > [아메리카노 누끼.jpg]를 가져옵니다. ② '아메리카노 누끼' 레이어에서 오른쪽 마우스를 클릭, [Rasterize Layer]를 클릭해 Smart Object 레이어에서 픽셀 기반 편집이 가능하도록 설정합니다.

2 ① 도구 모음에서 [Background Eraser Tool]을 클릭하고 ② Limits를 Discontiguous로, ③ Tolerance를 10%로 입력합니다.

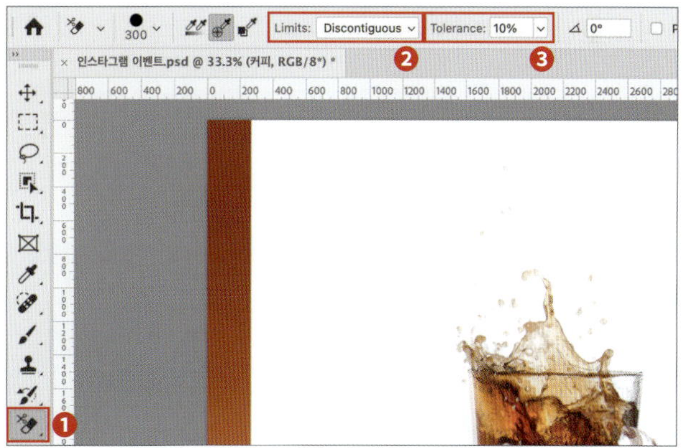

3 흰색 배경을 Alt / Option 을 누른 상태로 클릭한 후 드래그하면 흰색 배경만 삭제됩니다.

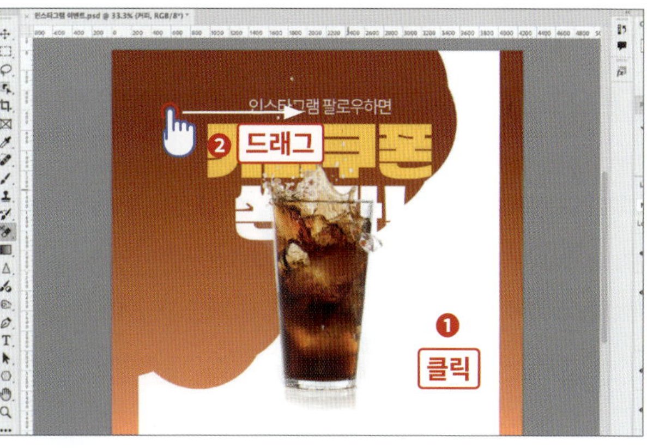

4 아직 지워지지 않은 흰색 배경을 추가로 삭제해 보겠습니다. Tolerance를 30%로 입력합니다.

5 지워지지 않은 흰색 배경을 드래그하면 지워집니다.

6 단축키 Ctrl / Cmd + T 를 눌러 자유 변형을 활성화하고 다음과 같이 크기를 조정합니다.

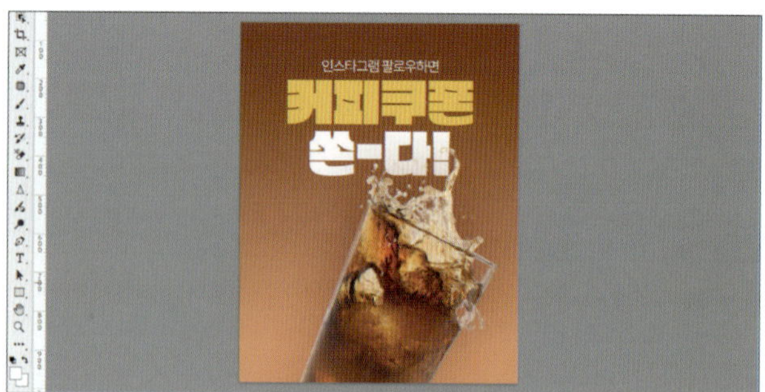

7 ❶ 작업판에 '얼음.png'를 가져와 '아메리카노 누끼.jpg' 레이어 아래로 순서를 이동합니다. ❷ 이미지를 다음과 같이 위치한 후 블렌딩 모드를 [Screen]으로 지정합니다.

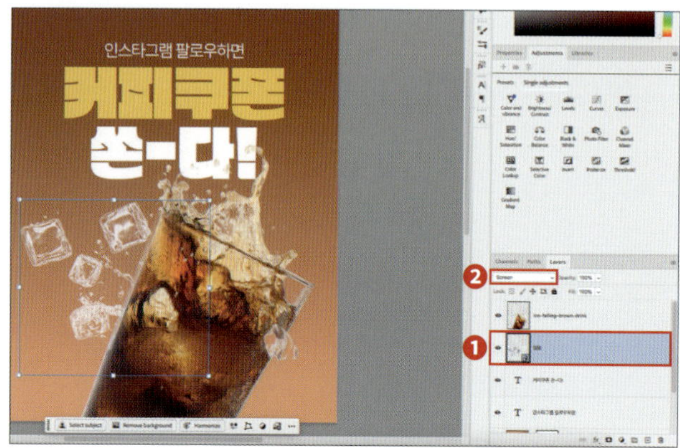

04 둥근 사각형 만들기

1 ❶ 도구 모음에서 [Rectangle Tool]을 클릭하고 ❷ 가로로 긴 직사각형을 드래그해 생성합니다. ❸ 색상 값을 ffbd45로 지정합니다.

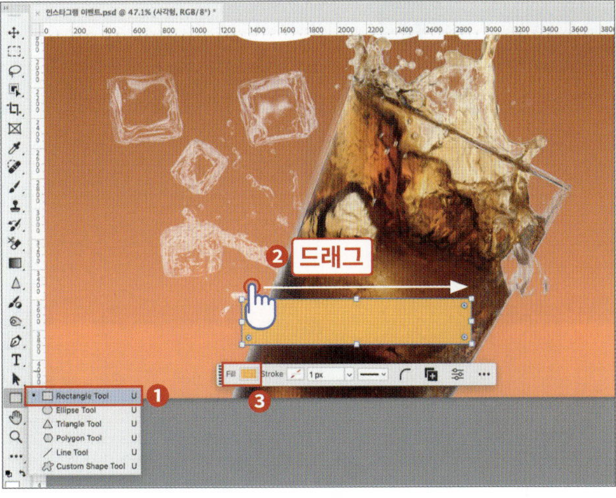

2 모퉁이의 ◉를 클릭해 오른쪽으로 드래그하면 모퉁이가 둥근 사각형으로 변경됩니다.

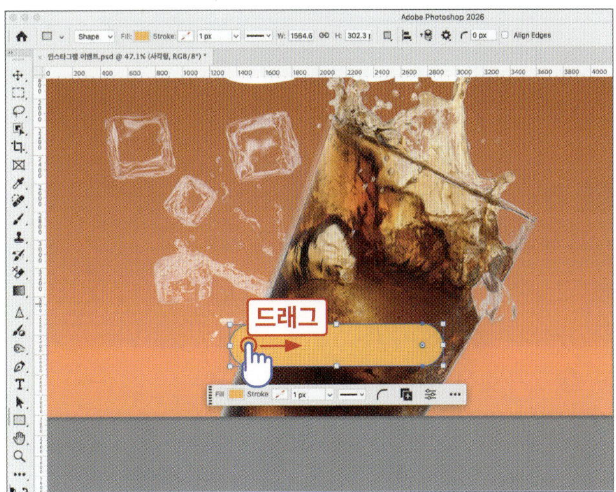

3 도형 안에 텍스트 '팔로우하고 이벤트 참여하기'를 입력합니다. 인스타그램 이벤트 콘텐츠를 완성했습니다.

05 아트보드 기능 알아보기

Photoshop CC 2014 버전까지 하나의 작업판만 제공되던 것과 달리, Photoshop CC 2015 버전부터 일러스트레이터의 아트보드와 같은 기능이 도입되어 여러 디자인을 하나의 파일에서 효율적으로 관리할 수 있게 되었습니다.

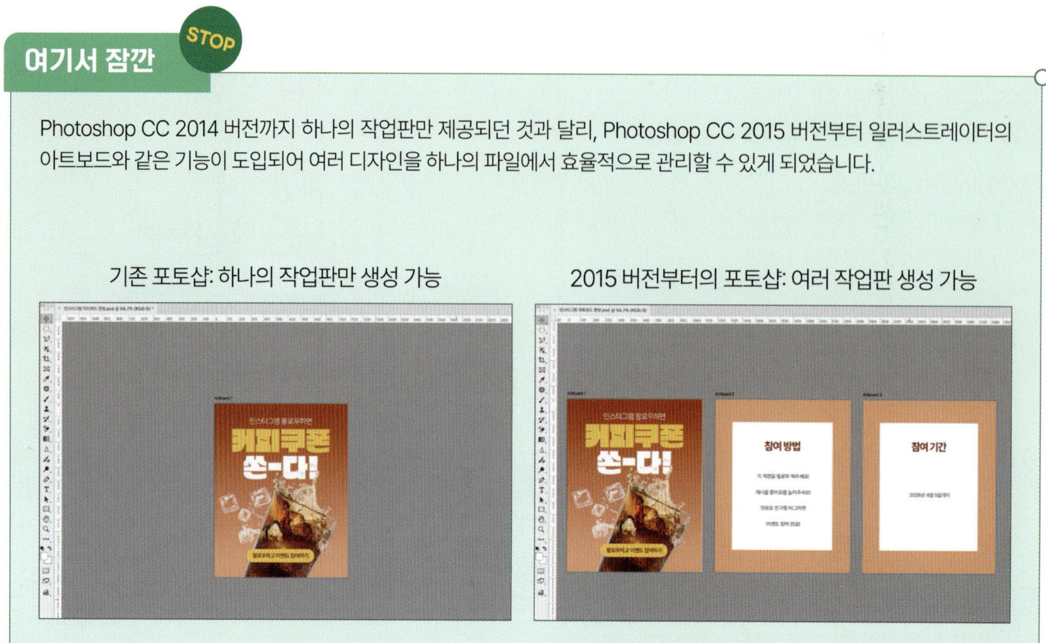

1 ❶ 단축키 Ctrl / Cmd + N 을 눌러 새 문서 생성 팝업 창에 들어갑니다. ❷ 이름을 '인스타그램 아트보드'로 입력하고 ❸ 작업판 크기를 1080*1350mm로 지정한 후 ❹ 크기 설정 옆의 Artboards를 체크하고 ❺ [Create]를 클릭합니다.

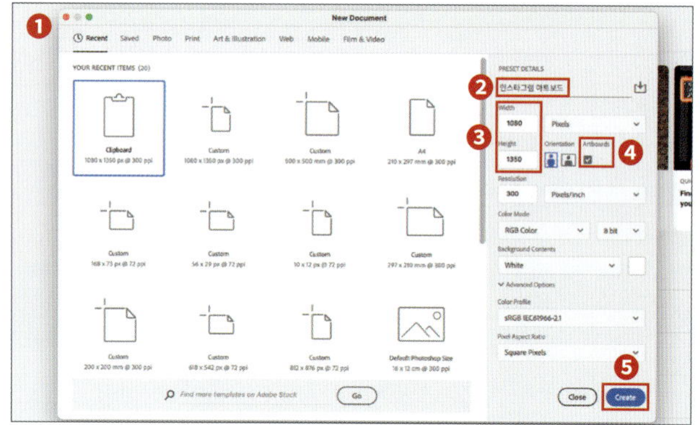

2 작업판 위로 'Artboard 1'이라고 표시됩니다. 도구 모음에서 [Artboard Tool] 을 클릭합니다.

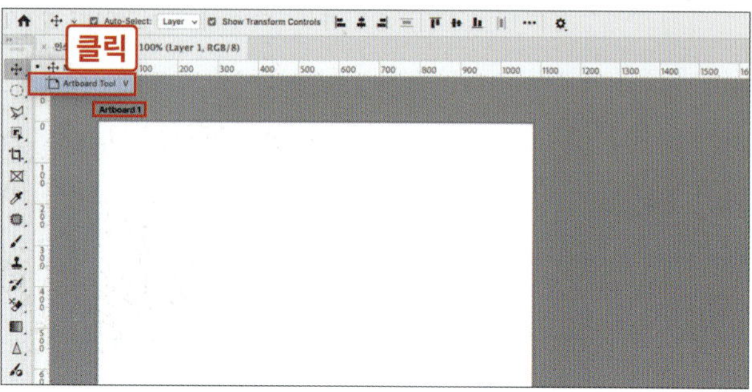

3 'Artboard 1' 작업판을 누르면 'Artboard 1' 밖 캔버스에 ⊕ 아이콘이 나타납니다. ⊕를 클릭합니다.

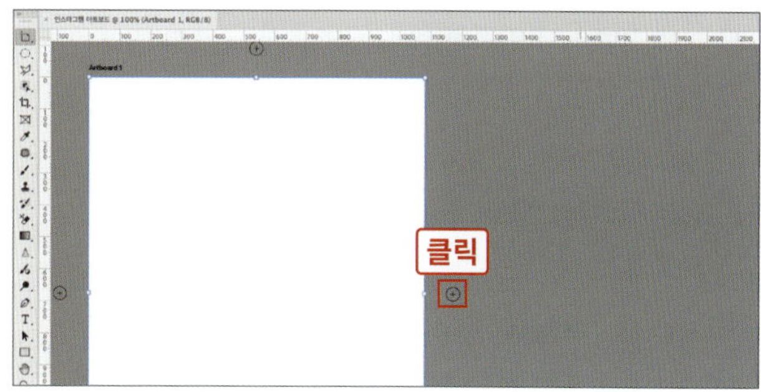

4 새로운 작업판이 생성됩니다. ⊕를 한 번 더 클릭하여 총 3개의 작업판을 생성합니다.

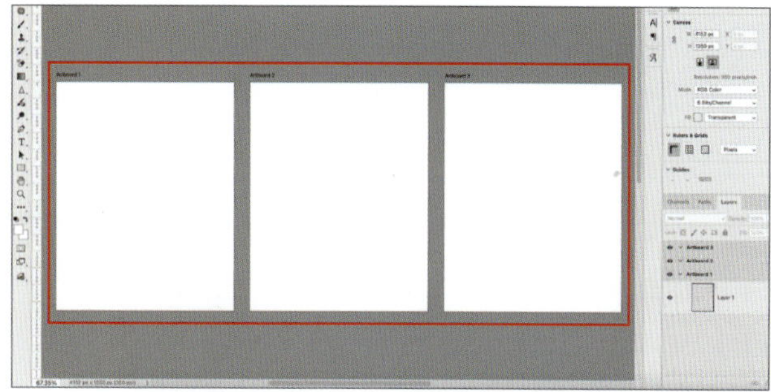

5 'Artboard 1'에 [PSLESSON06] > [인스타그램 아트보드.jpg] 파일을 가져옵니다.

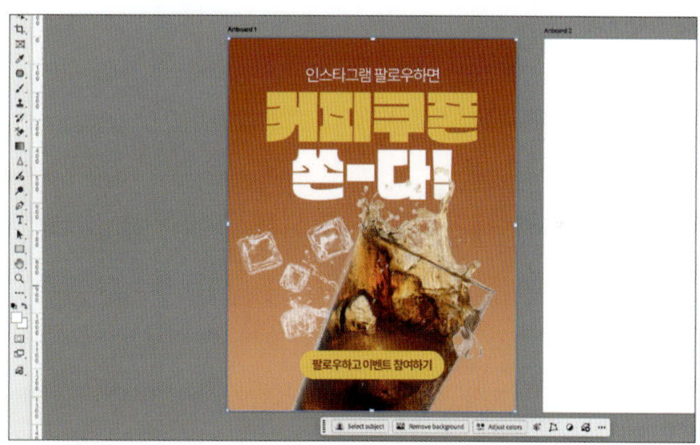

6 ❶ 왼쪽 도구 모음의 [Rectangle Tool]□을 클릭하고 ❷ 'Artboard 2'에 작업판보다 좀 더 큰 사각형을 드래그해 생성합니다. 도형의 색상은 'f19a66'으로 지정했습니다.

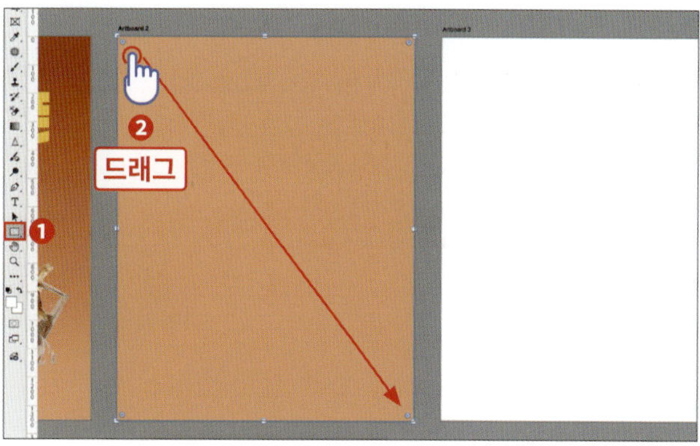

7 도구 모음의 [Rectangle Tool]□ 을 선택한 상태에서 ❶ 작업판에 마우스를 클릭하고 ❷ 옵션 창이 나타나면 Width와 Height의 값을 800*1000px로 입력한 후 ❸ [OK]를 클릭합니다.

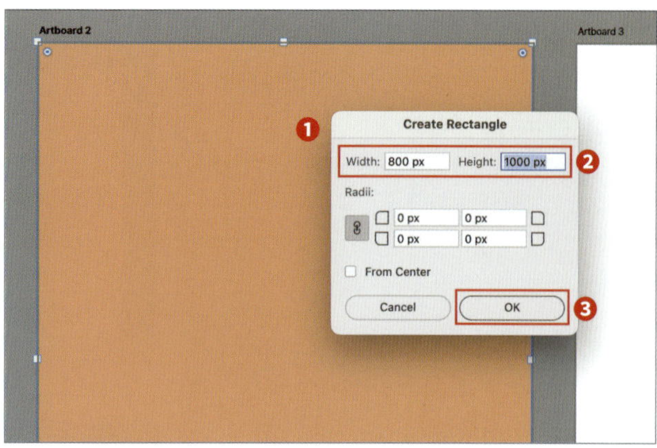

8 생성된 사각형을 'Artboard 2' 중앙에 위치합니다. 색상은 흰색으로 지정합니다.

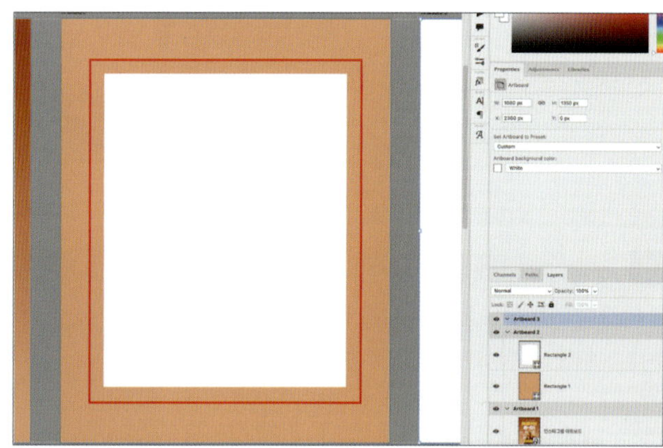

9 [Type Tool]T 을 선택한 상태에서 이미지의 내용과 같이 텍스트를 입력합니다.

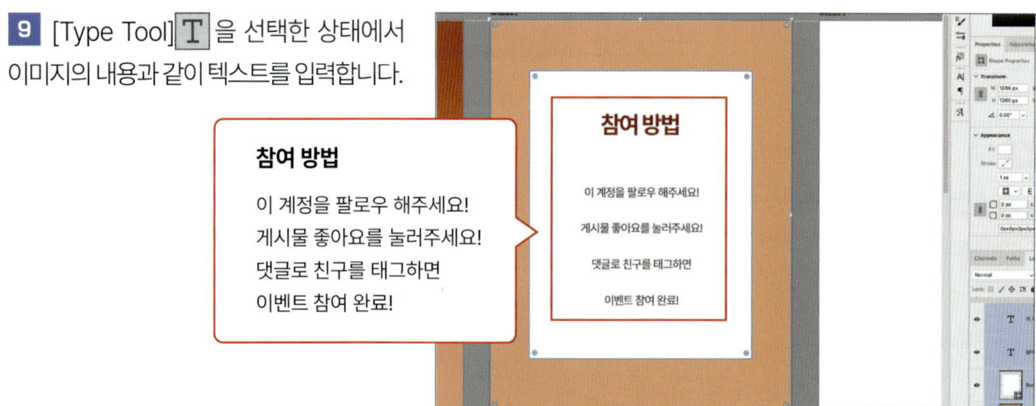

10 'Artboard 2'의 텍스트와 박스를 전체 선택한 후 단축키 Ctrl / Cmd + C 를 눌러 복사합니다.

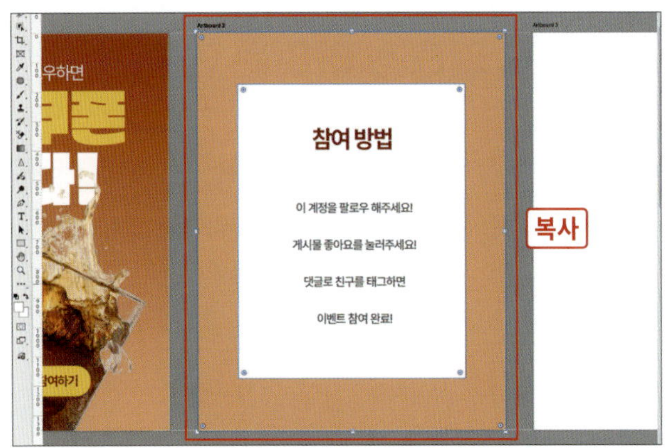

11 ❶ 'Artboard 3'에 단축키 Ctrl / Cmd + Shift + V 를 눌러 제자리 붙여 넣기를 합니다. ❷ 텍스트를 다음과 같이 변경합니다.

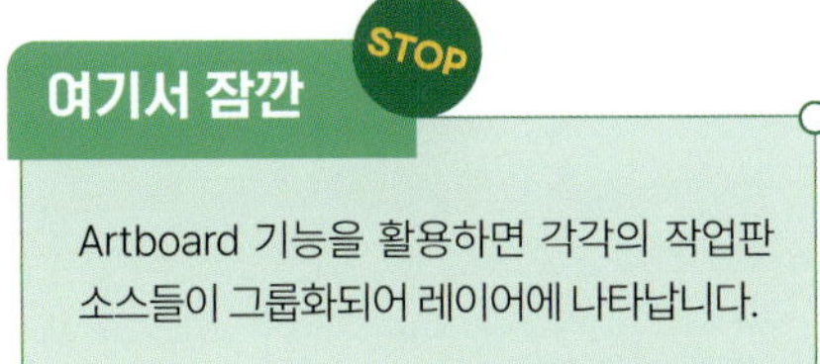

12 레이어를 확인해 보면 레이어들이 자동으로 각각의 Artboard로 그룹화되어 있습니다.

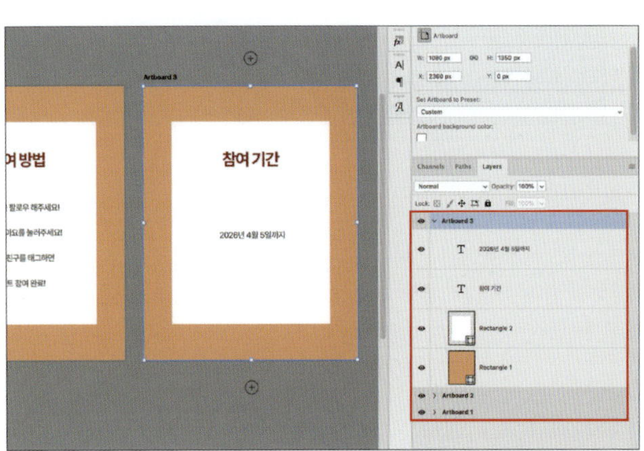

여기서 잠깐 STOP

Artboard 기능을 활용하면 각각의 작업판 소스들이 그룹화되어 레이어에 나타납니다.

리퀴드 글래스 아이콘 만들기

📁 **예제 파일** PSLESSON06 > 리퀴드 글래스.psd   📁 **완성 파일** PSLESSON06 > 완성_리퀴드 글래스.psd

최근 인터페이스 디자인에서 주목받는 리퀴드 글래스 기법은 유리 조각처럼 빛을 머금은 듯 투명하게 표현되는 디자인 기법입니다. 이번 예제에서는 이 기법을 활용해 아이콘을 만들어 보겠습니다.

미리보기
PREVIEW

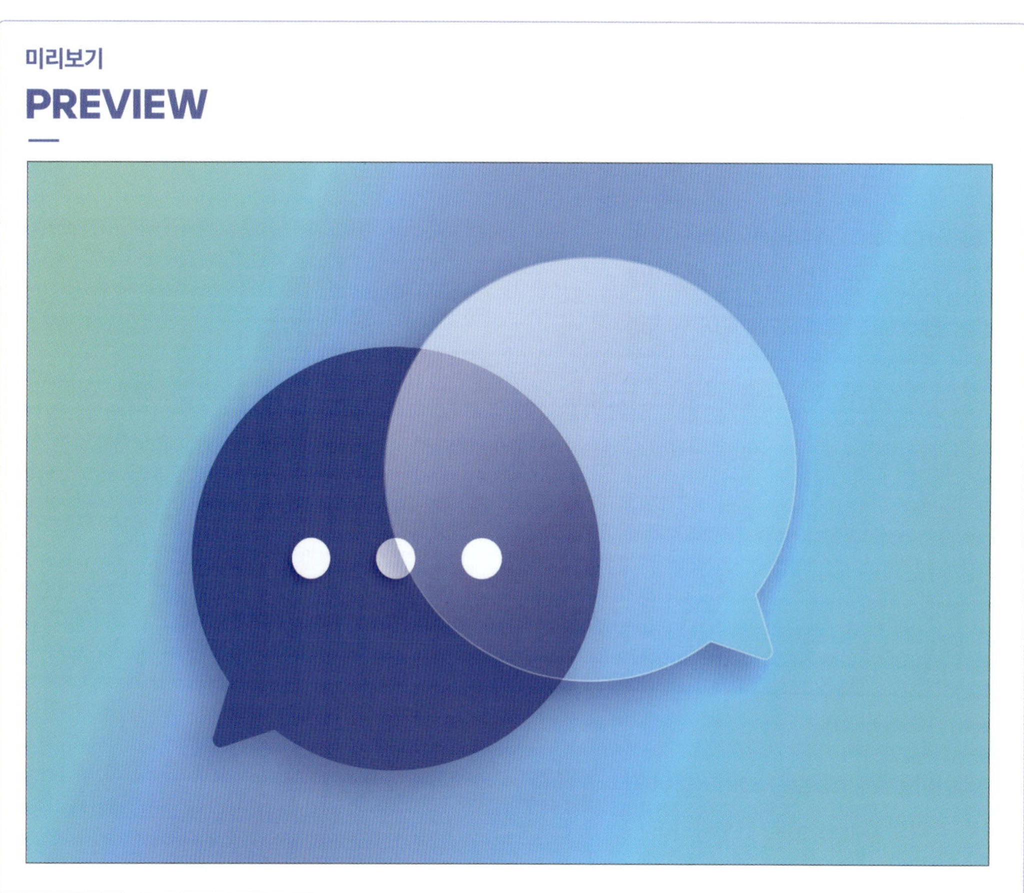

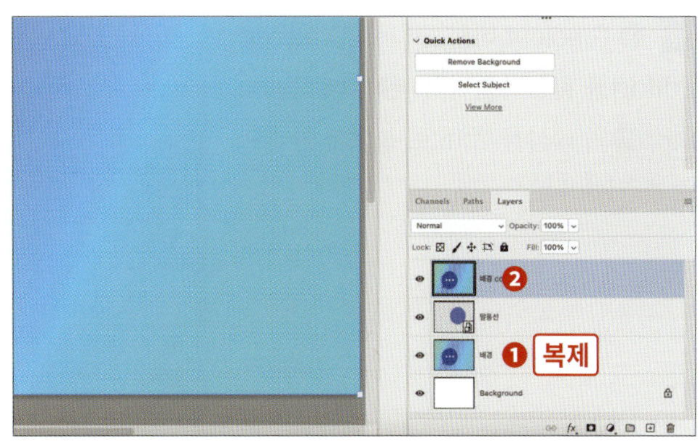

1 포토샵에 [PSLESSON05] > [리퀴드 글래스.psd] 파일을 엽니다. ❶ '배경' 레이어를 선택한 상태에서 단축키 Ctrl / Cmd + J 를 눌러 복제한 후, ❷ '배경 copy' 레이어를 맨 위로 옮깁니다.

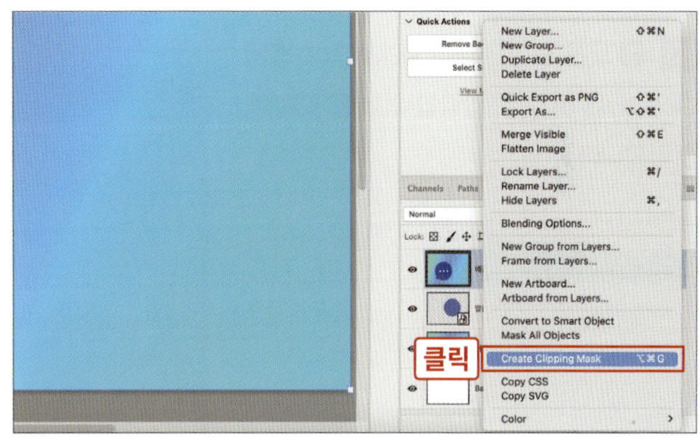

2 '배경 copy' 레이어를 선택한 상태에서 마우스 오른쪽 버튼을 클릭, [Create Clipping Mask]를 클릭합니다.

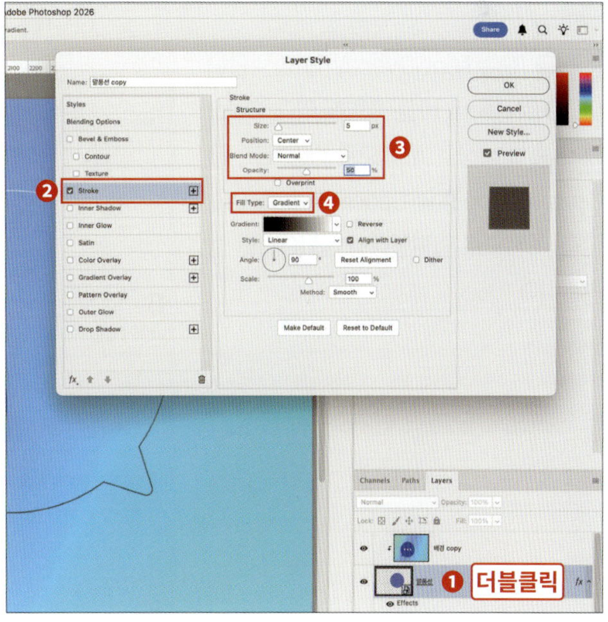

3 ❶ '말풍선' 레이어를 더블클릭해 [Layer Styles] 옵션 창을 활성화합니다. ❷ [Stroke]를 선택하고 ❸ Size는 5px, Opacity는 50%, ❹ Fill Type에서 Gradient를 선택합니다.

4 ❶ Gradient 바를 클릭해 [Gradient Editor]를 활성화합니다. ❷ 아래 Color Stop🏠의 색상을 'ffffff'로 설정해 흰색으로 변경합니다.

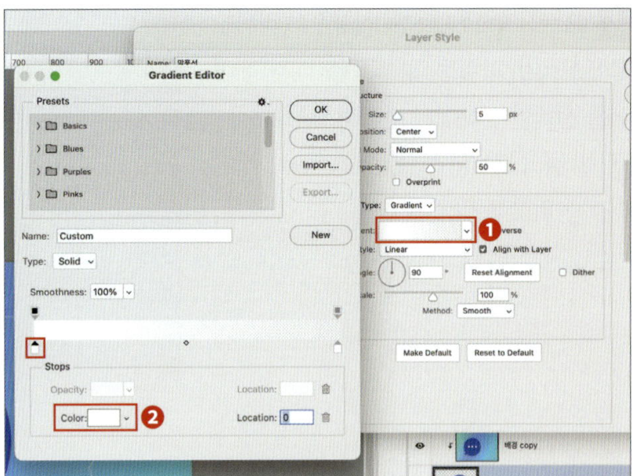

5 ❶ 오른쪽 상단의 Opacity Stop🔻의 Opacity를 50%로 입력합니다. ❷ [OK]를 클릭합니다.

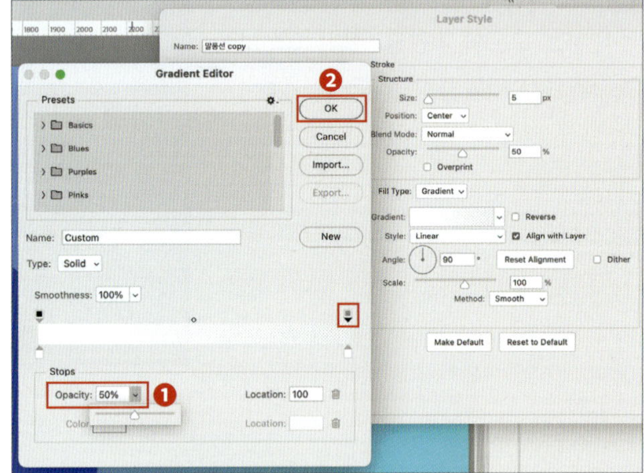

6 ❶ [Gradient Overlay]를 선택합니다. ❷ Gradient 바를 클릭해 아래 Color Stop🏠의 색상을 'ffffff'으로 변경하고, ❸ Opacity Stop🔻의 Opacity를 좌측 0%, 우측 70%으로 입력합니다. ❹ [OK]를 클릭합니다.

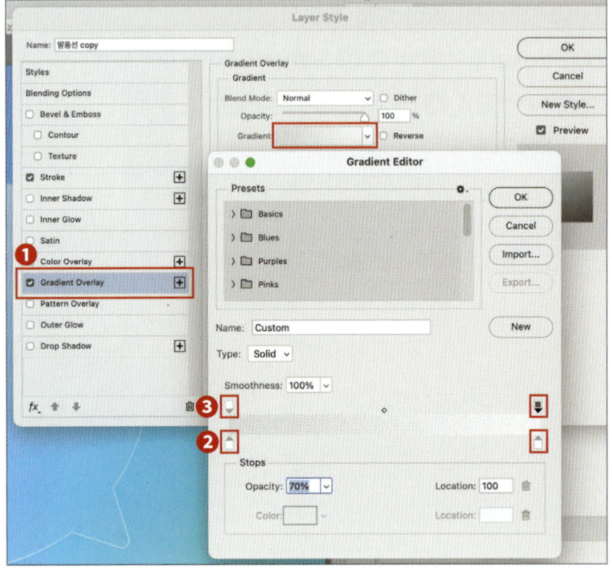

7 ❶ [Drop Shadow]를 선택합니다. ❷ Blend Mode는 [Multiply], Opacity는 40%, Distance는 80px, Size는 140px로 지정합니다. ❸ 색상은 0036ff로 입력한 후 ❹ [OK]를 클릭합니다.

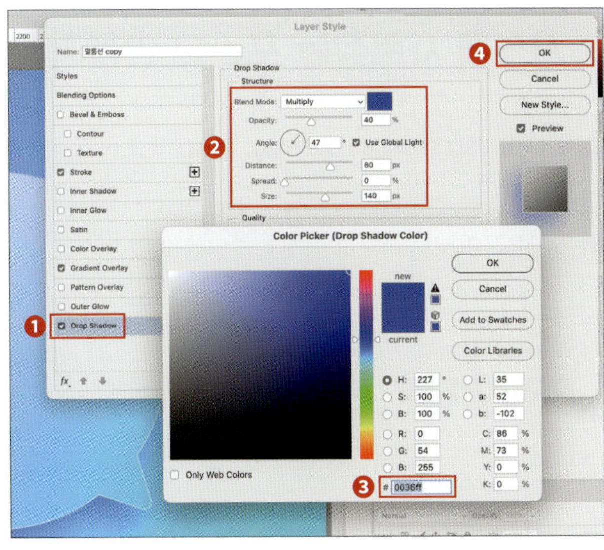

8 '배경 copy' 레이어를 선택한 상태에서 [Lock all attribute] 🔒 를 눌러 레이어를 잠급니다.

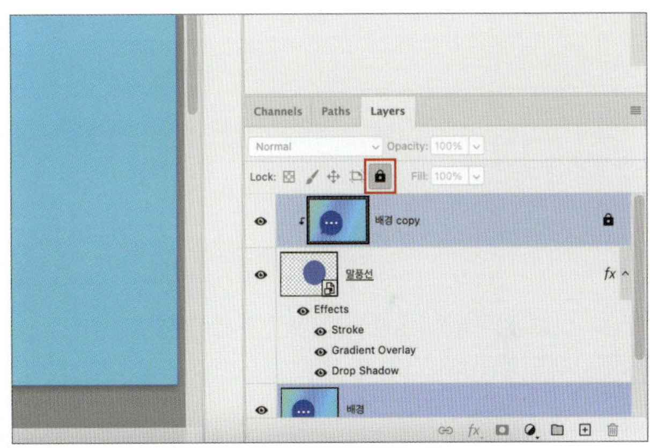

9 '말풍선' 레이어를 움직이면, 그 뒤의 '배경' 레이어가 투명하게 비쳐 보입니다. 말풍선 모양의 리퀴드 글래스 아이콘을 완성했습니다.

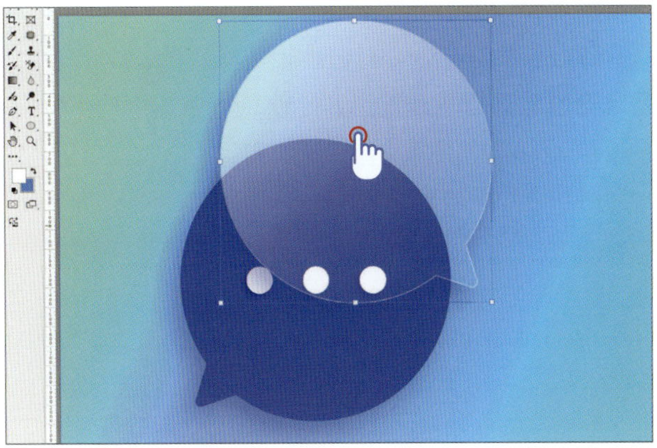

시선을 사로잡는 포스터 만들기

📁 **예제 파일** PSLESSON06 > 포스터.jpg　　📁 **완성 파일** PSLESSON06 > 완성_포스터 만들기.psd

단순히 정보를 전달하는 포스터가 아닌 사람들의 시선을 사로잡고 기억에 남는 포스터는 포토샵의 효과를 활용하면 보다 빠르고 쉽게 디자인할 수 있습니다.

미리보기
PREVIEW
—

01 속도감 효과 주기

1 ❶ 단축키 Ctrl / Cmd + N 을 눌러 새 문서 생성 팝업 창에 들어갑니다. ❷ 프리셋에 [Print] > [A3]를 클릭한 후 ❸ 이름을 '포스터 만들기'로 입력하고 ❹ [Create]를 클릭합니다.

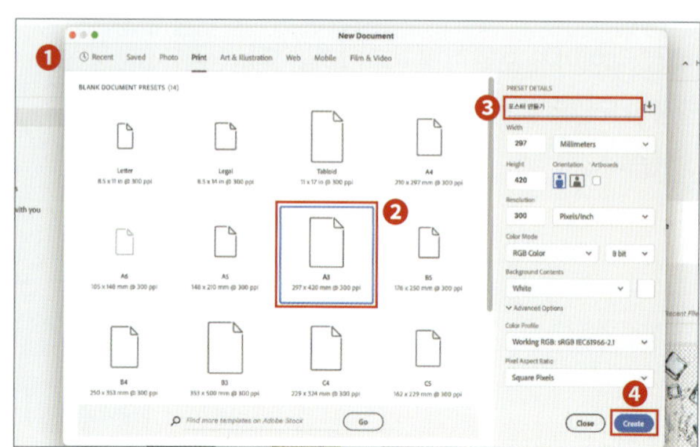

2 ❶ 작업판에 [PSLESSON06] > [포스터.jpg] 파일을 불러옵니다. 사진을 작업판 크기에 맞게 조절한 후 ❷ [Done]을 클릭합니다.

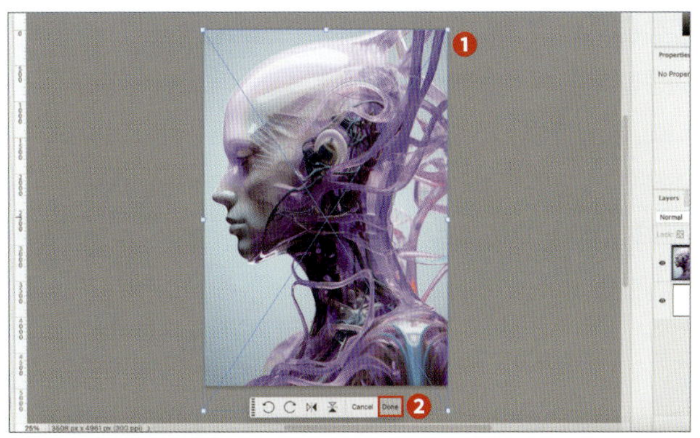

3 단축키 [Ctrl / Cmd] + [J]를 눌러 레이어를 복제합니다.

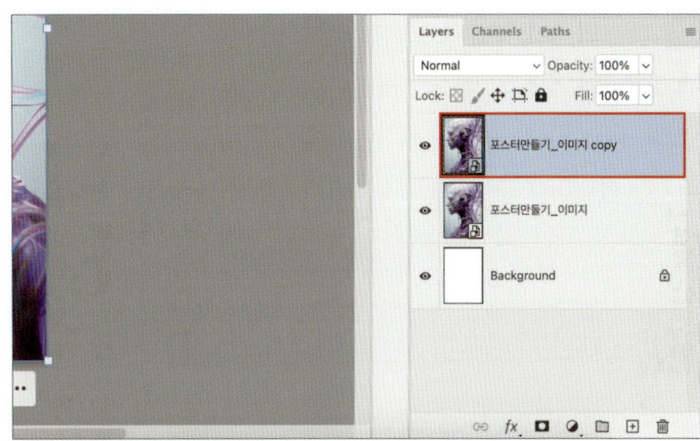

4 메뉴 바의 [Filter] > [Blur Gallery] > [Path Blur]를 클릭합니다.

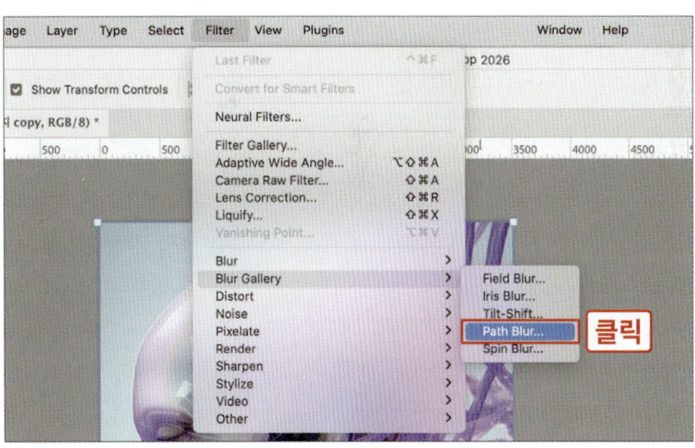

5 Path Blur 팝업 창이 뜨며 자동으로 Blur 효과를 주는 패스가 생성됩니다.

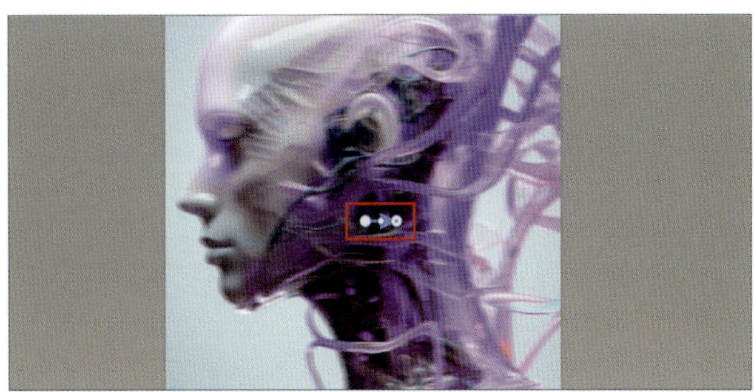

6 ❶ Path의 꼭지점을 누른 채 마우스를 이동합니다. 새로운 패스를 만들어 보겠습니다. ❷ 머리쪽에 마우스를 가져간 후 클릭하고 ❸ 오른쪽 사선으로 마우스를 이동해 더블클릭합니다. 화살표 모양의 패스를 생성했습니다.

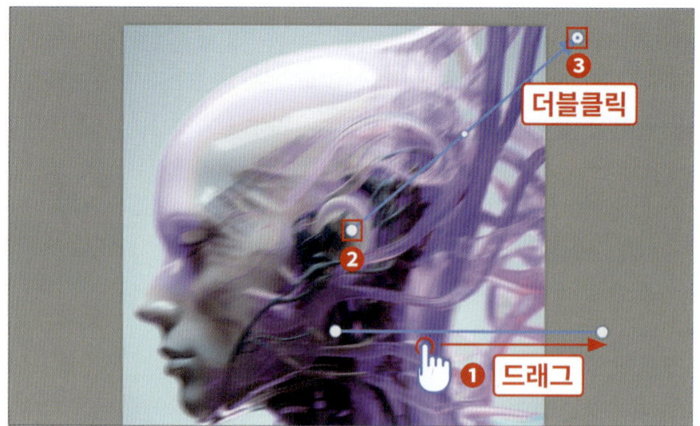

7 패스의 중간 부분을 클릭해 아래로 드래그합니다. 직선의 패스가 곡선으로 바뀌었습니다. 나머지 패스도 원하는 방향으로 추가해 봅니다.

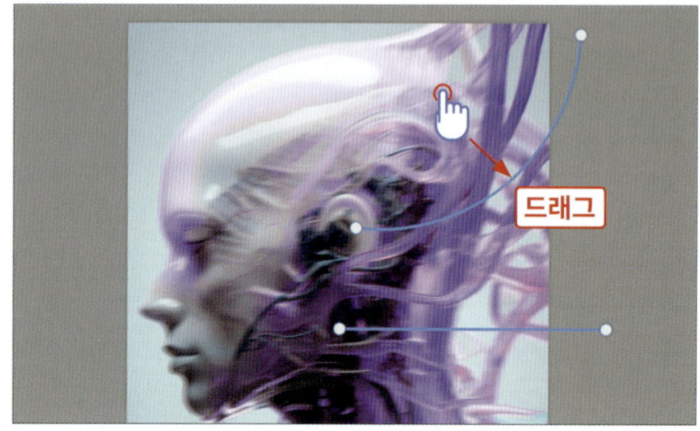

8 ❶ Speed의 값을 200으로 입력합니다. 지정한 화살표 모양의 패스대로 속도감이 생겼습니다. ❷ [OK]를 클릭합니다.

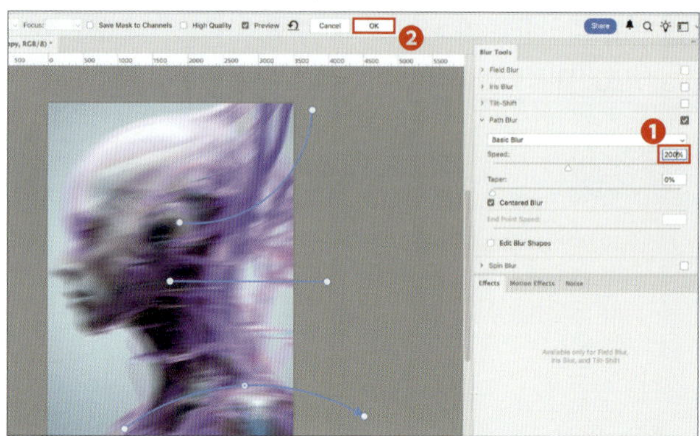

9 ❶ Layers 패널의 ▣ 를 눌러 레이어 마스크를 생성합니다. ❷ 도구 모음에서 ✎ 를 클릭하고 Soft Round에, Size는 1400px로 입력합니다.

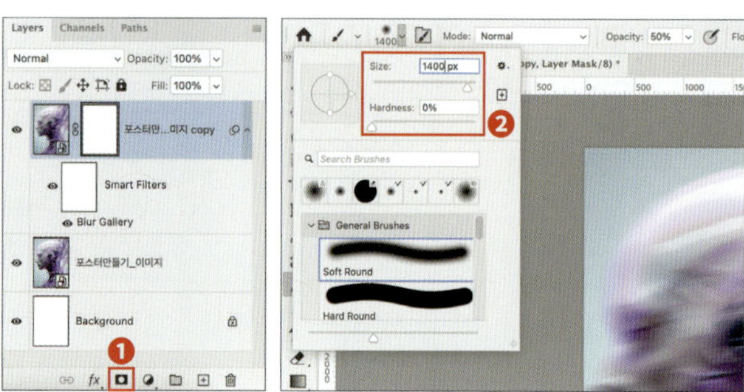

10 ❶ Foreground Color를 '000000'으로 지정, ❷ 레이어 마스크를 클릭한 상태에서 왼쪽의 얼굴 부분을 칠합니다. 얼굴 부분까지 지정되었던 흐림 효과를 제거했습니다.

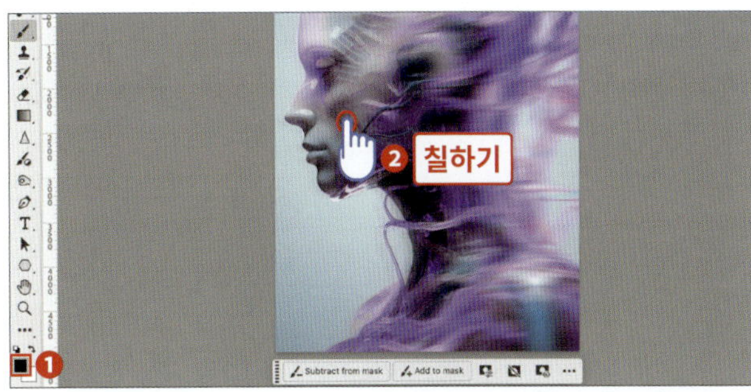

11 오른쪽에서 왼쪽으로 이동하는 것처럼 속도감이 생겼습니다.

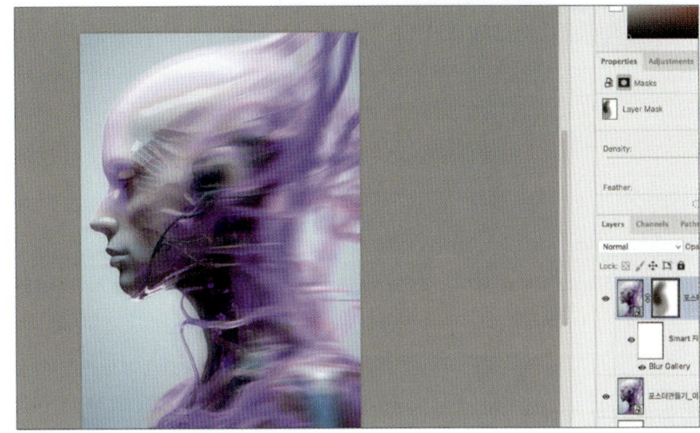

02 서체에 효과 주기

1 ❶ 도구 모음에서 [Type Tool] T 을 클릭하고 ❷ 작업판에 'AI'를 입력한 후 ❸ 폰트를 'Jalnan 2'로 지정하고 폰트 크기를 460pt로, 색상을 ffffff로 설정합니다.

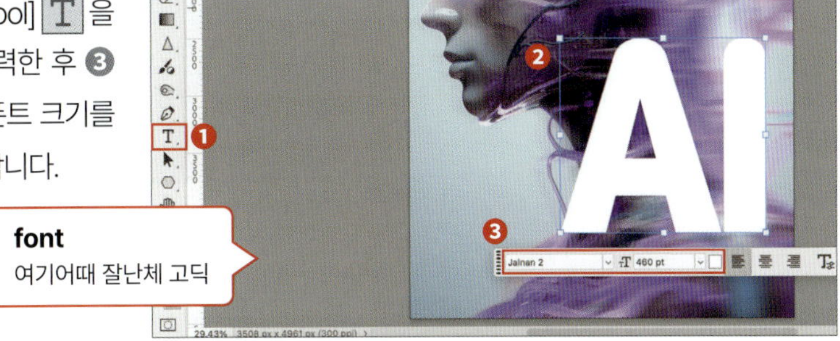

2 텍스트 레이어의 Fill을 0%로 설정합니다. 텍스트 레이어가 보이지 않습니다.

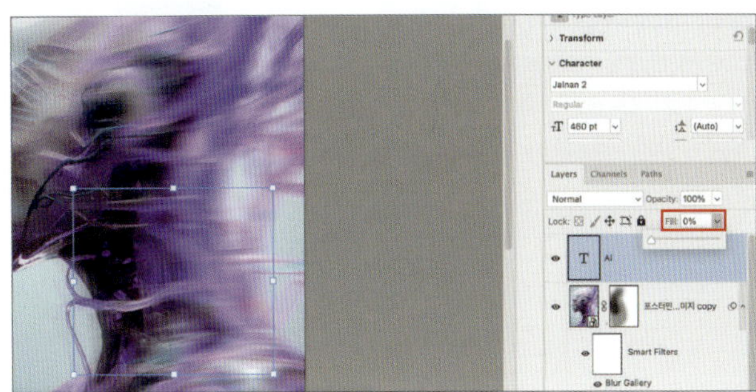

3 ❶ Layer Styles에서 [Bevel & Emboss]의 체크 박스를 클릭합니다. ❷ Structure를 [Style:Inner Bevel, Technique:Smooth, Depth:700%, Size:80px], ❸ Shading을 [Gloss Contour: , Highlight Mode:ffffff 에 Color Dodge, Shadow Mode는 배경의 보라색에 Multiply]를 지정합니다.

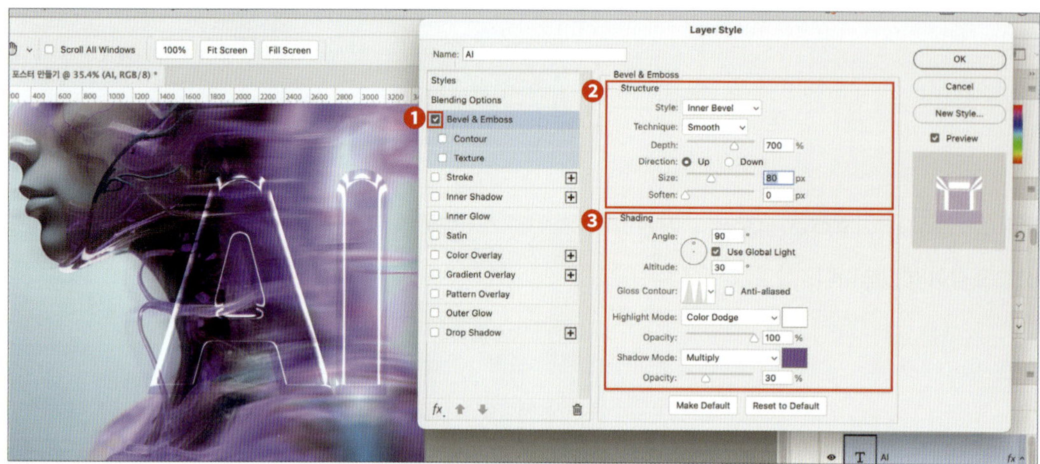

4 ❶ Contour 체크 박스를 클릭합니다. ❷ 를 선택한 후 Range를 30%로 입력 합니다.

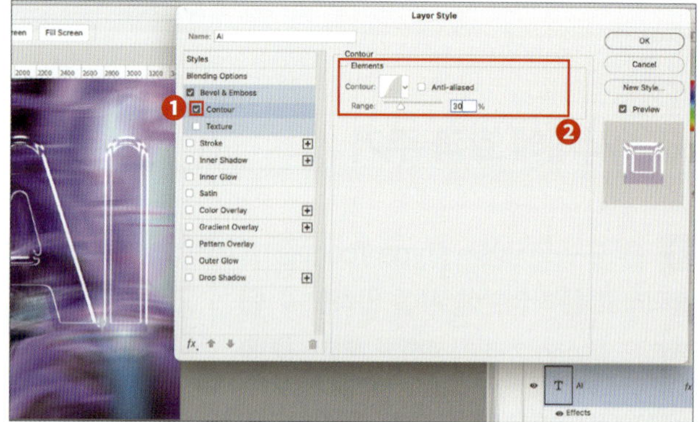

5 ❶ Drop Shadow 체크 박스를 클릭 하고 ❷ Blend Mode를 [Darker Color]로 설정, Spread를 20%로, Size를 160px로 지정한 후 ❸ [OK]를 클릭합니다.

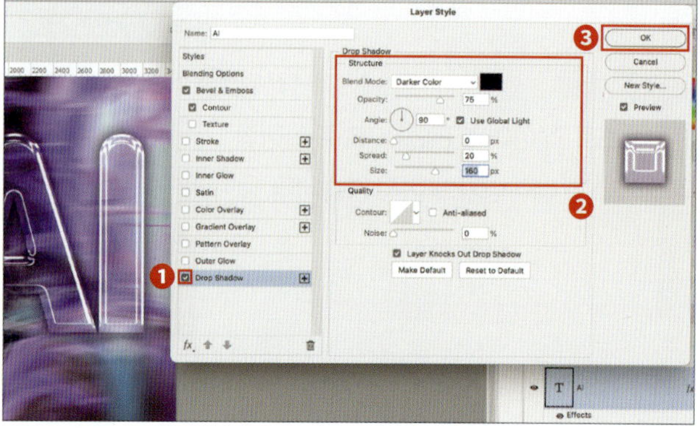

6 텍스트에 입체적인 유리 질감 효과를 주었습니다.

꿀팁!

Bevel & Emboss의 Gloss Contour 그래프를 클릭하면 그래프를 자유롭게 수정할 수 있는 팝업 창이 뜹니다. 모양을 변경해 원하는 입체감을 만들어 보세요.

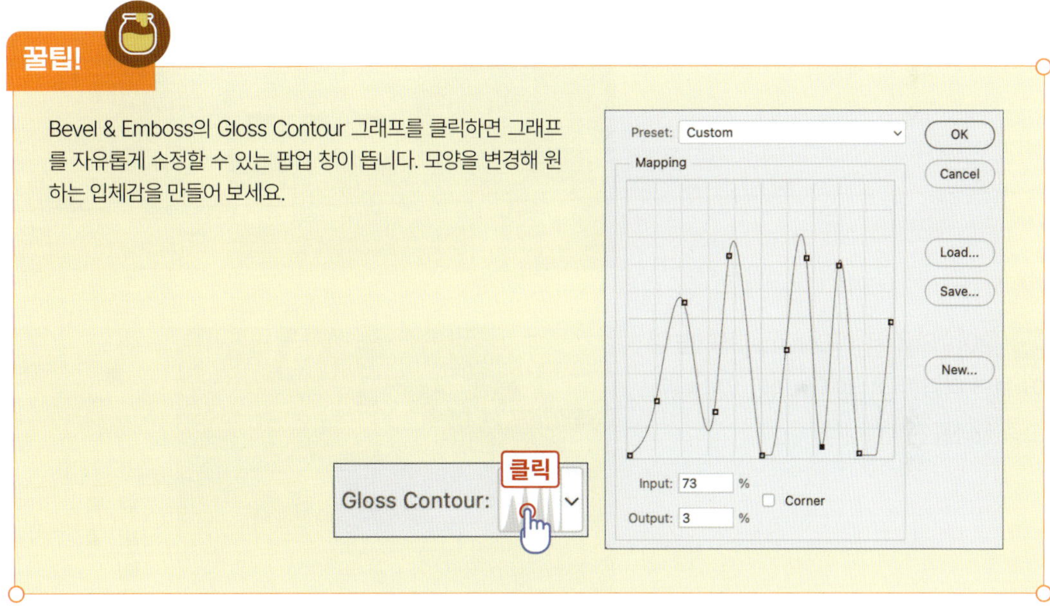

7 다른 텍스트 효과에 대해서도 알아보겠습니다. 도구 모음에서 [Type Tool] T 을 클릭하고 'ARTIFICIAL INTELLIGENCE'를 입력합니다.

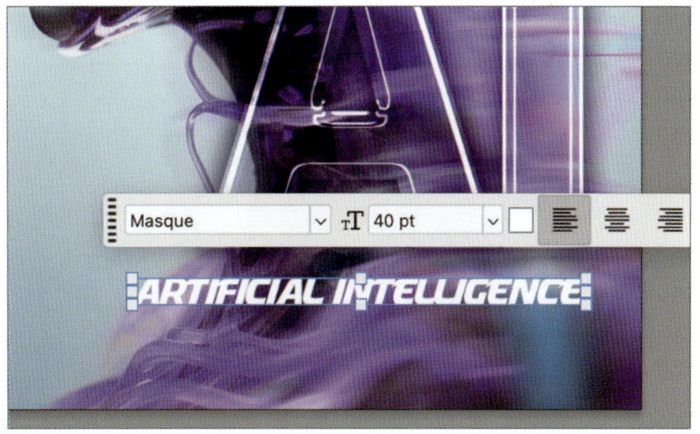

8 메뉴 바에서 [Window] > [Styles]를 클릭합니다.

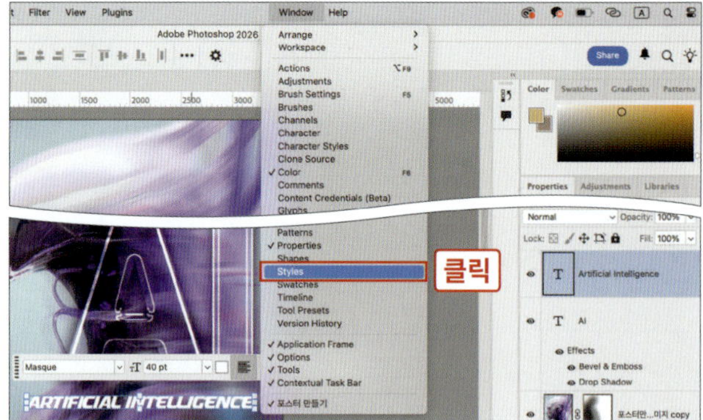

9 Styles 패널에서 ☰를 클릭하고 [Legacy Styles and More]를 클릭합니다.

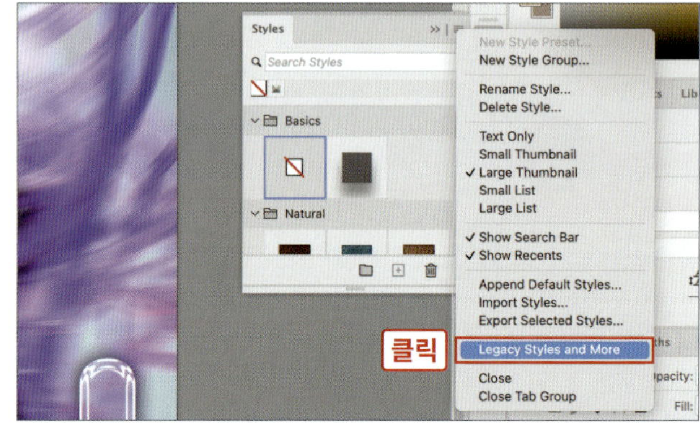

10 [2019 Styles] > [Chrome] 폴더를 열어 보면 다양한 쇠 입체 효과가 있습니다. 그중 하나를 선택합니다.

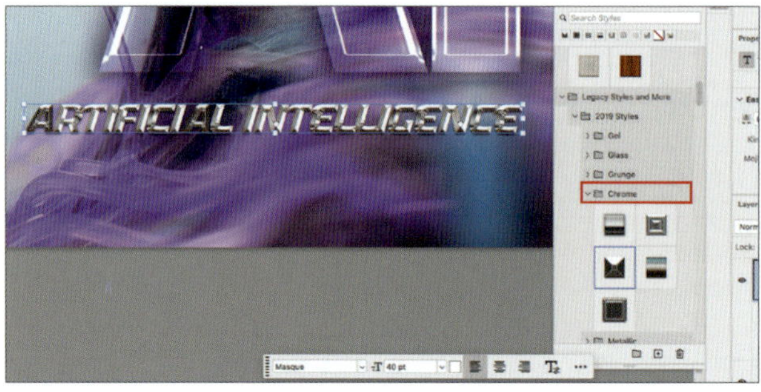

11 Layers 패널을 확인해 보면 Layer Styles가 자동으로 설정되었습니다.

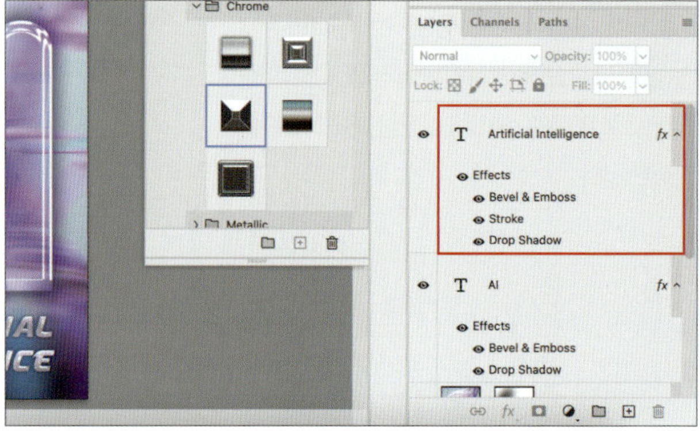

12 필자는 Layer Styles에 들어가 세부 사항을 원하는 대로 조정했습니다. 이처럼 효과를 취향에 맞게 조절해 포스터를 완성해 보세요.

  여기서 잠깐 STOP

과도한 입체 효과 적용은 정보 전달에 방해가 될 수 있다!

텍스트에 입체적인 효과를 주는 것은 풍부한 이미지를 만드는 데 도움이 될 수 있으나 가독성이 떨어진다는 치명적인 단점이 있습니다. 효과를 적절히 사용해 좀 더 효과적으로 정보를 전달하는 이미지를 만들어 보세요.

(X) 과도한 입체 효과 적용

(O) 입체 효과를 적절히 사용

감각적인 유튜브 섬네일 만들기

📁 **예제 파일** PSLESSON06 > 유튜브 섬네일.jpg, 플레이.png　📁 **완성 파일** PSLESSON06 > 완성_유튜브 섬네일.psd

유튜브 섬네일의 권장 크기는 1280픽셀*720픽셀(16:9 종횡비)입니다. 이미지와 텍스트를 적절히 사용해 시선을 이끄는 감각적인 섬네일을 만들어 보겠습니다.

미리보기
PREVIEW

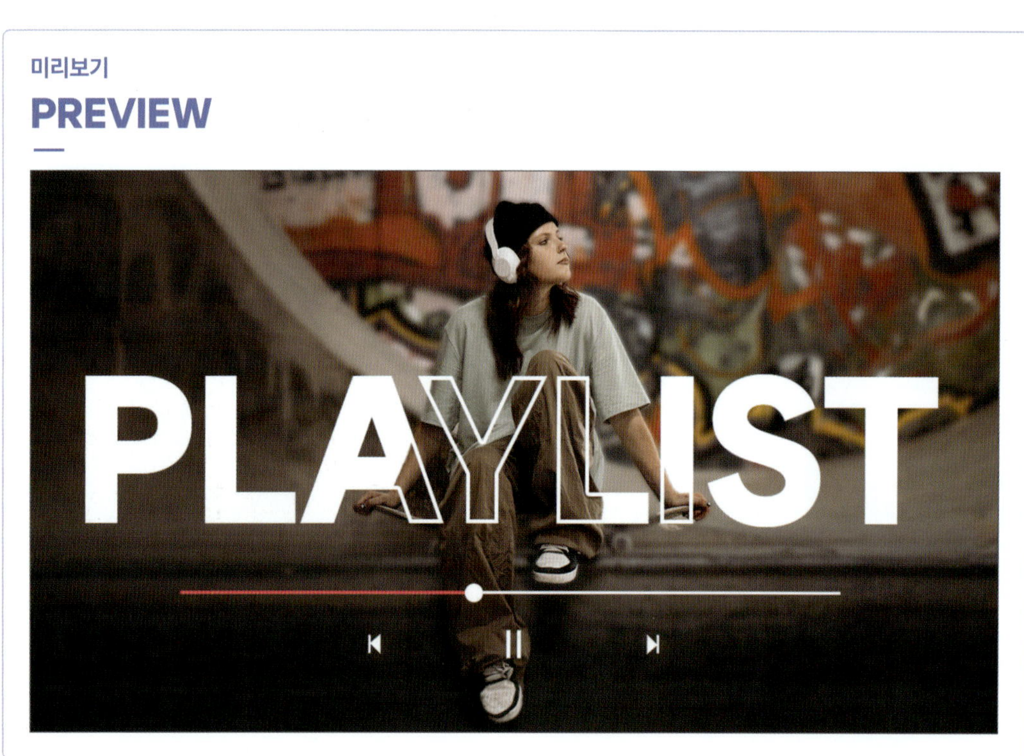

1 ❶ 단축키 Ctrl / Cmd + N 을 눌러 새 문서 생성 팝업 창에 들어갑니다. ❷ 이름을 '유튜브 섬네일'로 입력하고 ❸ 크기를 1280*720px로 입력한 후 ❹ [Create]를 클릭합니다.

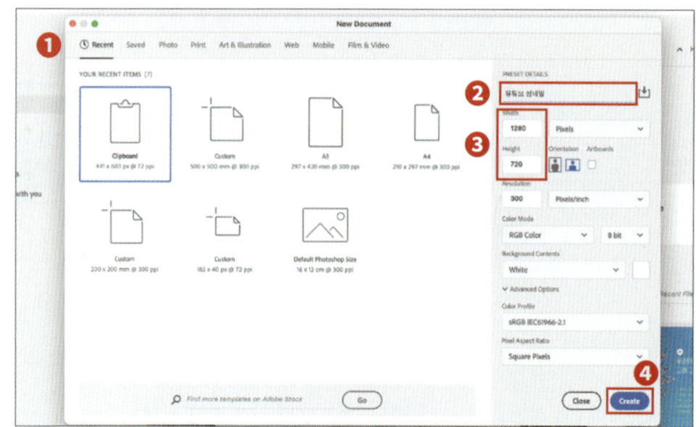

2 ❶ 작업판에 [유튜브 섬네일.jpg] 파일을 불러옵니다. ❷ 도구 모음에서 [Object Selection Tool] 을 클릭, ❸ 사람을 선택한 후 ❹ 단축키 Ctrl / Cmd + J 를 눌러 레이어를 복제합니다.

3 ❶ 도구 모음에서 [Type Tool] T 을 클릭하고 ❷ 'PLAYLIST'를 입력합니다.

4 'PLAYLIST' 레이어를 'Layer 1' 레이어 아래로 이동합니다.

5 ❶ 단축키 Ctrl / Cmd + J 를 눌러 'PLAYLIST' 레이어를 복제합니다. ❷ 복제한 레이어를 맨 위로 옮기고 Fill을 0%으로 지정합니다.

6 ❶ 'PLAYLIST Copy' 레이어의 Layer Styles에 들어가 Stroke 체크 박스를 클릭하고 ❷ Size를 5px로 입력한 후 ❸ [OK]를 클릭합니다.

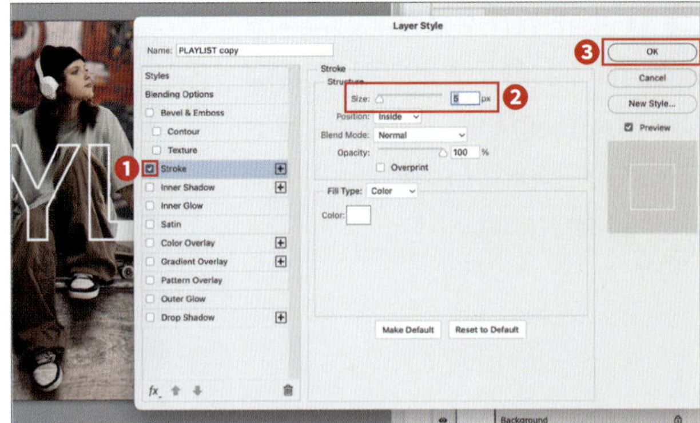

7 ❶ 'PLAYLIST' 레이어를 선택하고 ❷ 단축키 Ctrl / Cmd 를 누른 상태에서 PLAYLIST Copy 레이어를 동시에 선택합니다. ❸ Layers 패널의 🔗를 클릭합니다.

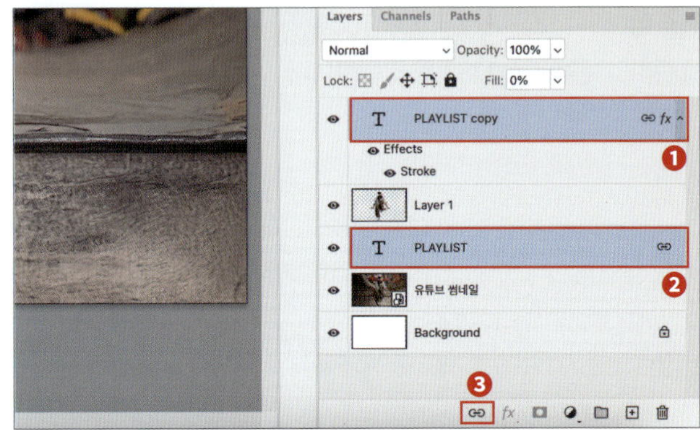

8 레이어가 연결되어 함께 이동이 됩니다. 적절한 위치로 이동합니다.

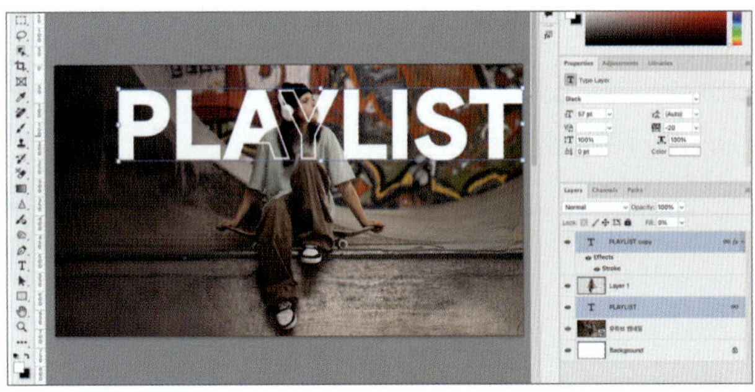

9 ❶ '유튜브 섬네일' 레이어를 누른 상태에서 메뉴 바에서 [Filter] > [Blur] > [Gaussian Blur]에 들어갑니다. ❷ Radius를 10px로 입력하고 ❸ [OK]를 클릭합니다.

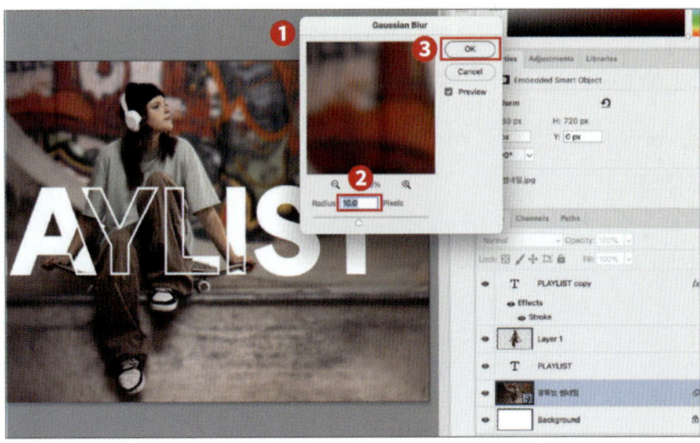

10 작업판에 '플레이.png'를 가져옵니다. 'PLAYLIST' 아래로 위치합니다.

11 ❶ 도구 모음에서 [Gradient Tool] 을 클릭하고 ❷ 아래쪽으로 드래그해 다음과 같이 이미지 아래에 음영을 줍니다.

12 유튜브 섬네일을 완성하였습니다.

정보를 잘 전달하는 상세페이지 만들기

📁 **예제 파일** PSLESSON06 > 커피머신기.jpg, 커피.jpg, 커피.ai　📁 **완성 파일** PSLESSON06 > 완성_상세페이지.psd

상세페이지 디자인을 할 때는 먼저 적절한 크기 설정이 중요합니다. 작업판의 기본 가로 폭은 860px이지만, 업로드하는 사이트마다 권장 크기가 다를 수 있으므로 작업 전에 반드시 해당 사이트의 권장 크기를 확인하는 것이 좋습니다. 세로 길이는 내용에 따라 달라질 수 있습니다. 앞서 배운 포토샵의 다양한 기법들을 활용하여 제품을 홍보하는 상세페이지를 만들어 보겠습니다.

미리보기
PREVIEW

1 ❶ 단축키 Ctrl / Cmd + N 을 눌러 새 문서를 생성합니다. ❷ 문서 이름은 '상세페이지', 크기는 860*2300px, ppi는 72로, 색상 값은 [RGB]로 설정하고 ❸ [Create]를 클릭합니다.

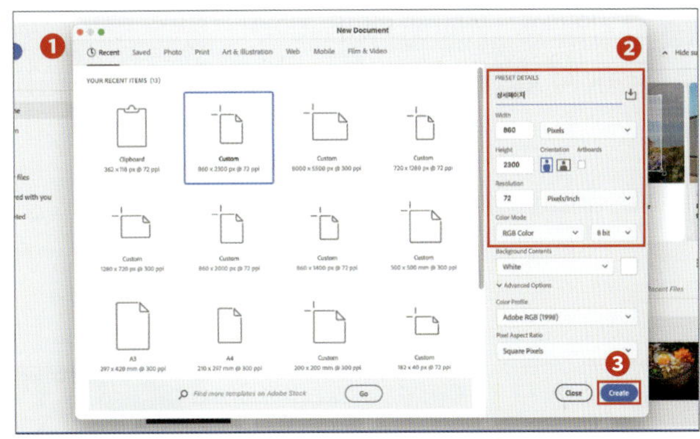

2 ❶ 작업판에 [커피머신기.jpg] 파일을 레이어로 불러와 작업판 상단에 이미지를 배치하고 ❷ [Done]을 클릭합니다.

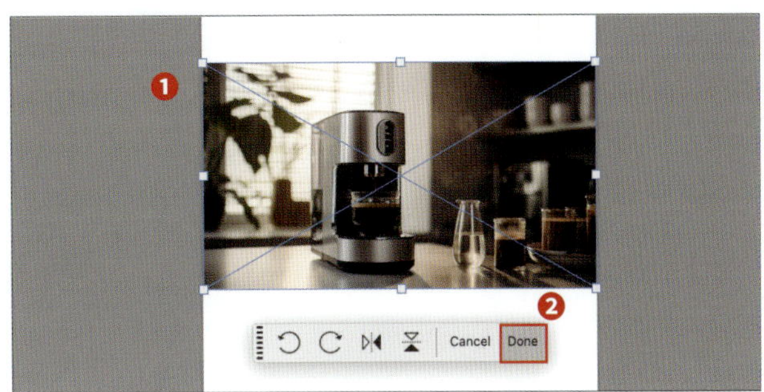

3 ❶ 도구 모음에서 [Gradient Tool] 🔲 을 클릭하고 ❷ 위에서 아래로 드래그한 후 ❸ 상단 꼭지점의 색상 값은 e6c9b1로, ❹ 아래 꼭지점은 ffffff로 지정하고 Opacity를 0으로 지정합니다.

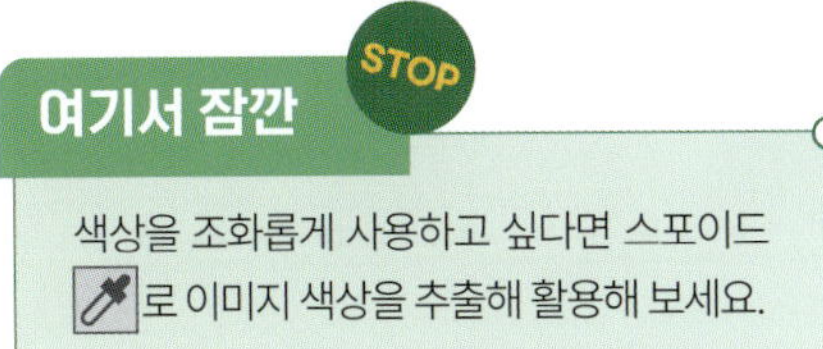

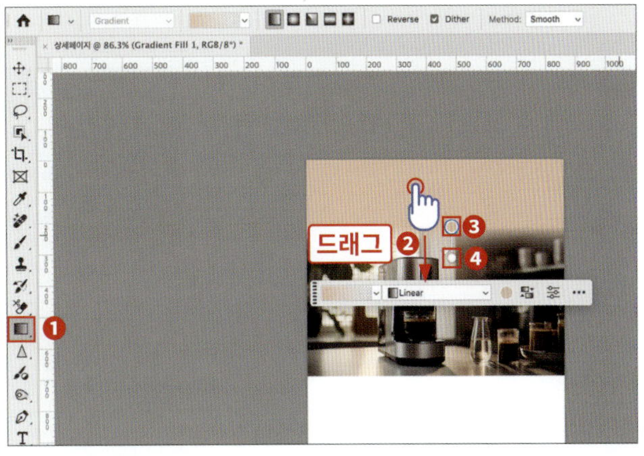

4 ❶ 도구 모음에서 [Type Tool] T 을 클릭하고 ❷ 텍스트 '집 안의 작은 카페'와 '홈스프레소'를 입력합니다.

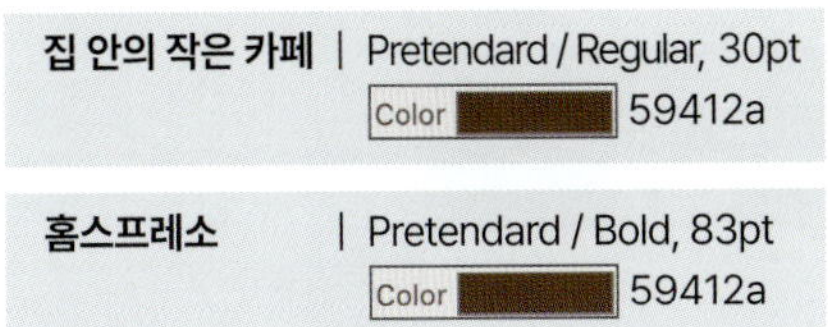

집 안의 작은 카페	Pretendard / Regular, 30pt
	Color 59412a

홈스프레소	Pretendard / Bold, 83pt
	Color 59412a

5 ❶ 작업판에서 [커피.ai] 파일을 레이어로 불러옵니다. ❷ 팝업 창의 [OK]를 클릭합니다.

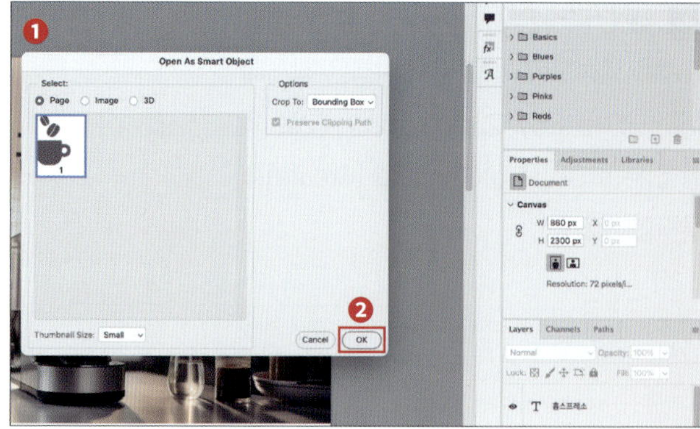

6 ❶ 가져온 파일을 텍스트 상단에 배치하고 ❷ [Done]을 클릭합니다.

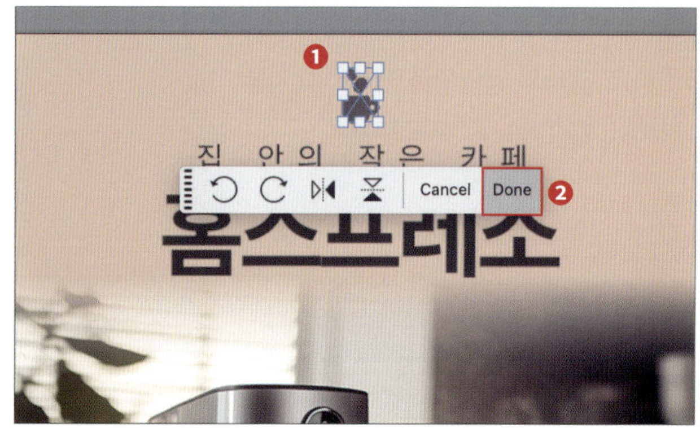

7 레이어가 스마트 오브젝트(Smart Object)로 불러와졌습니다. 레이어에 아이콘을 더블클릭합니다.

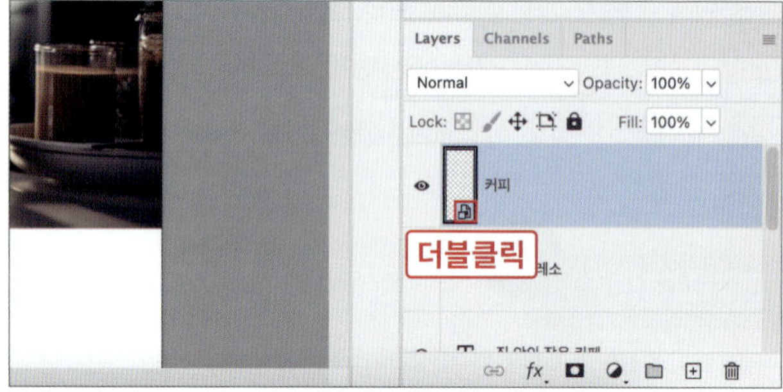

8 팝업 창이 뜨면 [OK]를 클릭합니다.

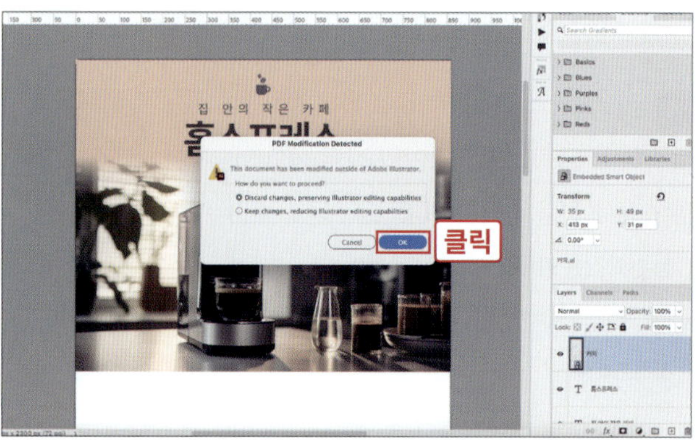

9 일러스트레이터 프로그램이 실행되면서 일러스트레이터 창으로 화면이 전환됩니다. 커피잔 위의 커피콩을 클릭합니다.

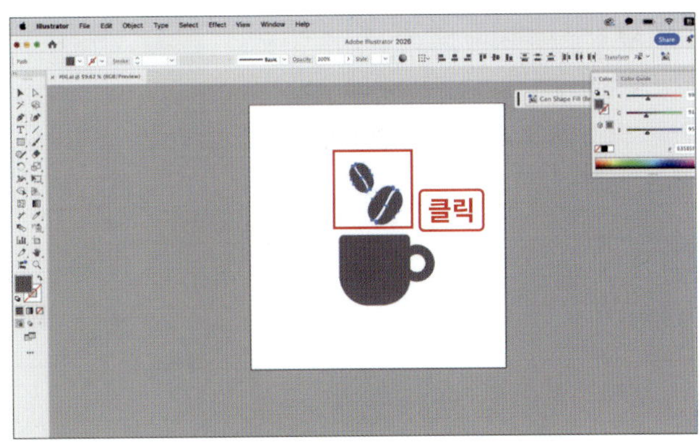

10 ❶ Delete 를 눌러 삭제합니다. ❷ 단축키 Ctrl / Cmd + S 를 눌러 저장합니다. ❸ 파일명에 있는 ✕ 를 눌러 파일을 닫습니다.

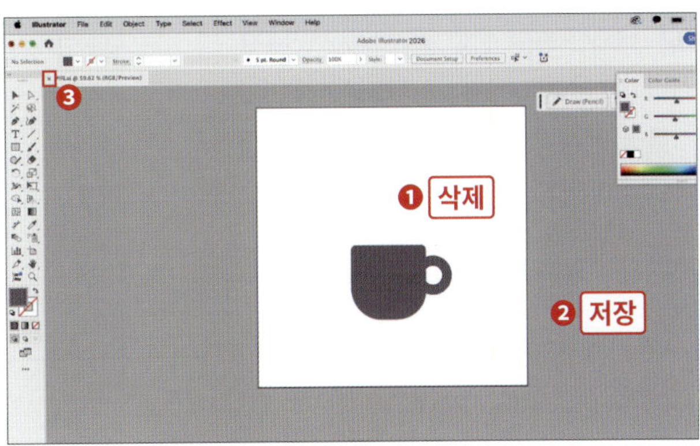

11 포토샵을 켜면 일러스트레이터에서 작업한 이미지가 반영되어 '커피.ai' 이미지가 수정되었음을 확인할 수 있습니다.

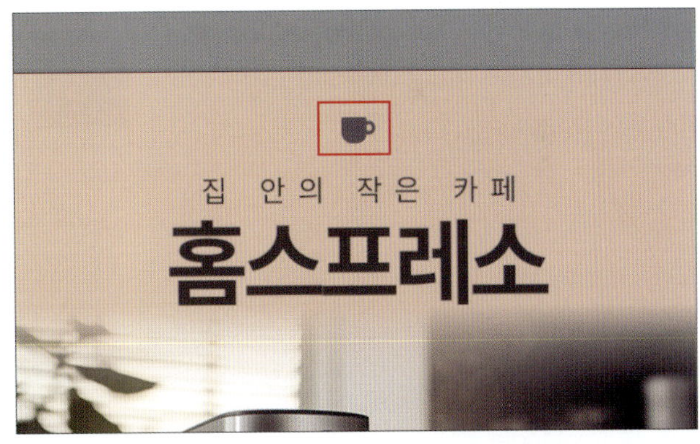

12 ❶ 도구 모음에서 [Rectangle Tool]☐을 클릭해 ❷ 작업판에 한 번 클릭하고 ❸ 팝업 창이 뜨면 Width : 300px, Height : 325px를 입력한 후 ❹ [OK]를 클릭합니다.

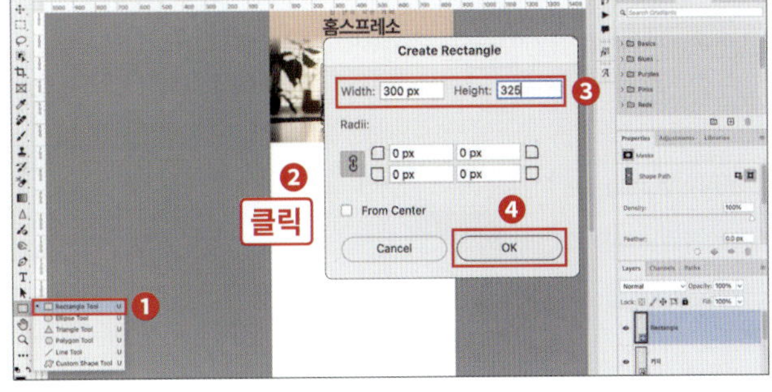

13 ❶ [커피.jpg]를 레이어로 불러옵니다. 불러온 [커피.jpg] 이미지를 **12**에서 만든 박스 위로 이동하고 ❷[Done]을 클릭합니다.

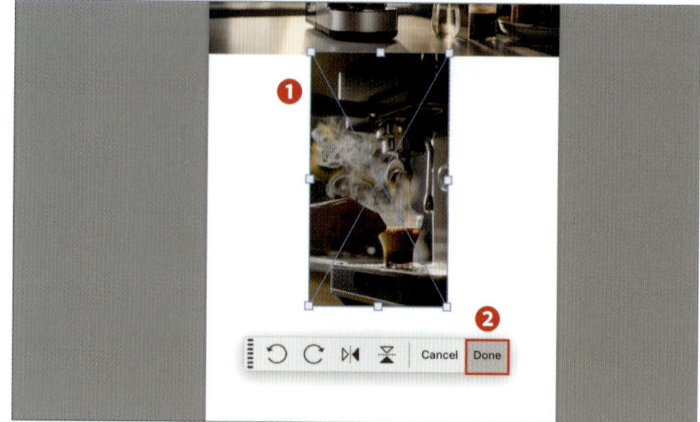

14 Alt / Option 을 누른 상태에서 '커피.jpg' 레이어와 'Rectangle' 레이어 사이에 마우스를 두면 마우스가 모양으로 변합니다. 그 상태에서 클릭합니다.

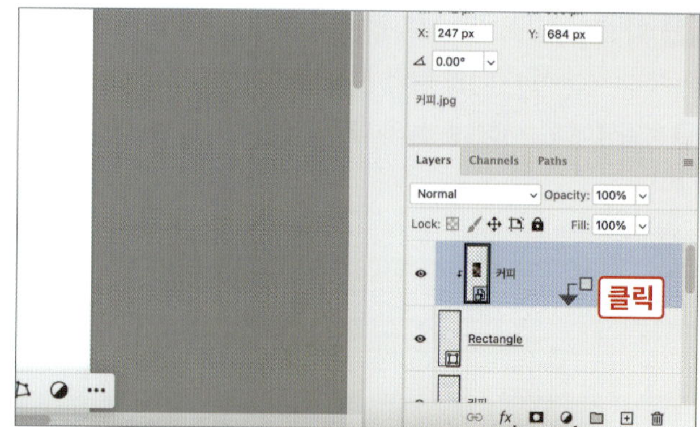

15 'Rectangle' 레이어에 클리핑 마스크가 씌워지며 박스의 크기에 맞게 '커피.jpg' 이미지가 잘려져 보입니다.

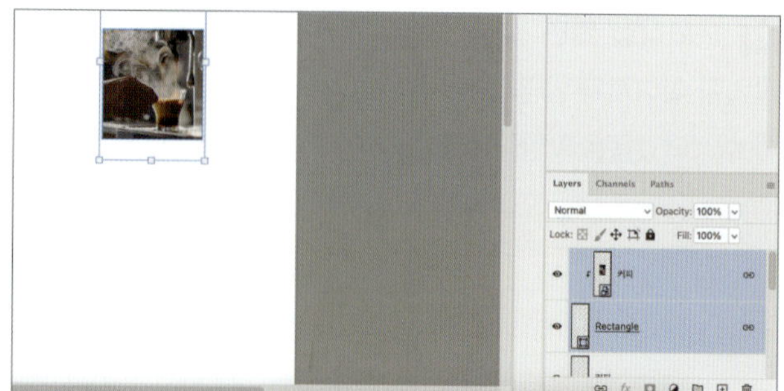

16 ❶ 'Rectangle' 레이어와 '커피.jpg' 레이어를 동시 선택해 왼쪽으로 이동하고 ❷ 오른쪽에 [Type Tool] T 을 이용하여 다음과 같이 텍스트를 입력합니다.

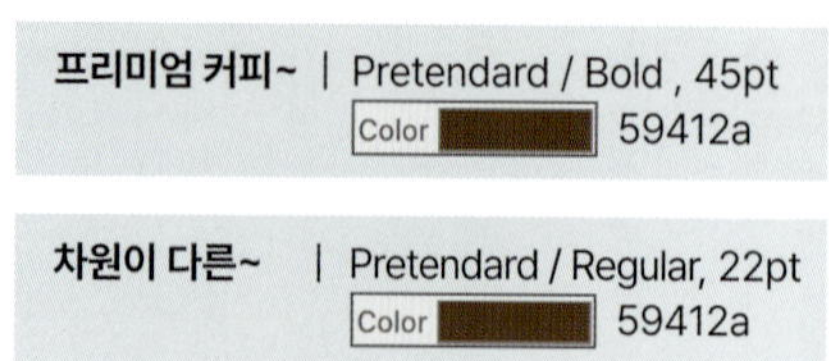

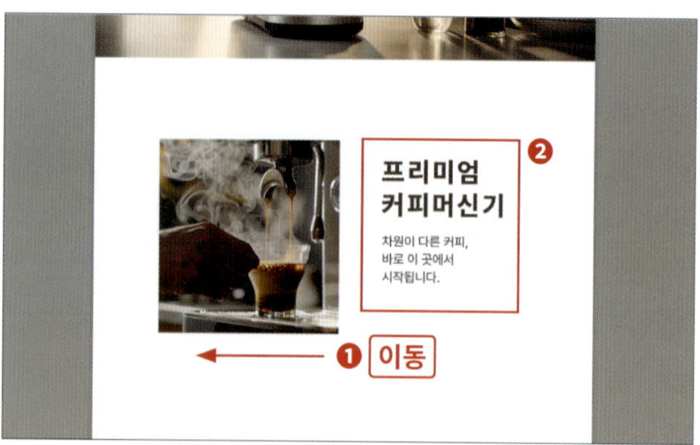

프리미엄 커피~ | Pretendard / Bold , 45pt
Color 59412a

차원이 다른~ | Pretendard / Regular, 22pt
Color 59412a

17 ❶ 도구 모음에서 [Rectangle Tool]▭을 클릭하고 ❷ 텍스트 아래에 박스를 적당한 크기로 생성합니다. 색상 값은 e6c9b1로 지정합니다.

18 ❶ 도구 모음에서 [Type Tool]T을 클릭하고 ❷ 'SHOP'을 입력, 색상 값은 ffffff로 지정합니다.

19 ❶ 'Rectangle' 레이어와 'SHOP' 레이어를 동시에 선택하고 ❷ Ctrl / Cmd + Alt / Option 을 누른 상태로 오른쪽으로 드래그해 복사합니다.

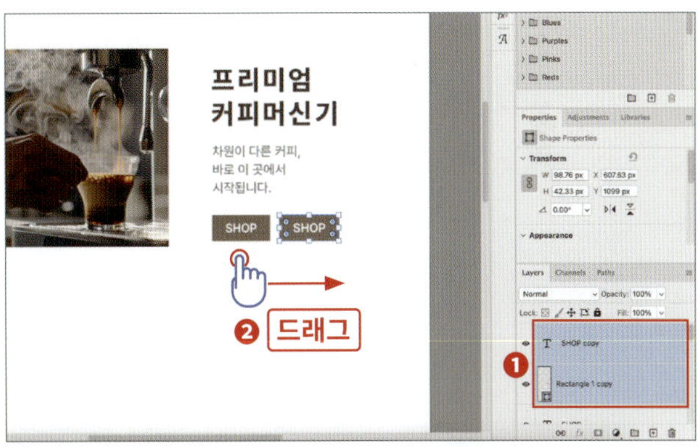

20 ❶ 복사된 'Rectangle' 레이어의 색상을 d7ab8c로 지정하고 ❷ 'SHOP copy' 레이어의 텍스트를 'DETAILS'로 입력합니다.

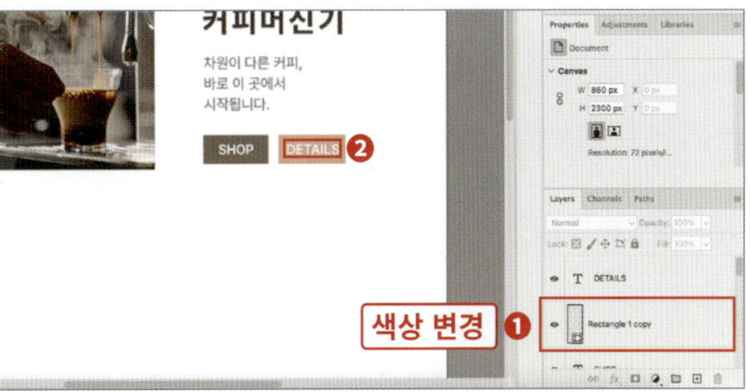

21 ❶ Layers 패널의 '커피잔.jpg'를 레이어로 불러옵니다. ❷ ⬜ 를 눌러 클리핑 마스크를 생성합니다. ❸ [Gradient Tool] ⬛ 을 이용하여 위에서 아래 방향으로 드래그한 후 ❹ 상단 옵션 바에서 Basics의 두 번째 항목을 클릭합니다.

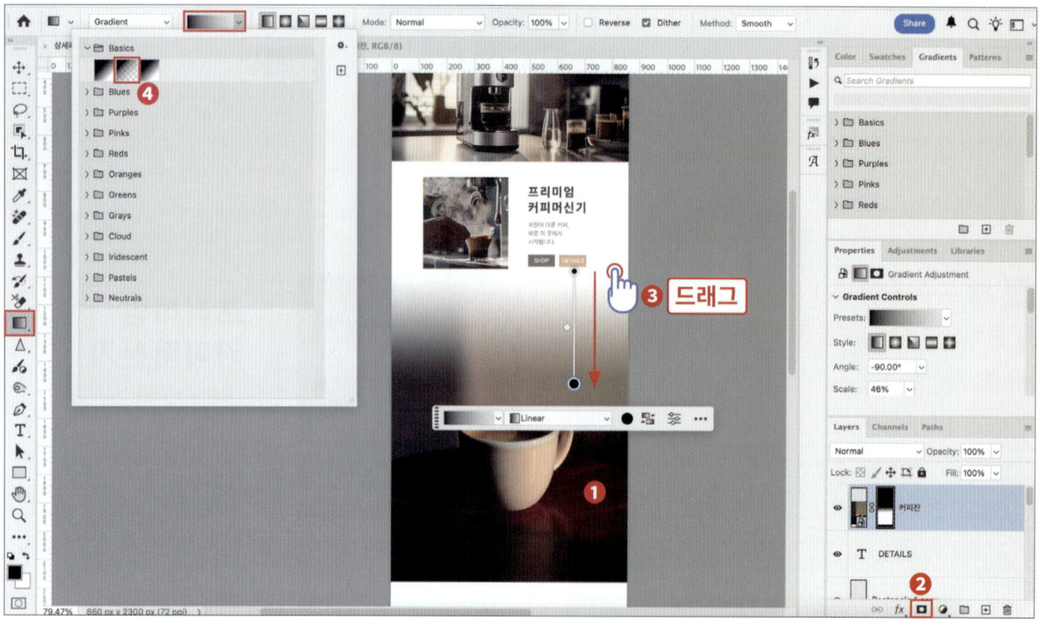

22 커피 위 뜨거운 연기를 그려 보겠습니다. ❶ Layers 패널에서 ＋ 를 클릭해 새 레이어를 생성합니다. ❷ 도구 모음에서 🖌 를 클릭하고 ❸ Size를 8px로 입력한 후 ❹ 원하는 모양으로 연기를 그립니다.

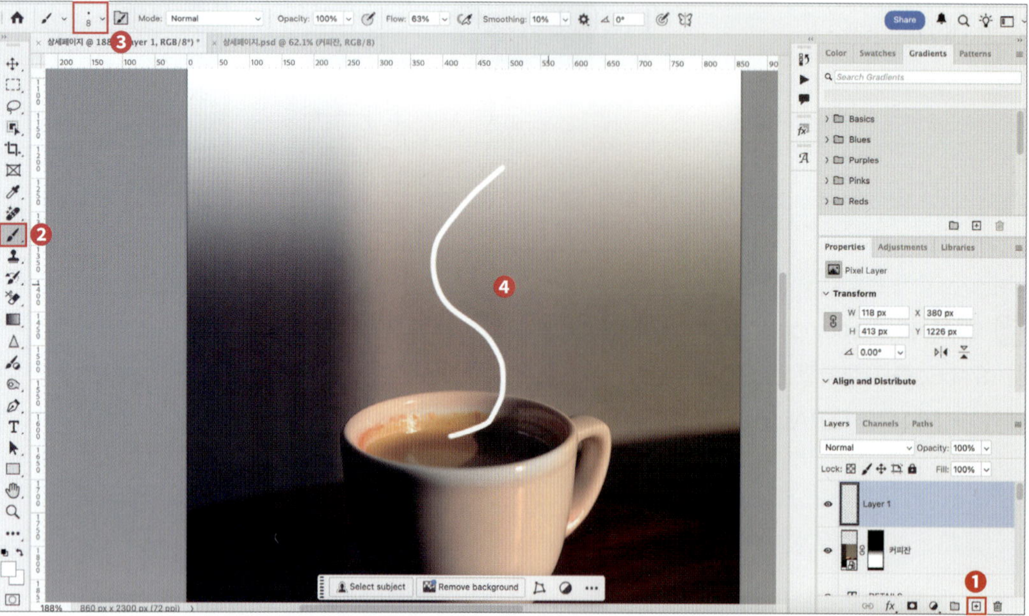

23 메뉴 바의 [Filter] > [Blur Gallery] > [Path Blur]를 클릭합니다.

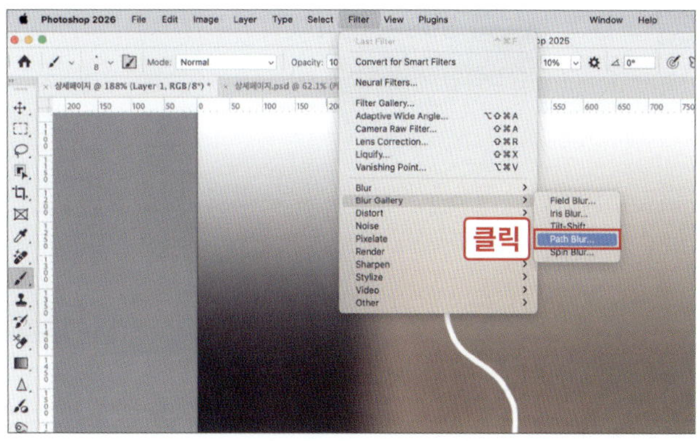

24 중앙에 그려진 패스의 꼭지점을 연기의 처음과 끝지점으로 이동합니다.

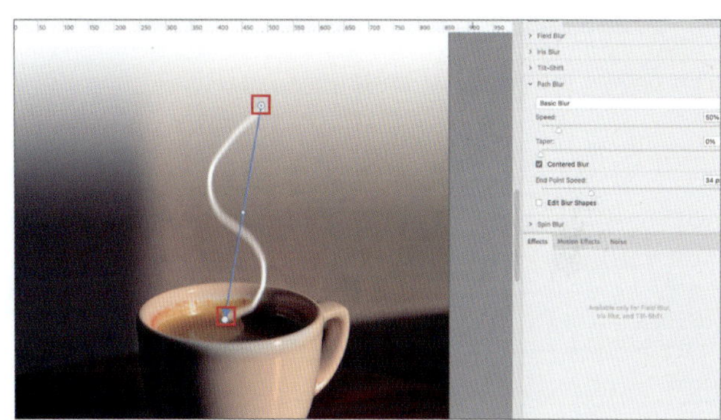

25 패스에 마우스를 갖다 대면 커서가 모양으로 변하며 클릭하면 중간 지점이 생성됩니다.

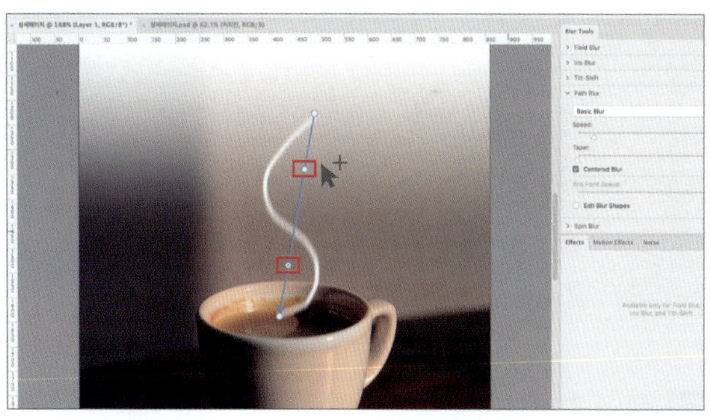

26 중간 지점을 이동해 연기의 모양대로 패스의 모양을 변경합니다.

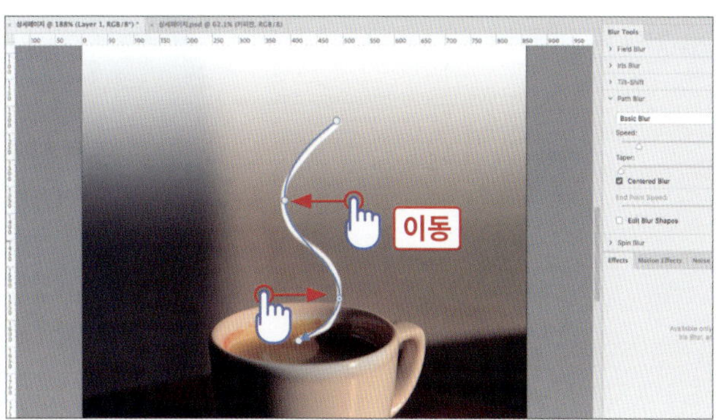

27 오른쪽 패널의 Speed를 200%, Taper를 40%로 입력합니다.

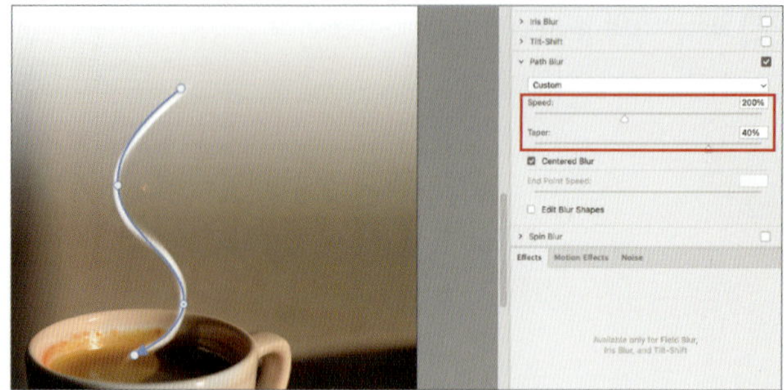

28 ❶ 연기 모양의 패스를 연기 모양과 어긋나게 조정하면 좀 더 사실적인 연기 이미지가 완성됩니다. ❷ [OK]를 클릭합니다.

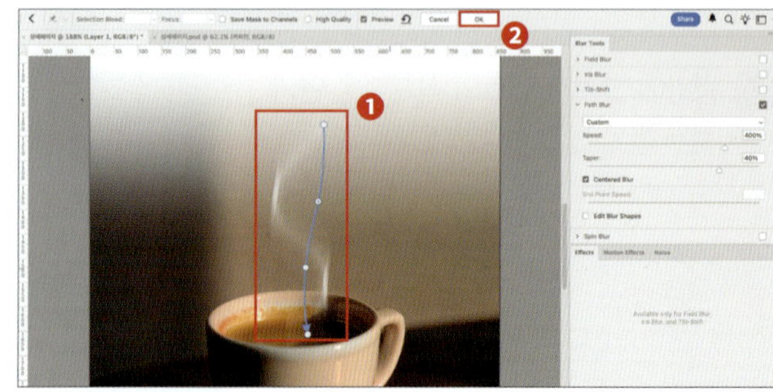

29 앞과 같은 방법으로 연기를 하나 더 만듭니다.

30 ❶ 두 연기 레이어를 Shift 를 눌러 동시에 선택하고 ❷ Opacity를 60%로 지정합니다.

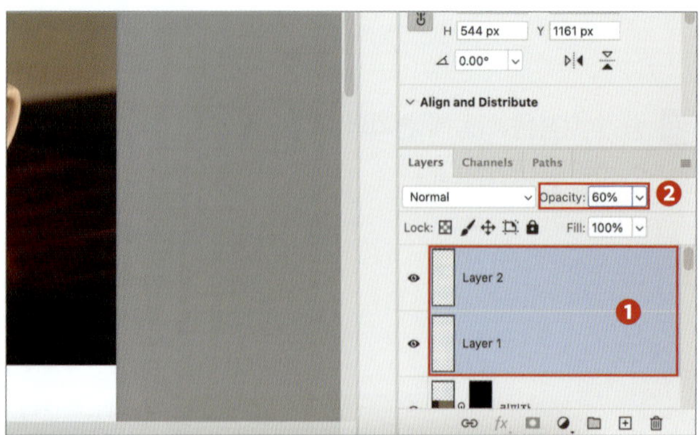

31 ❶ 도구 모음에서 [Type Tool] T 을 클릭하고 ❷ '85°C'와 '커피가 제일 맛있는 온도'를 입력합니다.

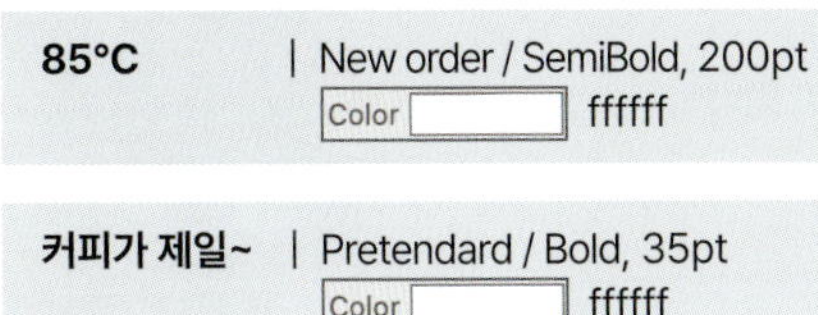

85°C	New order / SemiBold, 200pt
	Color · · · · · · ffffff

커피가 제일~	Pretendard / Bold, 35pt
	Color · · · · · · ffffff

32 도구 모음에서 [Object Selection Tool] 을 클릭합니다. ❶ '커피머신기' 레이어를 클릭해 커피머신기를 선택합니다. ❷ 단축키 Ctrl / Cmd + J 를 눌러 레이어를 복제합니다.

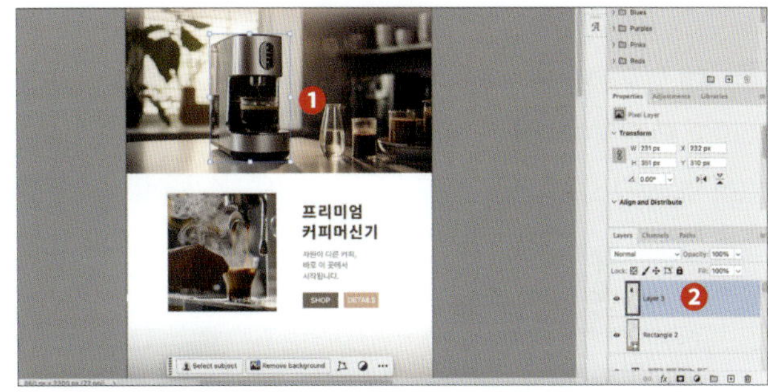

33 ❶ 하단 오른쪽으로 위치를 이동합니다. 단축키 Ctrl / Cmd + T 를 눌러 를 클릭해 이미지를 반전합니다. ❷ 박스를 생성해 색상 값을 e6c9b1로 지정, 복사된 커피머신기 이미지 아래로 레이어 위치를 이동합니다.

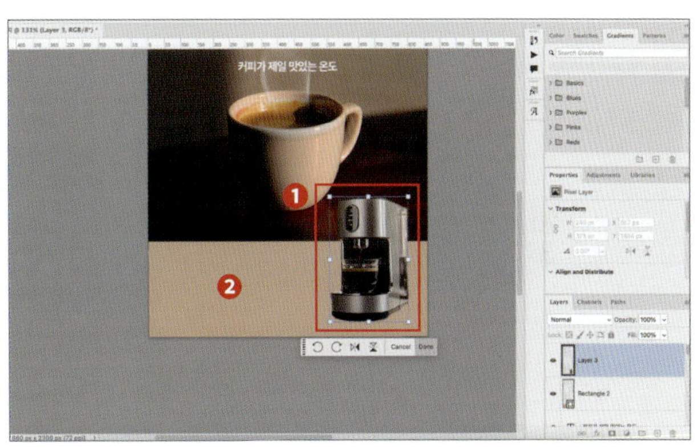

34 ❶ 도구 모음에서 [Type Tool] T 을 클릭하고 ❷ '최적의 온도로 커피를 내려드립니다'를 입력합니다.

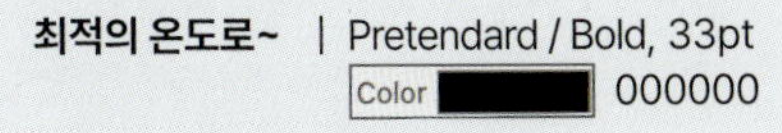

최적의 온도로~	Pretendard / Bold, 33pt
	Color ■ 000000

35 ❶ 도구 모음에서 [Rectangle Tool]□을 클릭하고 흰 테투리의 세로로 긴 직사각형 패스를 그린 다음 ❷ 모퉁이를 선택해 둥글게 만듭니다.

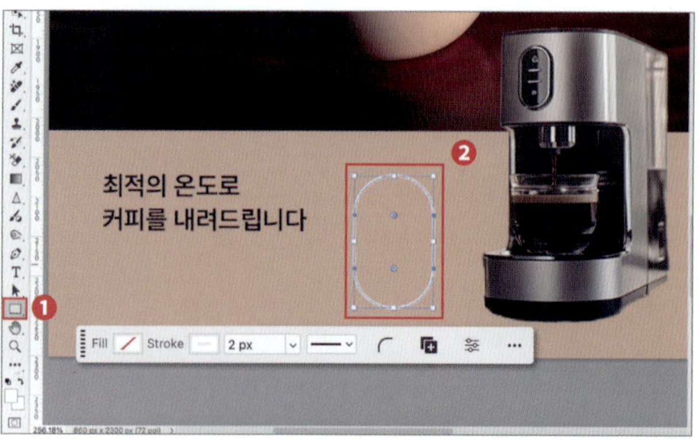

36 ❶ 도구 모음의 [Line Tool]／을 클릭하고 ❷ 모퉁이가 둥근 사각형 안에 선을 그린 후 Ctrl / Cmd + Alt / Option 을 누른 상태로 아래로 복제합니다.

37 ❶ 도구 모음에서 [Ellipse Tool]을 클릭해 ❷ 선 위에 동그라미를 만듭니다.

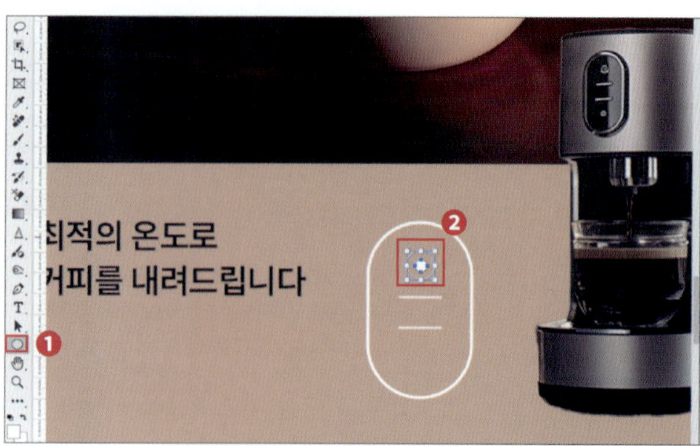

38 만든 모양을 Ctrl / Cmd + Alt / Option 을 누른 상태로 아래로 드래그해 복사합니다.

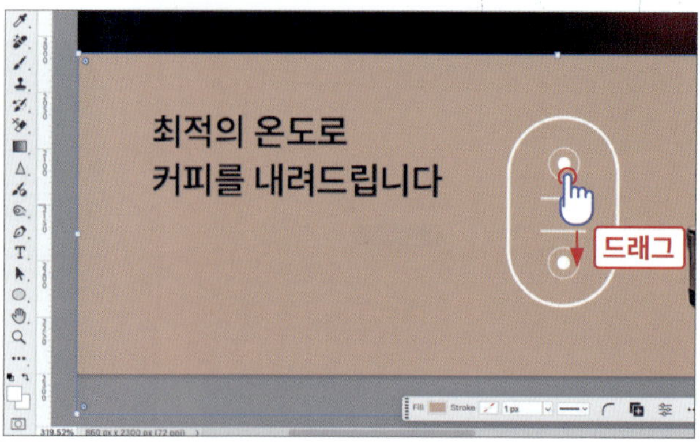

39 ❶ 도구 모음의 [Line Tool] ✎ 을 활용해 가로로 긴 직선을 하나 그린 후 ❷ ➡ 를 눌러 ❸ Start 체크 박스를 클릭하면 화살표 모양의 직선이 됩니다. Width와 Length의 값을 조정해 화살표의 크기를 조정합니다.

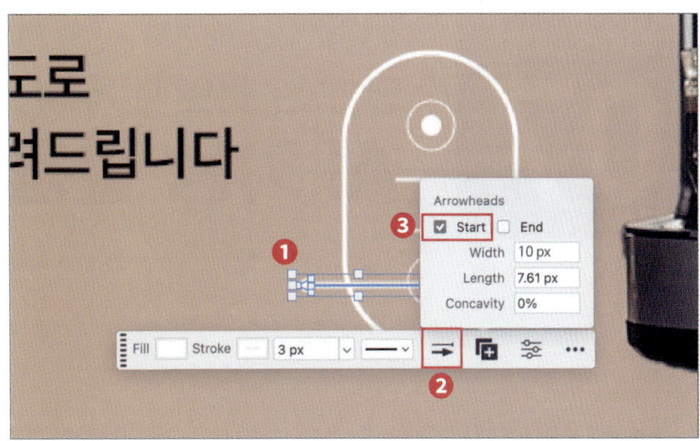

40 도구 모음에서 [Type Tool] T 을 이용해 '버튼 클릭 한 번에 커피 완성!'을 입력합니다.

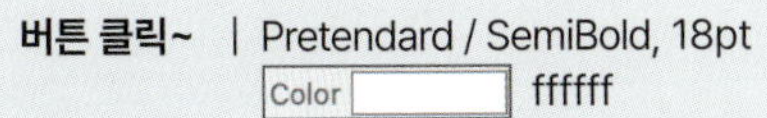

버튼 클릭~ | Pretendard / SemiBold, 18pt
Color ______ ffffff

41 상세페이지가 완성되었습니다.

안 되는 것도 되게 하라!
AI 기능 활용하기

생성형 채우기

📂 **예제 파일** PSLESSON07 > Ai 이미지 바꾸기.jpg, Harmonize.psd

생성형 채우기는 AI를 바탕으로 텍스트를 입력하여 이미지를 빠르게 생성하고 수정할 수 있는 새로운 기능입니다. 해당 기능은 포토샵 2024 버전부터 사용할 수 있습니다. 새로운 기능에 대해 알아보겠습니다.

01 이미지 변경하기

1 포토샵에 [PSLESSON07] > [Ai 이미지 바꾸기.jpg] 파일을 엽니다.

2 ❶ 도구 모음에서 [Lasso Tool] 🔾 을 클릭하고 ❷ 머리 주변으로 올가미를 그려 선택 영역을 지정합니다. ❸ 🔾 Generative Fill 을 클릭합니다.

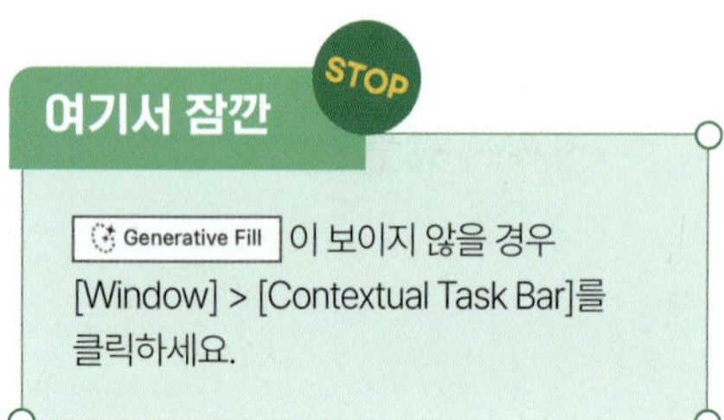

3 텍스트를 입력할 수 있는 창이 생성됩니다. ❶ 'purple cap'을 입력하고 ❷ [Generate]를 클릭합니다.

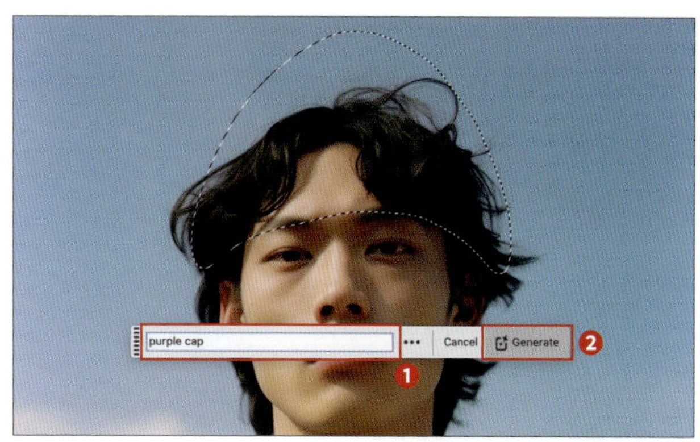

4 입력한 대로 보라색 모자가 생성되었습니다. ⟩ 를 클릭하면 생성된 다양한 버전의 이미지를 확인할 수 있습니다.

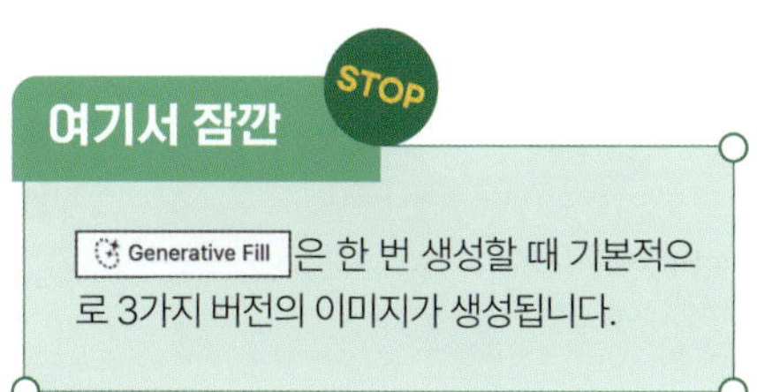

Generative Fill 은 한 번 생성할 때 기본적으로 3가지 버전의 이미지가 생성됩니다.

5 ❶ 도구 모음에서 [Selection Brush Tool] 을 클릭하고 ❷멜빵을 칠합니다.

6 그 상태에서 ❶ Generative Fill 을 클릭합니다. ❷'yellow shoulder strap'을 입력하고 ❸[Generate]를 클릭합니다.

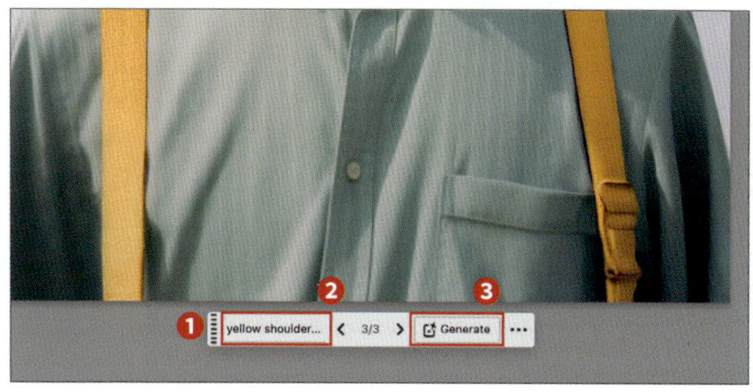

7 ❶ [Generate]를 한 번 더 클릭합니다. ❷ 같은 입력어로 다른 버전의 이미지가 생성됩니다.

8 원하는 이미지가 생성되었다면 배경을 변경해 보겠습니다.

9 Background 레이어를 복사하고, 생성된 두 이미지 레이어와 함께 선택해 단축키 Ctrl / Cmd + E 를 눌러 레이어를 병합합니다.

10 메뉴 바에서 [Select] > [Sky]를 클릭합니다.

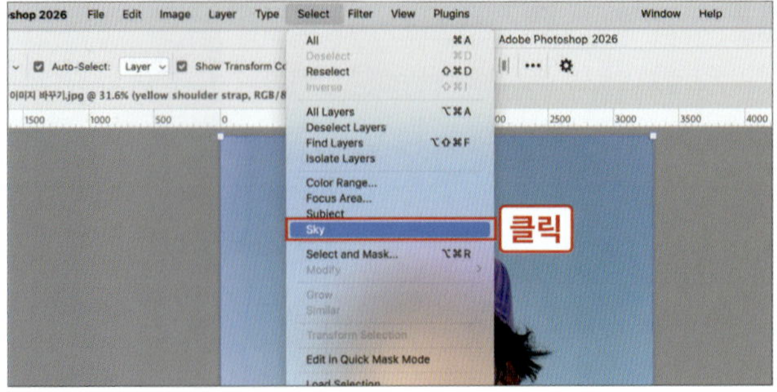

11 배경의 하늘이 선택되었습니다. 이 상태에서 ❶ [Generative Fill]을 눌러 'sunset'을 입력하고 ❷[Generate]를 클릭합니다.

12 하늘이 변경되었습니다.

여기서 잠깐 STOP

[Generative Fill]은 선택 영역뿐만 아니라 주변의 영역까지 자연스럽게 합성해 주는 기능입니다. 따라서 원하는 제품 이미지를 합성할 때에는 제품 또한 모양이 변경되기 때문에 이 점을 유의해서 작업하세요.

제품의 모양에 맞게 선택 영역 지정   [Generative Fill]로 인해 제품 모양도 변경됨

02 이미지 생성하기

1 ❶ [File] > [New]를 클릭하고 ❷ 프리셋에서 [Print] > [A4]를 선택한 다음 ❸ [Create]를 클릭합니다.

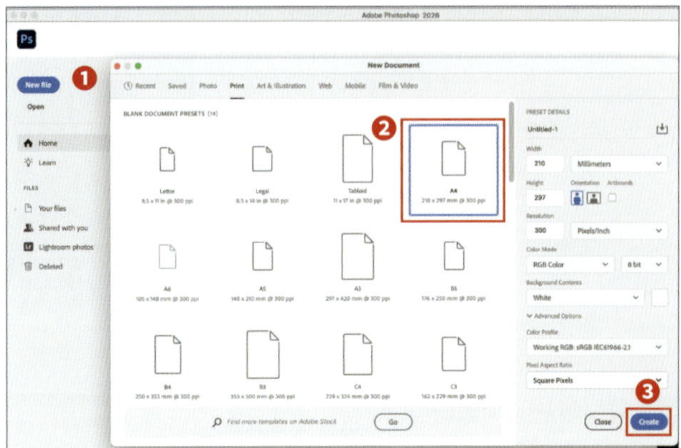

2 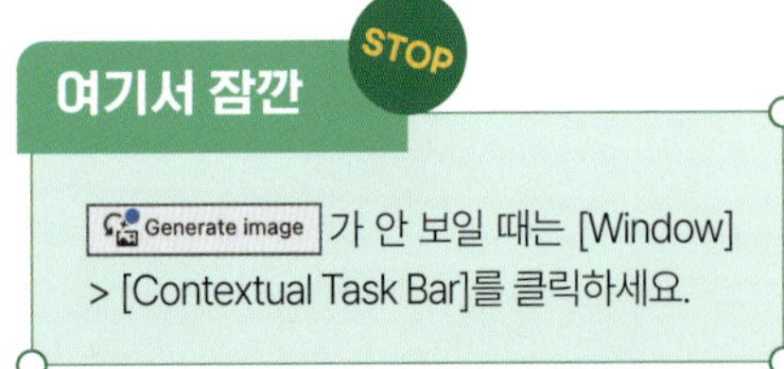 를 클릭합니다.

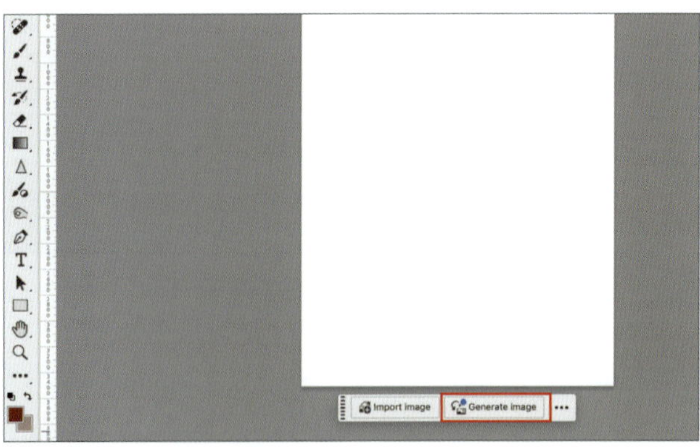

3 이미지를 생성할 수 있는 팝업 창이 생성됩니다. ❶ 입력란에 원하는 이미지를 입력하고 ❷ [Effects]를 클릭해 원하는 이미지 효과를 클릭합니다. 예제에서는 '딸기농장에서 딸기를 수확하고 있는 여자'를 입력하겠습니다.

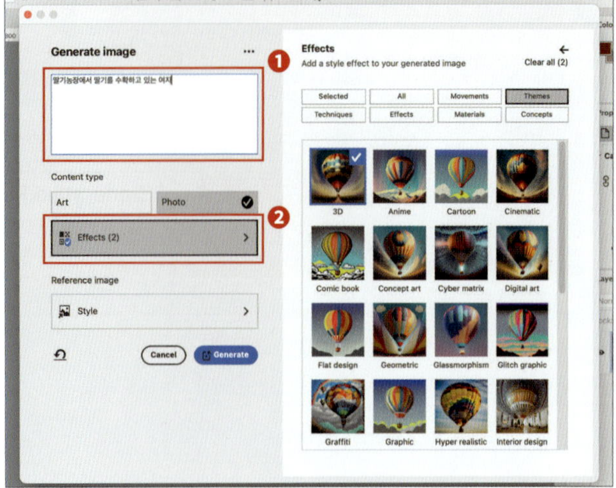

입력어는 한국어로 입력해도 원하는 이미지를 생성할 수 있지만, 영어로 입력하면 더 높은 정확도의 이미지가 생성됩니다. 그럼에도 불구하고 원하는 이미지를 얻지 못했다면, 스타일을 보다 정확하게 반영하기 위해 [Style] > [Style reference]에서 유사한 이미지를 선택하여 원하는 스타일의 이미지를 생성할 수 있습니다.

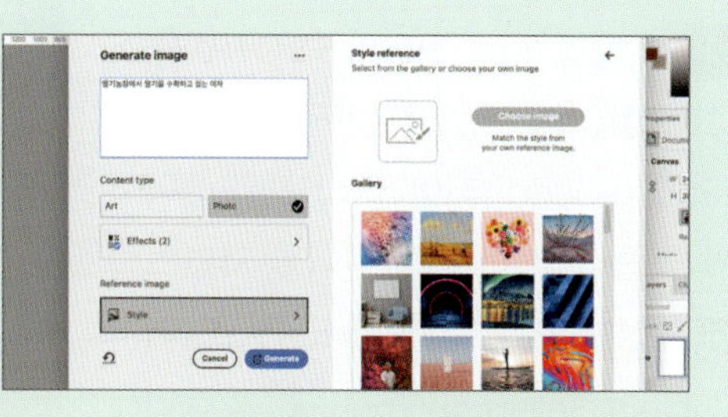

4 이미지가 생성되었습니다. 배경을 확장해 보겠습니다.

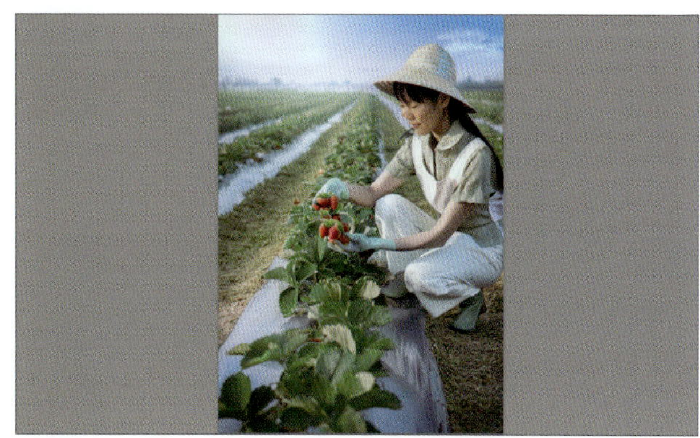

5 ❶ 도구 모음의 [Crop Tool] 을 클릭합니다. ❷ 배경을 원하는 만큼 키우고 ❸ Generative Expand 를 클릭합니다.

6 확장한 배경만큼 이미지가 생성됩니다.

내용을 입력하지 않고 Generative Expand 를 클릭하면 배경에 어울리는 이미지가 자동 생성됩니다.

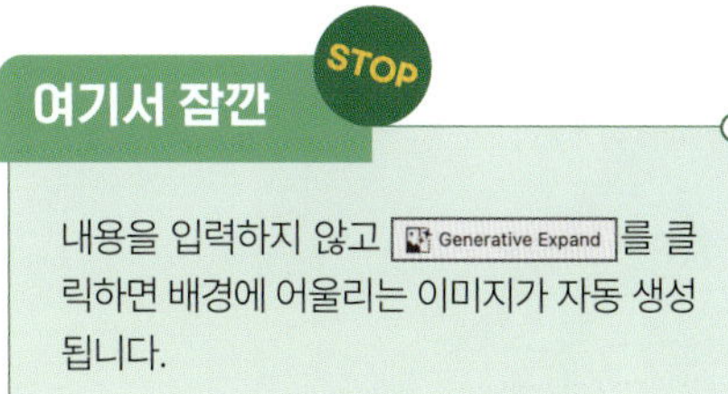

03 Harmonize 기능으로 사진 합성하기

1 포토샵에서 [PsLESSON07] > [Harmonize.psd] 파일을 엽니다. [Background] 레이어와 [모델] 레이어가 있습니다. 이 두 레이어를 자연스럽게 합성해보겠습니다. ❶ 도구 모음에서 [Object Selection Tool] 을 클릭해 ❷ [모델] 레이어의 여자를 선택합니다.

2 ❶ 선택한 여자를 단축키 Ctrl / Cmd + J 를 눌러 복사하고 [모델] 레이어의 눈을 끕니다. ❷ 를 클릭합니다.

여기서 잠깐 STOP

가 보이지 않을 경우
[Window] > [Contextual Task Bar]를
클릭하세요.

3 [Background] 레이어와 여자 모델이 자연스럽게 합성되었습니다.

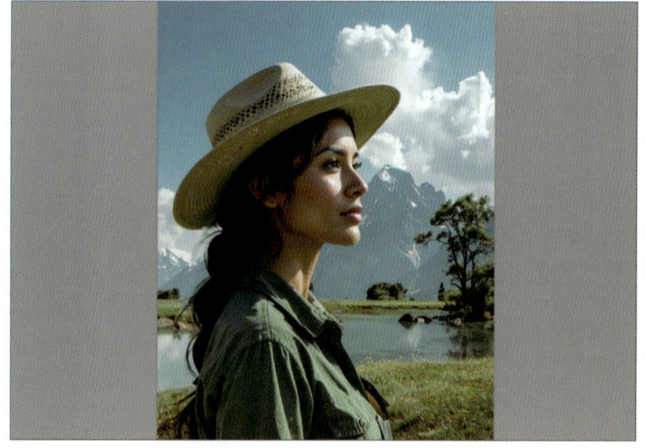

AI 도구 알아보기

📁 **예제 파일** PSLESSON07 > Ai 산만한 부분 제거.jpg, Ai 글꼴찾기.jpg, Ai 하늘 대체.jpg, Ai 뉴럴필터.jpg, Adjust colors.psd

또 다른 새로운 AI 기능으로는 불필요하거나 산만한 부분을 자동으로 제거할 수 있는 기능과 유사한 글꼴을 찾아주는 기능을 제공합니다. 해당 기능을 활용하는 방법을 알아봅니다.

01 산만한 부분 제거하기

1 포토샵에서 [PSLESSON07] > [Ai 산만한 부분 제거.jpg] 파일을 엽니다. ❶ 도구 모음에서 [Remove Tool] 을 클릭합니다. ❷ 상단 옵션 바의 [Find distractions] > [Wires and cables]를 클릭하고 ❸ 상단 오른쪽의 체크 표시를 클릭합니다.

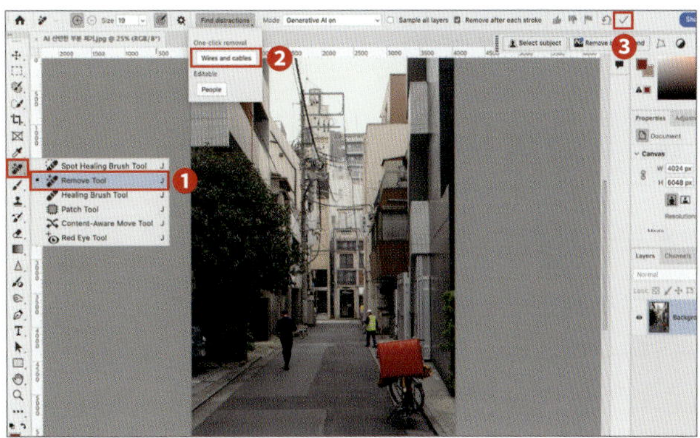

2 전봇대의 전선이 자연스럽게 사라졌습니다.

3 길거리의 사람을 지워 보겠습니다. ❶ 상단 옵션 바의 [Find distractions] > [People]을 클릭하고 ❷ 상단 오른쪽의 체크 표시를 클릭합니다.

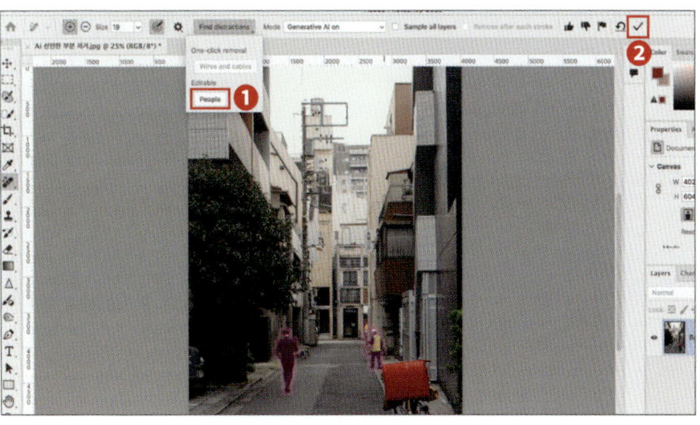

4 포토샵이 길거리의 사람들을 자동으로
선택해 자연스럽게 제거했습니다.

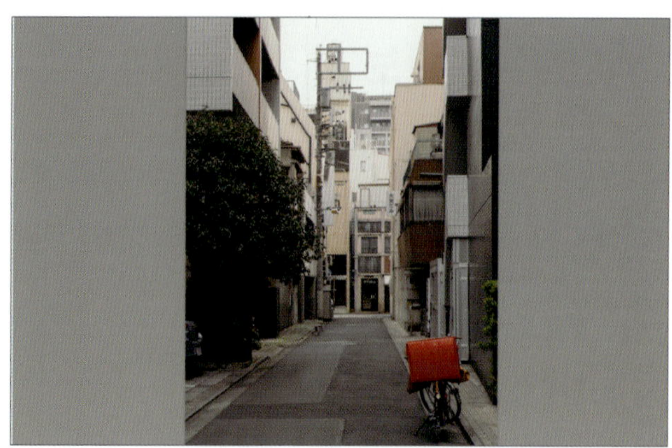

02 글꼴 찾기

1 포토샵에서 [PSLESSON07] > [Ai
글꼴찾기.jpg] 파일을 엽니다. 메뉴 바에
서 [Type] > [Match Font]를 클릭합니
다.

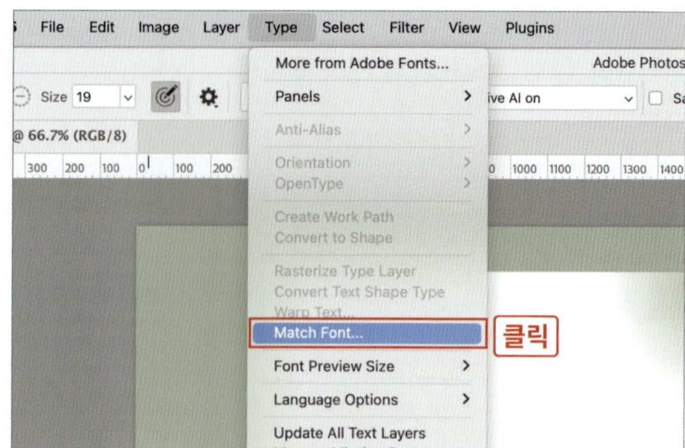

2 박스가 생성됩니다. 원하는 폰트 이미
지에 박스를 조정합니다. 팝업 창에 유사한
글꼴이 나타납니다.

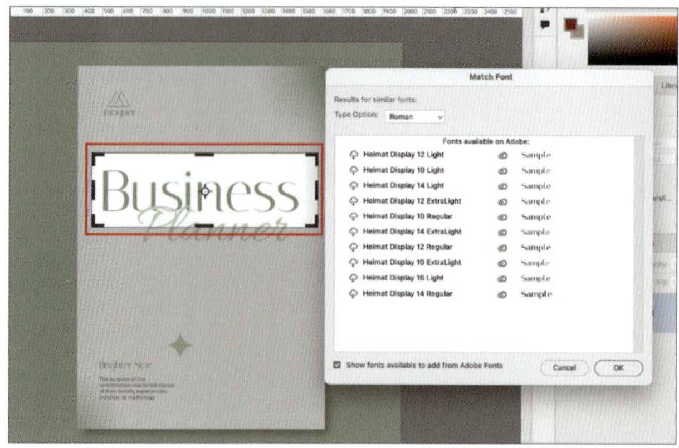

03 Adjust colors 기능으로 색상 보정하기

1 포토샵에서 [PSLESSON07] > [Adjust colors.psd] 파일을 엽니다.  를 클릭합니다.

여기서 잠깐

[Adjust colors] 가 보이지 않을 경우 [Window] > [Contextual Task Bar]를 클릭하세요.

2 사진 속 색상이 추출되어 상황별 작업 표시줄에 나타납니다.

3 청색을 클릭해 [Hue]를 +180으로 입력합니다. 소녀의 청바지 색이 노란색으로 변했습니다.

1 [Ai 하늘 대체.jpg] 파일을 엽니다. 메뉴 바에서 [Edit] > [Sky Replacement]를 클릭합니다.

여기서 잠깐 STOP

Color Mode가 RGB일 때 하늘이 자연스럽게 합성됩니다. CMYK 색상값일 경우 RGB로 변환한 후 작업하시기 바랍니다.

2 하늘이 자동으로 선택되며 하늘을 대체할 수 있는 팝업 창이 생성됩니다. ❶ Sky를 클릭해 원하는 하늘 이미지로 변경하고 ❷ 세부 사항을 조정해 ❸ [OK]를 클릭합니다.

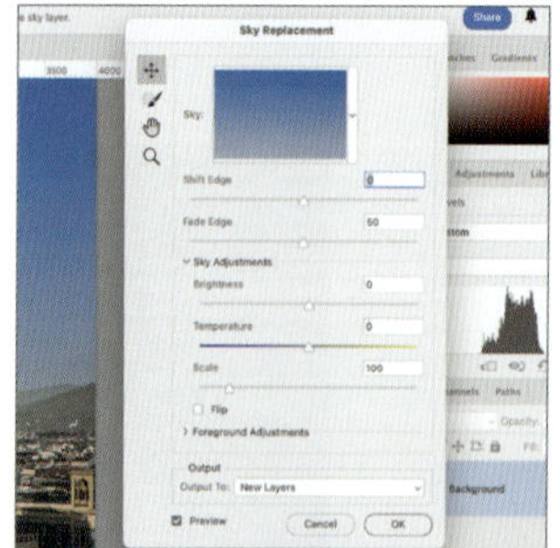
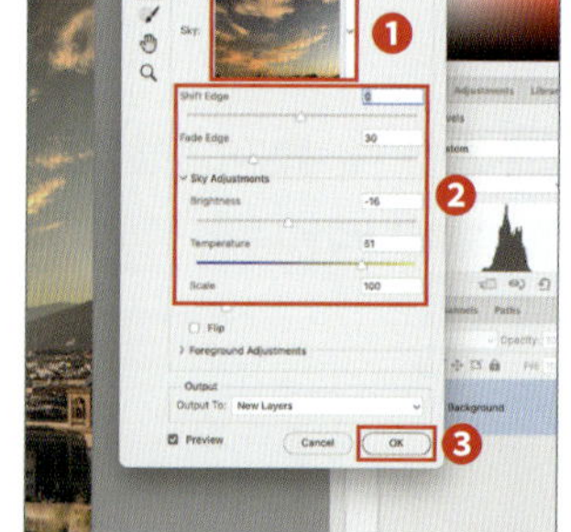

3 하늘이 변경되었습니다.

꿀팁!

원하는 하늘 이미지가 없다면 이미지 우측 ⌄ 을 클릭, 하단의 ➕ 를 클릭해 다른 하늘 이미지를 추가해 보세요.

05 뉴럴 필터 사용하기

1 예제 파일 [Ai 뉴럴필터.jpg]를 불러 옵니다. 피부 잡티를 보정하겠습니다. 메뉴 바에서 [Filter] > [Neural Filters]를 클릭 합니다.

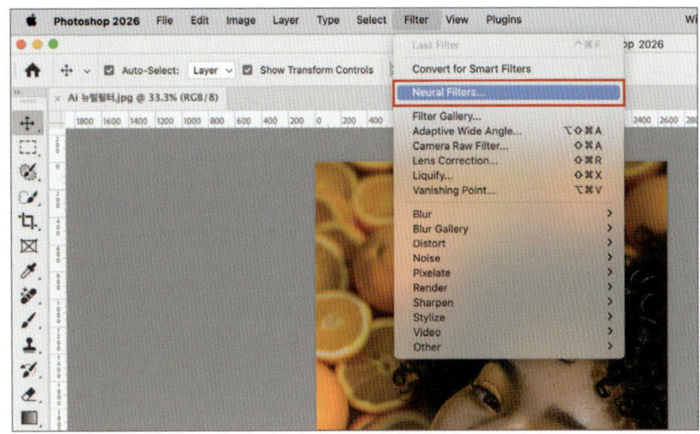

2 Neural Filter 팝업 창이 뜹니다. [Skin Smoothing]을 클릭해 활성화합니다.

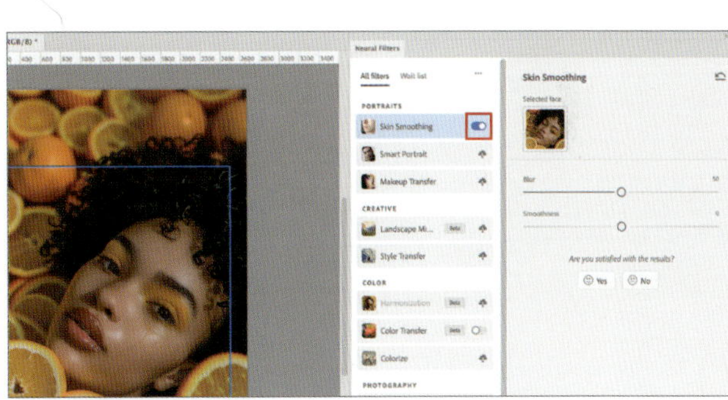

3 ❶ Blur를 100, Smoothness을 +50 으로 입력하고 ❷ [OK]를 클릭합니다.

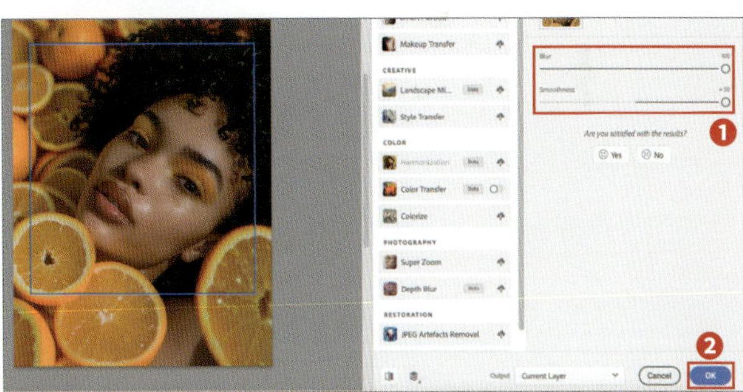

4 얼굴의 잡티가 자연스럽게 사라졌습 니다.

일러스트레이터

벡터 이미지 생성 최적화 프로그램

일러스트레이터

일러스트레이터는 벡터 그래픽 디자인 소프트웨어로, 주로 로고, 아이콘, 일러스트, 포스터, UI/UX 디자인과 같은 작업에 사용됩니다.

벡터 기반 프로그램이기 때문에 픽셀화되지 않으며, 다양한 크기의 디자인 작업에 적합합니다.

- 확대/축소해도 품질 손상이 없는 그래픽 생성
- 펜 도구, 패스 편집으로 정밀한 선과 도형 작업 가능

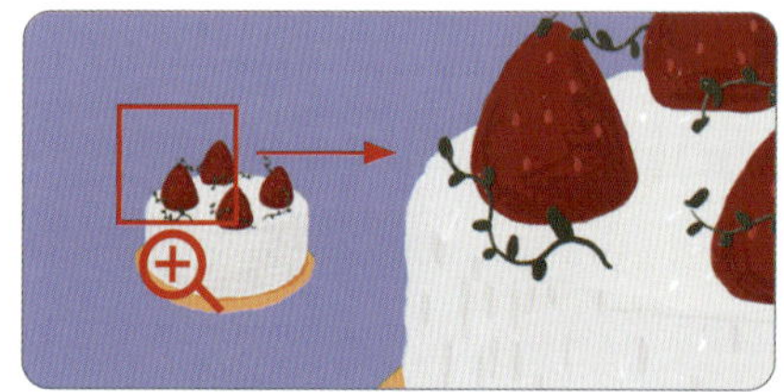

- 다양한 색상 모드 지원
- 그레이디언트로 다채로운 색 표현

- 반복되는 패턴 생성
- 대칭, 다양한 도형, 곡선 사용 가능

- 글자의 벡터화 및 자유로운 변형
- 텍스트를 패스에 따라 배치하거나 스타일 조정

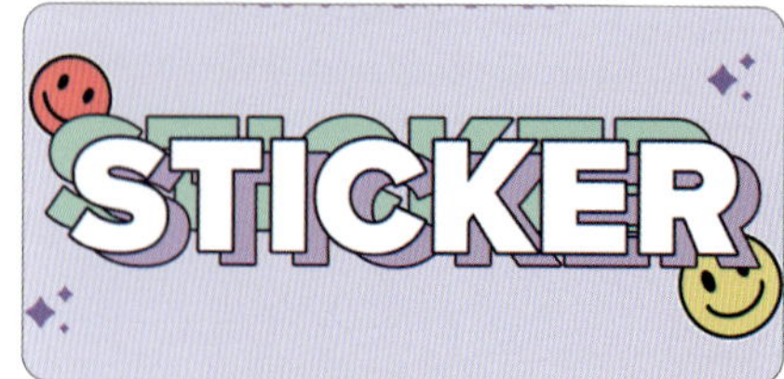

- SVG, EPS, PDF 등 다양한 포맷 지원
- 웹, 모바일, 인쇄 작업에 적합한 해상도 출력

- 간단한 3D 그래픽 제작 및 텍스처 추가
- 맞춤형 브러시로 독창적인 디지털 아트 작업

LESSON 01

크리에이티브한 디자인!
일러스트레이터 시작하기

새 도큐먼트 만들기

일러스트레이터에서 도큐먼트(Document)는 디자인 작업을 위한 기본적인 작업 공간을 의미합니다. 도큐먼트는 프로젝트의 모든 작업을 저장하는 파일을 나타내며, 다양한 설정과 구성 요소들을 포함합니다. 도큐먼트를 적절하게 설정하고 관리하는 것은 효율적인 디자인 작업에 매우 중요합니다.

1 일러스트레이터 시작 화면에서 왼쪽 [New File]을 클릭합니다 .

단축키 Windows | Ctrl + N
Mac | Cmd + N

2 New Document 팝업 창이 나타나면 **①** [Print]와 **②** [A4]를 선택하고 단위는 **③** [Millimeters], **④** [가로]를 선택한 후 **⑤** [Create]를 클릭합니다.

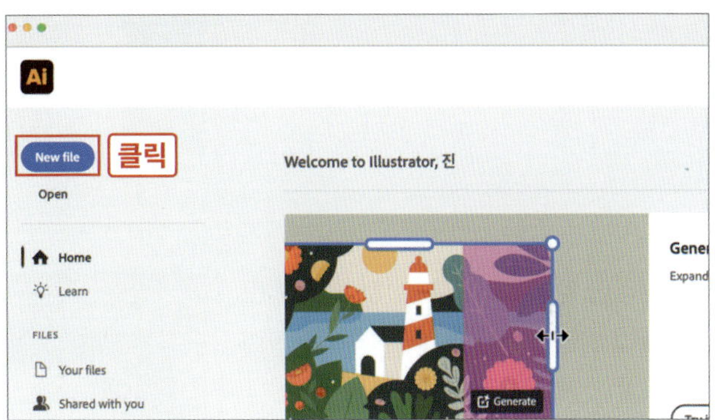

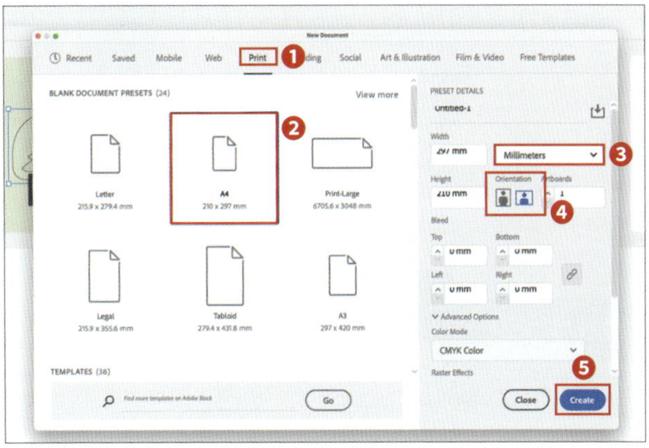

3 설정한 대로 새로운 도큐먼트가 만들어졌습니다.

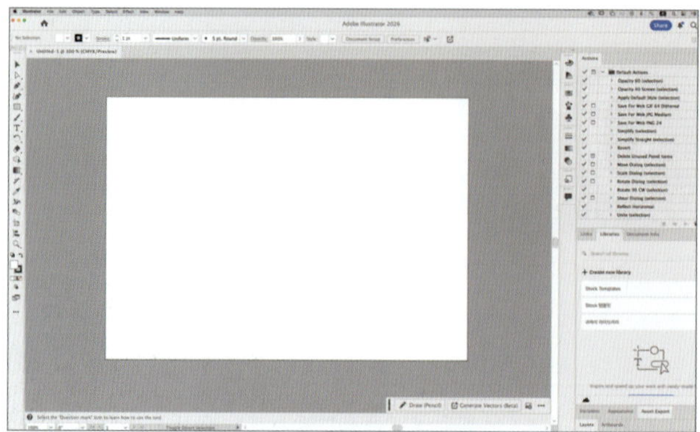

4 일러스트레이터의 작업 환경을 변경하겠습니다. [Window] > [Workspace] > [Essentials Classic]을 선택합니다.

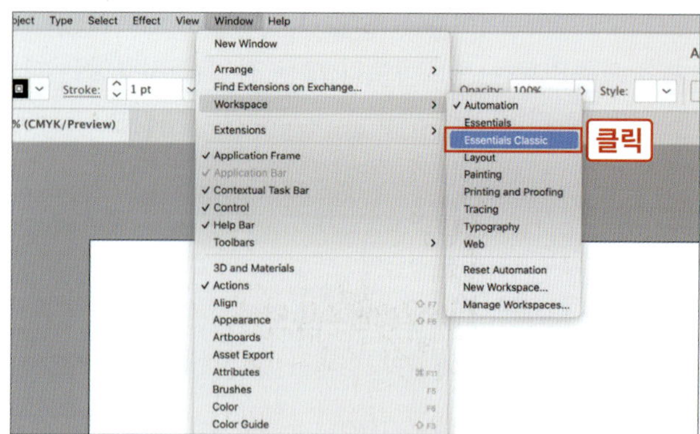

5 일러스트레이터 기본 설정과 도구 모음, 패널 창이 기존 **3** 과 다르게 변경되었습니다.

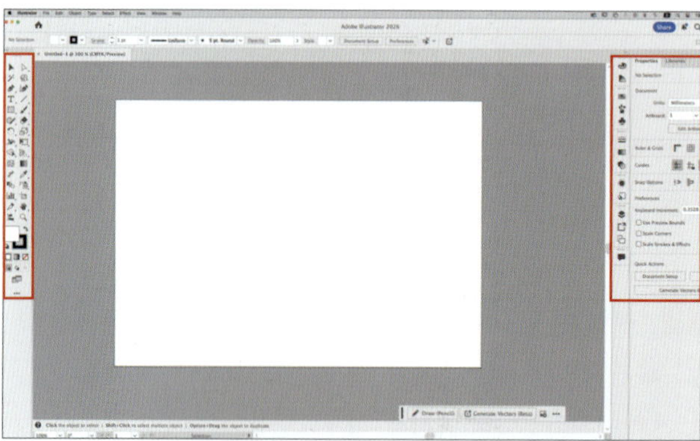

여기서 잠깐 STOP

기본 설정은 **Essentials Classic**을 지정해야 좀 더 편리하므로 가능하면 변경해서 작업하는 걸 추천합니다.

여러 개의 아트보드 만들기

아트보드(Artboard)는 일러스트레이터에서 작업할 때 디자인을 구성하는 기본적인 캔버스입니다. 각 아트보드는 독립적인 작업 공간으로, 하나의 도큐먼트 안에서 여러 개의 아트보드를 만들 수 있으며, 다양한 디자인 작업을 동시에 진행하거나 여러 페이지의 디자인을 구성할 수 있습니다.

1 [File] > [New]를 선택합니다.

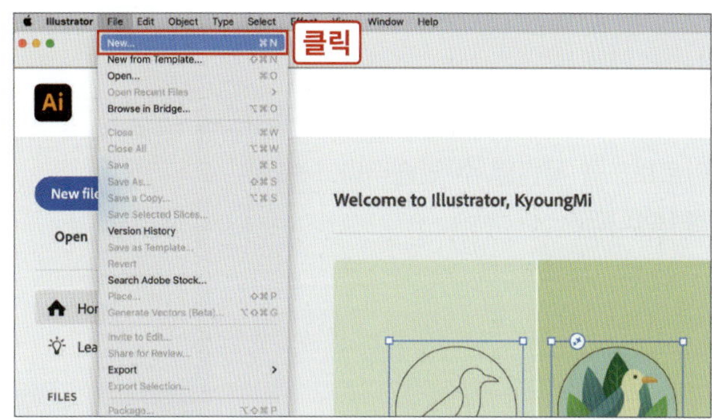

2 New Document 창에서 ❶ [Print]를 선택하고 ❷ 단위는 [Millimeters], ❸ 가로 150, 세로 90을 입력하고 ❹ Artboards는 2를 입력하고 ❺ [Create]를 클릭합니다.

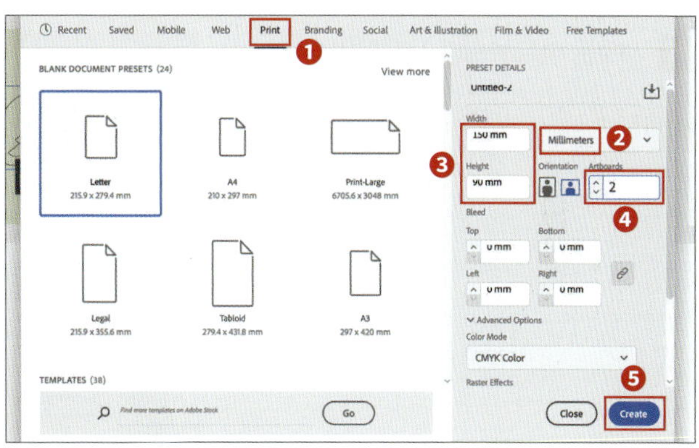

3 2개의 아트보드가 만들어졌습니다.

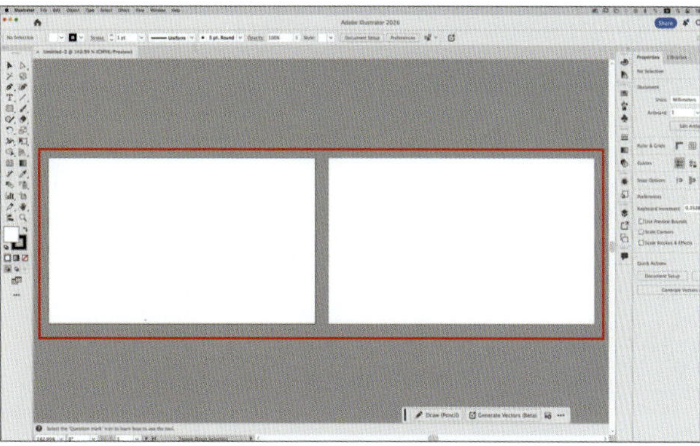

4 아트보드를 추가하기 위해 [Window]
> [Artboards]를 선택합니다.

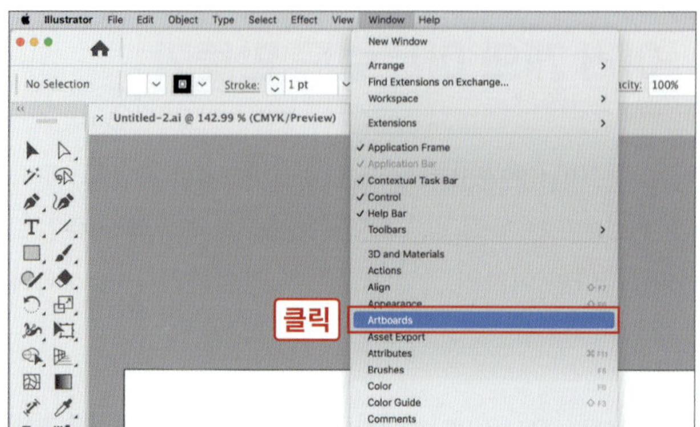

5 Artboards 패널이 나타나고 두 개의
아트보드를 확인할 수 있습니다. ⊞ 을
클릭합니다.

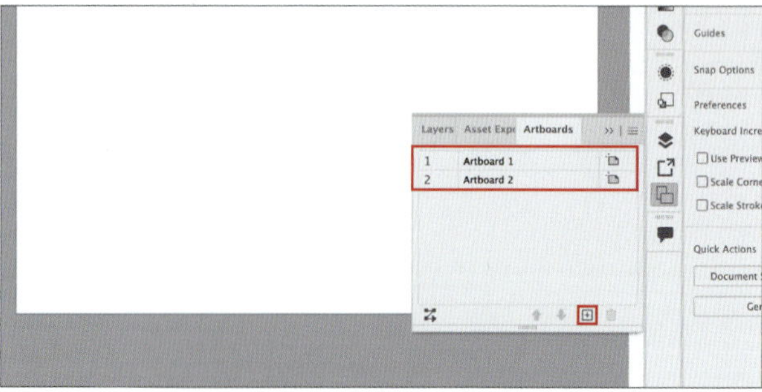

6 새로운 아트보드가 생성되었습니다.

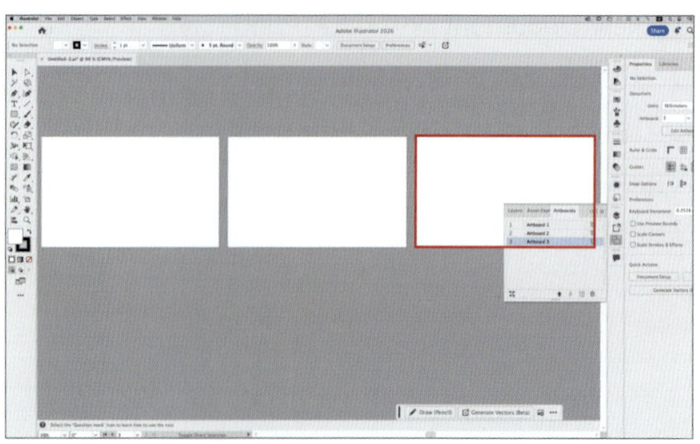

7 ❶ Artboards 패널의 ☰를 선택하
고 ❷ [Rearrange]를 클릭합니다.

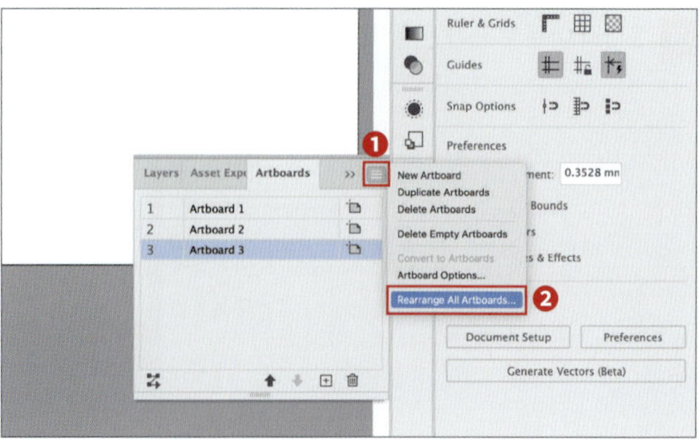

8 옵션 창이 나타나면 ❶ Layout을 '왼쪽에서 오른쪽' 정렬로 선택하고 ❷ Spacing은 10을 입력하고 ❸ [OK]를 클릭합니다.

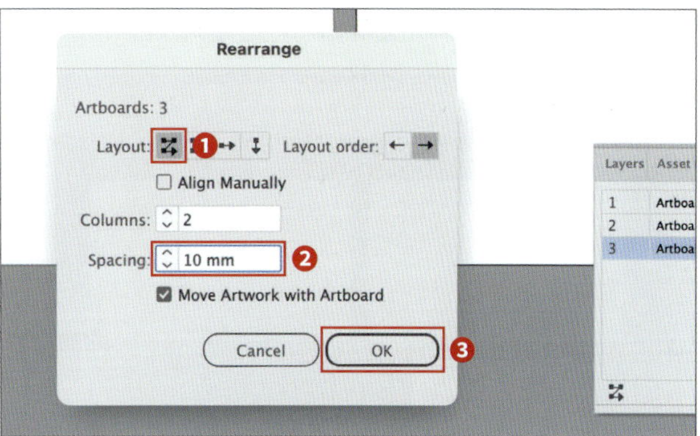

9 나란히 놓여 있던 3개의 아트보드 정렬이 변경되었습니다.

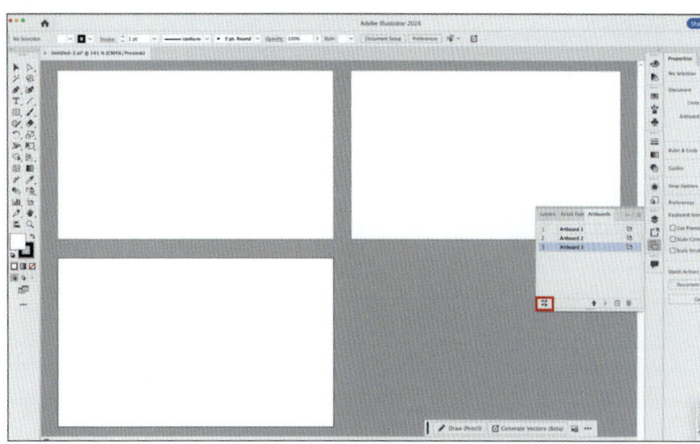

10 ❶ Artboards 패널의 ☰ 를 선택하고 ❷ [Artboard Options]를 클릭합니다.

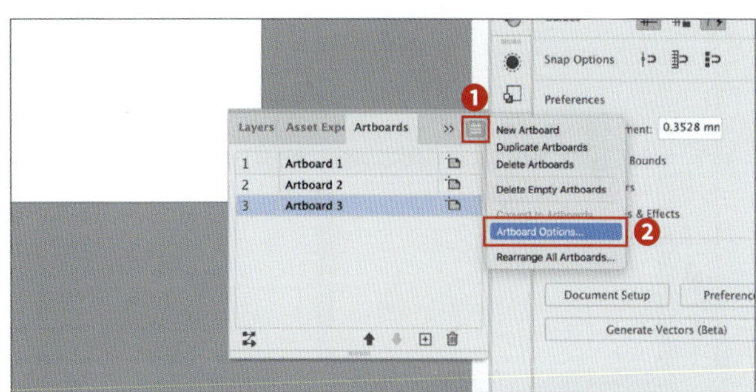

11 옵션 창이 나타나면 ❶ Name을 '무지개'로 입력하고 ❷ Width는 100으로 변경한 후 ❸ [OK]를 클릭합니다.

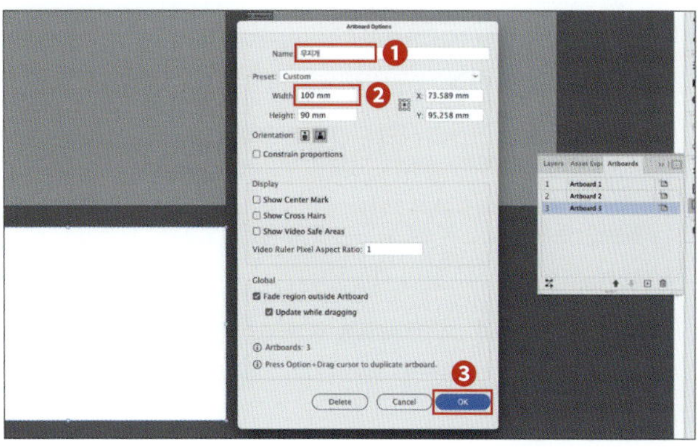

12 세 번째 아트보드의 이름과 크기가 변경되었습니다.

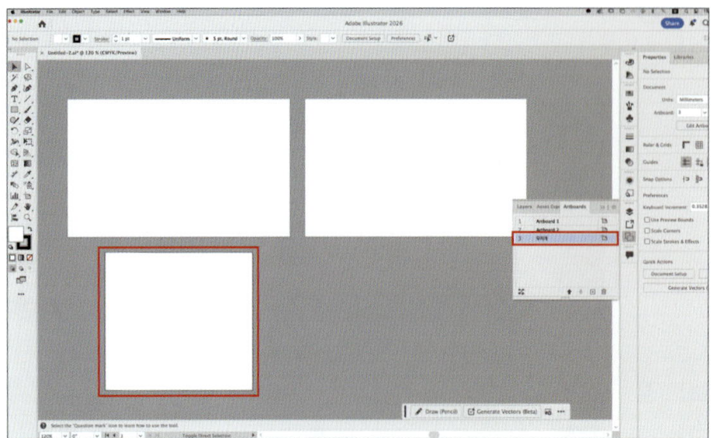

용어 사전

아트보드란?

아트보드는 디자인 작업을 위한 작업 공간으로, 도큐먼트 내에서 작업할 수 있는 실제 영역을 나타냅니다.
각 아트보드는 독립적으로 작업되며, 크기와 배치, 디자인 요소가 자유롭게 설정될 수 있습니다.
하나의 도큐먼트에서 여러 개의 아트보드를 사용하여, 다양한 페이지 디자인이나 멀티 플랫폼 디자인을 작업할
수 있습니다.

아트보드의 주요 기능

- **다중 작업 공간**   하나의 도큐먼트 안에서 여러 개의 아트보드를 만들고 각 아트보드에 다른 디자인을 작업할
  수 있습니다.

- **도큐먼트 구성**   아트보드는 도큐먼트 내에서 디자인을 구성하는 기본 단위로, 각 아트보드에 디자인한 요소
  들이 저장됩니다.

- **출력 및 내보내기**   아트보드는 출력과 내보내기 작업에서 중요한 역할을 하며, 여러 아트보드를 선택하여 한
  번에 내보내기가 가능합니다.

색상 모드 변경하고 저장하기

📁 **예제 파일** AILESSON01 > 레포츠.ai

일러스트레이터에서 지원하는 주요 색상 모드는 RGB와 CMYK로 작업에 맞춰 적합한 색상 모드를 선택할 수 있습니다. 색상 모드는 주로 디지털 작업과 인쇄 작업에서 다르게 설정되며, 작업의 목적에 맞게 색상 모드를 조정하는 것이 중요합니다.

1 [AILESSON01] > [레포츠.ai] 파일을 불러옵니다. 파일 상단 정보를 확인하면 파일이 'RGB' 모드임을 알 수 있습니다.

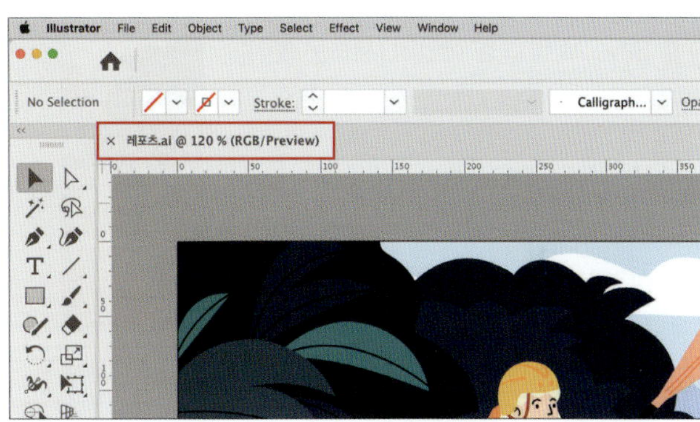

2 [File] > [Document Color Mode]를 선택하면 RGB로 지정되어 있습니다. [CMYK color]로 변경합니다.

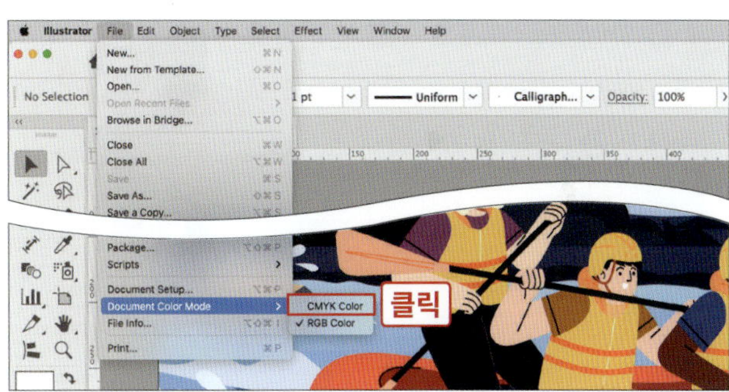

3 [File] > [Save As]를 선택합니다.

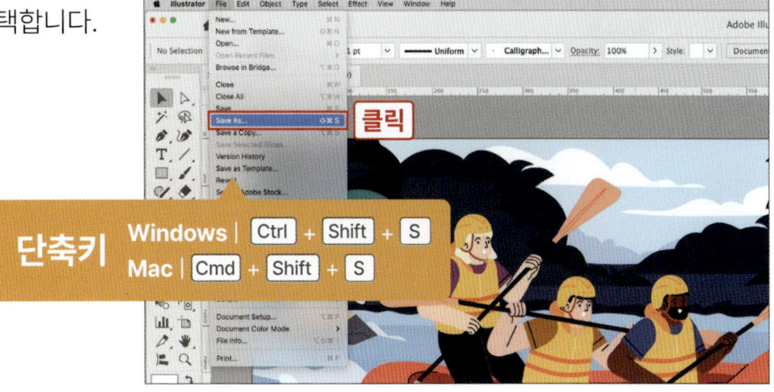

4 팝업 창이 나타나면 [Save on your computer]를 선택합니다.

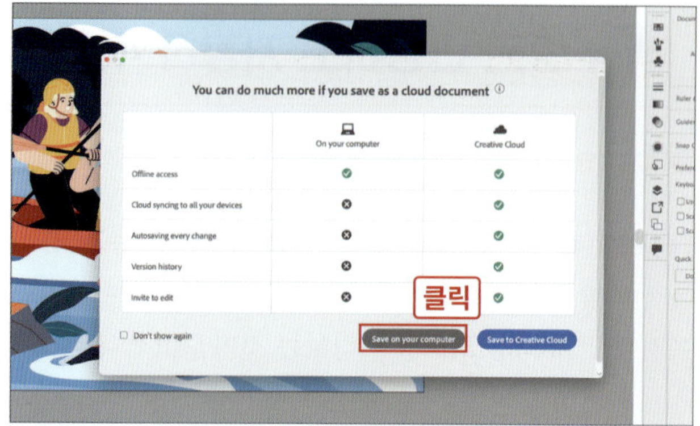

5 Save As 팝업 창 하단의 [새로운 폴더]를 클릭하면 이름을 지정할 수 있습니다.

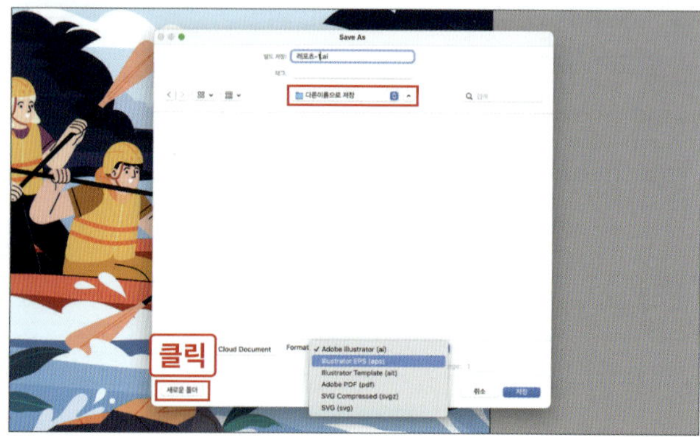

6 ❶ 파일명을 '레포츠-1'로 변경하고 ❷ Format을 [Illustrator EPS(eps)]로 선택한 후 ❸ [저장]을 클릭합니다.

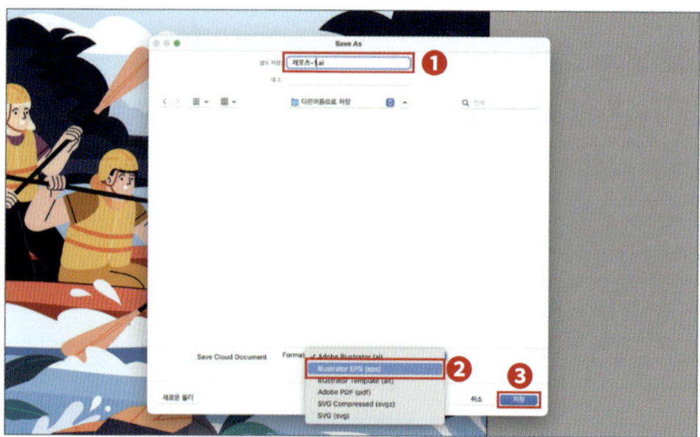

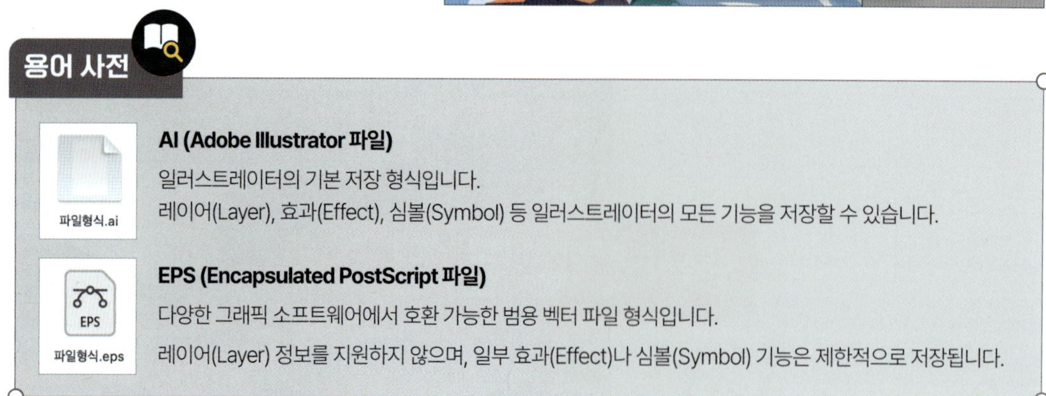

용어 사전

AI (Adobe Illustrator 파일)

일러스트레이터의 기본 저장 형식입니다.
레이어(Layer), 효과(Effect), 심볼(Symbol) 등 일러스트레이터의 모든 기능을 저장할 수 있습니다.

파일형식.ai

EPS (Encapsulated PostScript 파일)

다양한 그래픽 소프트웨어에서 호환 가능한 범용 벡터 파일 형식입니다.
레이어(Layer) 정보를 지원하지 않으며, 일부 효과(Effect)나 심볼(Symbol) 기능은 제한적으로 저장됩니다.

파일형식.eps

 한 권으로 끝내는 디자인 교과서 **포토샵** & **일러스트레이터** & **인디자인 CC 2026**

7 ❶ EPS Options 창에서 Version 을 [Illustrator CS6 EPS]를 선택하고 ❷ [OK]를 클릭합니다.

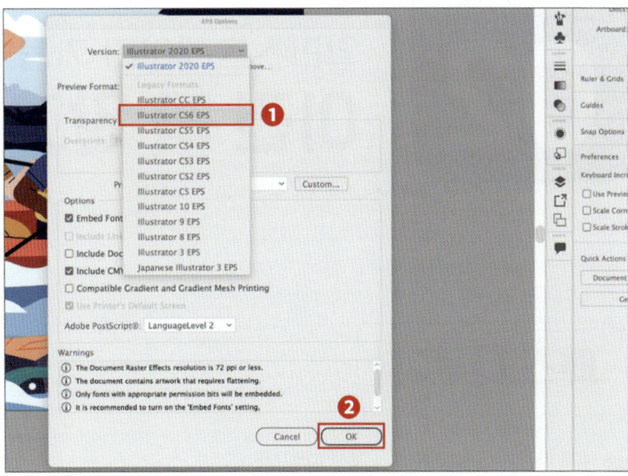

여기서 잠깐 STOP

일러스트레이터 파일 저장 시 버전을 선택하는 이유는 버전에 따라 파일이 열리지 않을 수 있기 때문입니다. 최신 버전에서 사용한 기능이 하위 버전에서 지원되지 않거나 파일 포맷이 버전별로 다르기 때문에 구형 일러스트레이터에서는 최신 버전에서 저장한 AI 파일을 인식하지 못할 수 있습니다. 반대로, 너무 오래된 버전으로 저장된 일러스트레이터 파일은 최신 버전에서 호환되지 않을 수도 있습니다. 이러한 문제를 해결하려면 파일을 저장할 때 하위 버전 호환 옵션을 선택하거나, EPS 또는 PDF 형식으로 변환하여 저장하는 것이 좋습니다.

8 팝업 창이 나타나면 [OK]를 클릭합니다.

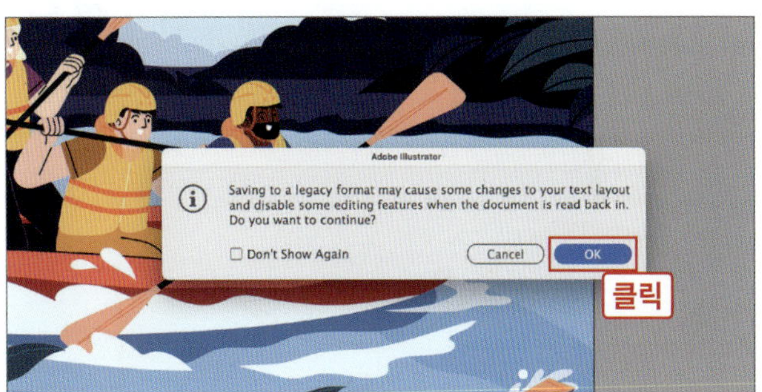

9 파일 상단을 확인하면 이름과 색상 모드가 각각 '레포츠-1', CMYK로 변경되었습니다.

여기서 잠깐 STOP

색상 모드를 변경하면 색상이 자동으로 변환되며 RGB와 CMYK의 표현 방식이 다르기 때문에 색이 달라질 수 있습니다.

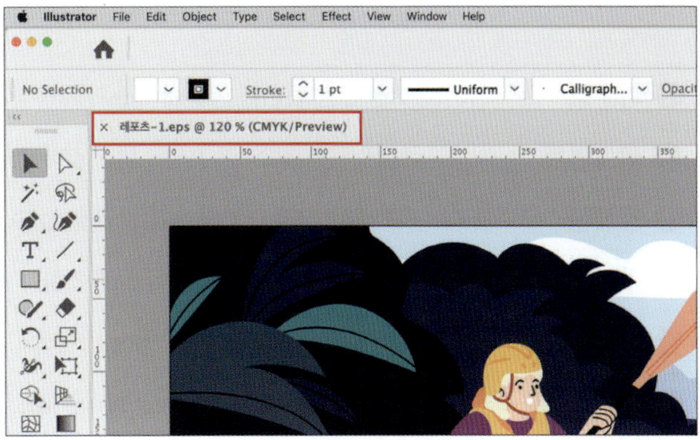

일러스트레이터 기능,
이건 꼭 알고 가기!

패스 다루기

📁 **예제 파일** AILESSON02 > 곡선그리기.ai

일러스트레이터에서 패스(Path)는 디자인의 기본 구성 요소 중 하나로, 모양을 정의하는 선이나 곡선을 의미하며 앵커 포인트(점)와 세그먼트(선)로 이루어진 벡터 그래픽의 기본 요소입니다. 패스는 열린 패스(끝이 열린 선)와 닫힌 패스(끝이 연결된 도형)로 나뉘며, 펜 도구, 직접 선택 도구 등을 사용해 편집할 수 있습니다. 패스는 도형, 선, 곡선 등을 그릴 때 핵심적인 역할을 하며, 일러스트레이터에서 작업할 때 매우 중요한 개념입니다.

✒ 패스의 구성 요소 알아보기

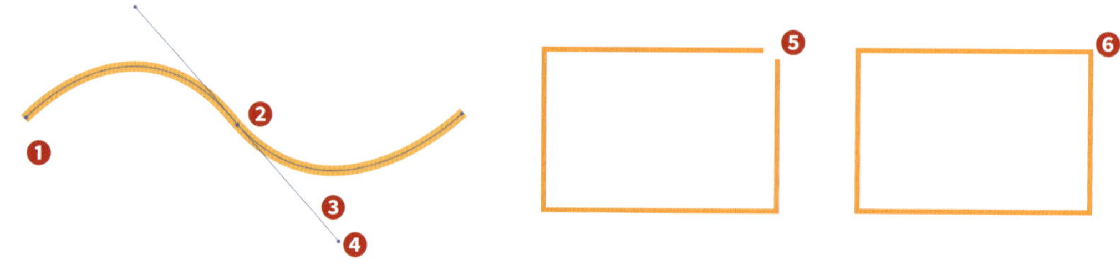

❶ **기준점**	직선 또는 곡선을 만들때 패스의 시작점과 끝점을 나타내는 기준점입니다.
❷ **세그먼트**	앵커 포인트와 앵커 포인트를 연결하는 직선 또는 곡선입니다.
❸ **방향선**	곡선의 형태를 변경할 수 있는 조절 선입니다.
❹ **방향점**	방향선의 끝점으로 길이와 각도를 조절하여 세그먼트를 변경할 수 있습니다.
❺ **열린 패스**	시작점과 끝점이 일치하지 않는 선 형태의 패스입니다.
❻ **닫힌 패스**	시작점과 끝점이 일치하는 면 형태의 패스입니다.

01 직선 그리기

1 앞서 학습한 방식으로 A4 크기의 새 도큐먼트를 만듭니다.

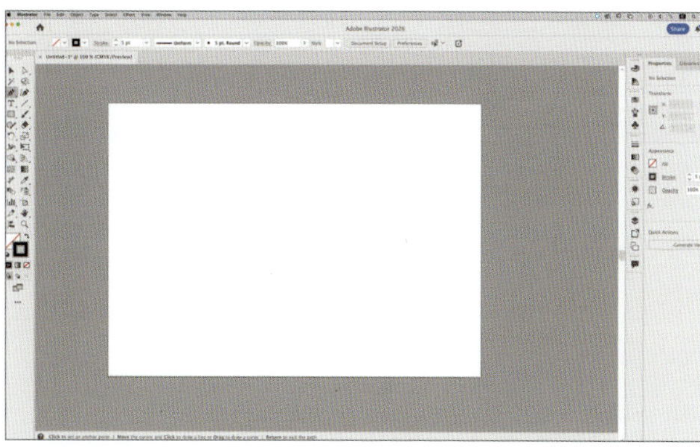

2 ❶ 도구 모음의 [Pen Tool] ✐을 선택하고 ❷ 면은 투명, 선은 검은색으로 선택하며 ❸ Pen Tool 옵션 창에서 Stroke를 5pt로 선택합니다.

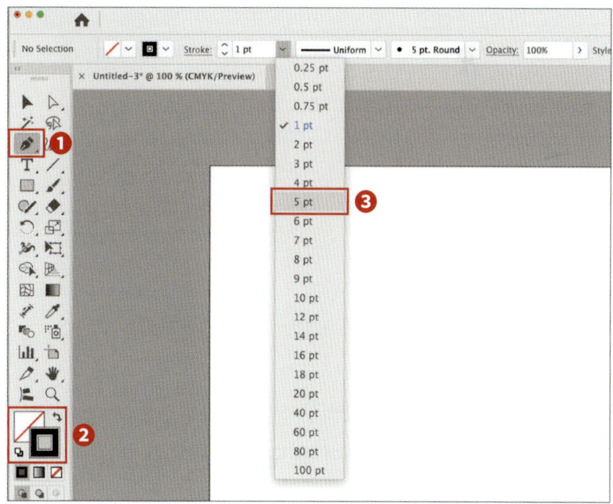

3 ❶ 원하는 곳에 클릭하여 시작점을 만듭니다. ❷ 사선 방향으로 마우스를 드래그하여 ❸ 클릭하면 클릭한 곳에 점이 생성되며 점과 점이 연결된 직선이 됩니다.

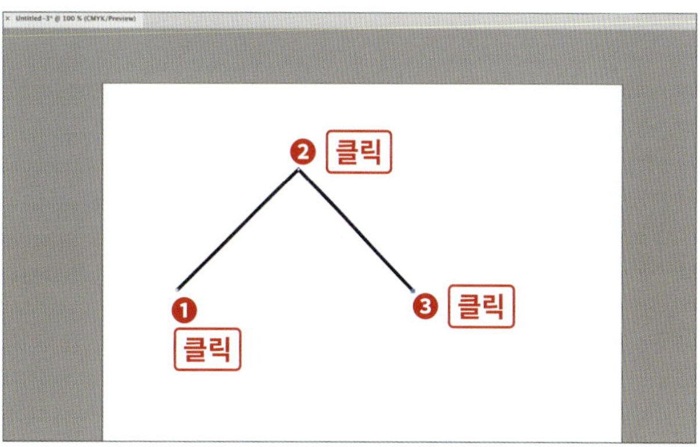

4 정확한 수직선, 수평선을 그리고 싶다면 점을 찍고 싶은 곳에 마우스를 드래그하고 키보드의 Shift 를 누른 상태에서 클릭하면 수평선이 만들어집니다.

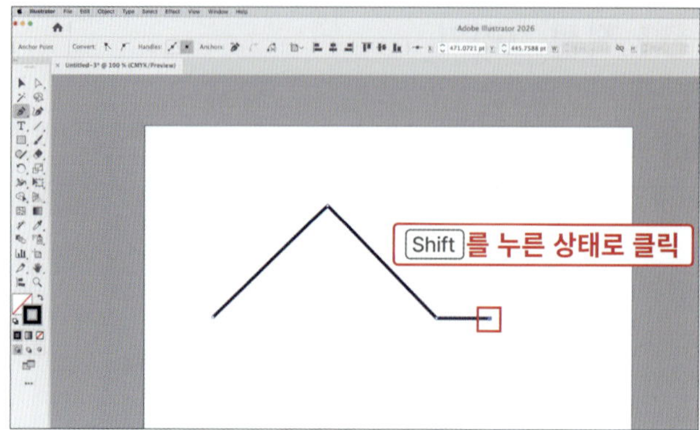

5 같은 방법으로 마우스를 위를 향해 드래그 후 클릭하면 수직선이 만들어집니다.

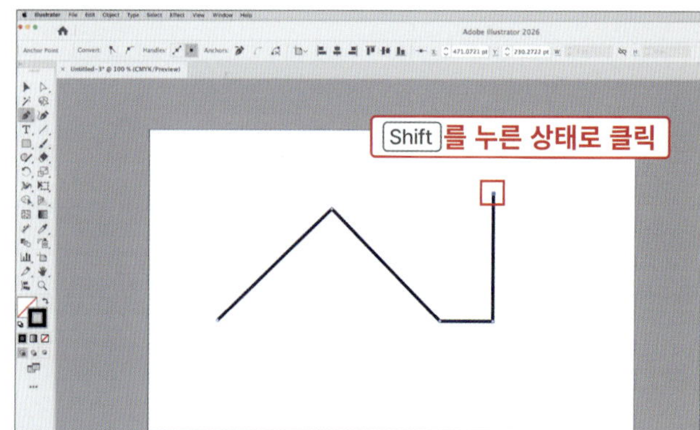

6 정확한 45도 직선을 그리고 싶다면 마우스를 사선 방향으로 드래그한 후 Shift 를 누르면 자동으로 45도 각도로 변경되고, 클릭하면 45도로 사선이 생성됩니다. 여기서 Alt / Option 을 누른 상태에서 도큐먼트 빈곳을 클릭하면 열린 패스가 완성됩니다.

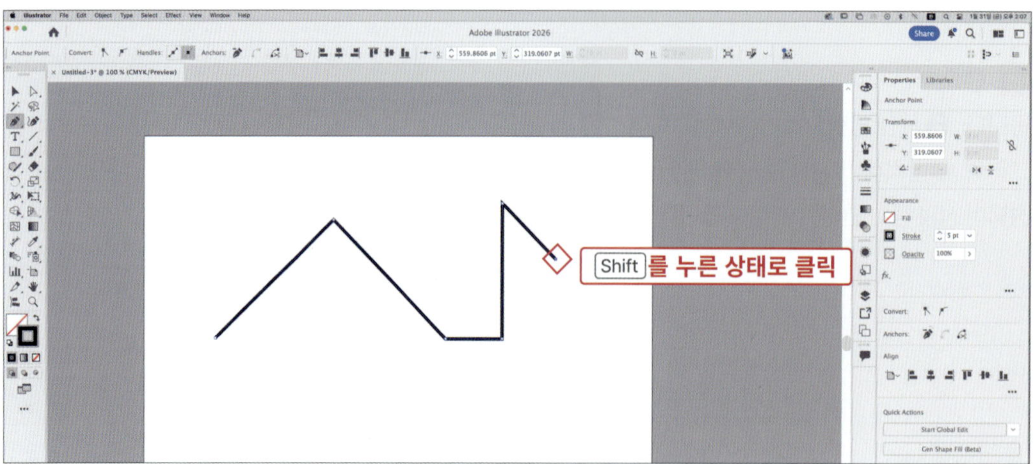

02 곡선 그리기

1 [File] > [Open]을 선택하고 [곡선그리기.ai] 파일을 열어 봅니다.

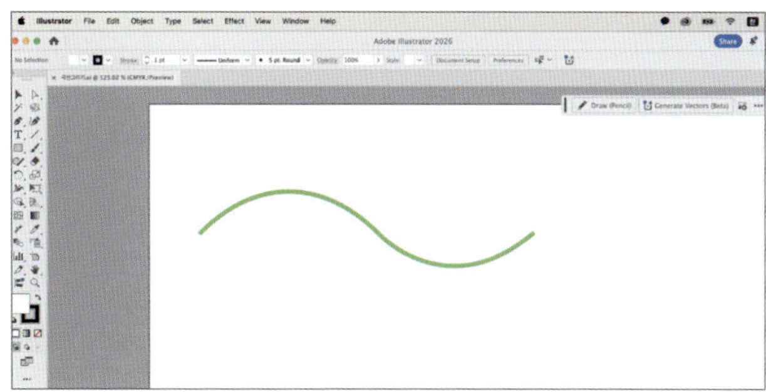

2 상단 초록색 곡선과 같은 곡선을 그려 보겠습니다. 앞서 공부한 대로 ❶ [Pen Tool]을 선택하고 ❷ Stroke는 1pt로 선택합니다. ❸ 원하는 곳에 시작점을 클릭한 상태에서 마우스를 아래로 드래그하면 위로 볼록한 곡선이 만들어집니다.

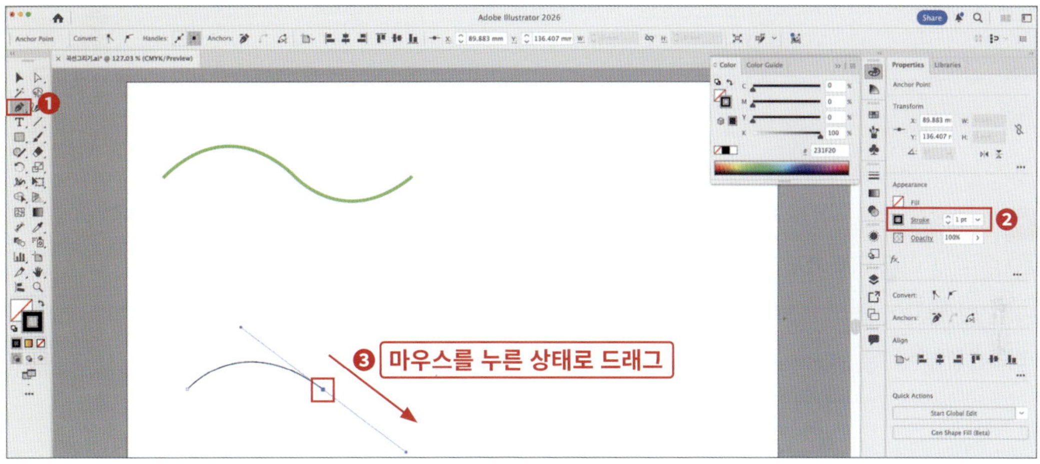

3 세그먼트를 다시 한번 클릭하여 아래쪽 방향선을 삭제합니다.

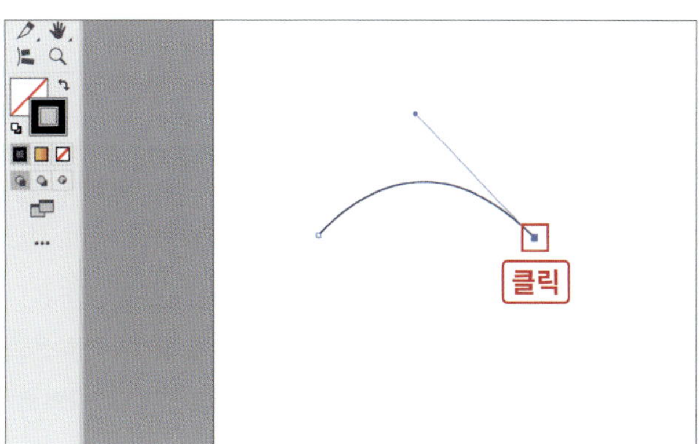

4 같은 방법으로 클릭한 후 위쪽으로 드래그하여 아래쪽으로 솟은 곡선을 그립니다.

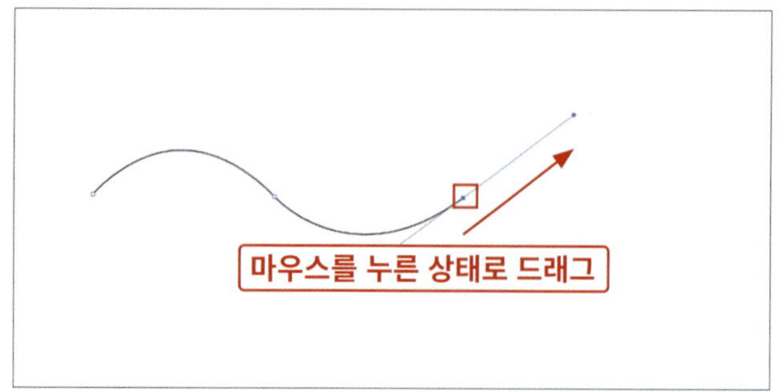

5 ❶ 방향점을 다시 한번 클릭하여 위쪽 방향선을 삭제합니다. ❷ 마우스를 아래로 드래그하며 키보드의 Shift를 누르면 자동으로 45도 각도로 변경됩니다. 클릭하면 사선으로 직선이 만들어집니다.

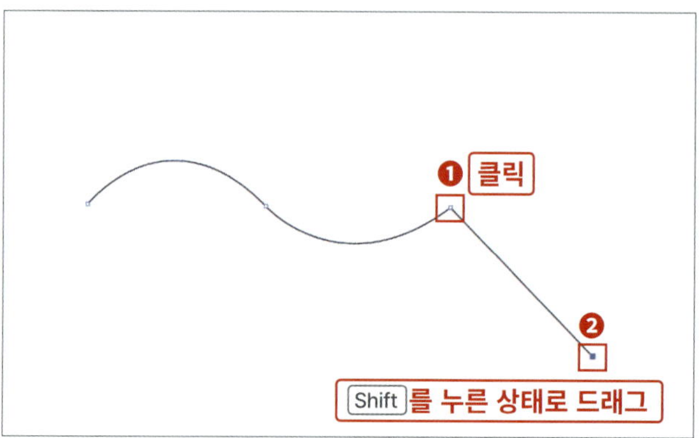

6 마우스를 드래그하여 처음 만들었던 시작점으로 이동하면 커서 오른쪽에 동그란 모양( )이 생기며 클릭하면 닫힌 패스로 완성됩니다.

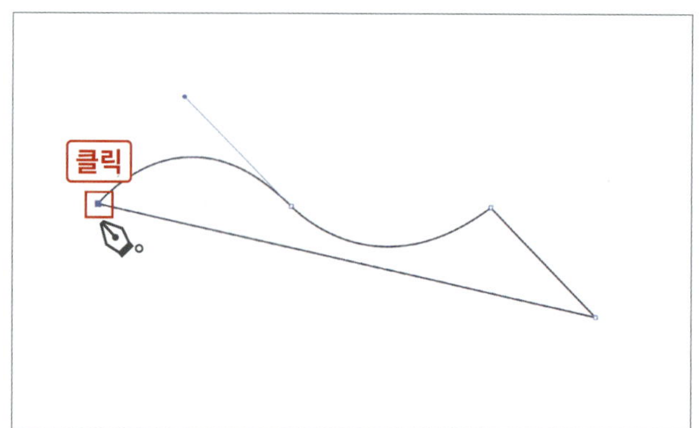

여기서 잠깐 STOP

[Pen Tool]을 사용할 때 작업에 따라 마우스 커서 모양이 변환됩니다.

작업 시작　　패스를 그리기 위한 시작 단계를 나타냅니다.

기준점 변환　　기준 점을 추가할 때 곡선을 그리거나, 직선으로 만들 수 있습니다.

닫힌 패스　　패스의 시작점과 끝점이 만날 때 나타나면 클릭하면 닫힌 패스가 만들어집니다.

Join 알아보기

📁 **예제 파일** AILESSON02 > 조인.ai   📁 **완성 파일** AILESSON02 > 조인완성.ai

일러스트레이터의 Join은 두 개 이상의 열린 패스를 연결하거나 합치는 데 사용되는 도구입니다. 주로 선이나 도형의 끝부분을 자연스럽게 이어주어 하나의 연속된 패스로 만들어 줍니다.

1 [AILESSON02] > [조인.ai] 파일을 불러옵니다. 왼쪽과 오른쪽 패스는 모두 열린 패스입니다.

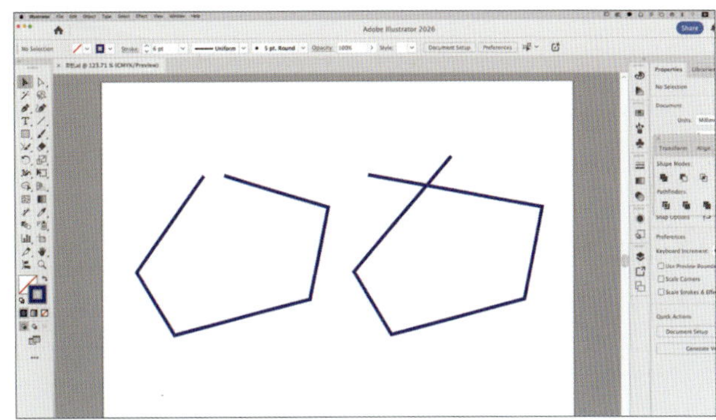

2 ❶ 왼쪽에 있는 열린 패스를 선택합니다. ❷ 메뉴 바에서 [Object] > [Path] > [Join]을 선택합니다.

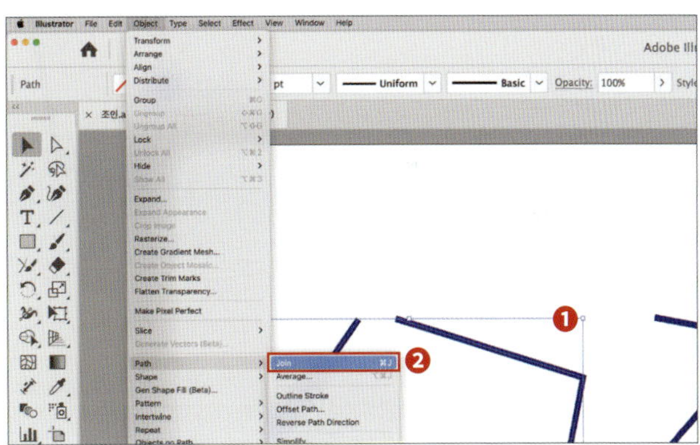

3 열린 패스가 닫힌 패스가 되었습니다.

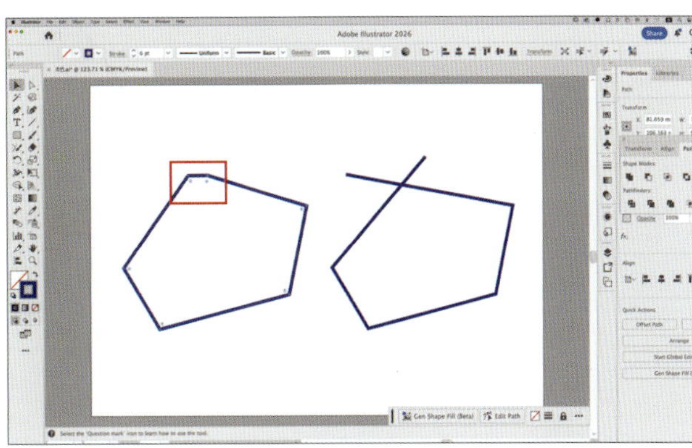

4 이번엔 오른쪽 패스를 선택합니다. 패스가 선택된 상태에서 [Join Tool] 을 선택합니다.

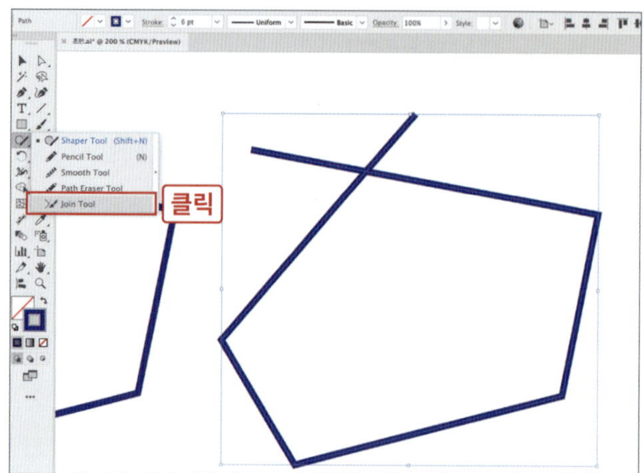

5 오브젝트에서 정리하고 싶은 선을 을 사용하여 드래그합니다.

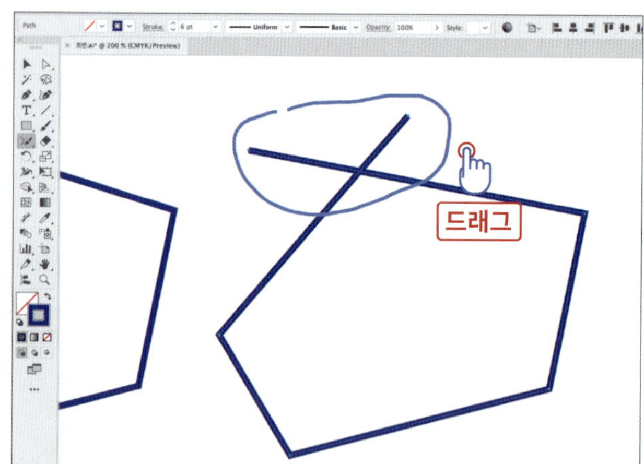

6 길게 나와 있던 선이 정리되면서 두 개의 열린 패스가 모두 닫힌 패스가 되었습니다.

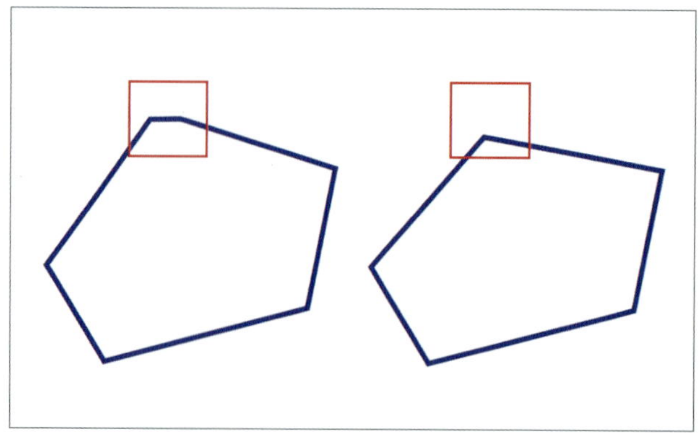

Stroke 다루기

📁 **예제 파일** AILESSON02 > 하트선.ai

Stroke 기능은 오브젝트의 테두리(윤곽선)를 설정하는 기능으로, 선의 두께, 색상, 스타일을 조절할 수 있습니다. 실선, 점선, 대시 선 등 다양한 스타일을 적용할 수 있으며, 끝점과 모서리 형태를 변경하거나 가변 두께 프로파일을 활용해 선의 형태를 조정할 수도 있습니다.
Stroke는 Pen Tool과 함께 자주 사용하는 기능이므로 잘 익혀 두기 바랍니다.

≡ Stroke 패널 알아보기

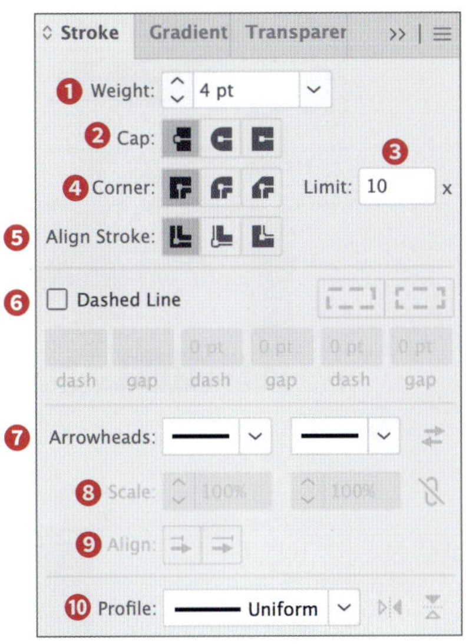

❶ **Weight**	선 두께를 지정합니다.
❷ **Cap**	선 양 끝부분의 형태를 변형합니다.
❸ **Limit**	꺾인 모서리 각이 작을 때 값을 높이면 모서리 모양을 뾰족하게 나타냅니다.
❹ **Corner**	선의 모서리를 변형합니다.
❺ **Align Stroke**	패스 내 기준점의 위치를 변경할 수 있습니다.
❻ **Dashed Line**	선을 점선으로 변경하고자 할 때 사용됩니다.
❼ **Arrowheads**	화살표의 양 끝 모양을 조절합니다.
❽ **Scale**	화살표의 양 끝 모양의 크기를 조절합니다.
❾ **Align**	화살표의 시작의 끝부분을 기준으로 패스 위치를 변경합니다.
❿ **Profile**	패스 선 모양을 변형합니다.

1 [AILESSON02] > [하트선.ai] 파일을 불러옵니다. ❶ 도구 모음의 [Selection Tool] ▶ 을 선택하고 ❷ 검은색 선을 클릭하여 선택합니다.

2 [Window] > [Stroke]를 클릭합니다.

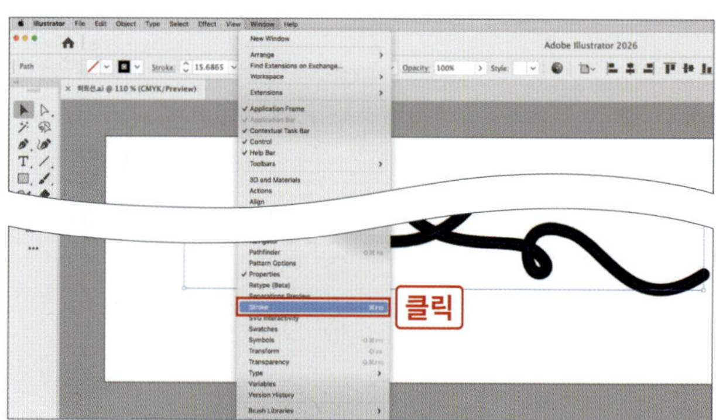

3 Stroke 패널에서 Weight를 2pt로 선택합니다.

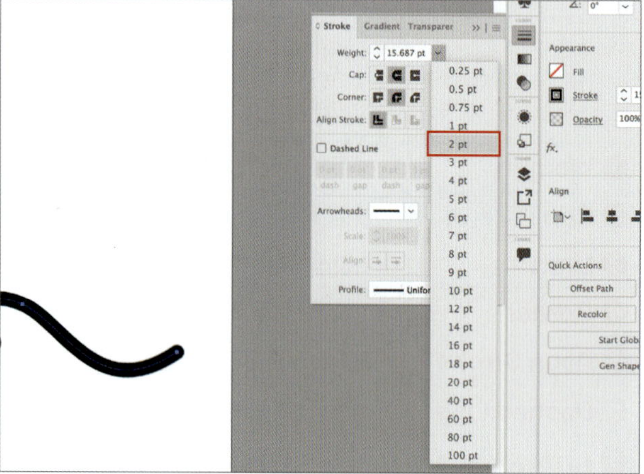

02 점선 만들기

1 Stroke 패널에서 **①** Dashed Line 에 체크하면 실선이 점선으로 변경됩니다. **②** dash 값으로 5pt를 입력합니다.

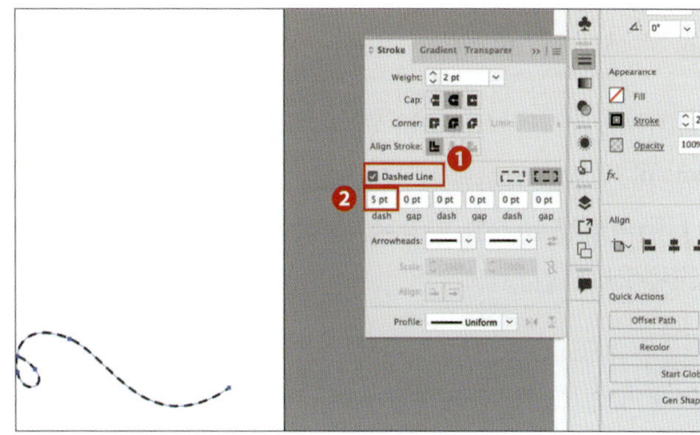

2 Stroke 패널에서 Arrowheads에서 [Arrow 7]을 선택합니다.

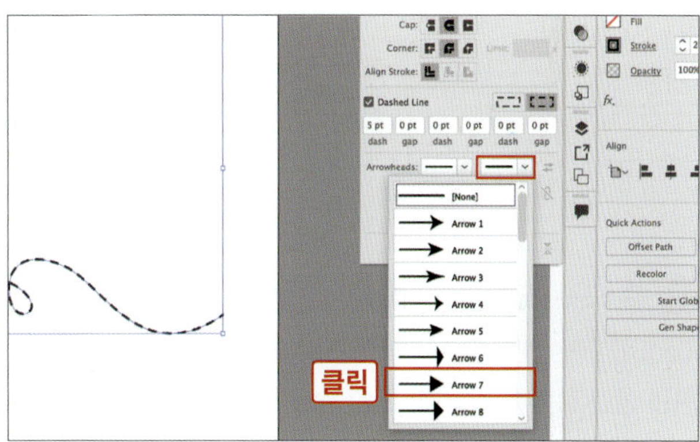

3 점선 끝이 화살표 모양으로 변경되었습니다.

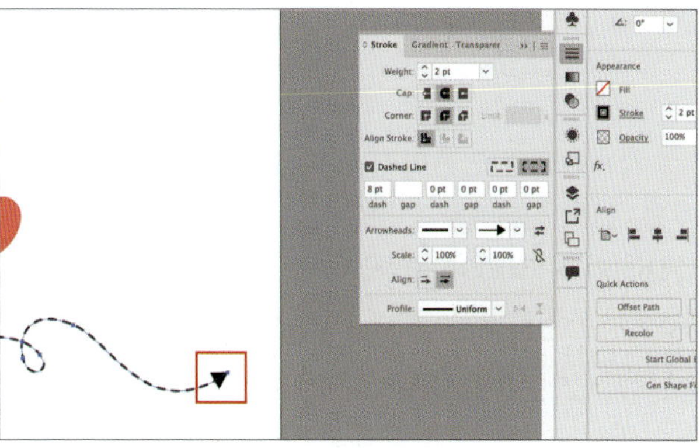

도형 다루기

📁 **예제 파일** AILESSON02 > 말풍선.ai   📁 **완성 파일** AILESSON02 > 말풍선완성.ai

일러스트레이터는 다양한 벡터 도형을 생성할 수 있는 강력한 기능을 제공합니다. 기본적인 사각형, 원과 같은 기하학적 도형부터 복잡한 맞춤형 도형까지 자유롭게 만들 수 있습니다. 도형을 활용하면 로고, 아이콘 등 다양한 디자인 작업을 효율적으로 수행할 수 있습니다.

1 [AILESSON02] > [말풍선.ai] 파일을 불러옵니다.

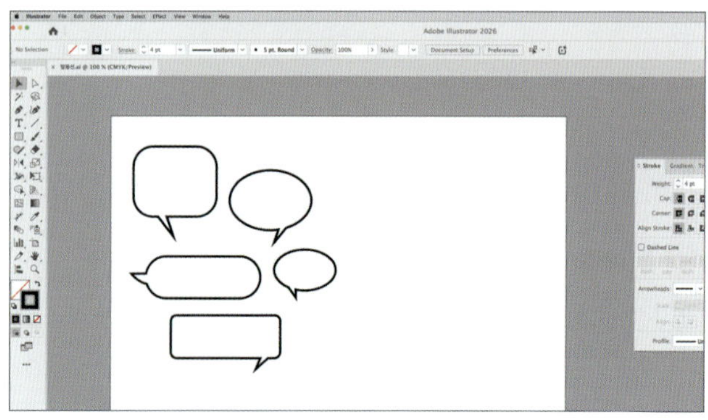

2 ❶ 도구 모음에서 [Rectangle Tool]□ 을 선택하고 바탕화면을 클릭하면 옵션 창이 나타납니다. ❷ Width는 80, Height는 50을 입력하고 ❸ [OK]를 클릭합니다.

3 직사각형이 만들어지면 ❶ 면은 투명, 선은 검은색을 선택합니다. ❷ [Window] > [Color]를 클릭합니다.

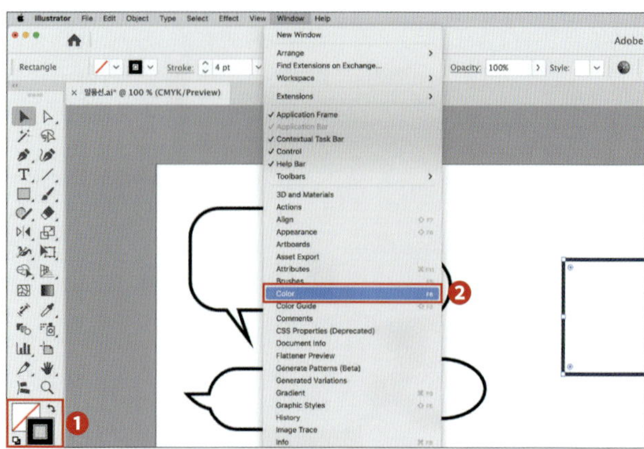

4 Color 패널에서 'C 0 / M 100 / Y 100 / K 0'을 입력합니다.

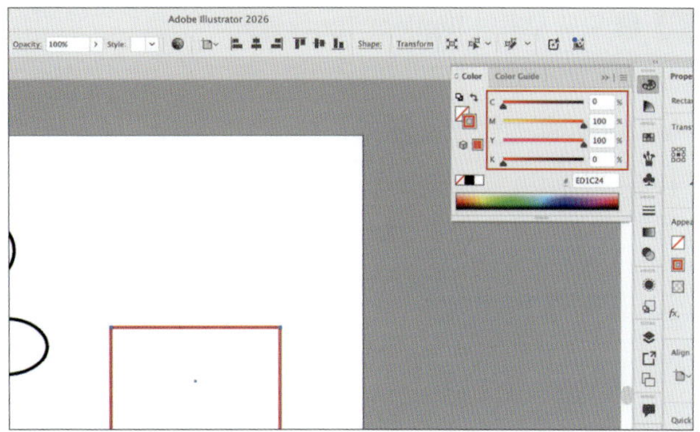

5 도구 모음의 [Rectangle Tool]□을 길게 클릭하고 [Polygon Tool]⬡을 선택합니다.

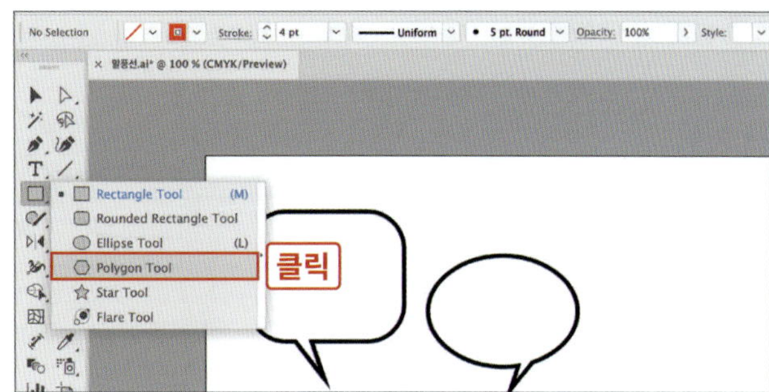

6 ❶ Polygon 옵션 창에 Radius는 10mm, Sildes는 3을 입력하고 ❷ [OK]를 클릭합니다.

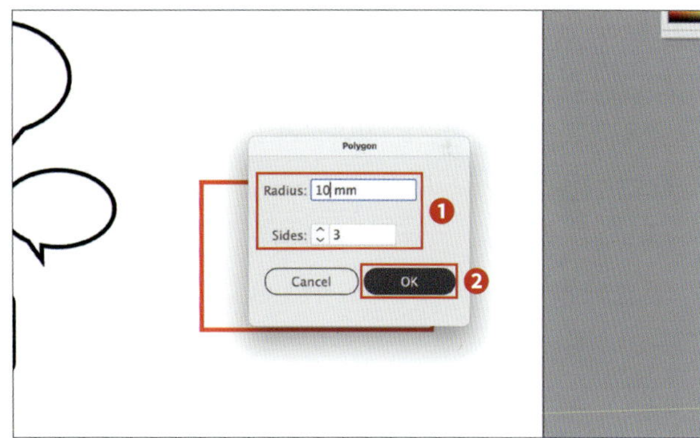

7 빨간색 삼각형이 만들어집니다.

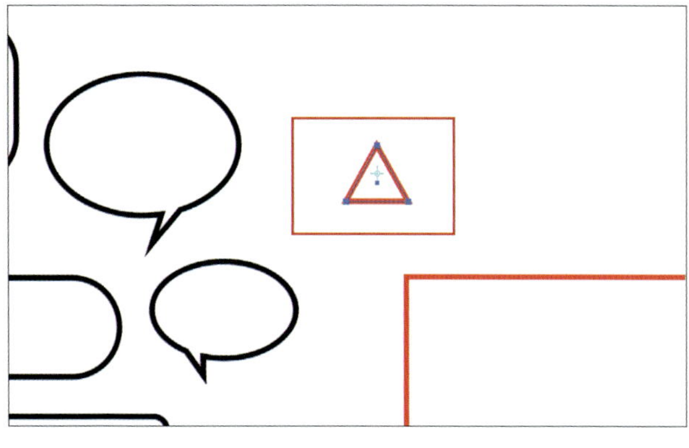

8 ❶ 도구 모음의 [Reflect Tool] ◁을 더블클릭하면 옵션 창이 나타납니다. ❷ Horizontal을 선택하고 ❸ [OK]를 클릭합니다.

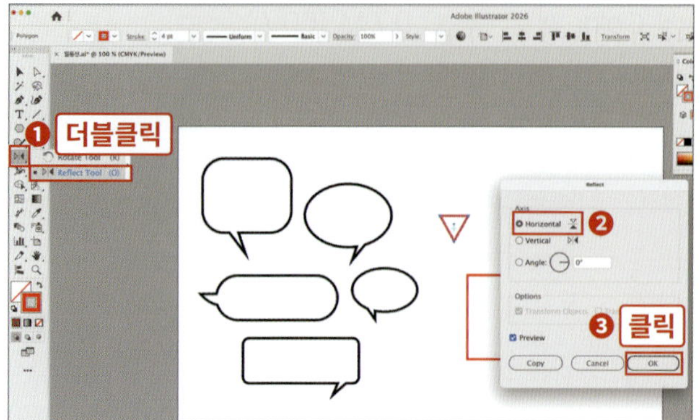

9 도구 모음의 [Selection Tool] ▶로 삼각형을 선택하고 사각형 아래로 이동시킵니다.

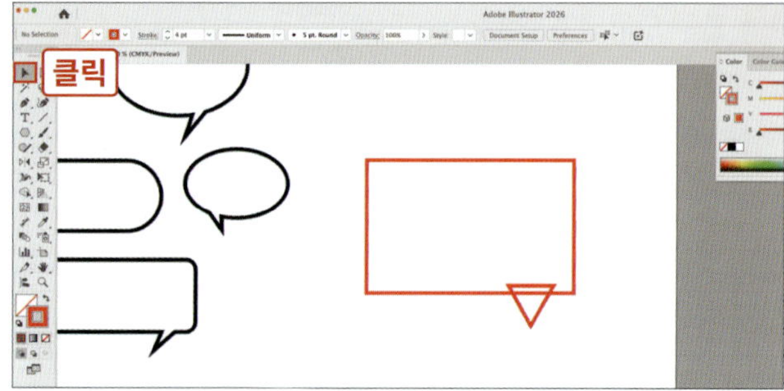

10 ❶ 도구 모음의 [Direct Selection Tool] ▷로 ❷ 삼각형에서 아래 꼭지점만 클릭하고 사선 방향으로 잡아당겨 모양을 변형합니다.

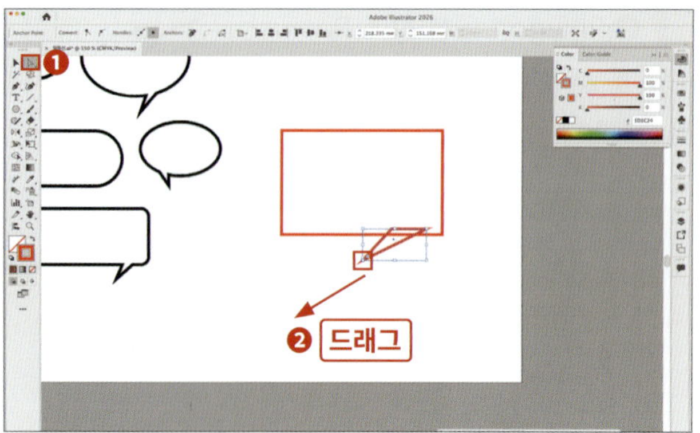

11 ❶ 도구 모음의 [Selection Tool] ▶로 ❷ 사각형과 삼각형 주변으로 크게 사각형을 그리면 두 도형이 동시에 선택됩니다.

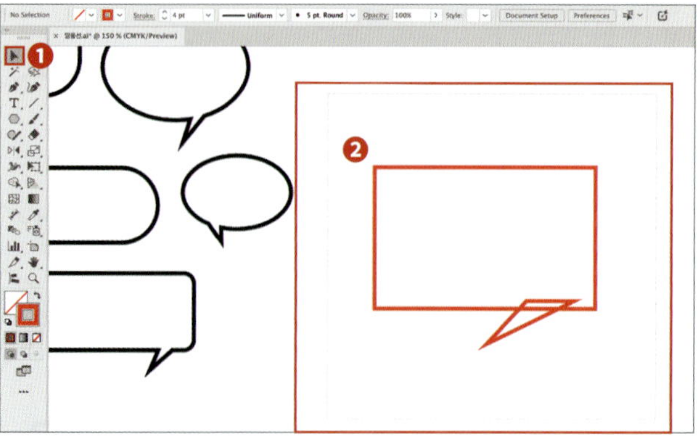

여러 개의 도형을 동시에 선택하고 싶을 때에는 여러 개의 도형 주변으로 마우스를 드래그하거나 하나의 도형을 먼저 클릭하고 Shift 를 누른 상태에서 다른 도형도 클릭합니다. 반대로 동시에 선택된 도형 중 선택 해제를 하고 싶다면 해제 하고 싶은 도형을 Shift 를 누른 상태에서 클릭합니다.

12 [Window] > [Pathfinder]를 클릭합니다.

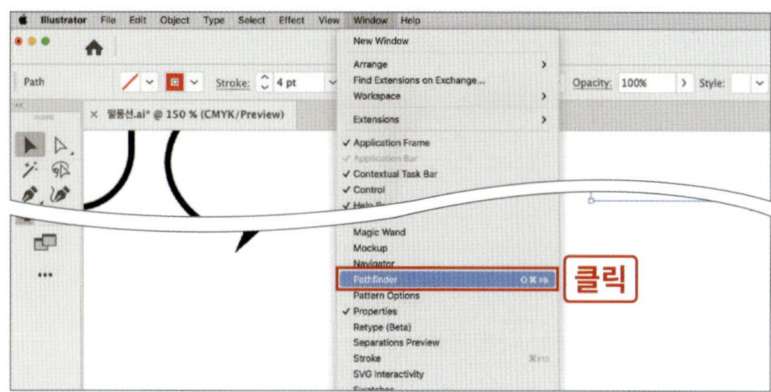

13 Pathfinder 패널에서 ▣ 를 선택합니다.

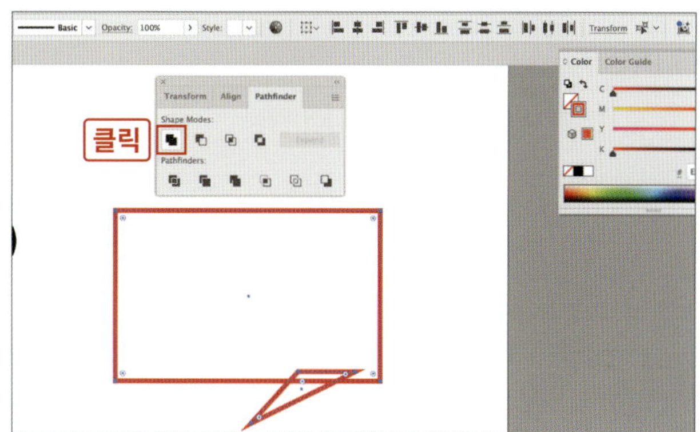

14 두 개의 도형이 하나의 도형이 되었습니다. ❶ [Direct Selection Tool] ▷ 을 선택하고 사각형을 클릭하면 ❷ 사각형 모서리 안쪽으로 ◉ 모양이 나타납니다.

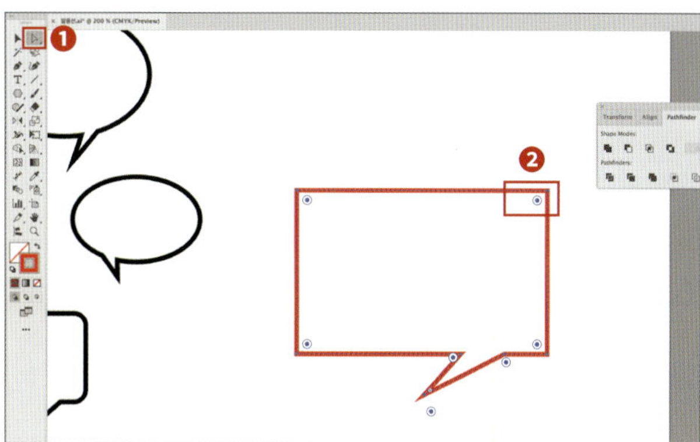

15 ❶ [Direct Selection Tool] 로 ❷ 사각형 4개의 모서리 안쪽을 Shift 를 선택한 상태에서 하나씩 클릭하면 파란 점으로 색상이 바뀝니다. ❸ 마지막 점이 선택된 상태에서 두 번 클릭하면 Corners 옵션 창이 나타납니다. ❹ 2mm를 입력하고 ❺ [OK]를 클릭합니다.

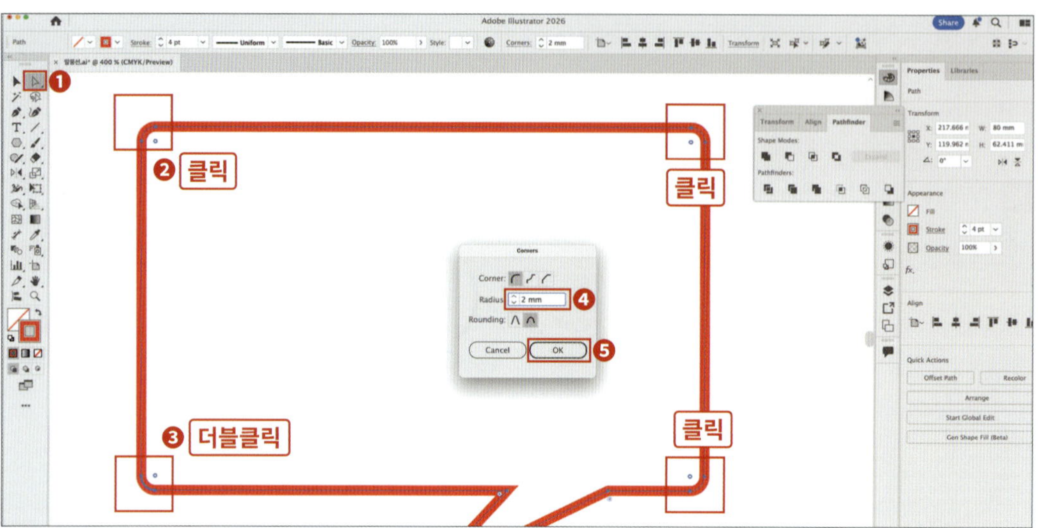

16 모서리가 둥근 말풍선이 드디어 완성되었습니다.

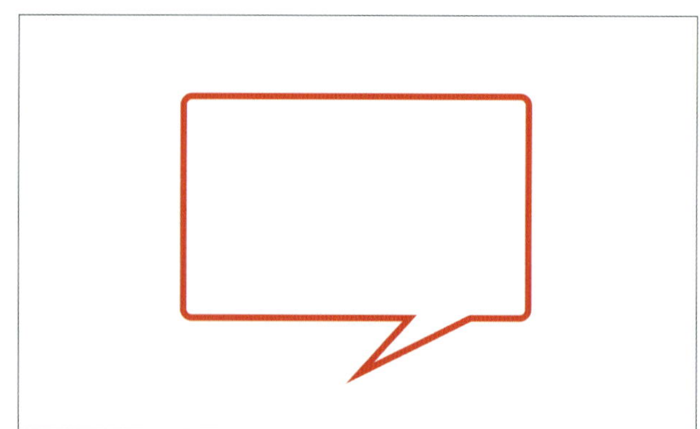

여기서 잠깐

모서리를 클릭한 상태에서 마우스를 움직여도 둥근 모서리로 변경이 가능합니다. 다만 정확한 수치로 작업하기 어렵다는 단점이 있습니다.

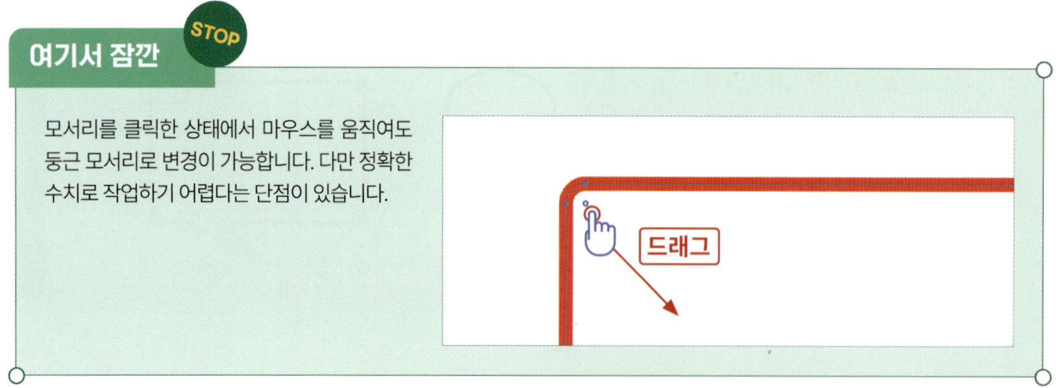

이미지 가져와 고정하기

📁 **예제 파일** AILESSON02 > 컵케이크.ai, cupcakes 2.jpg   📁 **완성 파일** AILESSON02 > 컵케이크 완성.ai

가져오기(Place) 기능은 외부 파일을 일러스트레이터 문서에 삽입하는 기능으로, 주로 이미지 파일이나 다른 형식의 문서를 일러스트레이터 작업 도큐먼트 내에 불러올 때 사용됩니다. 이 기능을 사용하면 벡터 이미지가 아닌 비트맵 이미지(예: 사진, 스캔한 이미지 등)를 쉽게 문서에 배치할 수 있습니다.

1 [AILESSON02] > [컵케이크.ai] 파일을 불러옵니다.

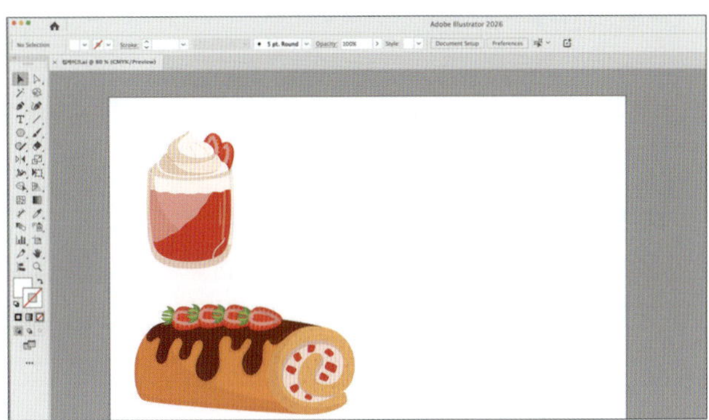

2 [File] > [Place]를 클릭합니다.

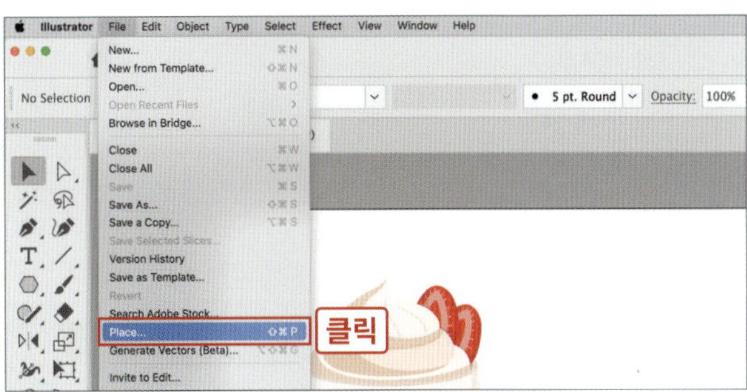

3 ❶ [cupcakes 2.jpg] 파일을 선택하고 ❷ [Place]를 클릭합니다.

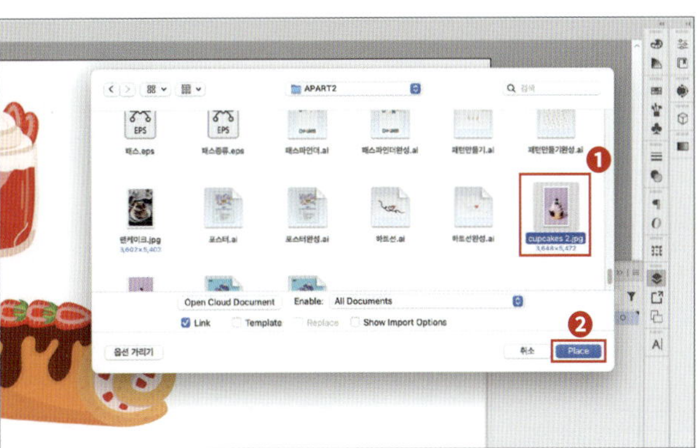

Place 기능은?

가져오기(Place)는 외부 파일을 연결하여 일러스트레이터 문서에 배치하는 기능입니다.

이 기능을 통해 다양한 형식의 이미지 파일(JPG, PNG, TIFF, PSD, PDF 등)을 문서 안에 추가할 수 있습니다.

외부의 원본 파일과 연결된 상태(Link)로 삽입되기 때문에, 원본 파일을 수정하면 일러스트레이터 문서 안의 이미지도 자동으로 업데이트됩니다.

Place 기능의 주요 특징과 장점

① 외부 파일 연결

• 가져오기로 삽입된 이미지는 일러스트레이터 문서에 연결된 상태로 삽입됩니다.

• 이 방식은 파일 크기를 절약할 수 있고, 원본 파일을 수정하면 일러스트레이터 파일 내의 이미지가 자동으로 업데이트되므로 매우 효율적입니다.

② 다양한 파일 형식 지원

• 일러스트레이터는 JPG, PNG, TIFF, PSD, PDF 등 다양한 파일 형식을 지원합니다. 다양한 형식의 이미지를 쉽게 불러올 수 있습니다.

③ 고해상도 이미지 유지

• 외부 이미지가 연결된 상태로 삽입되므로, 일러스트레이터 도큐먼트 내에서 이미지가 고해상도로 유지됩니다. 이미지의 품질을 유지한 채 작업할 수 있습니다.

④ 파일 크기 절약

• 이미지를 내장하지 않고 연결하기 때문에 일러스트레이터 파일 자체의 크기가 커지지 않습니다. 다수의 고해상도 이미지를 사용해도 파일 크기를 효율적으로 관리할 수 있습니다.

4 마우스로 원하는 위치에 적당한 사각형을 드래그합니다.

5 컵케이크 이미지가 불러와졌습니다.

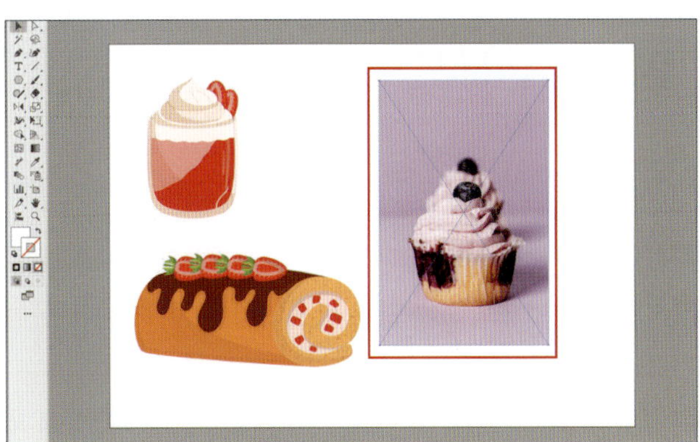

6 [Object] > [Lock] > [Selection]을 선택하여 이미지를 잠가 놓습니다.

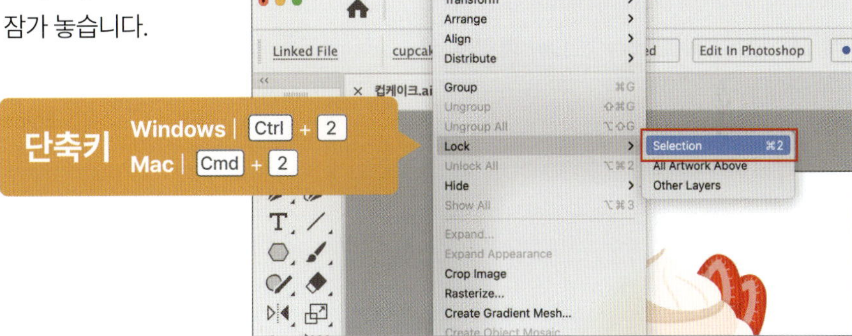

여기서 잠깐 STOP

[Object] > [Unlock All]을 선택하면 잠금이 해제되면서 이미지가 선택됩니다. 이렇게 이미지 잠금 기능을 활용하여 원하는 작업물을 완성해보세요!

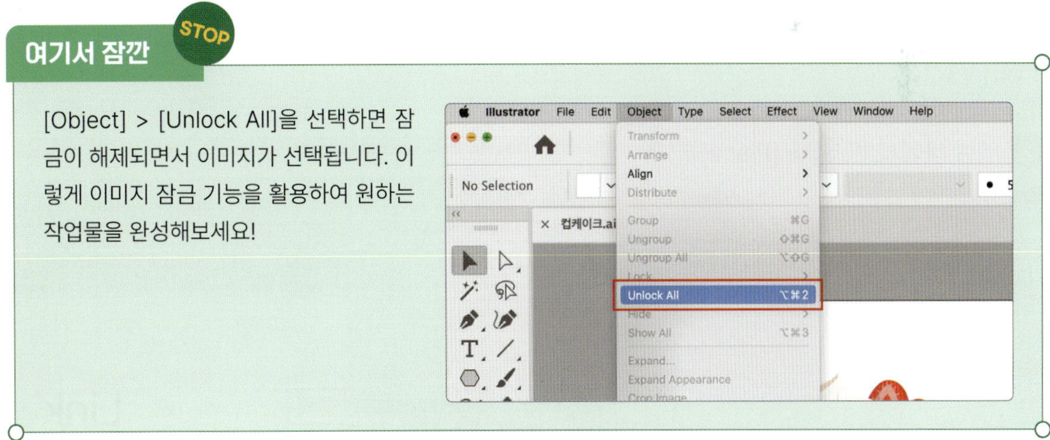

링크와 임베드의 차이 알기

📁 **예제 파일** AILESSON02 > 링크.ai, 팬케이크.jpg, 딸기생크림.jpg, cupcakes.jpg   📁 **완성 파일** AILESSON02 > 링크 완성.ai

링크(Link)는 외부 파일을 일러스트레이터 문서에 연결하는 기능으로, 원본 이미지 파일을 연결만 하고 문서 내에 저장하지 않는 방식입니다. 이 기능은 이미지를 파일에 참조하는 방식으로, 문서 파일 크기를 줄일 수 있습니다.

임베드(Embed)는 외부 파일을 일러스트레이터 문서에 포함시켜 연결된 파일을 문서 내부에 저장하는 기능입니다. 문서가 파일을 포함해 함께 이동하고 관리할 수 있습니다. 다만 문서에 포함시키면 용량이 커지니 주의하세요.

1 [AILESSON02] > [링크.ai] 파일을 불러옵니다.

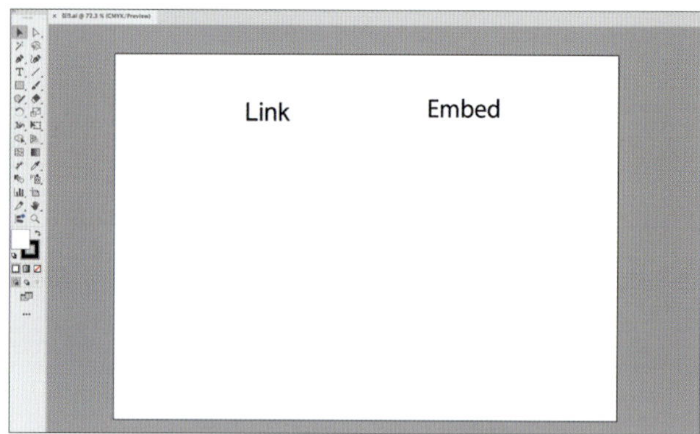

2 메뉴 바에서 [File] > [Place]를 클릭합니다.

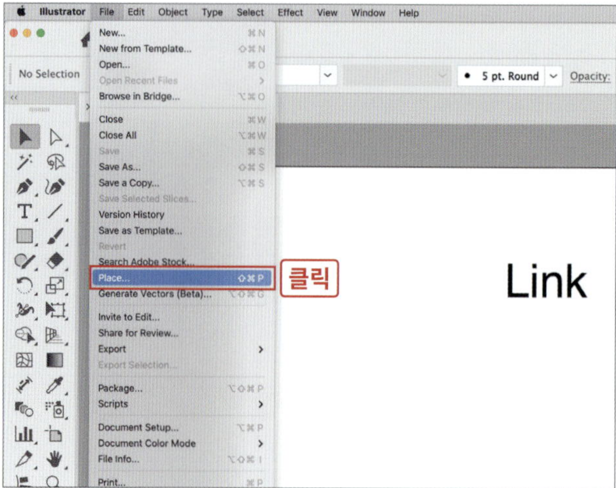

3 ❶ [팬케이크.jpg], [딸기생크림.jpg]
파일을 동시에 선택한 후 ❷ [Place]를 클
릭합니다.

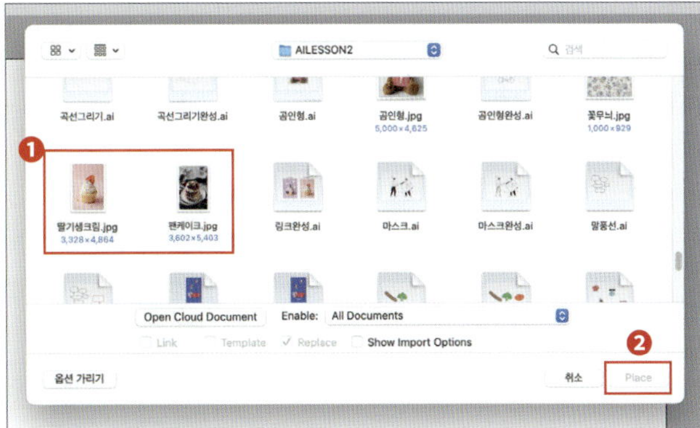

4 앞서 배운 방법으로 Link와 Embed
아래에 사각형을 적당한 크기로 드래그하
면 선택한 이미지 두 개가 불러와집니다.

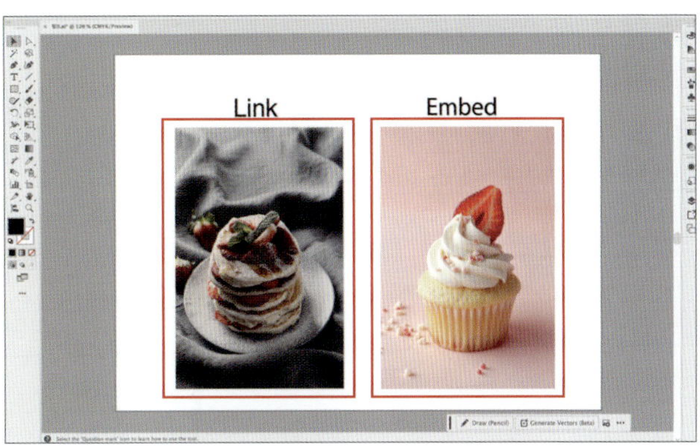

5 ❶ 도구 모음의 [Selection Tool] ▶
로 ❷ 불러온 이미지를 선택하면 이미지
에 'X' 표시가 보입니다.

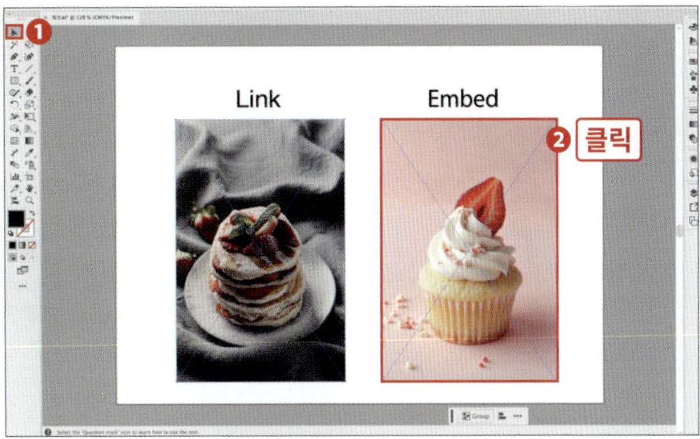

6 [Window] > [Links]를 클릭합니다.

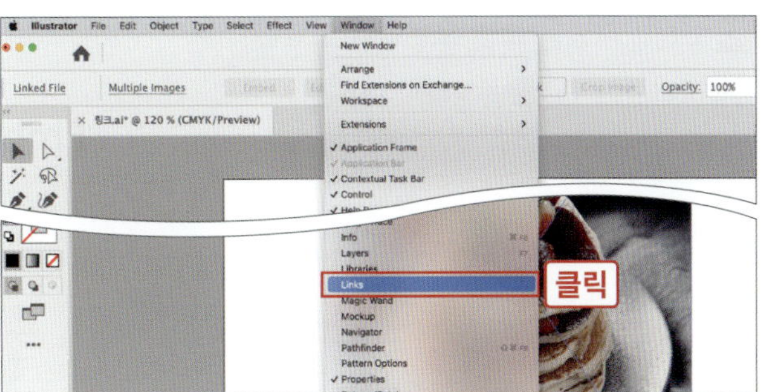

7 Links 패널에 두 개의 이미지가 삽입됩니다.

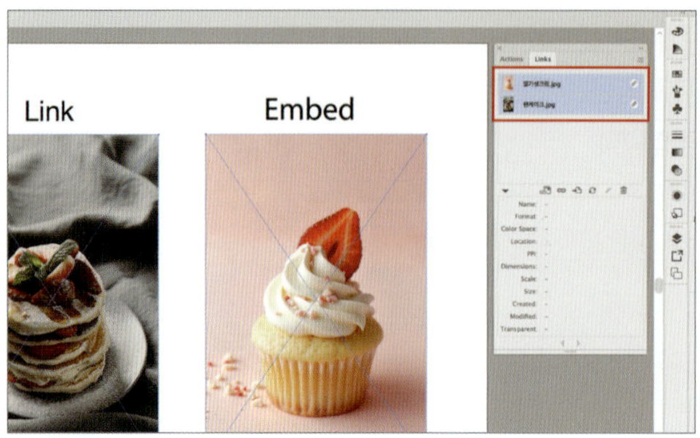

8 ❶ Links 패널에 '딸기생크림.jpg'를 선택하면 이미지에 대한 정보가 나타납니다. ❷ 이미지 옆에 🔗 아이콘에 보이면 링크된 이미지임을 알 수 있습니다.

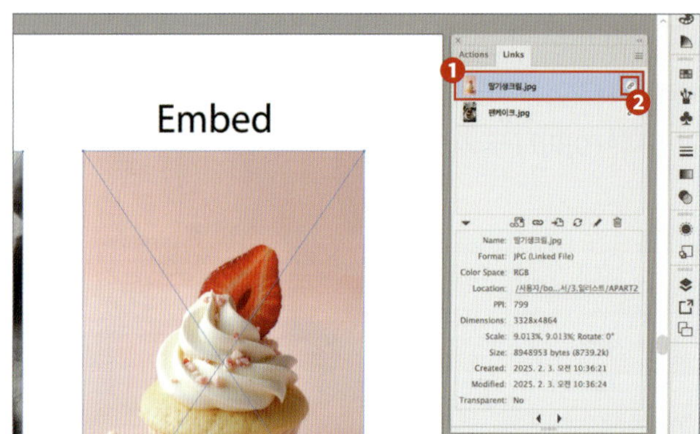

9 ❶ 도구 모음의 [Selection Tool] ▶ 로 ❷ '딸기생크림.jpg' 이미지만 선택한 후 ❸ 상단 [Embed]를 클릭합니다.

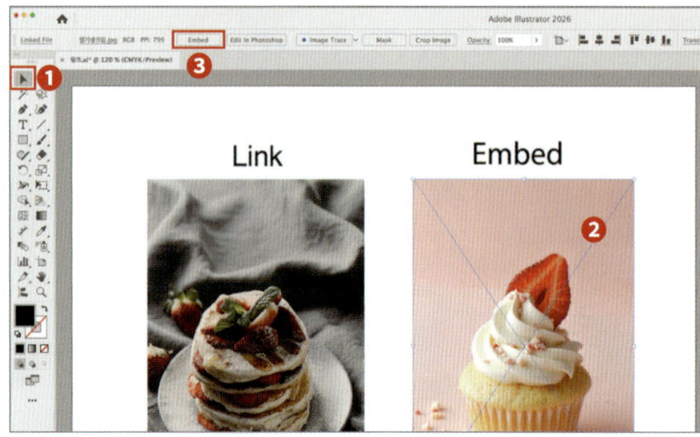

10 Links 패널을 보면 오른쪽에 보였던 🔗 아이콘이 사라졌습니다.

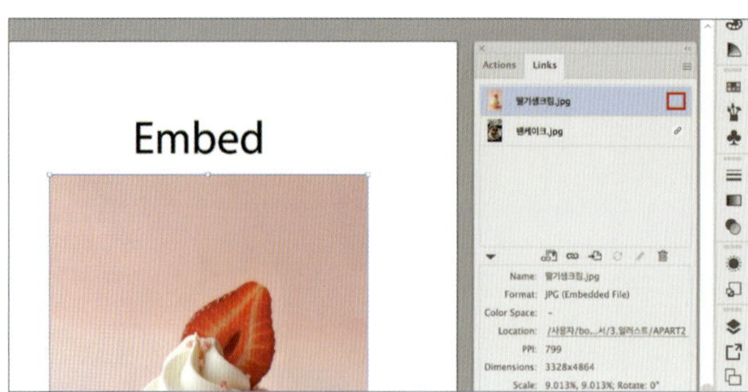

11 이번엔 ❶ 도구 모음의 [Selection Tool] ▶ 로 ❷'팬케이크.jpg' 이미지만 선택한 후 ❸ Links 패널 하단에 🔗 를 클릭합니다.

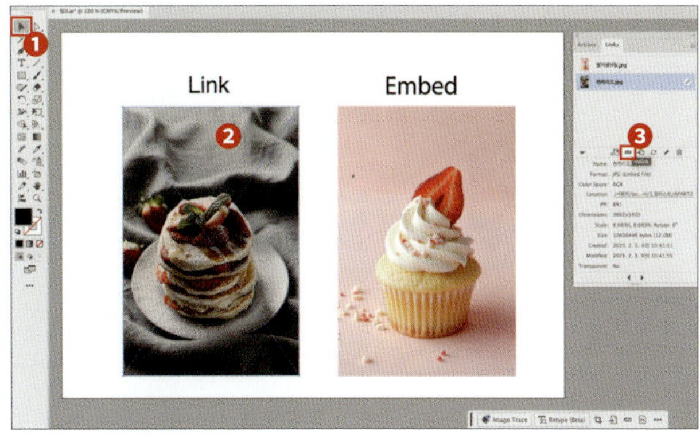

12 ❶ 'cupcakes.jpg'를 선택하고 ❷ [Place]를 클릭합니다.

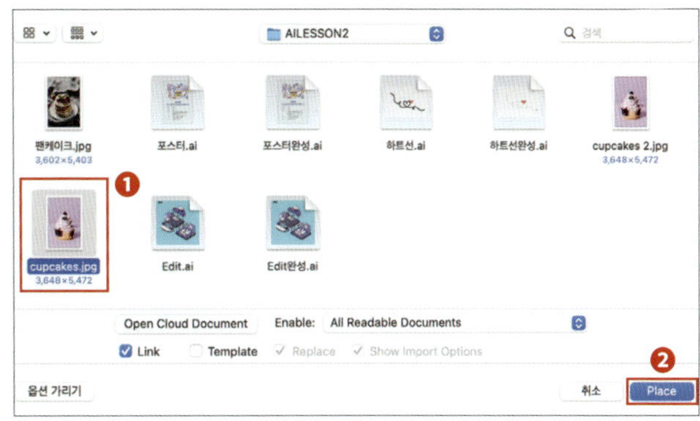

13 팬케이크 이미지가 보라색 컵케이크 이미지로 변경되었습니다. 옵션 창 정보도 변경되었습니다.

14 cupcakes.jpg 이미지가 선택된 상태에서 옵션 창 하단에 ✏ 아이콘을 클릭합니다.

15 포토샵 프로그램에서 원본 이미지가 열립니다.

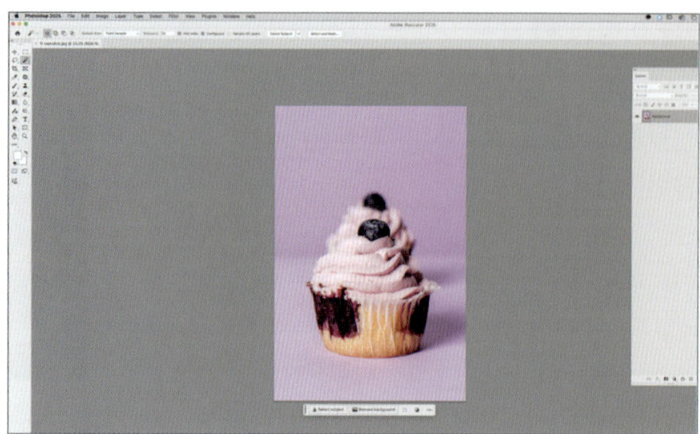

16 ❶ 도구 모음의 [Brush Tool] 을 선택하고 ❷ 상단 옵션 창에서 Size 100, Opacity 100%를 설정합니다. ❸ 이미지 위에 하트를 그리고 ❹ 단축키 [Ctrl / Cmd] + [S] 를 눌러 저장합니다.

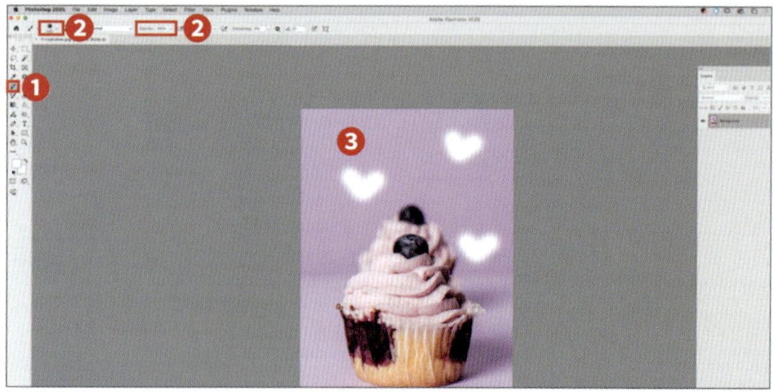

17 다시 일러스트레이터 프로그램으로 돌아오면 팝업 창이 뜨는데 [Yes]를 클릭합니다.

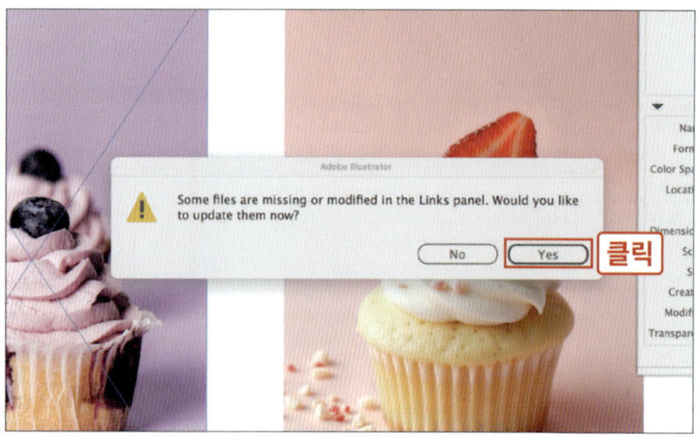

18 포토샵에서 수정한 이미지가 일러스트레이터에서 다시 연결됩니다.

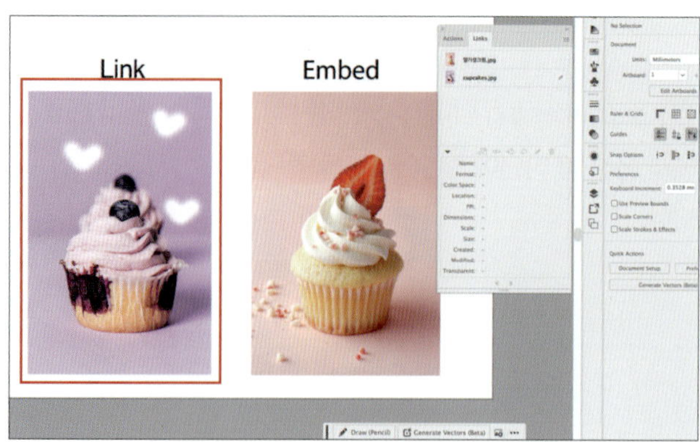

Link(Linked Image)

Link는 이미지를 일러스트레이터 문서에 연결시키고 별도의 원본 파일이 저장된 경로를 참조합니다. 이미지 파일이 변경되면 자동으로 업데이트되지만, 연결된 파일이 삭제되거나 이동하면 일러스트레이터 문서에서 이미지를 찾을 수 없게 됩니다. 파일 크기는 작지만, 외부 파일에 의존하므로 연결이 끊어지지 않도록 파일 관리가 중요합니다.

Link 기능의 주요 특징

① 외부 파일 참조

•링크된 이미지는 원본 파일을 참조하기 때문에 문서 파일에 포함되지 않으며, 파일 크기가 증가하지 않습니다.

② 원본 이미지 수정 자동 반영

•연결된 이미지의 원본 파일을 수정하면, 일러스트레이터 문서 내에서 자동으로 반영됩니다. 예를 들어, 사진을 수정하면 일러스트레이터 문서에 삽입된 이미지도 자동으로 업데이트되며 수정된 내용을 반영합니다.

③ 파일 크기 절약

•링크로 삽입된 이미지는 문서 내에 저장되지 않기 때문에 일러스트레이터 파일의 크기가 절약됩니다.

링크 사용 시 유의 사항

① 원본 파일 관리

•링크된 파일은 원본 파일의 위치가 이동되거나 삭제되면 일러스트레이터에서 해당 이미지를 찾을 수 없습니다.

•원본 파일의 경로를 변경할 경우, 일러스트레이터에서 링크가 끊어지지 않도록 경로를 다시 지정해야 합니다.

② 링크된 파일을 문서와 함께 이동

•일러스트레이터 문서를 다른 사람과 공유하거나 보낼 때, 링크된 파일이 함께 전달되지 않으면 이미지가 누락됩니다.

•파일을 묶어서 보내기 위해서는 패키지 기능을 활용하거나, 이미지를 임베드하여 문서에 포함시켜야 합니다.

Embed(Embedded Image)

Embed는 외부 파일을 일러스트레이터 문서 내에 포함시켜 파일 경로가 없어도 문서 내에서 독립적으로 관리됩니다. 파일 크기가 커지지만 문서가 다른 사람과 공유될 때 파일이 문서에 포함되어 원본 파일을 함께 제공할 필요가 없습니다.

Embed 사용 시 고려사항

① 파일 크기

•임베드된 이미지는 문서의 파일 크기를 크게 만들 수 있습니다. 특히 고해상도 이미지를 임베드하면 일러스트레이터 파일의 크기가 많이 커질 수 있습니다. 따라서 파일 크기에 민감한 작업에서는 적절히 임베드를 사용해야 합니다.

② 원본 이미지 수정

•임베드된 이미지는 수정이 불가능합니다. 만약 이미지를 수정해야 한다면 원본 파일을 편집한 후 재배치해야 합니다.

이럴 때 활용하세요!

•**Link 사용 추천**: 이미지가 계속 수정될 가능성이 있고, 파일 크기를 줄이고 싶을 때

•**Embed 사용 추천**: 최종 작업물로 보낼 때나, 링크 깨짐 없이 독립적인 파일을 원할 때

필요한 상황에 맞춰 적절히 선택하면 효율적으로 작업할 수 있습니다.

자연스러운 느낌의 라인 일러스트 그리기

📁 **예제 파일** AILESSON02 > 곰인형.ai, 곰인형.jpg 📁 **완성 파일** AILESSON02 > 곰인형완성.ai

Pencil Tool는 자유곡선을 그리거나 자유롭게 경로를 수정하는 데 사용되는 일러스트레이터의 기본적인 그리기 도구입니다. 이 도구를 사용하면 자연스러운 자유곡선을 만들 수 있어, 손으로 직접 그린 느낌의 디자인을 구현할 때 유용합니다. 태블릿 PC를 연결하며 그리면 더욱 정교한 그림을 그릴 수 있으니 활용해 보세요.

1 [AILESSON02] > [곰인형.ai] 파일을 불러옵니다.

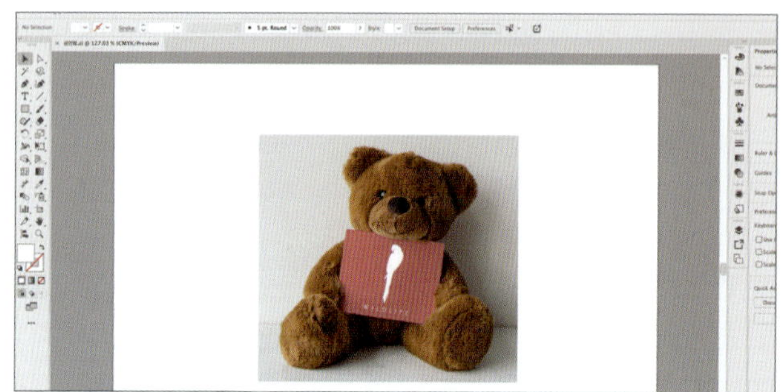

2 앞서 공부한 이미지 잠금 기능을 복습하고 다른 방법으로 잠그기도 해 보겠습니다. [Window] > [Layers]를 클릭합니다.

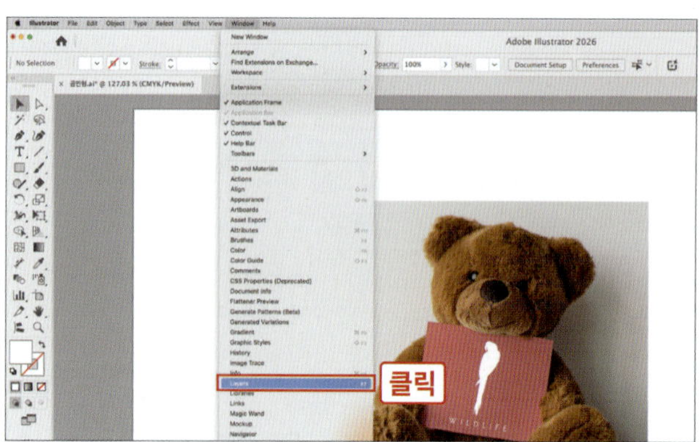

3 Layers 패널에서 이미지와 같이 'Layer 1'의 빈 공간을 클릭하면 🔒 아이콘이 나타납니다.

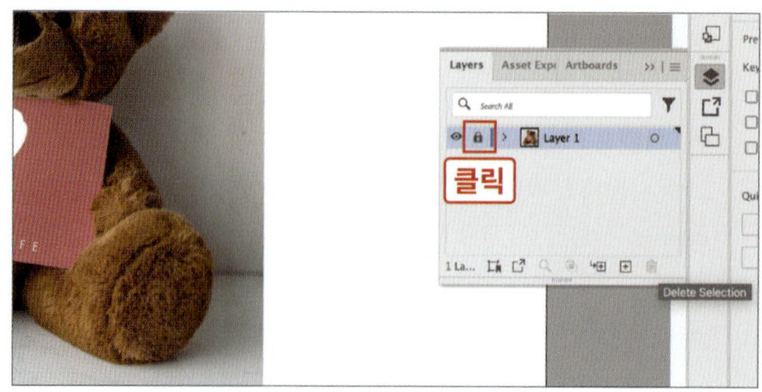

4 Layers 패널 하단의 ＋ 아이콘을 클릭하면 새로운 'Layer 2'가 생성됩니다.

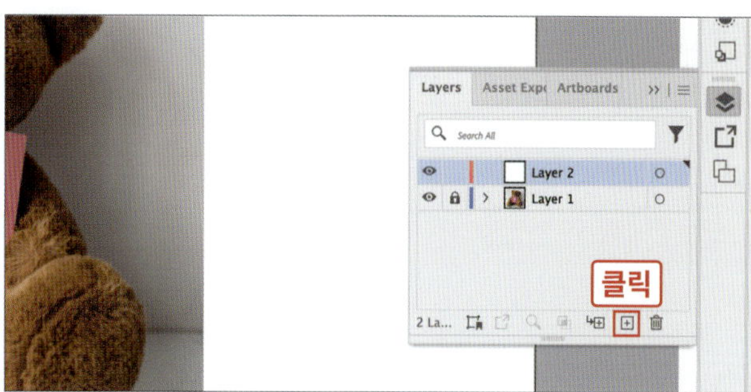

5 ❶ 도구 모음의 [Pencil Tool]을 선택하고 ❷ 상단 Stroke 옵션 바에서 0.5pt를 선택하고 ❸ 면은 None, 선은 'C 100, M 100, Y 0, K 0'을 입력합니다.

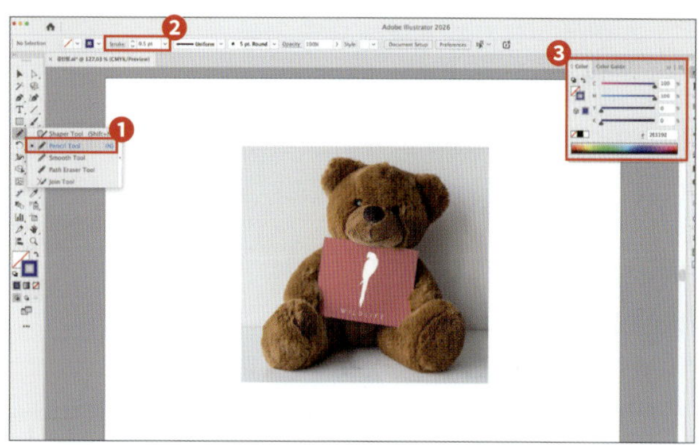

6 곰 인형 선을 따라 그려 줍니다. 선을 그릴 때는 화면을 확대하여 그리면 더욱 좋습니다.

7 나머지도 완성합니다.

8 Layers 패널에서 'Layer 1'의 👁 를 클릭해 눈을 꺼줍니다.

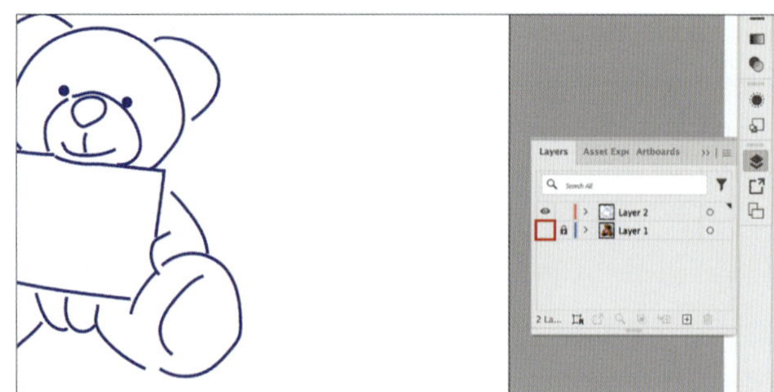

9 곰 인형 눈동자를 제외한 모든 선을 선택하고 Stroke 패널에서 Cap과 Corner 를 둥근 모양으로 설정해 줍니다. 좀 더 부드러운 이미지의 곰 인형이 되었습니다.

용어 사전

Cap이란? 선의 끝부분 모양입니다.
Corner란? 꺾이는 모서리의 모양입니다.

10 선이 어색하다면 ❶ 도구 모음의 [Pencil Tool] 아래 [Smooth Tool]을 클릭하고 ❷ 정리하고 싶은 오브젝트를 선택한 후 마우스를 드래그하여 수정해 줍니다. 완벽하게 정리되었다면 ❸ 'Layer 1'을 선택하고 🗑 을 선택해 삭제해도 됩니다.

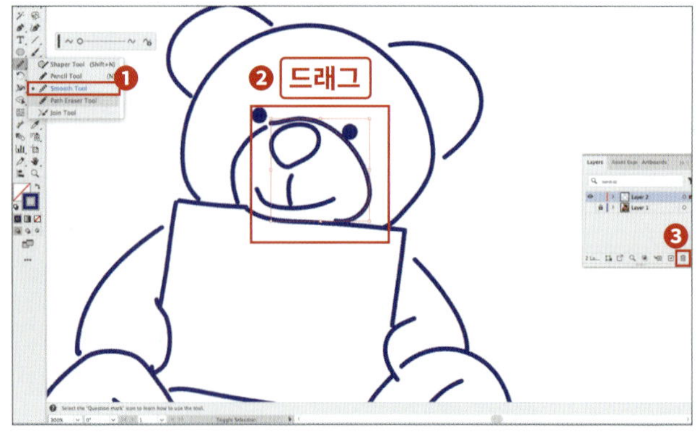

꿀팁!

사진 이미지를 불러와 Pen Tool이나 Pencil Tool 등으로 선을 따라 그릴 때 사진의 Opacity 를 낮춰서 작업하면 더 편리합니다.

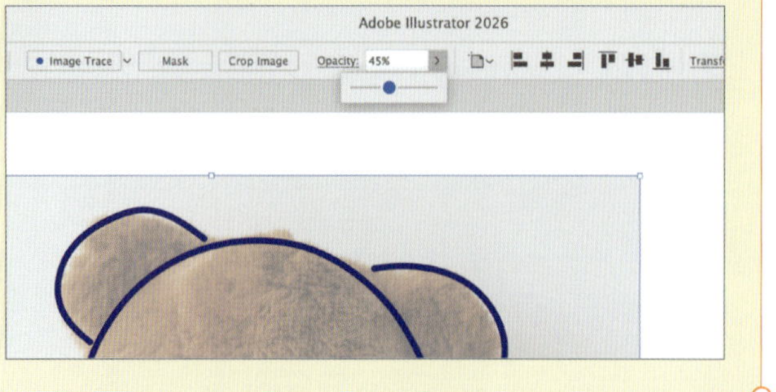

브러시 도구를 이용하여 그리기

📁 **예제 파일** AILESSON02 > 식재료.ai   📁 **완성 파일** AILESSON02 > 식재료완성.ai

브러시 도구(Brush Tool)는 선에 다양한 스타일을 적용하여 그림을 그릴 수 있는 도구입니다. 이 도구를 사용하면 직선이나 곡선을 그릴 때 다양한 텍스처와 스타일을 더할 수 있어, 그림이나 디자인에 개성을 부여하는 데 유용합니다.

그중에서도 물방울 브러시 도구(Blob Brush Tool)는 도형을 생성하며, 기존 패스와 자동으로 결합되는 특징이 있습니다. 브러시 도구는 선(Stroke) 기반으로 작동하고, 물방울 브러시 도구는 면(Fill) 기반으로 작동합니다.

🖌 🖌 브러시 도구와 물방울 브러시 도구의 차이점

구분	🖌 Brush Tool	🖌 Blob Brush Tool
기반 형태	선(Stroke) 기반 / 열린 패스	면(Fill) 기반 / 닫힌 패스
사용 방식	선을 그리고 브러시 스타일 적용	채워진 도형을 직접 그림
특징	다양한 브러시 스타일 활용 가능	기존 패스와 자동으로 합쳐짐
편집 방법	선 두께 및 스타일 변경 가능	도형 편집 도구(지우개 등)로 수정 가능

1 [AILESSON02] > [식재료.ai] 파일을 불러옵니다.

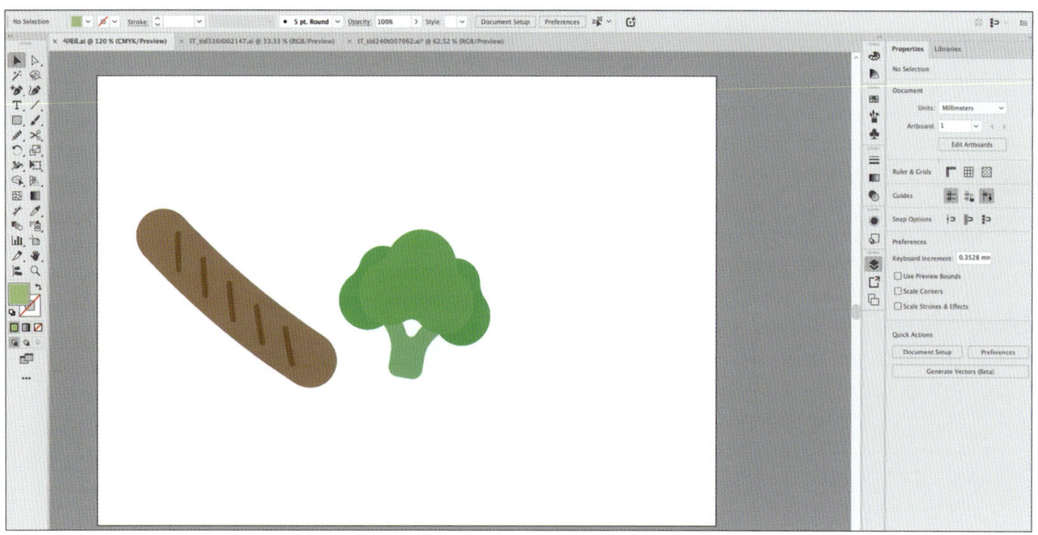

2 도구 모음의 [Blob Brush Tool]을 선택합니다.

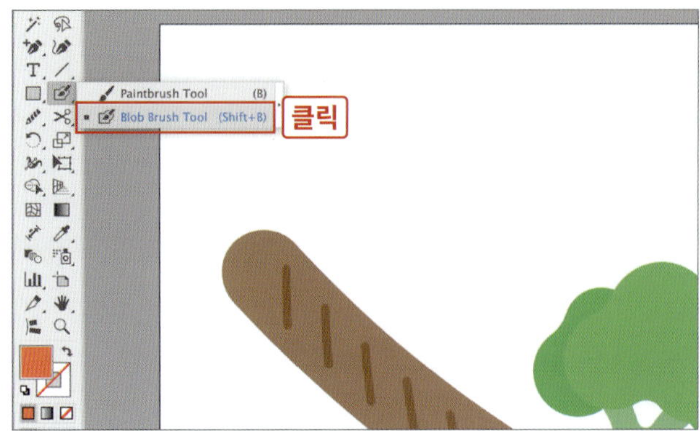

3 Color 패널에서 'C 0, M 80, Y 90, K 0'을 입력합니다.

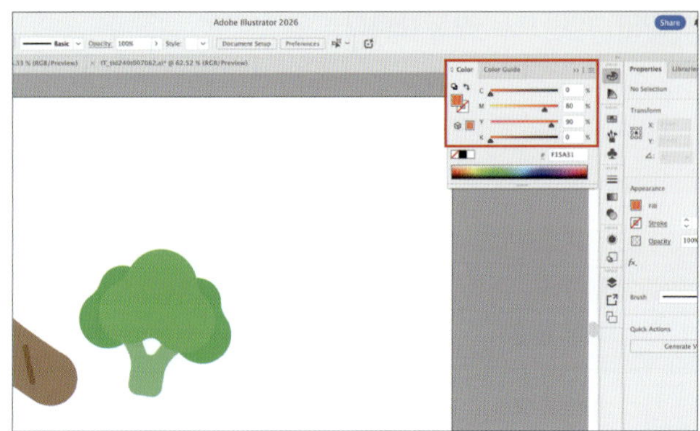

4 키보드의 [,]를 눌러 브러시 크기를 적당한 크기로 조절한 후 빈 공간에 토마토를 그립니다.

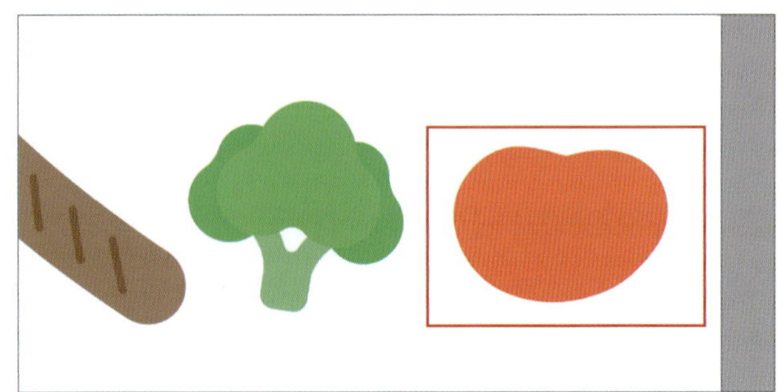

5 ❶ 도구 모음의 [Blob Brush Tool]을 선택합니다. Color 패널에서 'C 80 ,M 80, Y 100, K 0'을 입력합니다. ❷ [또는]로 브러시 크기를 원하는 크기로 조절하고 토마토 꼭지를 그립니다.

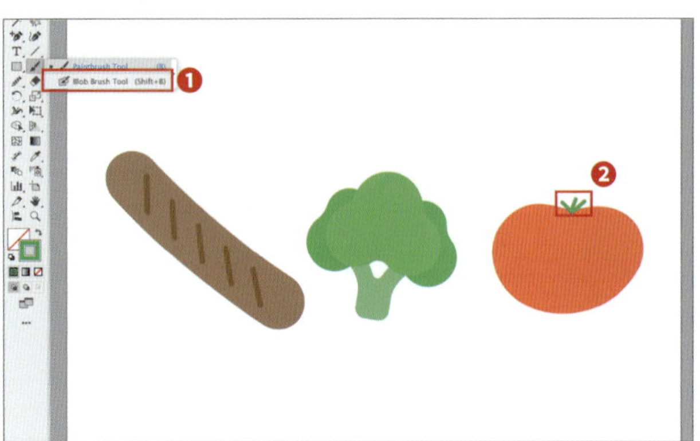

6 도구 모음의 [Eraser Tool] 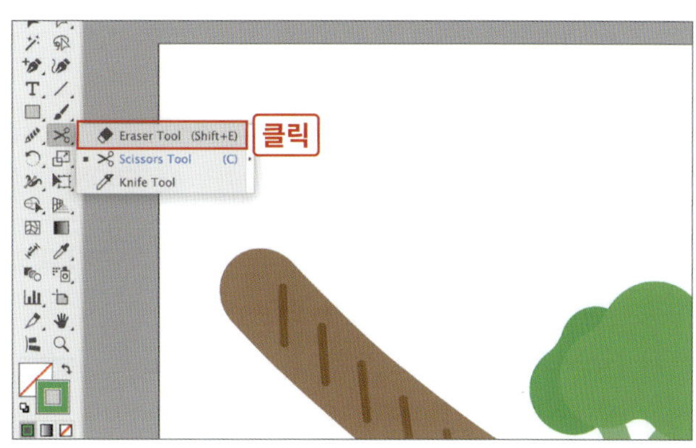 을 선택합니다.

7 ⬆,⬇ 를 이용하여 크기를 조절한 후 한입 베어 먹은 듯한 표현을 위해 토마토 한쪽을 클릭하면 이미지가 일부분 삭제됩니다. 한 번 더 클릭해 입체감을 살려 줍니다.

8 단축키 Ctrl / Cmd + Y 를 눌러 아웃라인을 확인합니다. 물방울 브러시로 그린 토마토는 닫힌 패스, 토마토 꼭지는 열린 패스임을 알 수 있습니다. 다시 단축키 Ctrl / Cmd + Y 를 눌러 일반 보기로 돌아옵니다.

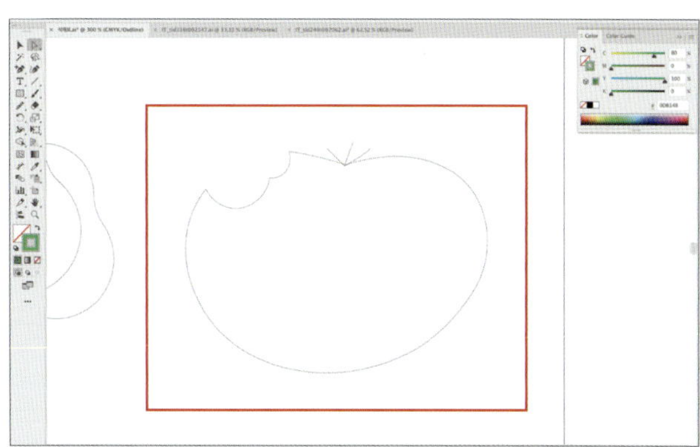

용어 사전

일러스트레이터에서 Ctrl / Cmd + Y 는 아웃라인 모드(Outline Mode) 전환 단축키입니다.

아웃라인 모드란?
- 오브젝트의 패스(윤곽선)만 표시하고 색상이나 효과는 숨김
- 복잡한 작업 시 정확한 패스 확인 및 편집 가능

다시 Ctrl / Cmd + Y 를 누르면 일반 보기(Normal Mode)로 복귀가 되며 패스 정리, 정밀한 편집이 필요할 때 유용한 기능입니다.

일반 모드   아웃라인 모드

색상 편집 기능 활용하기

색상 편집(Edit Colors) 기능은 2023년 버전부터 출시된 일러스트레이터에서 선택한 오브젝트의 색상을 변환하거나 조정할 수 있는 도구입니다.

문서 전체가 아닌 특정 오브젝트의 색상만 변경할 수 있으며 색상 변환, 색상 다시 칠하기, 색상 조정, 그레이스케일 변환, 색상 자동 변경 등의 작업이 가능합니다. 이를 활용하면 색상 조합을 보다 조화롭게 수정하거나 대비와 채도를 조절할 수 있어 디자인 작업에 유용합니다.

1 [AILESSON02] > [Edit.ai] 파일을 불러옵니다.

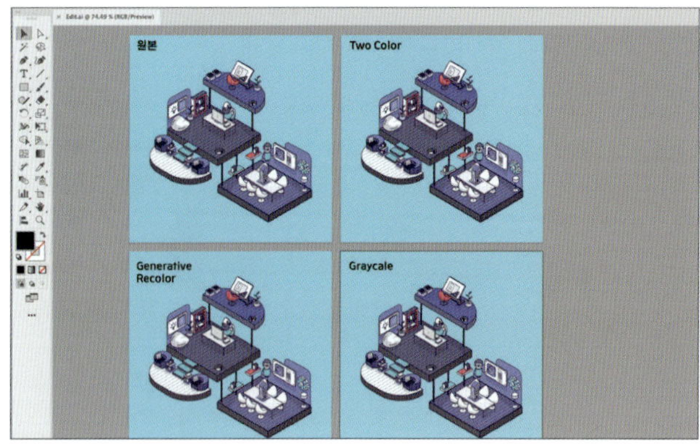

2 ❶ 도구 모음의 [Selection Tool] ▶을 이용하여 ❷ Artboard 2의 'Two color' 이미지를 선택하고 ❸ [Edit] > [Edit Colors] > [Recolor with Preset] > [Two color]를 클릭합니다.

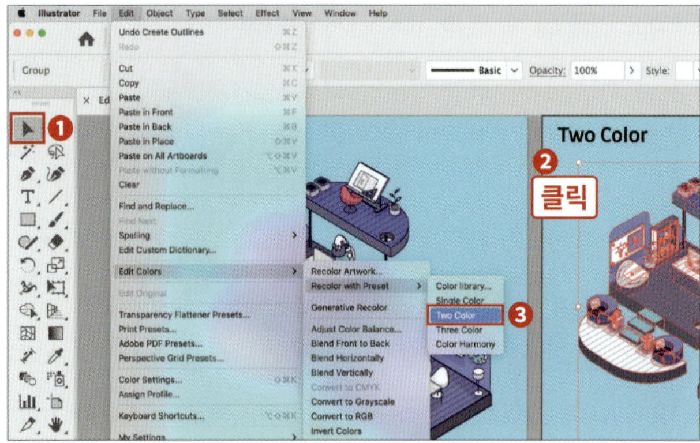

3 옵션 창이 나타나면 [OK]를 클릭합니다.

4 Recolor Artwork 옵션 창의 **1** Current Colors를 선택하고 **2** 'H 170, S 60, B 30'으로 조정한 후 **3** [OK]를 클릭합니다.

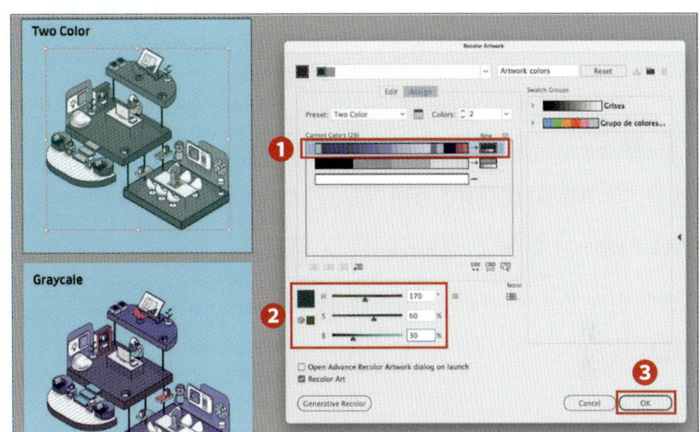

5 **1** 도구 모음의 [Selection Tool] ▶ 을 이용하여 **2** Artboard 3의 'Generative Recolor' 이미지를 선택하고 **3** [Edit] > [Edit Colors] > [Generative Recolor]를 클릭합니다.

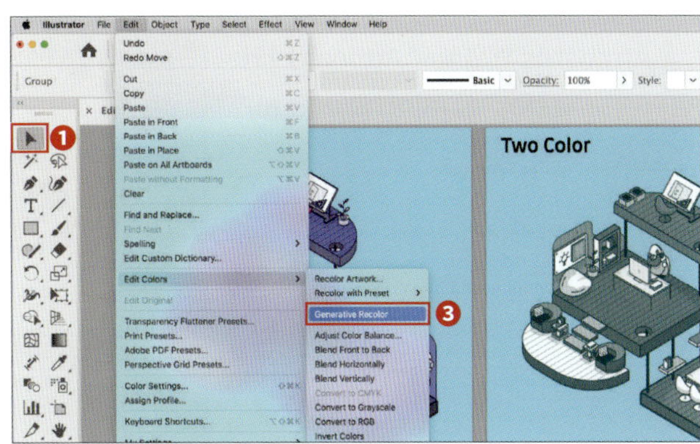

6 **1** 옵션 창이 나타나면 두 번째 줄의 'Yellow Submarine'을 선택합니다. **2** [Generate]를 클릭합니다.

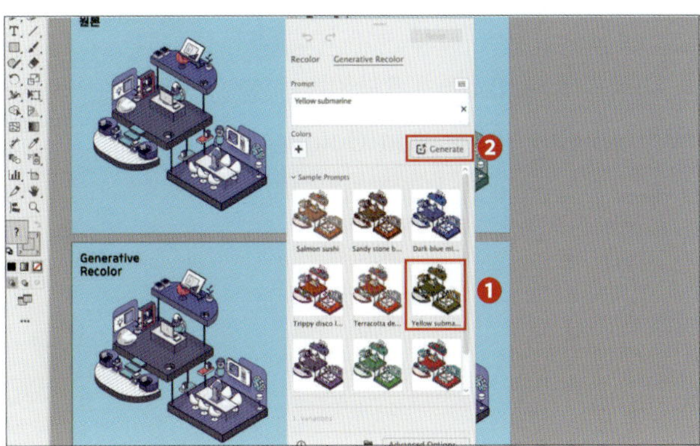

7 ❶ Variations 4개가 생성되면 세 번째를 선택합니다. ❷ 또 다른 스타일을 보고 싶다면 상단의 [Generate]를 클릭하면 다른 스타일 4개가 더 생성됩니다.

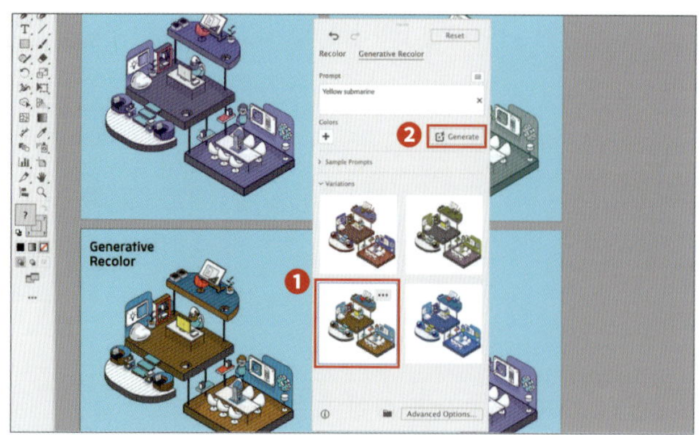

8 ❶ 도구 모음의 [Selection Tool] 을 이용하여 Artboard 4의 'Grayscale' 이미지를 선택하고 ❷[Edit] > [Edit Colors] > [Convert to Grayscale]을 클릭합니다.

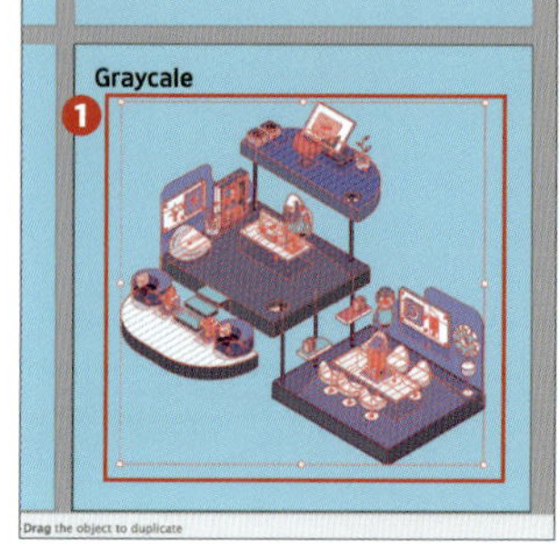
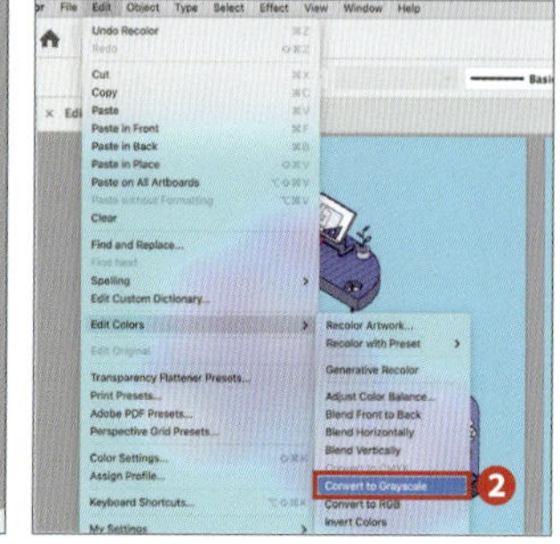

9 Artboards 패널에서 Artboard 1의 '원본'을 선택하여 복사하면 '원본 copy' 아트보드가 생성됩니다.

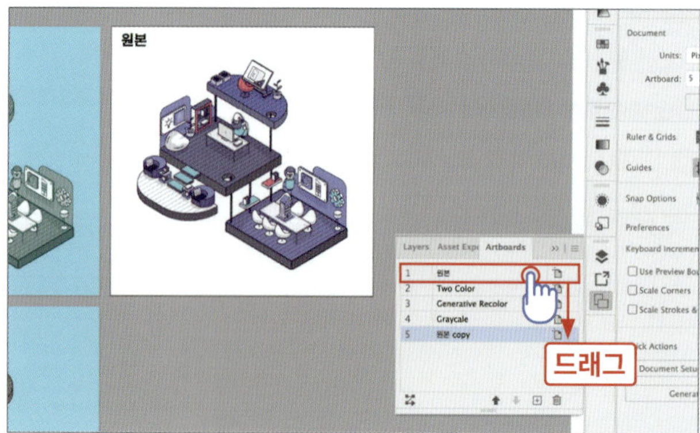

10 ❶ 도구 모음의 [Selection Tool] 을 이용하여 Artboard 5의 이미지를 선택하고 ❷[Edit] > [Edit Colors] > [Adjust Color Balance]를 클릭합니다.

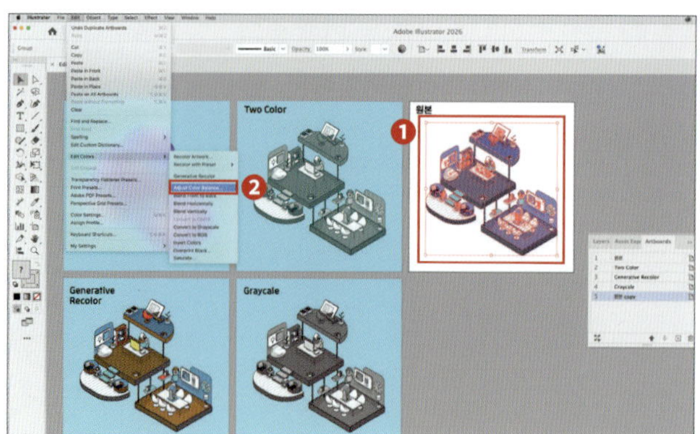

11 ❶ Adjust Colors 옵션 창이 나타나면 Preview를 체크하고 ❷ Red -40, Green 20, Blue -20을 입력한 후 ❸ [OK]를 클릭합니다.

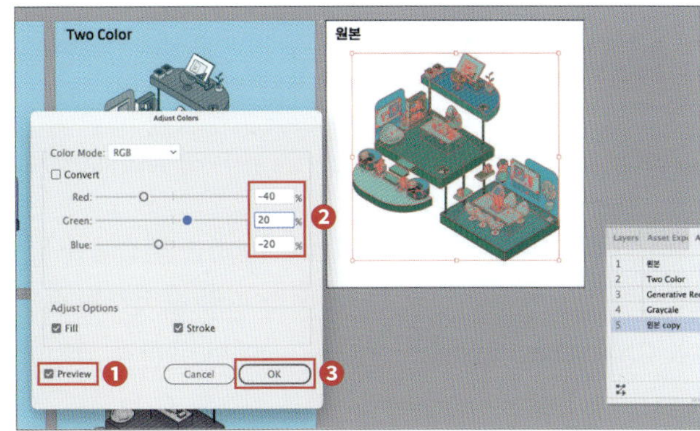

12 Edit Colors 기능을 이용하여 원본과 다른 색상의 이미지가 완성되었습니다.

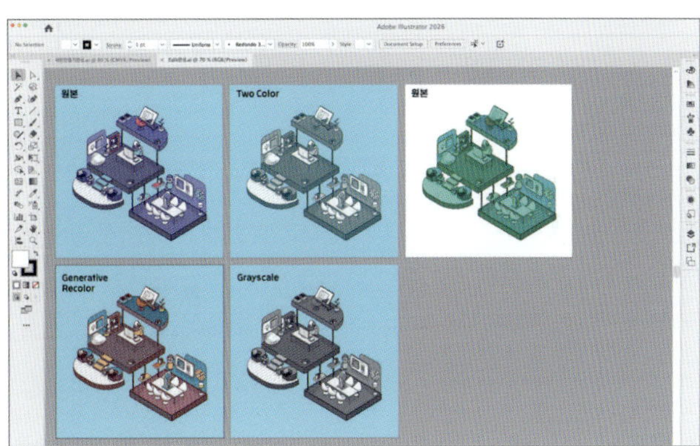

📖 용어 사전

색상 모드 변경과 색상 편집 기능은 모두 색상을 조정하는 기능이지만, 목적과 방식이 다릅니다.

색상 모드(Color Mode)
• 문서 전체의 색상 시스템을 변경하는 기능입니다.
• RGB, CMYK 등의 색상 모드 간 변환이 가능합니다.

[주요 사용 목적]
- 인쇄용(CMYK) 또는 디지털용(RGB) 문서 설정을 변경할 때 사용합니다.
- 색상 프로파일을 맞추어 색상 차이를 최소화합니다.

색상 편집(Edit Colors)
• 선택한 오브젝트의 색상을 조정하는 기능입니다.
• 문서 전체의 색상 모드를 변경하는 것이 아니라, 개별 색상 값을 변환하거나 조정하는 데 사용됩니다.

[주요 사용 목적]
- 색상 변경(Adjust Colors): 색상 톤을 조정합니다(채도, 밝기 등).
- 그레이스케일 변환(Convert to Grayscale): 선택한 오브젝트를 회색 음영으로 변경합니다.
- RGB → CMYK 변환(Convert to CMYK) 또는 CMYK → RGB 변환(Convert to RGB)
- 색상 다시 칠하기(Recolor Artwork): 색상을 자동으로 변경하거나 직접 조정 가능합니다.

문자 입력하기

📁 **예제 파일** AILESSON02 > 메뉴판.ai　📁 **완성 파일** AILESSON02 > 메뉴판완성.ai

일러스트레이터의 문자 도구(Type Tool)는 텍스트를 입력하고 편집할 수 있는 기능으로, 일반 문자 입력뿐만 아니라 영역 문자, 패스 따라 흘러가는 문자, 문자 터치 도구 등을 활용할 수 있습니다. Character 패널(Ctrl / Cmd + T)에서 글꼴과 크기를 조정하고, Paragraph 패널(Ctrl / Cmd + Shift + T)에서 정렬과 들여쓰기를 설정할 수 있으며, Ctrl / Cmd + Shift + O를 사용하면 텍스트를 아웃라인하여 벡터로 변환할 수도 있습니다.

1 [AILESSON02] > [메뉴판.ai] 파일을 불러옵니다.

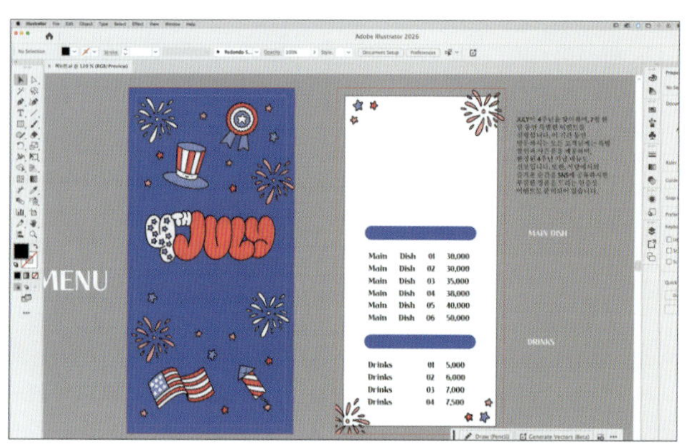

2 ❶ 도구 모음의 [Type Tool] T 을 선택한 후 ❷ Ctrl / Cmd 를 누른 상태에서 텍스트를 클릭하면 선택이 됩니다. ❸ 드래그로 전체 문장을 선택하고 Ctrl / Cmd + C 를 눌러 복사합니다.

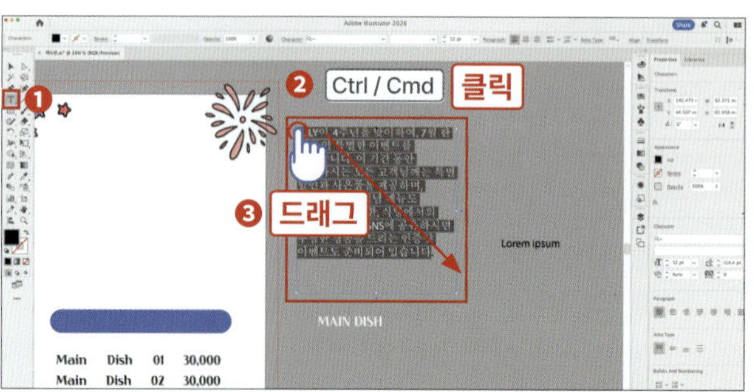

3 빈 공간에 원하는 크기로 사각형을 드래그하면 영문이 나타납니다.

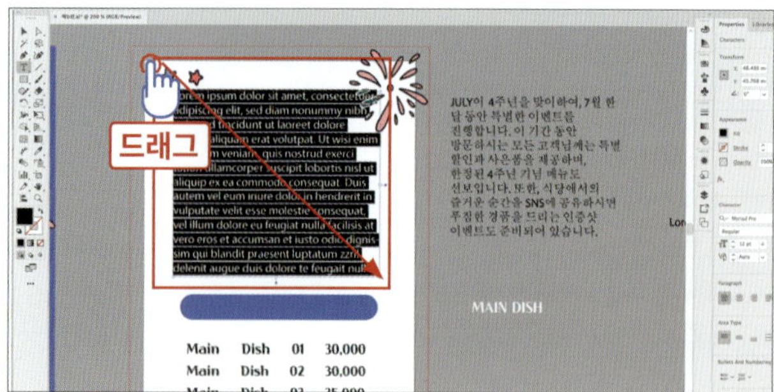

4 [Window] > [Type] > [Character]를 선택합니다. 문자 설정을 관리하는 Character 패널이 열립니다.

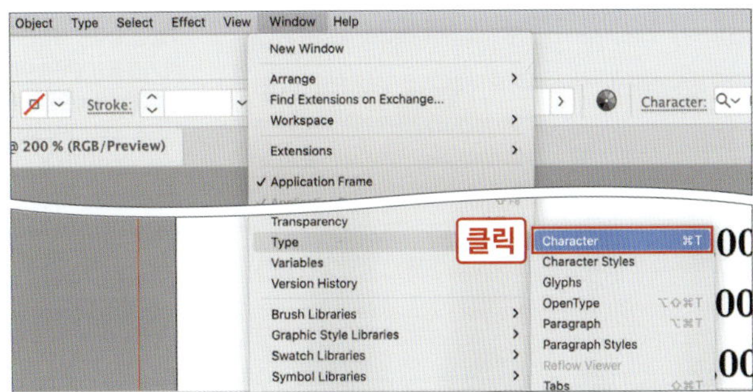

5 Ctrl / Cmd + V 를 눌러 복사한 텍스트를 붙여 넣습니다.

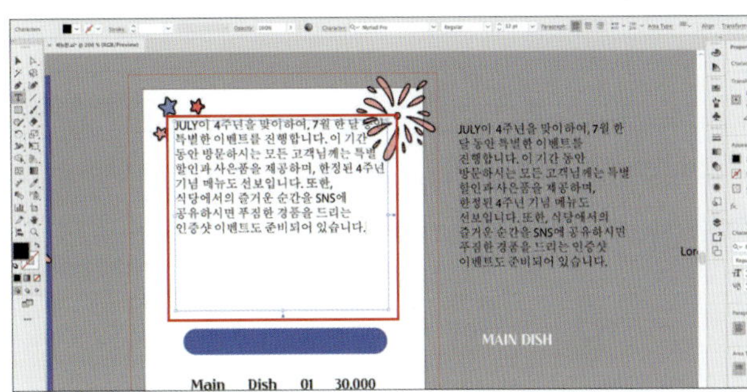

6 Character 패널에서 원하는 폰트로 변경합니다. 예제에서는 프리젠테이션, Medium, 12pt, 행간 18pt, 자간 10으로 지정한 후 보기 좋게 편집하였습니다.

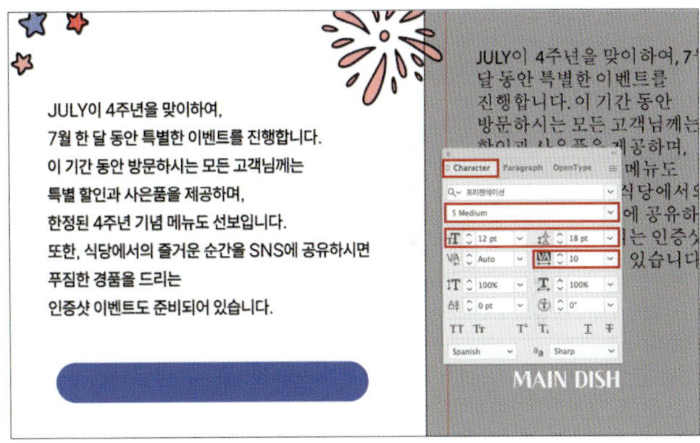

긴 문장을 쓰거나 복사 후 붙여 넣을 때는 먼저 텍스트 박스를 그린 다음에 붙여 넣어야 합니다.

7 짧은 단어를 입력하거나 복사 후 붙여 넣을 때는 [Type Tool] T 을 이용해 빈 공간에 한 번만 클릭하고 입력합니다. 'MAIN DISH'를 입력한 후 원하는 폰트로 변경해 줍니다.

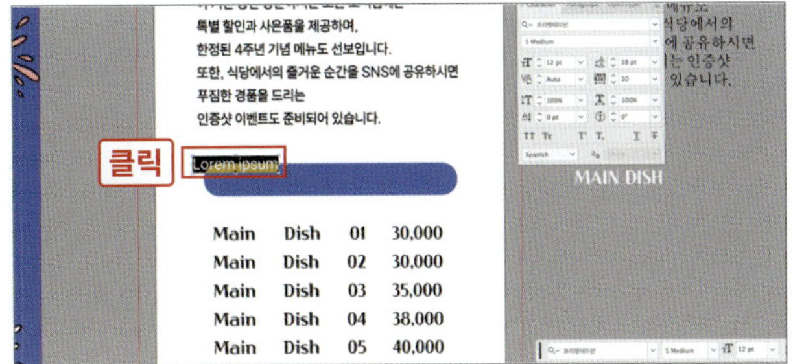

8 이 예제에서는 폰트 '카페24 당당해', 크기는 14pt, 색상은 흰색으로 변경하였습니다.

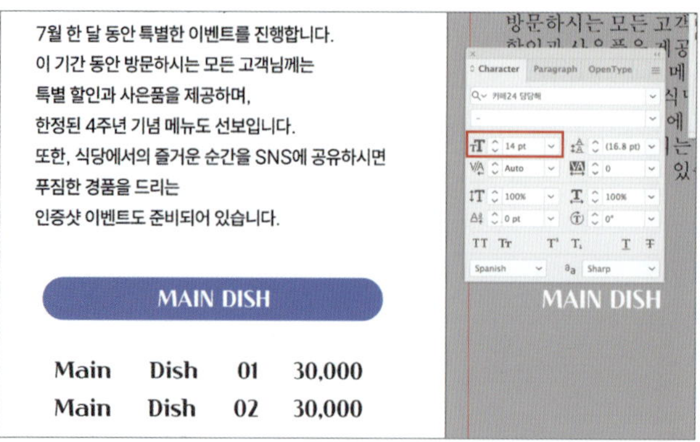

9 패스를 따라 흐르는 문자를 입력하기 위해 도구 모음의 [Pen Tool] 을 이용하여 곡선을 그립니다.

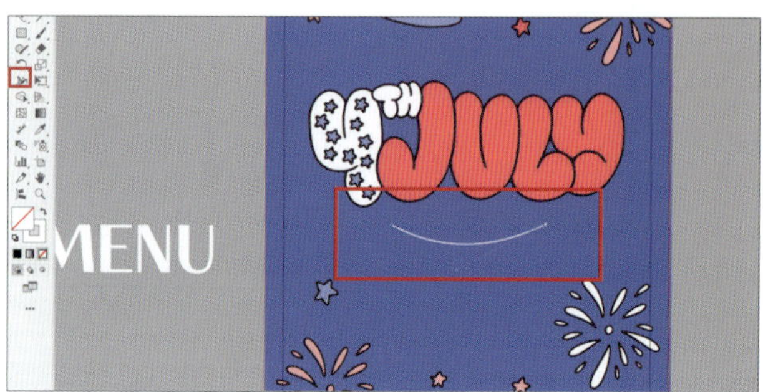

10 [Type on a Path Tool] 을 선택합니다.

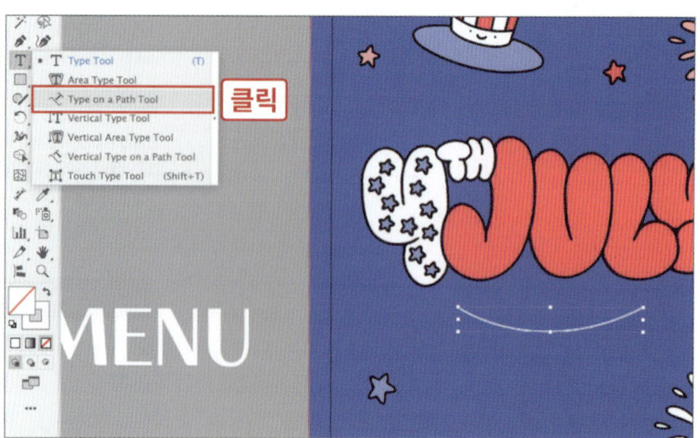

11 선 위를 클릭하면 선이 투명하게 변경되며 글자가 나타납니다. 글자를 'MENU'로 변경하고 원하는 폰트와 크기를 선택합니다.

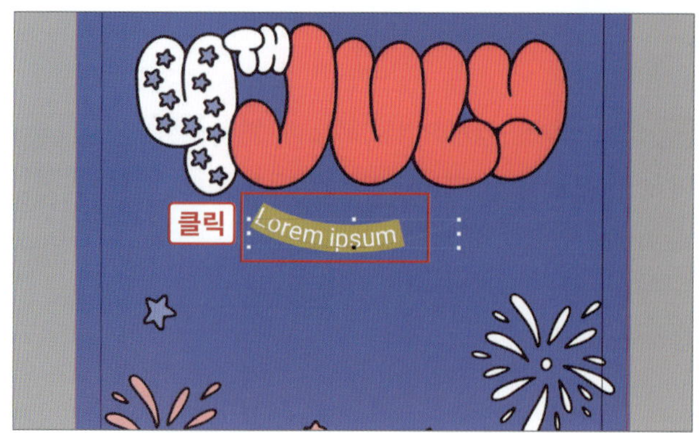

12 예제에서는 폰트 '프리젠테이션, Medium', 크기는 29pt, 색상은 흰색으로 변경하겠습니다. 텍스트를 적당한 위치에 배치합니다.

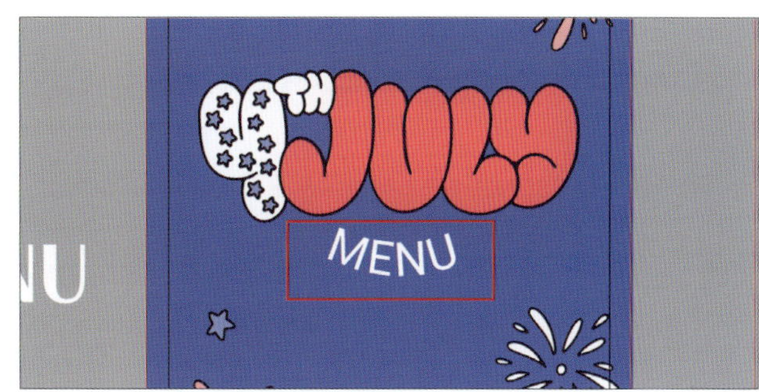

13 인쇄용으로 파일을 내보내기 전에 텍스트를 아웃라인화하겠습니다. 텍스트를 모두 선택한 후 [Type] > [Create Outlines]를 선택합니다.

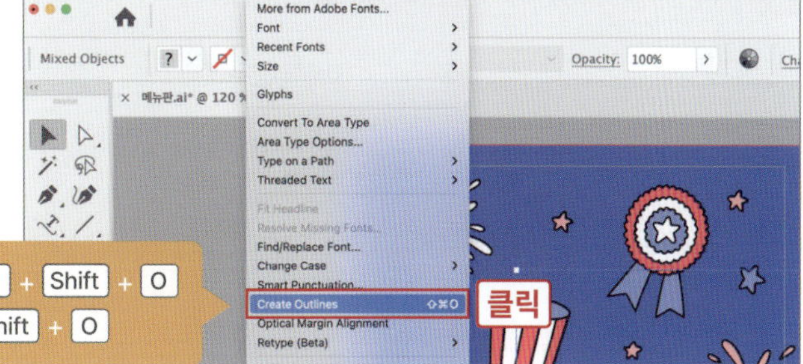

단축키   Windows | Ctrl + Shift + O   Mac | Cmd + Shift + O   클릭

14 텍스트를 아웃라인하면 더 이상 글자를 수정할 수 없게 되므로 신중히 생각하고 진행하여야 합니다.

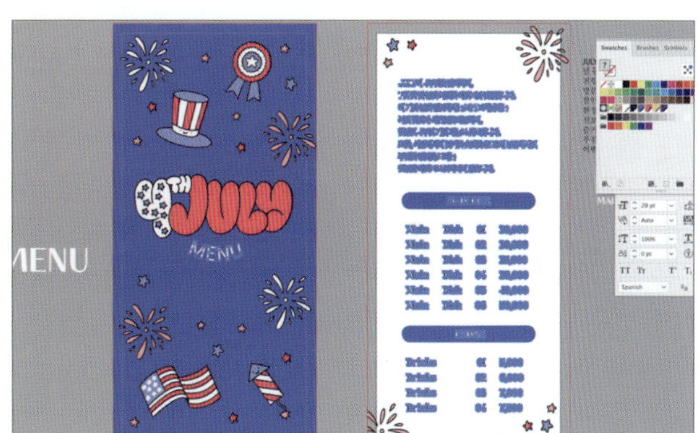

여기서 잠깐   STOP

단축키 Ctrl / Cmd + Y 로 살펴보면 'MENU' 문자를 아웃라인화하기 전후의 차이를 확인할 수 있습니다.

아웃라인 적용 전   **아웃라인 적용 후**

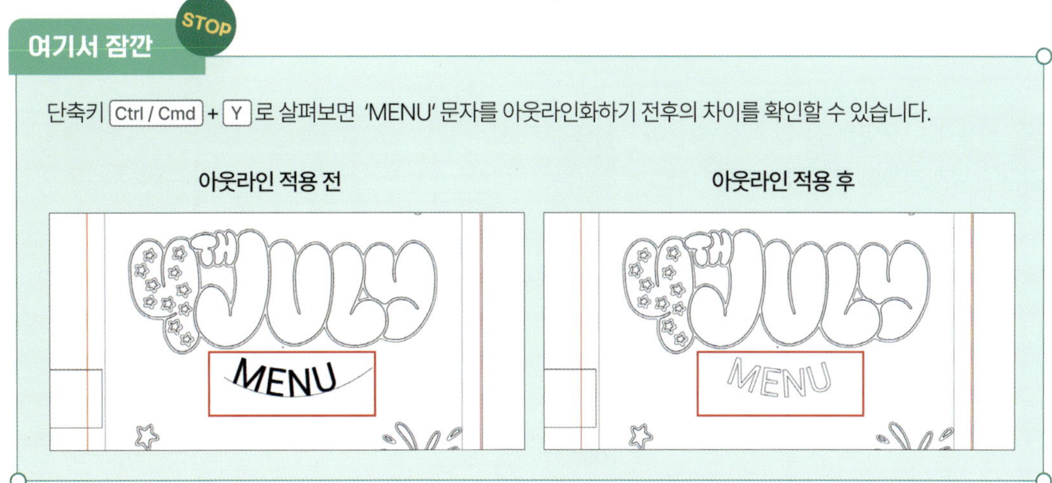

동일한 속성의 오브젝트, 폰트 선택하기

📂 **예제 파일** AILESSON02 > 포스터.ai   📂 **완성 파일** AILESSON02 > 포스터완성.ai

일러스트레이터의 Same 기능은 특정 속성을 가진 오브젝트를 한 번에 선택하는 기능입니다. 디자인 작업에서 비슷한 색상, 선 두께 등을 가진 요소를 빠르게 선택하고 편집할 때 유용합니다.

1 [AILESSON02] > [포스터.ai] 파일을 불러옵니다.

2 ❶ 도구 모음의 [Direct Selection Tool] ▷ 로 하늘색 나뭇잎을 선택한 후, ❷[Select] > [Same] > [Fill & Stroke]를 선택합니다.

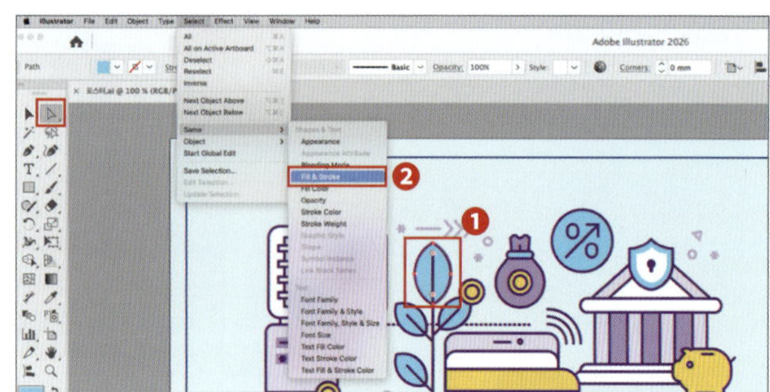

3 하늘색 나뭇잎과 선 및 색상 속성이 같은 오브젝트들이 동시에 선택됩니다.

4 Color 패널에서 'C 50, M 0 ,Y 30, K 0'으로 변경하면 동시에 녹색으로 변경됩니다.

5 ❶ '소관 부처' 텍스트를 선택한 후 ❷[Select] > [Same] > [Font Family & Style]을 선택합니다.

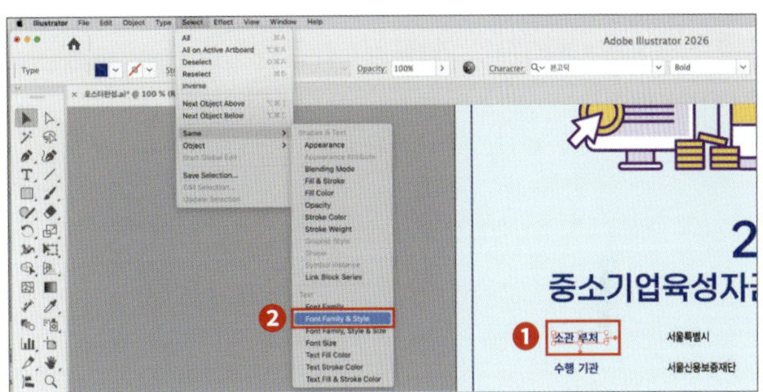

6 같은 폰트를 사용하는 모든 텍스트가 선택되면 단축키 Ctrl / Cmd + T 를 눌러 Character 패널을 실행하고 원하는 폰트를 선택합니다. 예제에서는 '바른공군체'를 선택하겠습니다.

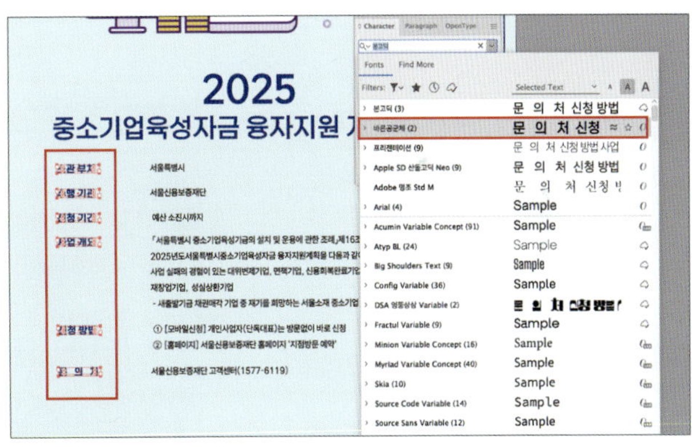

7 이미지의 색상과 폰트가 모두 변경되었습니다.

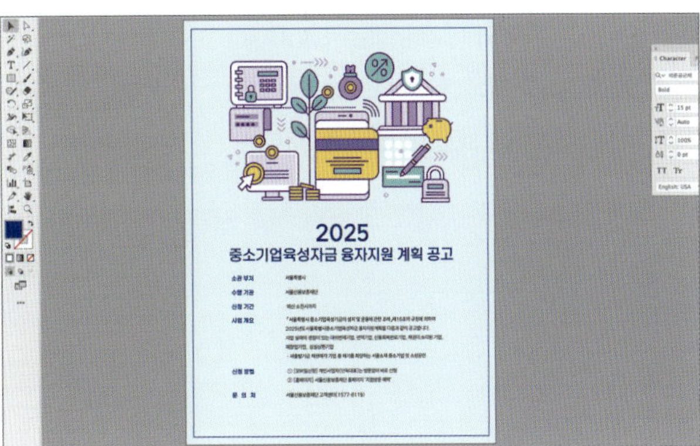

정렬하기

일러스트레이터의 Align(정렬) 기능은 여러 오브젝트를 일정한 기준에 맞춰 배치할 수 있도록 도와주는 기능입니다. 오브젝트를 가운데, 왼쪽, 오른쪽, 위쪽, 아래쪽 등으로 정렬할 수 있으며, 일정한 간격을 맞추는 분배(Distribute) 기능도 포함되어 있습니다.

1 [AILESSON02] > [얼굴.ai] 파일을 불러옵니다.

2 [Window] > [Align]을 클릭합니다.

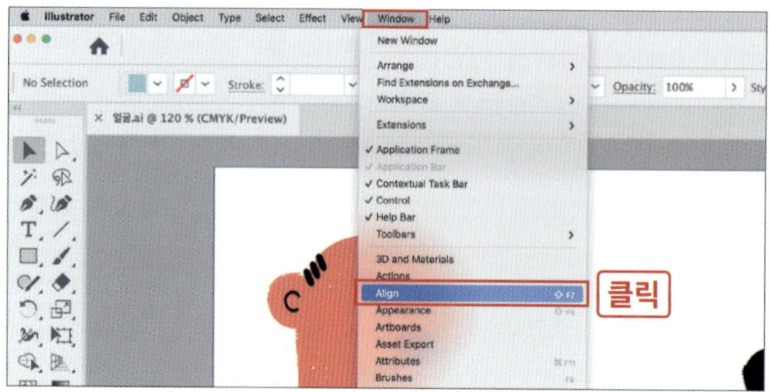

3 ❶ 도구 모음의 [Selection Tool] ▶ 을 이용하여 네 개의 오브젝트를 동시에 선택하고 ❷ Align 패널의 ▐▌를 선택합니다.

4 떨어져 있던 오브젝트들이 가운데 정렬이 되었습니다. 이번엔 Align 패널의 ██를 선택합니다.

5 선택한 오브젝트 가운데를 중심으로 정렬되었습니다.

6 이번엔 아트보드를 중심으로 정렬해 보겠습니다. ❶ 오브젝트가 선택된 상태에서 ██를 선택하고 ❷ ██를 선택합니다.

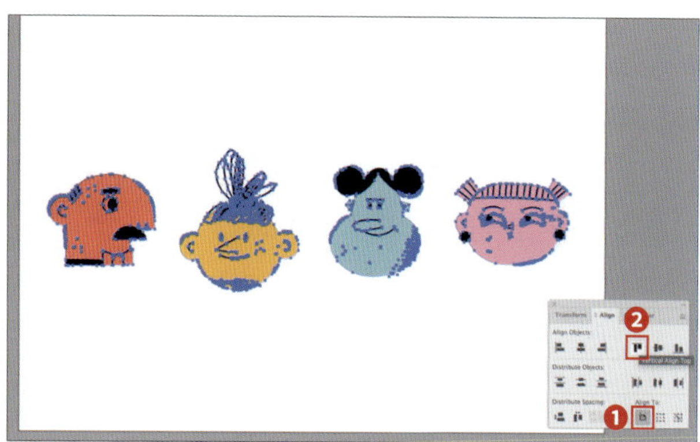

7 아트보드를 기준으로 상단 정렬이 됩니다.

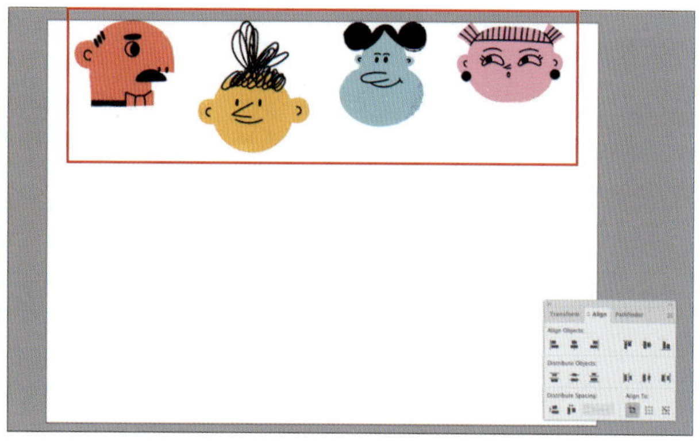

8 이번엔 선택한 오브젝트 중심으로 정렬해 보겠습니다. ❶ 오브젝트가 선택된 상태에서 Align 패널의 ▦를 선택하고 ❷ 노란색 얼굴을 클릭하면 다른 오브젝트들 보다 조금 더 굵게 선택이 됩니다. ❸ ▮▮를 선택합니다.

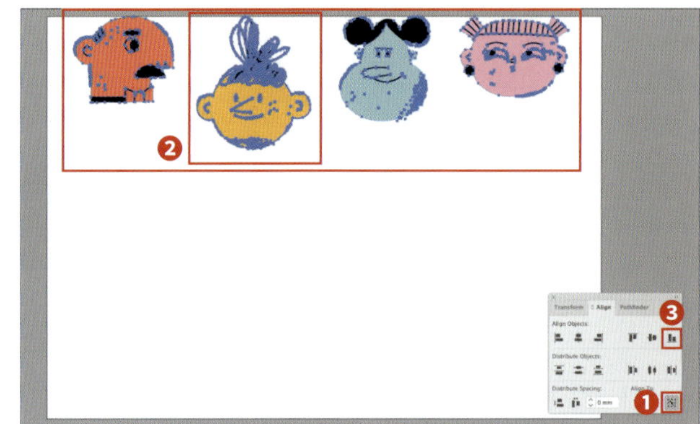

9 노란색 얼굴을 중심으로 아래쪽 정렬이 완성되었습니다.

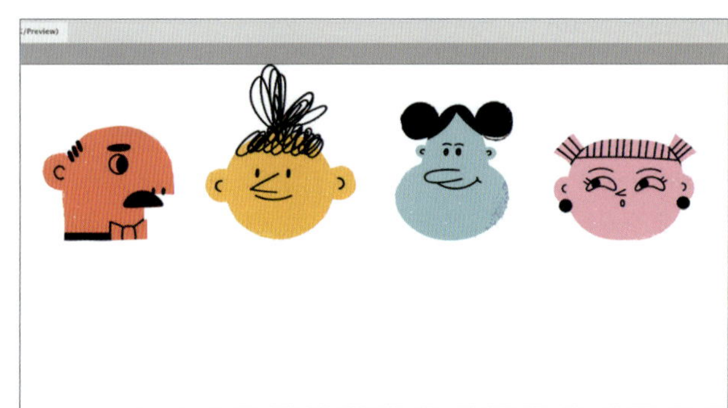

10 ❶ 오브젝트를 모두 선택한 후 왼쪽의 빨간 얼굴을 한 번 더 클릭하면 Align 패널의 ▦가 자동 선택됩니다. ❷ Distribute Spacing을 5mm로 입력한 후 ❸ ▮▮을 클릭합니다.

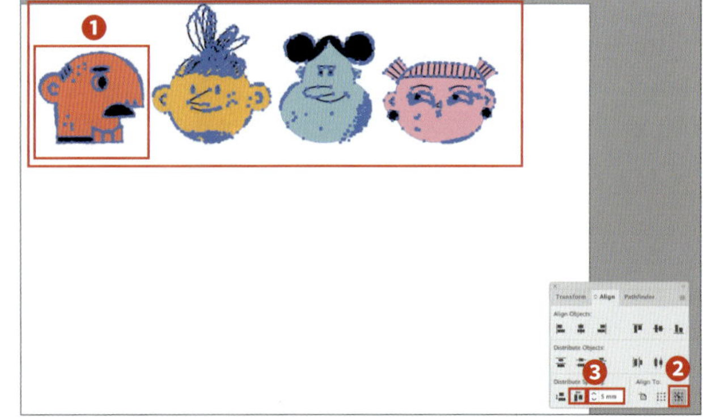

11 오브젝트 사이가 5mm 간격으로 정렬이 되었습니다.

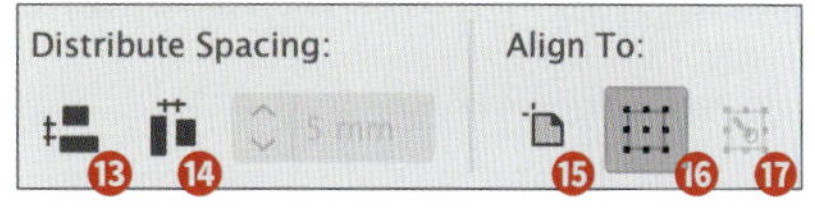 Align 패널 자세히 보기

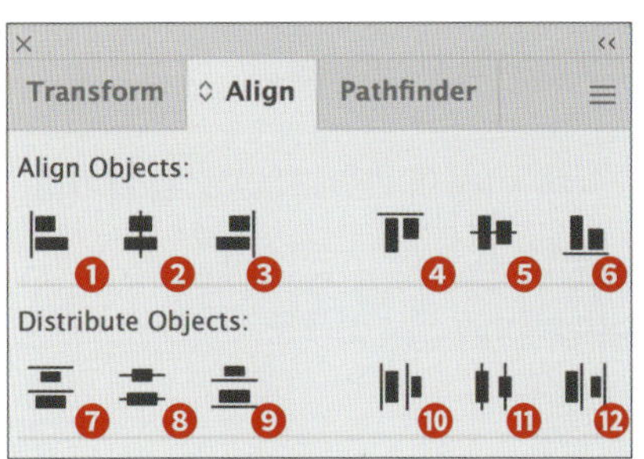

Align Objects(오브젝트 정렬) 선택한 오브젝트들을 기준에 맞춰 정렬하는 기능입니다.

❶ Horizontal Align Left(왼쪽 정렬)	가장 왼쪽 오브젝트를 기준으로 정렬
❷ Horizontal Align Center(가운데 정렬)	오브젝트들을 수평 중앙으로 정렬
❸ Horizontal Align Right(오른쪽 정렬)	가장 오른쪽 오브젝트를 기준으로 정렬
❹ Vertical Align Top(위쪽 정렬)	가장 위쪽 오브젝트를 기준으로 정렬
❺ Vertical Align Center(세로 중앙 정렬)	오브젝트들을 수직 중앙으로 정렬
❻ Vertical Align Bottom(아래쪽 정렬)	가장 아래쪽 오브젝트를 기준으로 정렬

Distribute Objects(오브젝트 분배) 선택한 오브젝트 사이의 간격을 일정하게 맞춰 배치하는 기능입니다.

❼ Vertical Distribute Top(수직 분배 위쪽)	가장 위쪽 오브젝트를 기준으로 동일한 간격 배치
❽ Vertical Distribute Center(수직 분배 중앙)	오브젝트들의 중앙을 기준으로 동일한 간격 배치
❾ Vertical Distribute Bottom(수직 분배 아래쪽)	가장 아래쪽 오브젝트를 기준으로 동일한 간격 배치
❿ Horizontal Distribute Left(수평 분배 왼쪽)	가장 왼쪽 오브젝트를 기준으로 동일한 간격 배치
⓫ Horizontal Distribute Center(수평 분배 중앙)	오브젝트들의 중심을 기준으로 동일한 간격 배치
⓬ Horizontal Distribute Right(수평 분배 오른쪽)	가장 오른쪽 오브젝트를 기준으로 동일한 간격 배치

Distribute Spacing(간격 분배) 선택한 오브젝트 사이의 거리를 원하는 간격으로 일정하게 맞추는 기능입니다.

⓭ Vertical Distribute Space(수직 간격 분배)	오브젝트들을 세로로 일정한 간격 유지
⓮ Horizontal Distribute Space(수평 간격 분배)	오브젝트들을 가로로 일정한 간격 유지

Align To(정렬 기준)

⓯ Align to Selection(선택한 오브젝트 기준)	기본 설정
⓰ Align to Key Object(기준 오브젝트 지정)	기준 오브젝트를 선택한 후 정렬
⓱ Align to Artboard(아트보드 기준)	아트보드 중앙 등으로 정렬 가능

패스파인더 알아보기

📂 **예제 파일** AILESSON02 > 패스파인더.ai   📂 **완성 파일** AILESSON02 > 패스파인더완성.ai

일러스트레이터의 패스파인더(Pathfinder) 기능은 두 개 이상의 오브젝트를 합치거나, 빼거나, 분할하는 등 벡터 오브젝트를 효율적으로 편집하는 도구입니다.
로고 디자인, 아이콘 제작, 그래픽 편집 등에 널리 사용됩니다.

1 [AILESSON02] > [패스파인더.ai] 파일을 불러옵니다.

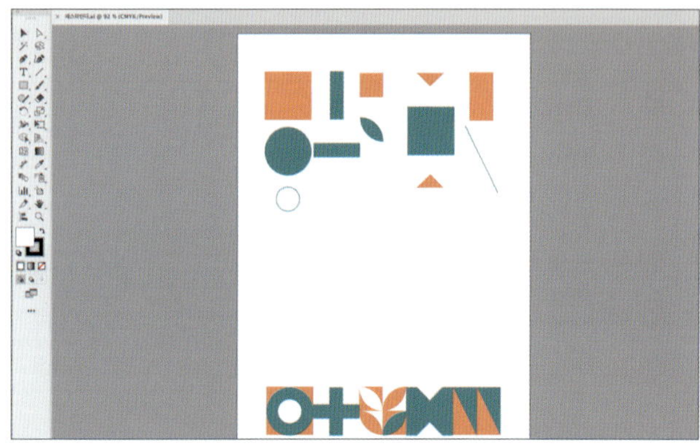

2 [Window] > [Pathfinder]를 클릭합니다. Pathfinder 패널이 열립니다.

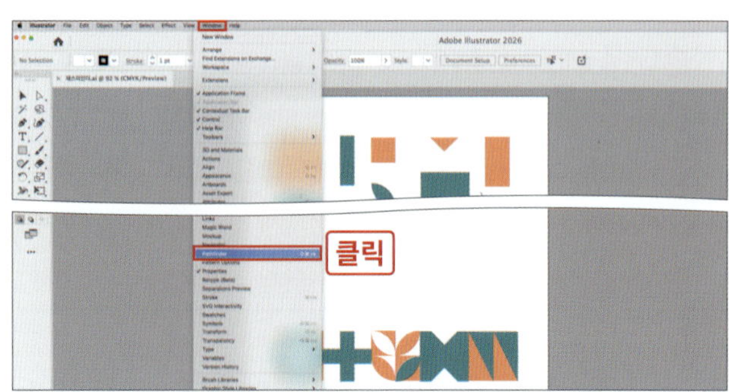

3 하단에 있는 이미지들을 상단에 있는 도형들로 패스파인더를 이용하여 만들어 보겠습니다. ❶ 가장 왼쪽에 있는 오브젝트 세 개를 [Selection Tool] ▶ 로 동시에 선택한 후, ❷ Align 패널에서 ▉ , ▉ 을 선택합니다.

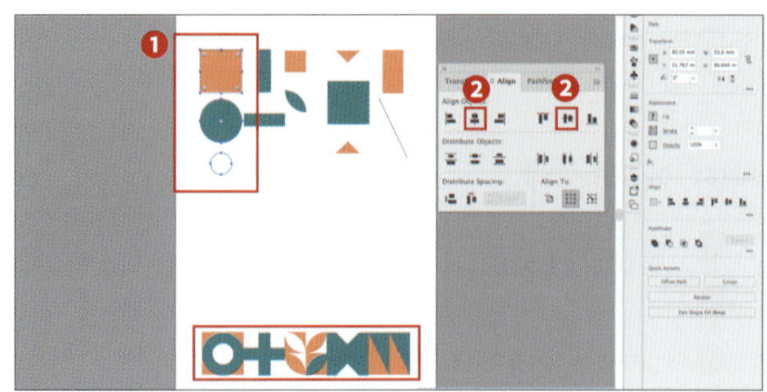

4 Pathfinder 패널에서 ▣를 선택합니다. [Selection Tool]을 이용하여 작은 원을 선택하고 Delete 를 누르면 삭제가 됩니다.

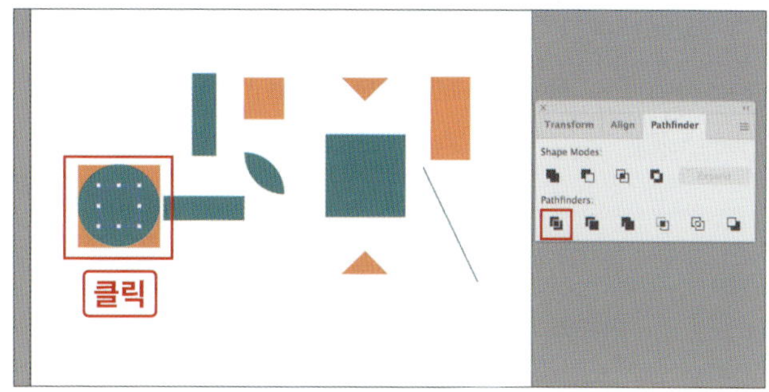

5 ❶ 직사각형 두 개를 동시에 선택한 후, ❷Align 패널에서 ┃┃ , ╪를 선택합니다

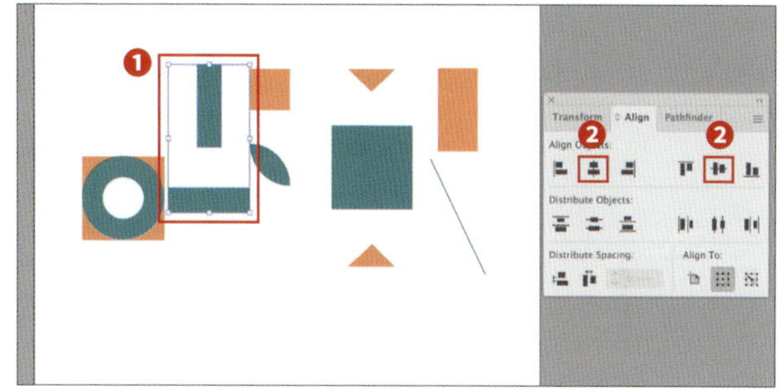

6 Pathfinder 패널에서 ▣를 선택하면 하나의 오브젝트로 합쳐집니다.

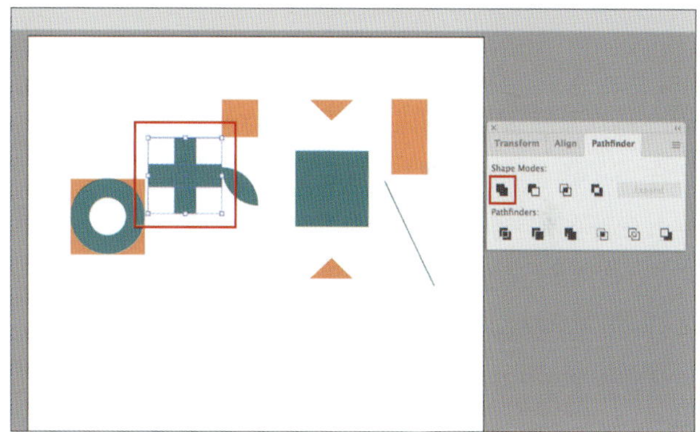

7 세 번째 도형들도 위 방법과 같이 ┃┃ 과 ╪을 누른 후 Pathfinder 패널에서 ▣를 선택합니다.

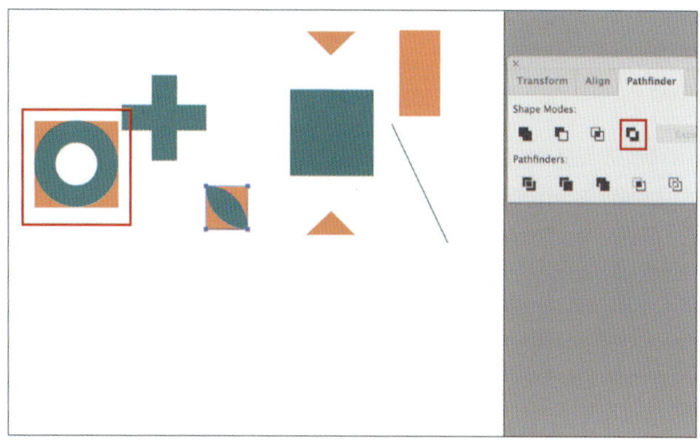

8 ❶ 네 번째 도형은 삼각형과 사각형 두 개만 선택한 후 ❷ Align 패널에서 ⬜ 을 선택합니다.

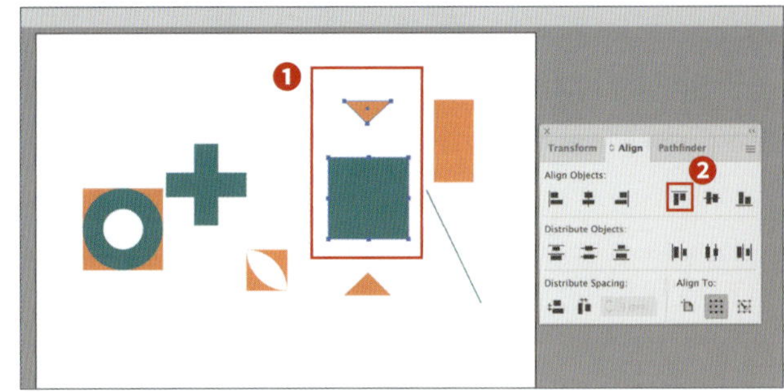

9 Pathfinder 패널에서 ⬜ 를 선택하면 삼각형이 삭제됩니다.

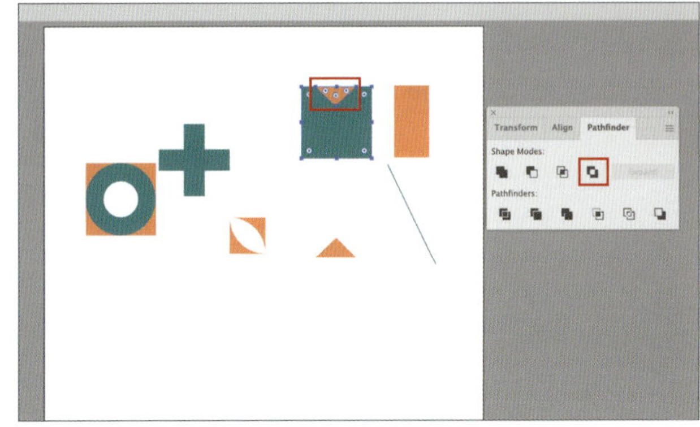

10 아래쪽 삼각형을 다각형으로 이동시켜 보면 다각형 밑에 위치해 있는 걸 알 수 있습니다. ❶ 삼각형이 선택된 상태에서 마우스 오른쪽 버튼을 클릭한 후 [Arrange] > [Bring to Front]를 선택하여 정렬 위치를 변경합니다. 두 도형을 선택하여 Align 패널에서 ⬜ 를 클릭한 후 ❷ Pathfinder 패널에 ⬜ 를 선택하면 삼각형이 삭제됩니다.

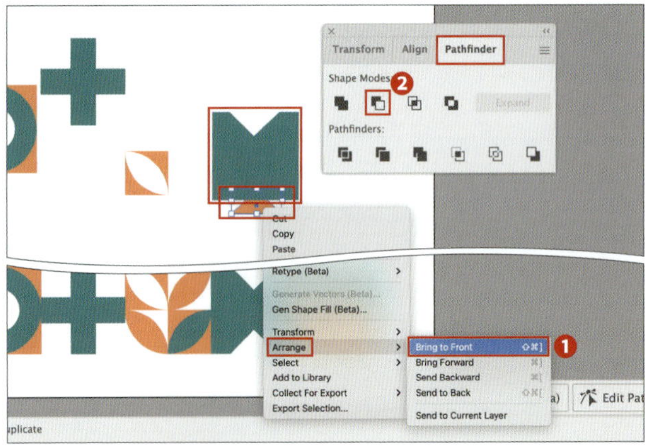

꿀팁!

⬜ 기능을 사용할 때는 삭제하고자 하는 오브젝트를 상단에 배치해야 하며, 상단의 오브젝트 크기가 하단의 오브젝트 크기보다 커야 합니다.

하단의 오브젝트 크기가 작을 때 나타나는 경고 창

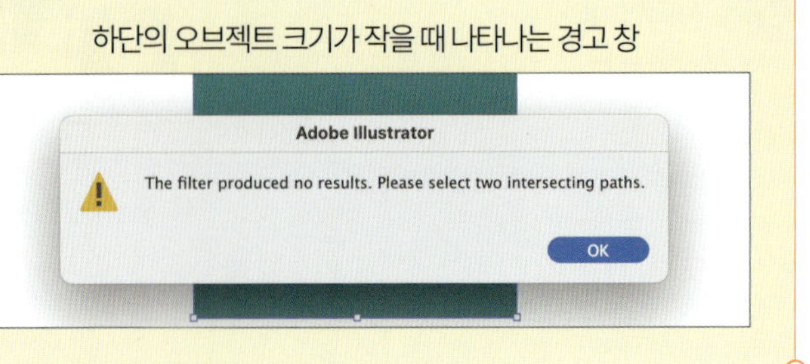

11 ❶ 네 번째 직사각형과 사선을 ⊞를 선택하여 중앙 정렬을 합니다. ❷ Pathfinder 패널에서 ▣ 를 선택합니다.

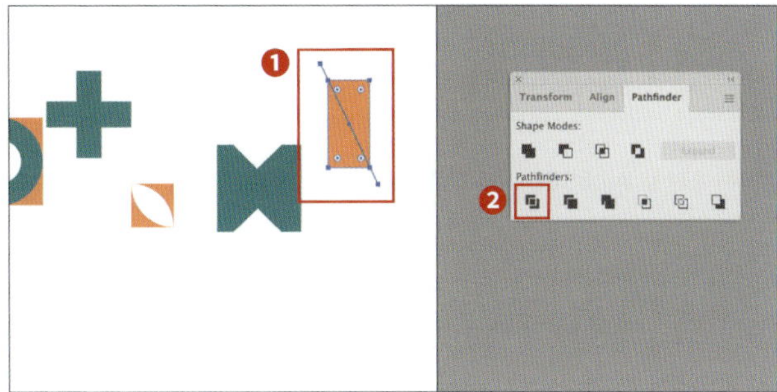

12 ❶ [Direct Selection Tool] ▷ 로 오른쪽 '역삼각형'을 선택하고 ❷ 도구 모음의 [Eyedropper Tool] ⚲ 을 이용하여 '플러스' 도형을 클릭하면 같은 색상으로 변경됩니다. 이렇게 만든 오브젝트는 하단의 패턴 모티브가 됩니다. 만든 오브젝트로 하단 모티브를 완성해 봅니다.

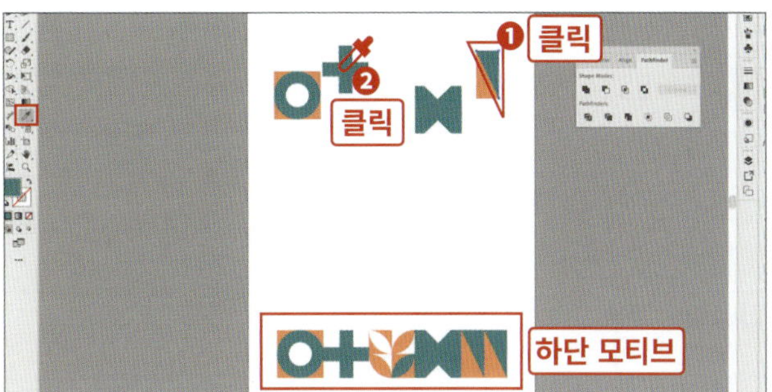

🔲 Pathfinder 패널 자세히 보기

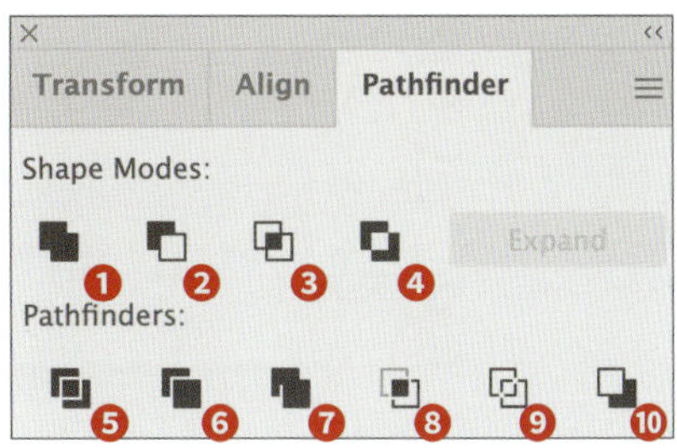

❶ 합치기(Unite)	두 개 이상의 오브젝트를 하나로 합쳐 주는 기능입니다.
❷ 앞면 오브젝트 제외(Minus Front)	위에 있는 도형의 영역을 아래 도형에서 빼 줍니다.
❸ 교차(Intersect)	겹쳐진 부분만 남기고 나머지는 삭제합니다.
❹ 제외(Exclude)	두 도형이 겹치는 부분을 제외하고 나머지 부분만 남깁니다.
❺ 단일 경로(Divide)	선택한 도형들을 교차하는 지점에서 나누어 각 부분을 분할합니다.
❻ 합성(Trim)	위에 가려진 영역을 잘라 숨겨진 부분을 제거하고, 획을 제거합니다.
❼ 결합(Merge)	같은 채우기 색끼리 겹친 면을 병합하고, 숨겨진 부분과 획을 제거합니다.
❽ 자르기(Crop)	앞 오브젝트의 형태를 기준으로 겹쳐진 아래 도형을 자르고 경계 밖을 삭제합니다.
❾ 윤곽선(Outline)	선택한 도형을 윤곽선으로 변환하여 경로를 만듭니다.
❿ 뒤에서 빼기(Minus Back)	뒤에 있는 도형을 앞의 도형에서 빼서 잘라냅니다.

패턴 만들기

📁 **예제 파일** AILESSON02 > 패턴만들기.ai 📁 **완성 파일** AILESSON02 > 패턴만들기완성.ai

일러스트레이터의 패턴 만들기(Pattern Creation) 기능은 사용자가 직접 만든 디자인 요소를 반복적으로 배치하여 패턴을 생성하는 기능입니다. 이를 활용하면 텍스타일, 포스터, 웹 배경, 패키지 디자인 등에 사용되는 패턴을 쉽게 제작할 수 있습니다.

1 [AILESSON02] > [패턴만들기.ai] 파일을 불러옵니다. ❶ 단축키 Ctrl / Cmd + A 로 모든 오브젝트를 선택한 후 ❷ [Object] > [Pattern] > [Make]를 선택합니다.

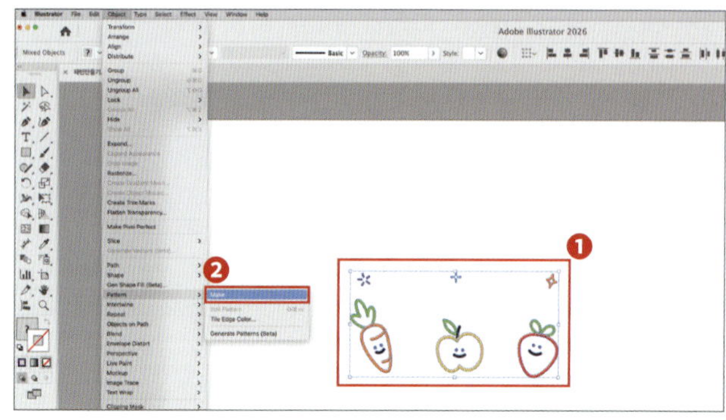

2 팝업 창이 나타나면 [OK]를 클릭합니다.

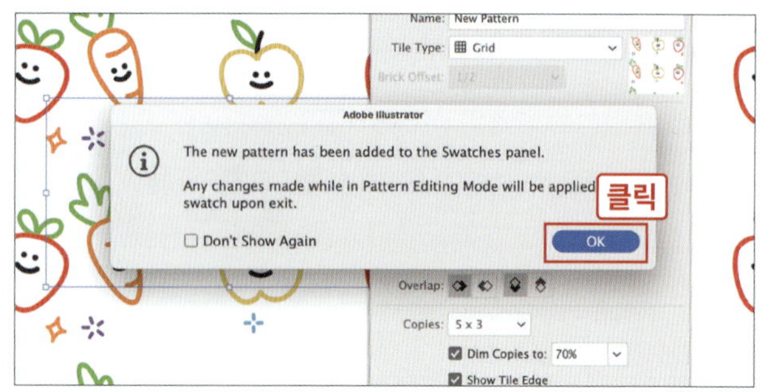

3 Pattern Options 패널에서 Tile Type은 [Brick by Column], Brick Offset는 3/5를 선택하고, Width는 60mm, Height는 30mm를 입력하여 파란색 사각 프레임을 조절합니다.

4 ❶ Copies는 9 × 9를 선택합니다. ❷ 각각의 오브젝트를 사각형 프레임 안에서 보기 좋게 이동시켜 줍니다. ❸ 조절이 다 됐다면 상단의 [Done]을 클릭합니다.

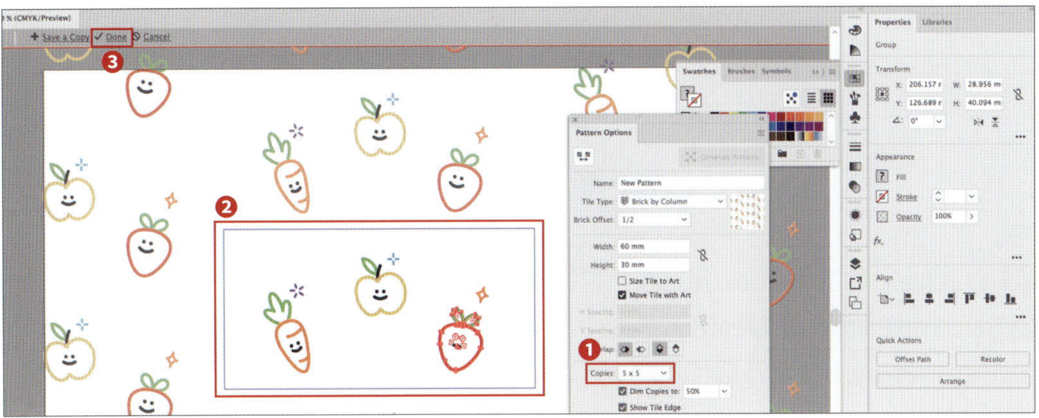

5 [Window] > [Swatches]를 선택합니다.

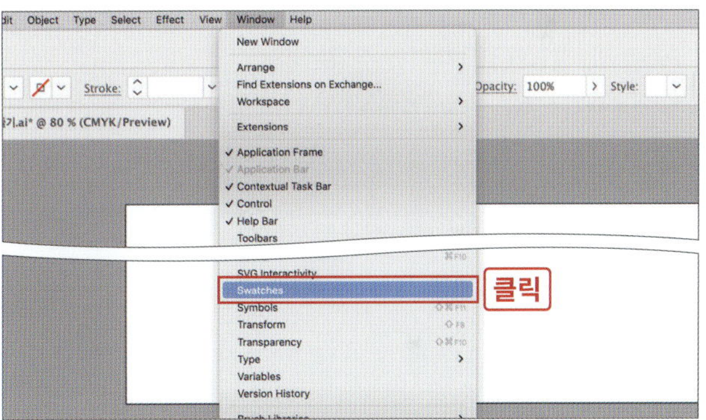

6 ❶ Swatches 패널에 만들어 놓은 패턴이 등록되었습니다. 패턴을 누른 상태에서 ❷ 도큐먼트의 오브젝트를 아트보드 밖으로 이동시키고, ❸ 도구 모음의 [Rectangle Tool]□ 을 선택하여 적당한 크기로 면과 선 모두 투명인 사각형을 그려 줍니다.

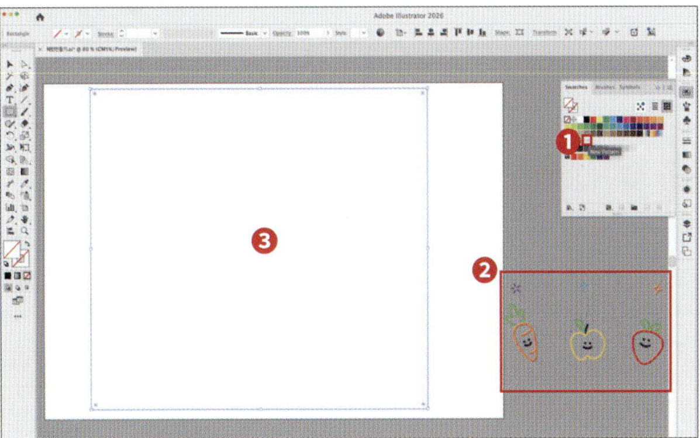

7 도구 모음의 [Scale Tool] 을 더 블클릭합니다.

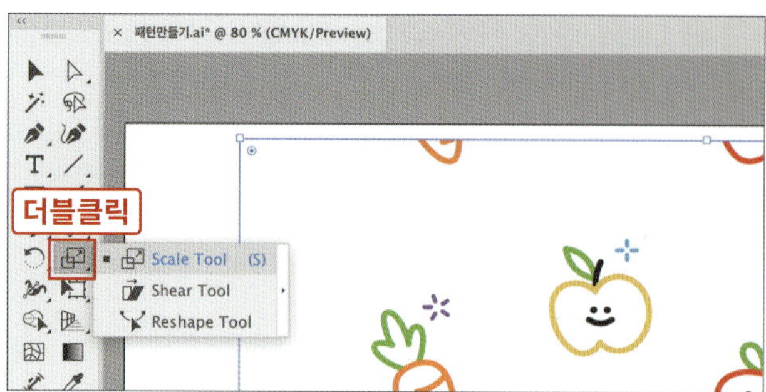

8 ❶ Scale 옵션 창에서 Uniform 50, ❷ Transform Patterns와 ❸ Preview를 체크하고 크기가 마음에 들면 ❹ [OK]를 클릭합니다.

꿀팁!

Preview는 설정한 값을 미리 볼 수 있는 기능입니다. 작업 시 편리하게 활용해보세요.

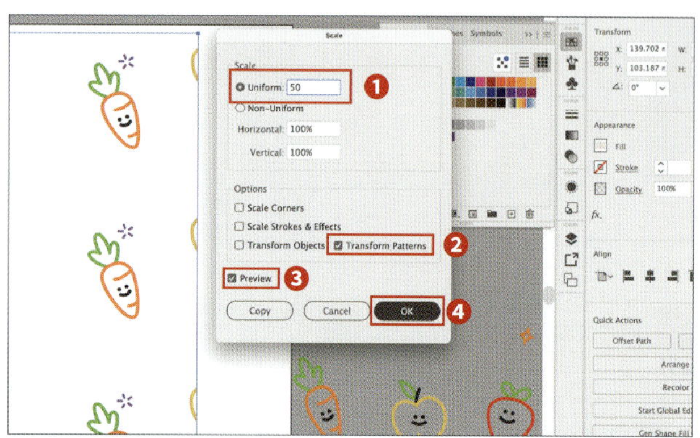

9 패턴의 크기가 50%로 축소되었습니다. 도구 모음의 [Rotate Tool] 을 더 블클릭합니다.

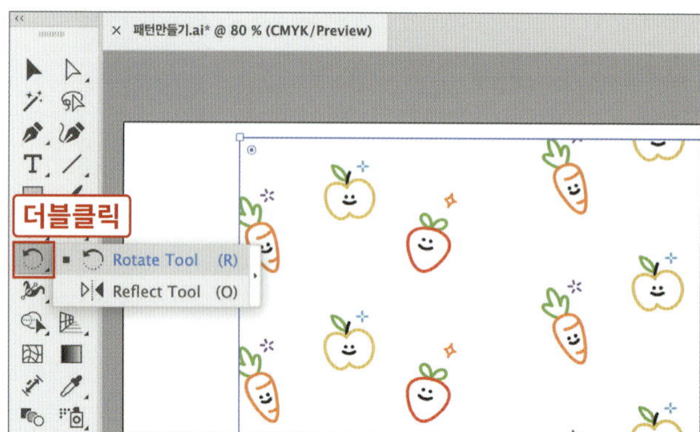

10 ❶ Rotate 옵션 창에서 Angle 20, ❷ Transform Patterns와 ❸ Preview 를 체크하고 회전 정도가 마음에 들면 ❹ [OK]를 클릭합니다.

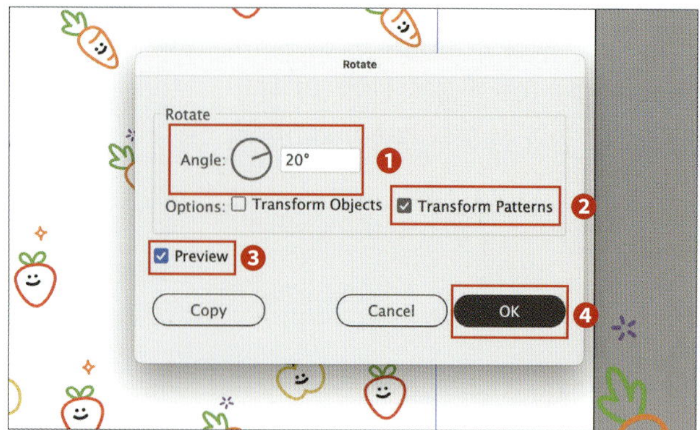

11 패턴의 크기나 색상을 수정하고 싶다면 [Object] > [Pattern] > [Edit Pattern]을 선택합니다.

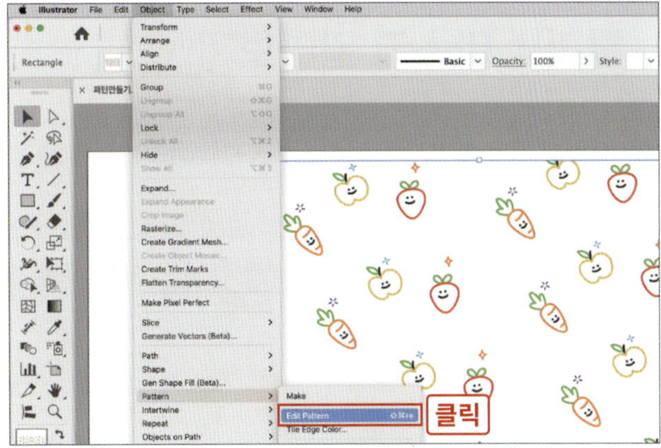

12 ❶ 패턴을 만들었던 옵션 창이 나타납니다. ❷ 도구 모음의 [Selection Tool] 로 사과를 선택하여 크기를 원하는 크기로 축소한 후 ❸ 상단의 [Done]를 클릭합니다.

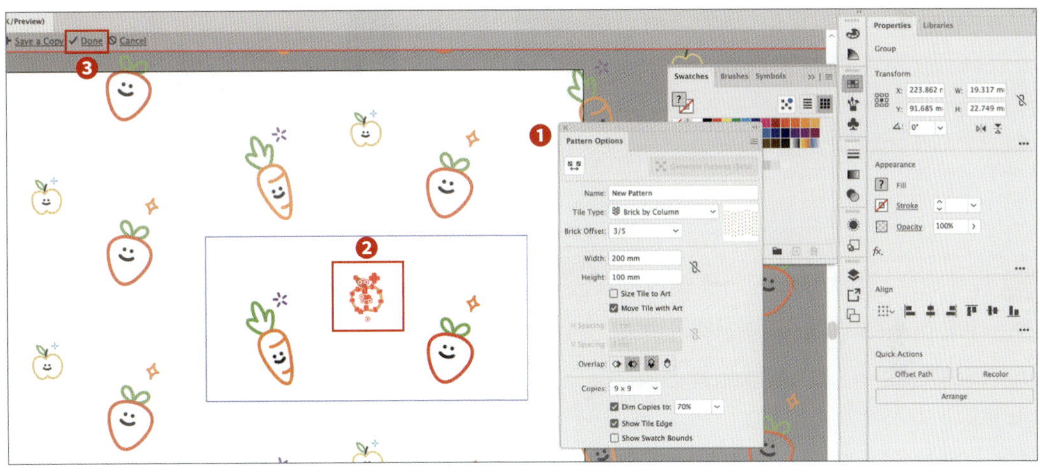

13 사과가 축소된 패턴이 완성되었습니다.

클리핑 마스크 알아보기①

📂 **예제 파일** AILESSON02 > 마스크.ai, 조개패턴.ai, 꽃무늬.jpg　📂 **완성 파일** AILESSON02 > 마스크완성.ai

클리핑 마스크(Clipping Mask)는 위에 놓인 도형의 형태에 따라 아래 오브젝트가 보이도록 제한하는 기능입니다. 예를 들어, 원형 도형을 마스크로 사용하면 아래 이미지나 패턴이 원형 안에서만 보이고 나머지는 가려집니다.

1 [AILESSON02] > [마스크.ai] 파일을 불러옵니다.

2 앞서 배운 이미지 불러오기를 해 보겠습니다. [File] > [Place]를 선택한 후 [AILESSON02] > [조개패턴.ai]를 선택합니다.

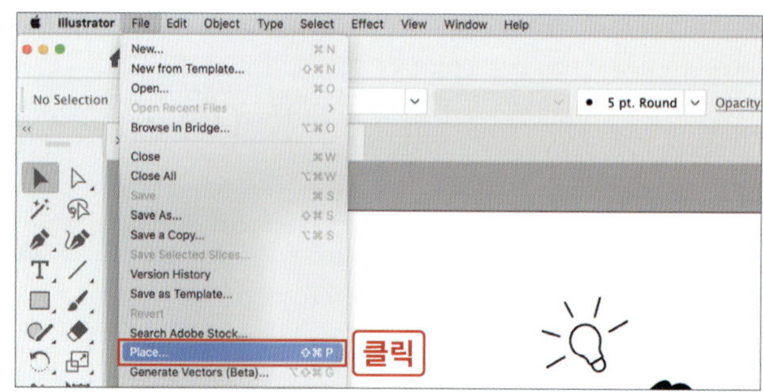

3 원하는 크기만큼 드래그해서 패턴을 배치합니다.

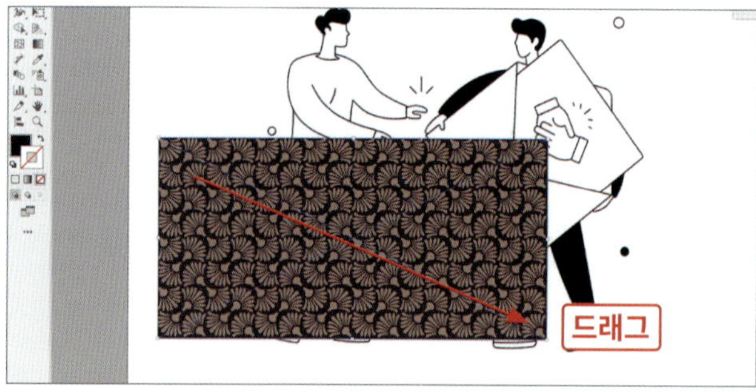

4 ❶ 도구 모음의 [Selection Tool] ▶ 로 오른쪽 남자의 바지를 선택한 후, 마우스 오른쪽 버튼을 클릭하고 ❷ [Arrange] > [Bring to Front]를 선택합니다.

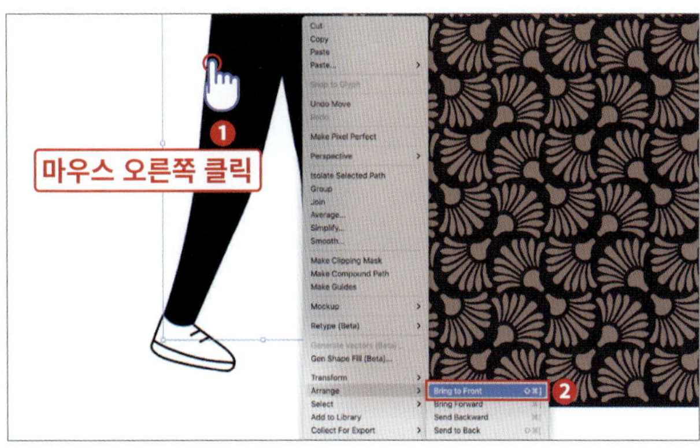

5 '조개패턴' 이미지를 '바지' 이미지 아래로 이동시킵니다.

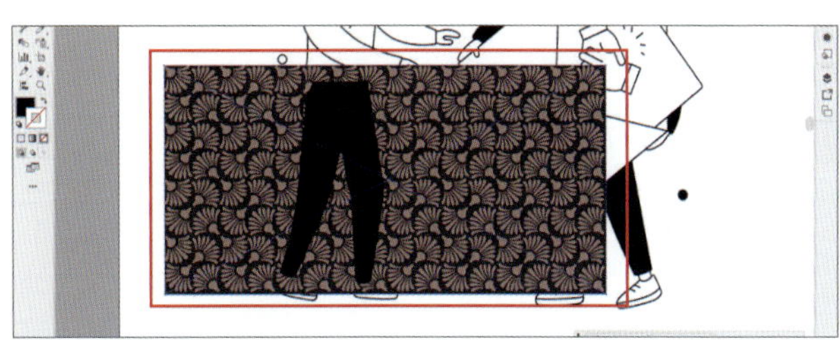

6 ❶ '조개패턴'과 '바지' 이미지를 동시에 선택한 후 ❷ [Object] > [Clipping Mask] > [Make]를 선택합니다.

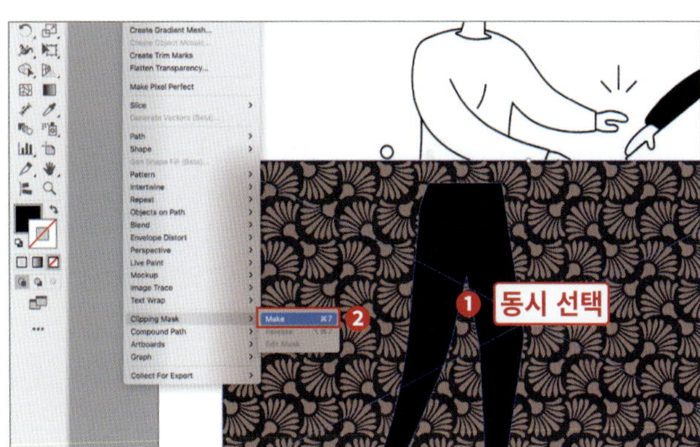

여기서 잠깐 STOP

메뉴 바가 아닌 마스크를 적용시킬 이미지를 선택한 후 마우스 오른쪽 버튼을 클릭하여 [Make Clipping Mask]를 선택해도 됩니다.

7 ❶ '바지' 이미지만 [Selection Tool]  로 선택한 후 ❷ [Arrange] > [Send to Back]을 선택합니다.

8 밋밋했던 바지가 패턴이 있는 바지로 변형되었습니다.

여기서 잠깐

클리핑 마스크 사용 시 주의할 점

① 마스크 오브젝트는 반드시 최상단에 위치해야 합니다.
  • 마스크로 사용할 도형이 아래에 있으면 적용되지 않습니다.

② 마스크 오브젝트는 하나의 단일 오브젝트여야 합니다.
  • 그룹이나 복합 패스를 그대로 사용하면 적용되지 않으므로 하나의 오브젝트로 만들어야 합니다.

③ 최상단에 위치한 오브젝트는 반드시 벡터 형식의 이미지여야 합니다.

④ 복잡한 벡터 마스크는 실행 속도를 저하시킬 수 있습니다.
  • 앵커 포인트가 너무 많은 마스크는 성능 문제를 일으킬 수 있으니 단순화하는 것이 좋습니다.

⑤ 텍스트는 반드시 아웃라인(윤곽선) 변환 후 사용해야 합니다.

이 점들을 유의하면 클리핑 마스크를 더욱 효과적으로 활용하실 수 있습니다.

9 클리핑 마스크를 풀고 싶다면 마우스 오른쪽 버튼 클릭 > [Release Clipping Mask] 를 클릭합니다.

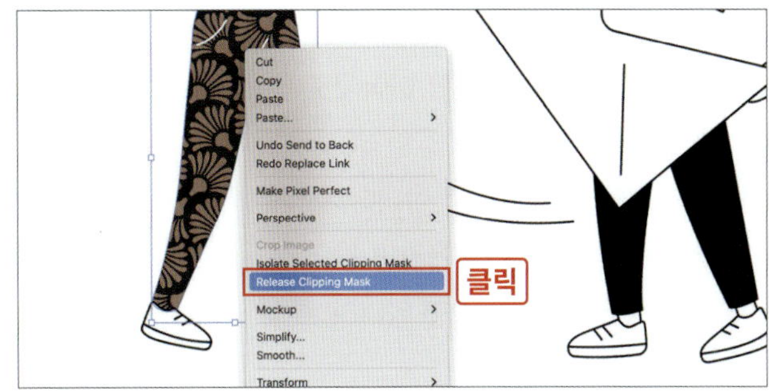

10 마스크가 풀리면서 '바지' 이미지는 면과 선이 모두 투명으로 변환됩니다. 다시 단축키 Ctrl / Cmd + Z 를 눌러 전 단계로 되돌아가겠습니다.

여기서 잠깐 STOP

오브젝트를 선택한 후 마우스 오른쪽 버튼을 클릭하면 [Release Clipping Mask]를 선택하면 클리핑 마스크를 해제할 수 있습니다.

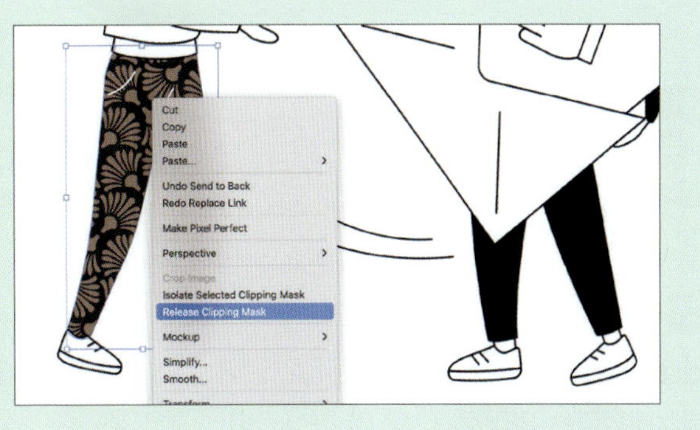

11 ❶ Links 패널에서 '조개패턴'을 선택하고 ❷하단의 🔗 을 클릭한 후 ❸ [AILESSON02] > [꽃무늬.jpg]를 선택합니다.

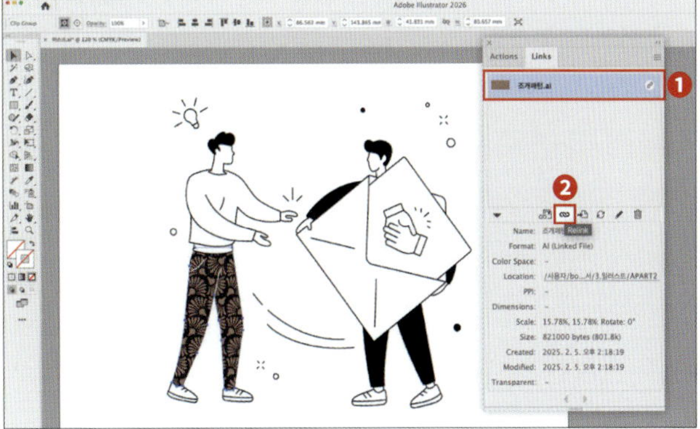

12 조개패턴이 '꽃무늬'로 변경되었습니다. 클리핑 마스크에 이용한 이미지도 마찬가지로 폴더 이동이나 작업 환경이 바뀌면 링크를 재연결해 주어야 합니다. 더 이상 패턴을 변경하지 않을 거라면 앞서 공부한 방법으로 링크를 끊으면 됩니다.

13 ❶ Links 패널 창에서 '꽃무늬.jpg'를 선택한 후 ❷ 오른쪽 상단의 ☰ 을 클릭합니다. ❸ [Embed Image(s)]를 선택합니다.

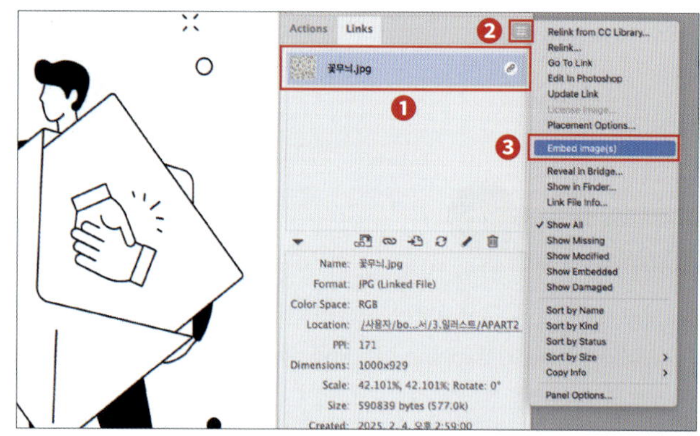

14 Links 패널의 '꽃무늬.jpg'를 확인하면 🔗 아이콘이 보이지 않습니다. 연결이 해지되었다는 의미로, 이제 더 이상 이미지 변경이 불가능합니다.

클리핑 마스크 알아보기②

📁 **예제 파일** AILESSON02 > 콜라주.ai　　📁 **완성 파일** AILESSON02 > 콜라주완성.ai

클리핑 마스크 기능을 이용하여 콜라주를 만들 수도 있습니다.
콜라주는 서로 다른 재료나 이미지를 조합하여 하나의 작품을 만드는 미술 기법입니다. 주로 신문, 잡지, 사진, 천, 색종이 등 다양한 재료를 오려 붙여 작품을 만듭니다. 원래는 미술 분야에서 시작되었지만, 현대에는 음악, 문학, 디지털 아트 등 다양한 예술 장르에서도 응용됩니다.

1 [AILESSON02] > [콜라주.ai] 파일을 불러옵니다. 링크된 이미지가 유실되었으면 앞서 배운 방법(188쪽)으로 폴더에서 이미지를 연결시켜 줍니다.

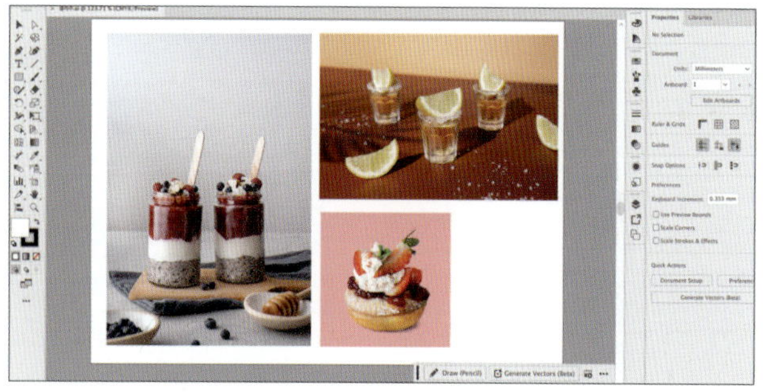

2 ❶ 세 개의 이미지를 동시에 선택한 후 ❷ 메뉴 바에서 [Object] > [Lock] > [Selection]으로 잠가 놓습니다.

여기서 잠깐 STOP

콜라주를 만들 때 사진을 잠가 놓는 이유는 펜 도구로 이미지를 따라 그릴 때 사진이 움직이는 것을 방지하기 위함입니다.

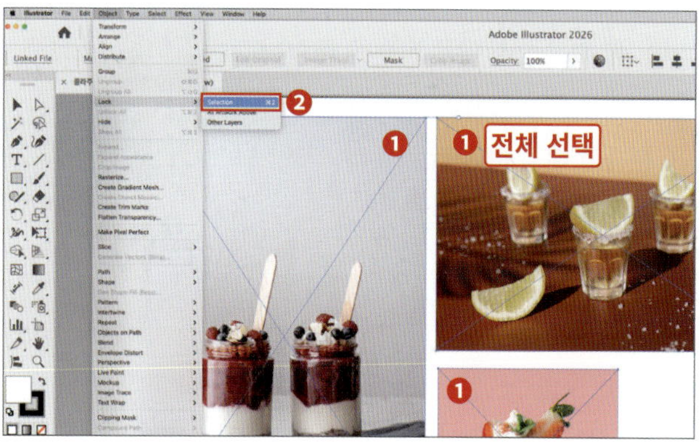

3 ❶ 도구 모음의 [Pen Tool]을 선택한 상태에서 ❷ 면은 없고 선 굵기는 0.5pt로 선택하고 색상은 검은색으로 선택합니다. ❸ 화면을 확대한 뒤 타르트 테두리를 꼼꼼하게 따라 그립니다. 패스를 모두 그렸다면 시작점을 클릭하여 닫힌 패스로 만듭니다.

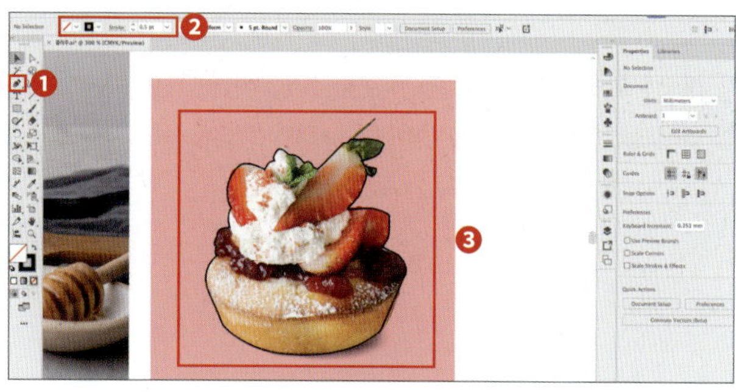

4 나머지 레몬 주스 컵과 레몬, 블루베리 스푼도 윤곽을 따라 깔끔하게 패스를 만들어 줍니다.

5 메뉴 바에서 [Object] > [Unlock All]을 선택하여 잠가 놓은 이미지를 풀어 놓습니다.

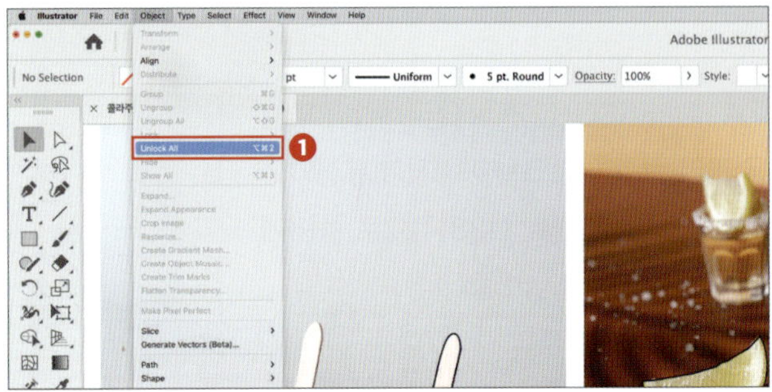

6 ❶ 도구 모음의 [Selection Tool]로 타르트 사진과 패스를 동시에 선택합니다. ❷ 마우스 오른쪽 버튼을 클릭하고 ❸ [Make Clipping Mask]를 선택합니다. 분홍색 배경 없이 타르트 이미지만 보이게 됩니다.

7 블루베리 스푼 이미지도 같은 방법으로 클리핑 마스크를 만듭니다.

8 ❶ 레몬 주스의 컵과 레몬 조각 패스와 사진을 동시에 선택하고 ❷ 클리핑 마스크를 실행해 봅니다.

9 두 개의 패스가 있었음에도 불구하고 하나의 패스에만 적용이 되었습니다.

여기서 잠깐 STOP

클리핑 마스크는 반드시 하나의 이미지에 하나의 패스가 적용됩니다.

10 마스크가 적용된 이미지를 보기 좋게 배열합니다.

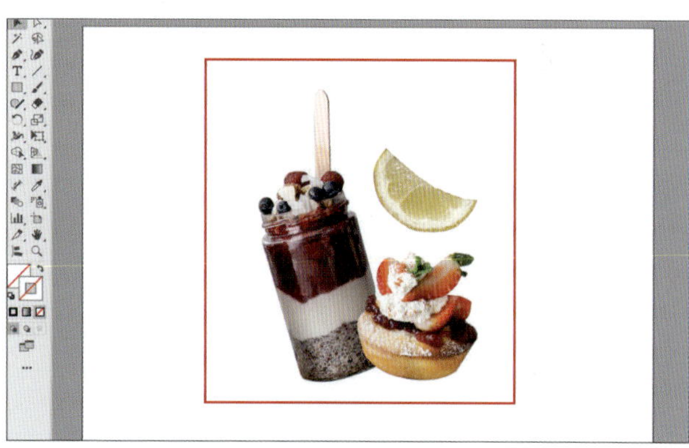

실전에 사용하는
심화 기능 알아보기

3D 기능으로 아이콘 만들기

📁 **완성 파일** AILESSON03 > 3D 아이콘 만들기완성.ai

최근 몇 년간 디자인 분야에서 3D 기능의 활용도가 급증했습니다. 평면적인 2D 디자인에서는 표현할 수 없었던 세부적인 디테일을 더욱 강조할 수 있기 때문에 기능적 표현뿐만 아니라 미적인 측면에서도 큰 변화를 이끌어내고 있습니다.

일러스트레이터의 3D 및 소재(3D and Materials) 기능은 벡터 오브젝트에 입체감을 부여하고, 조명 및 텍스처를 적용하여 사실적인 3D 효과를 만드는 기능입니다. 또한 조명(Lighting) 조정을 통해 그림자와 하이라이트를 설정할 수 있으며, 소재(Materials) 기능을 사용하여 Adobe Substance 3D에서 제공하는 다양한 텍스처와 재질을 적용할 수도 있습니다.

미리보기
PREVIEW

1 단축키 Ctrl / Cmd + N 을 눌러 새 도큐먼트를 생성합니다. ❶ 크기는 200*200mm로 지정하고 색상 값은 RGB로 설정한 후 ❷ [Create]를 클릭합니다.

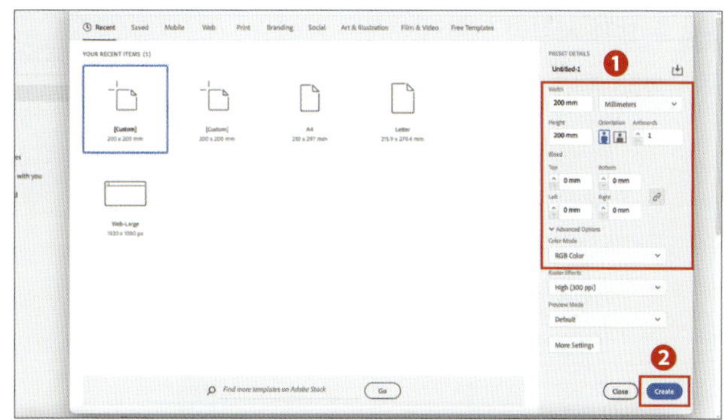

2 ❶ 도구 모음에서 [Rectangle Tool]□을 클릭하고 ❷ 아트보드를 한 번 클릭합니다. ❸ 팝업 창이 뜨면 크기를 200*200mm로 입력한 후 ❹ [OK]를 클릭합니다.

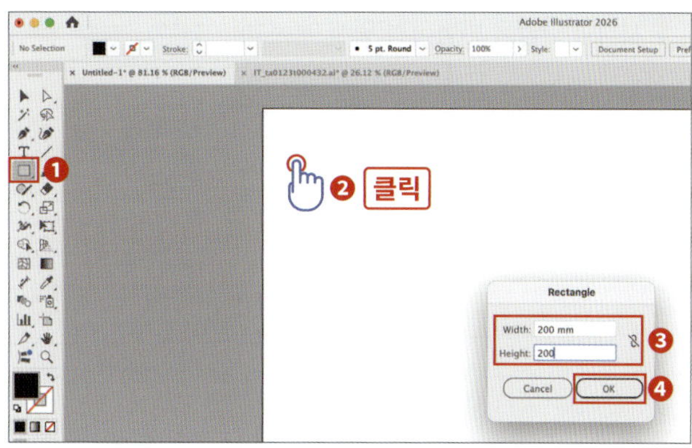

3 ❶ 상단 바에서 [Align]을 클릭, ❷ 와 를 클릭해 도형이 아트보드 중앙에 위치하도록 설정합니다. ❸ 사각형의 색상은 'R 210, G 220, B 255'로 지정합니다.

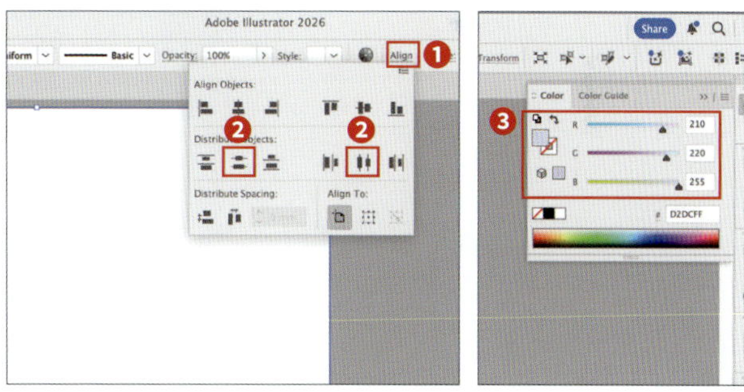

4 도구 모음에서 [Rectangle Tool]□을 클릭하고 ❶ 아트보드를 한 번 더 클릭합니다. ❷ 크기를 80*90mm로 입력한 후 ❸ [OK]를 클릭합니다.

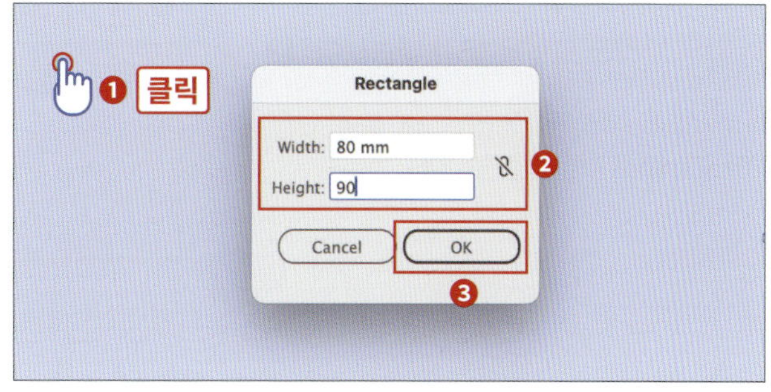

5 두 번째 사각형 도형의 색상은 흰색으로 지정합니다.

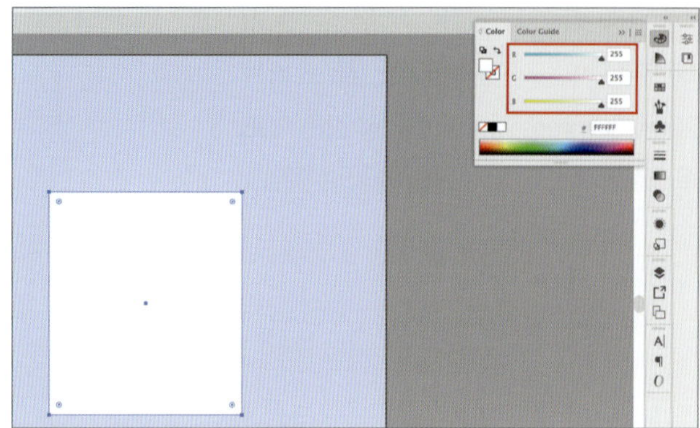

6 사각형 모양을 변형하기 위해 메뉴 바에서 [Window] > [Transform]을 클릭합니다.

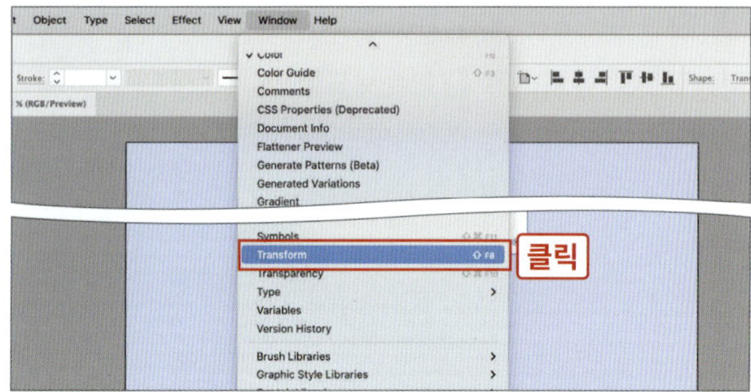

7 ❶ Transform 패널에서 아치 모양의 모퉁이로 선택하고 ❷값은 5mm로 입력합니다.

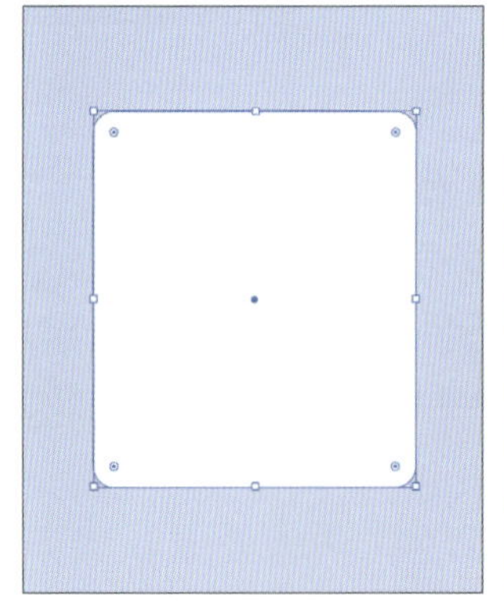

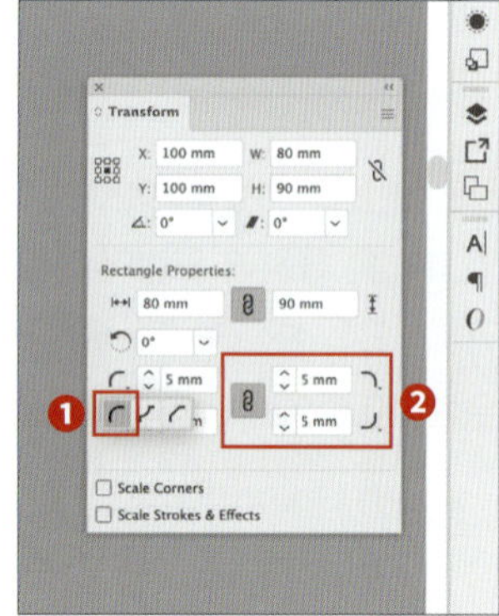

8 ❶ 단축키 [Ctrl / Cmd] + [C]를 눌러 도형을 복사하고 ❷ [Ctrl / Cmd] + [F]를 눌러 같은 자리에 도형을 붙여 넣습니다. ❸ 세 번째 사각형은 모퉁이 없이, 크기는 70*50mm로 지정하겠습니다.

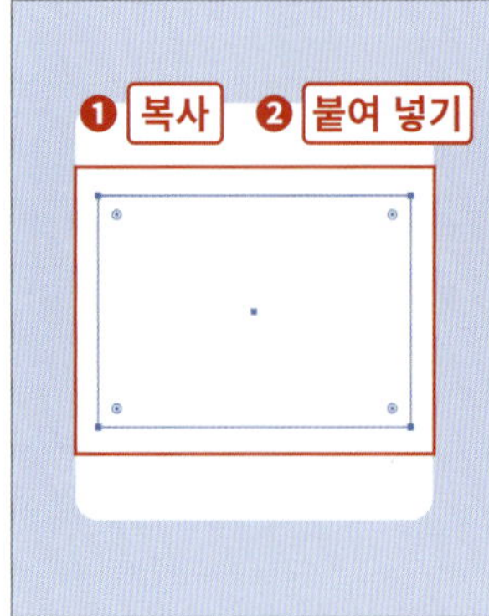

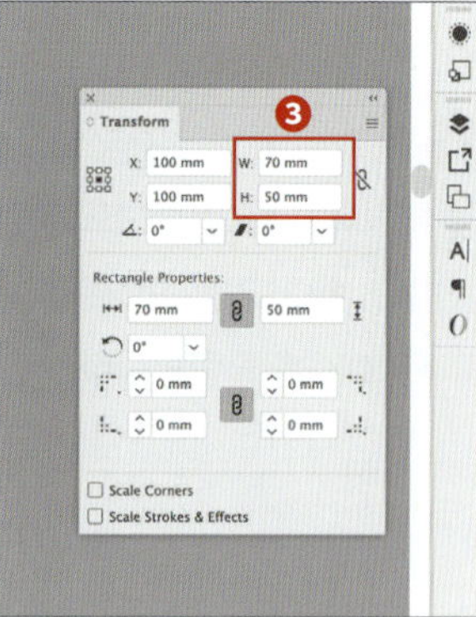

9 색상을 'R 0, G 160, B 255'로 지정합니다.

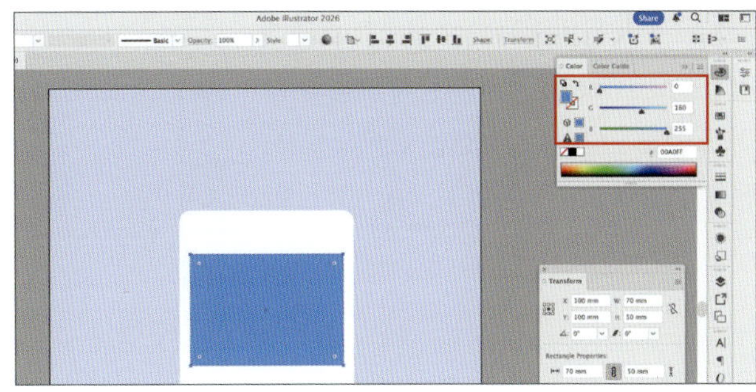

10 도구 모음의 [Ellipse Tool] ◯ 을 선택합니다.

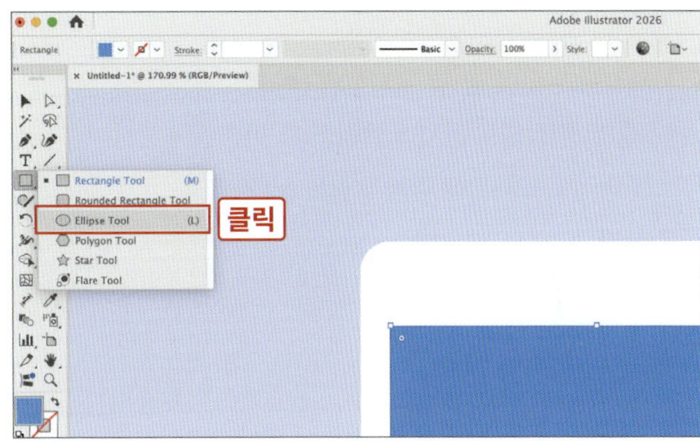

11 ❶ 아트보드를 한 번 클릭합니다. ❷팝업 창이 뜨면 크기를 9*9mm로 입력한 후 ❸[OK]를 클릭합니다.

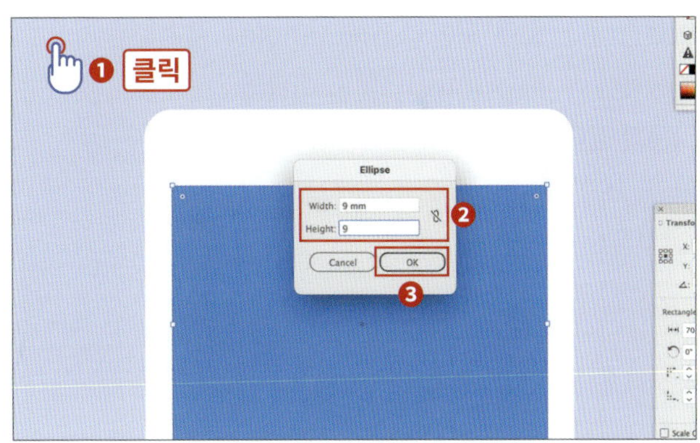

12 ❶ 색상을 'R 160, G 180, B 255'로 지정하고 ❷흰색 사각형 왼쪽으로 위치를 이동합니다.

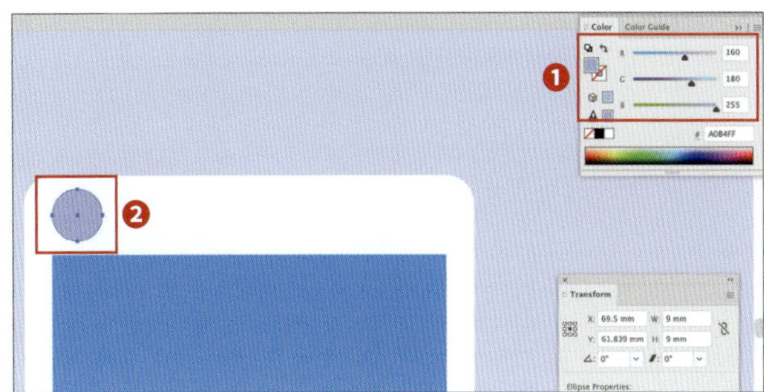

13 도구 모음의 [Rectangle Tool]□ 과 [Ellipse Tool]○ 을 이용해 다음과 같 이 도형을 만듭니다. 색상은 흰색으로 지 정하겠습니다.

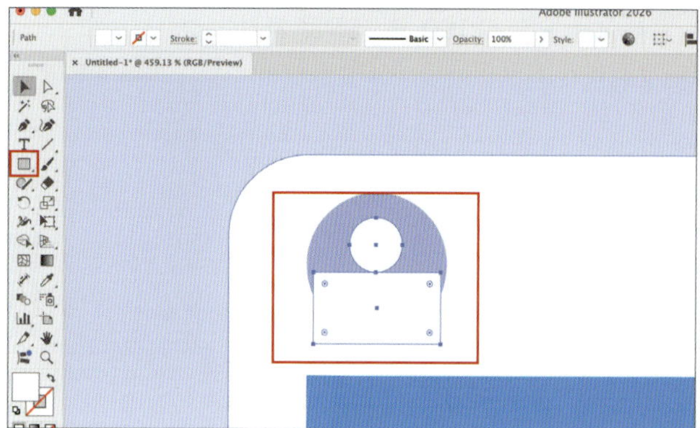

14 사각형의 윗쪽 양 옆 꼭지점의 ◉ 를 Shift 를 누른 상태로 동시에 클릭한 후 마 우스를 아래로 드래그해 다음과 같은 모양 을 만듭니다.

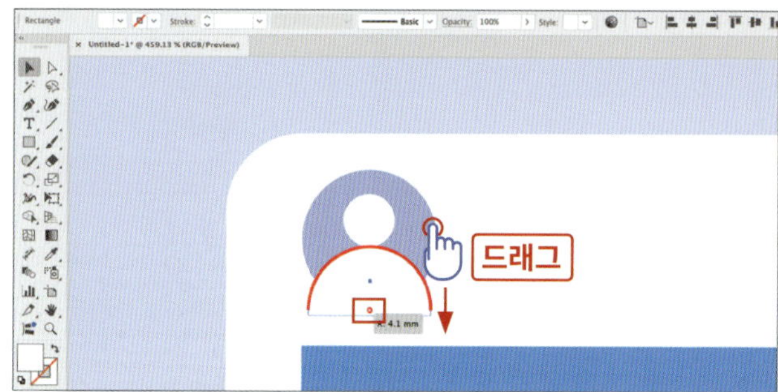

15 흰색 사각형 아래에 하트를 만들어 보겠습니다. 도구 모음의 [Rectangle Tool]□ 과 [Ellipse Tool]○ 을 이용해 다음과 같이 도형을 겹쳐 만듭니다. 색상 을 'R 160, G 180, B 255'로 지정하겠 습니다.

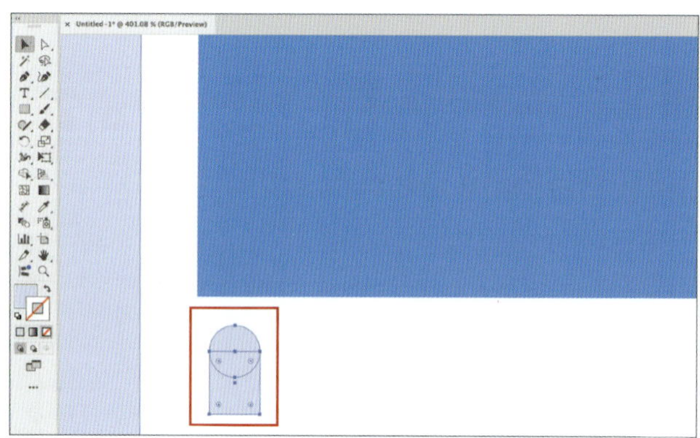

16 ❶ 도구 모음에서 [Pen Tool]✏ 을 클릭하고 ❷ 사각형 왼쪽 하단의 꼭지점 을 클릭하면 꼭지점이 사라집니다.

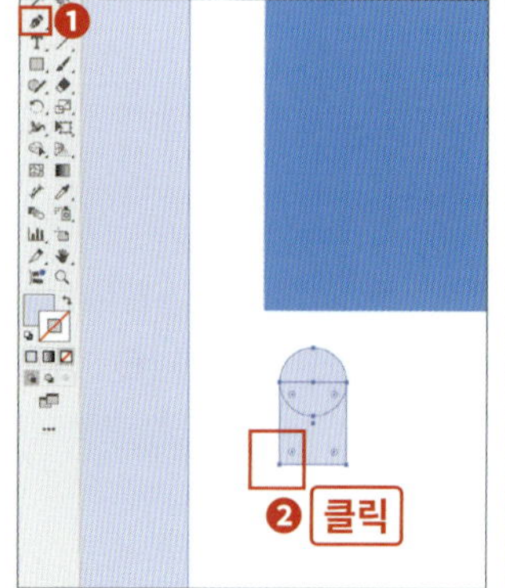

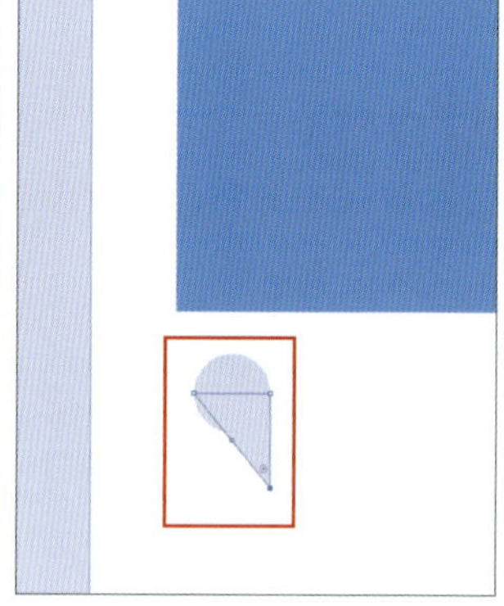

17 ❶ 도구 모음에서 [Pen Tool] 을 클릭하고 ❷ 도형의 사선 중앙을 클릭해 왼쪽으로 드래그합니다.

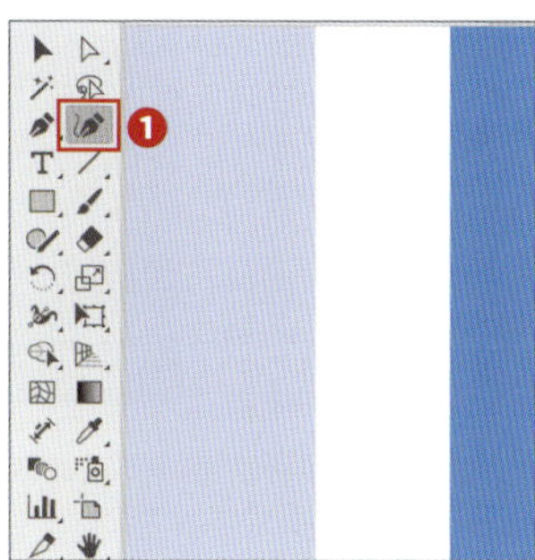

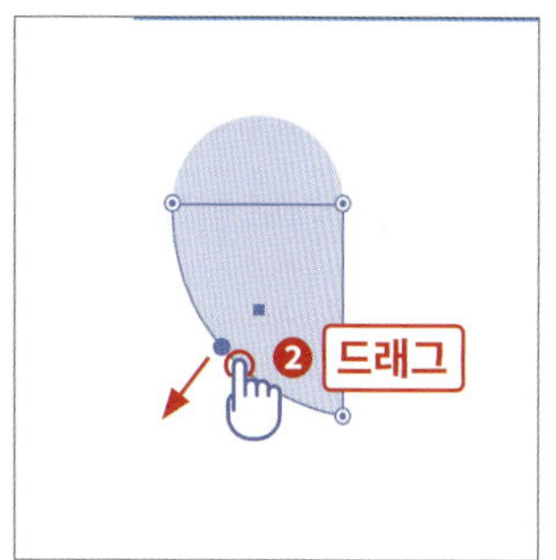

18 ❶ 도형 두 개를 선택한 상태에서 ❷ 마우스 오른쪽 버튼으로 클릭하고 ❸ [Transform] > [Reflect]를 클릭합니다.

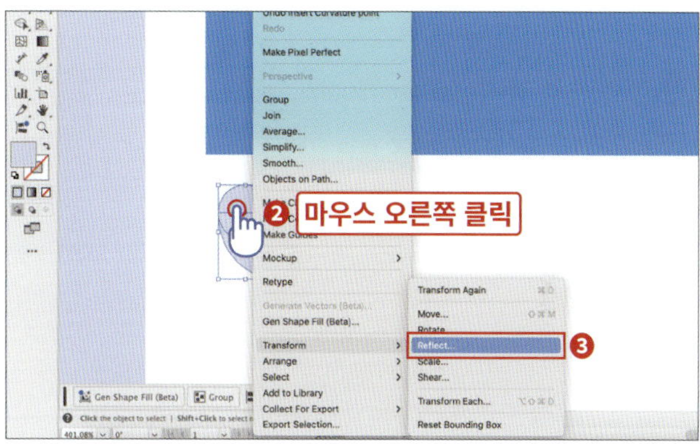

19 ❶ Vertical을 선택하고 ❷ [Copy]를 클릭해 가로로 반전된 도형의 복사본을 생성합니다.

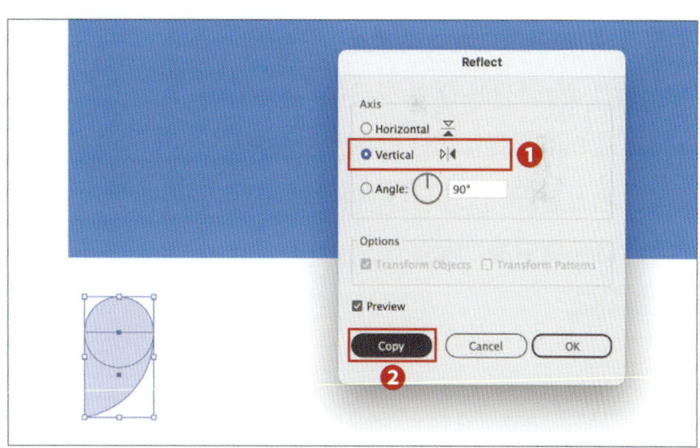

20 기존의 도형과 복사된 도형을 붙여 하트를 완성합니다.

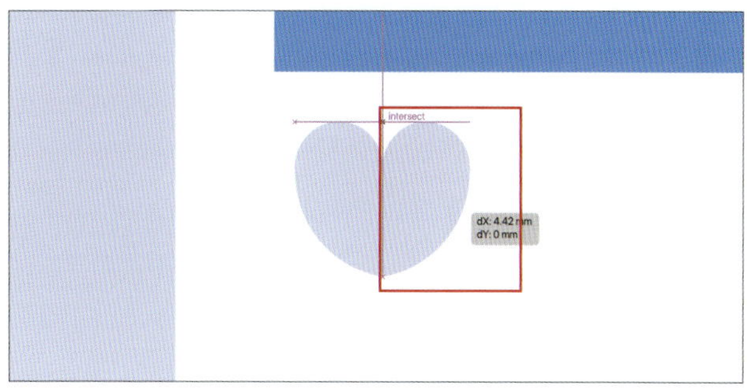

21 ❶ 네 개의 도형을 선택하고 ❷ Pathfinder 패널에서 ▣를 클릭해 분할된 도형을 하나로 병합합니다.

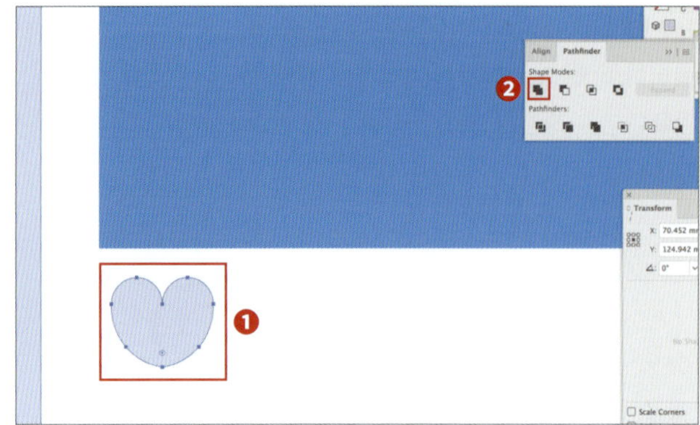

22 하트 도형 옆에 [Ellipse Tool] ◯ 을 이용해 5mm 크기의 원형을 생성합니다.

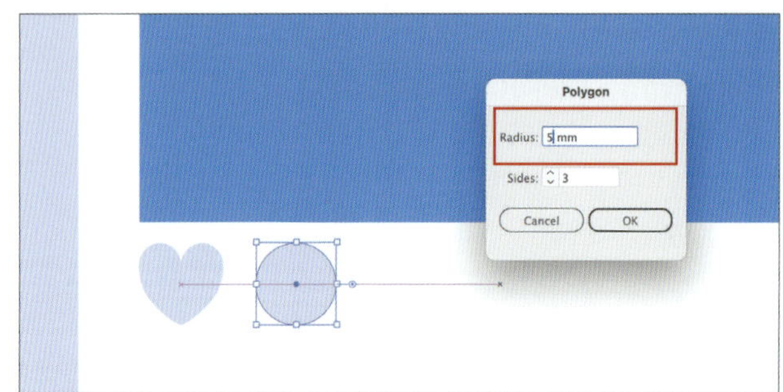

23 ❶ 도구 모음의 [Polygon Tool] ⬡ 을 클릭해 Radius 2mm, Sides 3인 삼각형을 생성, ❷ 회전해 원형 오른쪽 하단에 다음과 같이 위치합니다. 말풍선 모양의 도형을 완성했습니다. 하트와 마찬가지로 Pathfinder 패널을 이용해 도형을 하나로 병합합니다.

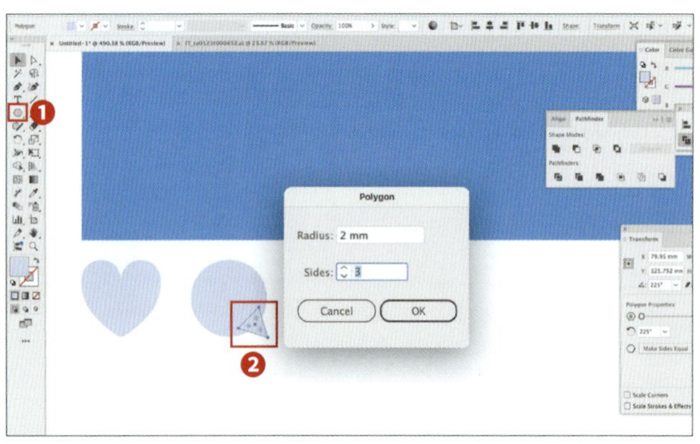

24 말풍선 옆에 [Polygon Tool] ⬡ 을 이용해 삼각형을 하나 더 생성합니다.

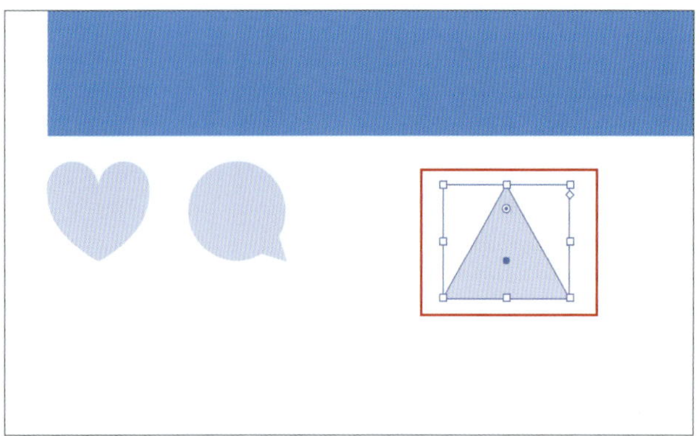

25 ❶ 다음과 같이 삼각형을 회전합니다. ❷ 도구 모음에서 [Scissors Tool]을 클릭합니다.

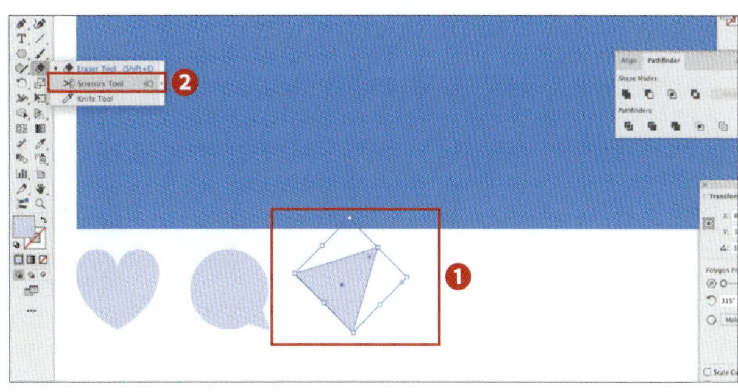

26 ❶ 삼각형의 꼭지점을 클릭하고 ❷ 꼭지점을 기준으로 밑부분의 선 중앙을 클릭하면 삼각형이 반으로 나뉘어집니다.

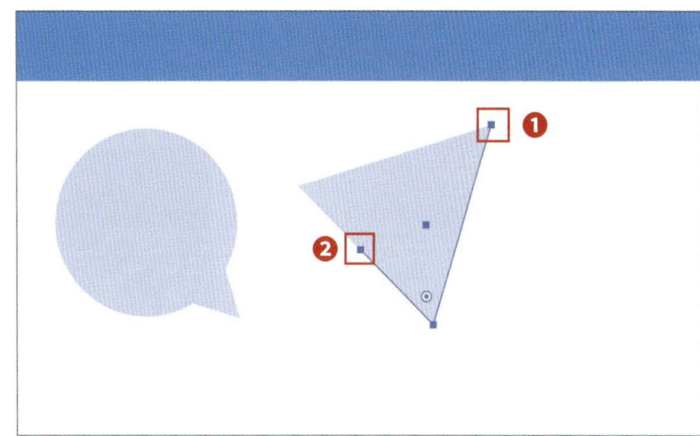

27 반으로 나뉜 삼각형을 이동해 분리합니다. 종이 비행기 모양이 완성되었습니다.

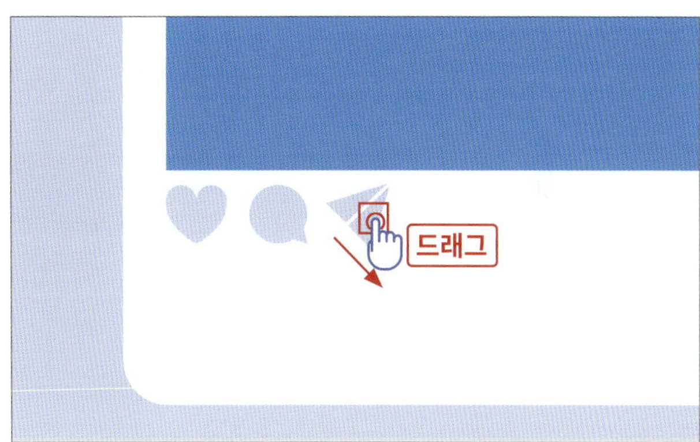

28 ❶ 도형의 중앙에 [Type Tool]을 이용해 'SNS'를 입력하고 ❷ 원하는 폰트로 지정합니다. 필자는 [YoonA px 윈도우 고딕]을 사용했습니다.

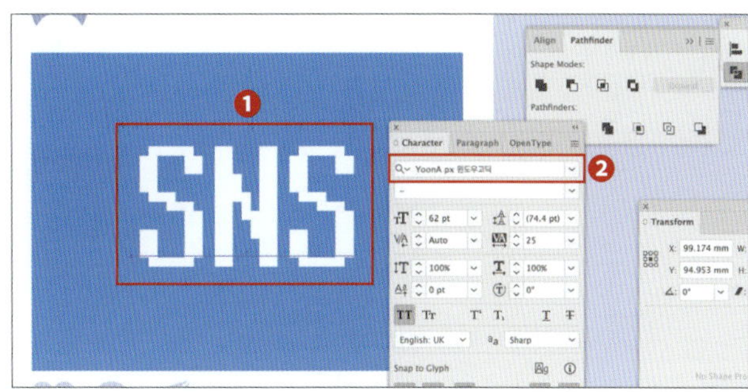

29 흰색 박스를 기준으로 오른쪽에 사각형과 삼각형을 이용해 말풍선 모양의 도형을 만듭니다.

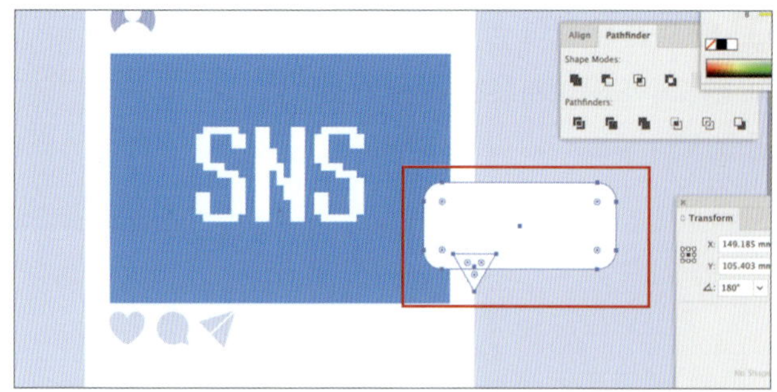

30 ① Pathfinder 패널에서 ■를 클릭해 말풍선 모양의 도형을 하나로 병합, ② 원하는 색상으로 변경합니다.

여기서 잠깐 STOP

기존의 도형과 구분되는 색을 사용하는 것이 좋습니다.

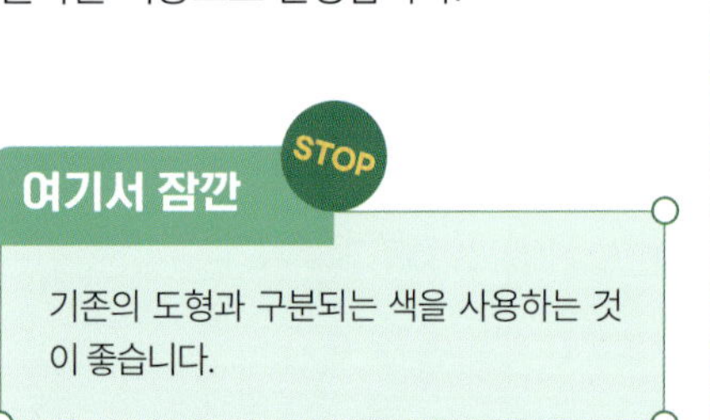

31 도구 모음의 [Ellipse Tool] ○ 을 이용해 흰색 원형 세 개를 만듭니다.

32 Ctrl / Cmd + Alt / Option 을 누른 상태에서 말풍선을 왼쪽으로 드래그해 복사합니다.

33 ❶ 도구 모음에서 [Reflect Tool]을 클릭하고 ❷ Vertical을 선택해 좌우 반전 후 ❸ [OK]를 클릭합니다.

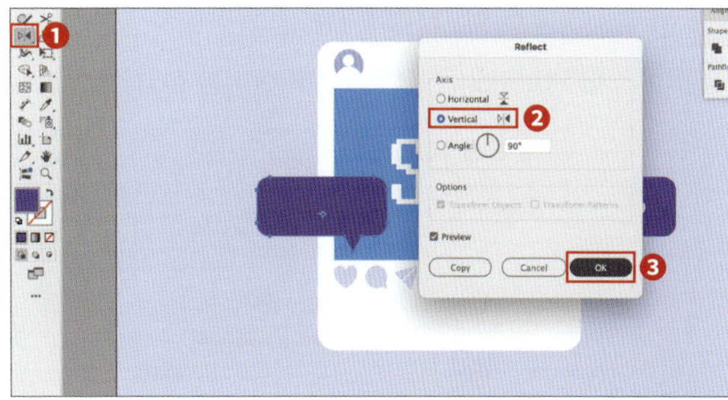

34 ❶ 복사한 말풍선을 다른 색으로 변경, ❷ 21 번의 하트를 복사해 말풍선 위에 위치합니다.

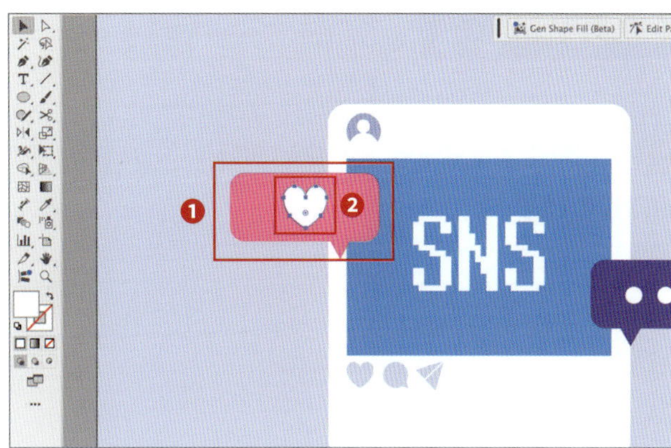

35 ❶ 흰색 사각형을 선택하고 ❷ 메뉴 바에서 [Effect] > [3D and Materials] > [Extrude & Bevel]을 클릭합니다.

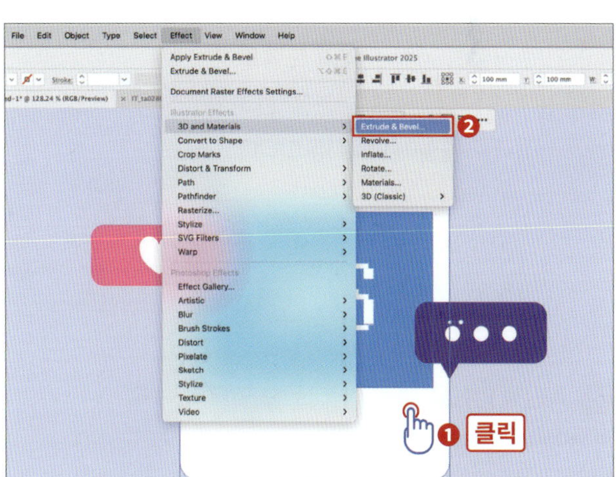

36 ❶ 패널이 뜨면 3D Type을 Inflate로 선택하고 ❷Depth는 5mm, ❸Taper와 Volume은 20%로 지정합니다. ❹ Rotation은 [Off-Axis Front]를 선택합니다.

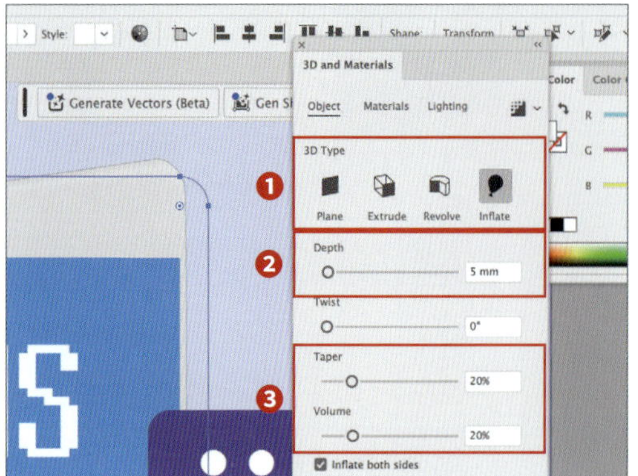
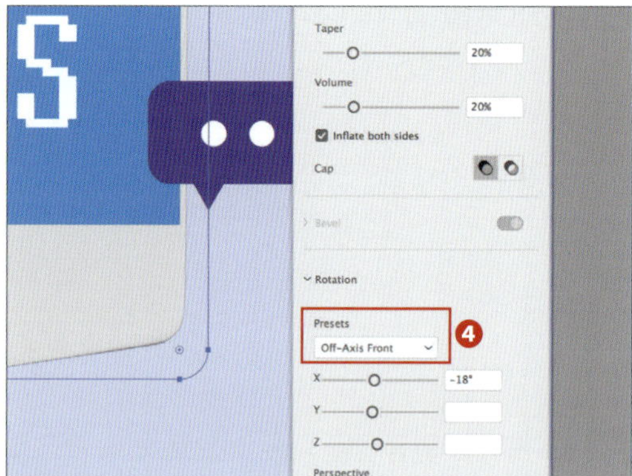

37 나머지 요소들도 같은 방법으로 3D 효과를 지정합니다.

38 왼쪽 상단의 사람 모양의 도형을 수정해 보겠습니다. 몸체 부분을 단축키 Ctrl / Cmd + X 를 눌러 오리기를 합니다.

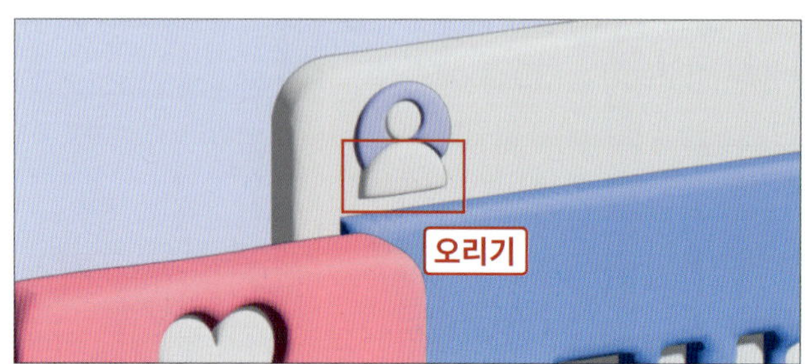

39 파란색 원형을 선택한 상태로 도구 모음 하단의 ◐ 를 클릭하면 점선 테두리가 생성됩니다.

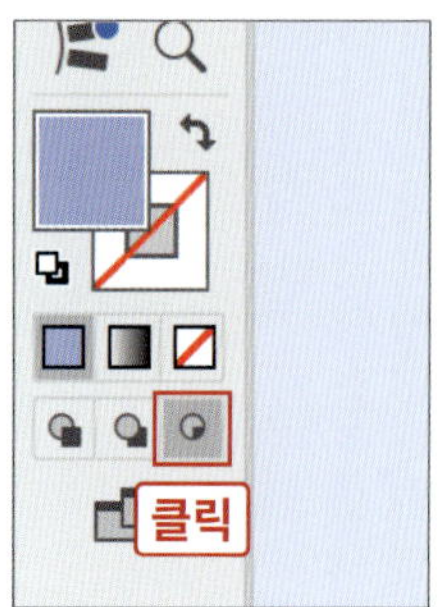

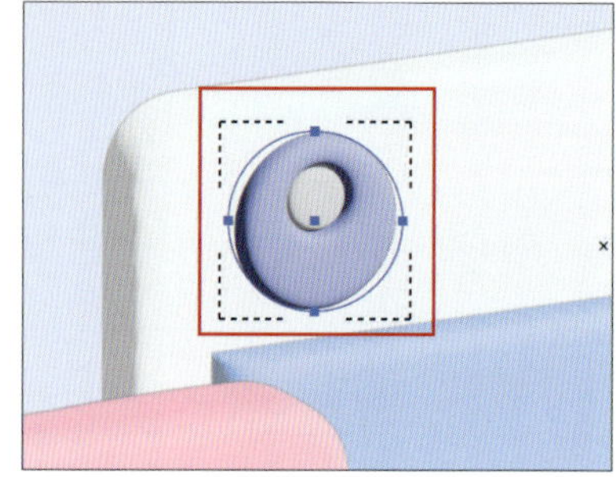

40 단축키 [Ctrl / Cmd] + [Shift] + [V]를 눌러 제자리에 붙여 넣기를 합니다. 파란 원형 안에 붙여 넣은 도형이 들어갔습니다. 이처럼 3D 효과를 적용한 상태에서도 이미지를 수정할 수 있습니다.

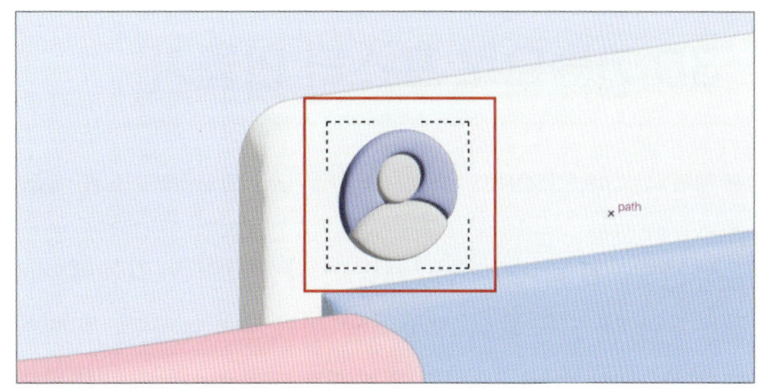

41 이번엔 적용한 3D 효과를 수정해 보겠습니다. ❶ 패널에서 [Appearance]를 클릭합니다. 도형을 선택하면 지정한 3D 효과를 확인할 수 있습니다. ❷ [3D and Materials]를 클릭해 팝업 창을 활성화합니다.

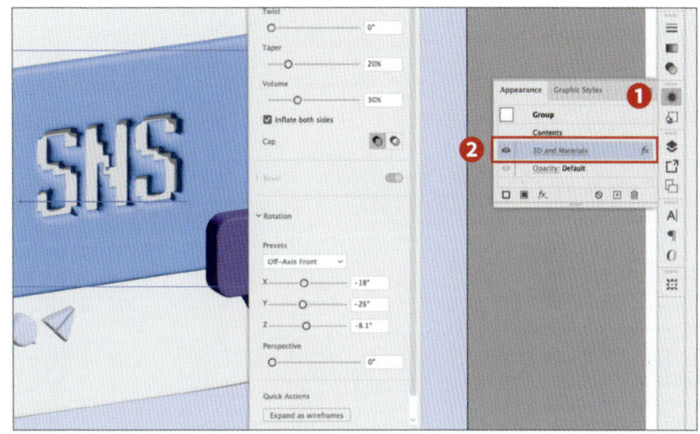

42 ◩를 클릭합니다. 도형이 더 사실적으로 3D화되었습니다.

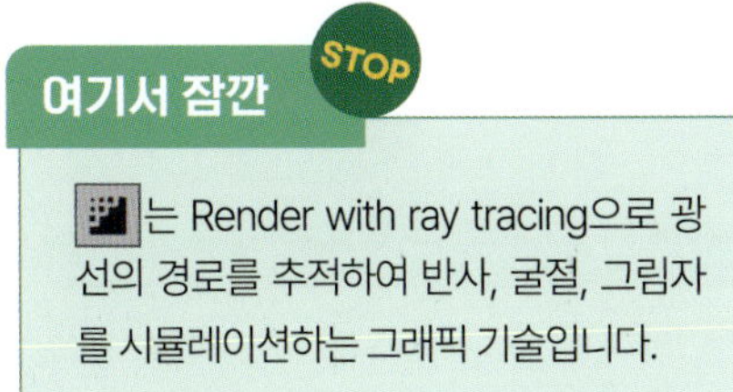

여기서 잠깐 STOP

◩는 Render with ray tracing으로 광선의 경로를 추적하여 반사, 굴절, 그림자를 시뮬레이션하는 그래픽 기술입니다.

43 나머지 도형도 같은 방법을 사용하여 완성합니다.

심화 기능 알아보기_일러스트레이터 239

3D 기능으로 포스터 만들기

📁 **예제 파일** AILESSON03 > 3D포스터만들기.ai, 3D 포스터 소스.ai 📁 **완성 파일** AILESSON03 > 3D포스터만들기완성.ai

앞서 배운 3D 디자인은 입체감과 사실적인 느낌을 주기 위해 사용되지만, '플랫(flat)'한 3D 스타일을 활용해 깔끔하고 직관적인 형태로 디자인을 표현할 수도 있습니다. 이번엔 플랫한 3D와 도형 자유 변형 방법, 아이소메트릭(isometric) 그래픽을 활용해 재미있는 포스터를 만들어 보겠습니다.

미리보기
PREVIEW
—

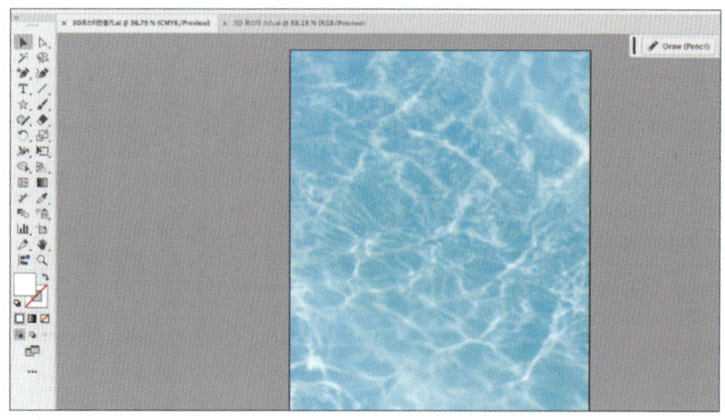

1 [AILESSON03] > [3D포스터만들기.ai] 파일을 불러옵니다.

2 ❶ 도구 모음의 [Type Tool] T 로 '썸머 페스티벌'을 입력하고 ❷ 폰트는 [페이퍼로지]의 [8 ExtraBold], 크기는 155pt로 설정합니다.

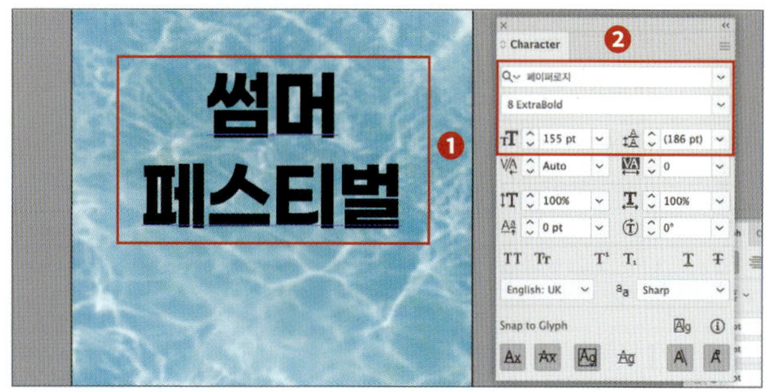

3 단축키 Ctrl / Cmd + Alt / Option + O 를 눌러 폰트를 아웃라인화합니다.

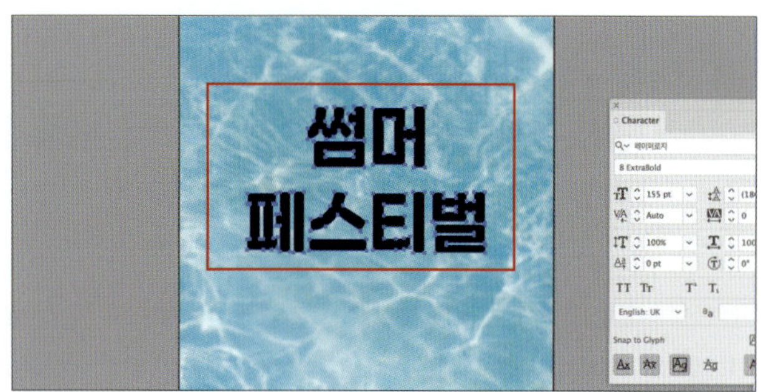

4 메뉴 바에서 [Effect] > [3D and Materials] > [Extrude & Bevel]을 클릭합니다.

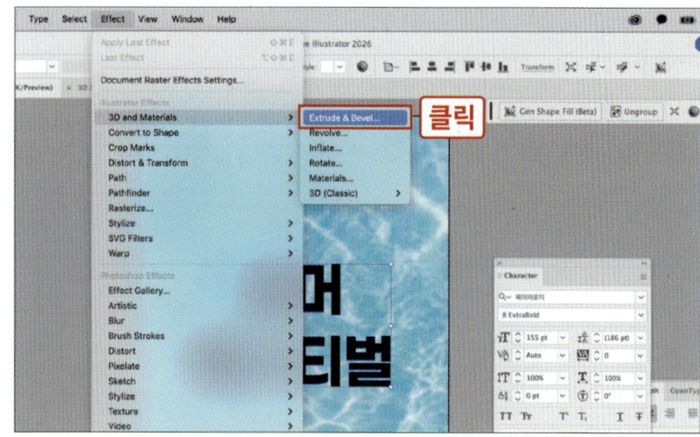

5 ❶ 3D and Materials 패널에서 [Plane]을 클릭하고 ❷ Rotation은 [Isometric Top]을 클릭합니다.

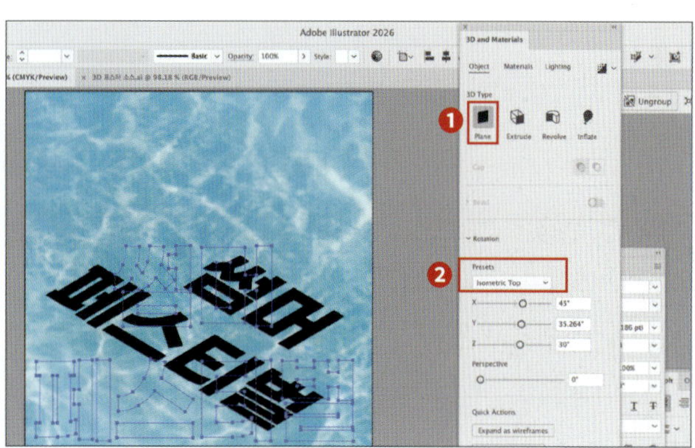

심화 기능 알아보기_일러스트레이터   241

6 ❶ '썸머 페스티벌'을 클릭한 상태에서 ❷ 메뉴 바에서 [Object] > [Expand Appearance]를 클릭합니다.

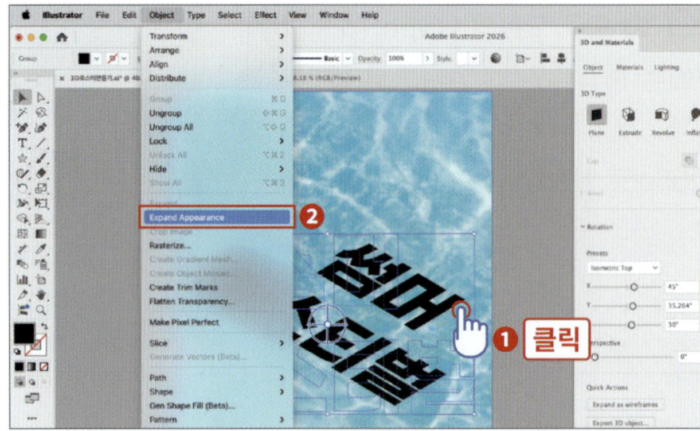

7 상단의 패널에서 [Image Trace]를 클릭하고 [Expand]를 클릭합니다.

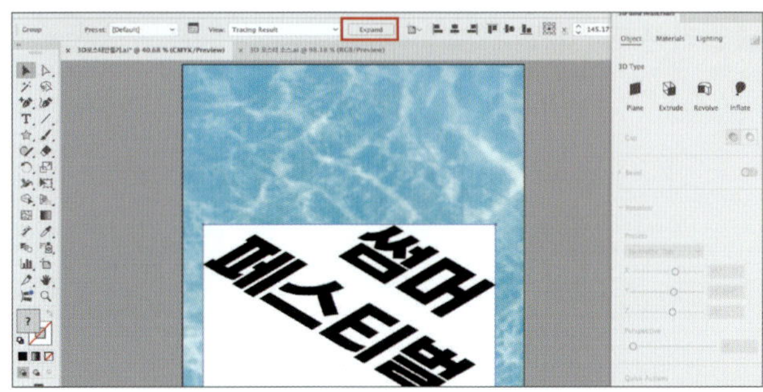

8 ❶ 단축키 Ctrl / Cmd + Shift + G를 눌러 그룹을 해제합니다. ❷ 흰색 배경을 선택해 Delete를 눌러 삭제합니다.

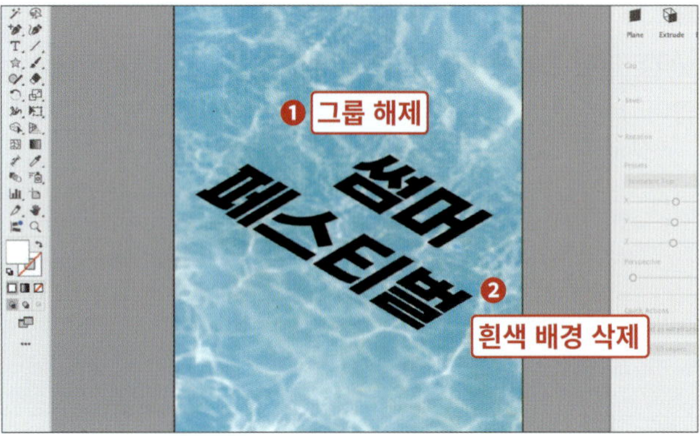

9 한 글자의 자음과 모음을 선택하고 단축키 Ctrl / Cmd + G를 눌러 다시 그룹화합니다.

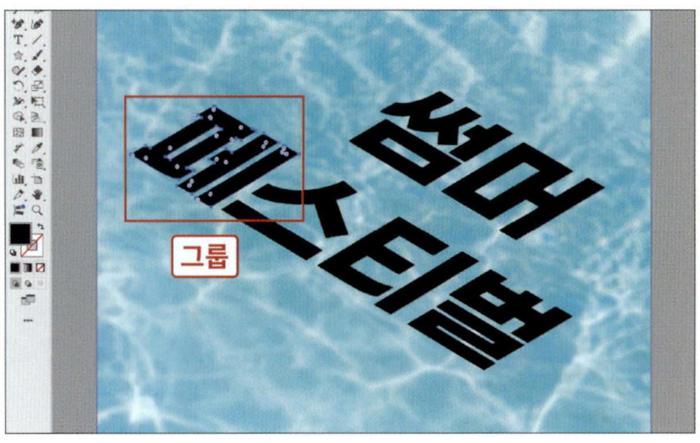

10 ❶ '썸머 페스티벌'을 전체 선택해 ❷ Ctrl / Cmd + C 를 눌러 복사한 후 ❸ Ctrl / Cmd + Shift + V 를 눌러 제자리에 붙여 넣고 ❹ 색상을 'C 100, M 100, Y 0, K 0'으로 지정합니다.

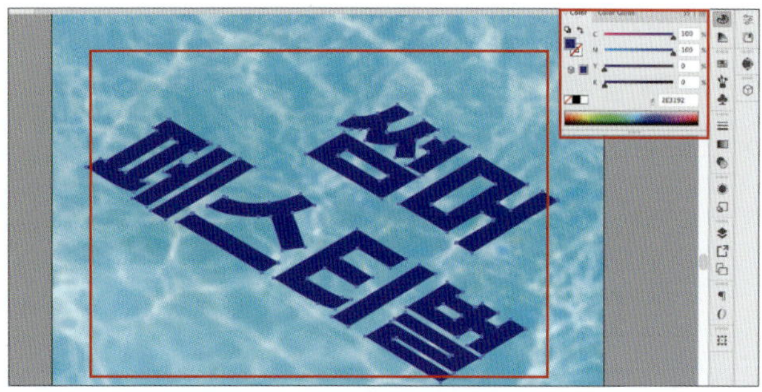

11 글자 오브젝트 '썸'만 선택한 후 메뉴 바에서 [Object] > [Envelope Distort] > [Make with Mesh]를 클릭합니다.

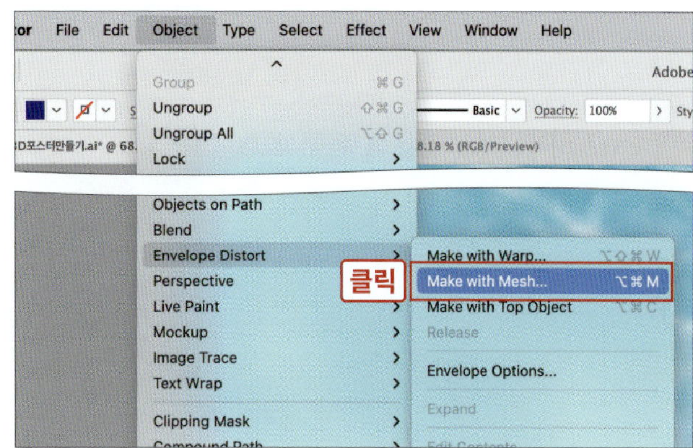

12 Envelope Mesh 팝업 창이 뜨면 ❶ Rows와 Columns에 각각 5를 입력하고 ❷ [OK]를 클릭합니다.

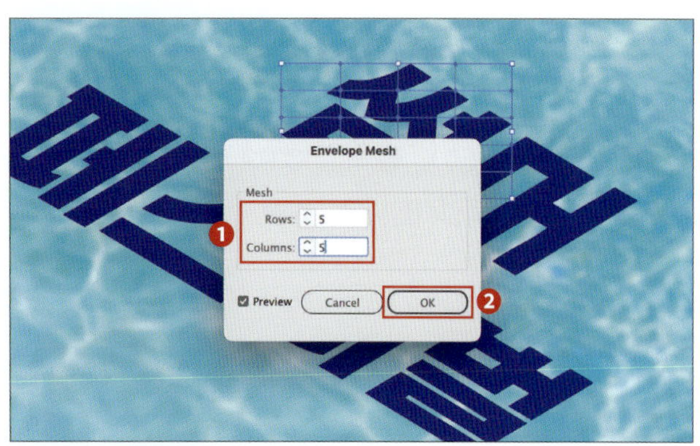

13 행과 열이 5인 격자 무늬가 생성되었습니다. 격자 무늬를 [Direct Selection Tool] 로 클릭해 드래그해 뒤틀면 모양이 변형됩니다.

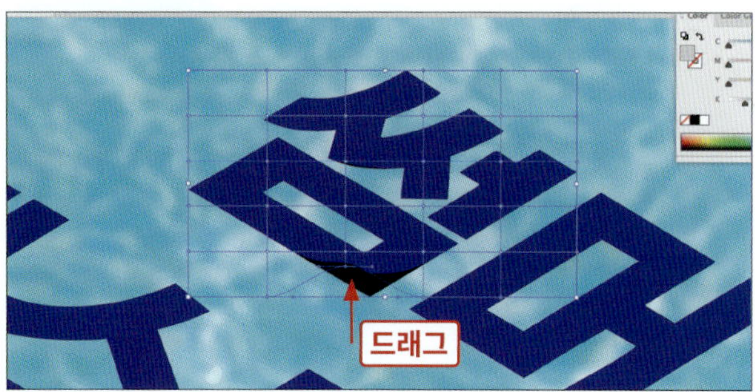

14 나머지도 같은 방법으로 변형시킵니다. 파도처럼 일렁이는 글자 모형이 완성되었습니다.

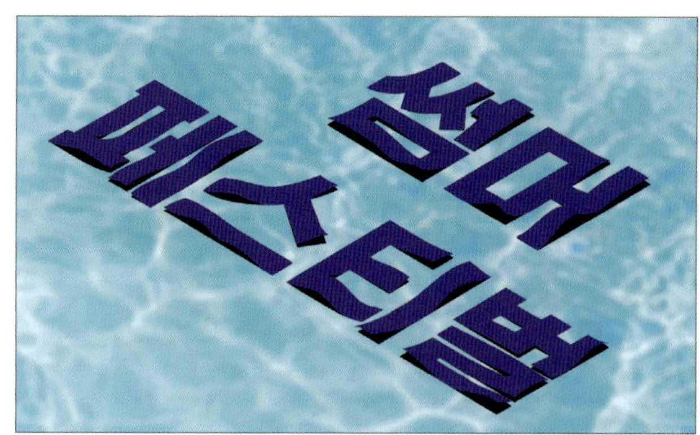

15 Layers 패널에서 검은색 '썸머 페스티벌' 레이어를 선택합니다.

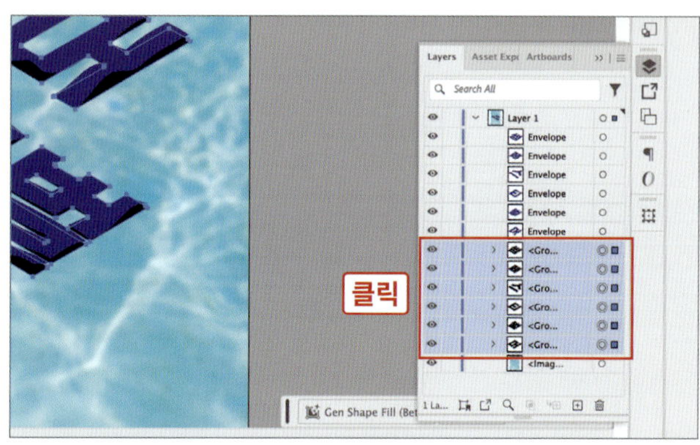

16 ❶ Opacity는 50%, ❷ 색은 'C 99, M 52, Y 0, K 0'으로 입력합니다.

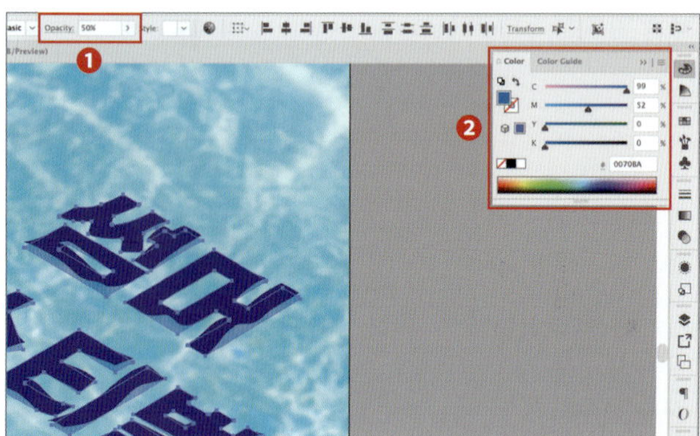

17 [AILESSON03] > [3D 포스터 소스.ai] 파일을 불러옵니다.

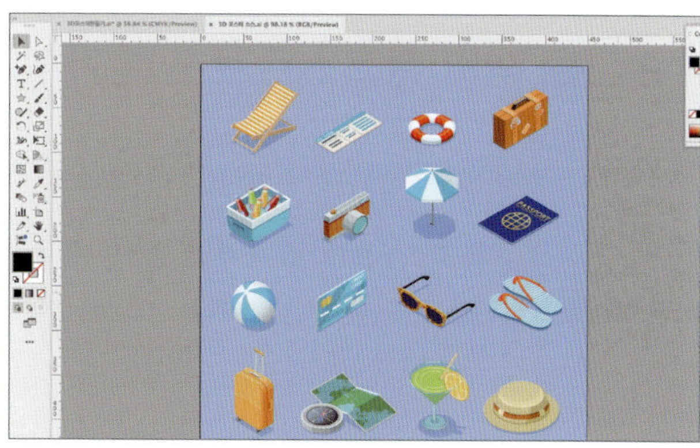

18 이미지 소스를 적당한 위치에 자리 잡습니다.

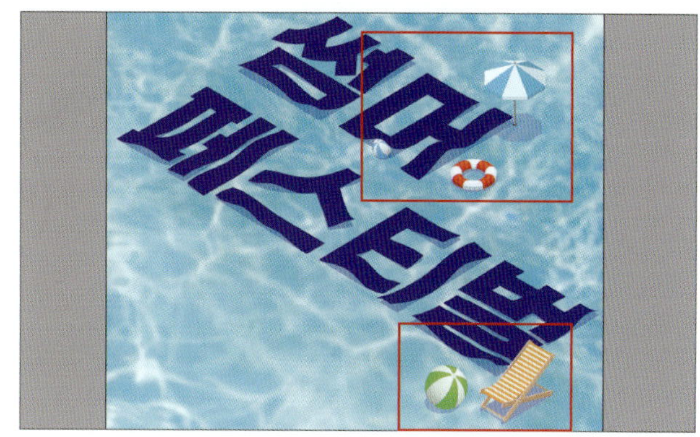

19 텍스트와 도형을 활용해 포스터를 완성합니다.

손그림 벡터 일러스트로 만들기

📂 **예제 파일** AILESSON03 > 야채캐릭터.ai, 플러스펜스케치.jpg   📂 **완성 파일** AILESSON03 > 야채캐릭터완성.ai

손그림을 벡터로 만들면, 이미지를 크게 확대해도 깨지지 않고 선명함을 유지할 수 있습니다.
또한 아날로그적인 느낌도 줄 수 있습니다.

미리보기
PREVIEW

1 [AILESSON03] > [야채캐릭터.ai]
파일을 불러옵니다. 링크가 유실되었다고
하면 [AILESSON03] > [플러스펜스케
치.jpg] 이미지를 찾아 연결해 줍니다.

2 ❶ 도구 모음의 [Selection Tool] ▶
로 이미지를 선택합니다. ❷ 상단 Linked
File 옵션 창에서 [Embed]를 클릭합니다.

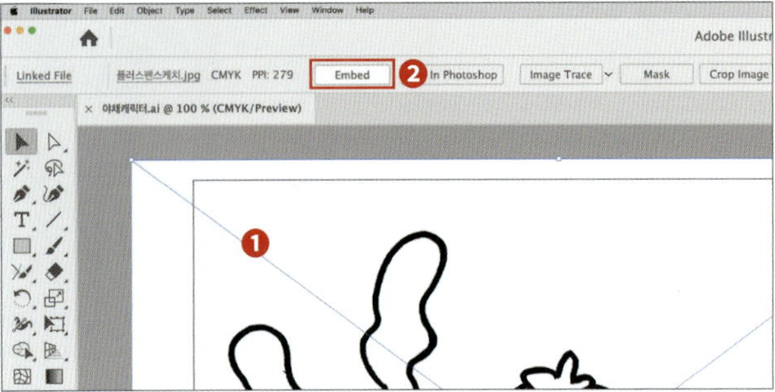

3 ❶ 상단 Image 옵션 창에서 [Image Trace]를 클릭하고 팝업 창이 나타나면 ❷[OK]를 클릭합니다.

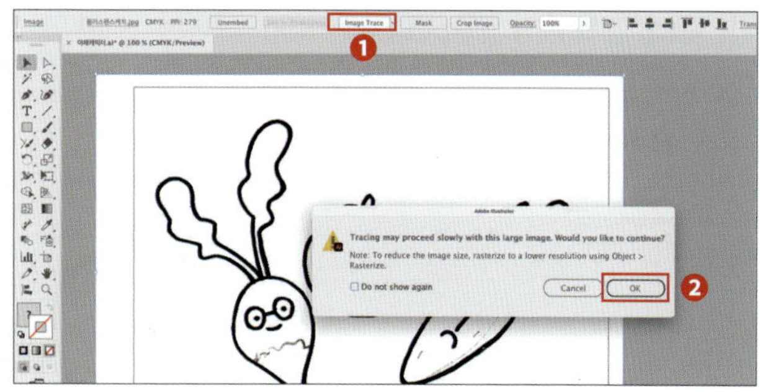

4 상단 Image Tracing 옵션 창에서 [Expand]를 클릭합니다.

5 도구 모음의 [Direct Selection Tool] 을 선택하면 스케치가 패스로 만들어진 것을 확인할 수 있습니다.

6 단축키 Ctrl / Cmd + Y 를 눌러 아웃라인을 확인해 보면 스케치 말고도 사각형의 종이도 패스화된 것을 알 수 있습니다. ❶ [Direct Selection Tool] 로 ❷사각형 프레임만 선택한 후 삭제합니다.

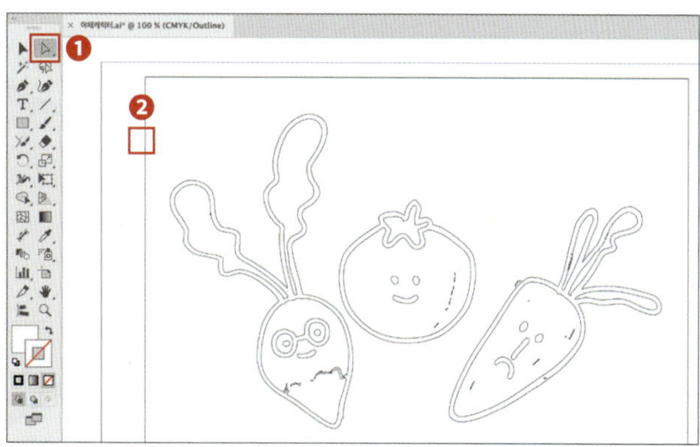

7 ❶ 도구 모음의 [Direct Selection Tool] 로 야채 캐릭터의 잎을 선택합니다. ❷ Swatches 패널에서 선 색상은 지정하지 않고, 면 색상을 초록색으로 선택합니다.

8 나머지 부분도 Swatches 패널을 이용하여 칠해 줍니다.

9 캐릭터들의 입체감을 살려 보겠습니다. ❶ 토마토 얼굴의 빨간 면을 선택합니다. ❷ 도구 모음 하단의 [Draw Inside] 를 클릭하면 토마토 주변으로 사각형 프레임이 나타납니다.

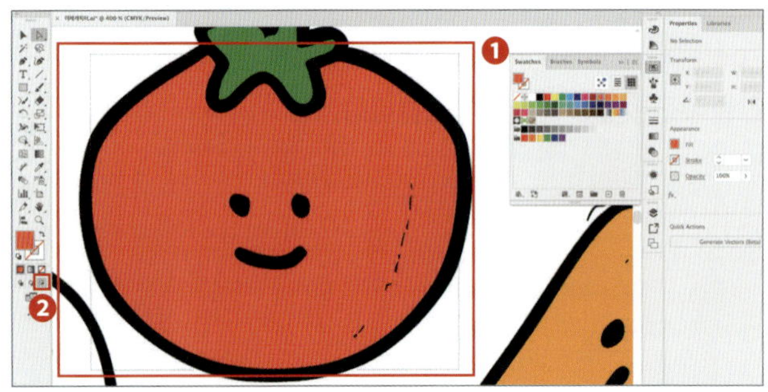

10 ❶ 도구 모음에서 [Blob Brush Tool] 을 선택합니다. ❷ Swatches 패널에서 어두운 빨강을 선택하고 키보드의 ［, ］를 이용하여 적당한 크기로 브러시를 만듭니다.

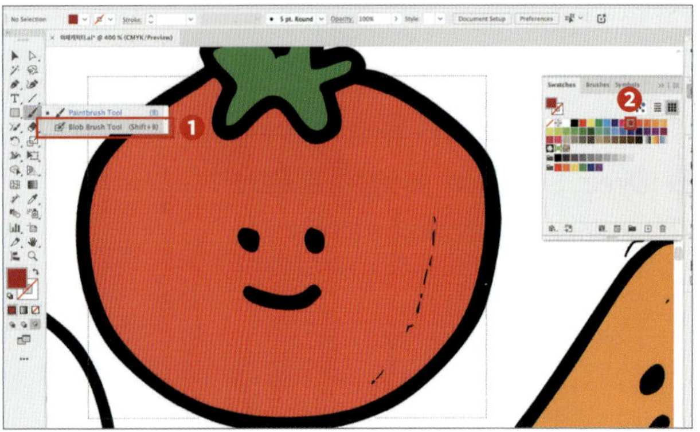

11 그림자를 넣고 싶은 부분에 드래그하면 면이 생성됩니다.

12 완성이 되었다면 도구 모음 하단의 ⬚를 클릭하여 표준 모드로 돌아옵니다.

13 나머지 캐릭터도 같은 방법을 사용하여 입체감을 살려 줍니다.

용어 사전

Draw Inside 기능

일러스트레이터의 Draw Inside 기능은 오브젝트 안에만 그림이나 패턴을 그릴 수 있게 해 주는 기능입니다.
이 모드를 사용하면 선택한 도형의 경계 밖으로 선이나 색이 넘치지 않고 도형 안에만 표시됩니다.

특징과 장점

① **클리핑 마스크와 유사하지만 더 직관적**: 별도의 마스크를 만들 필요 없이 바로 도형 안에만 작업할 수 있습니다.

② **빠른 패턴 및 텍스처 추가**: 오브젝트 내부에만 브러시나 패턴을 손쉽게 그릴 수 있습니다.

③ **편리한 수정**: 도형 안에 그린 내용은 나중에 Isolation Mode(격리 모드)로 들어가 개별 편집이 가능합니다.

④ **깔끔한 디자인**: 경계를 벗어나지 않고 도형 안에만 작업되어 디자인 작업이 깔끔해집니다.

그러데이션 기능 심화편

📁 **예제 파일** AILESSON03 > 그러데이션.ai 📁 **완성 파일** AILESSON03 > 그러데이션완성.ai

일러스트레이터의 그레이디언트 기능을 사용하면 색상 간의 자연스러운 전환을 통해 더욱 풍부하고 다채로운 표현이 가능합니다. 그레이디언트는 선형(linear), 원형(radial), 자유형(Freeform) 방식으로 적용할 수 있으며, 색상, 위치, 투명도 등을 세밀하게 조정할 수 있습니다.

미리보기
PREVIEW

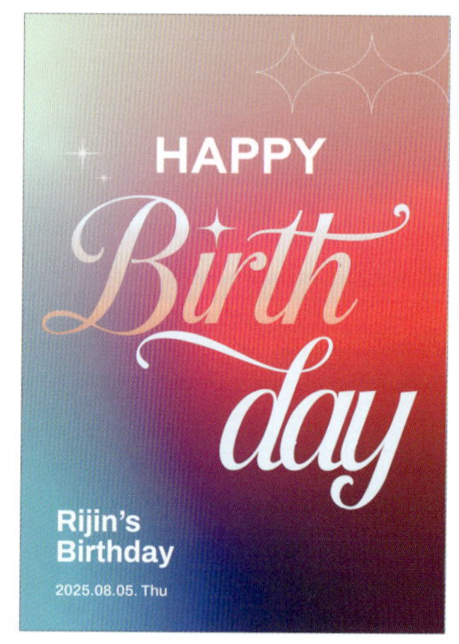

1️⃣ 다폰트에서 LastChristmas.otf 폰트를 다운로드하고 설치한 후 [AILESSON03] > [그러데이션.ai] 파일을 불러옵니다.

여기서 잠깐 

일러스트레이터 CC 2015부터 스포이드 도구를 사용해 텍스트에 그레이디언트를 적용할 수 있게 됩니다. **텍스트를 아웃라인화하지 않았기 때문에 텍스트 수정이 가능하다는 장점**이 있습니다. 해당 기능을 학습해 보겠습니다.

2 ❶ 도구 모음에서 [Rectangle Tool]□을 클릭하고 ❷ 아트보드 밖으로 드래그해 사각형을 생성합니다. ❸ 도구 모음에서 [Gradient Tool]▣을 클릭해 방금 만들어 놓은 ❹ 사각형을 클릭하면 그레이디언트가 적용됩니다.

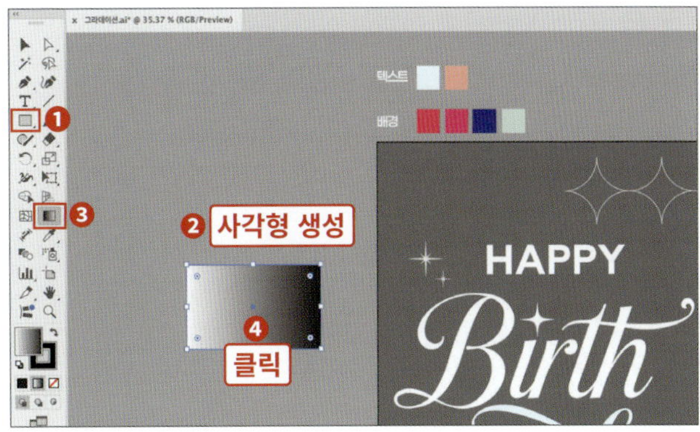

3 ❶ Gradient 패널에서 Type를 선형(▣)으로 선택하고 ❷ 그레이디언트 주석자의 색상 정지점을 더블클릭하면 Gradient 옵션 창이 뜹니다. ❸ ⌖을 클릭하고 ❹ 상단 캔버스에 있는 '텍스트 색상'을 추출해 색상을 변경합니다.

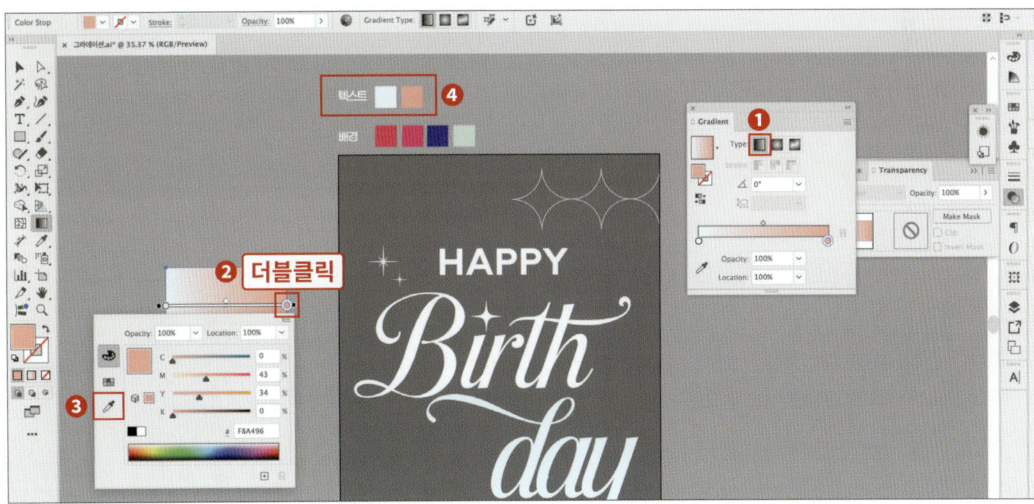

4 텍스트에 그레이디언트 값을 글자에 적용시킬 수 있도록 설정을 변경해 보겠습니다. ❶ 도구 모음의 [Eyedropper Tool]⌖을 더블클릭하면 옵션 창이 나타납니다. ❷ 옵션 창에서 [Appearance]를 체크해 옵션을 활성화합니다. ❸ [OK]를 클릭합니다.

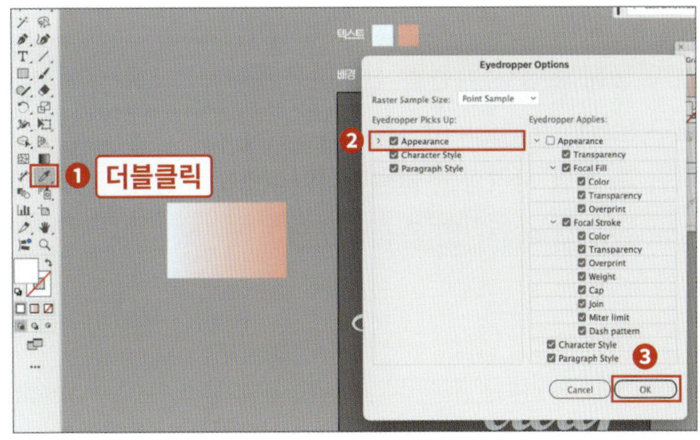

5 ❶ 'Birth' 텍스트를 선택한 상태에서 ❷ [Eyedropper Tool] 을 이용해 ❸ 박스를 클릭합니다. 서체에 그레이디언트 값이 적용되었습니다.

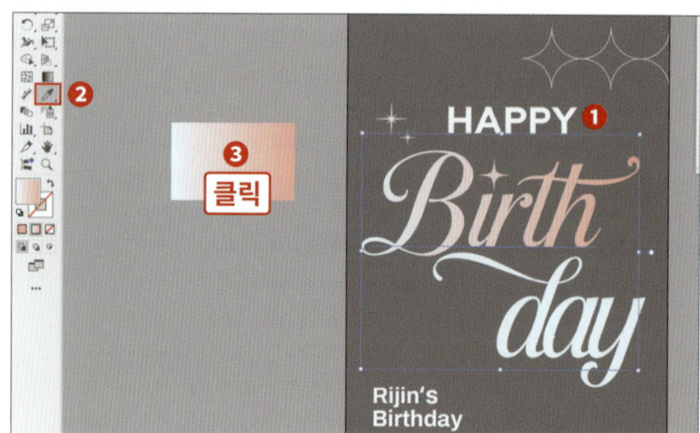

6 ❶ 왼쪽 도구 모음에서 [Gradient Tool] 을 클릭하고 ❷ 마우스를 클릭한 채 아래로 드래그해 그레이디언트 방향을 위에서 아래로 변경합니다.

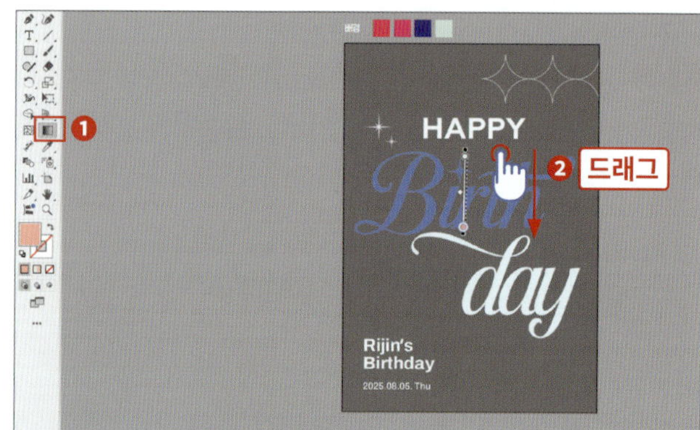

7 서체에 그레이디언트를 적용한 모습입니다. 이제 배경에도 그레이디언트를 적용해 보겠습니다.

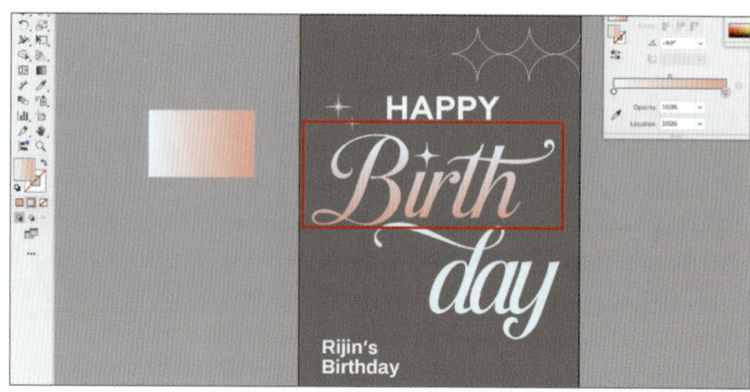

8 ❶ 도구 모음의 [Selection Tool] 을 이용해 배경 사각형을 선택하고 ❷ 도구 모음의 [Gradient Tool] 을 클릭한 후 배경 사각형을 클릭합니다. ❸ Gradient Type에서 을 클릭합니다.

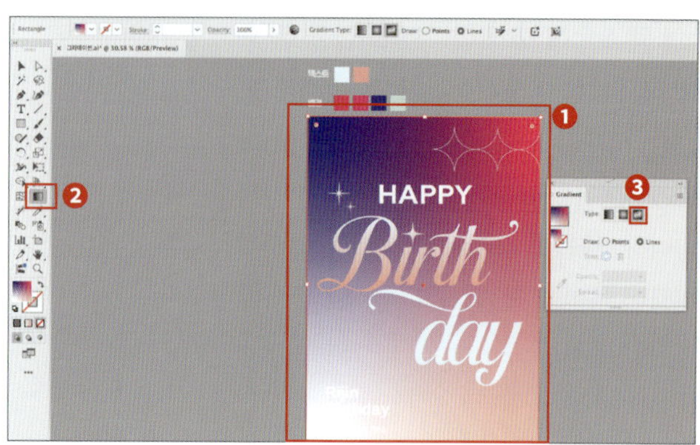

9 사각형 네 개의 가장자리에 '랜덤 색상 정지점'이 나타납니다. Gradient 패널에서 [Lines]를 클릭한 상태로 각 색상 정지점을 클릭하면 그레이디언트가 이어지는 선이 생성됩니다.

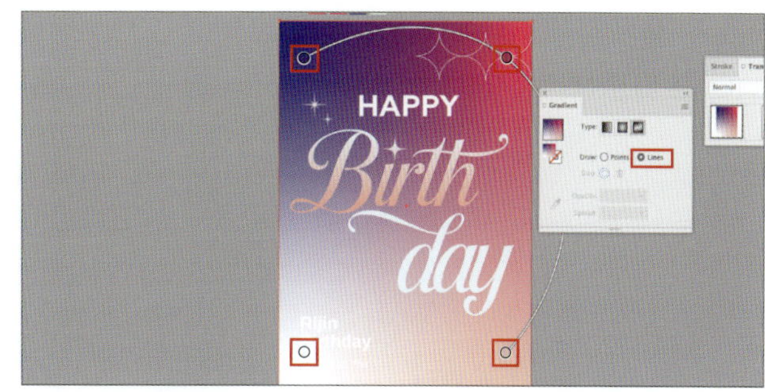

10 네 개의 색상 정지점을 모두 클릭해 그레이디언트를 연결합니다. 각 그레이디언트의 색상 정지점이 하나의 선으로 연결됩니다.

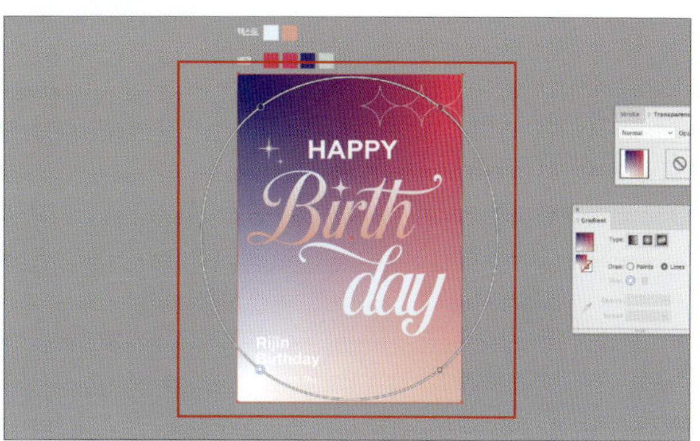

꿀팁!

색상 정지점을 하나의 선으로 연결하면 선의 모양대로 색상이 자연스럽게 블렌딩됩니다.

11 각 색상 정지점을 클릭해 드래그하면 유동적으로 그레이디언트 모양을 변경할 수 있습니다. 원하는 모양으로 자유롭게 색상 정지점을 이동합니다.

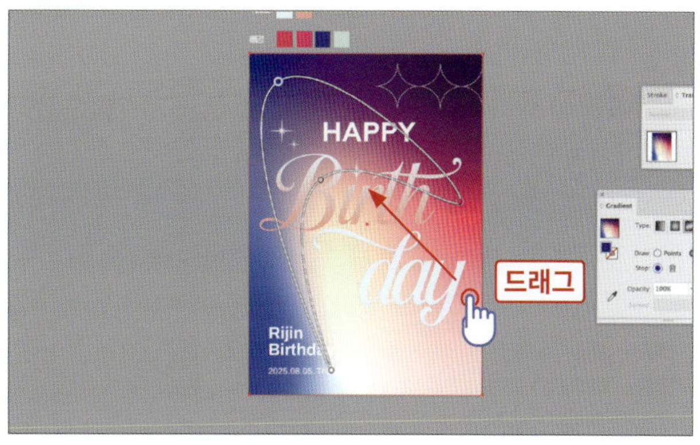

12 ❶ 앞서 배운 대로 각 색상 정지점을 더블클릭하고 ❷ 🖊 로 상단 캔버스의 배경 색상들을 클릭해 각 색상 정지점의 색상을 변경합니다.

13 각 색상 정지점을 이은 선을 클릭합
니다. 또 다른 색상 정지점이 생성됩니다.

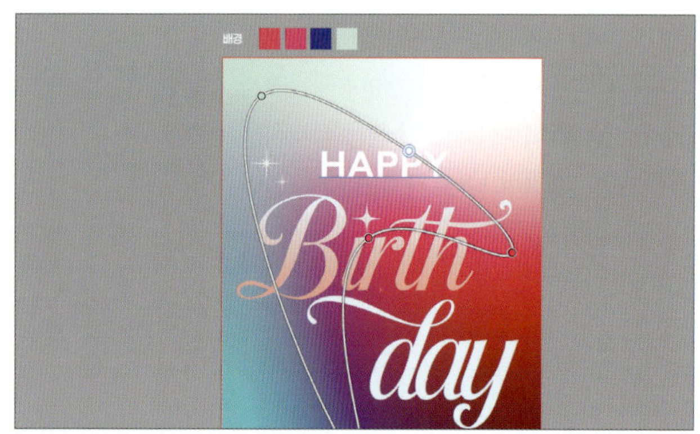

14 지점의 색상을 원하는 색상으로 변
경합니다. 여기서는 'C 27, M 56, Y 0, K
0'으로 변경해 보았습니다.

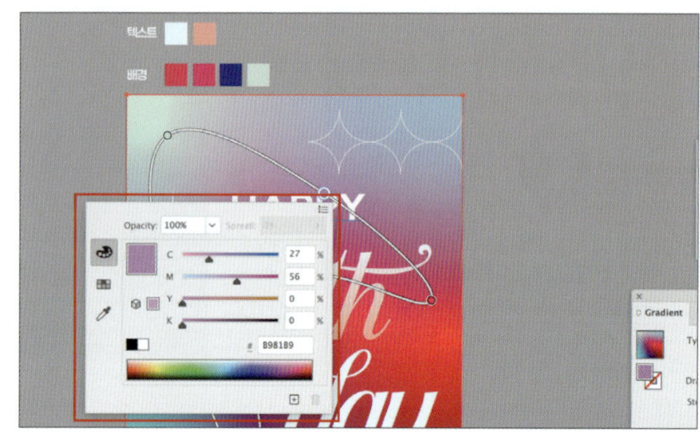

15 ❶ 색상 정지점을 클릭해 Gradient
패널에서 ❷ Stop의 🗑 을 클릭하면 색
상 정지점이 삭제됩니다.

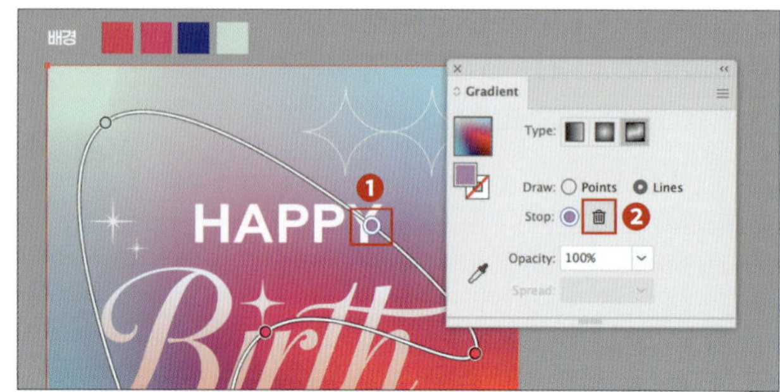

16 배경에 자유형 그레이디언트를 적용
한 모습입니다.

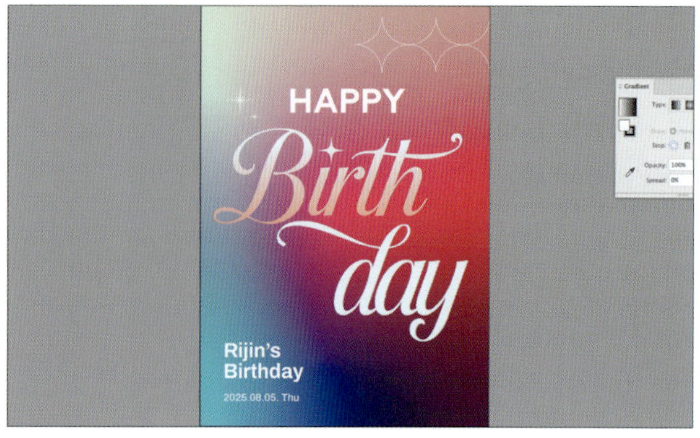

용어 사전

Gradient 기능

Gradient는 선형(Linear Gradient), 방사형(Radial Gradient), 자유형(Freeform Gradient)으로 총 세 가지 모양이 있습니다.

■ 선형(Linear Gradient)

- 선형 그레이디언트는 색상이 직선 형태로 변화하는 방식입니다.
- 선형 그레이디언트는 색상이 일정한 방향을 따라 변합니다.
- 기본적으로 두 색상이 설정되며, 추가적인 색을 중간에 삽입하여 점진적인 변화 효과를 낼 수 있습니다.

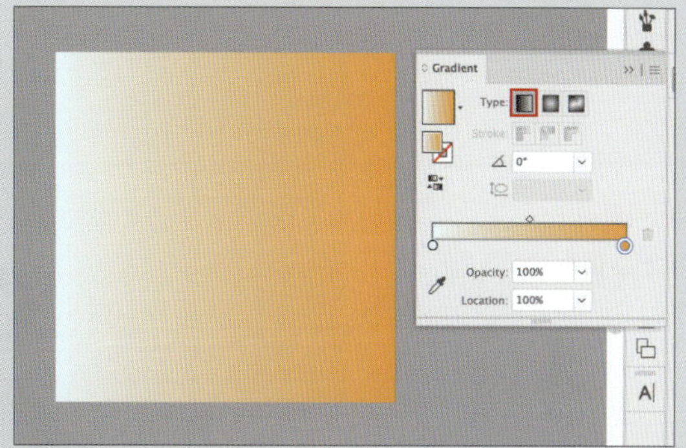

■ 방사형(Radial Gradient)

- 방사형 그레이디언트는 색상이 중심에서 바깥으로 원형으로 퍼지는 방식입니다.
- 반지름을 설정하여 그레이디언트의 퍼지는 범위를 조절하거나, 두 색상 사이의 중간점을 추가해 색 변화가 더 세밀하게 일어나도록 설정할 수 있습니다.

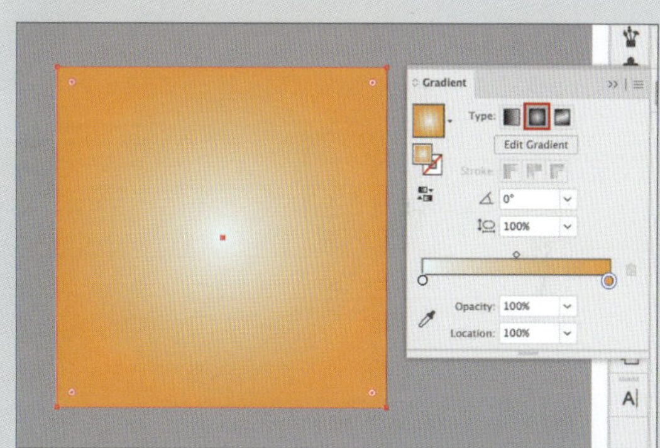

■ 자유형(Freeform Gradient)

- 자유형 그레이디언트는 각 포인트에서 독립적으로 색상과 위치를 조정할 수 있는 그레이디언트로, 매우 유연하고 자유로운 디자인을 가능하게 합니다.
- 색상 정지점 간에 연결 선을 생성할 수 있으며 드래그하여 그레이디언트를 조정할 수 있습니다.
- 각 색상 정지점들은 자유롭게 위치를 이동할 수 있습니다.

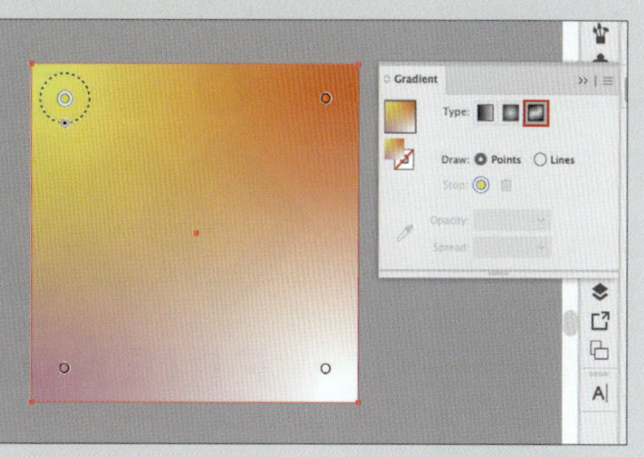

도형 심화편, 로고 만들기

📁 **예제 파일** AILESSON03 > 로고만들기.ai   📁 **완성 파일** AILESSON03 > 로고만들기완성.ai

로고 디자인에서 도형은 그 자체로 강력한 상징성과 시각적 임팩트를 주는 핵심 요소입니다.
도형은 단순한 형태를 넘어, 로고의 아이덴티티와 메시지를 전달하는 중요한 역할을 합니다.
이번 섹션에서는 일러스트레이터에서 도형을 사용하여 로고를 만들 때 활용할 수 있는 심화 기법
에 대해 다루겠습니다.

미리보기
PREVIEW

1 [AILESSON03] > [로고만들기.ai] 파일을 엽니다. 서로 겹쳐진 세 마름모꼴을 선택합니다.

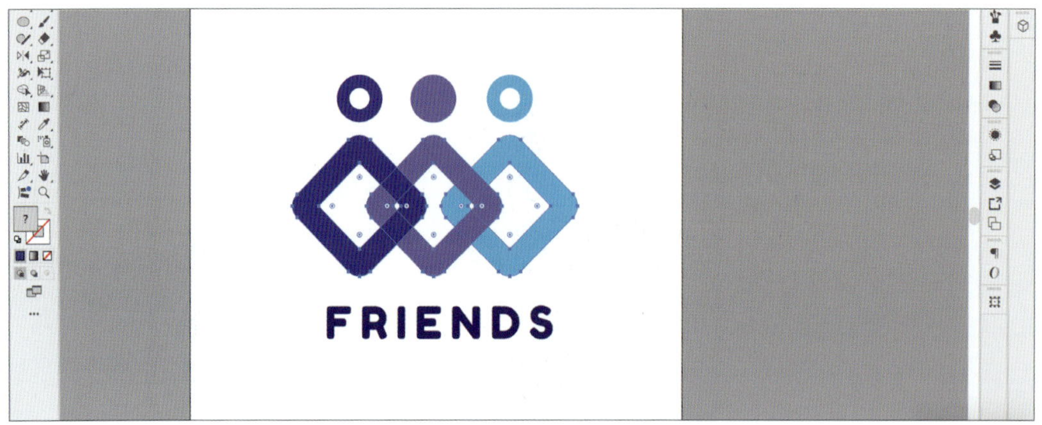

2 ❶ 도구 모음에서 [Shape Builder Tool]을 클릭하고 ❷ 겹쳐진 부분을 드래그하면 하나의 도형으로 병합됩니다.

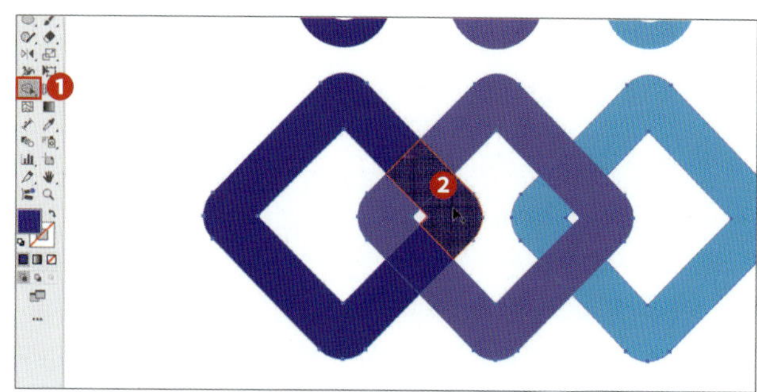

3 오른쪽 이미지와 같이 나머지 도형도 병합합니다.

4 도구 모음에서 [Rectangle Tool]을 이용해 사각형을 하나 만듭니다.

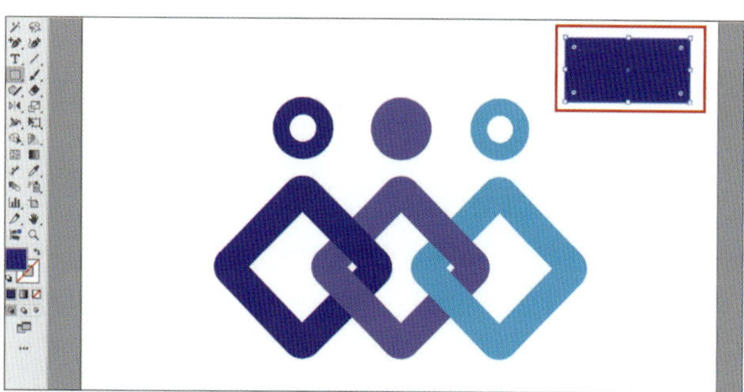

5 ❶ 왼쪽 도구 모음에서 [Gradient Tool]을 선택하고 ❷ 만든 사각형에 그레이디언트를 적용합니다.

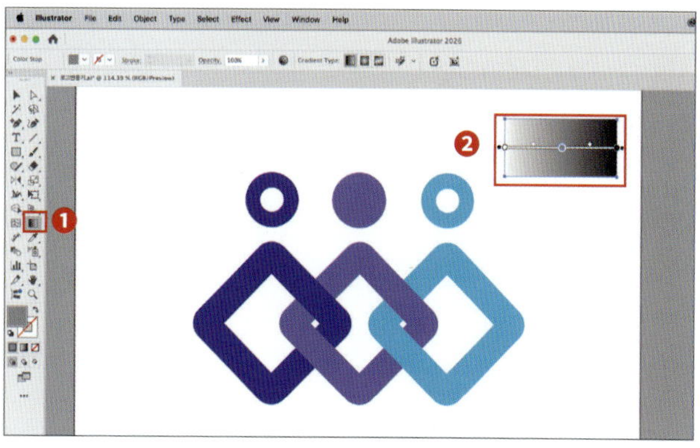

6 그레이디언트 색상 값을 세 개의 원형 색상으로 변경합니다.

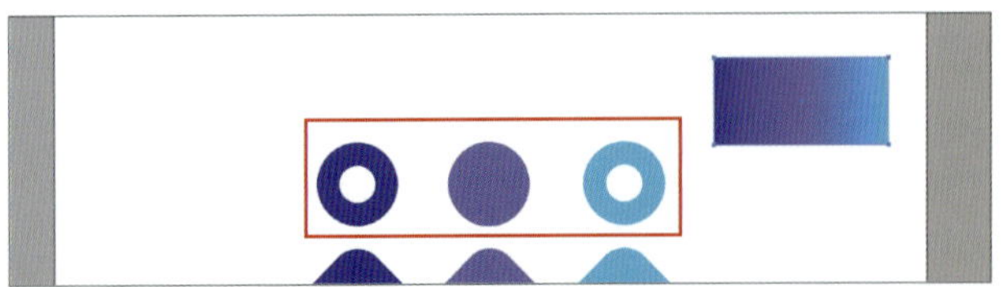

7 ❶ 도구 모음의 [Selection Tool] ▶ 을 이용해 마름모꼴 도형 세 개를 선택한 상태에서 ❷ 도구 모음에서 [Gradient Tool] ▣ 을 클릭하고 ❸ 각각의 도형을 클릭하면 방금 생성한 그레이디언트 도형의 색상 값과 동일한 그레이디언트가 적용됩니다.

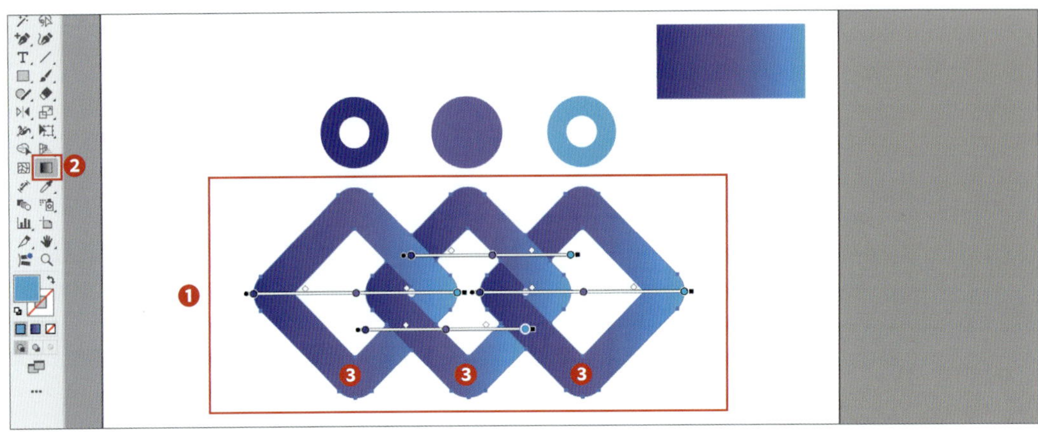

8 ❶ 각 도형을 [Selection Tool] ▶ 로 선택한 후 ❷ [Gradient Tool] ▣ 을 클릭하고 ❸ 도형에 원하는 방향으로 드래그해 그레이디언트 바의 방향을 변경합니다.

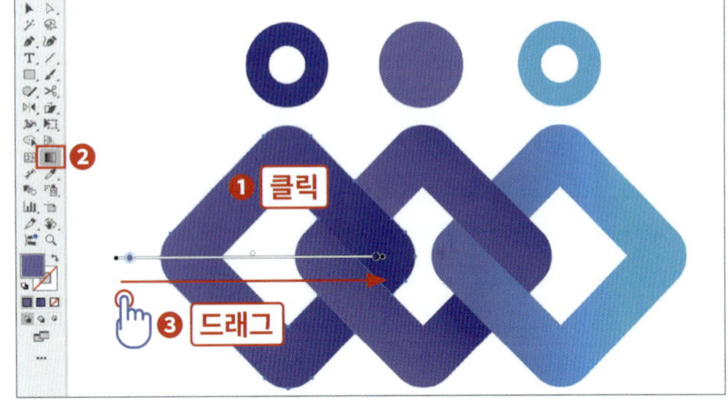

9 도형에 그레이디언트를 알맞게 조정한 모습입니다.

만들어진 로고는 크기를 확대하거나 축소했을 때를 고려해 로고를 디자인하는 것이 좋습니다.

예제와 같이 도형을 겹쳤을 때

도형과 도형 사이의 애매한 공간이 생기면 로고를 축소하여 사용해야 하는 경우 로고의 형태가 잘 보이지 않을 수 있습니다.

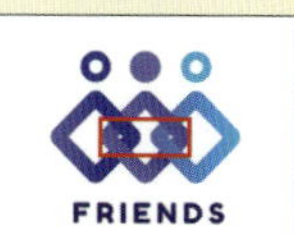

만들어진 로고를 축소해 보면 알 수 있듯이
공간이 아닌 흰 점이 있는 디자인으로 보입니다.

문제점 보완

도형의 위치를 움직여 사이의 애매한 공간을 삭제하여 정리했습니다.

공간을 삭제해 크기를 축소해도 시각적으로
거슬리지 않고 로고가 깔끔하게 보입니다.

도형 심화편, 스티커 작업하기

📂 **예제 파일** AILESSON03 > 스티커작업.ai　📂 **완성 파일** AILESSON03 > 스티커작업완성.ai

스티커 작업 시에는 칼선 설정이 필수입니다. 스티커의 칼선은 도형의 외곽선보다 약 3mm 정도 바깥쪽에 위치해야 합니다. 예시를 통해 칼선을 만드는 방법을 살펴보고, 더불어 텍스트에 맞게 크기가 조정되는 도형 설정 방법도 알아보겠습니다.

미리보기
PREVIEW

01 텍스트 도형 만들기

1 [AILESSON03] > [스티커작업.ai] 파일을 엽니다.

2 ❶ 아트보드 하단에 [Type Tool] [T]을 이용하여 'strawberry'를 입력하고 ❷ 원하는 폰트로 변경합니다. 여기서는 Archivo 폰트를 활용했습니다.

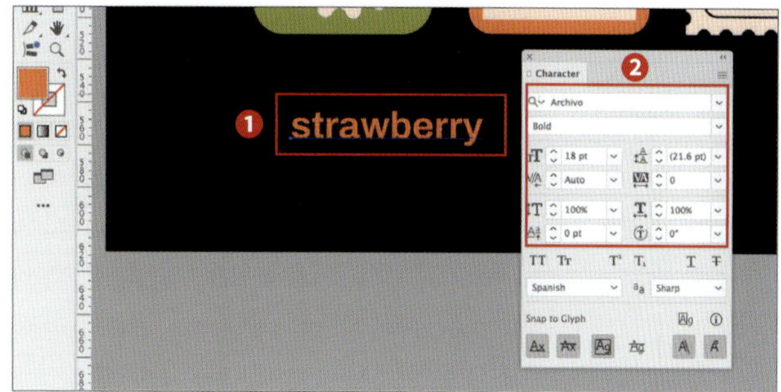

3 텍스트의 길이에 맞게 조절되는 텍스트 도형을 만들어 보겠습니다. 메뉴 바에서 [Window] > [Appearance]를 클릭합니다.

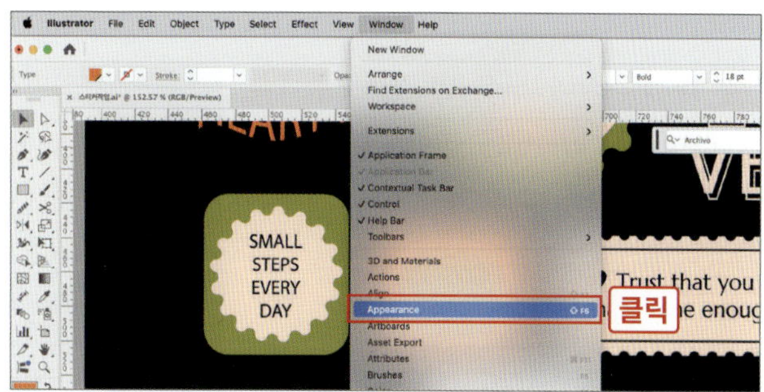

4 Appearance 패널이 나타나면 ❶ 옵션 창 왼쪽 하단의 ▣를 두 번 클릭해 Fill 옵션 두 개를 생성합니다. ❷ 팝업 창의 상단 Stroke가 도형의 선이고, 가운데의 Fill이 텍스트이며, 하단의 Fill이 도형이 됩니다.

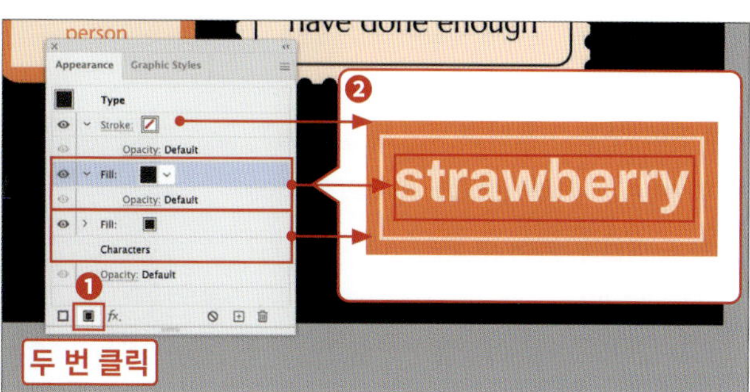

5 세 개의 옵션 색상 박스를 클릭해 다음 색상으로 변경합니다.

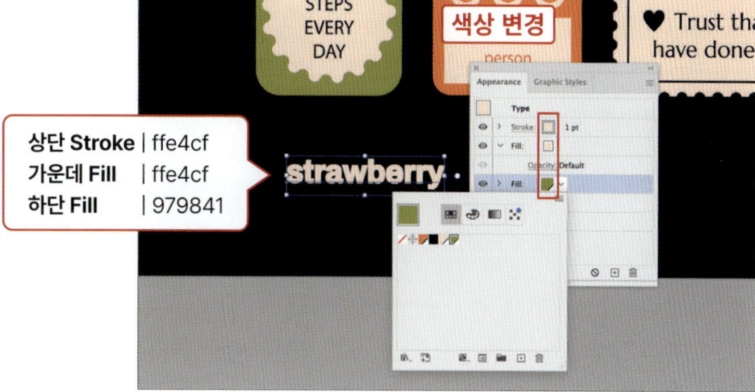

6 ❶ 제일 위쪽의 Stroke를 선택한 상태에서 ❷ 옵션 창 하단의 $fx.$ 를 클릭하여 ❸ [Convert to Shape] > [Ellipse]를 선택합니다.

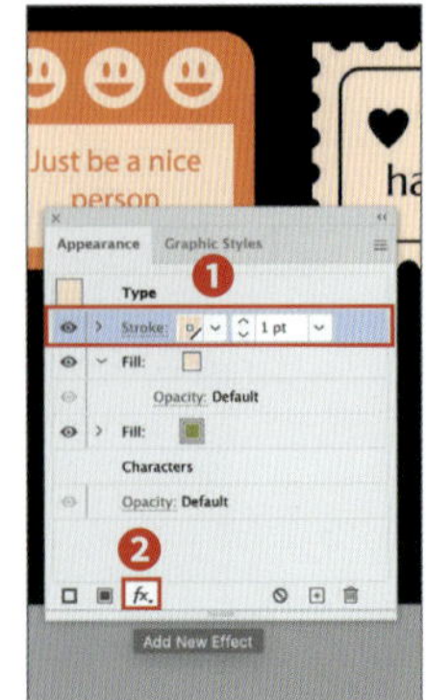
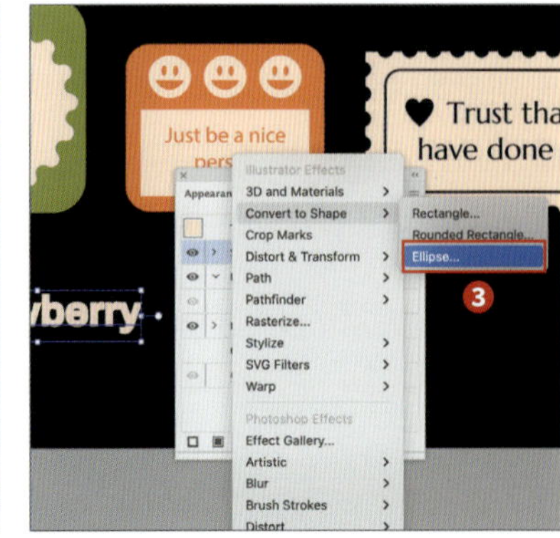

7 ❶ 옵션 창이 나타나면 가로 폭을 나타내는 Extra Width를 -3px, 높이를 나타내는 Extra Height를 4px로 입력한 후 ❷ [OK]를 클릭합니다.

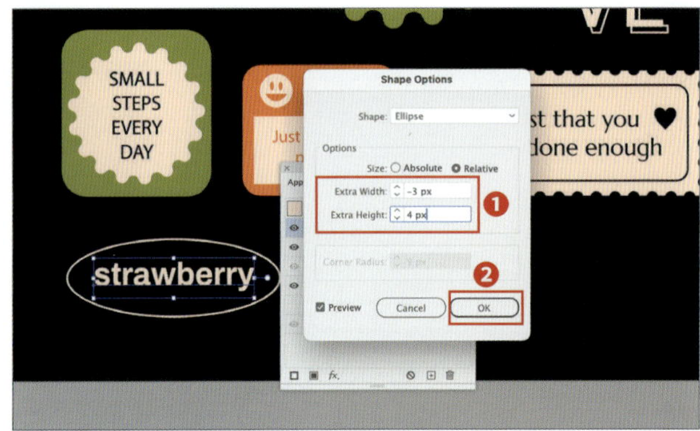

8 Stroke를 이용하여 텍스트를 감싸는 원형 선으로 만들었습니다. 문자의 길이에 맞는 도형을 만들어 보겠습니다. 하단 Fill 을 선택합니다.

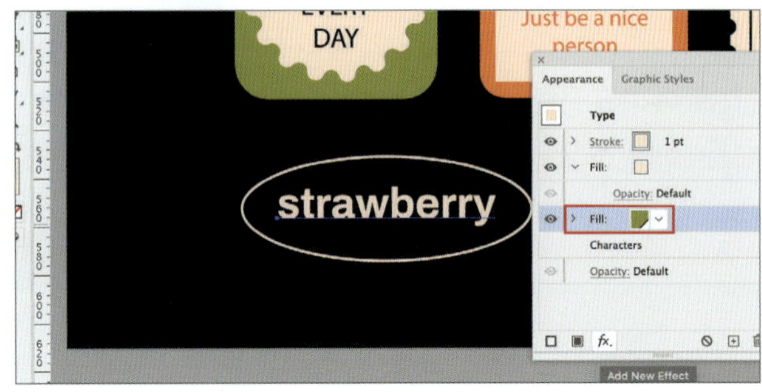

9 ❶ $fx.$ 를 클릭합니다. ❷ [Convert to Shape] > [Ellipse]를 선택합니다. ❸ Extra Width를 4px, Extra Height를 9px로 입력한 후 ❹ [OK]를 클릭합니다.

10 선과 면이 있는 텍스트 박스가 완성되었습니다. 'strawberry' 텍스트를 'happy'로 변경합니다. 글자 길이에 맞게 면의 크기가 조정됩니다.

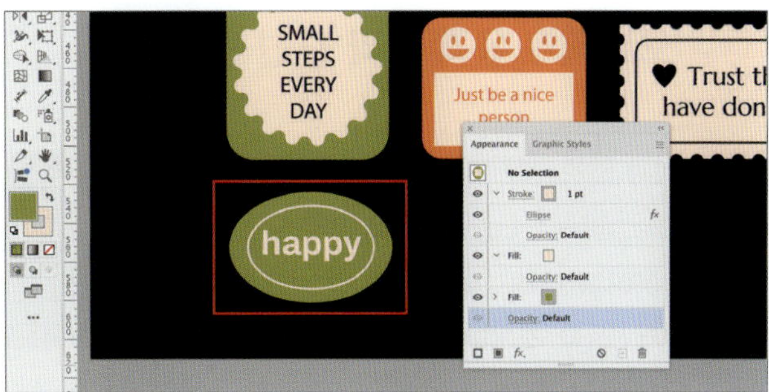

11 원형이 아닌 사각형의 텍스트 박스도 만들어 보겠습니다. 'happy'를 선택한 상태로 Ctrl / Cmd + Alt / Option 을 누르고 오른쪽으로 드래그해 복사본을 생성합니다.

12 Appearance 패널에서 방금 설정한 Stroke의 Ellispe를 클릭하면 팝업 창이 나타납니다. ❶ Shape를 Rectangle로 변경하고 ❷ [OK]를 클릭합니다. 텍스트를 감싸는 원형 Stroke가 사각형의 Stroke로 변경됩니다.

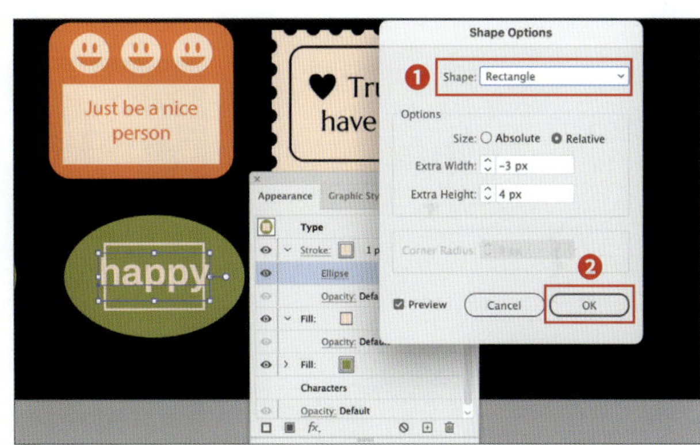

13 아래의 Fill도 마찬가지로 Ellipse를 Rectangle로 변경합니다. 'happy' 텍스트를 'strawberry'로 변경하고 원하는 색상으로 조정합니다.

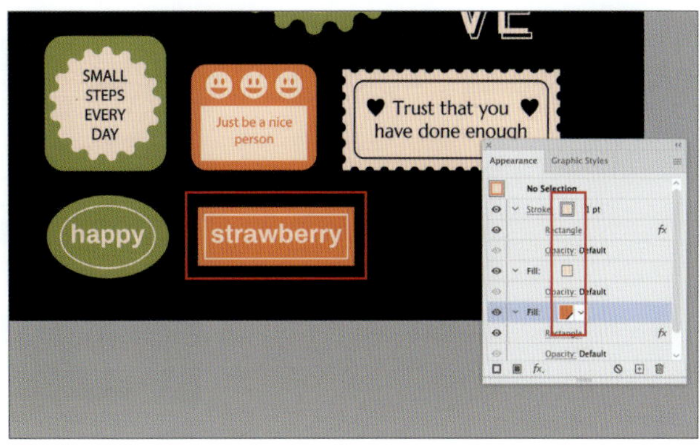

1 칼선과 흰색 테두리의 칼선 여유분을 만들어 보겠습니다. Layers 패널에서 '이미지' 레이어를 드래그해 ⊞ 에 갖다 놓아 '이미지 copy' 레이어를 생성합니다.

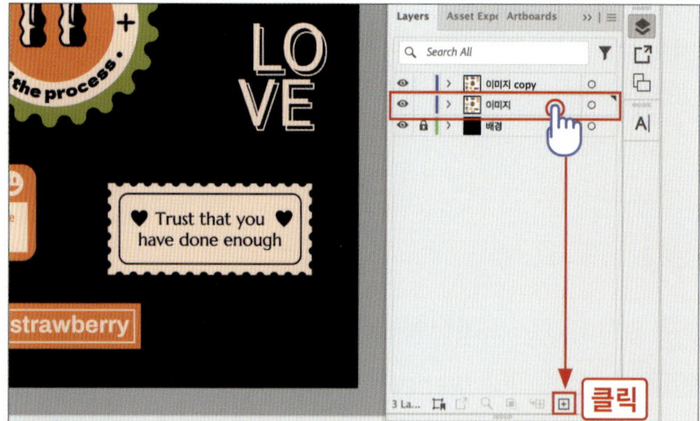

용어 사전

스티커 작업에서 칼선과 칼선 여유분은 스티커의 모양과 잘린 부분에 영향을 미치기 때문에 정확히 설정해야 합니다.

칼선은 스티커를 자를 경로로, 디자인을 정확히 자르는 데 사용됩니다.
칼선 여유분은 칼선 바깥으로 **3~5mm** 정도 디자인의 끝을 확장하여 디자인 **잘림 오차를 방지하는 여유 공간**입니다.

2 '이미지 copy' 레이어 이름을 '칼선'으로 변경합니다.

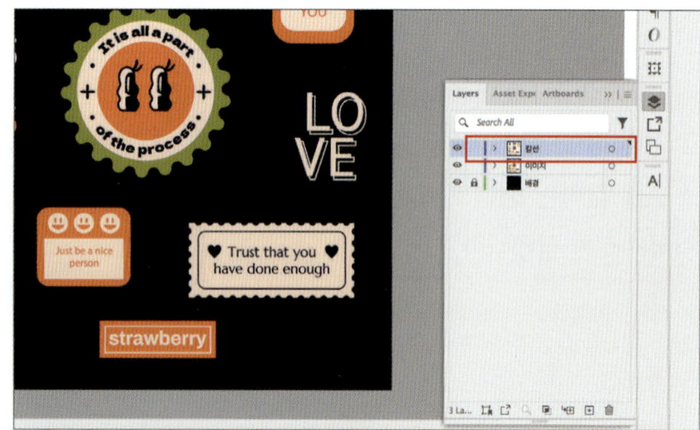

3 '칼선 레이어'의 오른쪽에 있는 ○를 클릭해 이미지 전체를 선택합니다.

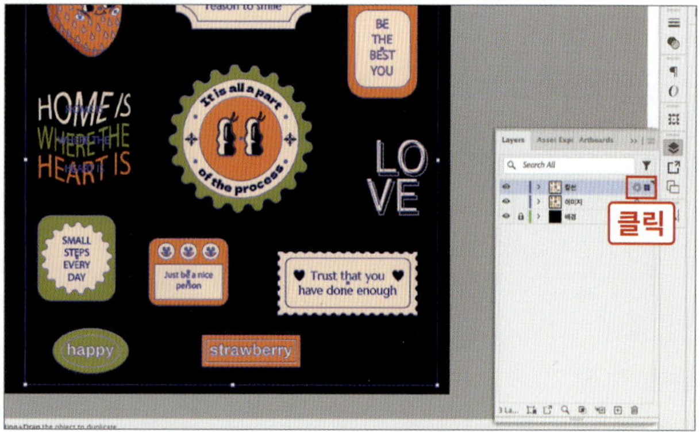

4 메뉴 바에서 [Object] > [Expand Appearance]를 클릭합니다.

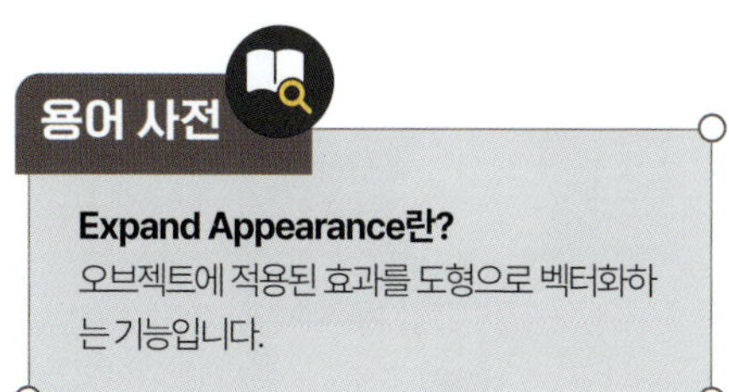

용어 사전

Expand Appearance란?
오브젝트에 적용된 효과를 도형으로 벡터화하는 기능입니다.

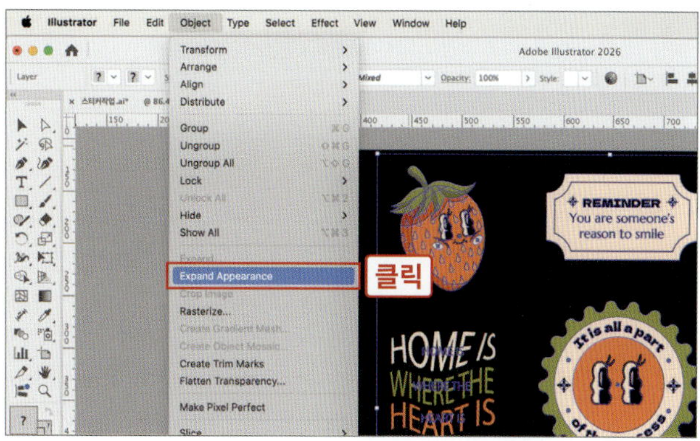

5 '칼선' 레이어에 있는 오브젝트가 전체 선택된 상태에서 메뉴 바에서 [Object] > [Expand]를 클릭합니다.

용어 사전

Expand란?
선을 도형화하고 수치를 고정시키는 기능입니다.

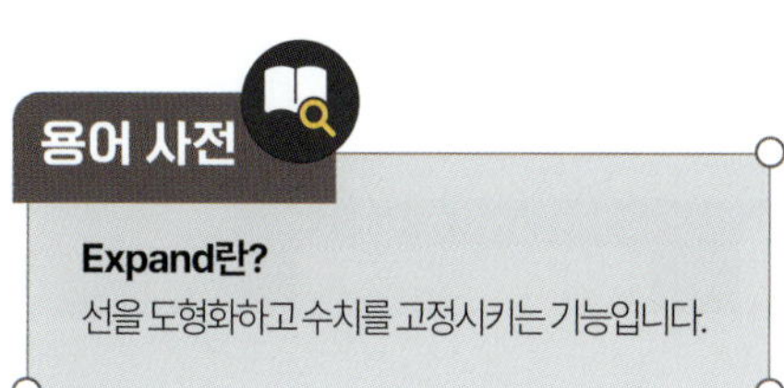

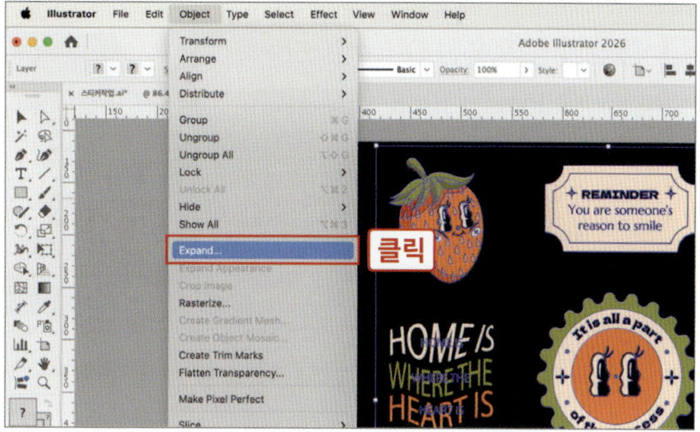

6 Expand 옵션 창에서 ❶ [Object], [Fill], [Stroke]를 선택하고 ❷ [OK]를 클릭합니다.

7 모든 오브젝트가 도형화되었습니다. 오브젝트를 전체 선택하고 Pathfinder 패널에서 ▣ 를 클릭하여 병합합니다.

8 메뉴 바에서 [Object] > [Path] > [Offset Path]를 클릭합니다.

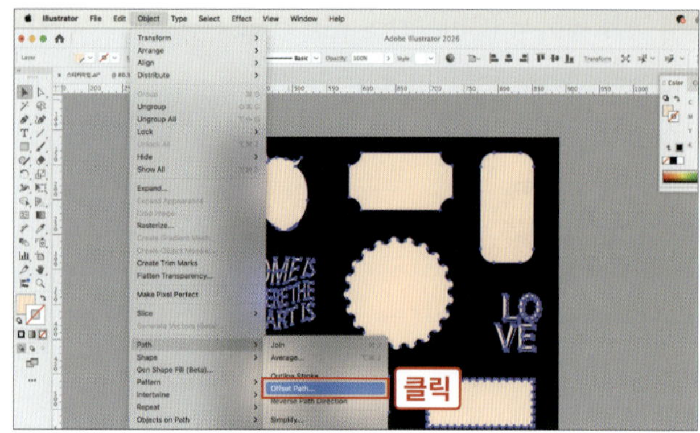

9 ❶ 팝업 창이 뜨면 Offset을 6px로 입력하고 ❷ Joins는 [Round]로 선택한 후 ❸ [OK]를 클릭합니다.

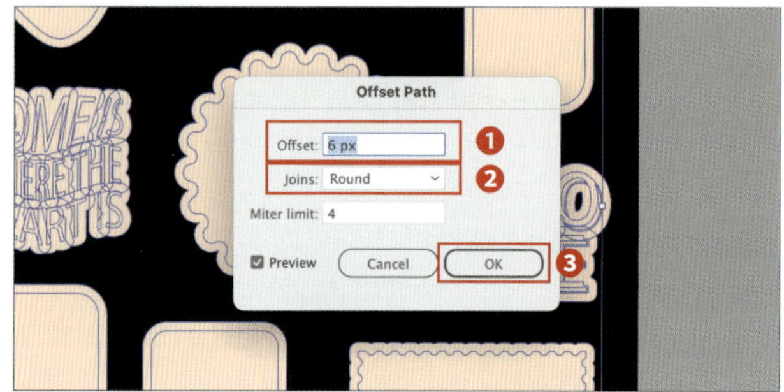

10 오브젝트 내부의 선이 있으면 칼선으로 인식해 작업됩니다. 우리는 외곽을 둘러싸는 칼선만 필요하기 때문에 오브젝트 내부의 선을 [Direct Selection Tool] 로 클릭해 단축키 Delete 를 눌러 삭제합니다.

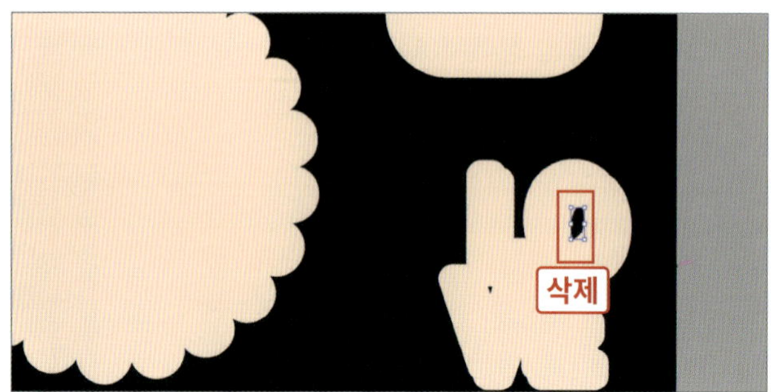

용어 사전

Expand와 Expand Appearance 기능
Expand는 오브젝트를 더 이상 편집할 수 없게끔 변환하는 기능입니다.
Expand Appearance는 효과나 스타일이 적용된 오브젝트의 외형을 고정하는 데 사용됩니다.

Offset Path 기능
Offset Path는 주로 테두리 만들기 또는 선택 영역을 확장할 때 사용하는 기능으로 원본 패스와 일정한 거리를 두고 새로운 패스를 만들어 내는 기능입니다.

11 ❶ 정리된 오브젝트를 전체 선택하고 ❷ Pathfinder 패널에서 █를 클릭해 오브젝트를 병합합니다.

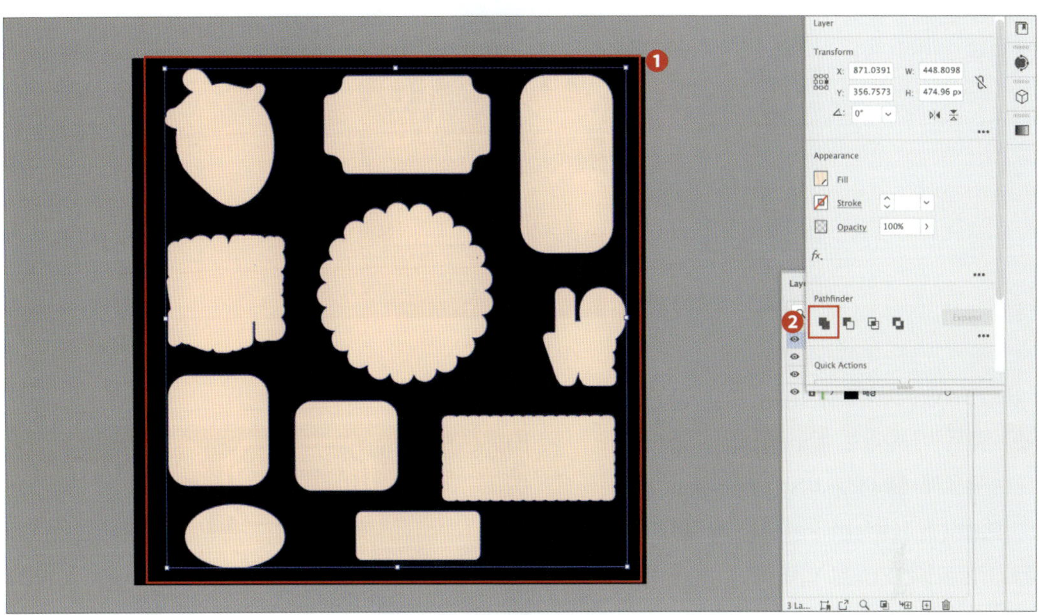

12 채우기 색은 없이, 윤곽선은 'C 0, M 100, Y 0, K 0'으로 지정하여 칼선을 만듭니다.

꿀팁!

칼선의 색상은 CMYK 중 하나의 색상만 선택해 작업해야 출력 시스템 기기에서 칼선으로 인식합니다.

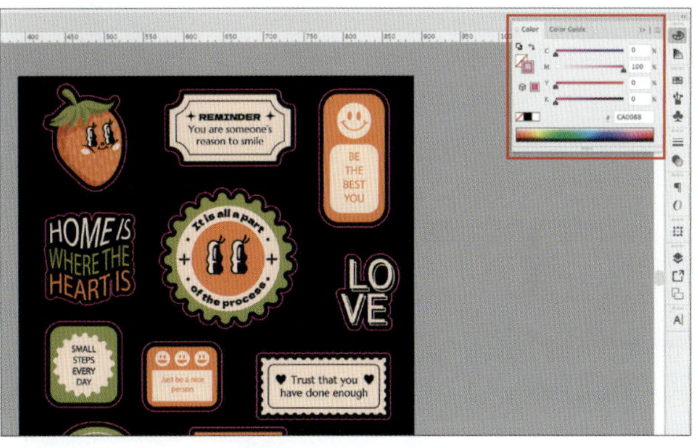

13 칼선 여유분을 만들어 보겠습니다. Layers 패널에서 '이미지' 레이어를 드래그해 █에 갖다 놓아 '이미지 copy' 레이어를 생성합니다.

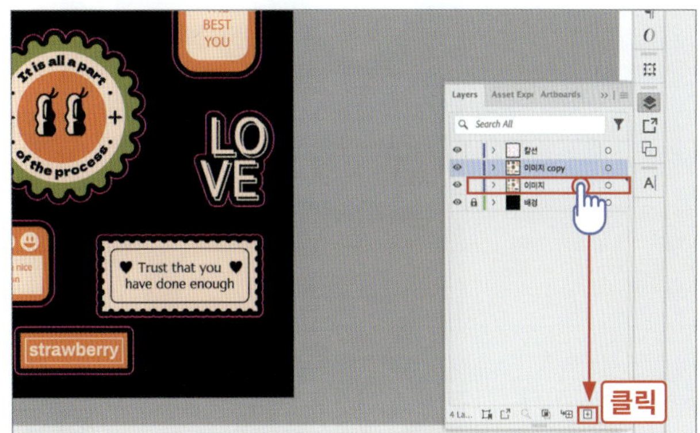

14 '이미지 copy' 레이어를 '이미지 레이어' 아래로 이동한 후 이름을 '칼선 여유분'으로 입력합니다.

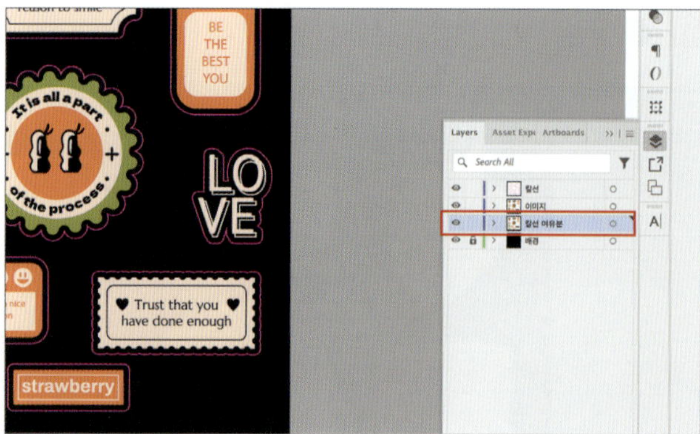

15 앞서 배운대로 **4** ~ **7**을 적용한 오브젝트에 ❶ 메뉴 바에서 [Object] > [Path] > [Offset Path]를 클릭하고 ❷ Offset을 12px로 입력하고 Joins는 [Round]로 입력한 후 ❸ [OK]를 클릭합니다.

16 ❶ '칼선 여유분' 레이어의 오브젝트를 전체 선택하고 ❷ Pathfinder 패널에서 ⬛를 클릭해 오브젝트를 병합합니다.

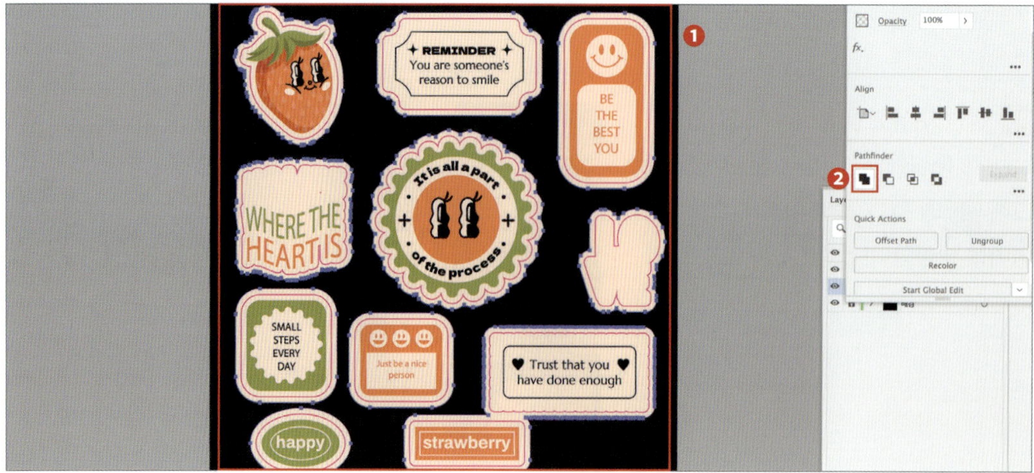

17 채우기 색을 'C 0, M 0, Y 0, K 0'으로 지정하여 흰색 테두리 칼선 여유분을 만듭니다.

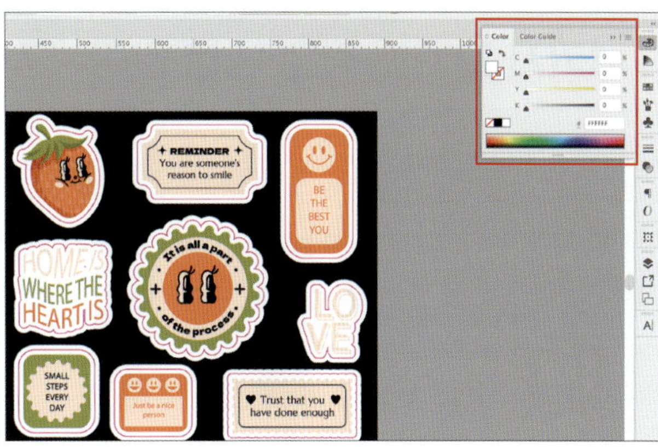

18 '칼선 여유분' 레이어를 끌어다 '이미지' 레이어에 놓으면 '이미지' 레이어 안에 들어갑니다. 단축키 Ctrl / Cmd + Shift + [를 눌러 레이어를 맨 아래로 위치하게 설정합니다.

19 칼선과 흰색 테두리의 칼선 여유분을 만들었습니다. 검은색의 '배경' 레이어는 작업 시 예제 이해를 위해 깔아 둔 배경이므로 삭제합니다.

패키지 디자인 작업 방법 알아보기

📁 **예제 파일** AILESSON03 > 패키지 지기구조.ai   📁 **완성 파일** AILESSON03 > 패키지 지기구조완성.ai

패키지 디자인에는 실제 인쇄와 조립을 고려한 구조가 필요합니다. 기본적인 지기구조를 만드는 방법과 아트보드 회전 기능으로 디자인 작업을 효율적으로 하는 방법을 알아보겠습니다.

미리보기
PREVIEW

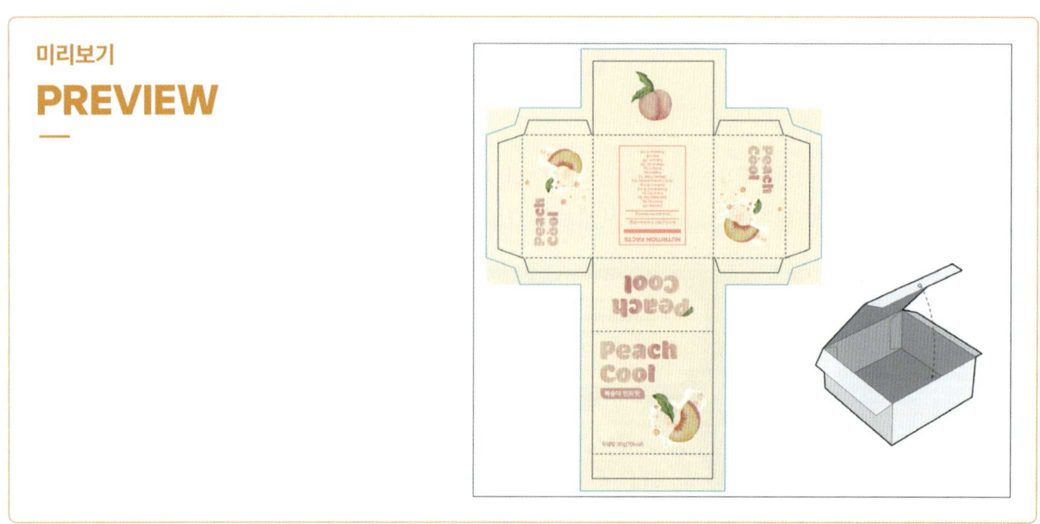

용어 사전

지기구조란 형태를 만들기 위한 도면으로, 재단선과 접는선 등 다양한 공정선이 있습니다.

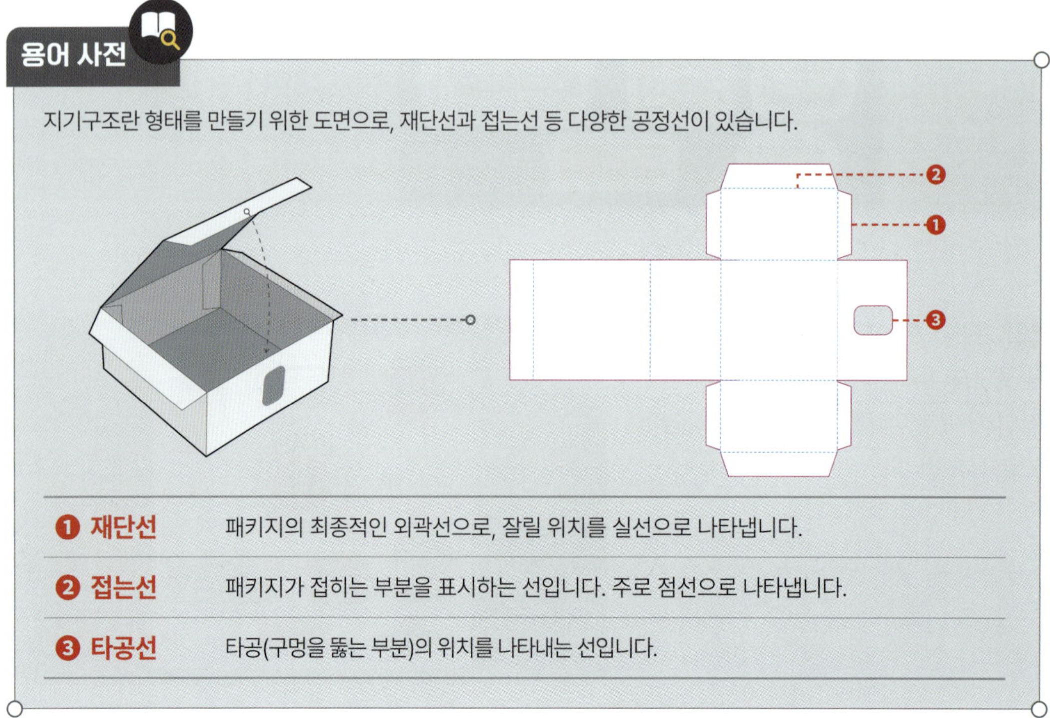

❶ **재단선**	패키지의 최종적인 외곽선으로, 잘릴 위치를 실선으로 나타냅니다.
❷ **접는선**	패키지가 접히는 부분을 표시하는 선입니다. 주로 점선으로 나타냅니다.
❸ **타공선**	타공(구멍을 뚫는 부분)의 위치를 나타내는 선입니다.

01 지기구조 만들기

1 [AILESSON03] > [패키지 지기구조.ai] 파일을 불러옵니다. 아트보드에 있는 박스 모양의 지기구조를 만들어 보겠습니다.

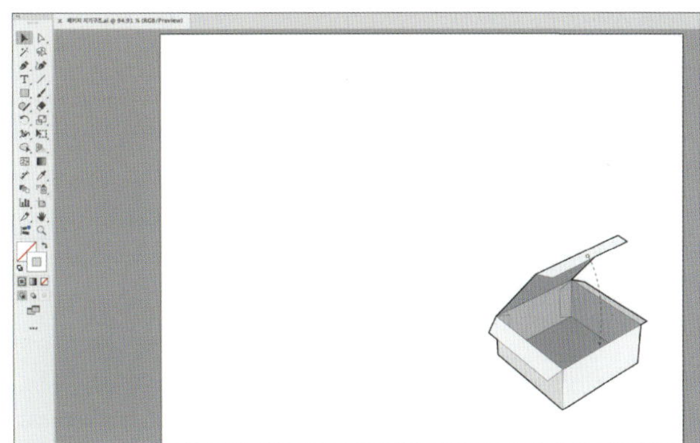

2 단축키 Ctrl / Cmd + R 를 눌러 눈금자를 활성화하고, 눈금자에서 마우스 오른쪽 버튼을 클릭해 [Millimeters] 단위를 클릭합니다.

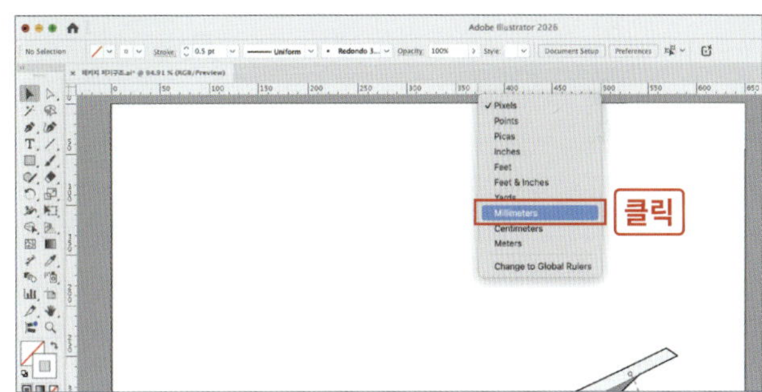

3 패키지의 바닥면을 만들어 보겠습니다. ❶ 도구 모음에서 [Rectangle Tool]□ 을 클릭하고 ❷ 아트보드에 한 번 클릭해 옵션 창을 활성화하고 50*50mm로 값을 지정한 후 ❸ [OK]를 클릭합니다.

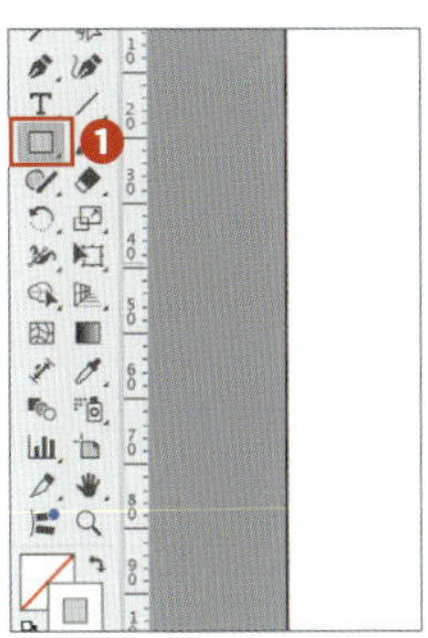
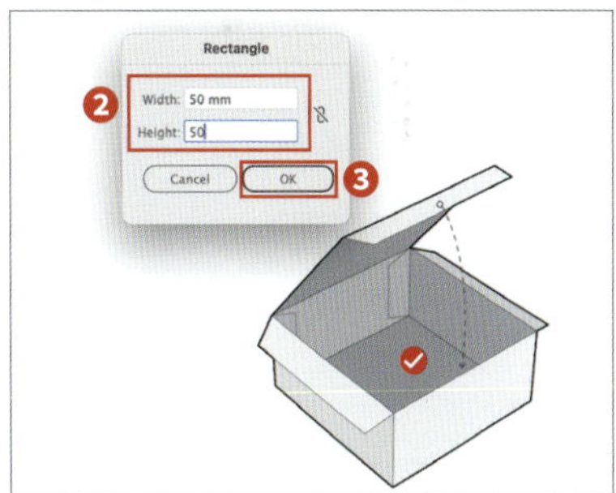

4 만들어진 사각형을 [Selection Tool] ▶ 로 선택하고 Alt / Option 을 누른 상태로 아래로 드래그해 복사합니다.

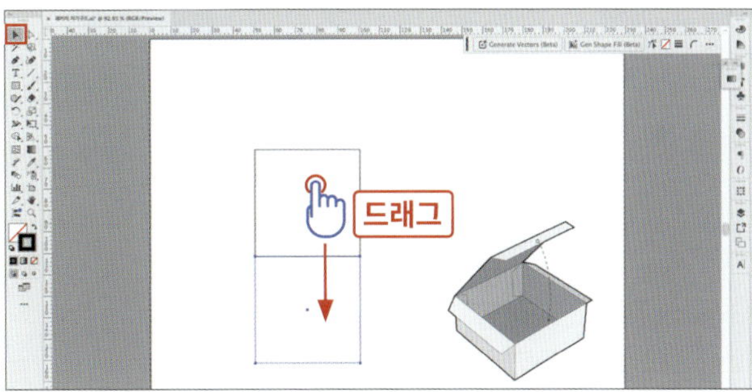

5 오른쪽 패널에서 Properties를 클릭해 Transform을 50*30mm로 입력합니다. 이 사각형은 패키지의 옆면이 됩니다.

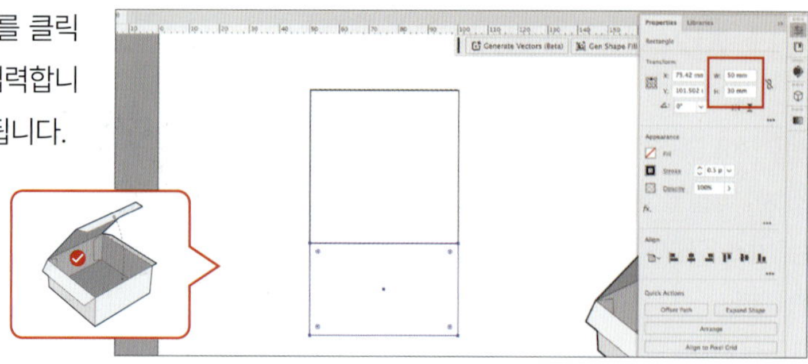

6 ❶ 만들어진 바닥면과 옆면의 도형을 동시에 선택하고 ❷ Alt / Option 을 누른 상태로 아래로 드래그해 복사합니다.

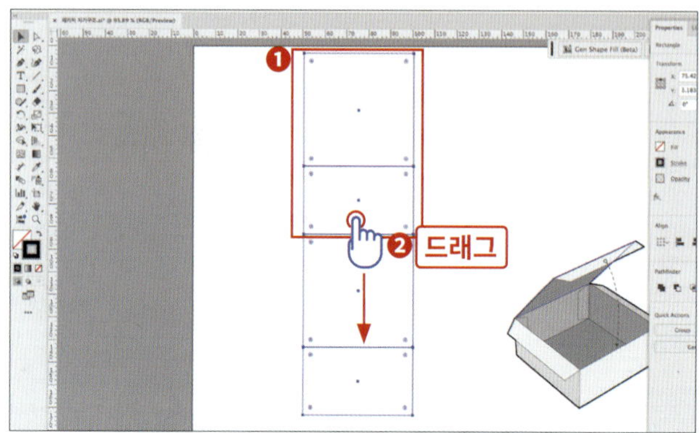

7 ❶ 제일 아래의 도형을 선택하고 ❷ Properties 패널에서 Transform을 50*10mm로 입력합니다. 추가된 도형들은 윗면(덮는 면)이 됩니다.

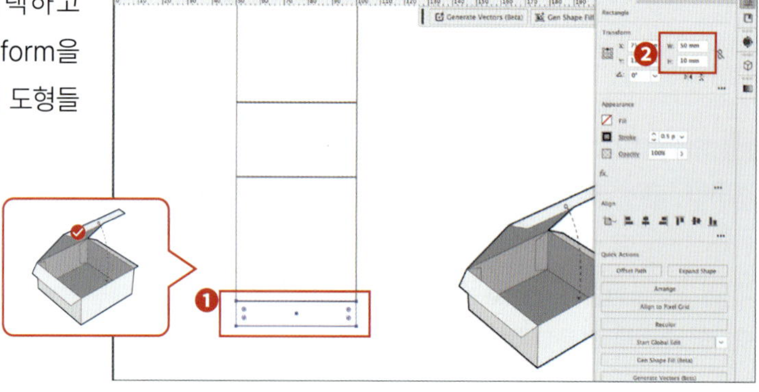

8 바닥면을 둘러싸는 옆면을 만들어 보겠습니다. ❶ 바닥면 도형의 왼쪽에 사각형을 생성, ❷ Transform을 30*50mm로 입력합니다.

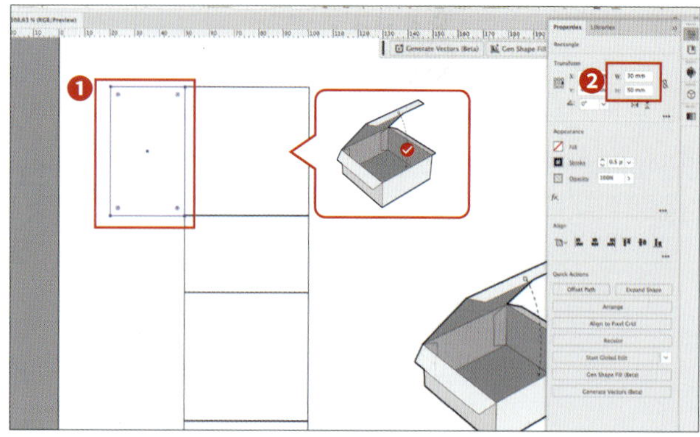

9 10*50mm 크기의 도형 하나를 추가로 생성합니다.

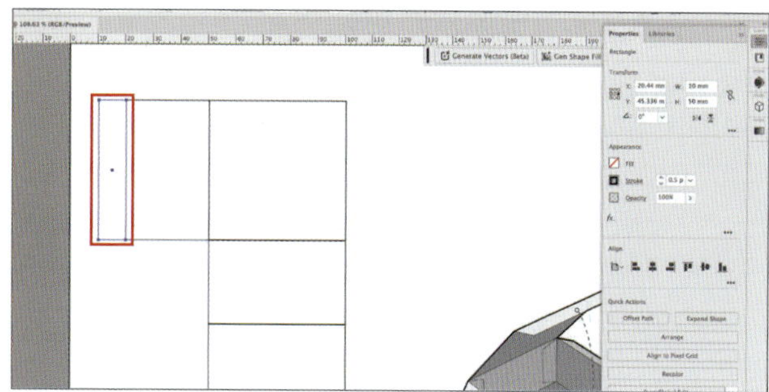

10 ❶ 도구 모음에서 [Direct Selection Tool] ▷ 을 클릭하고 ❷ 도형의 왼쪽 위 꼭지점 하나를 선택하고 [Shift]를 누른 채 방향키 [▼]를 한 번 누르면 꼭지점이 아래로 이동됩니다.

꿀팁!

[Shift]를 누른 상태로 [▼]를 한 번 누르면 [▼]를 10번 이동한 값으로 움직입니다.

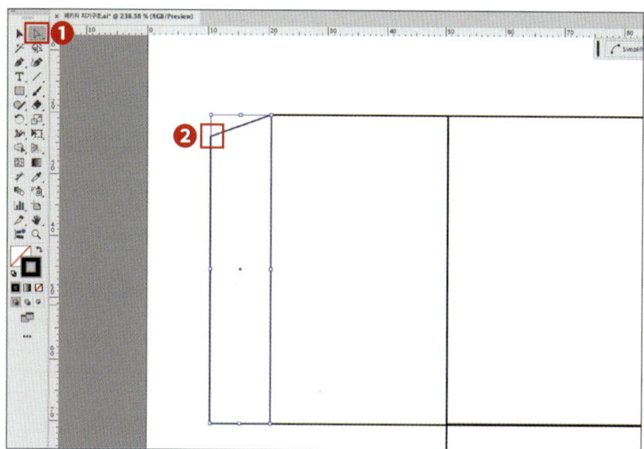

11 왼쪽 하단의 꼭지점도 마찬가지로 선택하고 [Shift]를 누른 상태에서 방향키 [▲]를 눌러 이동시킵니다. 이 도형은 옆면의 날개면이 됩니다.

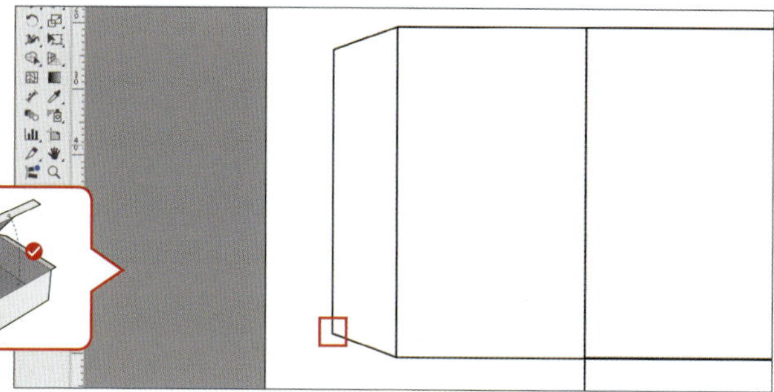

12 옆면의 아래 부분에 50*10mm 크기의 도형을 생성해 앞서 배운 방법을 활용해 다음과 같이 만들어 줍니다.

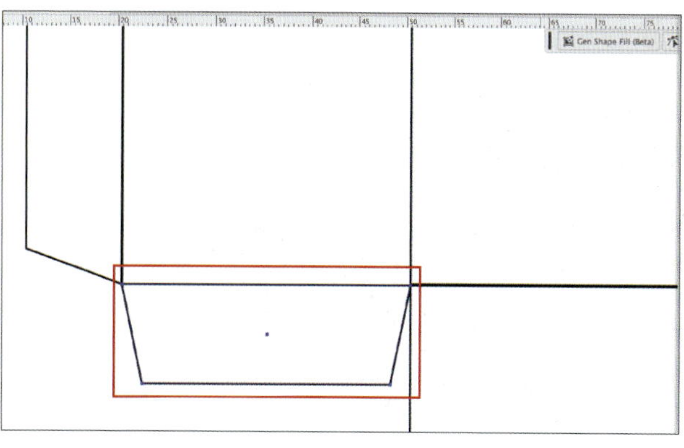

13 지기구조가 쉽게 접히기 위해 가로 폭을 조금 줄여줍니다.

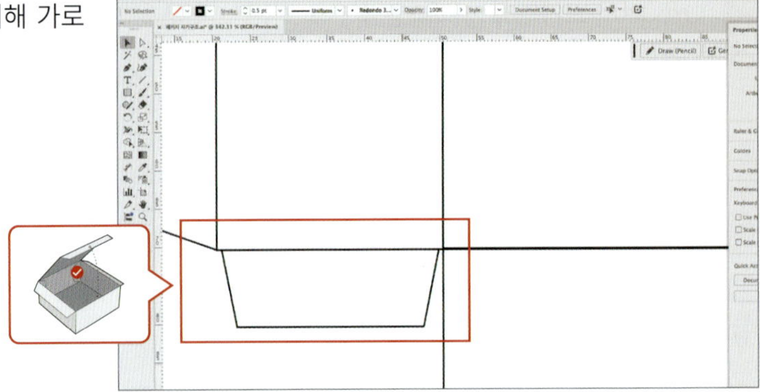

14 ❶ **13** 에서 만든 도형을 [Selection Tool] ▶ 로 선택한 상태에서 도구 모음의 [Reflect Tool] ▷◁ 을 더블클릭합니다. 이어지는 작업을 위한 사전 설정 과정으로, ❷ [Horizontal]을 클릭하고 ❸ [Cancel]을 눌러 설정만 적용해 둡니다.

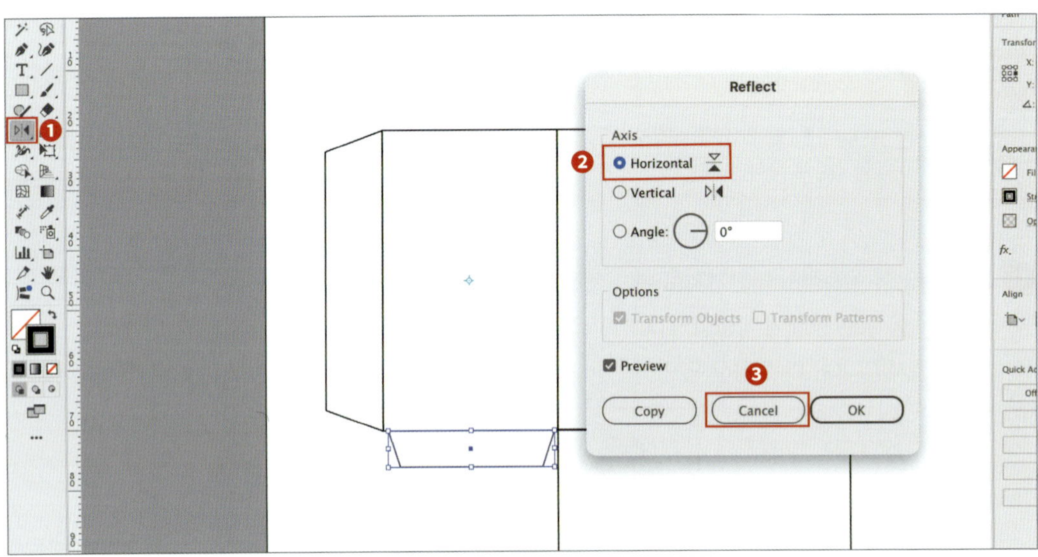

15 ❶ Ctrl / Cmd + C 를 눌러 **13** 에서 만든 도형을 복사한 후 Ctrl / Cmd + Shift + V 를 눌러 제자리에 붙여 넣고 ❷ 도구 모음의 [Reflect Tool] ▷◁ 을 선택한 상태에서 옆면 도형의 중앙을 더블클릭합니다. 다음과 같이 **13** 에서 생성한 도형이 가로로 반전되어 복사되었습니다.

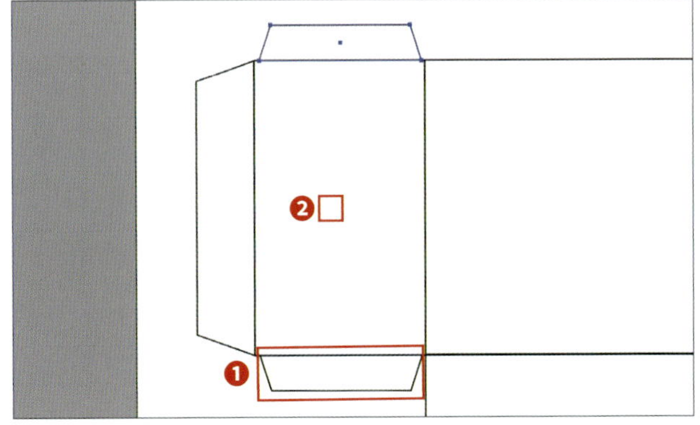

16 옆면, 날개면, 옆면을 잇는 면을 [Selection Tool]  로 전체 선택하고 **14** ~ **15** 에서 배운 방법을 활용해 오른쪽 바닥면에 복사합니다.

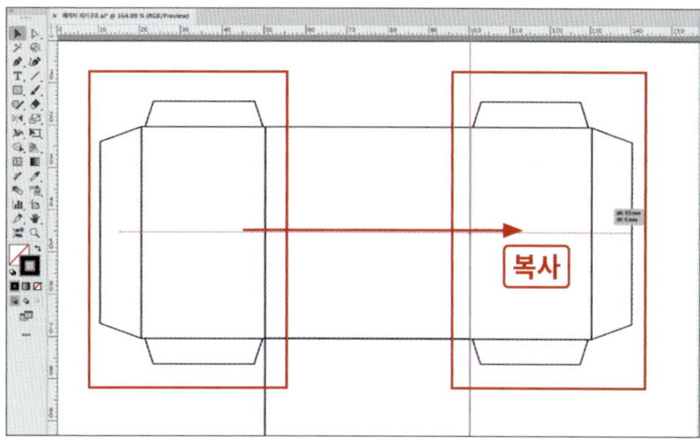

17 박스의 지기구조가 완성되었습니다.

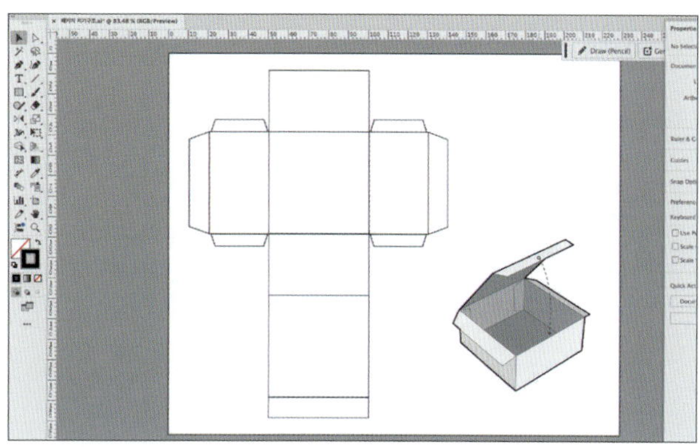

18 완성된 도형을 재단선과 꺾는선으로 구분해 보겠습니다. 겹쳐지는 이중 선을 삭제하기 위해 만들어진 지기구조를 모두 분리합니다.

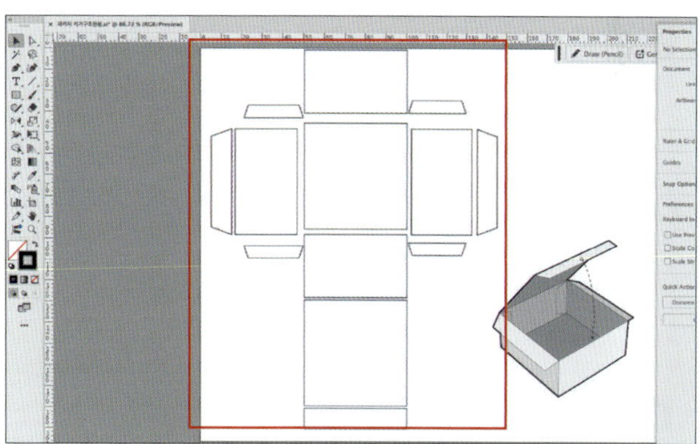

여기서 잠깐 STOP

이중 선을 삭제해야 하는 이유

지기구조는 패키지 인쇄 시 잘려나가는 칼선으로 선이 겹쳐지거나 두 개 이상의 선이 중복되면 여러 번 절단되는 오류가 발생할 수 있습니다. 오류를 방지하기 위해 겹쳐진 선을 하나로 정리해야 합니다.

19 도형 하나를 선택해 겹쳐지는 선을 [Direct Selection Tool] 을 이용해 선택합니다.

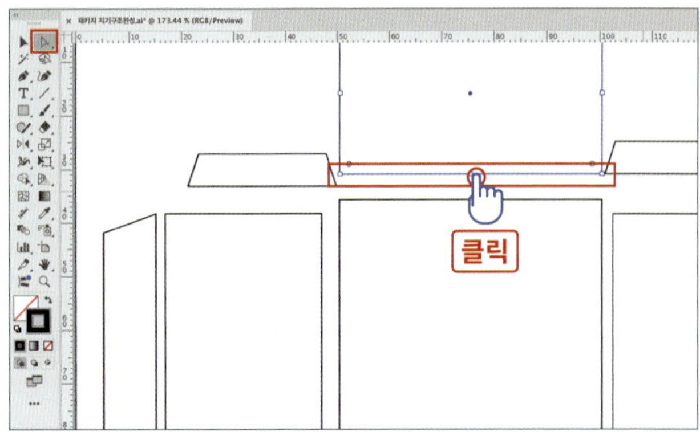

20 Delete 를 누르면 선이 삭제됩니다.

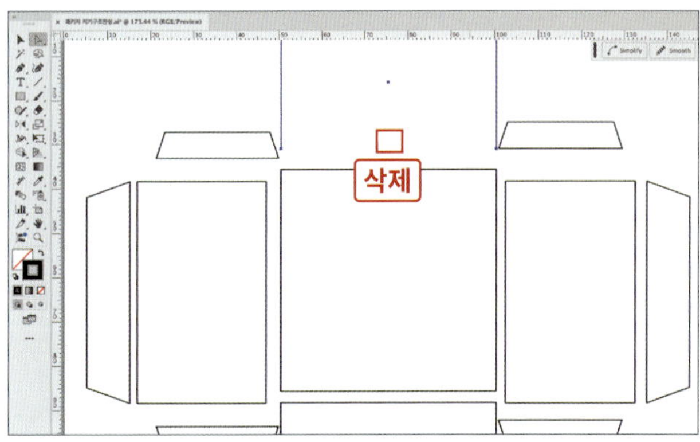

21 나머지 겹쳐지는 부분의 선들도 [Direct Selection Tool] 을 이용해 삭제합니다.

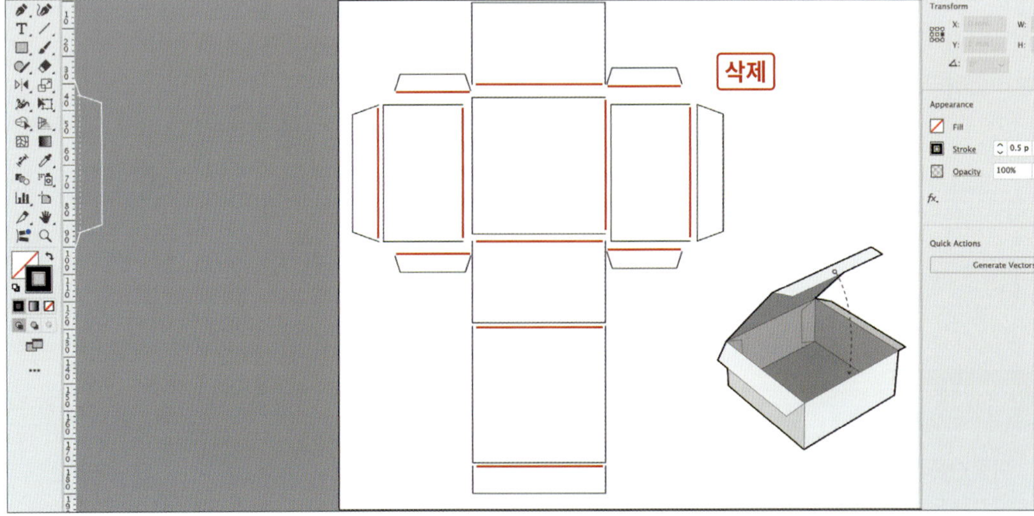

22 분리된 지기구조를 [Selection Tool] ▶ 로 이동해 각 선이 교차되거나 분리되지 않도록 정교하게 이어 줍니다.

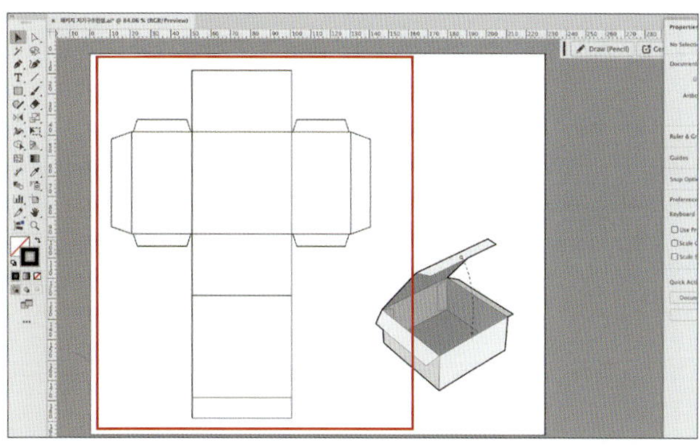

23 지기구조의 바깥선은 재단선, 안쪽선은 모두 접는선이 됩니다. ❶ 안쪽의 선을 선택해 오른쪽 Stroke 패널에서 Dashed Line에 체크하고 ❷ dash를 2.5pt, gap을 3pt로 입력합니다. ❸ 선의 모양은 ⟦ ⟧ 를 클릭합니다.

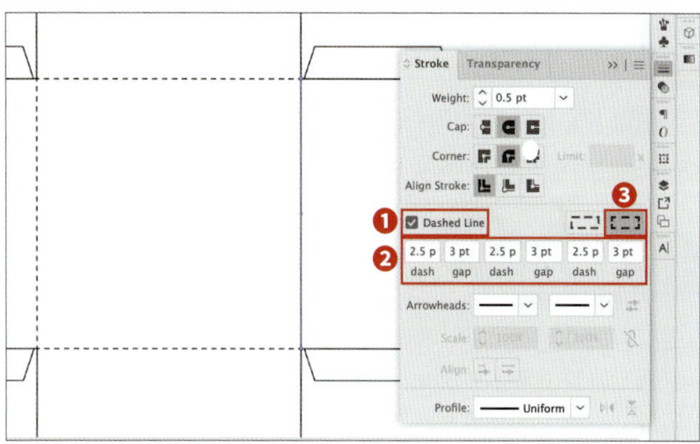

24 재단선과 이어진 접는선은 도구 모음의 [Scissors Tool] ✂ 을 이용해 선의 꼭지점을 클릭한 후 선을 분리하여 Dashed Line을 지정하면 됩니다.

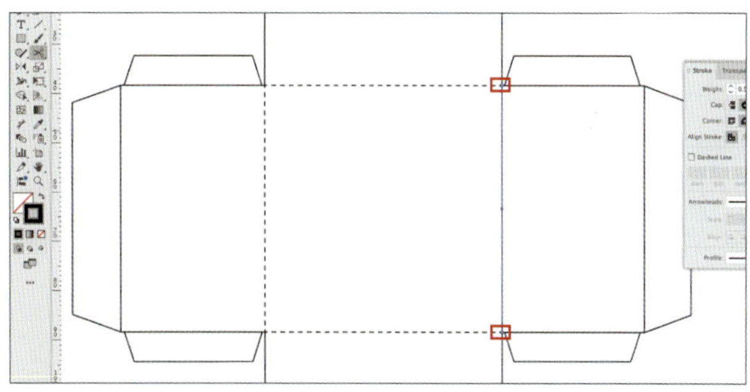

25 지기구조의 재단선과 접는선을 만들었습니다.

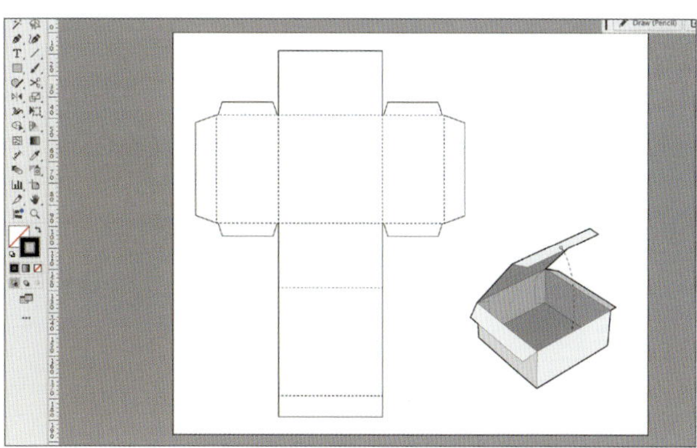

1 아트보드 밖에 있는 디자인 소스를 방금 만들어 놓은 지기구조에 얹혀 보겠습니다.

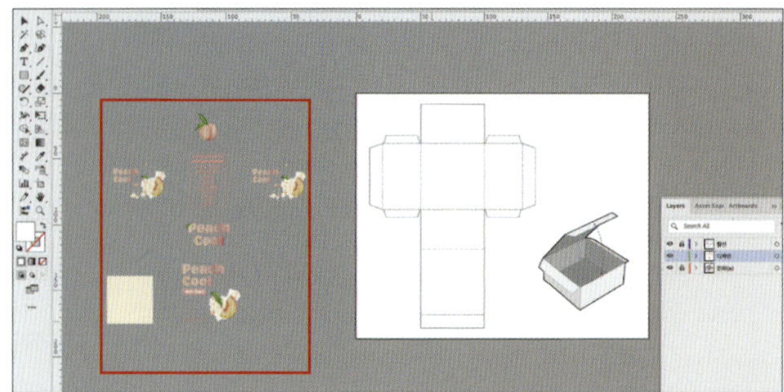

2 다음과 같이 디자인 소스를 아트보드로 옮깁니다. 살구색 사각형을 이용해 칼선의 3~5mm 바깥으로 면을 채워 줍니다.

여기서 잠깐 STOP

앞서 배운 스티커와 같이 재단 시 잘림 오차를 방지해 칼선에서 3~5mm 바깥쪽까지 작업합니다. 인디자인에서는 칼선 여유분을 도련이라고 표현합니다.

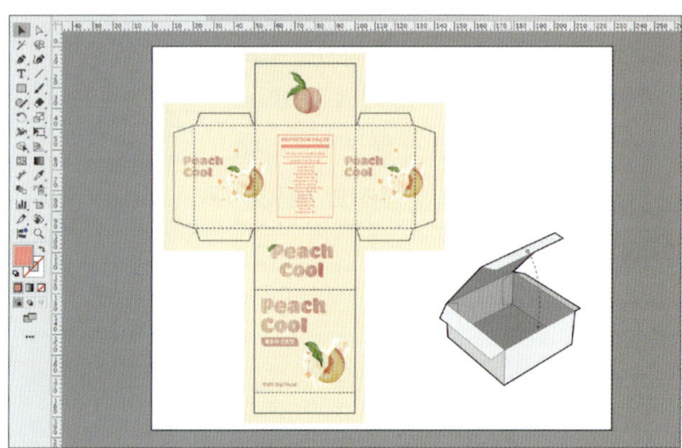

3 디자인을 지기구조의 방향에 맞춰 회전해 보겠습니다. 단축키 Shift + H 를 누른 상태로 아트보드를 오른쪽으로 드래그하면 아트보드가 회전됩니다.

단축키 Windows | Shift + H
Mac | Shift + H

꿀팁!

각 면의 각도에 맞게 아트보드를 회전시키면 더욱 쉽고 정확하게 디자인 작업을 할 수 있습니다.

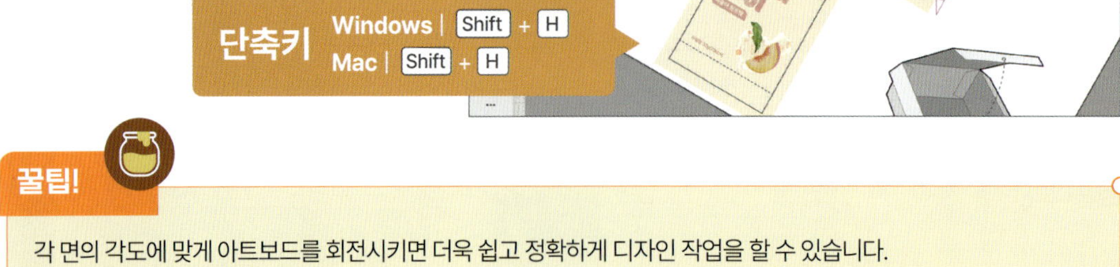

4 아트보드를 -180°로 회전합니다.

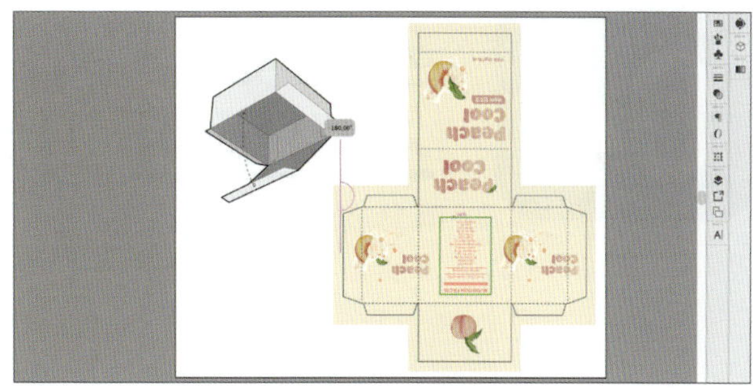

5 옆면과 바닥면에 있는 일러스트를 선택해 다음과 같이 회전합니다.

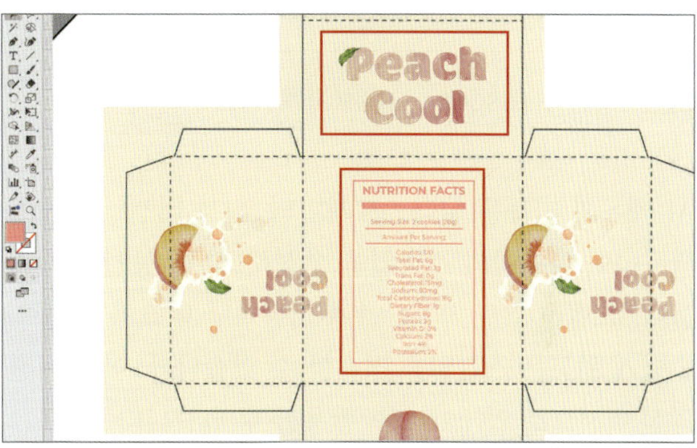

6 마찬가지로 아트보드를 돌려 양쪽 옆면의 일러스트도 각 면의 각도에 맞게 회전시켜 일러스트를 다음과 같이 회전시킵니다.

7 지기구조 위에 디자인을 완성했습니다.

안 되는 것도 되게 하라!
스마트한 기능 알아보기

생성형 AI 기능 활용하기

📁 **완성 파일** AILESSON04 > 생성형 AI 채우기.ai

AI 채우기 기능은 일러스트레이터 2024 버전부터 사용 가능합니다. 이 버전에서는 인공지능을 활용하여 디자인의 스타일을 분석하고, 빈 공간을 적절히 채우는 기능이 추가되었습니다. 예를 들어, 도형을 그린 후 그 안에 색상이나 텍스처를 빠르게 추가하고 싶을 때 이 기능을 사용하면 손쉽게 원하는 스타일을 적용할 수 있습니다. 이전 버전에서는 해당 기능을 사용할 수 없으므로, 최신 버전으로 업데이트 후 활용할 수 있습니다.

1 [AILESSON04] > [생성형 AI 채우기.ai] 파일을 불러옵니다. ❶ 아트보드에 있는 도형을 도구 모음에서 [Selection Tool] ▶ 을 이용해 모두 선택한 후 ❷ **Gen Shape Fill (Beta)** 를 클릭합니다.

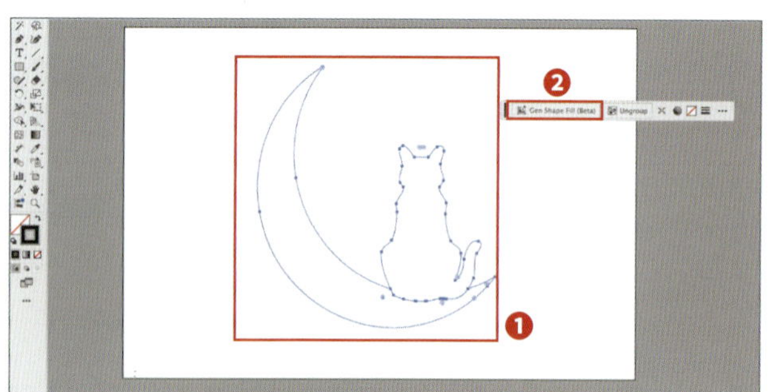

2 ❶ 입력 창에 '달과 고양이 일러스트'를 입력하고 ❷ 를 클릭합니다. ❸ 옵션 창에 Shape Strength와 Detail을 조절합니다. ❹ **Generate** 를 클릭합니다.

여기서 잠깐

Shape Strength는 형태의 뚜렷함 정도, Detail은 정교함 수준을 지정하는 값입니다.

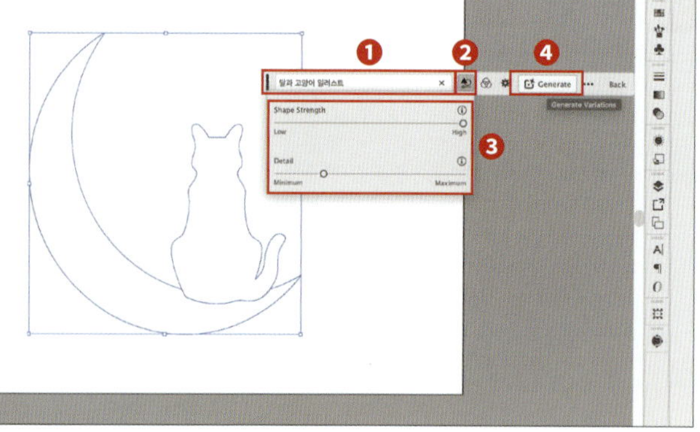

3 ❶ 입력한 텍스트에 맞는 일러스트가 채워집니다. ❷ 한 번 입력할 때 세 가지의 일러스트를 생성합니다.

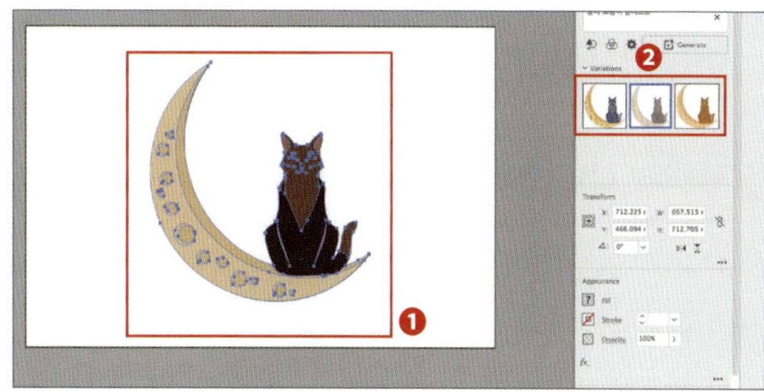

4 다른 일러스트를 만들어 보겠습니다. 아무것도 클릭하지 않은 상태에서 [Generate Vectors (Beta)]를 클릭합니다.

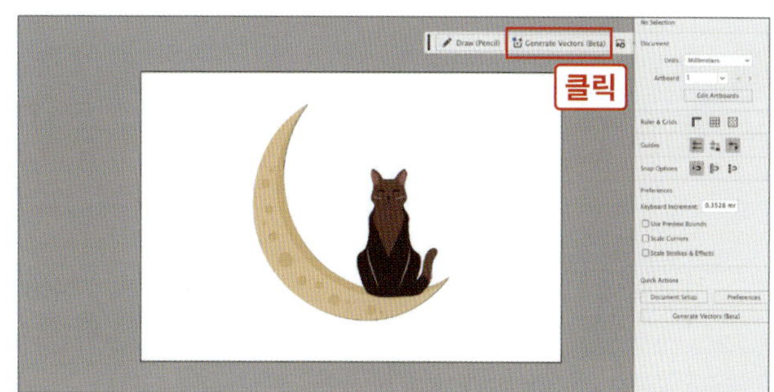

5 이미지를 생성할 수 있는 옵션 창이 나타납니다. ❶ 텍스트 입력란에 '달과 고양이, 쥐가 함께 있는 일러스트'를 입력합니다. ❷ [Effects]를 클릭하고 ❸ [Isometric] 효과를 선택한 후 ❹ [Generate]를 클릭합니다.

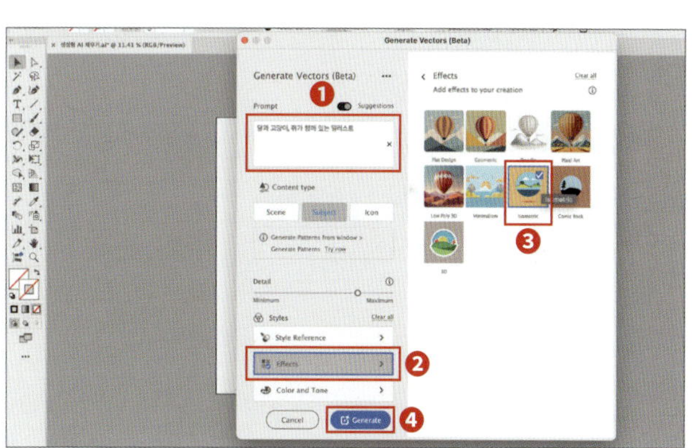

6 텍스트를 입력한 대로 일러스트가 생성되었습니다.

캐릭터를 다양한 각도로 바꾸기

📁 **예제 파일** AILESSON04 > 커피캐릭터.ai   📁 **완성 파일** AILESSON04 > 커피캐릭터완성.ai

일러스트레이터 **베타 버전**에 새롭게 추가된 Turntable(턴테이블) 기능은, 2D 벡터 아트워크를 여러 각도에서 자동으로 회전하여 보여주는 기능입니다.
마치 제품을 턴테이블 위에 올려놓고 360도로 돌려보는 것처럼, 원본 벡터를 다른 시점에서 손쉽게 확인하고 3D 느낌의 뷰(View)를 생성할 수 있습니다.

1 [AILESSON04] > [커피캐릭터.ai] 파일을 불러옵니다.

2 메뉴 바에서 [Window] > [Properties]를 클릭합니다.

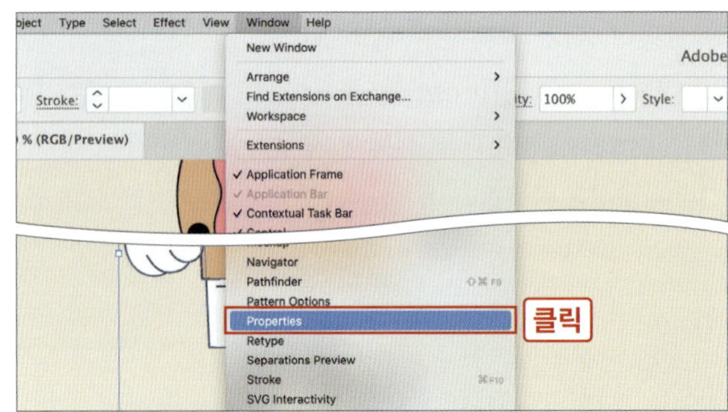

3 ❶ 도구 모음의 [Selection Tool]로 하단의 커피 캐릭터를 모두 선택, ❷ 메뉴 바 > [Object] > [Group]을 클릭합니다.

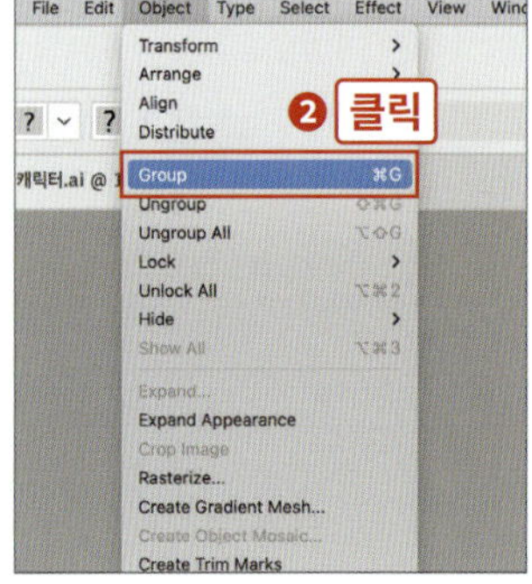

여기서 잠깐 STOP

그룹화된 이미지만 [Turntable] 메뉴가 활성화됩니다.

4 커피 캐릭터를 선택한 상태에서 [Properties] 옵션 창에서 [Turntable]을 클릭합니다.

5 Generating 팝업 창이 나타나면서 렌더링이 시작됩니다.

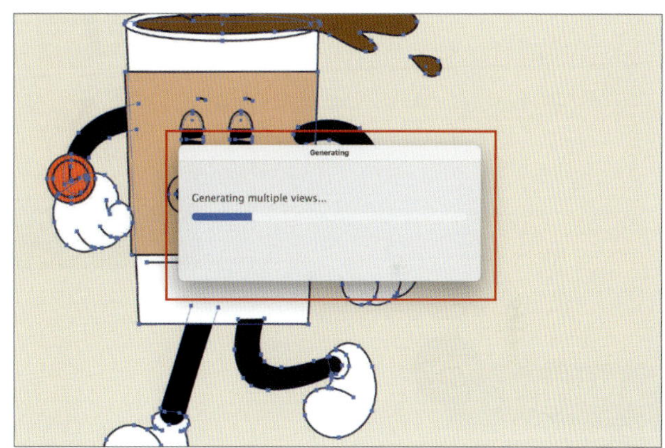

6 렌더링이 완성되면 캐릭터 하단에 Turntable 옵션 바가 나타납니다. [Insert View]를 클릭하면 왼쪽에 똑같은 캐릭터가 생성됩니다. 한 번 더 클릭하여 캐릭터 세 개를 만듭니다.

7 ❶ 가장 왼쪽에 있는 캐릭터를 선택, ❷ Turntable 옵션 바에서 중심점을 왼쪽으로 이동하면 캐릭터가 왼쪽으로 회전합니다.

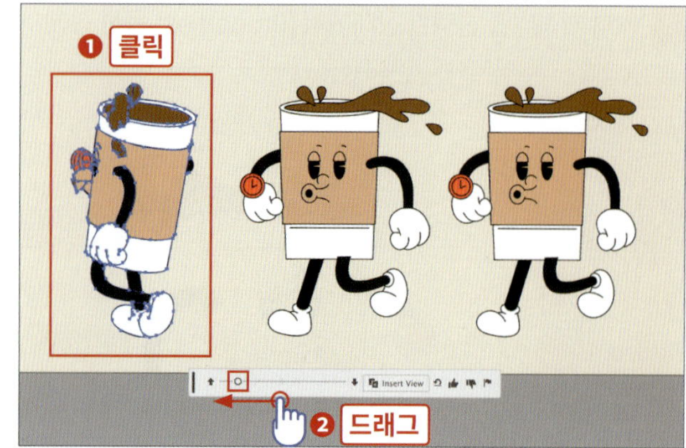

8 ❶ 가장 오른쪽에 있는 캐릭터를 선택, ❷ 중심점을 오른쪽으로 회전합니다.

캐릭터를 Turntable로 설정해도 개체가 이미지화되지 않기 때문에 [Direct Selection Tool]로 원하는 개체 색상을 변경할 수 있습니다.

오브젝트를 패스에 흘리기

📁 **예제 파일** AILESSON04 > 스마일.ai   📁 **완성 파일** AILESSON04 > 스마일완성.ai

Object on Path 기능은 지정한 경로(Path)를 따라 오브젝트가 일정한 간격으로 반복되거나 배치되도록 하는 기능입니다. 이 기능을 사용하면 원하는 도형이나 아이콘을 곡선이나 직선 등 다양한 경로 위에 손쉽게 배열할 수 있습니다.

1 [AILESSON04] > [스마일.ai] 파일을 불러옵니다.

2 왼쪽 '구름스마일'을 선택하고 메뉴 바에서 [Object] > [Group]을 클릭합니다. 다른 오브젝트도 선택하여 그룹화합니다.

여기서 잠깐 STOP

[Object on Path]는 그룹화된 오브젝트만 하나의 오브젝트로 인식됩니다.

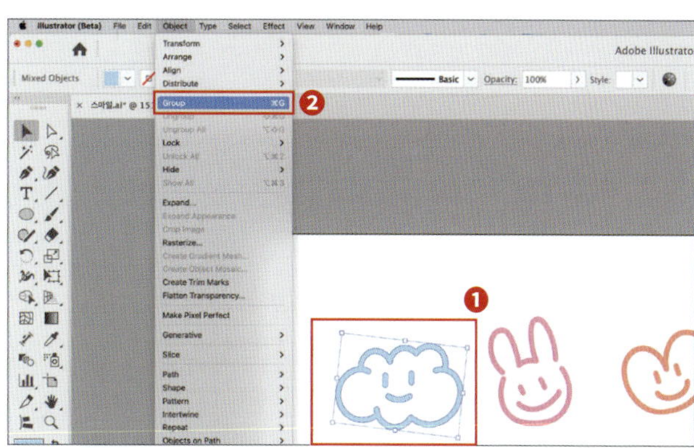

3 도구 모음의 [Ellipse Tool]을 선택합니다.

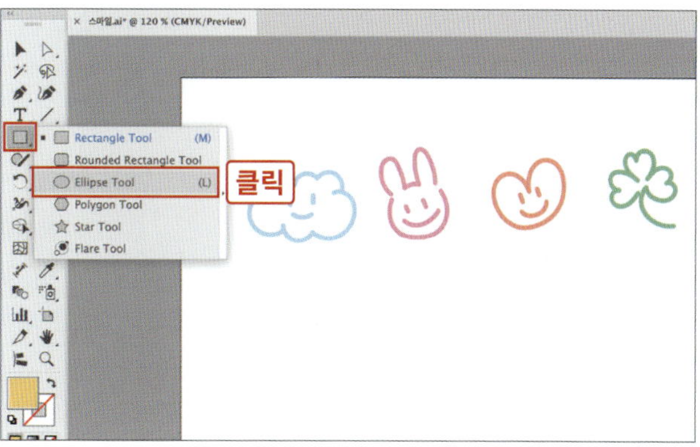

4 아트보드 빈공간에 [Shift]를 누르고 적당한 크기의 정 원을 그립니다.

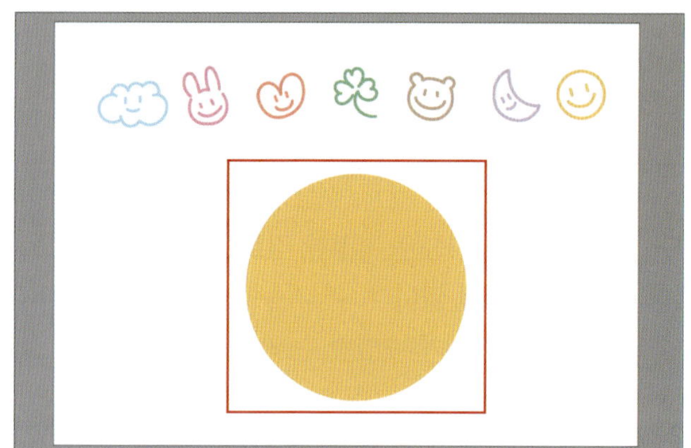

5 [Selection Tool] ▶로 상단의 오브젝트를 모두 선택한 후, 도구 모음의 [Object on Path] ⤚를 선택합니다.

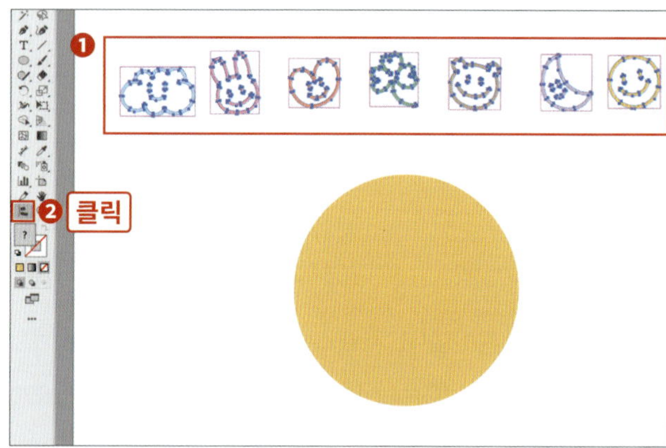

6 ❶ [Object on Path] ⤚가 선택된 상태에서 노란색 원을 클릭하면 상단의 오브젝트들의 원 모양으로 정렬이 됩니다. ❷ 정렬이 되면 [Selection Tool]로 노란색 원을 선택하고 [컬러 없음]을 클릭합니다.

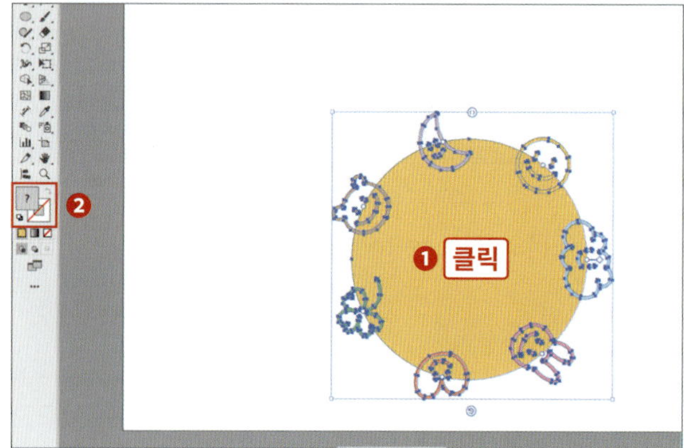

7 상단의 [Space]를 선택하여 드래그 하면 오브젝트들의 간격이 좁아지거나 늘 어납니다.

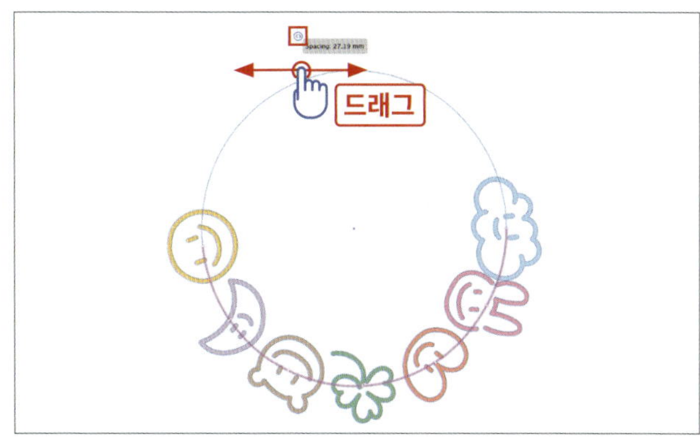

8 하단의 [Rotate All]를 선택하여 드 래그하면 각각의 오브젝트들이 회전이 됩 니다.

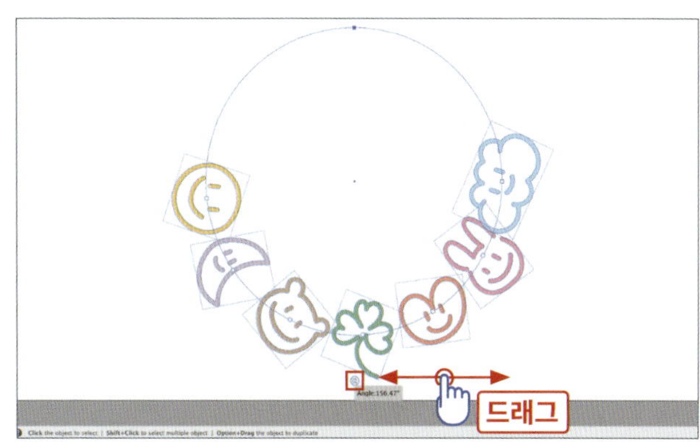

9 여러 오브젝트들 중 토끼를 더블클릭 하고 단축키 Ctrl / Cmd + C , Ctrl / Cmd + V 를 눌러 복사합니다.

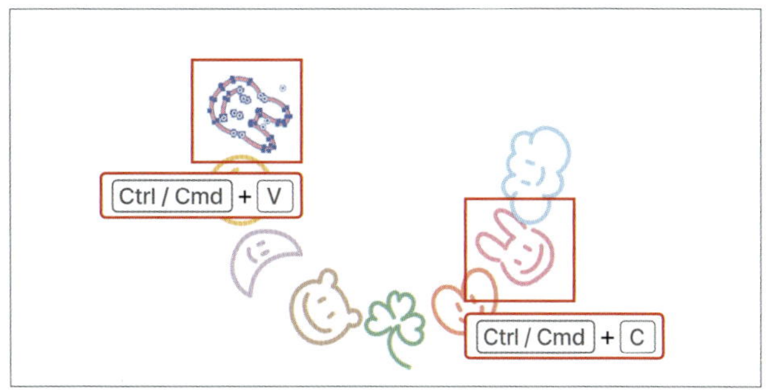

10 ❶ 복사된 토끼를 원하는 색상으로 변경하고, ❷ 상단 [Options]에서 창의 방향을 상단으로 클릭하면 패턴이 원 밖 으로 이동합니다.

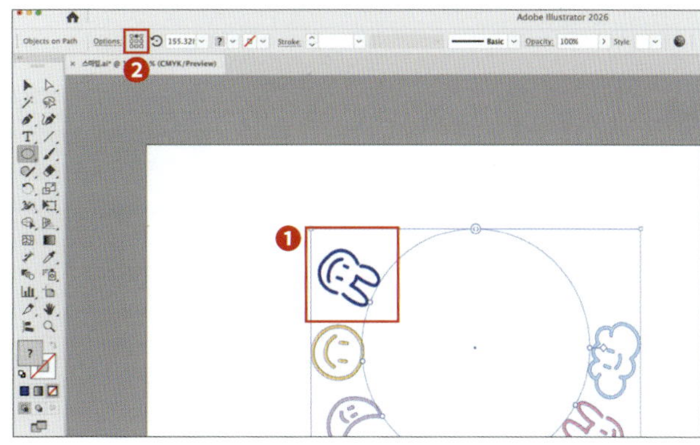

아웃라인화된 텍스트 폰트 찾기

 예제 파일 AILESSON04 > 폰트 찾기.ai

폰트를 아웃라인화하여 이미지로 변환된 텍스트가 있을 때, '폰트 찾기' 기능을 활용하면
유사한 폰트를 찾거나 원본 폰트를 추적할 수 있습니다.

1 [AILESSON04] > [폰트 찾기.ai] 파
일을 불러옵니다.

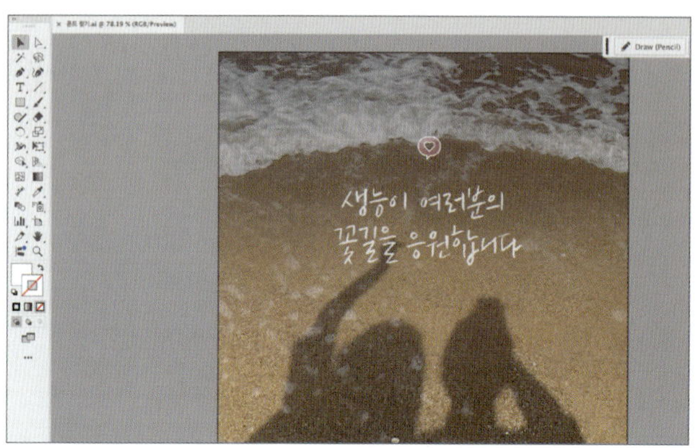

2 메뉴 바에서 [Window] > [Retype]
을 클릭합니다.

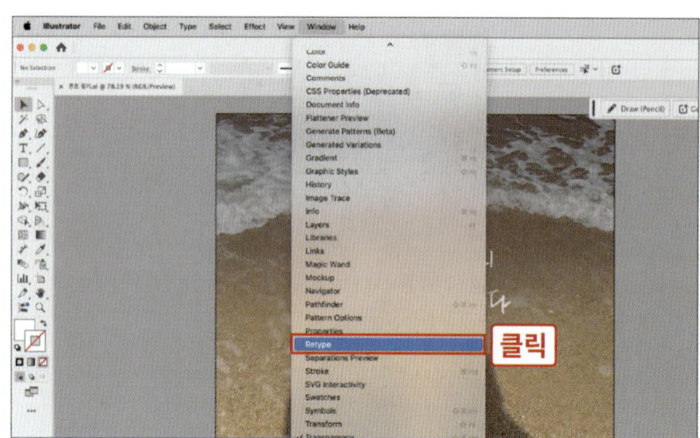

3 [Retype Font]를 클릭하면 자동으로
아웃라인을 딴 텍스트를 인식해 비슷한 폰
트를 찾아 줍니다.

Image Trace로 그레이디언트 만들기

📁 **예제 파일** AILESSON04 > image trace.ai

일러스트레이터 CC 2015 버전부터 도입된 Image Trace 그레이디언트 기능은 이미지를 벡터로 변환할 때 색상 그러데이션을 적용할 수 있는 기능입니다.

1 [AILESSON04] > [image trace.ai] 파일을 불러옵니다. 하트 그림을 선택하고 상단의 옵션 창에서 [Image Trace]를 클릭합니다.

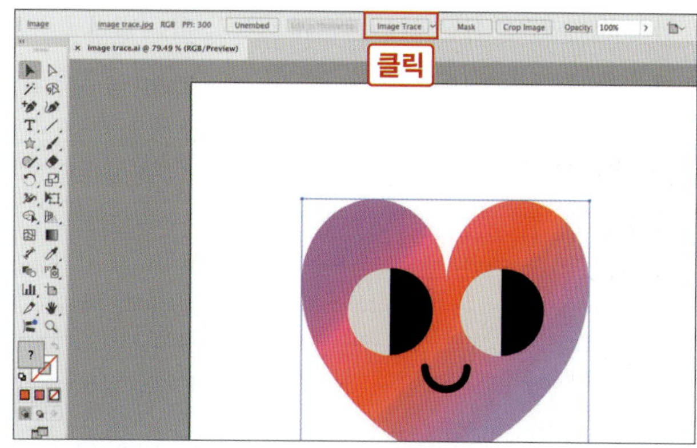

2 이미지가 '1 color' 벡터로 변환되었습니다. ❶ 메뉴 바에서 [Window] > [Image Trace]를 클릭해 패널을 엽니다. ❷ 패널의 Mode를 [Color]로, Palette를 [Full Tone]으로 선택하고 ❸ Advanced 옵션이 나타나도록 클릭한 후 ❹ Gradients에 체크하고 Smooth를 100%로 입력합니다. ❺ [Expand]를 클릭합니다.

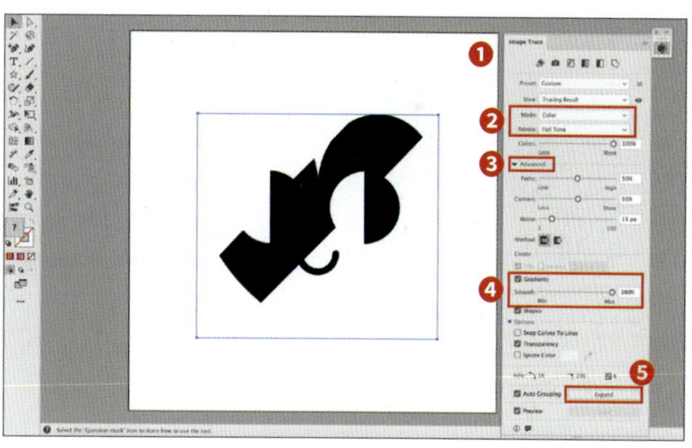

3 ❶ 왼쪽 도구 모음에서 [Gradient Tool]을 클릭해 ❷ 도형을 선택해 보면 사진이 그레이디언트로 확장(expand)됨을 알 수 있습니다.

일러스트 색상 한 번에 바꾸기

일러스트레이터 CS6 버전부터 도입된 Recolor 기능은 색상 팔레트로 한 번에 색상을 변경할 수 있는 기능으로 색상뿐만 아니라 채도, 명도도 함께 바꿀 수 있습니다.

1 [AILESSON04] > [색상 한번에 바꾸기.ai] 파일을 불러옵니다. ❶ 단축키 Ctrl / Cmd + A 를 눌러 일러스트를 전체 선택하고 ❷ 상황별 작업 표시줄의 ⚫ 를 클릭합니다.

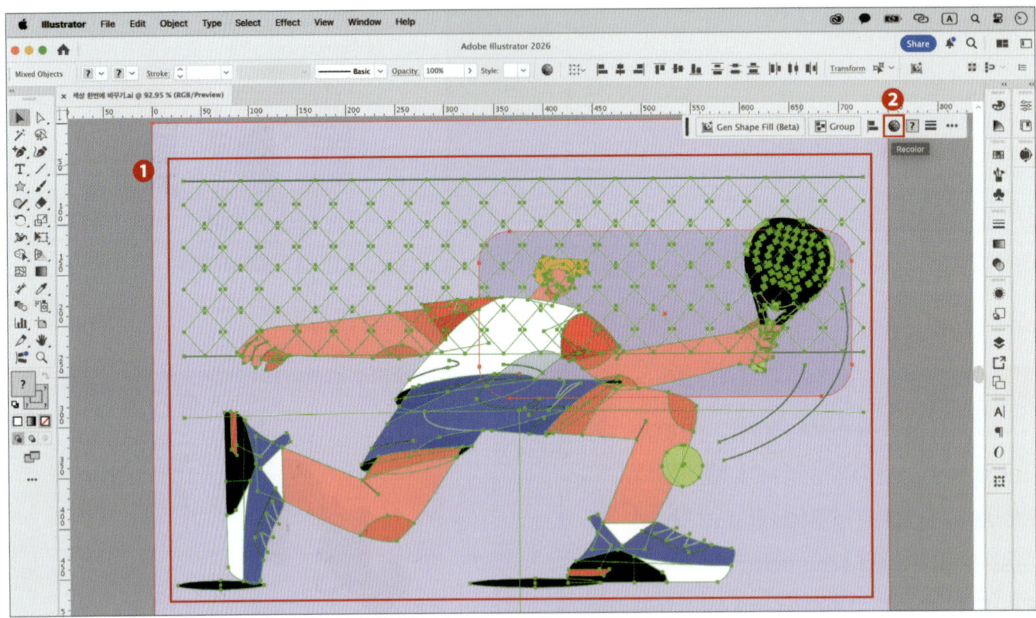

2 Recolor 패널이 나타납니다. 색상환 오른쪽 상단의 ▦ 를 클릭하면 한 번에 다른 색상 버전으로 변경됩니다.

3 ❶ 하단의 ⬤ 를 클릭하고 ❷ 바의 지점을 오른쪽 끝으로 드래그하면 명도가 높아집니다.

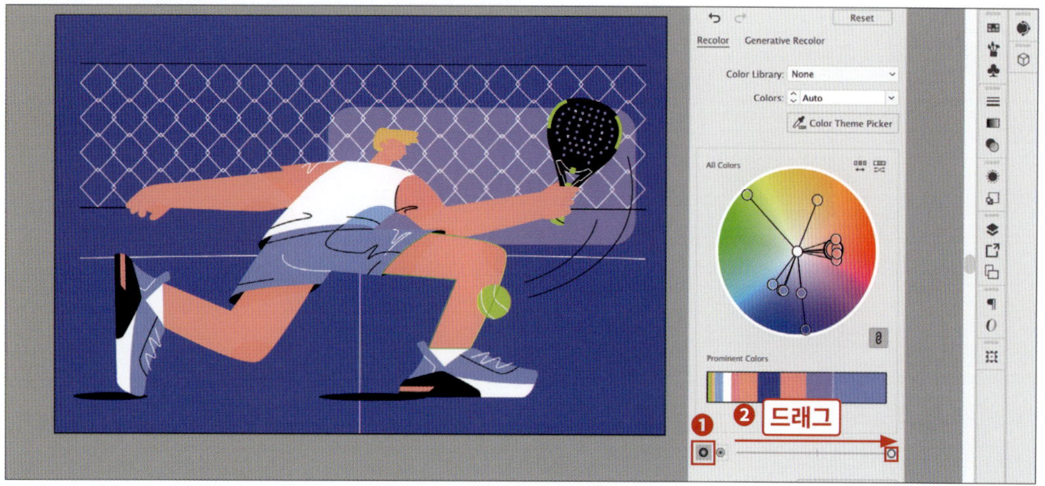

4 ❶ ⬤ 를 클릭하고 ❷ 바의 지점을 왼쪽으로 이동하면 채도가 낮아집니다.

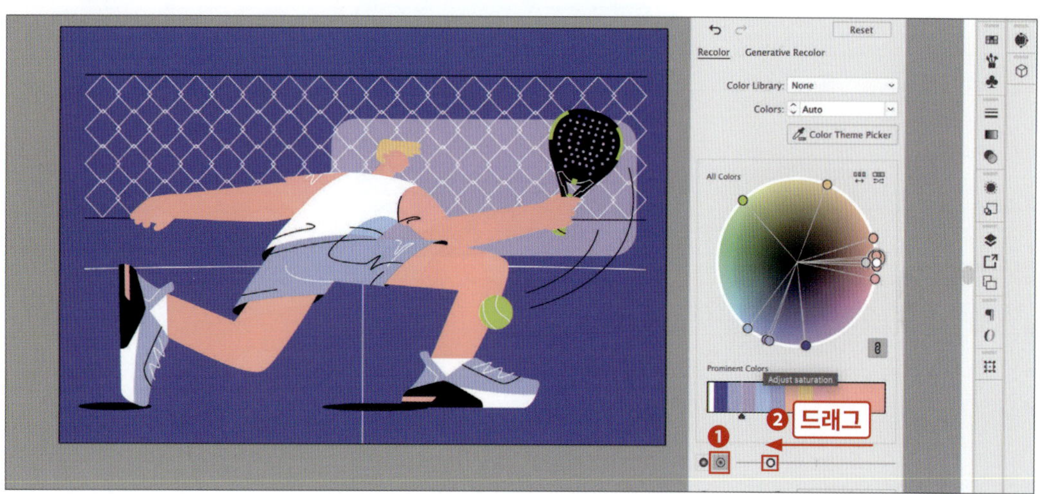

5 ❶ 색상환의 오른쪽 하단에 있는 🔗를 클릭하면 색상의 링크가 해제되어 색상을 개별로 이동할 수 있습니다. ❷ 배경 박스를 클릭해 해당하는 색상을 이동하면 색상이 변경됩니다.

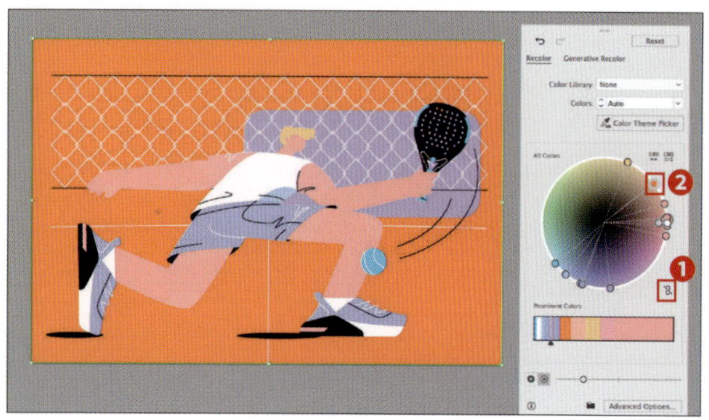

인디자인

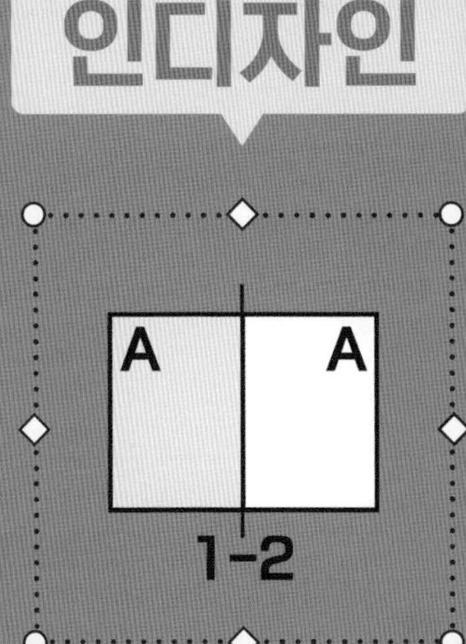

편집 디자인 기반 프로그램

인디자인

인디자인은 전문가용 출판 도구로 주로 인쇄물과 디지털 콘텐츠를 디자인할 때 사용하며 책, 잡지, 포스터, 브로슈어, 전자책, 인터랙티브 PDF 같은 다양한 출판물을 제작하는 데 적합합니다.

- 페이지별, 섹션별로 레이아웃을 설계
- 다양한 텍스트와 이미지를 조합

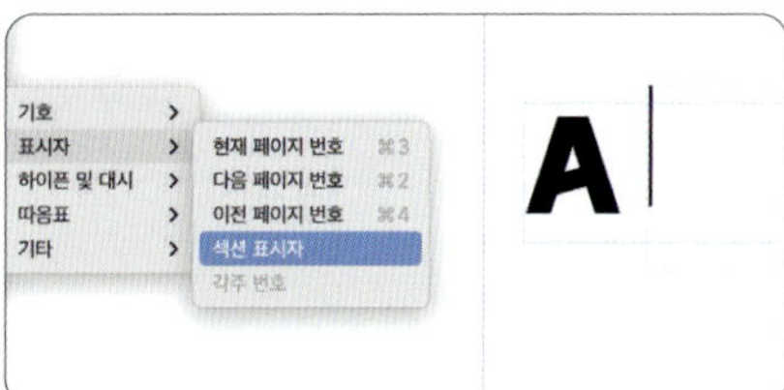

- 세밀한 글자 간격, 줄 간격, 스타일 설정으로 높은 품질의 타이포그래피를 구현

- 다른 Adobe 프로그램과의 호환성 높음
- 이미지를 쉽게 삽입하고 편집

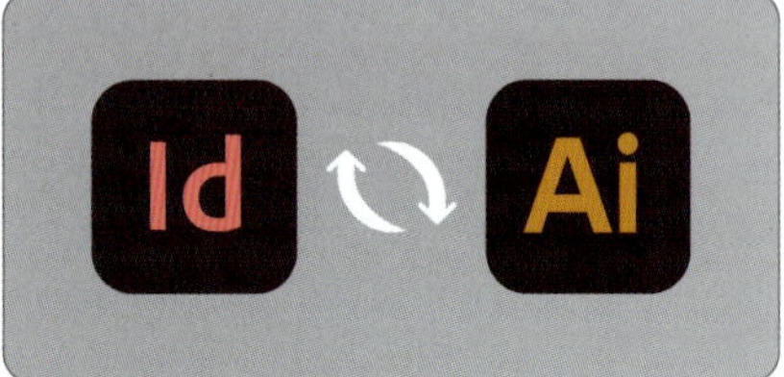

- 여러 페이지로 구성된 책이나 잡지처럼 대규모 프로젝트를 효율적으로 관리

- 전자책(ePub), 인터랙티브 PDF, 웹용 콘텐츠 제작

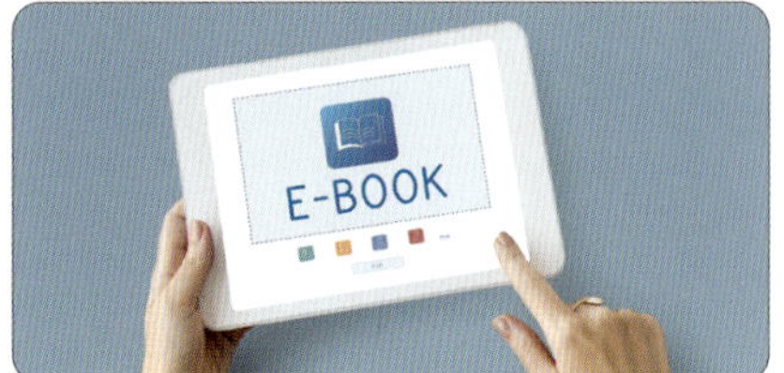

- 템플릿 및 마스터 페이지 기능을 제공
- 대량의 데이터를 활용한 레이아웃 작업

편집 디자인의 기본!
인디자인 시작하기

새 문서 생성하기

인디자인에서 새 문서 생성하기 기능은 문서를 처음 시작할 때 필요한 모든 설정을 지정할 수 있도록 도와주는 기능입니다. 이를 통해 원하는 크기, 방향, 여백, 칼럼 등 다양한 문서의 속성을 손쉽게 설정할 수 있습니다.

1 인디자인 프로그램을 실행합니다. 왼쪽 상단의 [새 파일]을 클릭합니다.

2 새로운 문서 만들기 팝업 창이 뜨면 ❶ [인쇄], ❷ [A4], ❸ [페이지 마주보기]를 선택하고 ❹ 도련에 3mm를 입력한 후, ❺ [여백 및 단]을 클릭합니다.

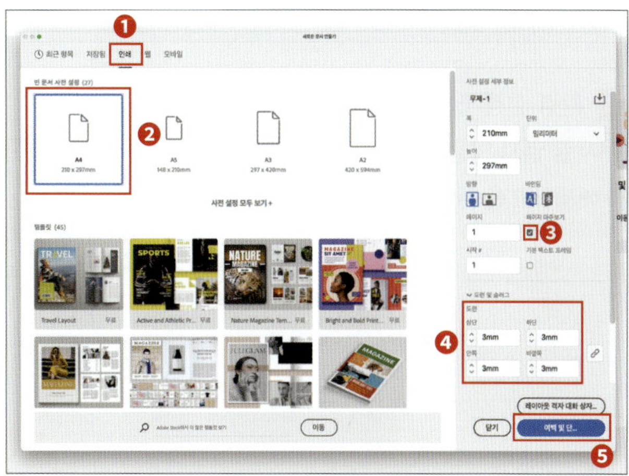

3 ❶ 새 여백 및 단 창에 기본 20mm로 설정한 후 ❷ [확인]을 클릭합니다.

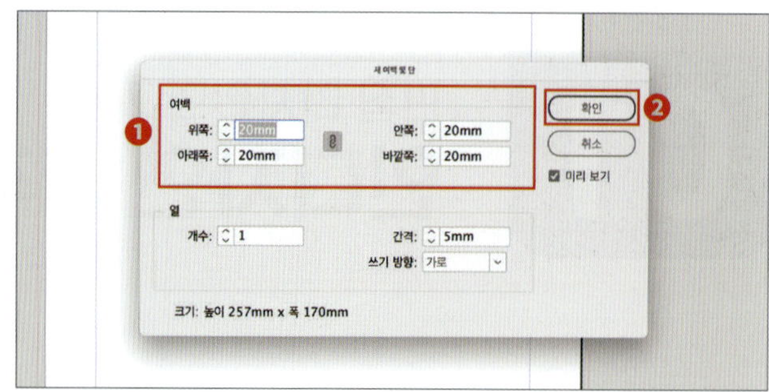

4 A4 크기의 새로운 페이지가 생성되었습니다. 페이지 이름 왼쪽의 ✕ 를 클릭하면 페이지가 닫힙니다.

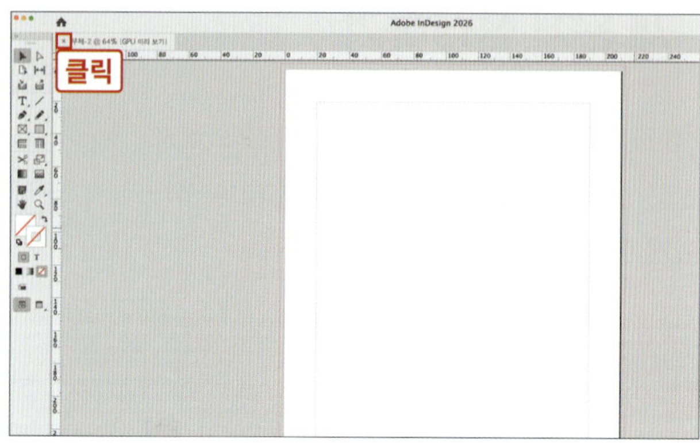

5 인디자인의 첫 시작 화면을 변경해 보겠습니다. [Indesign] > [환경 설정] > [일반]을 선택합니다.

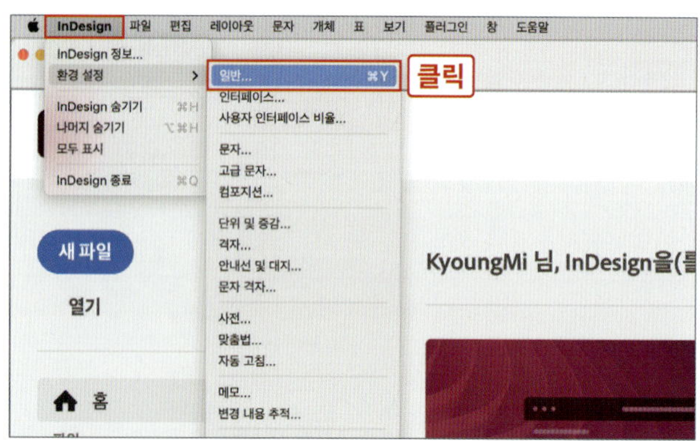

6 환경 설정 팝업 창에서 ❶ [일반]의 [문서를 열지 않을 때 홈 화면 표시] 체크를 해제하고 ❷ [확인]을 클릭합니다.

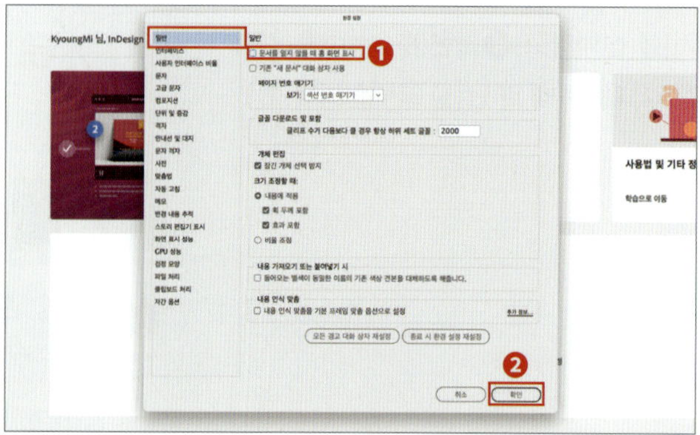

작업 영역 변경하기

인디자인 프로그램을 실행하면 편집 디자인을 할 수 있는 작업 영역과 각종 도구 및 다양한 메뉴 화면을 볼 수 있습니다. 효율적인 편집 디자인 작업을 위해 인디자인 작업 화면의 기본 구성과 기능을 살펴보겠습니다.

1 새 문서를 생성하면 다음과 같이 첫 화면이 시작됩니다.

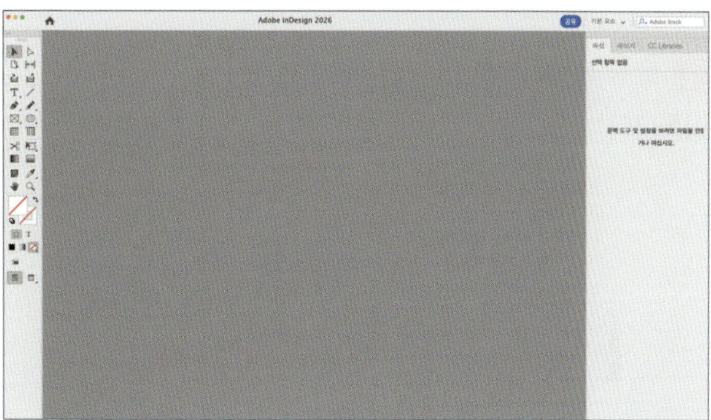

2 인디자인의 기본 작업 영역은 [기본 요소]로 지정되어 있습니다. 기본값을 변경해 보겠습니다. 메뉴 바에서 [창] > [작업 영역] > [필수 클래식]을 선택합니다.

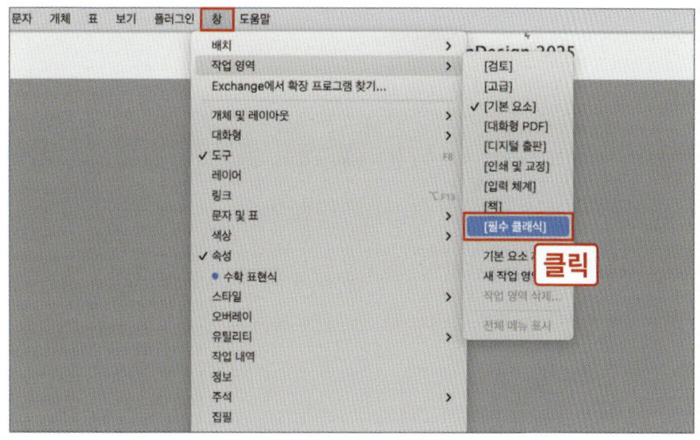

3 다음과 같이 작업 영역이 변경되었습니다. 필수 클래식 환경을 사용해야 편리하게 작업할 수 있으니 작업 영역을 변경하는 것을 추천합니다.

좀 더 편리한 작업을 위해 기본 설정을 변경한 후 작업하세요.

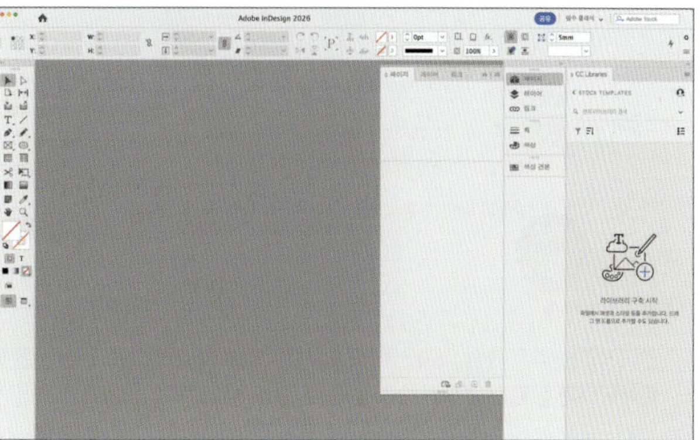

단축키 설정하기

인디자인을 Quark 스타일 단축키로 세팅하면 기존 Quark 사용자가 익숙한 방식으로 작업할 수 있어 학습 시간을 줄이고 효율을 높일 수 있습니다. 출판·편집 업계에서는 여전히 쿽 단축키에 익숙한 디자이너가 많아 팀 작업과 협업이 원활해집니다. 또한 한 손 조작이 편리하고 직관적인 단축키 구조를 활용하면 작업 속도를 더욱 빠르게 개선할 수 있습니다.

1 메뉴 바에서 [편집] > [단축키]를 클릭합니다.

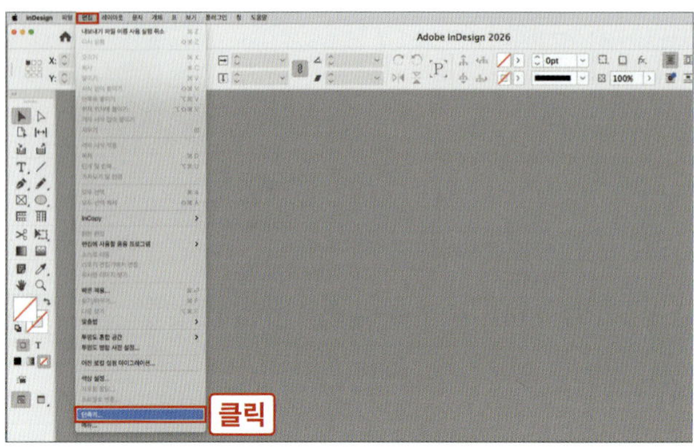

2 기본값으로 되어 있는 ❶ '세트'를 [QuarkXPress 4.0 단축키]로 설정하고 ❷ [확인]을 클릭합니다.

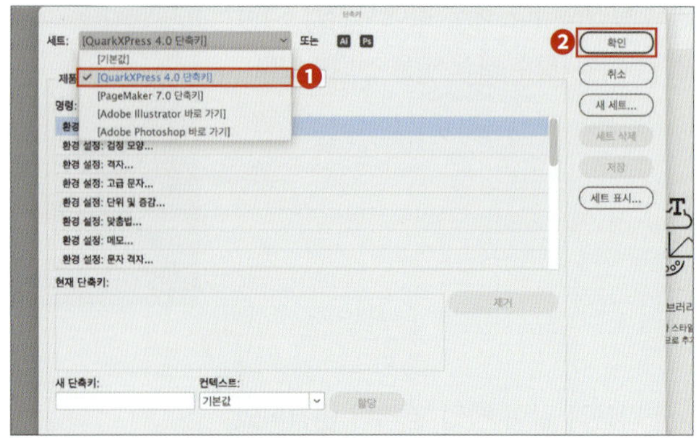

꿀팁!

인디자인은 과거 편집 디자인용 프로그램 Quark을 기반으로 만들어진 프로그램으로 Quark으로 단축키를 설정해야 **일러스트레이터와 동일한 단축키를 사용**할 수 있어 작업에 용이합니다.

🖼 인디자인 작업 영역 알아보기

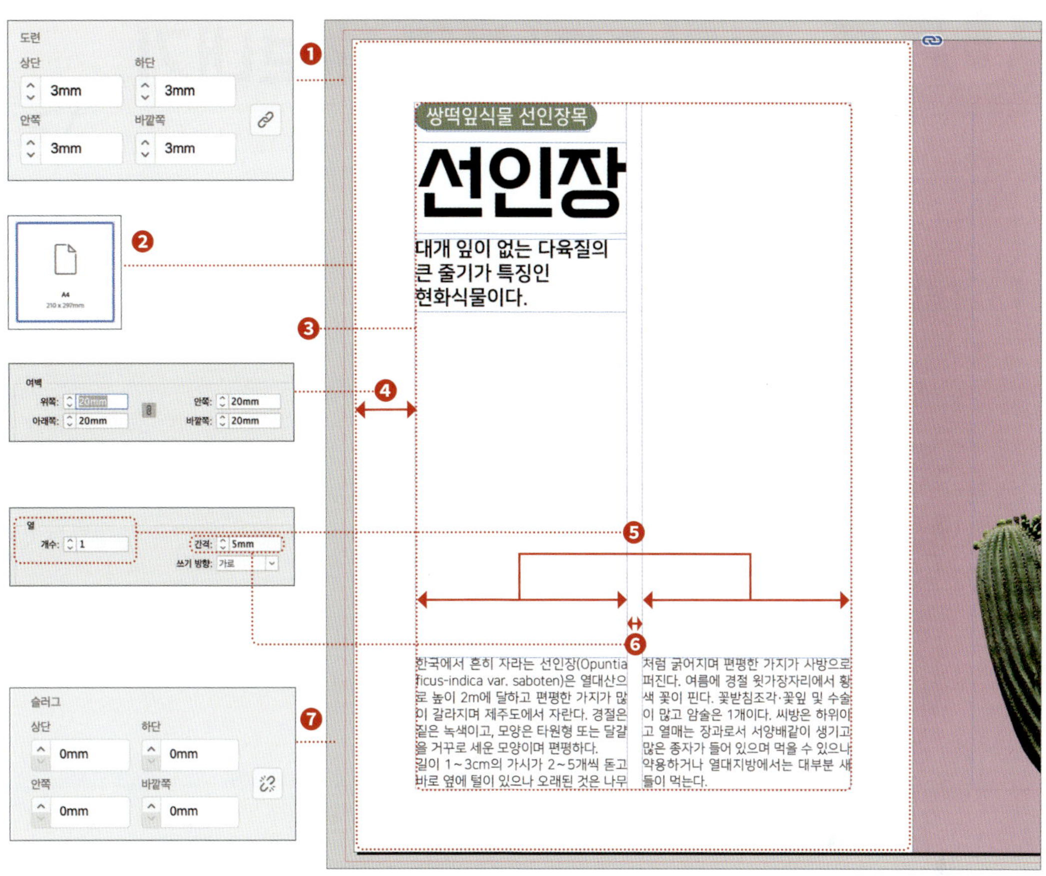

❶ 도련	인쇄 시 필요한 요소로 문서 크기를 넘는 이미지를 사용할 때 인쇄 후 재단 시 생기는 오차를 방지하기 위해 문서 바깥쪽까지 여유 공간을 주는 영역으로, 문서 크기보다 상하좌우 3mm 더 넓게 설정하는 것이 일반적입니다.
❷ 문서	실제 디자인 작업 영역으로 작업자가 설정한 크기입니다. 편집 디자인에서는 '판형'이라고 부릅니다.
❸ 판면	페이지 안에서 실제로 콘텐츠(텍스트, 이미지 등)가 배치되는 영역으로 상하좌우 여백을 제외한 부분입니다.
❹ 여백	판면을 제외한 상하좌우 공간으로 인디자인 기본값은 20mm로 설정되어 있습니다. 디자인에 따라 변경하여 디자인하면 됩니다.
❺ 열	텍스트와 개체(오브젝트)를 정리하는 가이드 역할을 하는 수직 구획입니다. 편집 디자인에선 '단'이라 불리며 단의 개수에 따라 2단, 3단, 변형 3단 등이 있습니다.
❻ 단 간격	열(단)과 열(단) 사이를 말하며 원하는 수치로 조정이 가능합니다. 적절한 단 간격을 설정하면 텍스트가 더 읽기 쉬워지고, 디자인이 정돈된 느낌을 줍니다.
❼ 슬러그	출력 시 필요한 추가 정보를 포함하는 영역으로, 실제 인쇄물에는 포함되지 않지만, 잘리는 부분(재단선 바깥쪽)에 배치되는 공간입니다.

공든 탑이 무너지지 않게!
파일 저장하고 내보내기

다양한 저장 방법

📁 **예제 파일** INLESSON02 > 선인장.indd   📁 **완성 파일** 선인장.idml, 선인장펼침면.jpg

인디자인에서 파일을 저장하는 방법은 여러 가지가 있습니다.
기본 저장하기는 주요 저장 방법으로 작업한 내용을 기존 파일에 그대로 저장할 때 사용합니다. 하위 버전으로 저장하기는 CS4 이상의 하위 버전에서 해당 디자인을 열 수 있는 파일을 생성하는 방법입니다. 여러 가지 저장하기 방법에 대해 알아보겠습니다.

01 기본 저장하기

1 메뉴 바에서 [파일] > [열기]를 선택합니다. [INLESSON02] > [선인장.indd]을 불러옵니다.

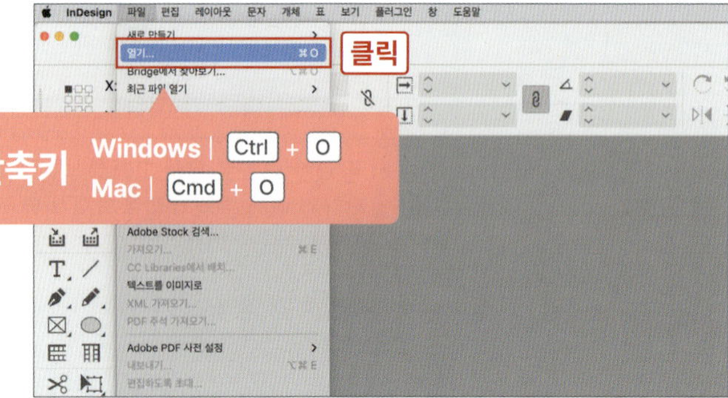

2 작업 중인 디자인을 저장하려면 메뉴 바에서 [파일] > [저장]을 선택합니다. 파일의 기본 확장자는 [파일명.indd]으로 저장됩니다. 디자인을 보호하기 위해서는 자주 저장해 놓는 것이 좋습니다.

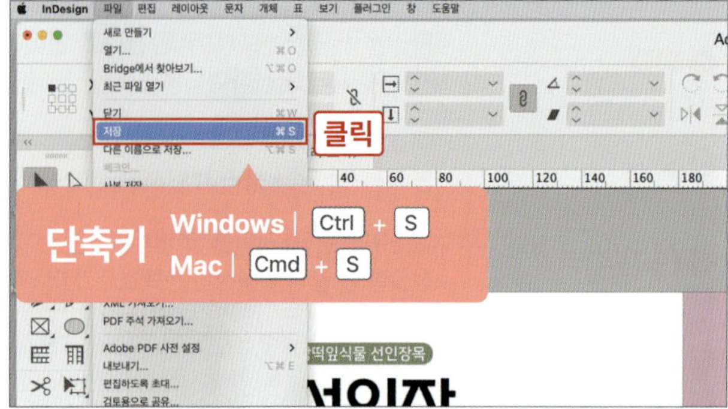

02 하위 버전으로 저장하기

1 메뉴 바에서 [파일] > [다른 이름으로 저장]을 선택합니다.

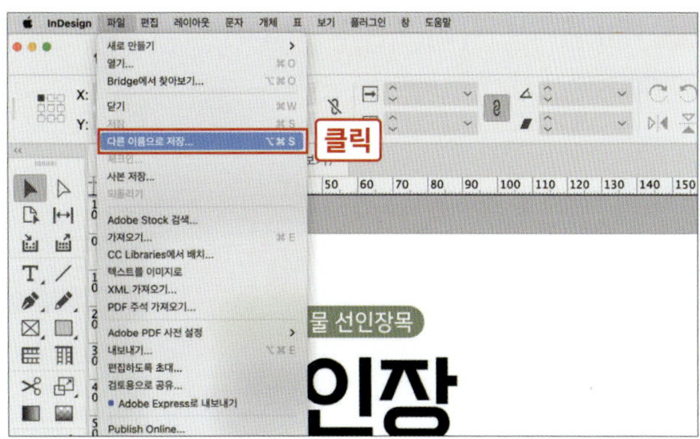

2 원하는 폴더로 저장 위치를 선택하고 파일 형식을 [InDesign CS4 이상(idml)]으로 선택하고 저장합니다.

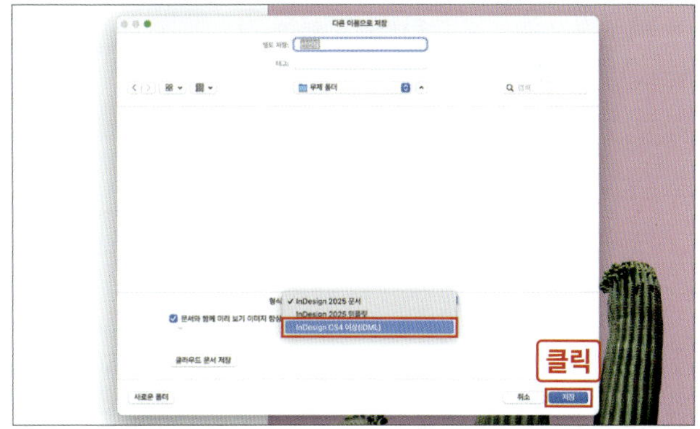

3 하위 버전으로 저장되었습니다. 하위 버전으로 저장하면 CS4 이상의 하위 버전에서 해당 디자인을 열 수 있습니다.

용어 사전

idml은 InDesign Markup Language의 약자입니다.

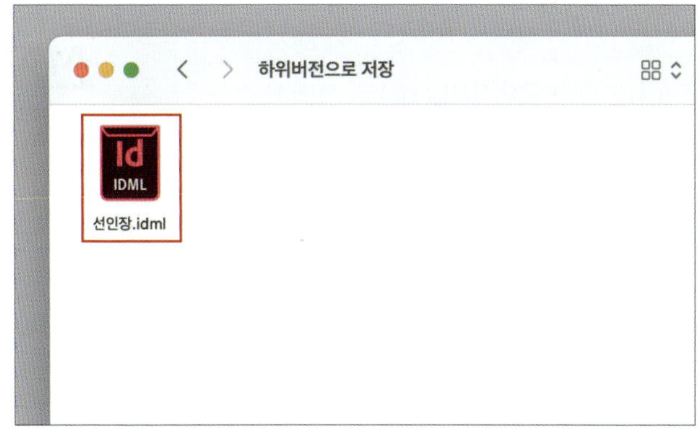

여기서 잠깐 STOP

파일을 최신 버전의 인디자인 프로그램에서 하위 버전으로 저장하여도 일부 디자인이 틀어질 수 있으니 하위 버전으로 저장할 때에는 원본(.indd) 파일로도 함께 저장하기를 권장합니다.

03 이미지로 저장하기

1 메뉴 바에서 [파일] > [내보내기]를
선택합니다.

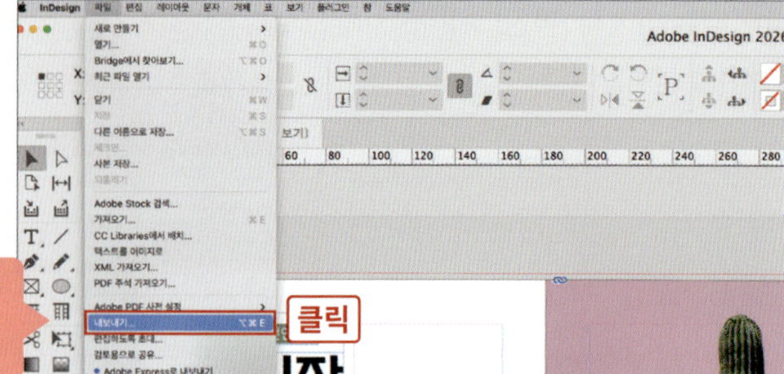

2 원하는 폴더를 선택하고 대화상자에
서 **①** 파일 이름을 '선인장펼침면'으로 입
력하고 **②** 형식을 [JPEG]로 선택한 후 **③**
[저장]을 클릭합니다.

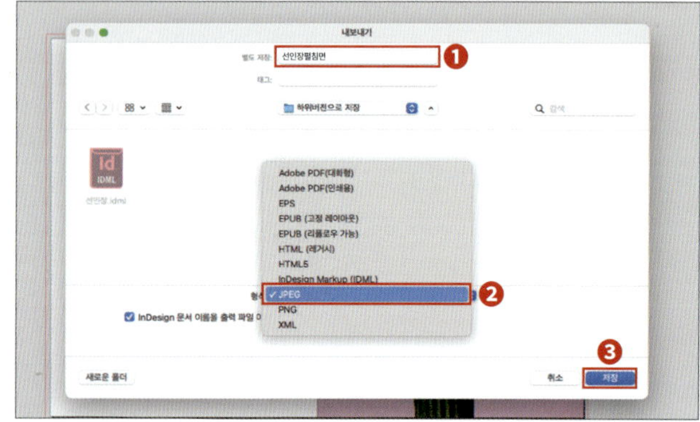

3 JPEG 내보내기 대화상자가 표시되
면 **①** [모두], **②** [스프레드], **③** 해상도
[300], 색상 공간 [CMYK]로 선택하고
④ [내보내기]를 클릭합니다.

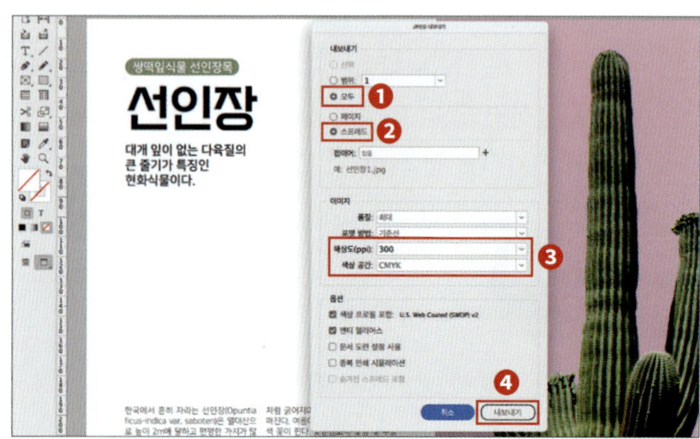

4 저장된 폴더로 이동하면 JPG(JPEG)
파일을 확인할 수 있습니다.

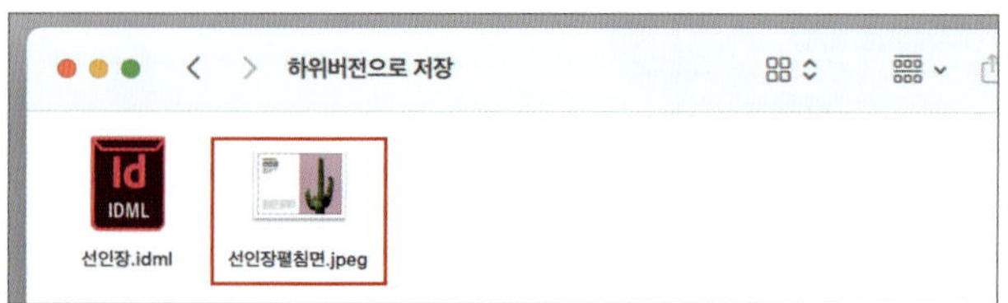

편집 디자인의 첫 걸음,
페이지 정복하기

페이지 삽입, 복제, 이동, 삭제하기

📁 **예제 파일** INLESSON03 > 블루베리.indd/idml

인디자인에서 페이지는 문서를 구성하는 기본 단위입니다. 여러 페이지를 포함한 문서를 제작할 수 있으며, 책, 잡지, 브로슈어, 포트폴리오 등 다양한 디자인 작업에서 활용됩니다.

01 페이지 삽입하기

1 [INLESSON03] > [블루베리.indd] 파일을 불러옵니다.

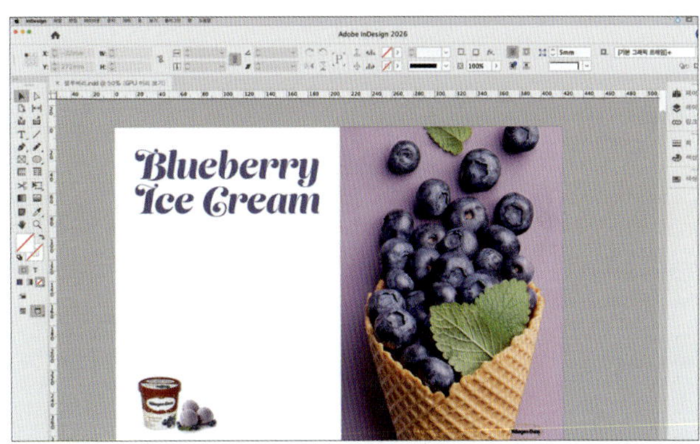

2 메뉴 바에서 [창] > [페이지]를 클릭합니다.

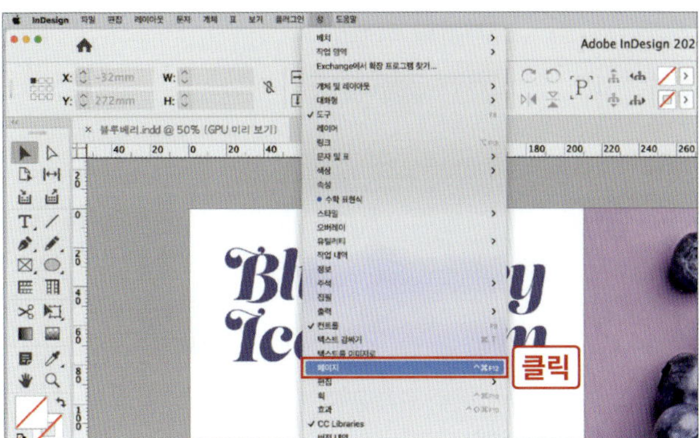

3 1페이지를 선택한 상태에서 ❶ ≡ 을 클릭하고 ❷ [페이지 삽입]을 선택하면 옵션 창이 나타납니다.

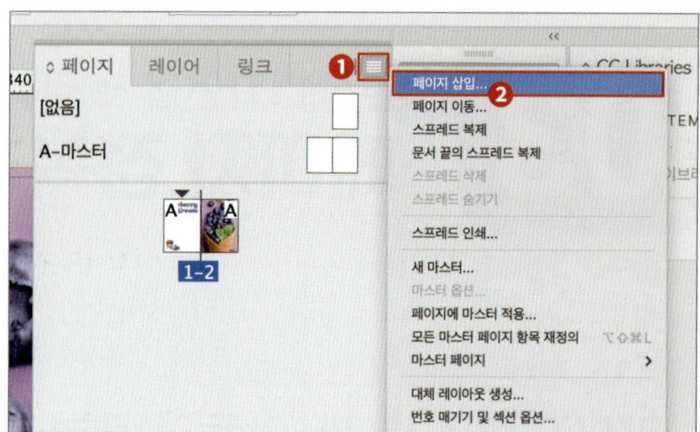

4 옵션 창에 ❶ 페이지 [1], ❷ 삽입은 [다음 페이지 앞]. ❸ 숫자는 [1]을 선택하고 ❹ [확인]을 클릭합니다.

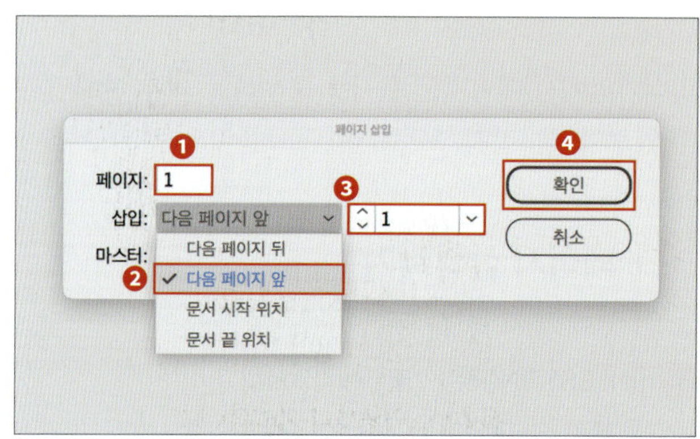

5 화면과 같이 기존 1~2페이지 앞에 새로운 페이지가 생성됩니다.

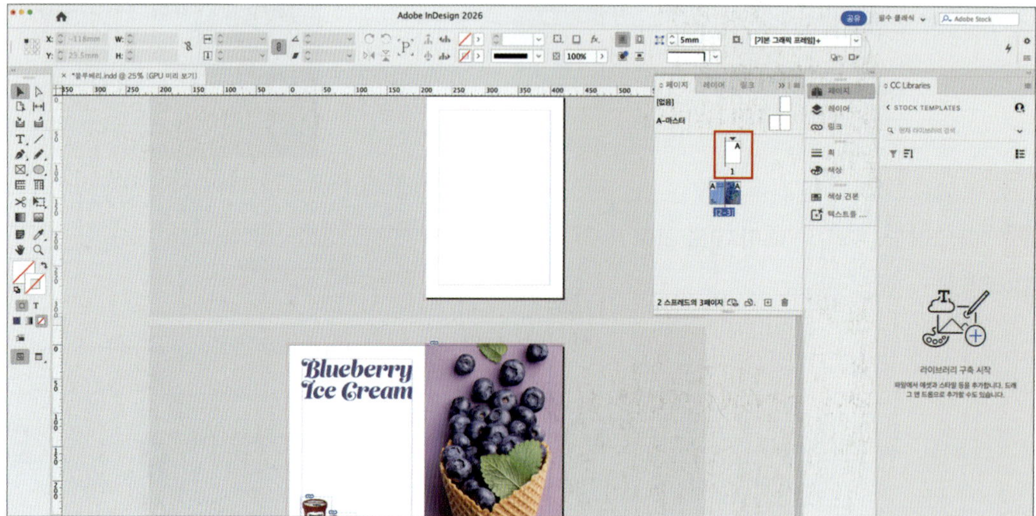

02 페이지 복제하기

1 ❶ 3페이지를 선택한 상태에서 마우스 오른쪽 버튼을 클릭하고 ❷ [페이지 복제]를 클릭합니다.

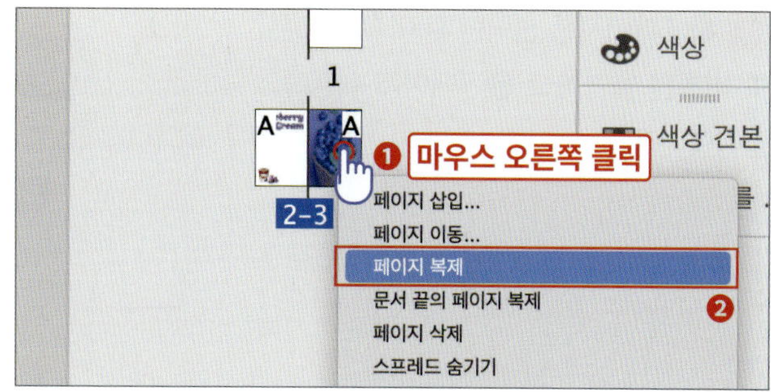

2 3페이지 뒤에 똑같은 페이지인 4페이지가 복제됩니다.

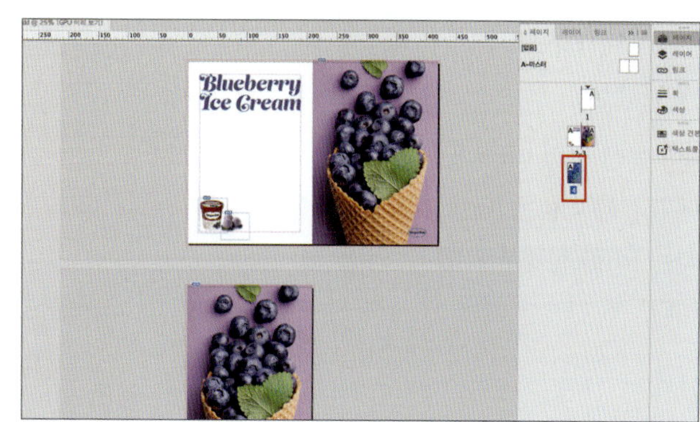

3 단축키 [Ctrl / Cmd] + [Z]를 눌러 페이지 복제 전 상태로 되돌립니다. ❶ 이번엔 [Ctrl / Cmd]를 누른 상태로 2, 3페이지를 모두 선택한 후 마우스 오른쪽 버튼을 클릭하고 ❷ [스프레드 복제]를 클릭합니다.

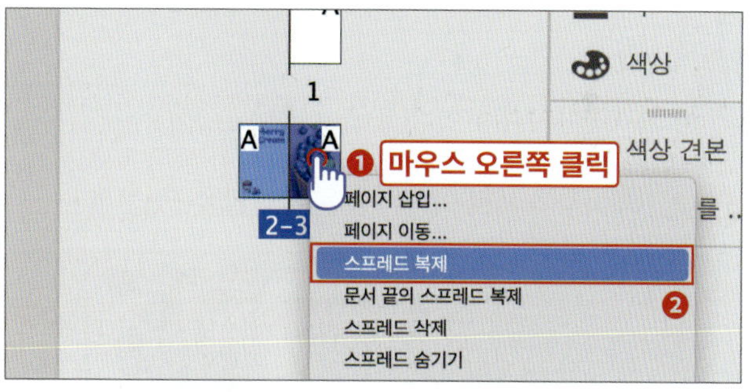

4 3페이지 뒤로 4, 5페이지가 동시에 복제됩니다.

1 ❶ 5페이지를 선택한 후 마우스 오른쪽 버튼을 클릭하고 ❷ [페이지 이동]을 클릭합니다.

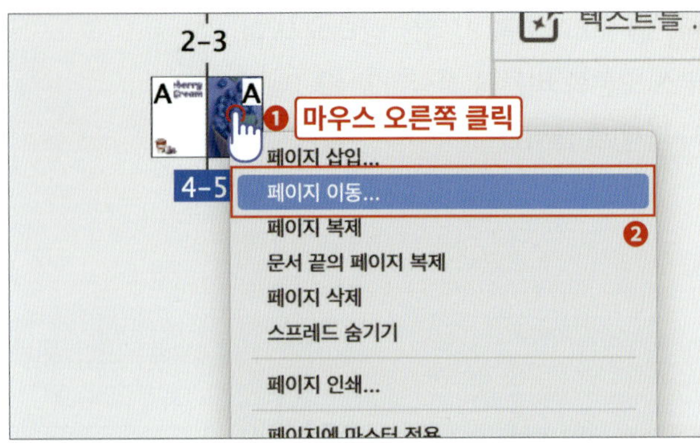

2 옵션 창이 나타나면 ❶ 페이지 이동에 [5], ❷ 대상은 [다음 페이지 앞], ❸ 숫자는 [4]를 선택하고 ❹ [확인]을 클릭합니다.

3 4, 5페이지가 서로 이동된 것을 확인할 수 있습니다.

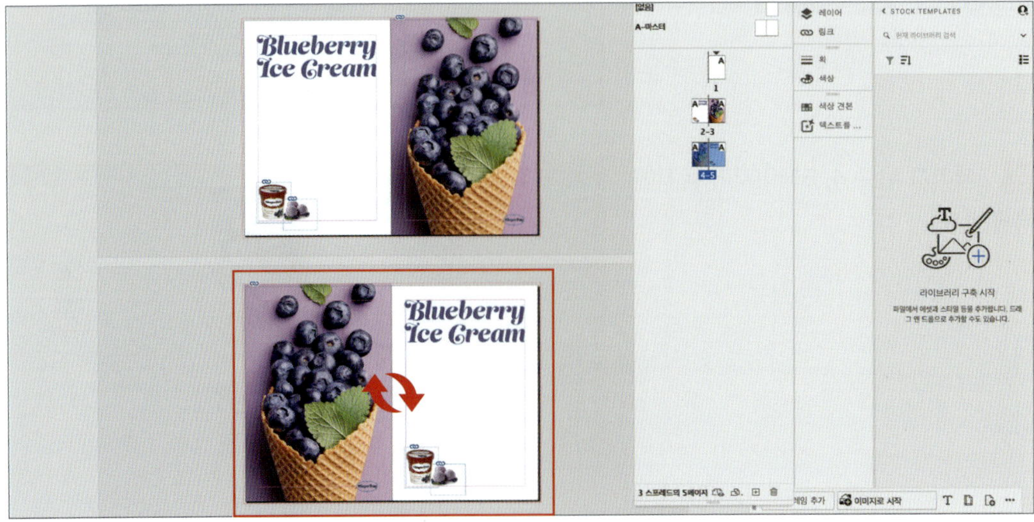

04 페이지 삭제하기

1 ❶ 5페이지를 선택하고 마우스 오른쪽 버튼을 클릭하고 ❷ [페이지 삭제]를 선택합니다.

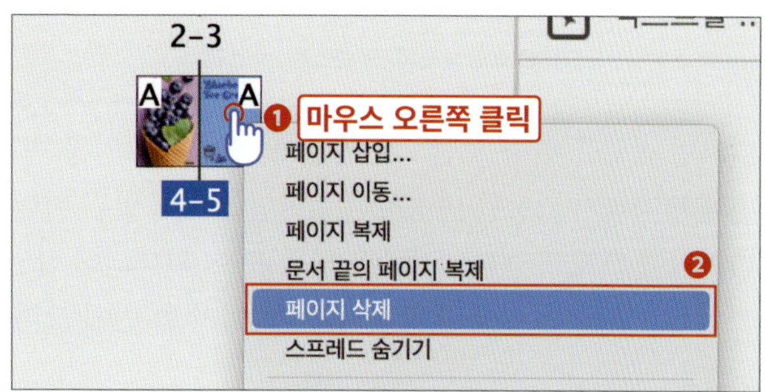

2 팝업 창이 나타나면 [확인]을 클릭합니다.

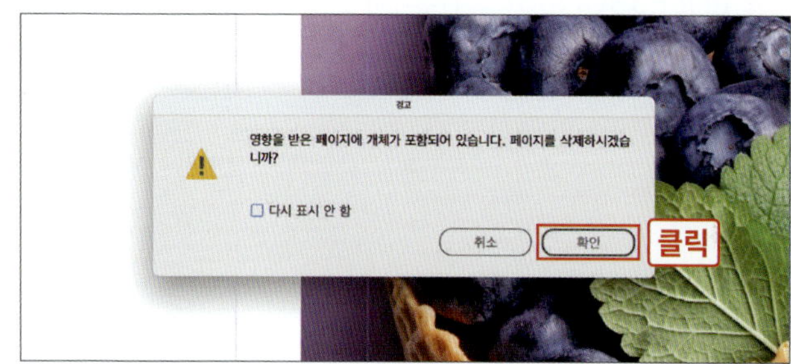

3 5페이지가 삭제되었습니다.

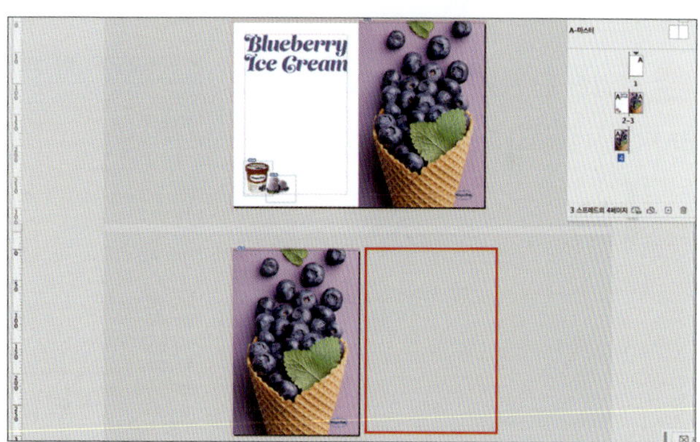

4 다른 방법으로는 ❶ 삭제하고 싶은 페이지를 선택하고 ❷ 페이지 패널 창 하단에 있는 🗑을 클릭하면 똑같이 팝업 창이 나타나고 [확인]을 클릭합니다.

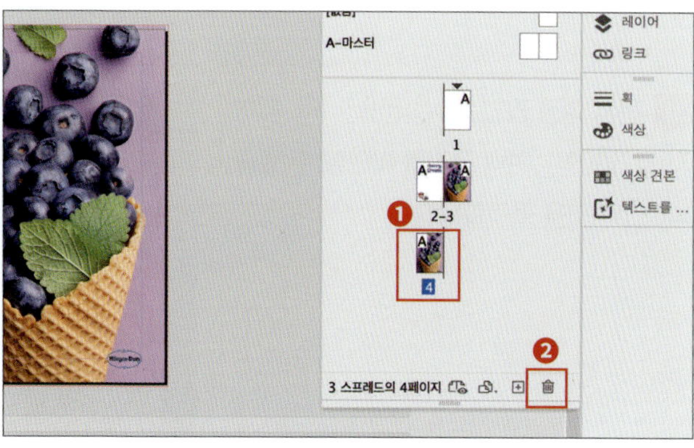

페이지 크기 한 번에 변경하기

디자인 작업을 하다 보면 기존에 잡았던 판형 크기를 변경해야 할 때가 있습니다. 페이지 크기 한 번에 변경하기 기능은 변경하려는 판형 크기에 맞춰 이미지 크기는 물론 개체, 폰트 크기까지 기존 디자인이 가지고 있던 비례대로 일괄 축소, 확대되어 작업을 용이하게 할 수 있습니다.
여기서는 '페이지 축소 확대하기'와 '페이지 한 번에 크기 변경하기'를 공부해 보겠습니다.

1 [INLESSON03] > [국비지원포스터.indd] 파일을 불러옵니다.

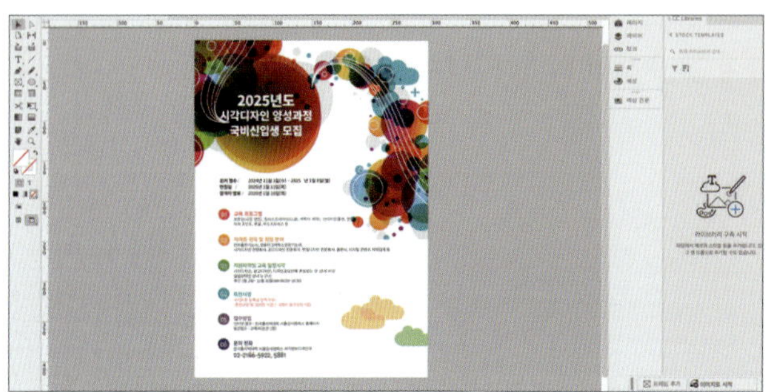

2 작업한 판형을 살펴보겠습니다. 메뉴 바에서 [파일] > [문서 설정]을 클릭합니다.

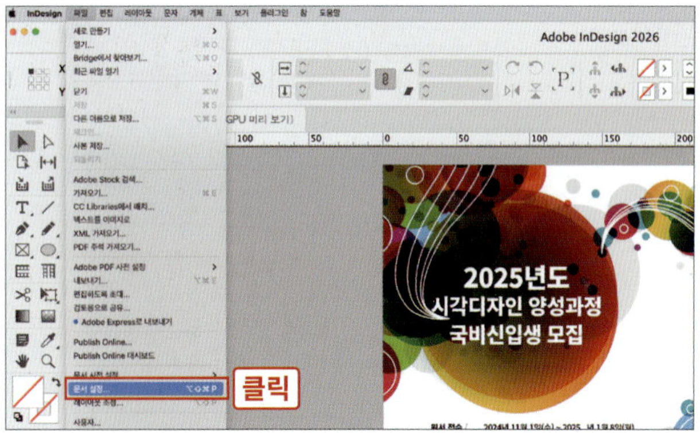

3 문서 설정 팝업 창이 나타납니다. 페이지 크기(판형), 여백 크기를 확인할 수 있습니다. [확인]을 클릭합니다.

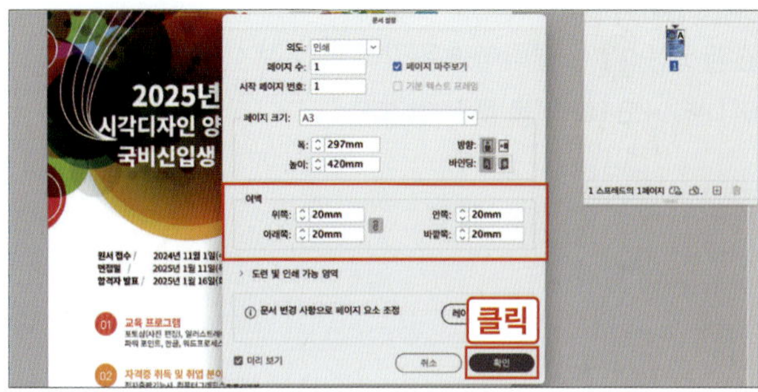

4 도구 모음의 [페이지 도구] 를 선택합니다. 상단 패널을 확인하면 작업물의 가로와 세로 크기, 즉 판형이 보입니다. 이 디자인은 [A3]임을 알 수 있습니다.

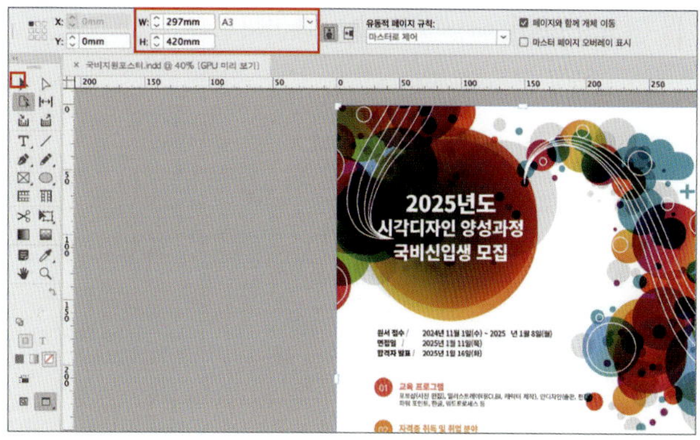

5 크기를 [B5]로 선택합니다.

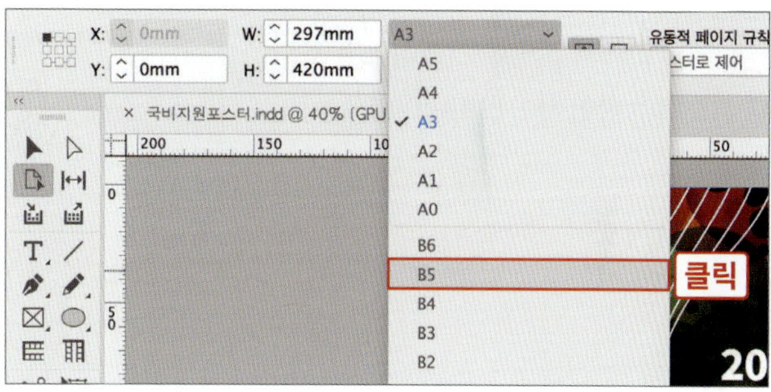

6 페이지 크기가 축소됩니다. 하지만 종이 사이만 축소되고 이미지와 폰트 크기는 축소되지 않았습니다. 도구 모음 맨 아래에 있는 [표준] 을 클릭하면 판형 밖으로 이미지들이 나와 있는 것을 확인할 수 있습니다. 판형 밖에 있는 이미지들은 인쇄가 되지 않는 영역입니다.

7 단축키 `Ctrl / Cmd` + `Z`를 눌러 페이지 축소 전 상태로 되돌립니다.

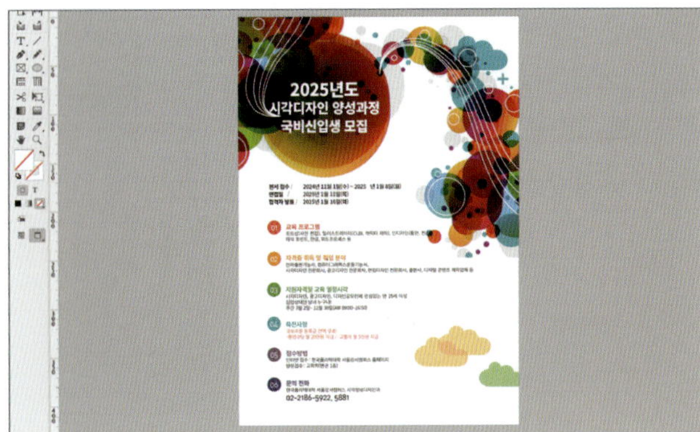

8 메뉴 바에서 [파일] > [레이아웃 조정]을 선택하면 팝업 창이 나타납니다.

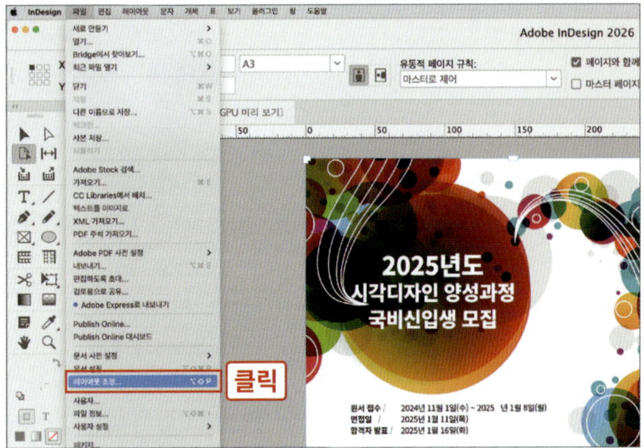

9 ❶ [레이아웃 조정] 팝업 창에서 [페이지 크기]를 B5, ❷ [페이지 크기 변경에 따른 여백 자동 조정]과 ❸ [글꼴 크기 조정]을 체크합니다. ❹ [확인]을 클릭합니다.

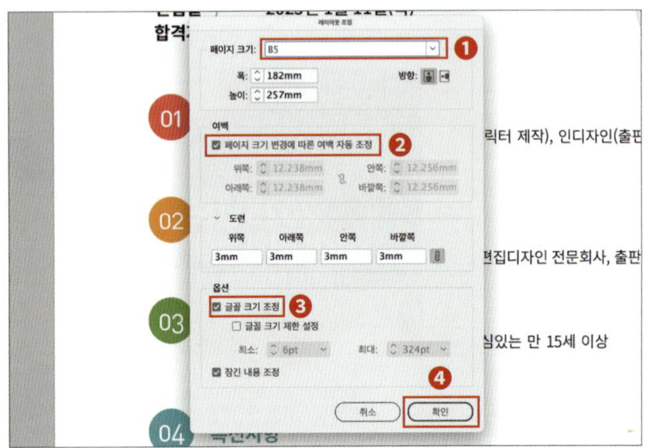

여기서 잠깐 STOP

[레이아웃 조정] 팝업 창에 **[잠긴 내용 조정]에 체크**가 잘 되어 있는지 확인합니다.
체크가 되어 있지 않으면 잠금이 된 이미지는 변형이 불가능하니 꼭 체크를 해야 합니다.

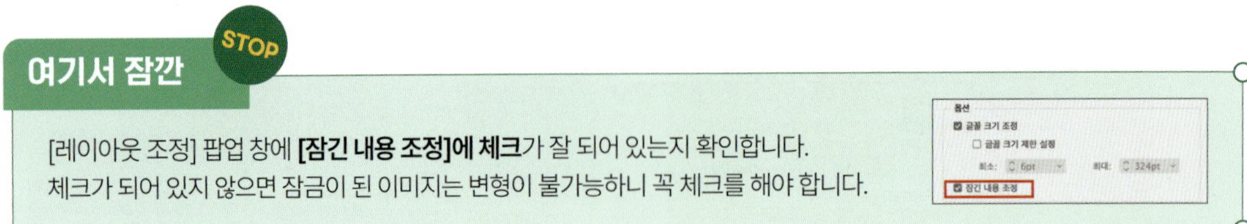

 한 권으로 끝내는 디자인 교과서 **포토샵** & **일러스트레이터** & **인디자인** CC 2026

10 도구 모음에 [페이지 도구] 를 클릭하면 상단 패널에서 크기가 B5인 것을 확인할 수 있습니다. 6 과 다르게 이미지와 폰트도 동시에 축소되었습니다.

용어 사전

종이의 A형과 B형의 구분 기준은 국제 표준 규격(ISO 216)에 따라 크기를 정의하는 방식의 차이에서 비롯됩니다. A형 종이는 A0(841×1189mm)를 기준으로 절반씩 접어 나가는 방식으로 크기가 결정되며, 일반적인 사무용 문서, 프린트 용지, 포스터 등의 용도로 사용됩니다.

반면, B형 종이는 B0(1000×1414mm)를 기준으로 하며, A형보다 상대적으로 크기가 커 잡지, 서적, 신문, 전단지 등 출판·인쇄 업계에서 주로 활용됩니다. 이러한 차이는 출판 및 인쇄물 제작 시 용도에 따라 적절한 규격을 선택할 수 있도록 표준화된 체계를 제공합니다.

디자이너라면 종이 크기 정도는 기억하고 있어야 합니다. **빨간 글씨 부분은 꼭 기억해 두세요!**

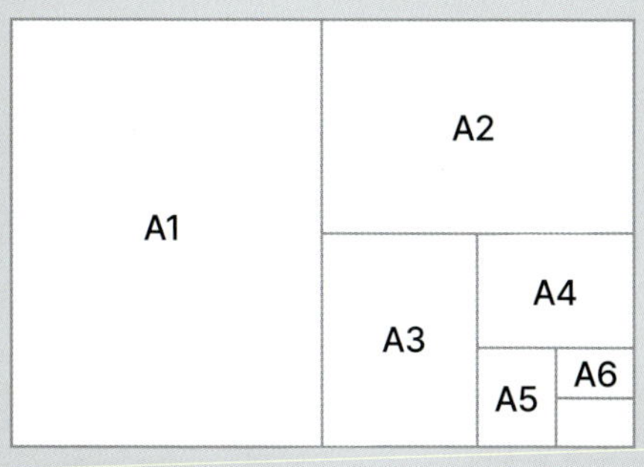
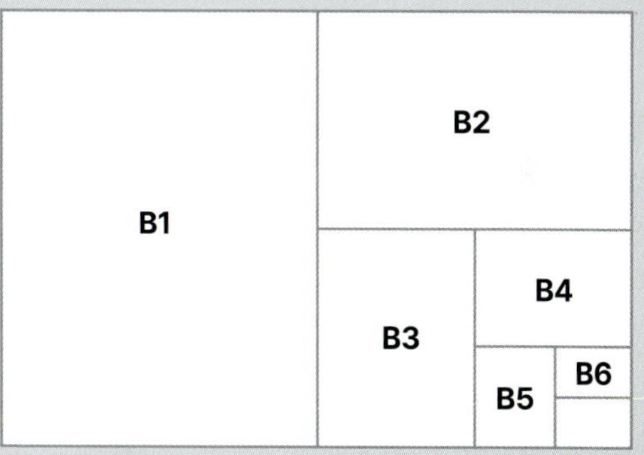

종이	크기	종이	크기
A5	148mm × 210mm	B5	182 mm × 257 mm
A4	210mm × 297mm	B4	257 mm × 364 mm
A3	297mm × 420mm	B3	364 mm × 515 mm
A2	420mm × 594mm	B2	515 mm × 728 mm
A1	594mm × 841mm	B1	728 mm × 1030 mm
A0	841mm × 1189mm	B0	1030 mm × 1456 mm

마스터 페이지 삽입, 복제, 삭제하기

예제 파일 INLESSON03 > 꿈다락.indd/idml

마스터 페이지(Master Page)는 여러 페이지에서 반복적으로 사용되는 머리글, 바닥글, 페이지 번호, 배경 디자인 등을 설정할 수 있는 템플릿 같은 역할을 합니다. 마스터 페이지를 활용하면 일관된 디자인을 유지하면서도 편리하게 문서를 관리할 수 있습니다.

01 마스터 페이지 삽입하기

1 [INLESSON03] > [꿈다락.indd] 파일을 불러옵니다.

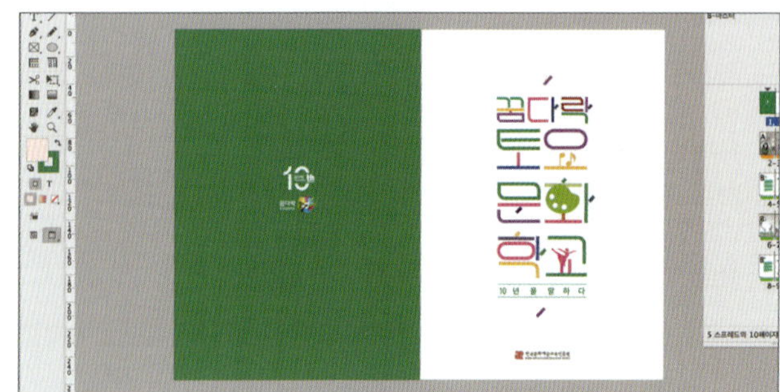

2 페이지 패널을 살펴보면 여러 페이지 상단에 A-마스터, B-마스터가 있습니다.

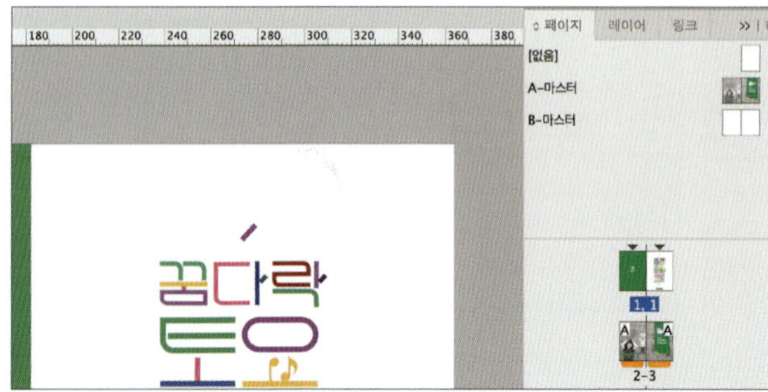

용어 사전

마스터 페이지란?

마스터 페이지는 여러 페이지에 적용할 수 있는 배경과 같습니다. 마스터 페이지에 있는 모든 개체는 적용된 모든 페이지에 표시되며, 마스터 페이지 개체들은 문서 페이지(실제 작업하는 페이지)에 점선 테두리로 둘러싸여 있습니다.
마스터 페이지에 넣는 요소들은 일반적으로 반복되는 로고, 페이지 번호, 머리글 또는 공통적으로 사용되는 이미지, 이미지가 들어가는 그래픽 프레임 등이 포함될 수 있습니다.

3 ❶ B-마스터를 선택하고 ❷ 패널 하단의 ➕를 클릭합니다.

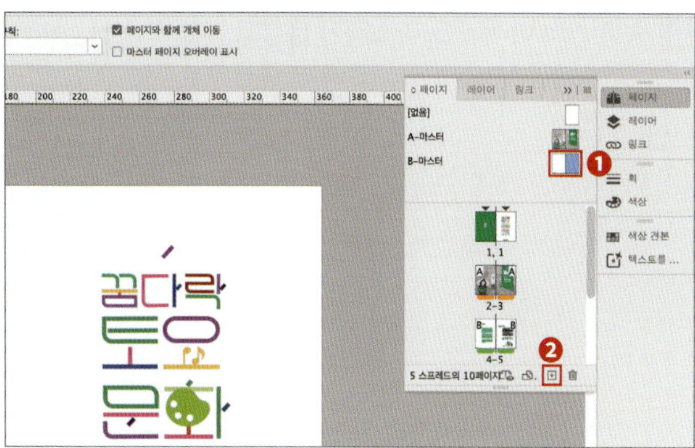

4 B-마스터 아래 C-마스터가 생성됩니다. 생성과 동시에 C-마스터의 빈 페이지가 작업 화면에 보입니다. 여기에 공통적으로 사용할 이미지를 넣을 수 있습니다.

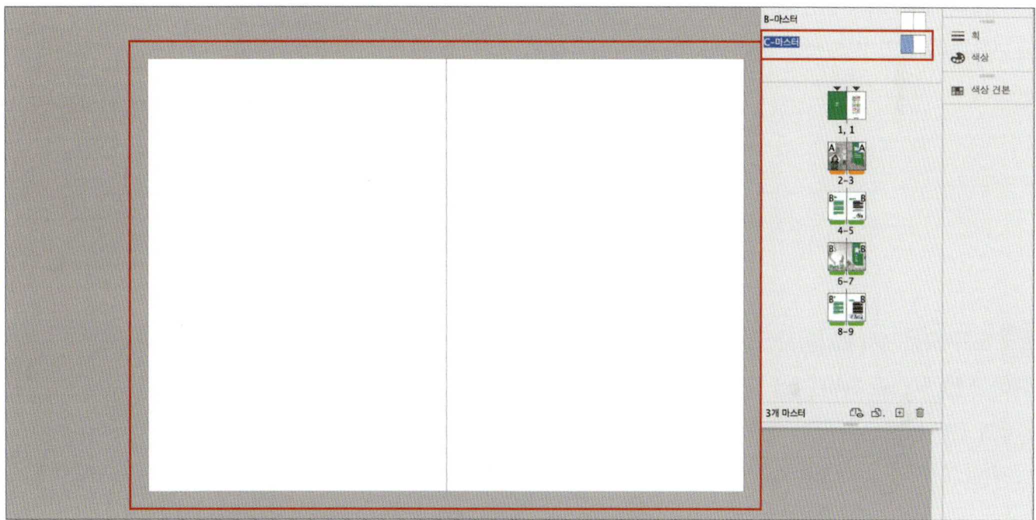

02 마스터 페이지 복제, 삭제하기

1 ❶ 페이지 패널에서 A-마스터를 모두 선택하고 마우스 오른쪽 버튼을 클릭하고 ❷ [마스터 스프레드 "A-마스터" 복제]를 클릭합니다.

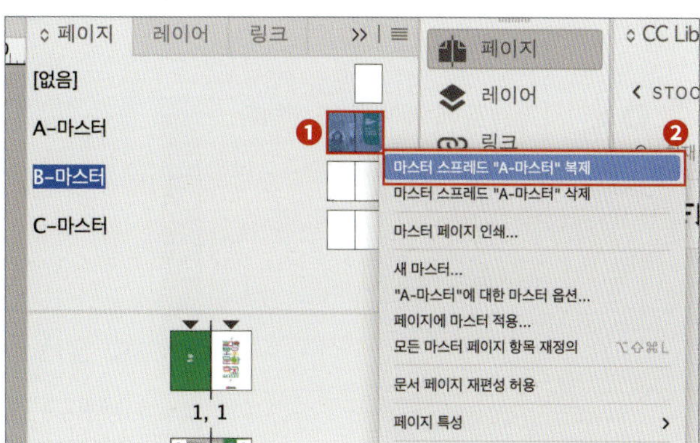

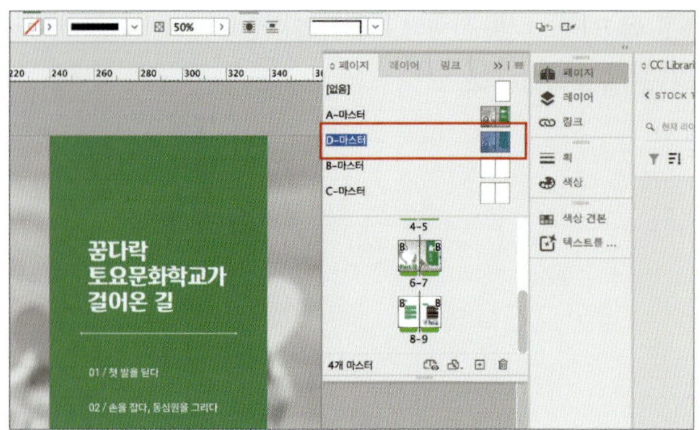

2 A-마스터 아래에 D-마스터가 생성되고 이번엔 화면에 D-마스터 작업 화면이 보입니다.

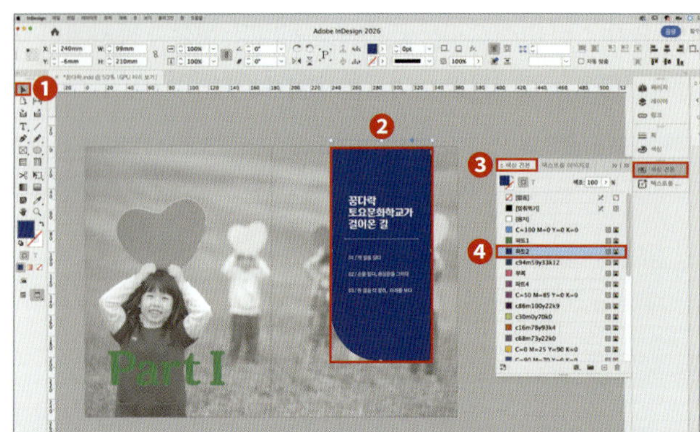

3 ① 도구 모음에서 [선택 도구] ▶를 선택하고 ② 한쪽이 둥근 초록색 사각형을 선택합니다. ③ 색상 견본 패널에서 ④ '파트2'를 선택하면 초록색이 파란색으로 바뀝니다.

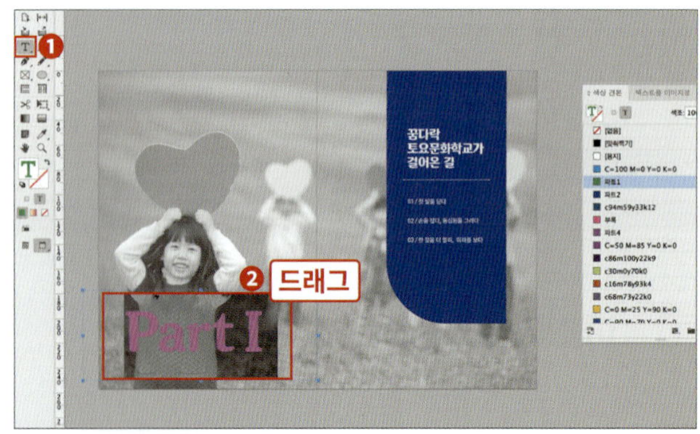

4 도구 모음에서 ① [문자 도구] T 를 선택하고 ② 텍스트 'PART I'를 드래그합니다. **3** 과 같은 방법으로 글자 색을 파란색으로 변경합니다.

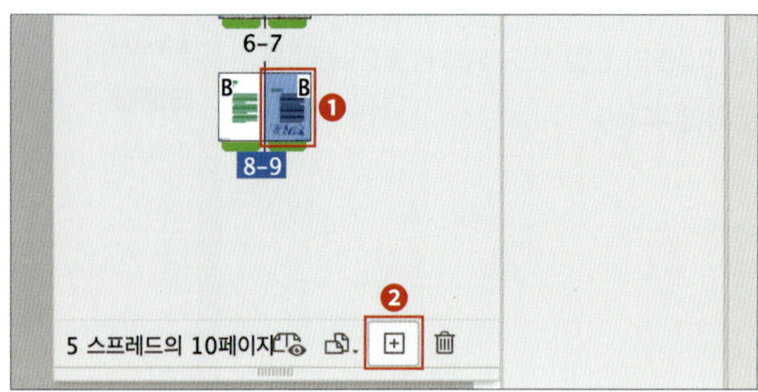

5 ① 페이지 패널 창에 9페이지를 선택하고 ② ＋ 버튼을 두 번 클릭합니다.

6 9페이지 아래 두 개의 페이지가 생성됩니다. 여기에 D-마스터를 적용해 보겠습니다.

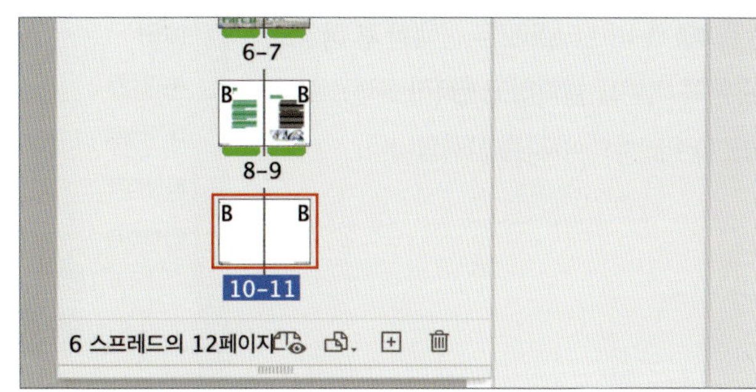

7 ① `Ctrl / Cmd`를 눌러 10, 11페이지를 선택합니다. 마우스 오른쪽 버튼을 클릭하고 ② [페이지에 마스터 적용]을 선택합니다.

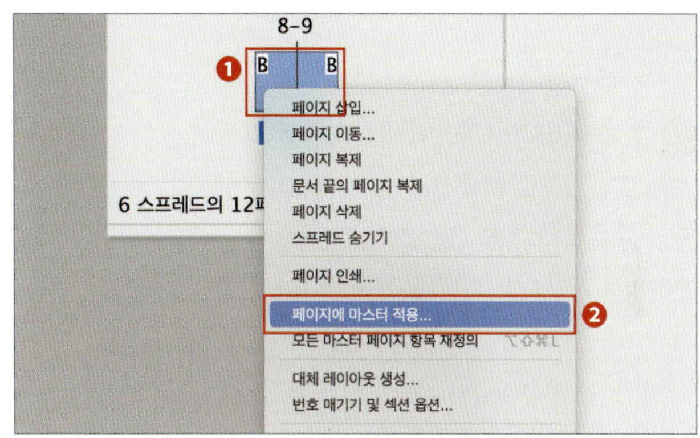

8 ① 마스터 적용에 [D-마스터]를 선택하고 ② [확인]을 클릭합니다.

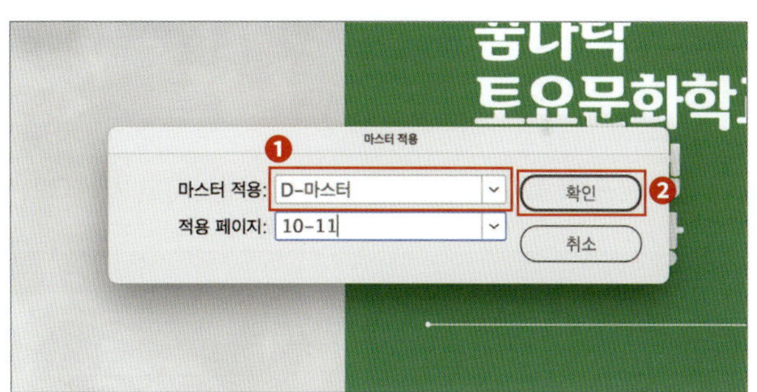

9 D-마스터와 똑같은 새로운 페이지가 만들어졌습니다.

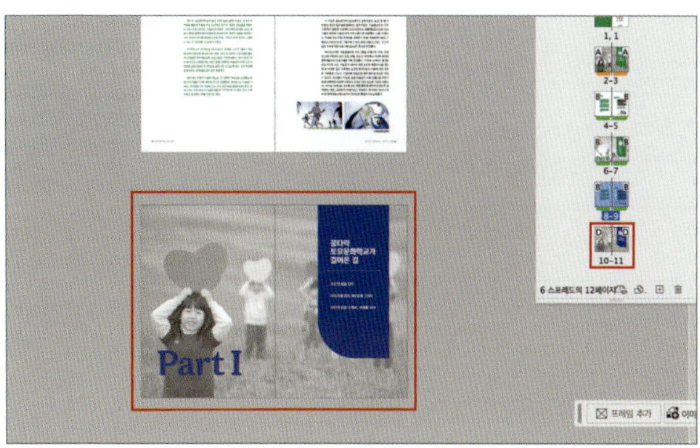

10 ❶ D-마스터를 모두 선택한 후 마우스 오른쪽 버튼을 클릭하고 ❷ [마스터 스프레드 "D-마스터" 삭제]를 선택합니다.

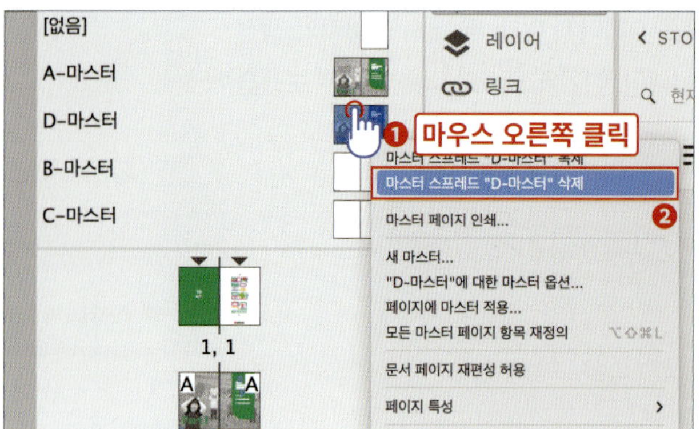

11 'D-마스터가 2개의 페이지에 적용되었습니다. 그래도 삭제하시겠습니까?'라는 팝업 창이 뜹니다. 두 개의 페이지는 10, 11 페이지를 가리키며 [확인]을 클릭합니다.

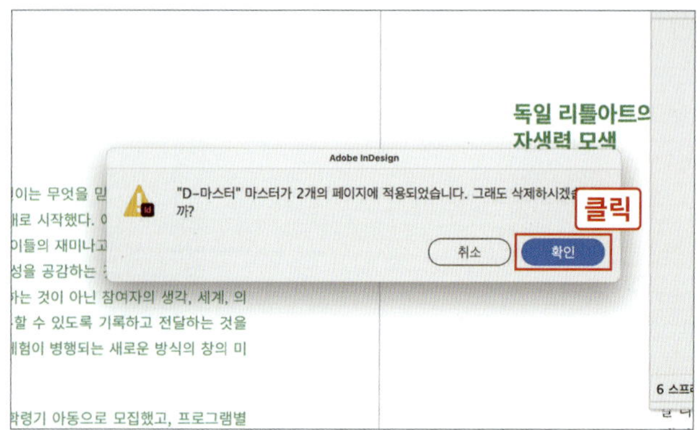

12 D-마스터가 적용되었던 모든 이미지가 사라지고 빈 페이지만 남았습니다.

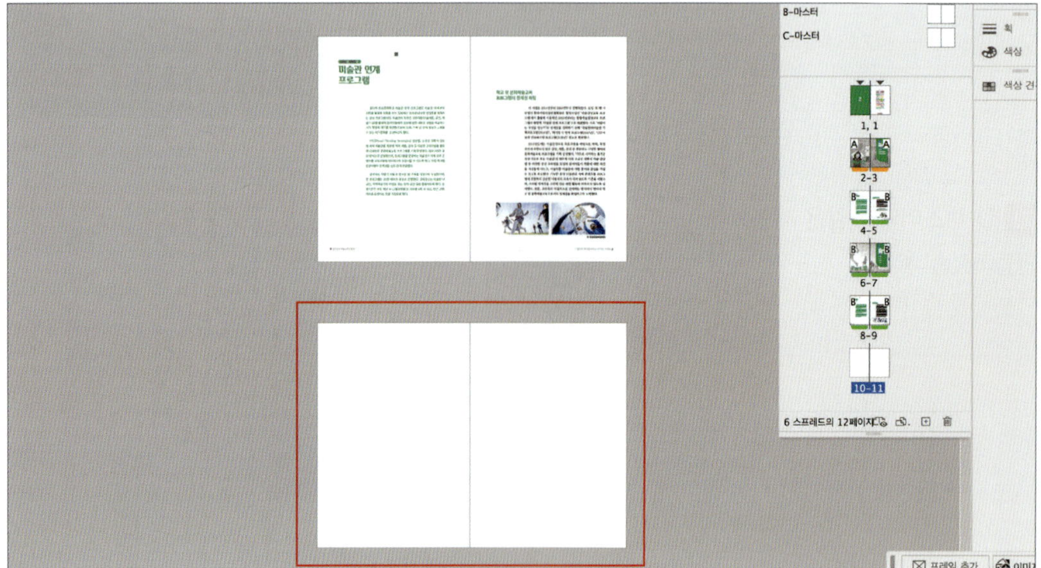

작업 중인 페이지를 마스터 페이지로 만들기

예제 파일 INLESSON03 > 비상상황매뉴얼.indd/idml **완성 파일** 비상상황매뉴얼완성.idml

처음부터 마스터 페이지에 디자인을 하는 방식이 아닌 작업하고 있는 디자인 페이지를 마스터 페이지로 만들 수도 있습니다. 작업 중인 디자인 페이지를 마스터 페이지로 변환하면, 기존 디자인을 유지하면서 여러 페이지에 효율적으로 적용할 수 있습니다.

1 [INLESSON03] > [비상상황매뉴얼.indd]를 불러옵니다. ❶ ≡을 클릭하고 ❷[마스터 페이지] > [마스터로 저장]을 클릭합니다.

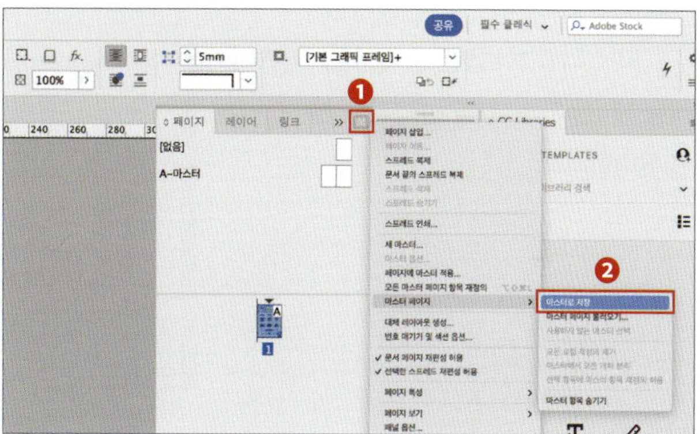

2 페이지 패널에 B-마스터를 더블클릭해서 보면 새로운 마스터 페이지가 만들어집니다.

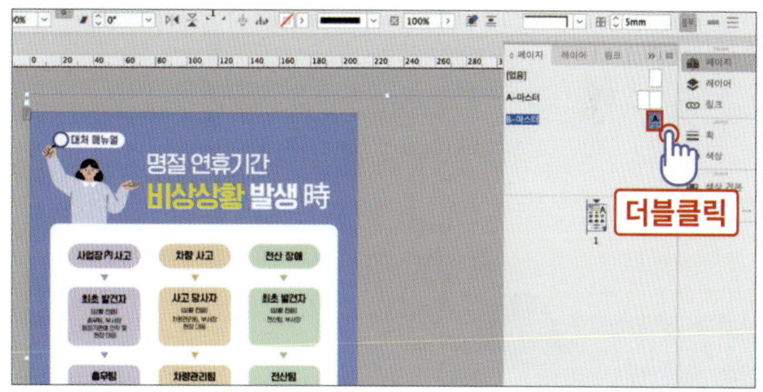

3 ❶ [선택 도구] ▶로 페이지 패널의 ❷ 1페이지를 선택한 후 ❸ + 을 클릭하여 새로운 페이지를 생성합니다.

4 ❶ 페이지 패널의 2페이지를 선택한 후 마우스 오른쪽 버튼을 클릭하고 ❷ [페이지에 마스터 적용]을 클릭합니다.

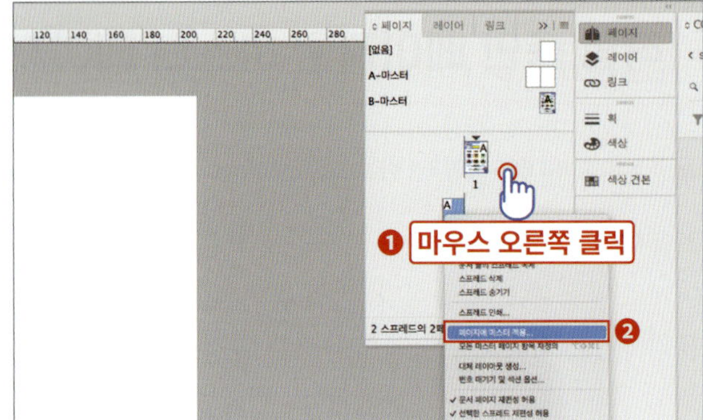

5 [마스터 적용] 옵션 창에서 ❶ '마스터 적용'에 [B-마스터]를 선택하고 ❷ [확인]을 클릭합니다.

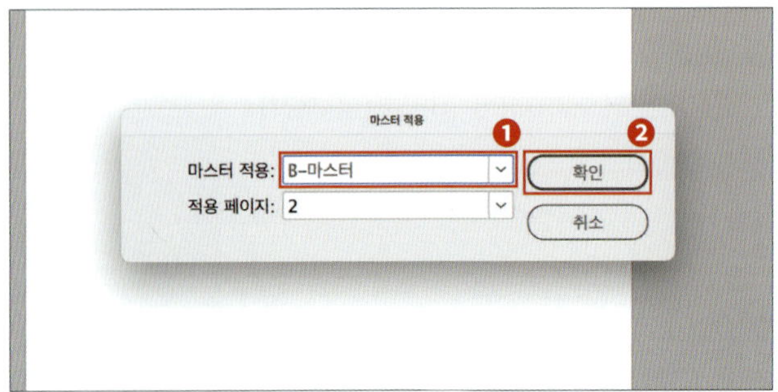

6 [마스터 페이지 크기 충돌] 옵션 창이 나타나면 [마스터 페이지 크기 사용]을 클릭합니다.

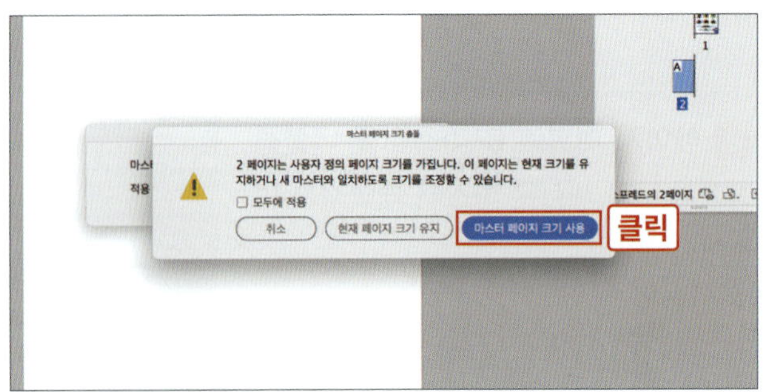

여기서 잠깐 STOP

마스터 페이지 충돌 이유

페이지 크기 불일치
마스터 페이지와 본문 페이지의 크기가 다를 경우, 요소가 올바르게 정렬되지 않은 경우

자동 페이지 번호 충돌
여러 마스터 페이지에서 서로 다른 자동 페이지 번호 스타일을 적용할 경우

그리드 및 안내선 설정 불일치
마스터 페이지에서 설정한 그리드나 안내선이 본문 페이지의 설정과 다른 경우

개체 스타일 충돌
마스터 페이지와 본문 페이지에서 동일한 스타일 이름을 가진 개체 스타일이 다르게 설정되었을 경우

7 2페이지에 B-마스터가 적용되었습니다. 1페이지와 B-마스터를 적용한 2페이지의 차이점이 있습니다. B-마스터를 적용한 2페이지의 개체는 선택이 불가능합니다. 이처럼 디자인 작업 중 위치나, 색상 등 일관되게 유지해야 하는 요소들을 마스터로 작업하면 됩니다.

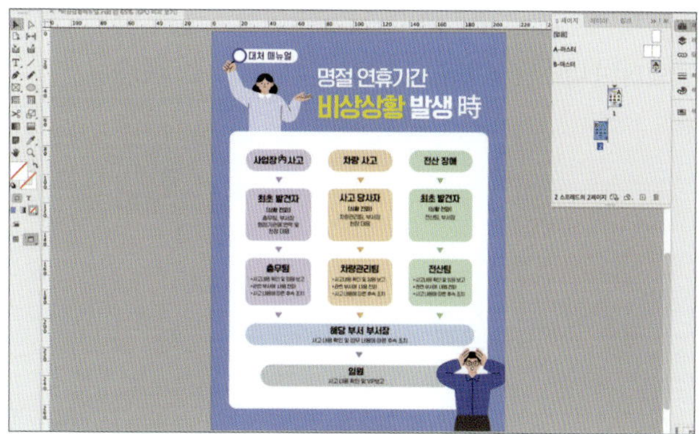

 **여기서 잠깐** STOP

디자인 작업을 하다 보면 마스터가 적용된 페이지에서 텍스트 내용이나 색상, 또는 이미지를 변경하고 싶을 때가 있습니다. 그럴 경우에는 작업하는 페이지에서 **선택 도구로 변경하고자 하는 개체를 더블클릭하면 클릭한 개체가 활성화**됩니다. 그다음 원하는 색상이나 텍스트, 이미지를 변경하면 됩니다. 이렇게 변경된 개체들은 마스터에 적용되지 않습니다.

자동으로 페이지 번호, 섹션 삽입하기

📂 **예제 파일** INLESSON03 > 꿈다락본문.indd/idml

자동 페이지 번호 기능을 사용하면, 페이지가 추가되거나 순서가 변경될 때도 페이지 번호가 자동으로 업데이트됩니다. 이 기능을 활용하면 페이지가 추가되거나 순서가 변경될 때도 일일이 수정할 필요 없이 자동으로 번호가 바뀝니다.

01 페이지 번호 표시하기

1 [INLESSON03] > [꿈다락본문.indd]를 불러옵니다.

2 페이지 패널 창의 [A-마스터]를 더블 클릭하여 마스터 페이지로 이동합니다.

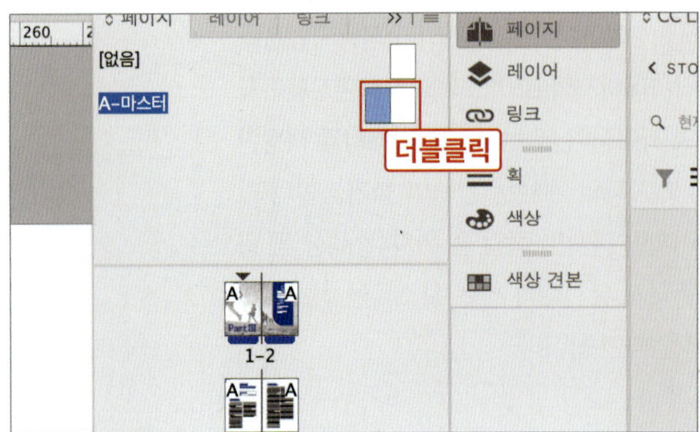

3 ❶ 도구 모음에서 [문자 도구] **T** 를 선택하고 ❷ A-마스터의 왼쪽 페이지에 마우스를 드래그하여 번호가 들어갈 텍스트 프레임을 만듭니다.

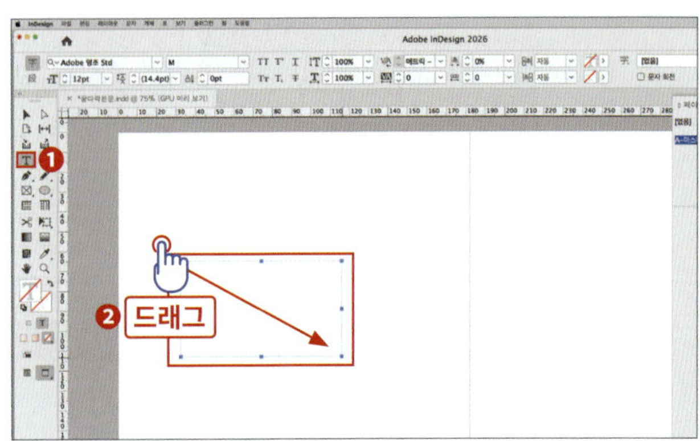

4 도구 모음 하단에 [표준] 을 선택하면 앞서 만들어 놓은 텍스트 프레임이 보입니다.

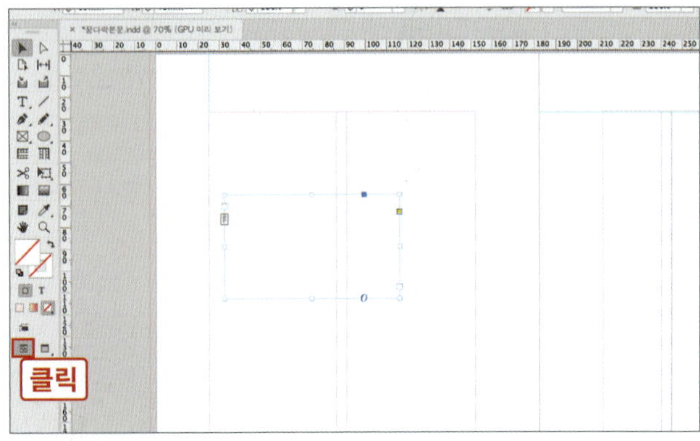

5 텍스트 프레임 커서가 활성화된 상태에서 메뉴 바에서 [문자] > [특수 문자 삽입] > [표시자] > [현재 페이지 번호]를 클릭합니다.

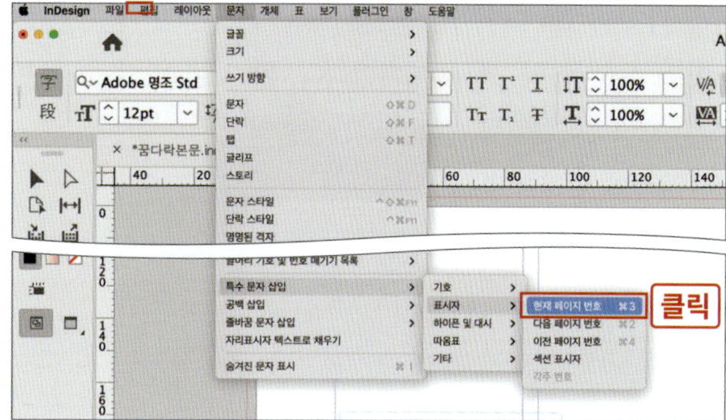

단축키 Windows | Ctrl + 3
Mac | Cmd + 3

6 알파벳 'A'가 나타납니다.

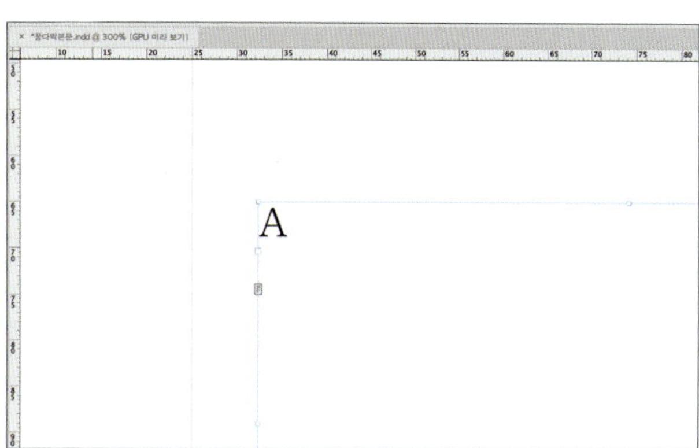

여기서 잠깐 STOP

일반적으로 페이지 번호는 양쪽 페이지의 같은 위치에 들어갑니다.
왼쪽 페이지는 짝수, 오른쪽 페이지는 홀수로 페이지 번호가 지정되며, 단축키는 텍스트 프레임을 만든 상태에서 Ctrl / Cmd + 3 입니다. 이 단축키는 암기를 하면 작업에 용이합니다. A라 표시되는 이유는 A-마스터에 작업을 하기 때문이며, B-마스터에 작업할 경우 B가 나타납니다.

7 ❶ A 텍스트를 도구 모음의 [문자 도구]  를 이용하여 드래그해 ❷ 상단 패널에서 원하는 폰트와 크기를 지정합니다. 여기서는 [SB어그로], 12pt로 선택하고 색상은 ❸ 색상 견본 패널에서 [검정]을 선택하고 페이지 하단에 위치를 옮겨줍니다.

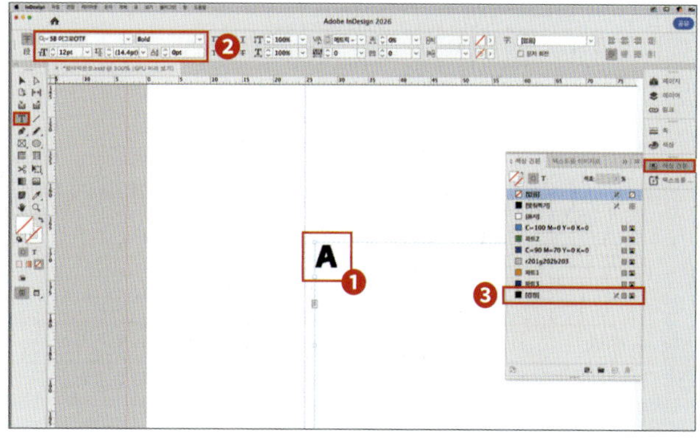

8 완성된 페이지 번호를 ❶ Shift + Alt / Option + 드래그하여 복사합니다. ❷ 상단 패널에서 ☰ 을 선택합니다. 정렬이 오른쪽으로 변경됩니다.

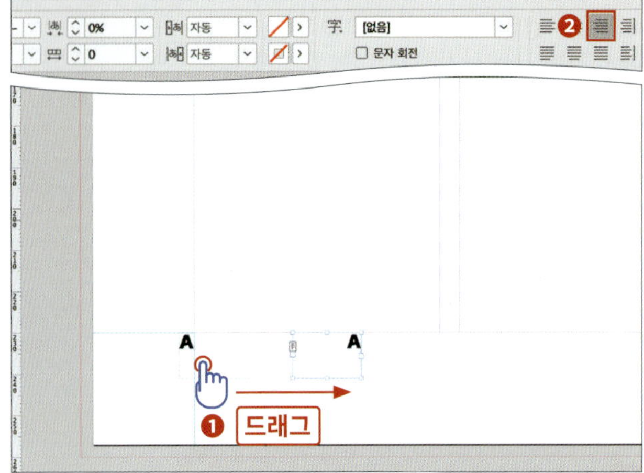

9 오른쪽 마스터 페이지에 배치합니다.

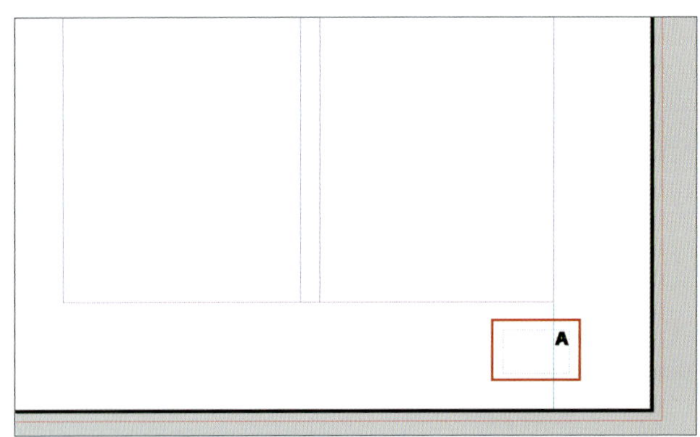

10 본문 3페이지를 더블클릭하여 보면 하단 양쪽에 페이지 번호가 표시된 것을 확인할 수 있습니다. 이 예제에서는 공부를 위해 두꺼운 폰트를 사용하였으나 일반적으로는 본문보다 눈에 띄면 디자인에 어울리지 않으니 적당한 폰트와 크기를 선택하는 것이 좋습니다.

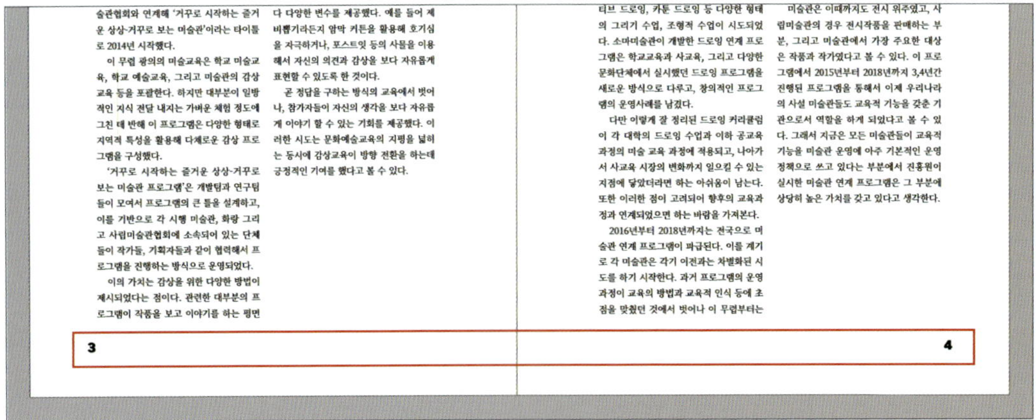

02 섹션 제목 표시하기

1 ❶ 왼쪽 마스터 페이지의 A 옆에 텍스트 프레임을 만듭니다. ❷ 제목 '꿈다락 토요문화학교'를 입력하고 원하는 폰트와 크기를 지정합니다. 여기서는 [G마켓산스(M)], 10pt, 색상은 [검정]으로 하겠습니다.

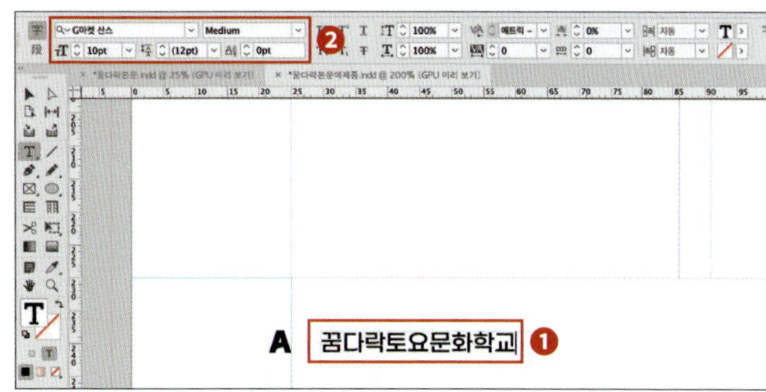

2 ❶ 오른쪽 페이지에 페이지 번호를 만들 때와 같이 제목을 복사하고 ❷ [정렬]☰ 을 선택하여 배치합니다.

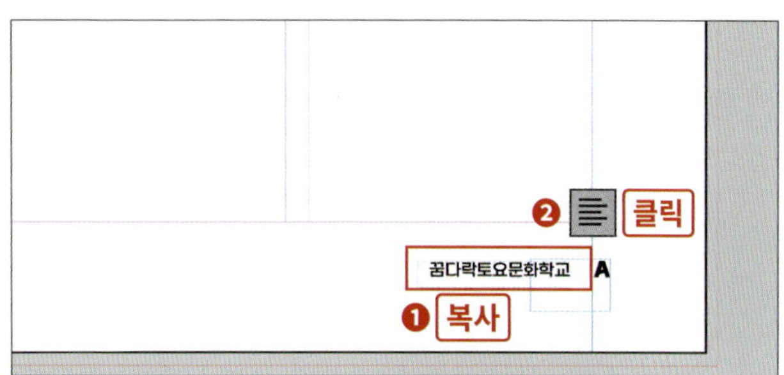

3 텍스트 프레임은 놔두고 책 제목만 삭제합니다.

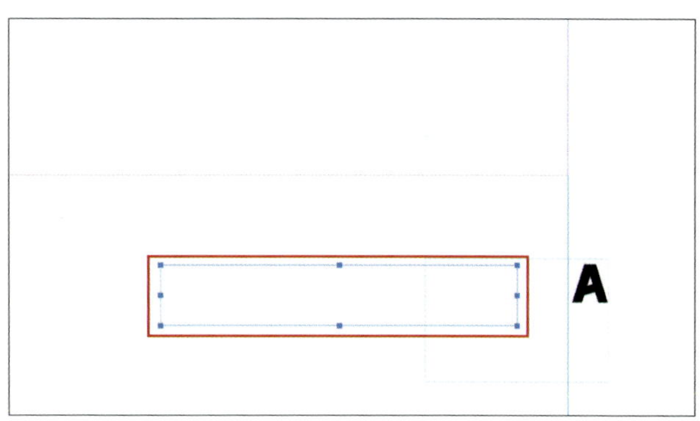

4 ❶ 메뉴 바에서 [문자] > [특수 문자 삽입] > [표시자] > [섹션 표시자]를 선택합니다. ❷ 텍스트 박스에 '섹션'이란 텍스트가 나타납니다.

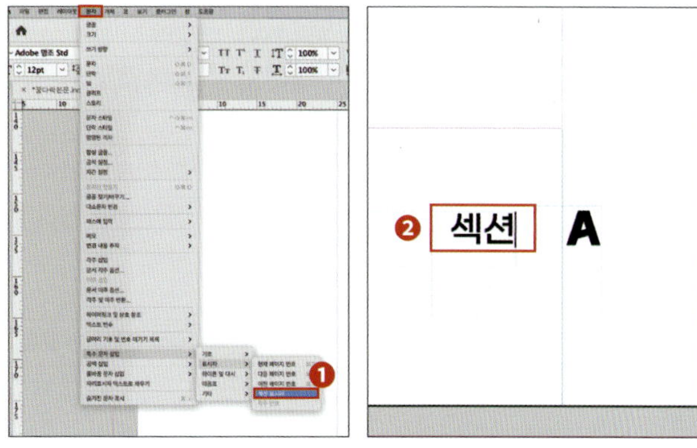

5 본문 3페이지를 확인해 보면 왼쪽 페이지에는 책 제목이 보이지만 오른쪽 페이지에는 숫자만 보입니다.

6 섹션을 입력하기 위해 4페이지를 선택하고 ❶ 페이지 패널에서 ≡를 클릭하고 ❷ [번호 매기기 및 섹션 옵션]을 클릭합니다.

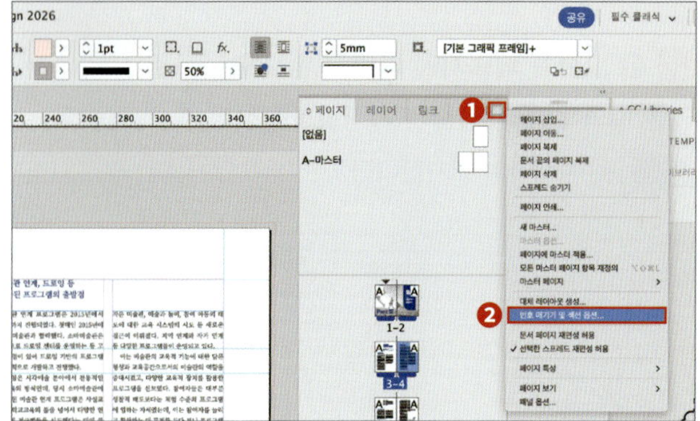

7 옵션 창이 나타나면 ❶ [섹션 표시자]에 원하는 텍스트를 입력합니다. 본 예제에서는 '예술표현기반 프로그램'을 입력했습니다. ❷ [확인]을 클릭합니다.

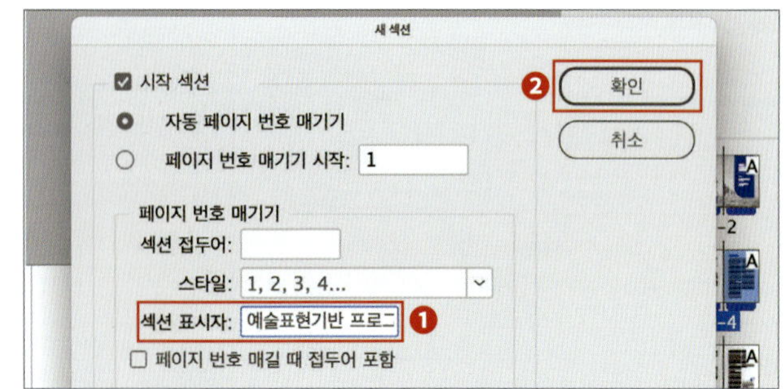

8 4페이지에 섹션에 입력한 '예술표현기반 프로그램' 문구가 나타나며 페이지 상단에 ▼ 가 표시되어 섹션이 들어가 있는 페이지임을 쉽게 확인할 수 있습니다. 같은 방법으로 6페이지에 다른 텍스트를 입력할 수 있습니다.

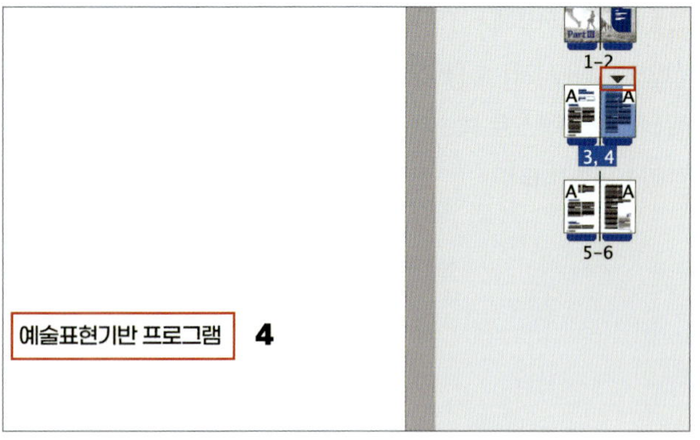

LESSON 04

목적에 맞는
페이지 만들기

종류별로 페이지 지정하기

편집 디자인 중 가장 먼저 해야 하는 일은 자신이 작업할 디자인의 종류와 크기를 정하는 것입니다.

01 전단지 페이지

1 [파일] > [새로 만들기] > [문서]를 클릭합니다.

2 ❶ 프리셋 목록에서 [인쇄]와 [A4(210*297)]를 클릭하고 ❷ 단위는 [밀리미터]를 선택하며 ❸ [페이지 마주보기] 체크는 해제하고, 도련은 3mm 기본 설정 그대로 사용합니다. ❹ [여백 및 단]을 클릭합니다.

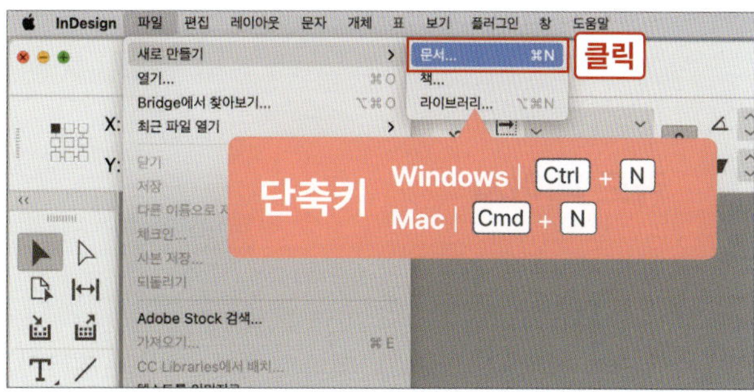

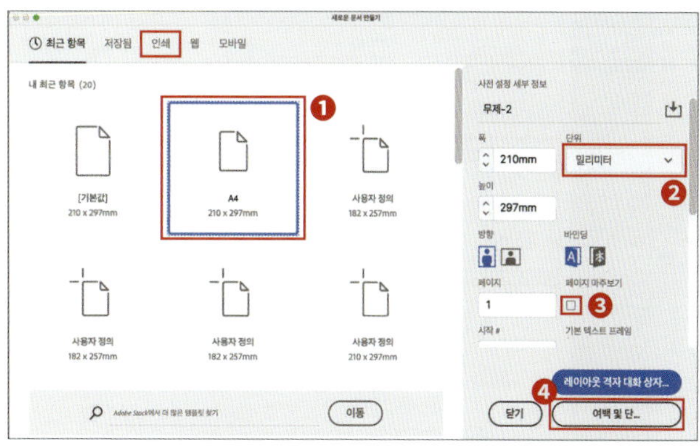

3 [새 여백 및 단] 팝업 창이 나타납니다. 여백과 단은 다른 예제를 통해 익히고 지금은 기본 설정 값 20mm 그대로 진행하겠습니다. [확인]을 클릭합니다.

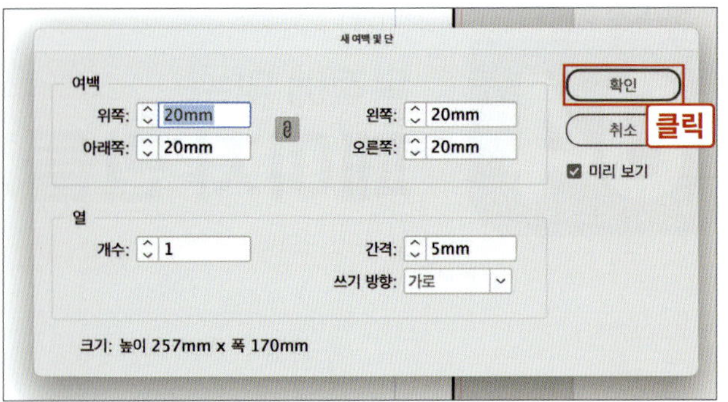

4 페이지 패널에서 ➕를 클릭하면 페이지가 한 장 더 만들어집니다. 1페이지가 전단지의 앞면, 2페이지가 뒷면이 됩니다.

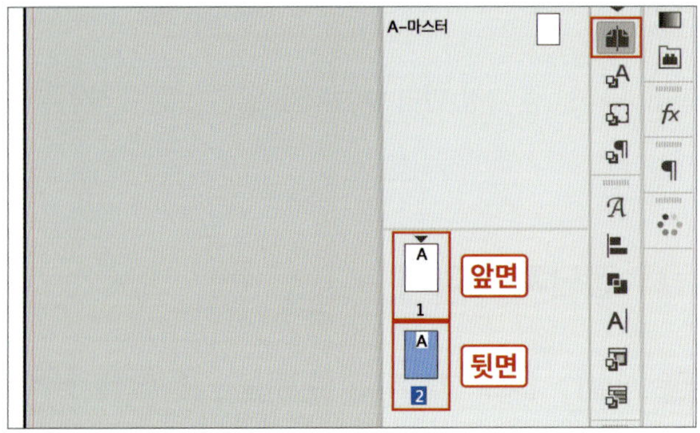

02 카드 페이지

1 ❶ 단축키 Ctrl / Cmd + N 를 누르고 새로운 문서 만들기 창에서 ❷ [사용자 정의]를 선택하고 ❸ 가로 140, 세로 190을 입력한 후 ❹ [페이지 마주보기]에 체크하고 ❺ 도련은 3mm, ❺ [여백 및 단]을 클릭합니다. 여백 및 단은 기본 설정 그대로 둡니다.

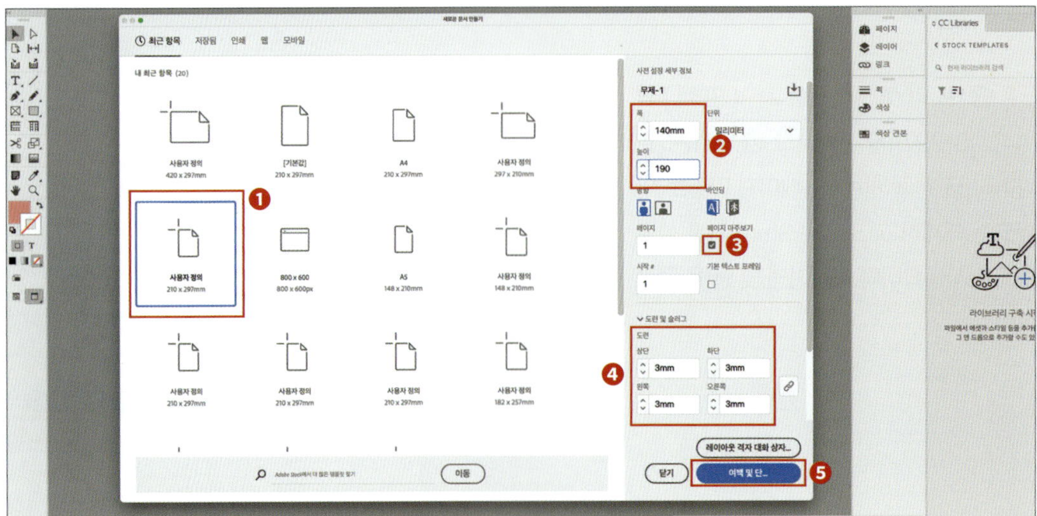

2 앞서 배운 전단지 디자인과 다르게 페이지 패널에 굵고 검은 선이 보입니다. 이 굵은 선은 접는 디자인이란 의미로, 흔히 '접지선'이라고 표현합니다.

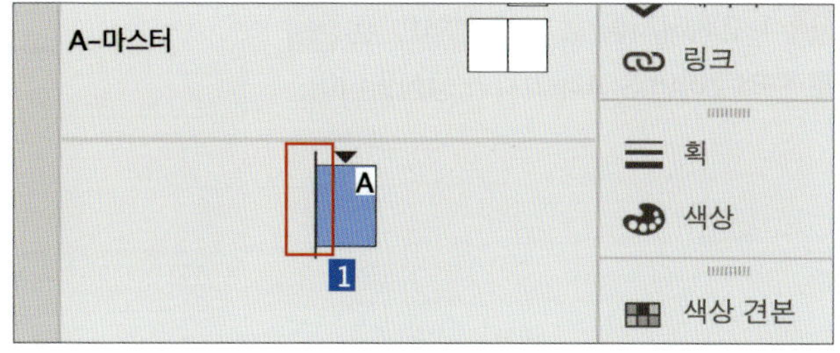

3 페이지 패널의 ⊞ 를 클릭해 페이지 하나를 더 만들면 전단지와는 다르게 페이지가 앞뒤로 나란히 놓이면서 교차로 생성이 됩니다.

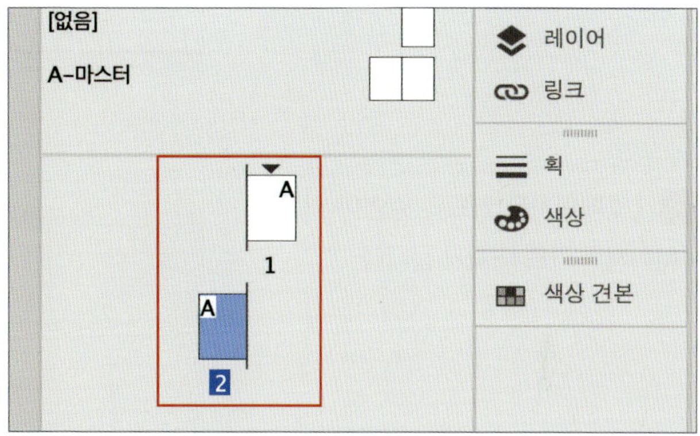

4 ❶ 2페이지를 선택한 후 마우스 오른쪽 버튼을 클릭하고 ❷ [문서 페이지 재편성 허용]을 선택하여 체크를 풀어 줍니다.

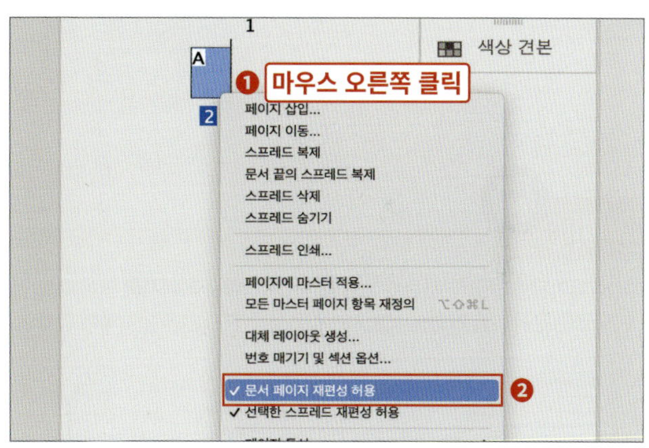

5 ❶ 2페이지를 선택하고 마우스를 클릭한 상태에서 상단으로 살짝 드래그하면 1페이지 옆 **굵은 선이 꺾쇠 모양으로** 바뀌는데 이때 드래그를 놓으면 ❷ 두 페이지가 나란히 배치됩니다.

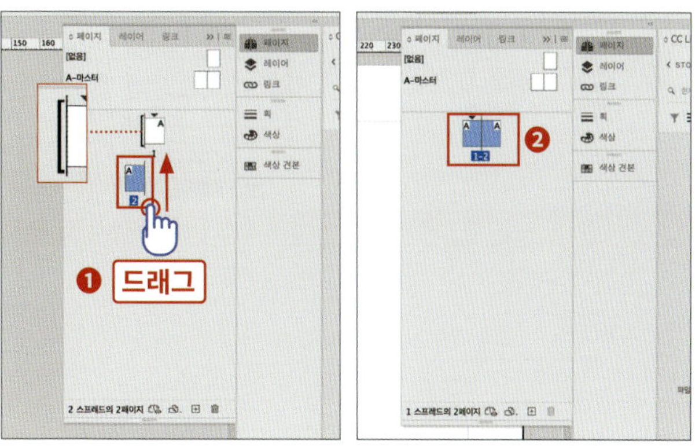

6 1, 2페이지를 동시에 선택한 후 ➕ 로 드래그하면 3, 4페이지가 생성됩니다.

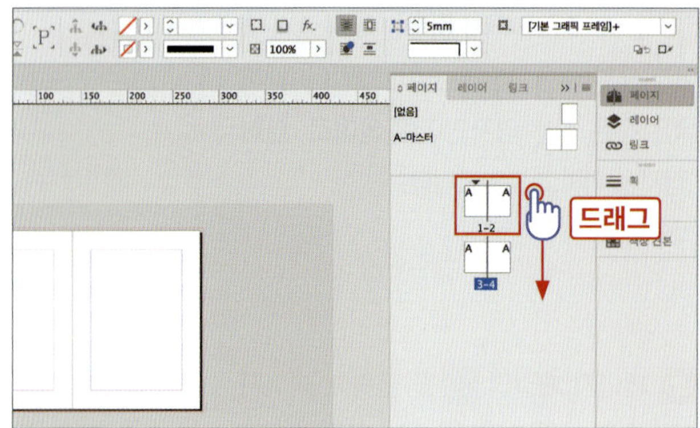

7 1, 2페이지가 카드의 겉면이 되고, 3, 4페이지가 카드 내지가 됩니다.

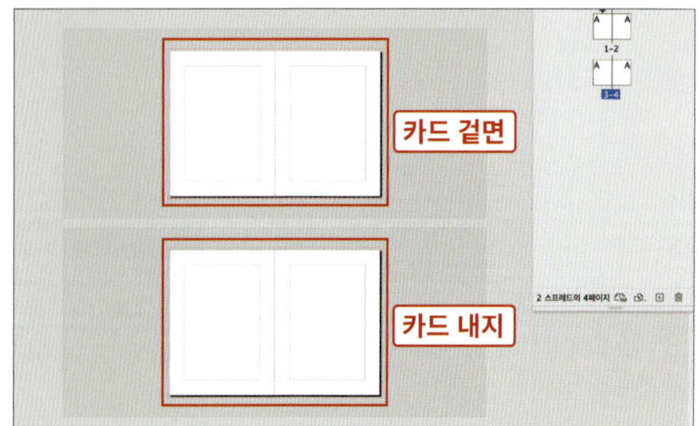

꿀팁!

새 페이지를 만들 때 처음부터 왼쪽에서 시작하는 페이지를 만들 수도 있습니다.
새로운 문서 만들기 창에 페이지는 [2], 시작에도 [2]를 입력하여 만들면 왼쪽부터 시작하는 페이지가 만들어집니다.

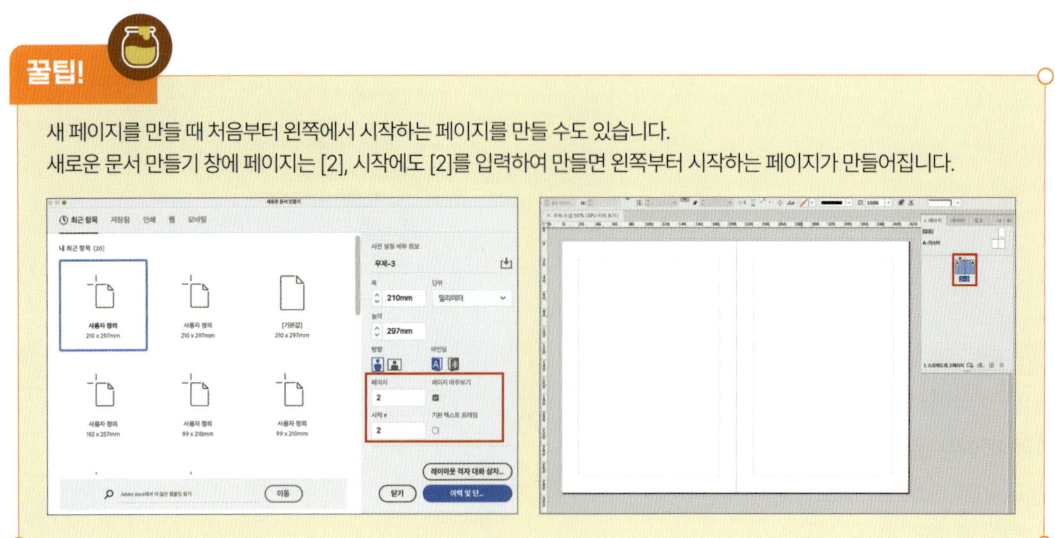

03 리플렛 페이지

1 A4 크기를 두 번 접는 3단 리플렛을 만들어 보겠습니다. 새로운 문서 만들기에서 **1** [인쇄] > [A4]를 선택하고 **2** 가로 99, 세로 210을 입력합니다. **3** 페이지를 3으로 입력하며 **4** [페이지 마주보기]를 체크 해지하고 **5** 도련은 3mm을 지정합니다. **6** [여백 및 단]을 클릭합니다.

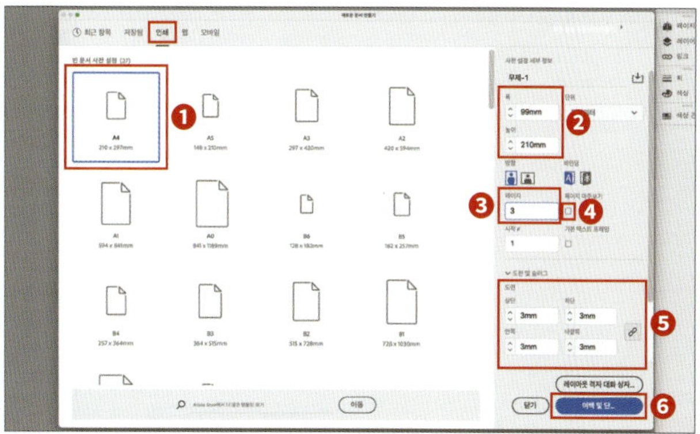

2 세 개의 페이지가 생성되었습니다.

3 **1** 세 개의 페이지를 동시에 모두 선택하고 **2** 마우스 오른쪽 버튼을 클릭한 후 [선택한 스프레드 재편성 허용]을 선택해서 체크를 풀어 줍니다.

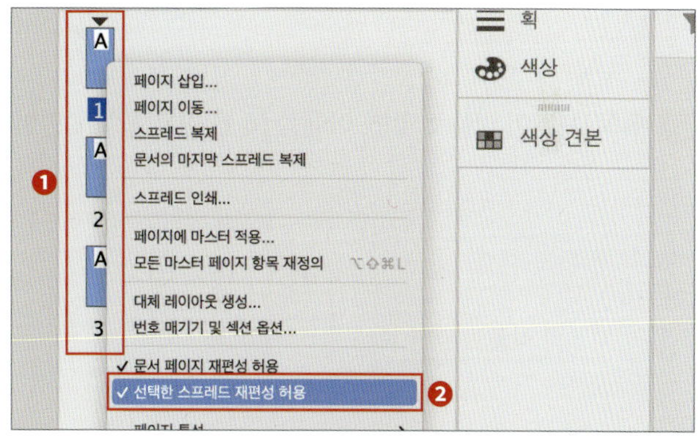

4 페이지 밑 숫자 1, 2, 3이 [1], [2], [3]으로 변경됩니다.

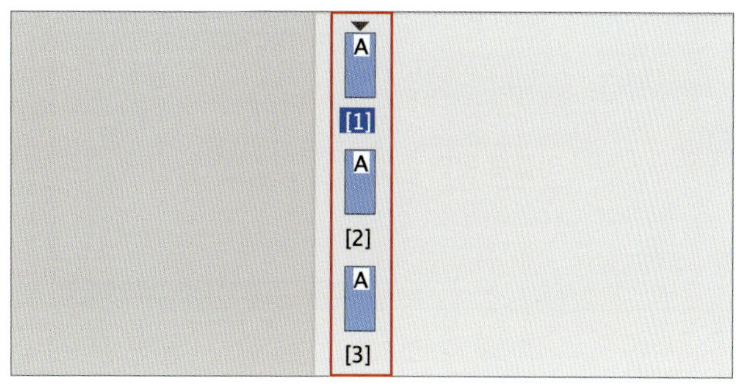

5 앞서 배운 내용대로 세 페이지를 나란히 놓습니다. 화면과 같이 세 페이지가 나란히 놓이게 됩니다.

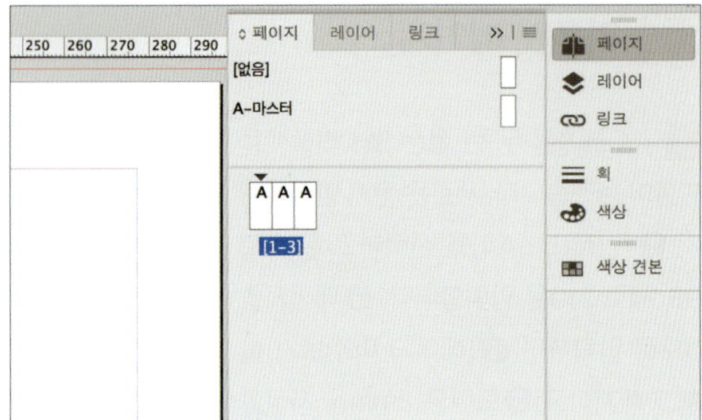

6 세 페이지를 동시에 선택한 후 ⊞으로 드래그하면 복제됩니다.

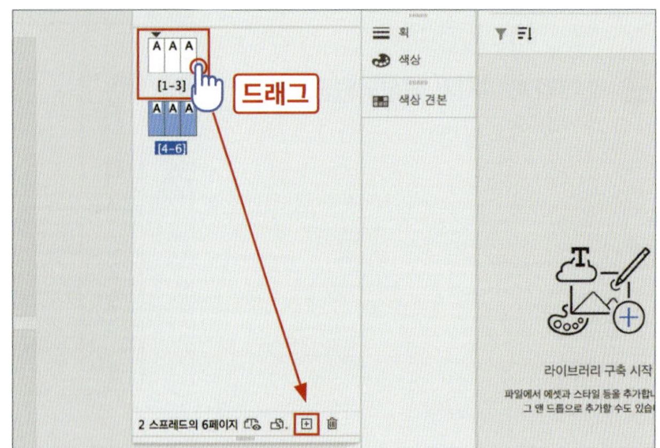

7 위쪽 [1-3]이 리플렛 앞면, 아래쪽 [4-6]이 리플렛 뒷면인 페이지가 완성되었습니다.

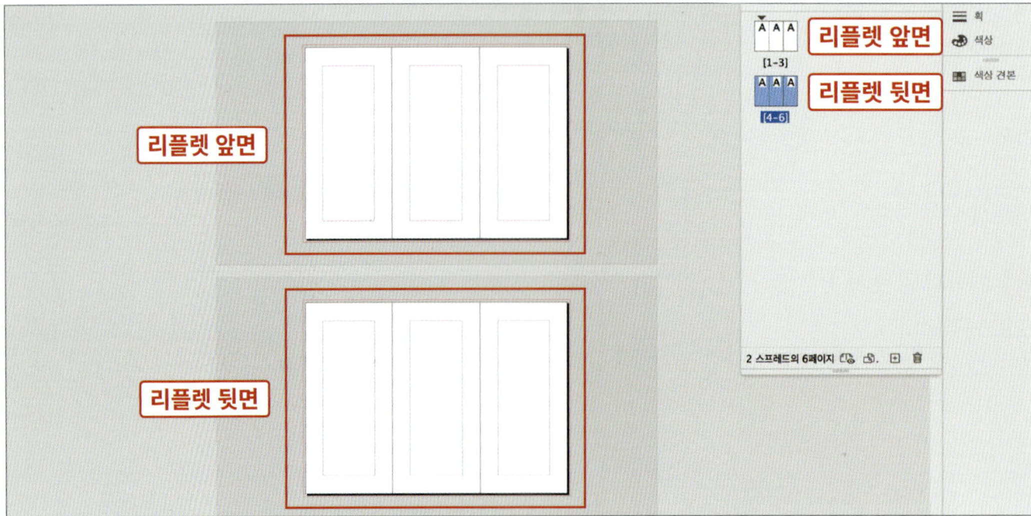

리플렛이란?

리플렛(Leaflet)은 주로 홍보나 안내 목적을 위해 제작되는 소형 인쇄물로, 한 장의 종이를 접어서 여러 면으로 활용할 수 있는 형태입니다. 적은 페이지 수에도 불구하고 핵심 정보를 효과적으로 전달할 수 있도록 구성됩니다. 기업, 기관, 행사, 제품, 관광지 등의 정보를 효과적으로 전달하는 데 사용됩니다.

한 손에 잡기 편한 크기로 휴대할 수 있으며 접는 방식에 따라 2단, 3단, 4단, 병풍형, 양문형 등 다양한 접지 형태를 가지고 있습니다

- **2단 접지** : 한 번 접어 총 4면(앞, 뒤 포함)으로 구성됨.

- **3단 접지** : 종이를 세 번 접어 6면으로 구성됨.

- **Z형 접지** : 지그재그 형태로 접혀 펼칠 때 연속적인 정보 제공이 가능함.

- **대문 접지** : 양쪽을 안쪽으로 접어 대문을 여는 듯한 효과를 줌.

04 단행본 북커버 페이지

1 새로운 문서 만들기에서 ❶ [인쇄]를 선택하고 ❷ [B5]를 선택합니다. ❸ [페이지 마주보기]는 체크하고, 페이지에 5를 입력한 후 ❹ [여백 및 단]을 클릭합니다.

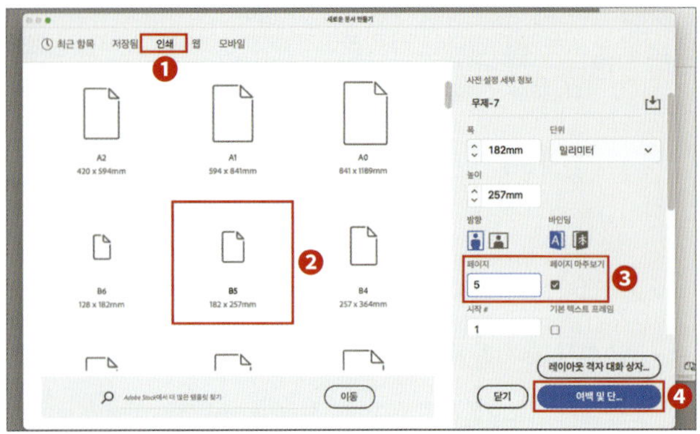

2 ❶ 여백을 모두 0으로 입력한 후 ❷ [확인]을 클릭합니다.

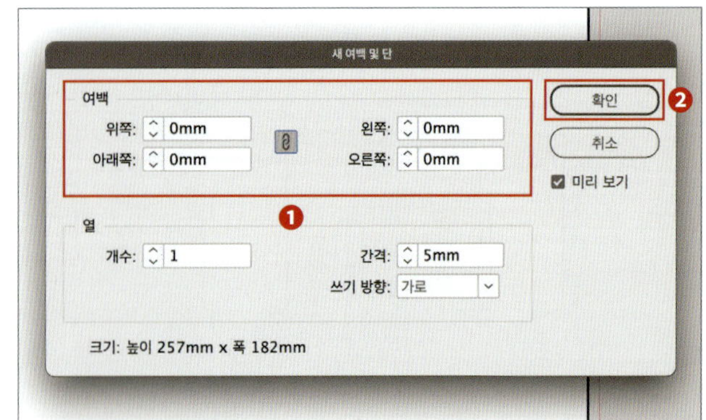

3 다섯 개의 페이지를 모두 선택하고 앞서 배운 대로 마우스 오른쪽 버튼을 클릭하고 [문서 재편성 허용]의 체크를 해제한 후 다섯 페이지를 나란히 갖다 놓습니다.

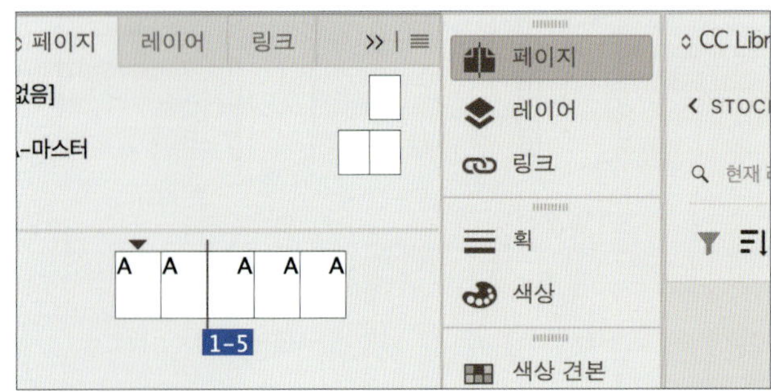

여기서 잠깐

① 단행본의 북커버는 총 다섯 면으로 책날개+ 표1(앞표지)+세네카(책등)+표4(뒷표지)+책날개로 이루어져 있습니다. (336쪽 이미지 참고)

② 책날개의 가로 크기는 표지의 50% 이상을 차지해야 하며 보통 표지의 60~70%을 잡는 경우가 많습니다.

③ 세네카는 책의 페이지수와 그램수(평량)에 따라 달라집니다(종이의 두께를 현업에서는 '그램수'라고 부릅니다).

4 북커버 크기를 조절해 보겠습니다.
❶ 책등에 해당되는 가운데 세 번째 페이지를 선택하고 ❷ 도구 모음에 를 선택한 후 ❸ 상단 W(가로) 크기를 15로 입력합니다.

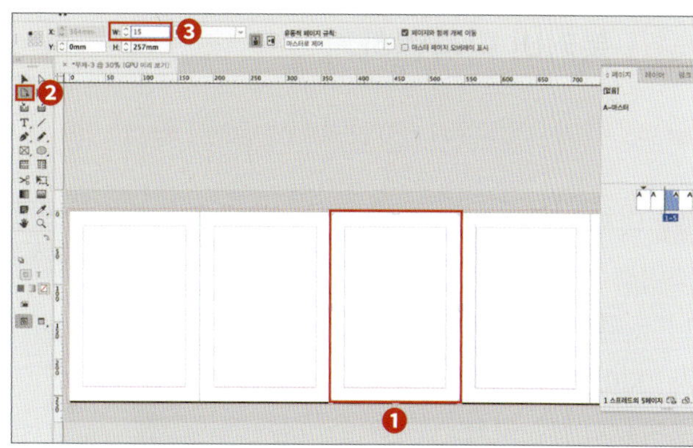

5 가로 크기가 줄어듭니다.

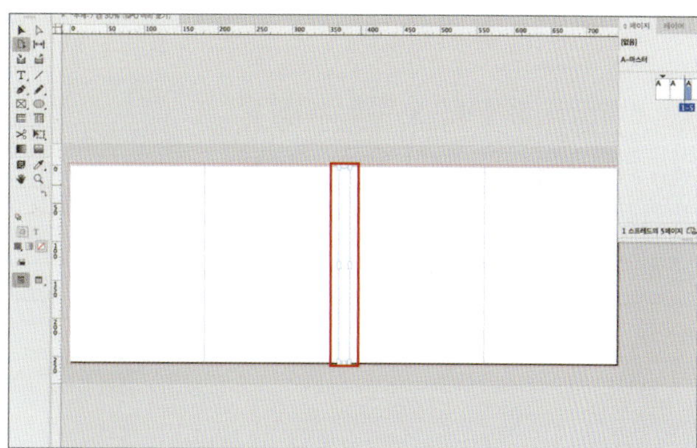

6 책등을 조절했던 방식 그대로 ❶ 양끝 날개 부분도 100으로 조절해 줍니다. 크기를 조절한 북커버 판이 만들어졌습니다.

📁 **예제 파일** INLESSON04 > 북커버예제.indd/idml   📁 **완성 파일** INLESSON04 > 북커버.idml

1 앞서 북커버 판을 만들었으니 '크리스마스 장식 북커버'를 실습해 보겠습니다. **①** [INLESSON04] > [북커버예제.indd] 파일을 불러옵니다. **②** 도구 모음의 [사각형 도구]□를 선택합니다.

2 빈 화면을 클릭하면 숫자를 입력할 수 있는 팝업 창이 나타납니다. **①** 폭 15(세네카 가로 길이), 높이 257(커버의 세로 길이)를 입력하고 **②** [확인]을 클릭합니다.

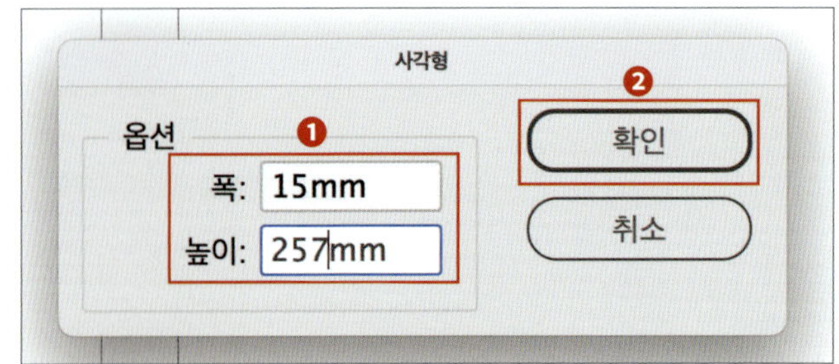

3 세로로 긴 투명 박스가 나타납니다.

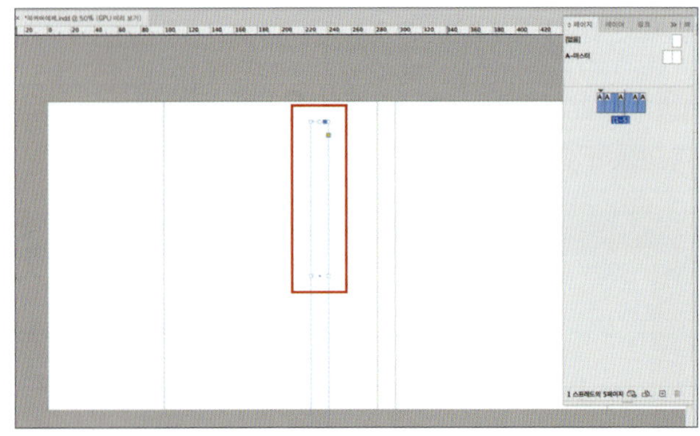

4 패널에서 색상 견본을 선택합니다.

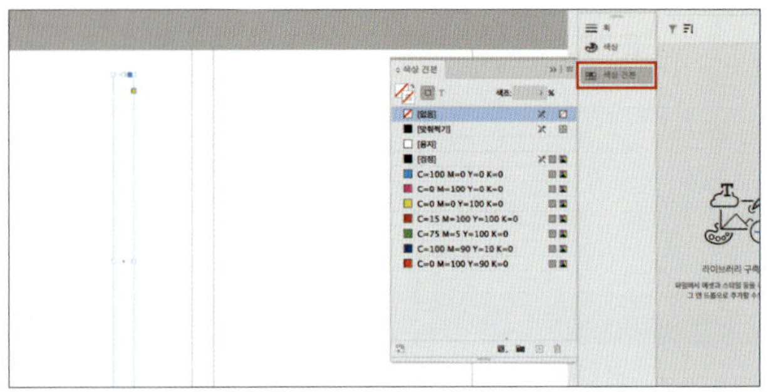

5 ❶ ≡를 클릭하고 ❷[새 색상 견본]을 선택하면 옵션 창이 나타납니다.

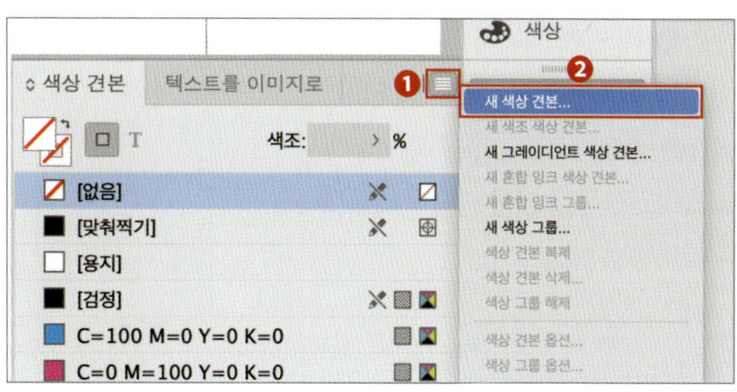

6 ❶ 옵션 창에 색상 모드를 [CMYK], 자홍 100%, 노랑 90%로 설정한 후 ❷ [확인]을 클릭하면 직사각형에 빨간색이 채워집니다.

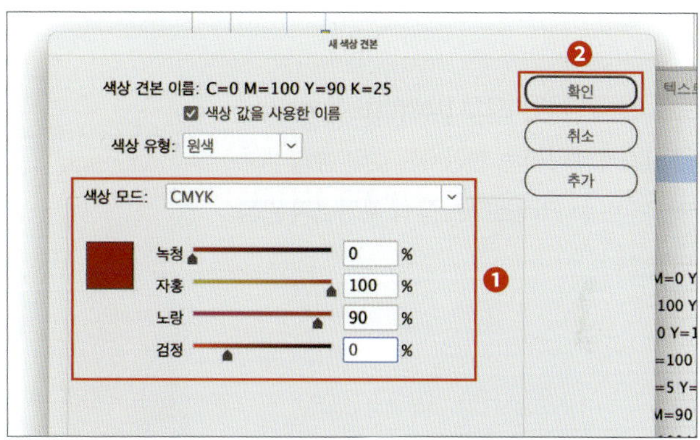

7 ❶ 빨간색 사각형을 책등에 해당되는 3페이지에 갖다 놓습니다. ❷ 같은 방법으로 폭 100, 높이 257인 사각형을 두 개 더 만들어 양쪽 책 날개에 갖다 놓습니다.

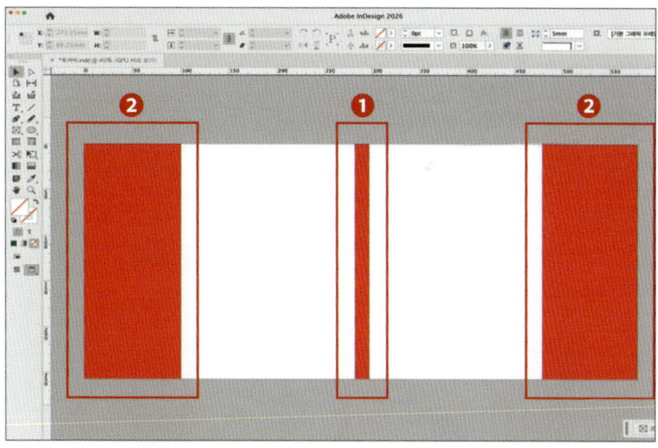

8 메뉴 바에서 [파일] > [가져오기]를 선택하고 [INLESSON04] > [크리스마스트리.eps] 파일을 불러옵니다.

단축키 Windows | Ctrl + E
Mac | Cmd + E

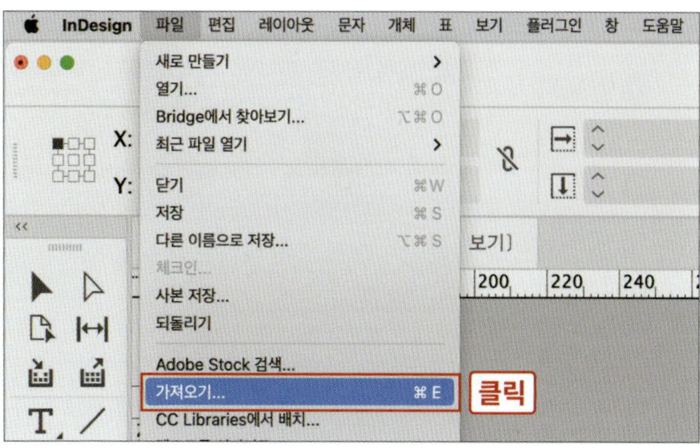

9 ❶ 네 번째 페이지 표1 중앙에 갖다 놓습니다. 같은 방법으로 ❷ [INLESSON04] > [생능출판사로고.jpg]를 하단에 배치, [크리스마스장식.png]를 상단에 배치합니다.

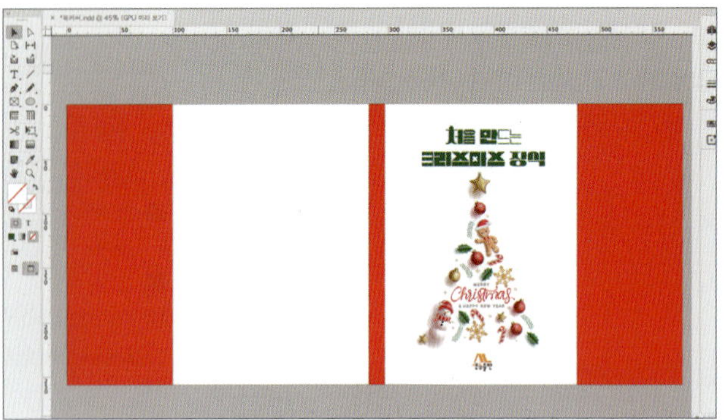

10 ❶ 같은 방식으로 [북커버표4.jpg] 파일을 표4에 해당하는 페이지에 갖다 놓습니다. '처음 만드는 크리스마스 장식' 북커버가 완성되었습니다.

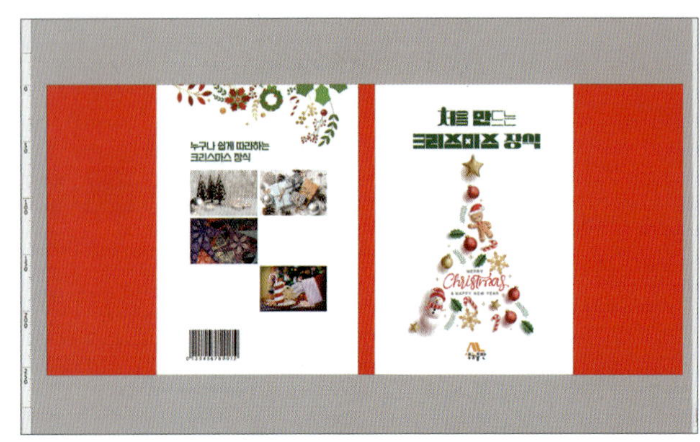

용어 사전

북커버의 구성 요소는 전체적으로 알아 두는 것이 좋겠습니다.

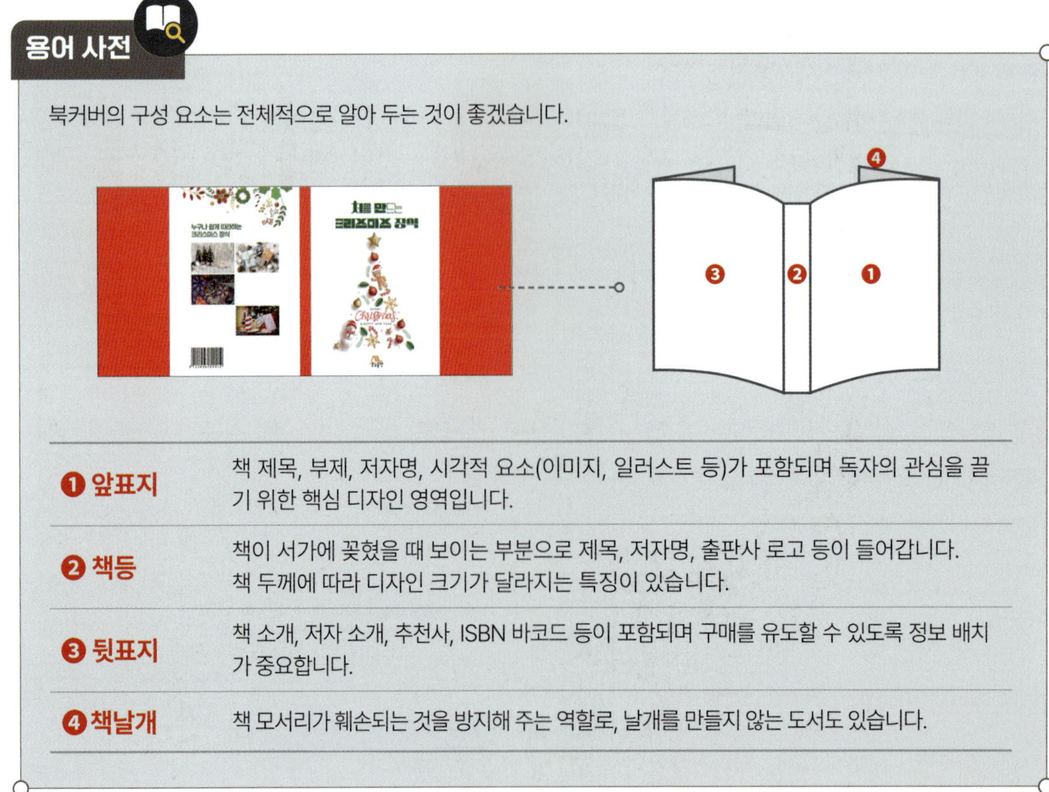

❶ 앞표지	책 제목, 부제, 저자명, 시각적 요소(이미지, 일러스트 등)가 포함되며 독자의 관심을 끌기 위한 핵심 디자인 영역입니다.
❷ 책등	책이 서가에 꽂혔을 때 보이는 부분으로 제목, 저자명, 출판사 로고 등이 들어갑니다. 책 두께에 따라 디자인 크기가 달라지는 특징이 있습니다.
❸ 뒷표지	책 소개, 저자 소개, 추천사, ISBN 바코드 등이 포함되며 구매를 유도할 수 있도록 정보 배치가 중요합니다.
❹ 책날개	책 모서리가 훼손되는 것을 방지해 주는 역할로, 날개를 만들지 않는 도서도 있습니다.

LESSON 05

편집 디자인의 기본①
텍스트 정복하기

워드 파일 불러오기

📁 **예제 파일** INLESSON05 > 그린인테리어.indd/idml　　📁 **완성 파일** INLESSON05 > 그린인테리어완성.idml

인디자인에서 Word 문서를 인디자인으로 가져오면 텍스트와 형식을 그대로 유지하며 작업을 시작할 수 있습니다.

1 [INLESSON05] > [그린인테리어.indd] 파일을 불러옵니다.

2 메뉴 바에서 [파일] > [가져오기]를 클릭합니다.

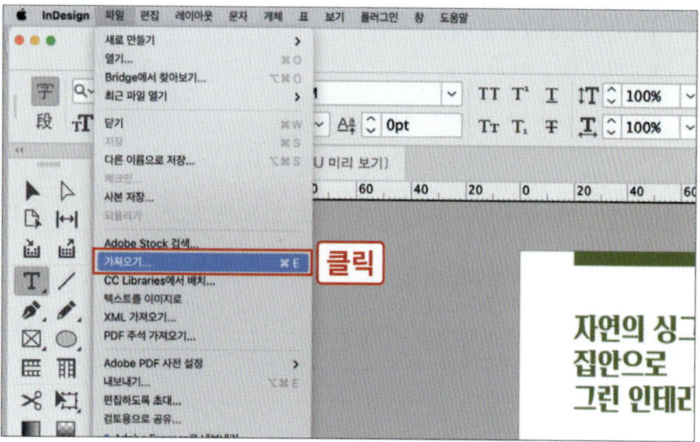

3 ❶ [INLESSON05] > [그린인테리어.docx] 파일을 선택하고 ❷ [선택한 항목 바꾸기]에 체크한 후 ❸ [열기]를 클릭합니다.

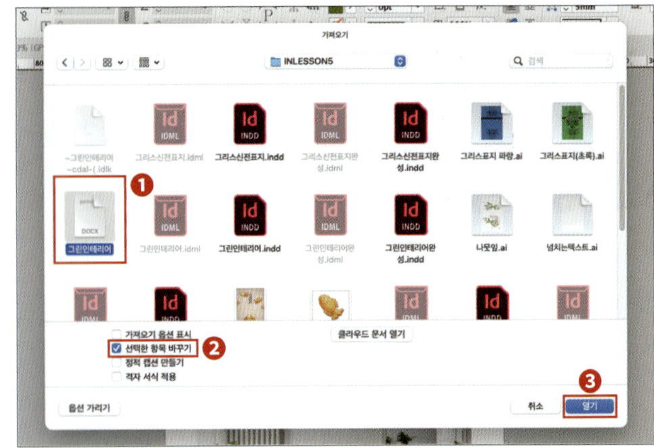

4 ❶ [누락된 글꼴] 옵션 창이 뜨면 ❷ [글꼴 대체]를 클릭합니다.

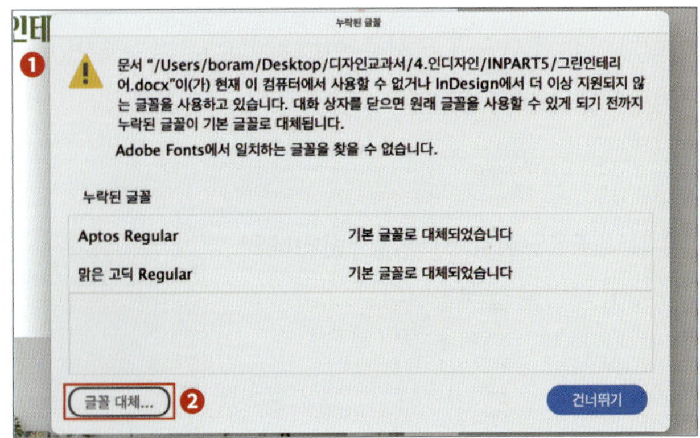

5 [글꼴 찾기/바꾸기] 옵션 창에서 폰트가 없으면 ⚠ 이 표시됩니다. ❶ 없는 폰트를 선택하고 ❷ 바꾸기 [글꼴 모음]에서 원하는 폰트를 선택한 상태에서 ❸ [모두 변경]을 클릭하고 ❹ [완료]를 클릭합니다

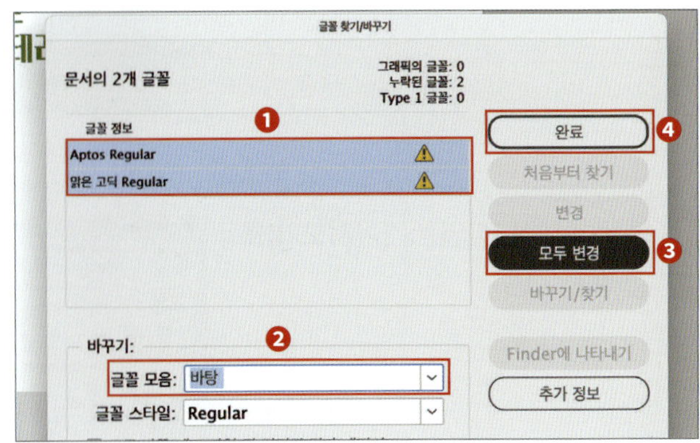

6 ❶ 도구 모음에서 [문자 도구] T 를 클릭하고 ❷ 제목 아래에 마우스를 드래 그 하여 사각형을 그립니다.

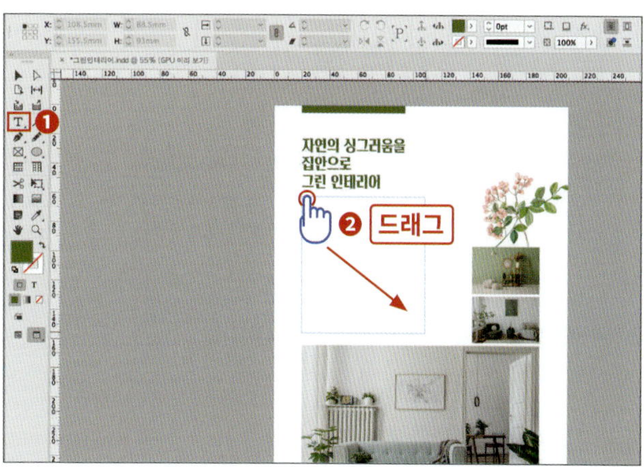

7 사각형 안에 텍스트가 나타납니다.

8 원하는 위치로 박스를 이동하고 텍스 트 박스 크기를 조절합니다.

넘치는 텍스트 흘리기

📁 **예제 파일** INLESSON05 > 사이버금융범죄.indd/idml 📁 **완성 파일** INLESSON05 > 사이버금융범죄완성.idml

텍스트 스레드는 여러 텍스트 프레임을 연결하여 긴 텍스트를 여러 페이지에 걸쳐 흐르게 만드는 기능입니다. 즉, 긴 문서나 텍스트가 한 페이지에 다 담기지 않으면 다음 페이지로 자동으로 연결되어 텍스트가 자연스럽게 이어집니다.

1 [INLESSON05] > [사이버금융범죄.indd] 파일을 불러옵니다.

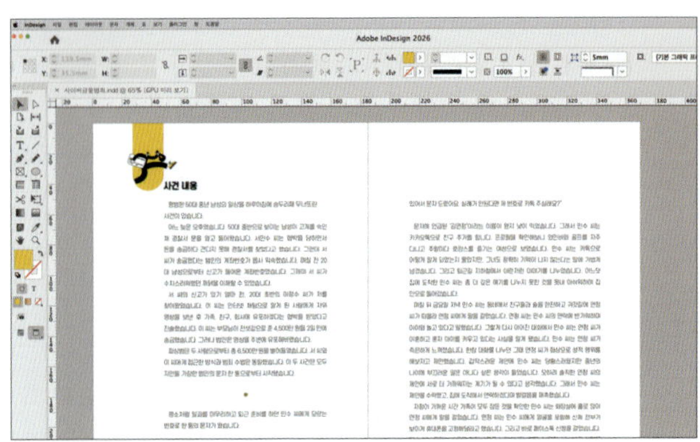

2 메뉴 바에서 [창] > [출력] > [프리플라이트]를 클릭합니다.

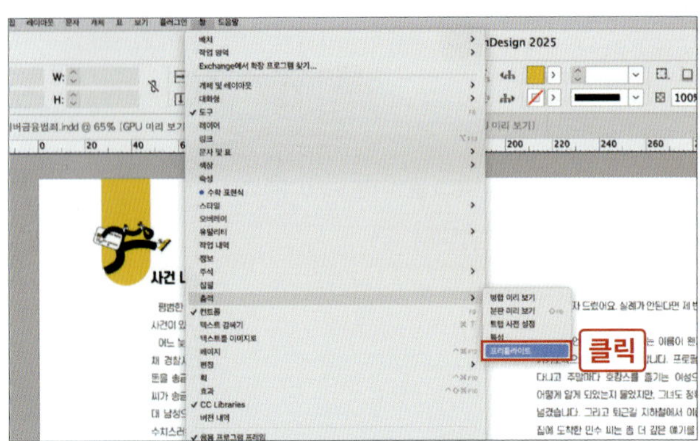

3 플리플라이트 패널의 [오류]를 보면 5 페이지에 넘치는 텍스트가 있음을 알 수 있습니다.

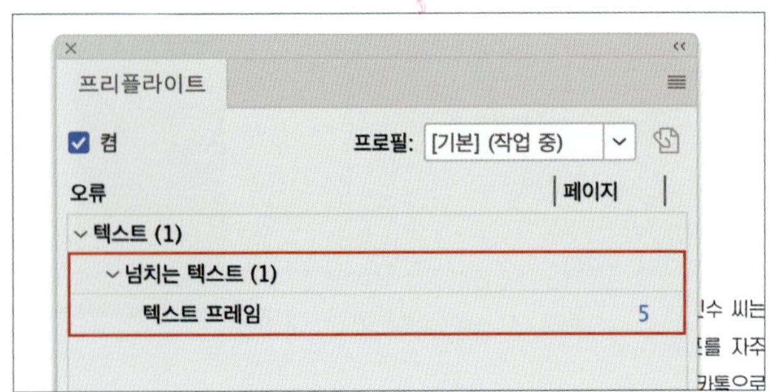

4 이 방법 말고도 다른 방법이 있습니다. 도구 모음 아래 [표준] 🖼 을 클릭합니다.

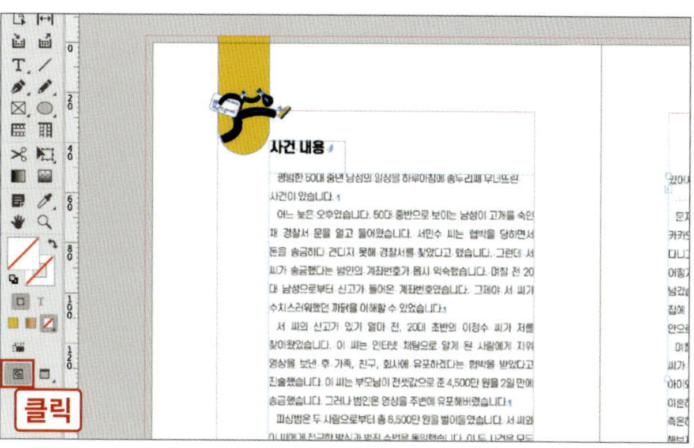

5 텍스트 프레임 끝에 ⊞ 표시가 보이면 텍스트가 넘치는 상태입니다. ⊞ 를 클릭합니다.

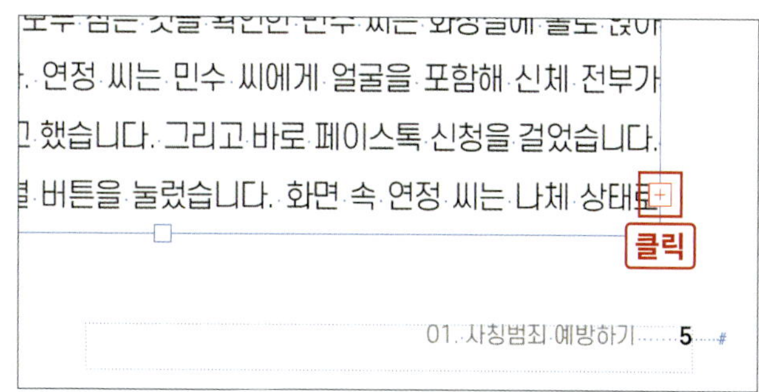

6 페이지 패널에서 ⊞ 를 클릭하여 새 페이지를 추가합니다.

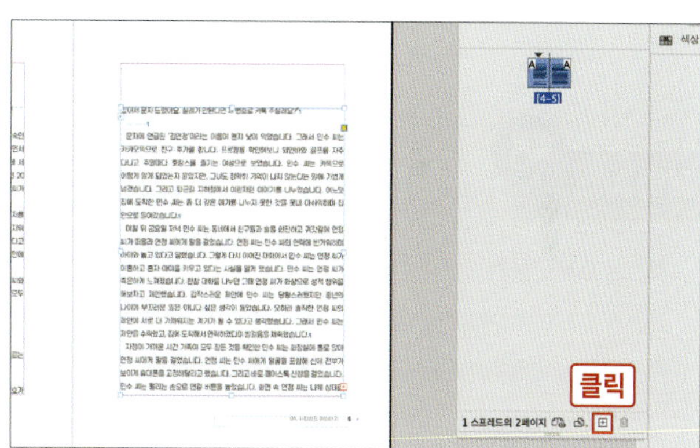

7 텍스트를 배치하려는 곳을 클릭합니다. 클릭한 위치에 만들어지는 텍스트 프레임은 설정된 단의 폭을 사용하여 만들어집니다.

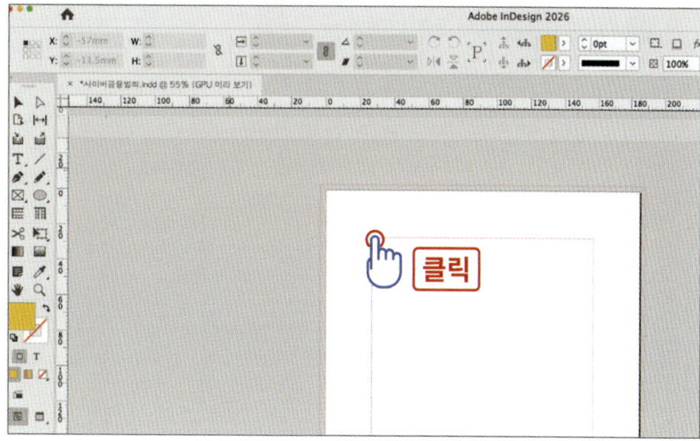

8 넘쳤던 텍스트가 자동으로 프레임이 만들어지면서 나타납니다.

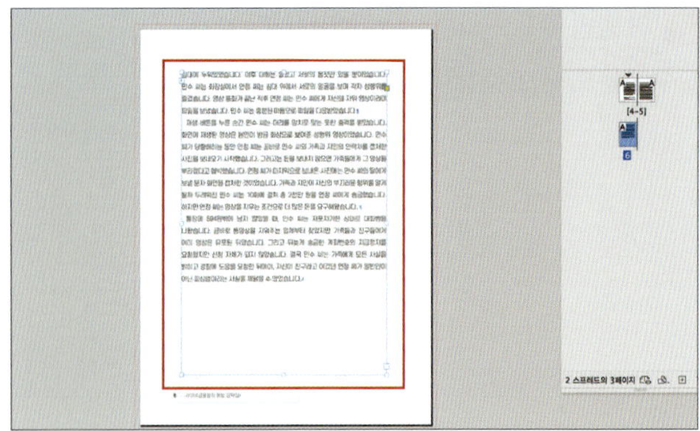

9 메뉴 바에서 [보기] > [기타] > [텍스트 스레드 표시]를 클릭합니다.

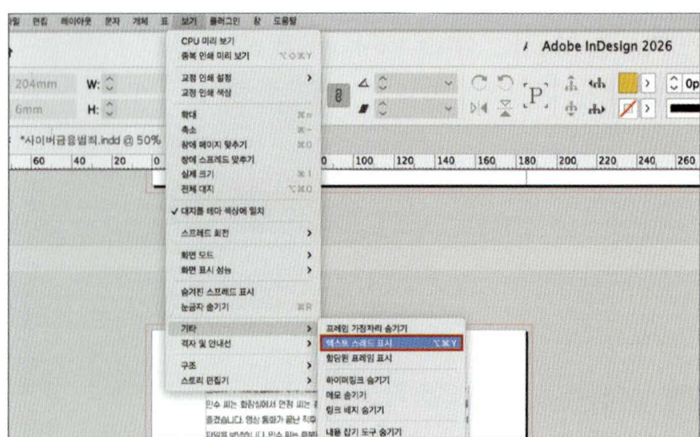

용어 사전

텍스트 스레드란?

텍스트 프레임은 단독으로 사용할 수도 있고. 여러 개의 프레임을 연결하여 텍스트 흐름을 만들 수도 있습니다. 이때 각 프레임을 결합하여 텍스트를 흐르게 하는 과정을 '텍스트 스레드'라고 합니다.

10 ❶ [표준] 에서 ❷ [선택 도구] 를 선택하고 텍스트 프레임을 선택해서 보면 프레임마다 텍스트가 흐르는 경로가 보입니다.

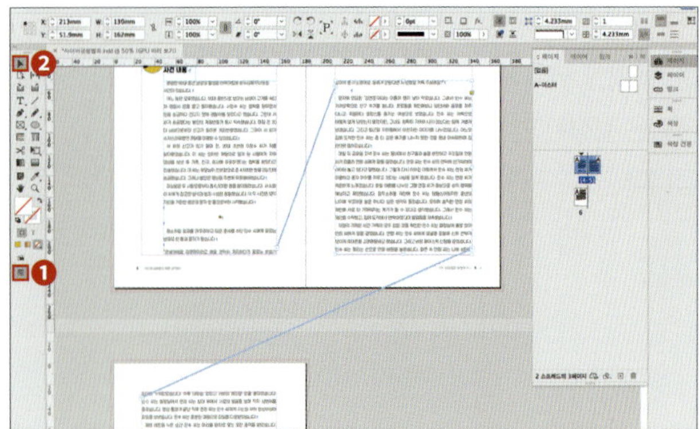

텍스트 편집하기

📁 **예제 파일** INLESSON05 > 할로윈.indd 📁 **완성 파일** INLESSON05 > 할로윈완성.idml

인디자인에서는 다양한 도구와 기능을 사용하여 글자, 단락, 스타일을 세밀하게 조정할 수 있습니다. 텍스트 편집은 주로 문자 도구와 단락 도구를 통해 이루어집니다.

1 [INLESSON05] > [할로윈.indd] 파일을 불러옵니다.

2 ❶ 도구 모음의 [문자 도구] ⬚T⬚ 를 선택하고 ❷ 텍스트 프레임에 커서를 위치하고 단축키 Ctrl / Cmd + A 를 눌러 다음 페이지까지 연결된 모든 텍스트를 선택합니다.

3 메뉴 바에서 [문자] > [문자]를 클릭합니다.

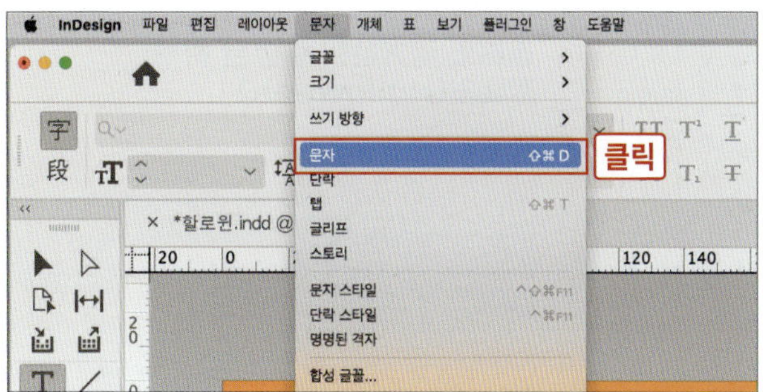

4 문자 패널이 나타나면 원하는 폰트와 크기, 자간 등을 설정합니다. 예제에서는 [G마켓 산스], [Medium], 크기 11pt, 행간 15pt를 설정하고 색상은 [검정]으로 하겠습니다.

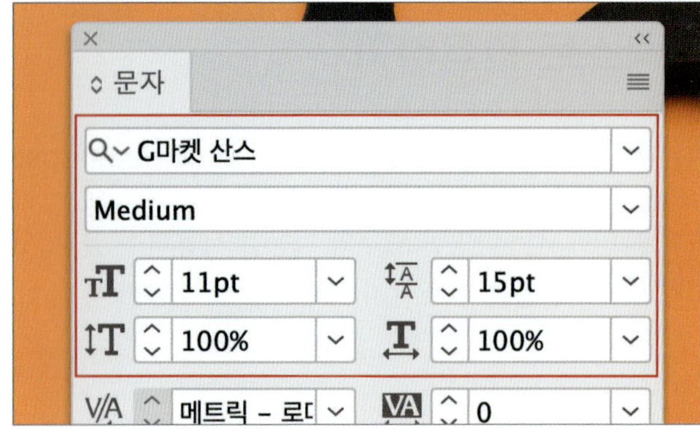

5 제목 부분만 드래그하여 폰트 크기와 행간을 더 크게 조정해 줍니다. 예제에서는 크기 27pt, 행간 30pt를 설정하겠습니다.

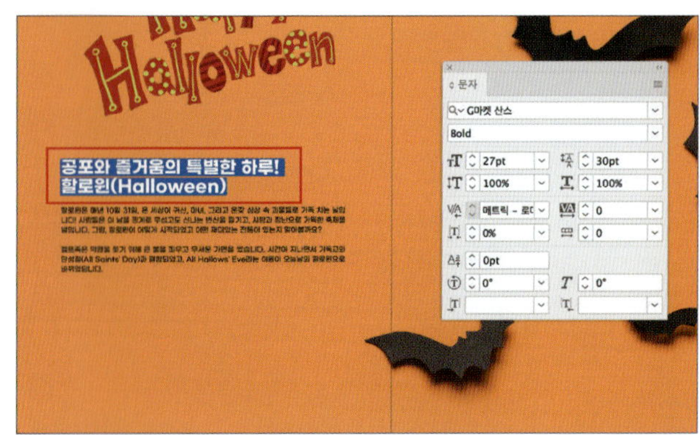

6 내용이 시작되는 부분에 커서를 위치하고 ❶ 상단의 단락 설정 段 을 클릭하고 ❷ 앞 간격을 20mm으로 설정합니다.

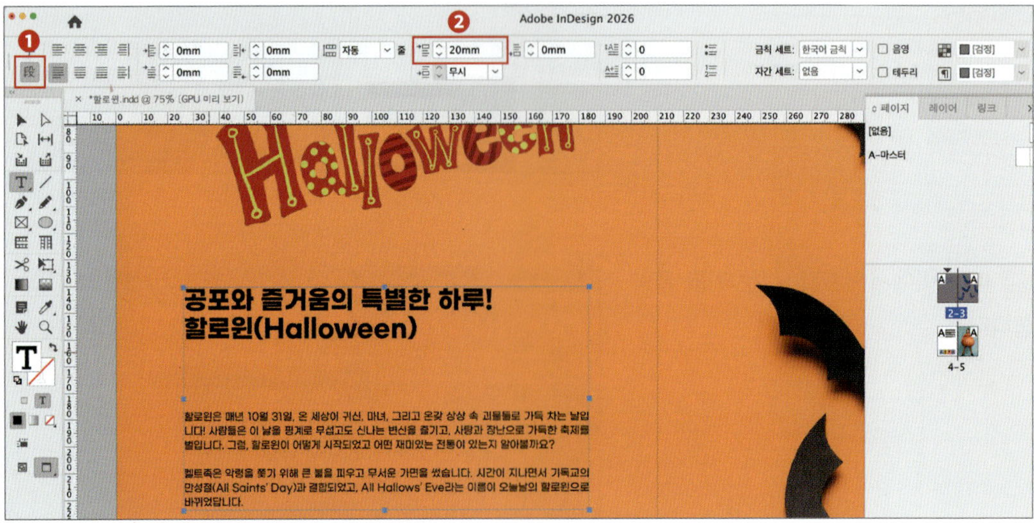

7 텍스트 스레드 연결을 끊어 보겠습니다. 메뉴 바에서 [창] > [유틸리티] > [스크립트]를 클릭합니다.

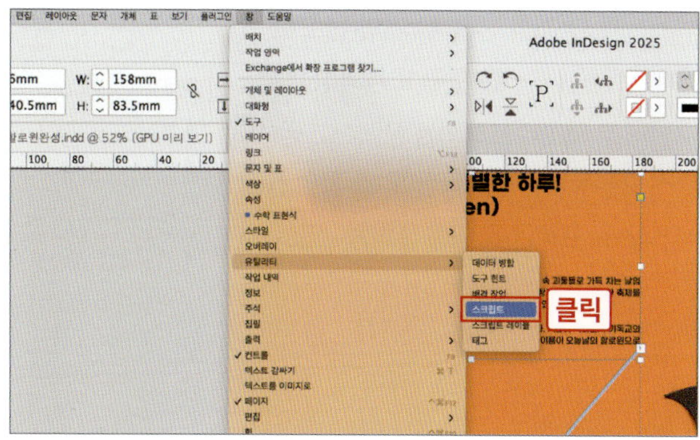

8 ❶ 스크립트 패널에 [응용 프로그램] > [Samples] > [JavaScript] 안에 들어갑니다. ❷ [SplitStory.jsx]를 클릭합니다.

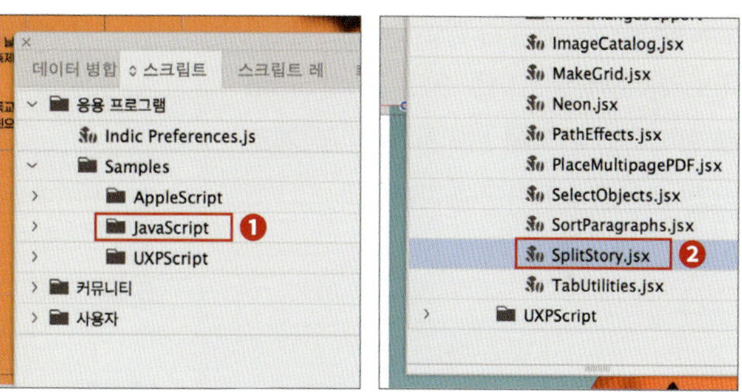

9 앞서 **10** 에서 보였던 텍스트 스레드가 사라지고 보이지 않습니다.

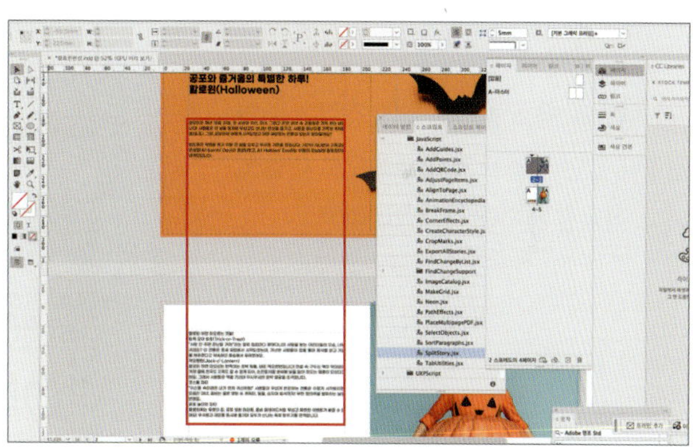

10 4페이지의 텍스트를 원하는 폰트 크기와 색상으로 변경해 봅니다.

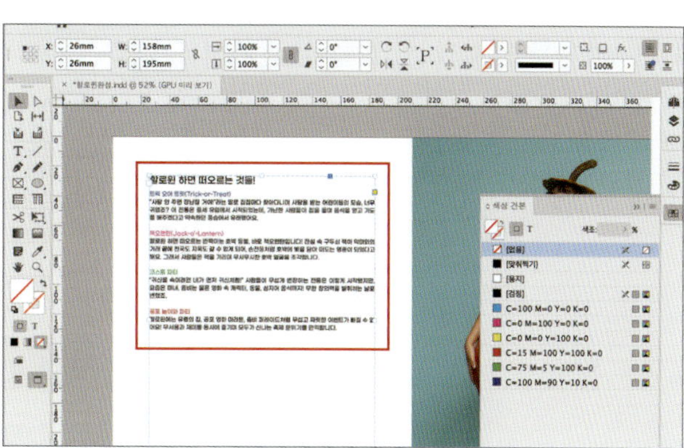

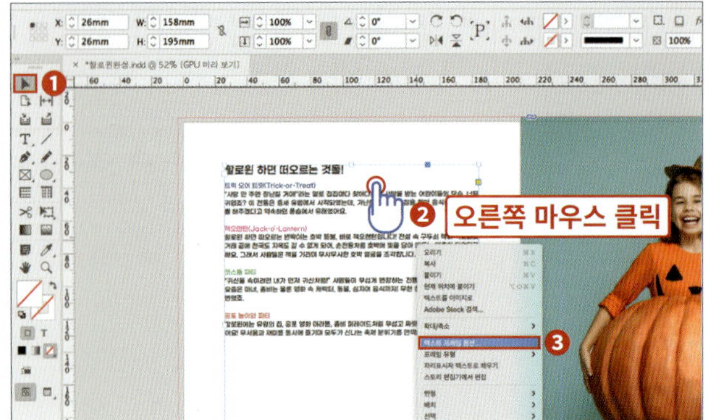

11 현재 한 개의 단을 두 개의 단으로 변경해 보겠습니다. ❶ 도구 모음의 [선택 도구] ▶로 텍스트 프레임을 선택하고 ❷ 마우스 오른쪽 버튼을 클릭한 후 ❸ 팝업 창에서 [텍스트 프레임 옵션]을 클릭합니다.

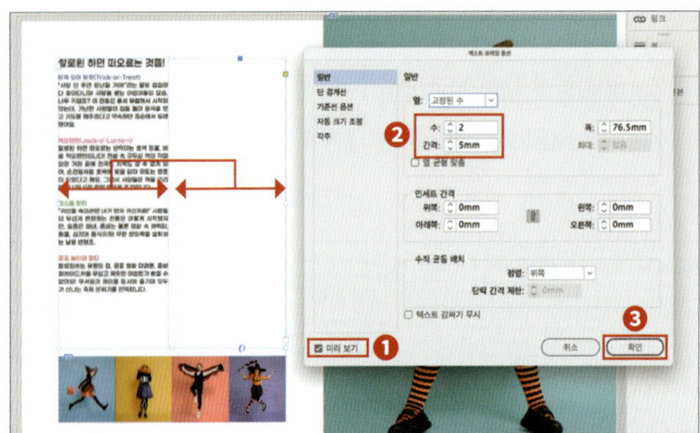

12 ❶ 텍스트 프레임 옵션 창 하단의 [미리보기]에 체크하고 ❷ 수: 2, 간격: 5mm를 입력하면 왼쪽에 보이는 단이 두 개로 바뀝니다. ❸ [확인]을 클릭합니다.

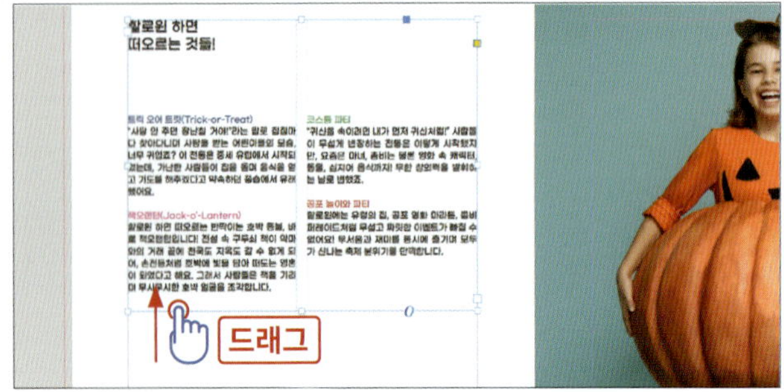

13 텍스트 박스 높이를 짧게 조절해 주면 왼쪽에 있던 텍스트가 오른쪽으로 이동됩니다. 적당한 위치에 배치합니다.

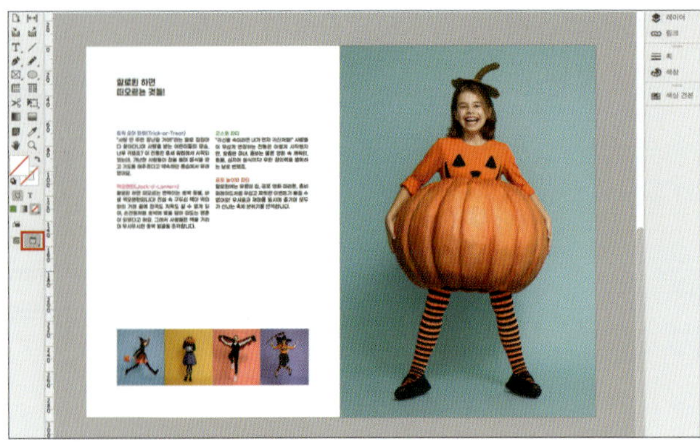

14 도구 모음 하단의 [미리보기] ▢ 를 클릭하면, 2단으로 완성된 디자인을 확인할 수 있습니다.

문자 스타일 만들기

📂 **예제 파일** INLESSON05 > 코로나전단지.indd/idml   📂 **완성 파일** INLESSON05 > 코로나전단지완성.idml

문자 스타일은 글꼴, 크기, 색상 등 문자에 적용되는 서식을 저장해 두고 반복적으로 사용할 수 있는 인디자인의 기능입니다. 이를 통해 텍스트에 일관된 디자인을 적용하고, 스타일을 수정하면 전체에 일괄 반영되어 작업 효율이 높아집니다. 단락 스타일과 함께 사용하면 더욱 체계적이고 통일감 있는 편집이 가능합니다.

1 [INLESSON05] > [코로나전단지.indd] 인디자인 파일을 불러옵니다.

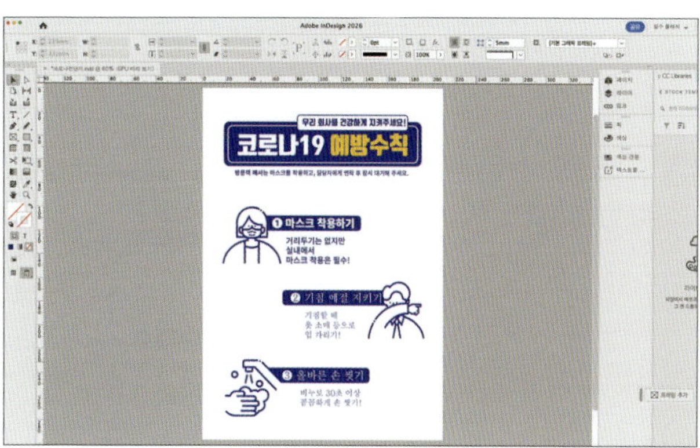

2 ❶ 도구 모음의 [선택 도구] ▶ 로 '마스크 착용하기' 텍스트를 선택한 상태에서 ❷ 메뉴 바에서 [문자] > [문자 스타일]을 클릭합니다.

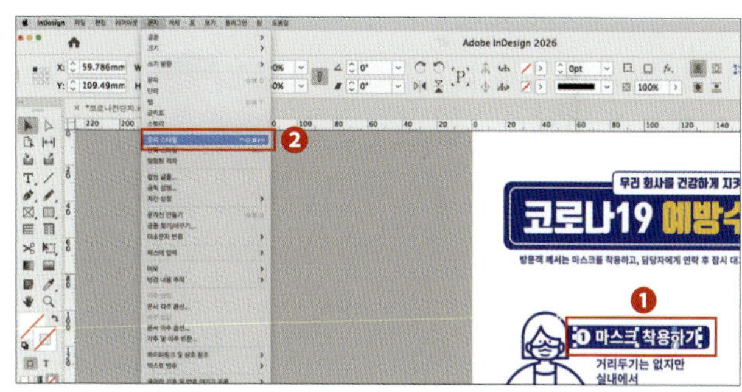

3 문자 스타일 패널이 나타나면 [문자 스타일 1]을 더블클릭합니다.

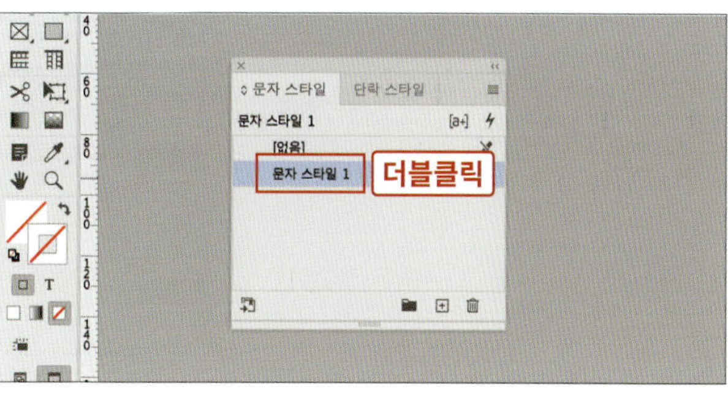

4 ❶ 문자 스타일 옵션 창이 나타나면 스타일 이름에 '제목'이라고 입력합니다. ❷ [기본 문자 서식]에서 글꼴 모음 [Noto Sans Korean]을 확인합니다(폰트를 변경하고 싶다면 변경하여 진행하여도 됩니다). ❸ 크기를 25pt, 행간을 28pt로 변경합니다.

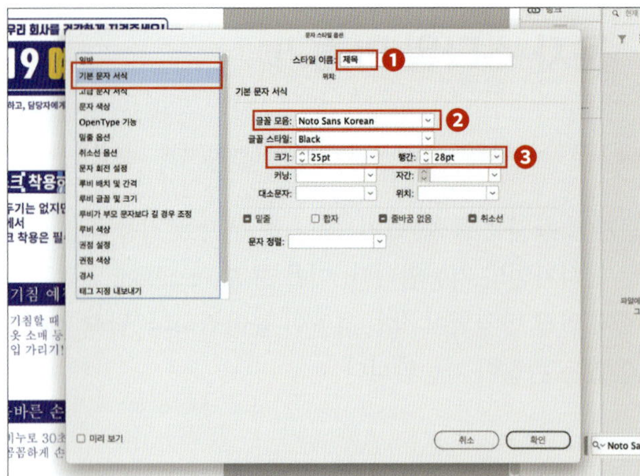

5 [고급 문자 서식]에서 가로 비율을 95%로 변경합니다.

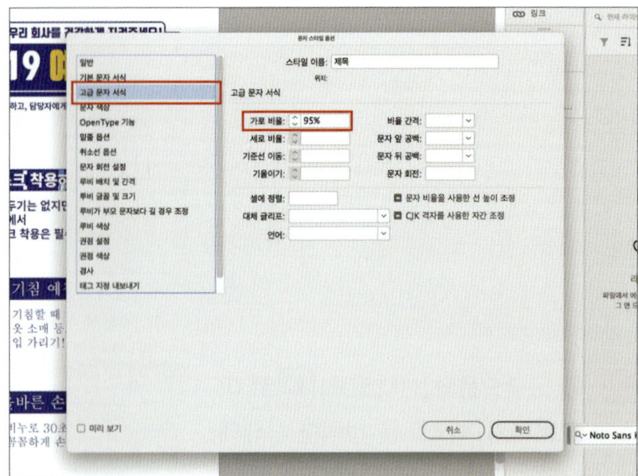

6 ❶ 문자 색상이 [용지] 컬러임을 확인하고 ❷ [확인]을 클릭합니다.

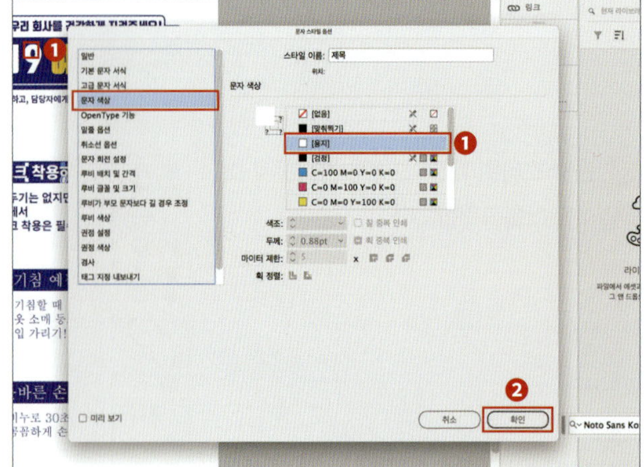

7 문자 스타일에 '제목' 스타일이 생성되었습니다.

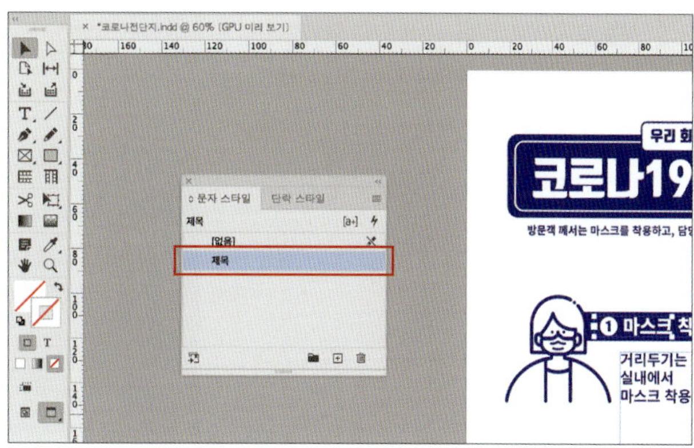

8 ❶ 도구 모음의 [선택 도구] ▶로 거리두기~ 필수! 본문을 선택하고 위와 같은 방법으로 ❷ 메뉴 바에서 [문자] > [문자 스타일]을 클릭합니다.

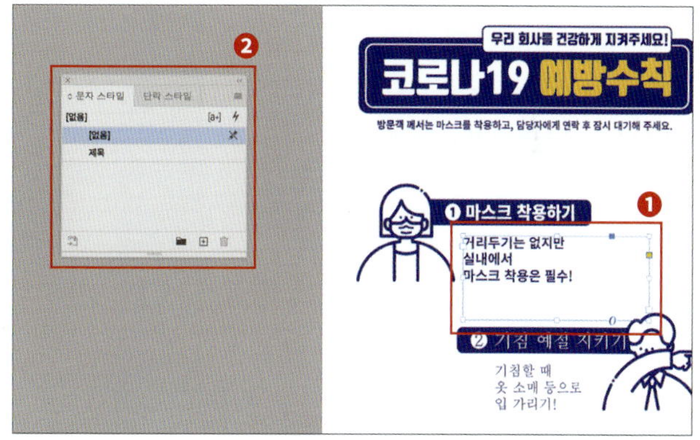

9 ❶ 앞서 공부한 방법으로 [문자 스타일 1]을 더블클릭, ❷ 스타일 이름을 '본문'으로 입력, ❸ [확인]을 클릭합니다.

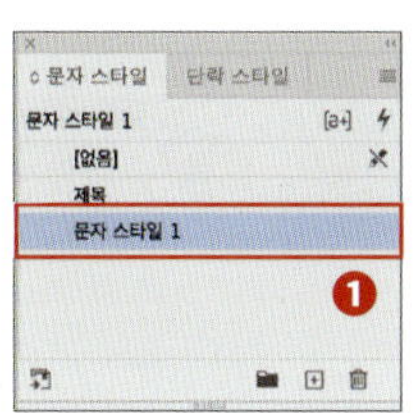

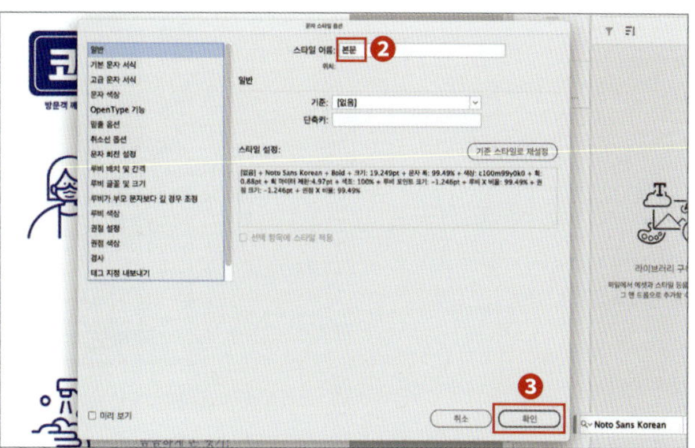

10 ❶ 도구 모음의 [선택 도구] ▶ 로 '2.기침 예절 지키기' 텍스트 박스를 선택, ❷ 앞서 생성한 [문자 스타일]의 [제목]을 클릭하면 '1. 마스크 착용하기' 텍스트와 같은 폰트로 변경됩니다.

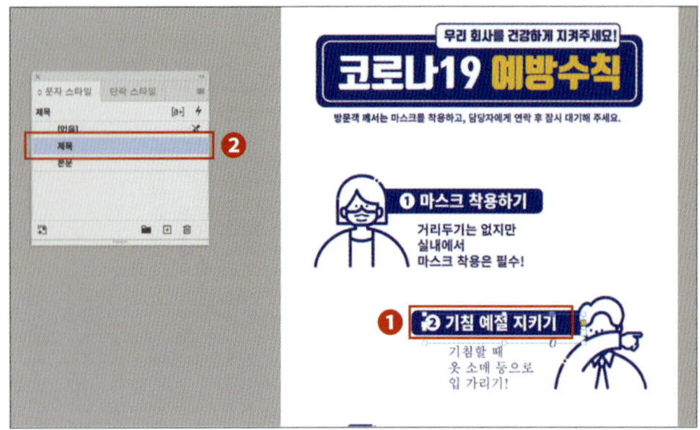

11 같은 방법으로 ❶ 도구 모음의 [선택 도구] ▶ 로 '기침할 때~가리기!' 텍스트 박스를 선택, ❷ 문자 스타일의 [본문]을 클릭하면 본문 폰트로 변경이 됩니다.

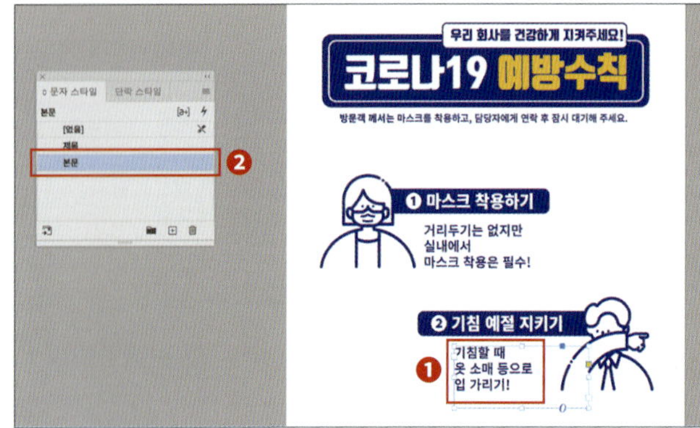

12 이와 같은 방법으로 3번도 적용합니다.

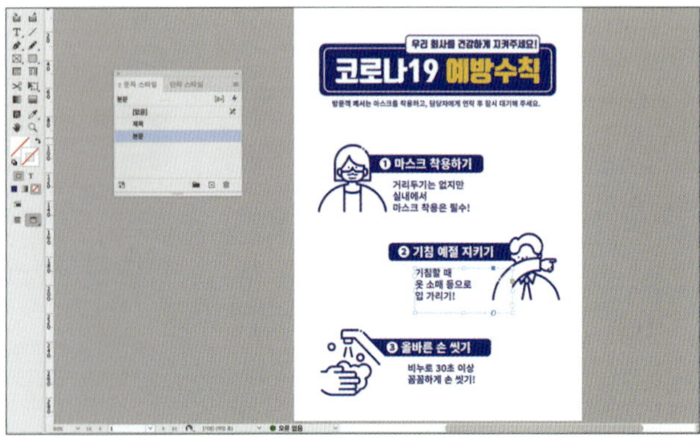

단락 스타일 만들기

📁 **예제 파일** INLESSON05 > 알찬쇼핑.indd/idml 📁 **완성 파일** INLESSON05 > 알찬쇼핑완성.idml

단락 스타일은 하나의 단락 전체에 적용되는 서식 속성(서체, 크기, 줄 간격, 정렬, 들여쓰기, 문단 간 간격 등)을 통합적으로 정의한 스타일입니다. 문서 전체의 타이포그래피를 일관되게 유지하고, 스타일을 일괄 수정함으로써 디자인 변경 시 시간을 절약할 수 있습니다.

1 [INLESSON05] > [알찬쇼핑.indd] 인디자인 파일을 불러옵니다.

2 ❶ 도구 모음의 [선택 도구] ▶ 로 'KTX, STR~' 텍스트 박스를 선택한 후, ❷메뉴 바 > [문자] > [단락 스타일]을 클릭합니다.

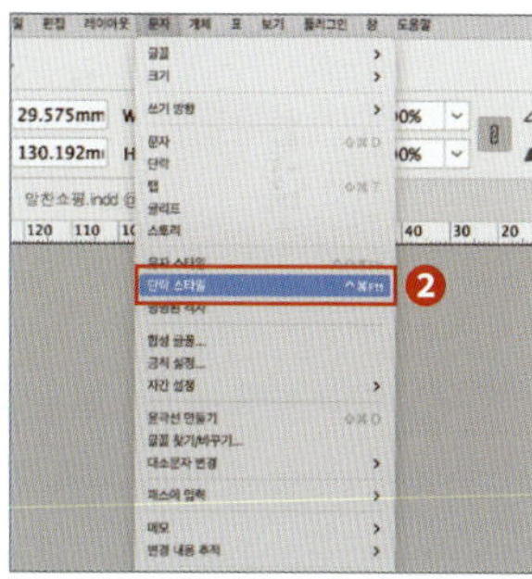

3 단락 스타일 패널이 나타나면 하단의 ➕ 버튼을 클릭합니다. [단락 스타일 1]이 생성됩니다.

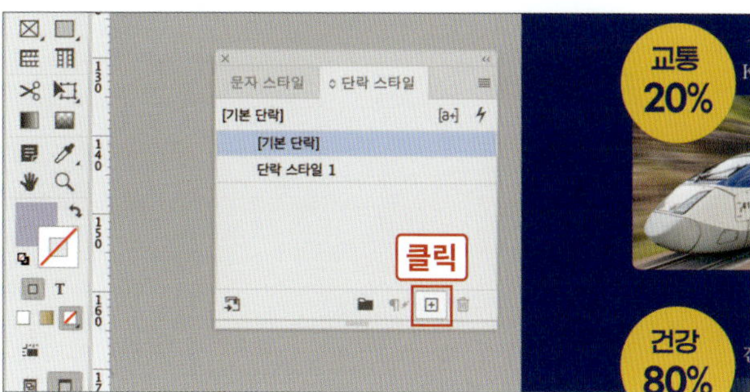

4 단락 스타일 옵션 창이 나타나면 ❶ 스타일 이름을 '내용'으로 입력, ❷ [기본 문자 서식]을 클릭, ❸글꼴 모음에서 원하는 폰트를 선택합니다. 예제에서는 [Pretendard], 스타일 [Regular]로 선택하고 크기 7pt, 행간 9pt, 자간 -20으로 지정합니다.

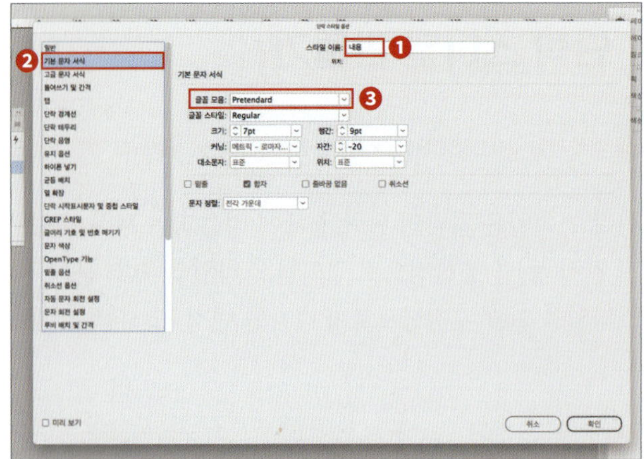

5 ❶ 문자 색상은 [용지]로 선택하고 ❷ [확인]을 클릭합니다.

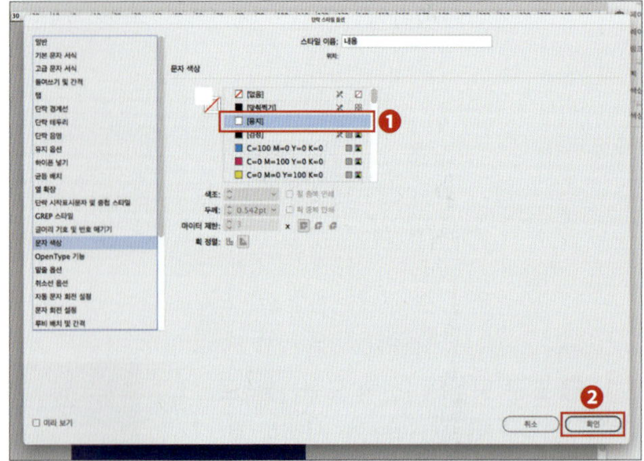

6 ❶ 도구 모음의 [선택 도구] 로 나머지 내용 3개를 동시 선택합니다. 단락 스타일의 내용을 더블클릭하면 입력해 놓은 프리텐다드 폰트로 변경이 됩니다.

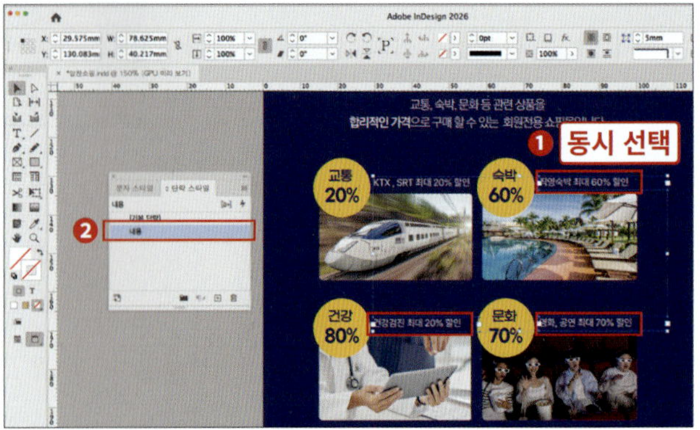

7 앞서 배운 문자 스타일 기능을 같이 사용해 보겠습니다. ❶ 문자 스타일의 ➕ 를 클릭하며 [문자 스타일 1]을 만들고 ❷ 더블 클릭하면 옵션 창이 나타납니다. ❸ 스타일 이름을 '숫자', ❹ [기본 문자 서식]에서 글꼴 모음은 기존 그대로 유지하고 글꼴 스타일만 [Bold]로 변경합니다.

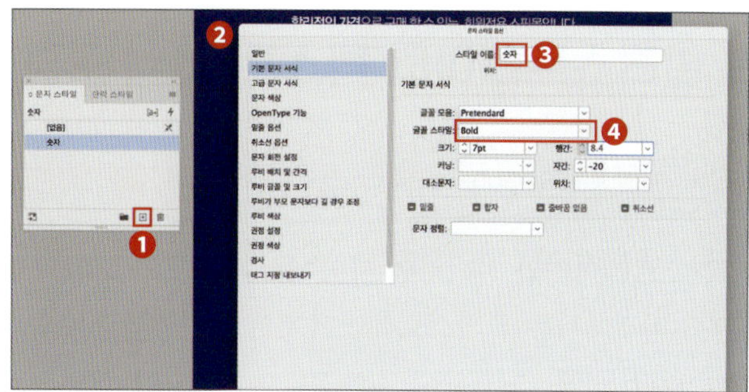

8 ❶ 문자 색상은 [C=0, M=0, Y=100, K=0]을 선택, ❷ [확인]을 클릭합니다.

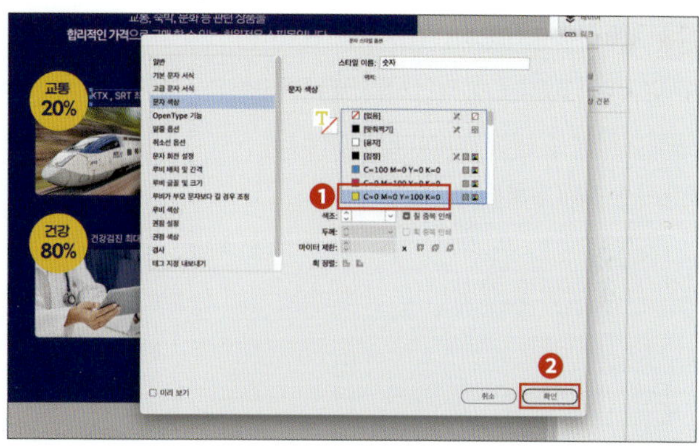

9 ❶ 도구 모음의 [문자 도구] T 를 선택, ❷ '20%' 단어를 드래그한 상태에서 ❸ 문자 스타일의 [숫자]를 클릭하면 20%만 굵기와 색상이 변경됩니다.

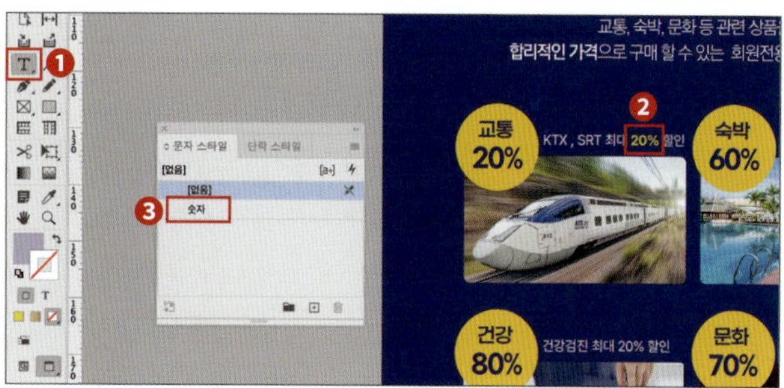

10 나머지 숫자와 %도 선택하여 변경합니다.

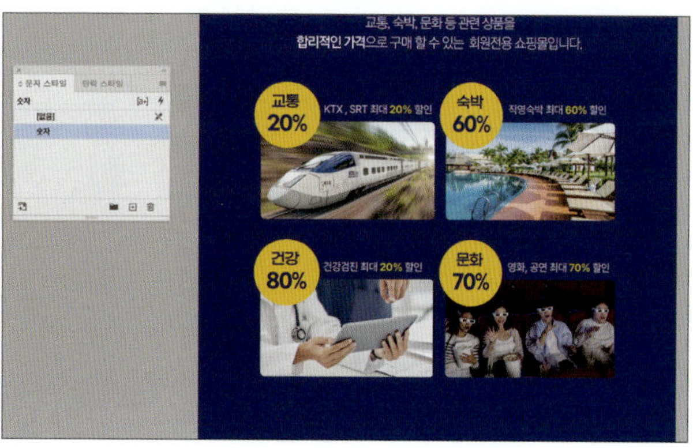

일러스트레이터 텍스트 서식 포함 붙여 넣기

📁 **예제 파일** INLESSON05 > 그리스신전표지.indd/idml   📁 **완성 파일** INLESSON05 > 그리스신전표지완성.idml

일러스트레이터와 인디자인 사이에서 텍스트와 그래픽을 쉽게 가져올 수 있습니다. 인디자인 CC 2023 버전에서는 일러스트레이터에서 디자인한 텍스트 서식을 인디자인에 복사해 붙여 넣을 수 있습니다.

1 ❶ [INLESSON05] > [그리스신전표지.indd] 파일을 불러옵니다. ❷ 일러스트레이터를 실행하고 [INLESSON05] > [그리스표지(초록).ai] 파일을 엽니다.

2 ❶ 도구 모음의 [Type Tool] T 을 선택하고 ❷ '모든 도시에는 그리스 신전이 있다' 텍스트를 선택하고 단축키 Ctrl / Cmd + C 를 눌러 복사합니다.

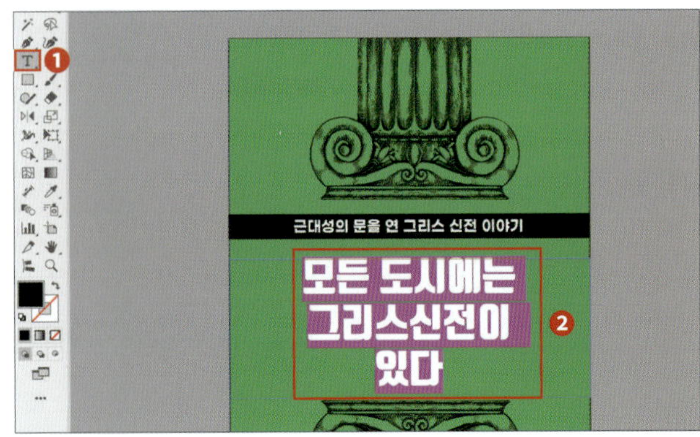

3 다시 인디자인으로 돌아와서 ❶ 도구 모음의 [문자 도구] T 를 선택하고 ❷ 제목이 들어갈 부분에 텍스트 프레임을 만들고 Ctrl / Cmd + V 를 눌러 붙여 넣습니다.

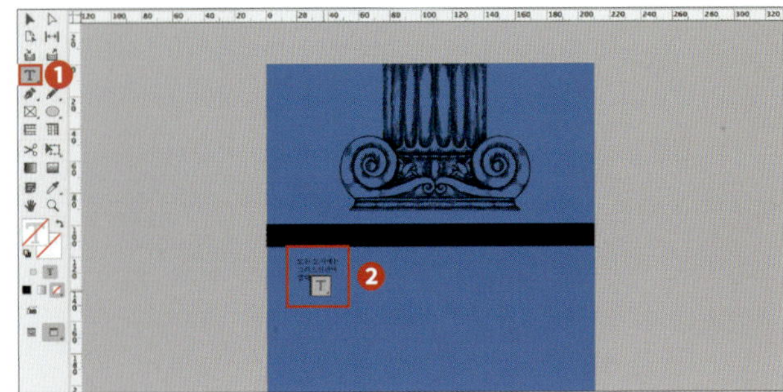

4 [T] 아이콘을 클릭하면 여러 개의 아이콘이 나타납니다.

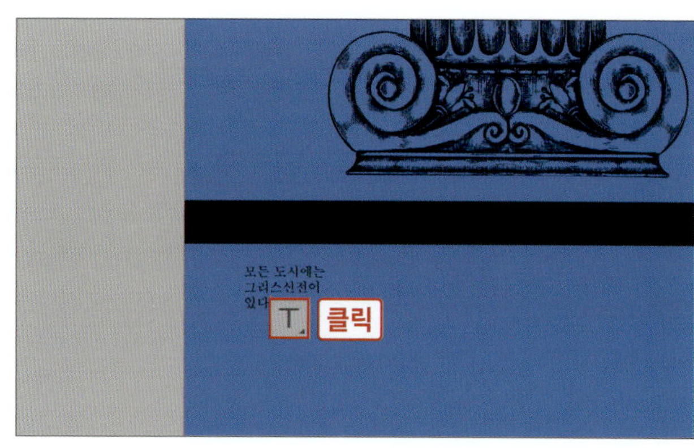

5 두 번째 [서식 포함 붙여넣기] 아이콘을 클릭합니다.

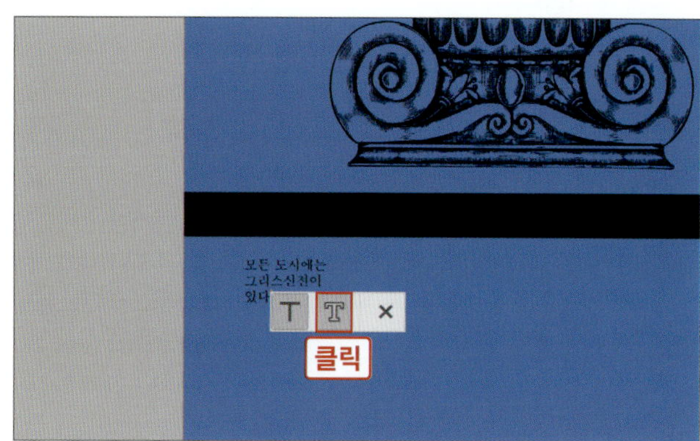

6 일러스트레이터에서 사용한 폰트와 크기 및 색상이 같은 서식으로 붙여 넣기가 됩니다.

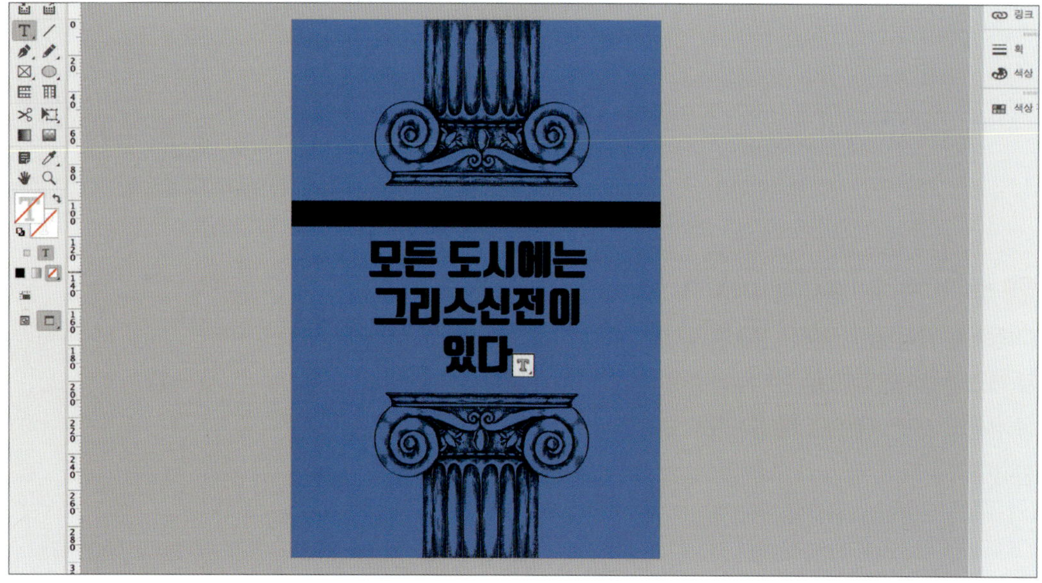

이미지 주변에 텍스트 흘리기

📁 **예제 파일** INLESSON05 > 붕어빵.indd/idml   📁 **완성 파일** INLESSON05 > 붕어빵완성.idml

이미지 주변에 텍스트를 흘리는(텍스트 래핑, Text Wrap) 기능은 이미지나 다른 개체를 둘러싸는 텍스트 흐름을 제어할 수 있는 기능입니다. 이를 통해 이미지나 개체를 포함한 디자인에 텍스트가 깔끔하게 배치되도록 할 수 있습니다.

1 ❶ [INLESSON05] > [붕어빵.indd] 파일을 불러옵니다.

2 ❶ 중앙에 있는 붕어빵 이미지를 선택하고 ❷ 메뉴 바에서 [개체] > [클리핑 패스] > [옵션]을 클릭합니다.

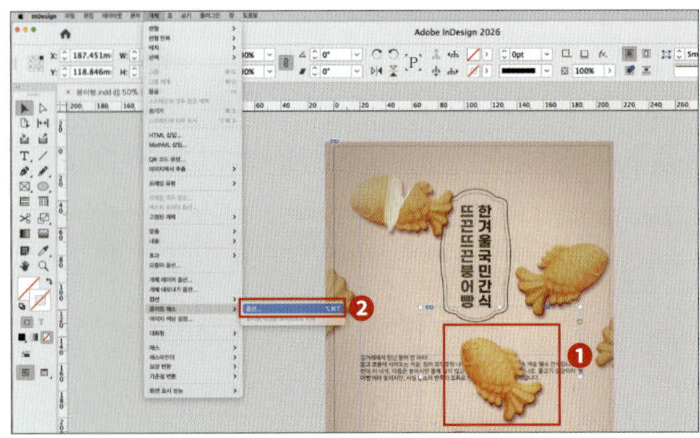

3 ❶ 클리핑 패스 옵션 창에서 유형으로 [가장자리 감지]를 지정하면 붕어빵 주변으로 패스가 표시됩니다. ❷ 한계값과 허용치를 유형에 맞게 설정하고 ❸ [확인]을 클릭합니다.

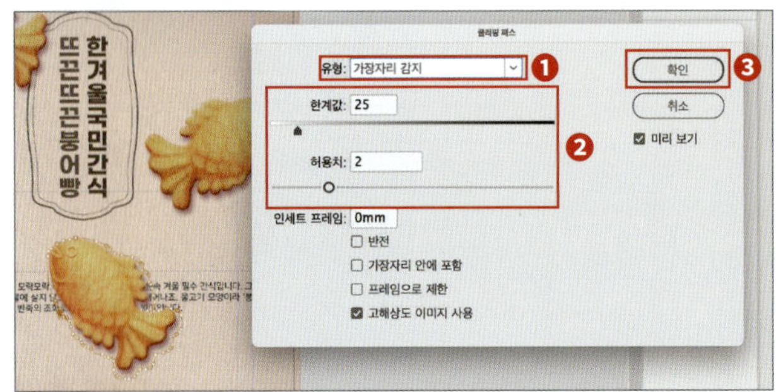

4 메뉴 바에서 [창] > [텍스트 감싸기]를 클릭합니다.

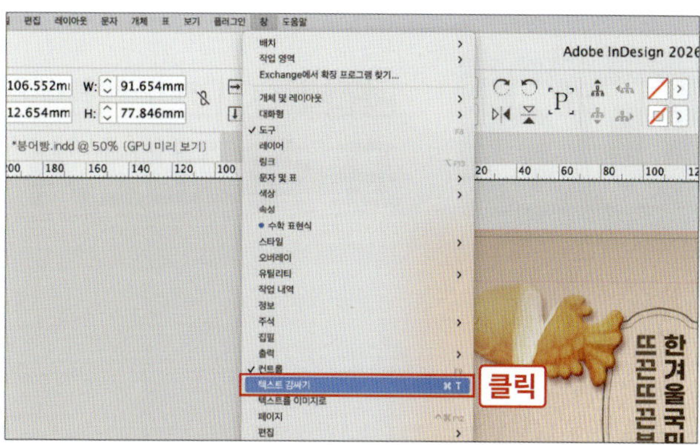

5 텍스트 감싸기 옵션 창에서 ❶ [개체 모양 감싸기] 아이콘을 클릭하고 ❷ 감싸기는 [오른쪽 및 왼쪽 면 모두]를 선택하고, ❸ 위쪽 오프셋을 4mm로 설정하면 붕어빵 주변으로 오프셋이 표시되면서 텍스트가 밀려납니다.

6 ❶ 메뉴 바에서 [개체] > [클리핑 패스] > [클리핑 패스를 프레임으로 변환]을 클릭합니다. 이것은 클리핑 패스를 이미지 프레임으로 활용하려고 하는 것입니다.

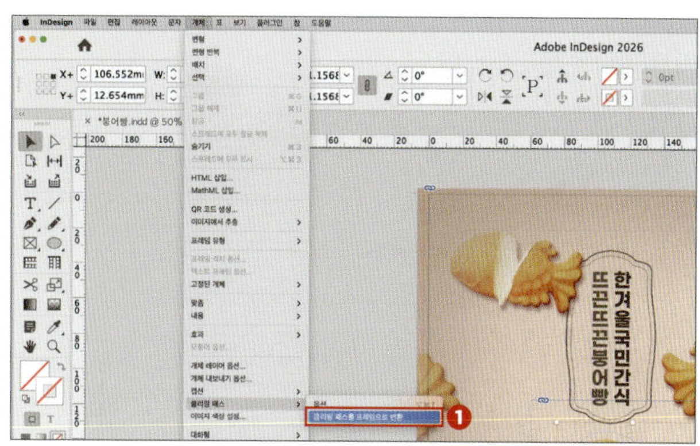

7 텍스트를 원하는 크기로 조절하여 완성해 봅니다.

편집 디자인의 기본②
표 살펴보기

한글에서 표 가져오기

📁 **예제 파일** INLESSON06 > 과일 표.hwp 📁 **완성 파일** INLESSON06 > 한글 표 완성.idml

인디자인은 한글(HWP) 파일의 표를 직접 불러오는 기능을 지원하지 않습니다.
따라서 한글 표를 인디자인에 가져오려면, 먼저 한글에서 표를 복사해 붙여넣거나, MS 워드 또는
엑셀 형식으로 변환한 후 인디자인에서 불러오는 방식이 필요합니다. 텍스트가 복잡하지 않을 때
복사 붙여 넣기 하는 방법에 대해 알아보겠습니다.

1 [INLESSON06] > [과일 표.hwp]
한글 파일을 불러옵니다.

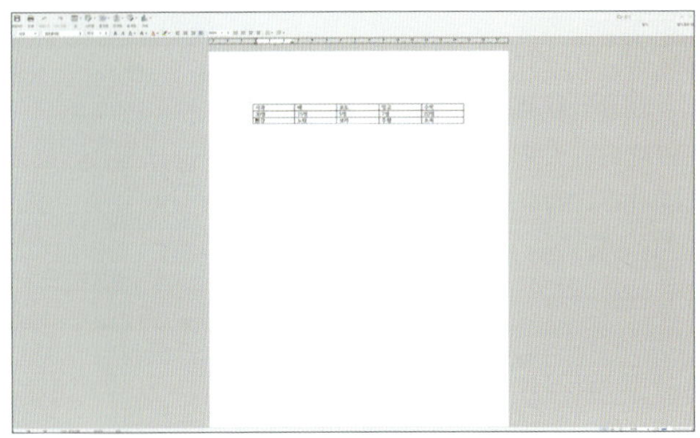

2 표를 드래그하여 선택한 후 단축키
Ctrl / Cmd + C 를 눌러 복사합니다.

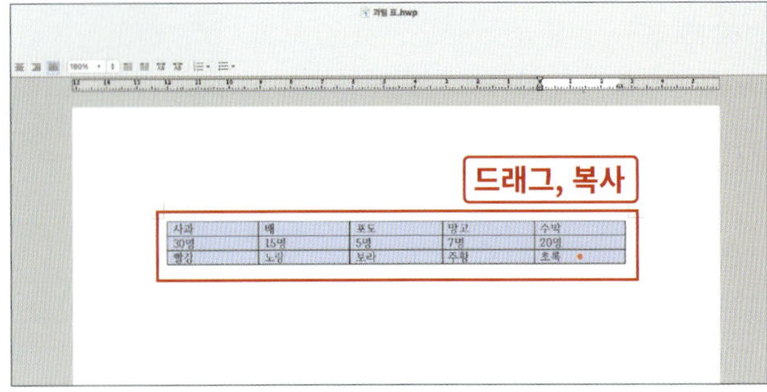

3 인디자인 프로그램을 실행해 새 문서를 A4 사이즈로 만듭니다.

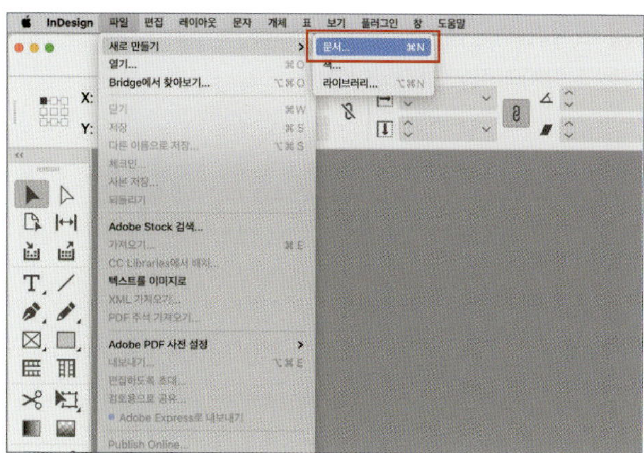

4 [Indesign] > [환경 설정] > [클립보드 처리]를 클릭합니다(윈도우인 경우에는 [편집] > [환경 설정] > [클립보드 처리] 로 선택합니다).

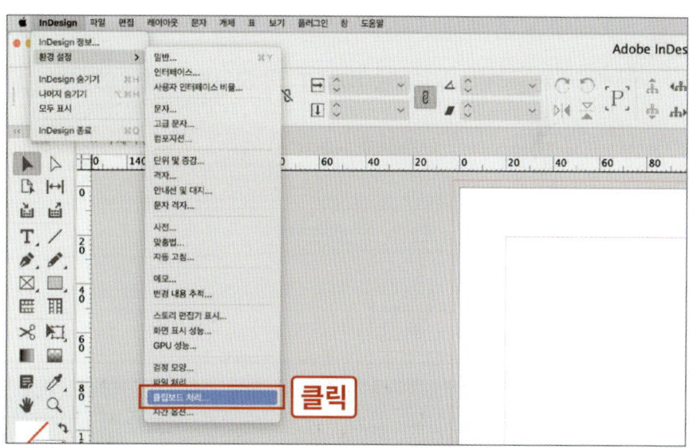

5 옵션 창이 나타나면 ❶ [모든 정보(색인 표시자, 색상 견본, 스타일 등)]를 체크해 활성화하고 ❷ [확인]을 클릭합니다.

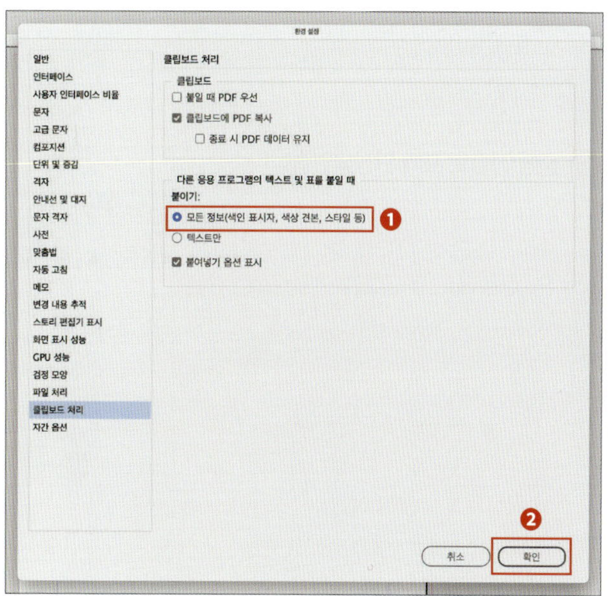

6 단축키 [Ctrl / Cmd] + [V] 를 누르면 원하는 페이지에 표가 나타납니다.

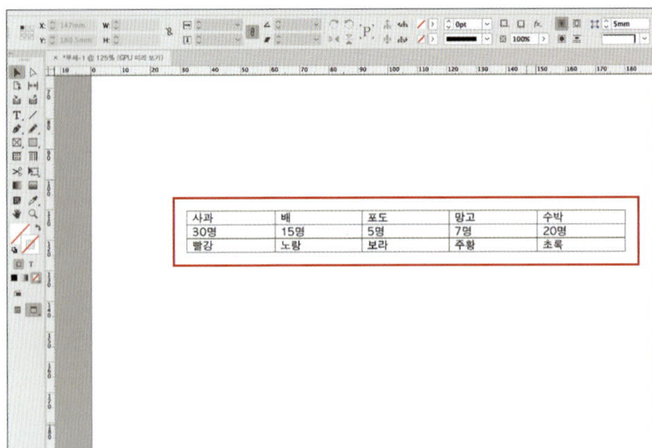

7 ❶ 도구 모음의 [문자 도구] [T] 로 표를 드래그합니다. ❷ 상단에 폰트를 원하는 폰트와 크기로 지정합니다. 예제에서는 [Pretendard], 10pt로 하겠습니다. ❸ 정렬은 ≡ 로 변경합니다.

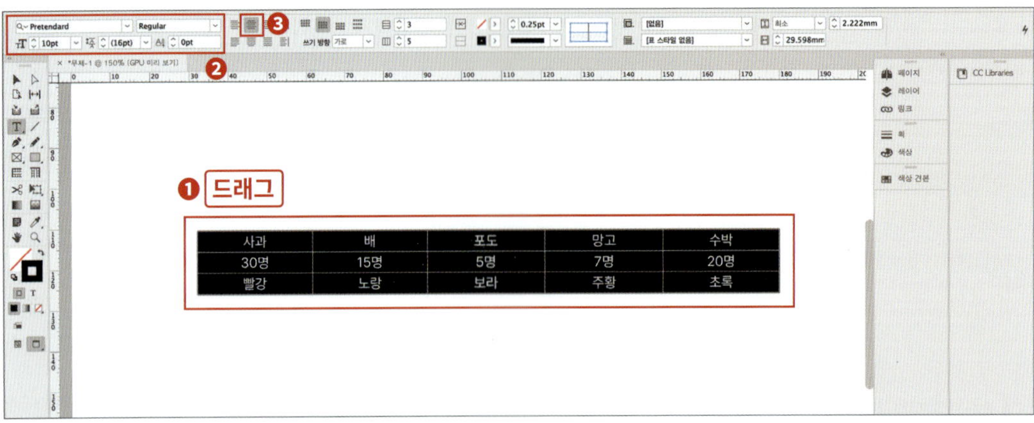

8 중앙 정렬로 표가 완성되었습니다.

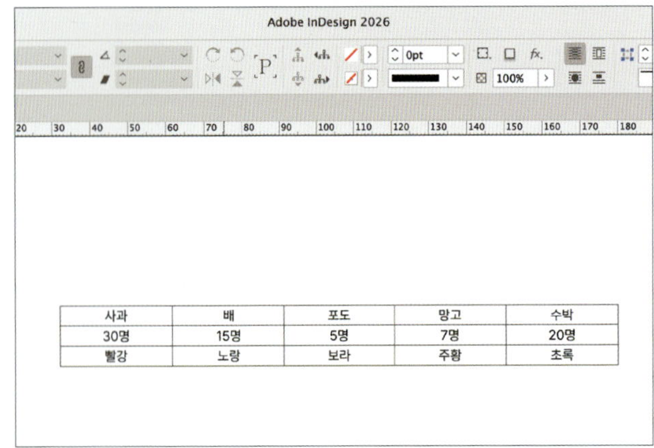

엑셀, 워드에서 표 가져오기

📁 **예제 파일** INLESSON06 > 개인경비내역.xlsx, 워드 표.docx　📁 **완성 파일** INLESSON06 > 엑셀, 워드 표 완성.idml

엑셀과 워드는 한글 파일과 달리 인디자인 프로그램에서 직접 가져오기를 할 수 있습니다. 가져온 표는 인디자인에서 표 스타일을 적용하거나 직접 편집해 디자인에 맞게 조정할 수 있습니다.

1 A4 사이즈의 새 문서를 생성한 후 [파일] > [가져오기]를 클릭합니다.

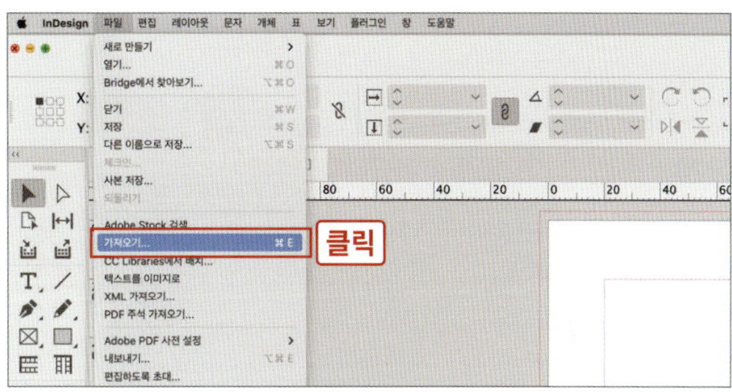

2 옵션 창이 나타나면 ❶ [INLESSON06] > [개인경비내역.xlsx] 엑셀 파일을 선택하고 ❷ [가져오기 옵션 표시]에 체크, ❸ [열기]를 클릭합니다.

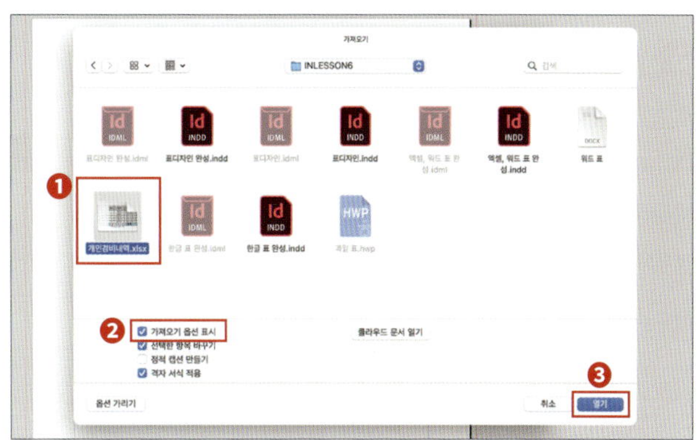

3 옵션 창이 나타나면 ❶ [시트]나 [셀 범위]를 지정하고 ❷ 서식 항목에서 표를 [서식이 있는 표]로 지정, ❸ [확인]을 클릭합니다.

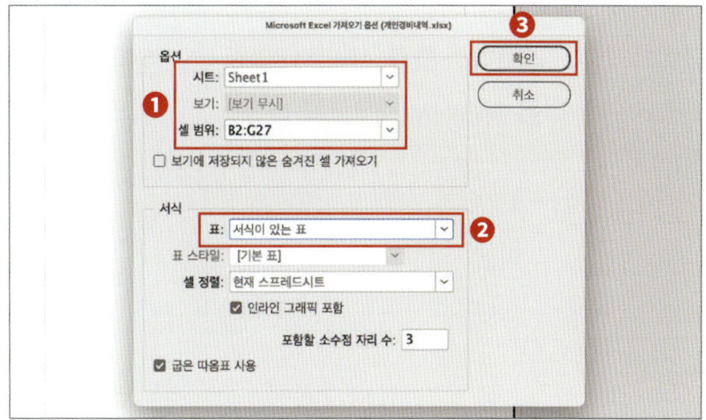

4 누락된 글꼴 옵션 창이 나타나면 추후에 수정하면 되니 [건너뛰기]를 클릭합니다.

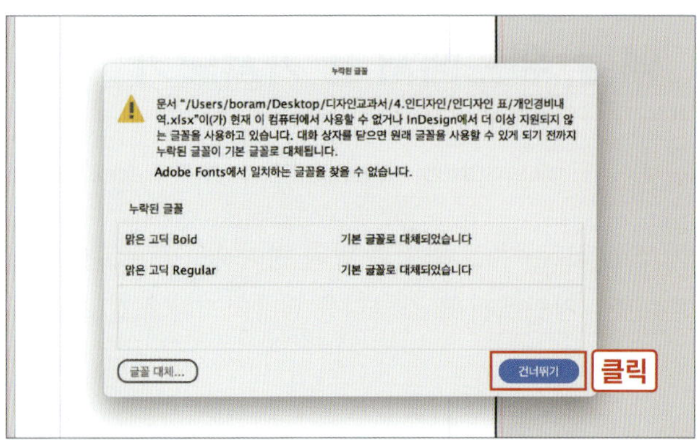

5 커서가 나타나면 원하는 위치에 클릭하거나 드래그하여 표를 삽입합니다. 엑셀 파일과 같은 형태의 표가 나타납니다.

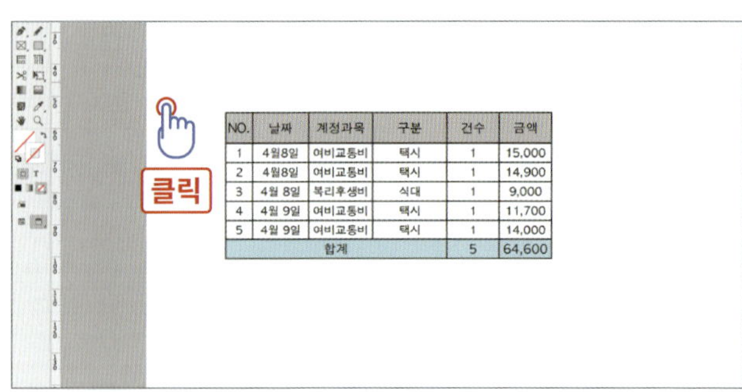

6 같은 방법으로 ❶ [파일] > [가져오기]를 선택하고 옵션 창이 나타나면 엑셀 파일과 달리 ❷ [워드 표.docx]를 선택, ❸ [가져오기 옵션 표시]를 해제하고 ❹ [열기]를 클릭합니다. 위와 같이 누락된 글꼴 옵션 창이 나타나면 건너뛰기 합니다.

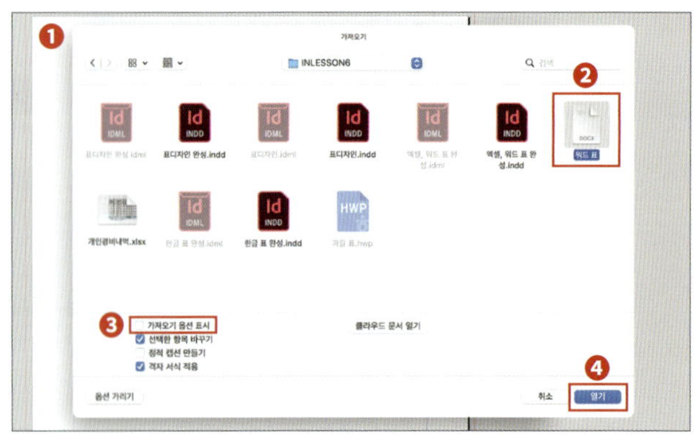

7 커서에 표가 나타나면 원하는 위치에 클릭하거나 드래그하여 표를 삽입합니다. 표 디자인은 다음 학습에서 배우도록 하겠습니다.

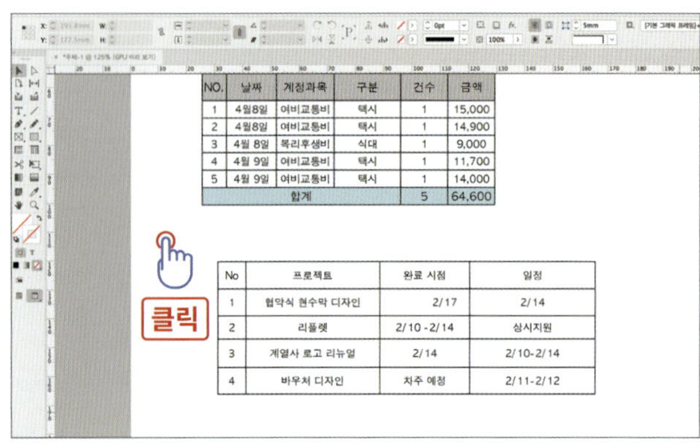

표 디자인하기

📁 **예제 파일** INLESSON06 > 표디자인.indd/idml   📁 **완성 파일** INLESSON06 > 표디자인 완성.idml

표 기능은 텍스트 프레임 안에 행과 열을 구성해 데이터를 정리하거나 디자인 요소로 활용할 수 있는 도구입니다. 셀 단위로 스타일, 정렬, 색상 등을 적용할 수 있어 다양한 형태의 레이아웃 제작이 가능합니다.

1 [INLESSON06] > [표디자인.indd] 인디자인 파일을 불러옵니다. 상단의 표를 이용해 하단의 표와 같이 디자인해 보겠습니다.

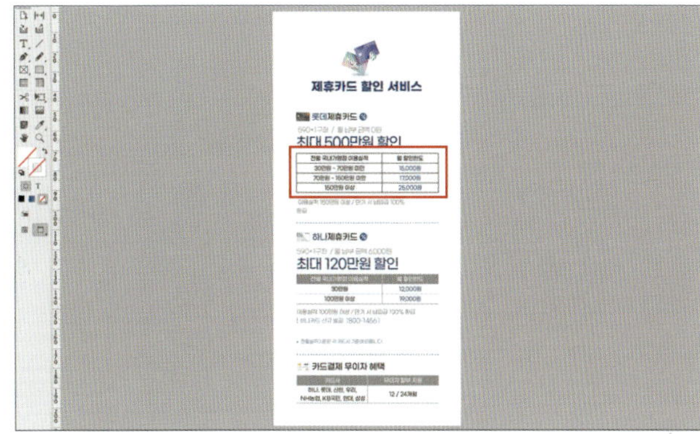

2 ❶ 도구 모음의 [문자 도구] T 로 표를 드래그해 전체 선택합니다. ❷ 상단의 [획 옵션창] 에서 양끝 세로 획을 선택, ❸ 선의 굵기를 0pt로 지정합니다.

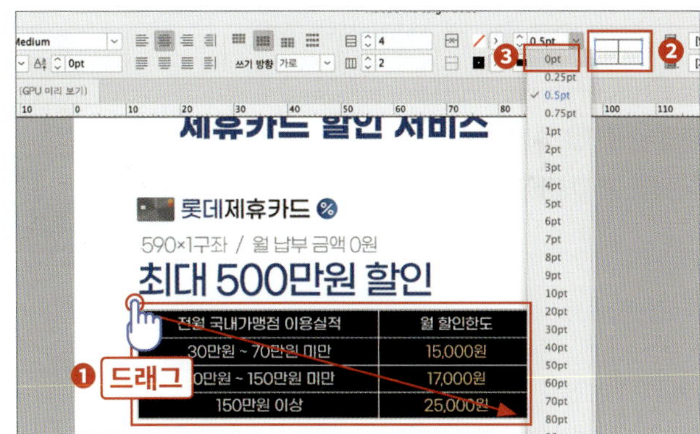

3 바탕화면을 클릭하면 양쪽 세로 획이 사라졌습니다.

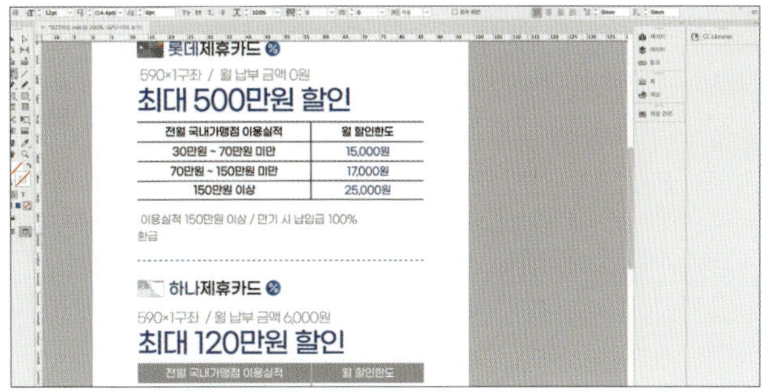

4 ❶ 도구 모음의 [문자 도구] 로 표를 드래그하고 ❷ 상단의 [획 옵션 창] 에서 가운데 가로 획만 선택, ❸ 선의 굵기를 0.25pt로 변경합니다.

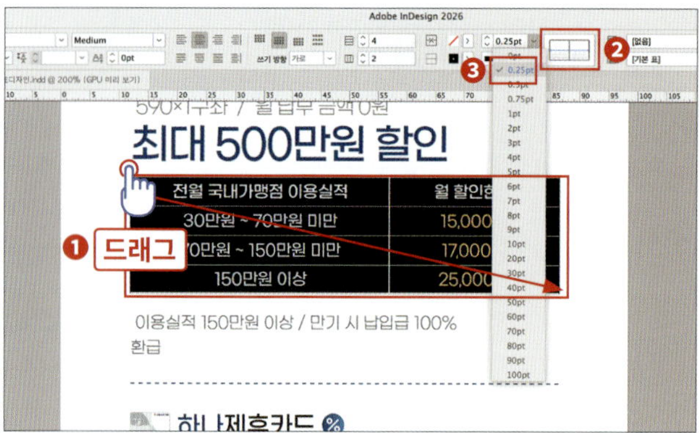

5 안쪽에 있는 획들이 얇아진 걸 확인할 수 있습니다.

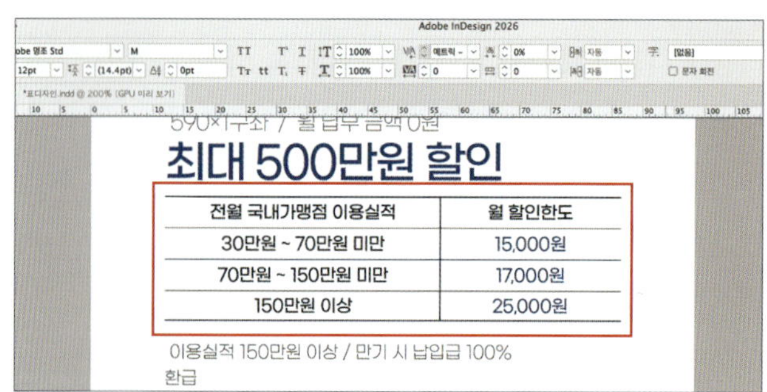

6 ❶ 표 전체를 드래그하여 선택, 상단의 ❷ [획 옵션창] 에서 모든 획을 선택합니다. ❸ 색상 견본 패널에서 [색조]를 50%로 조절합니다.

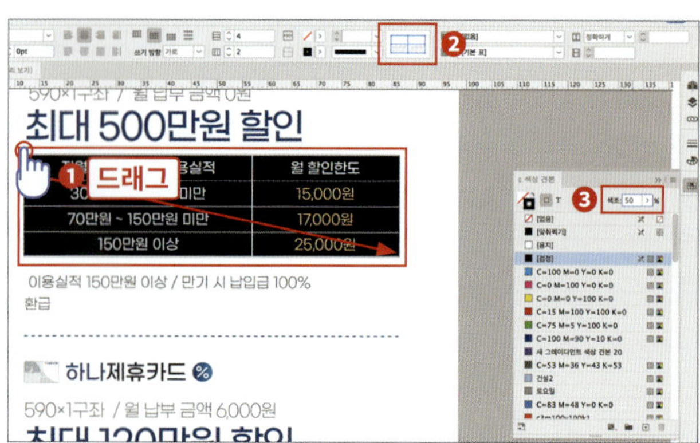

7 표의 획 색상이 검정 50%로 연해졌습니다.

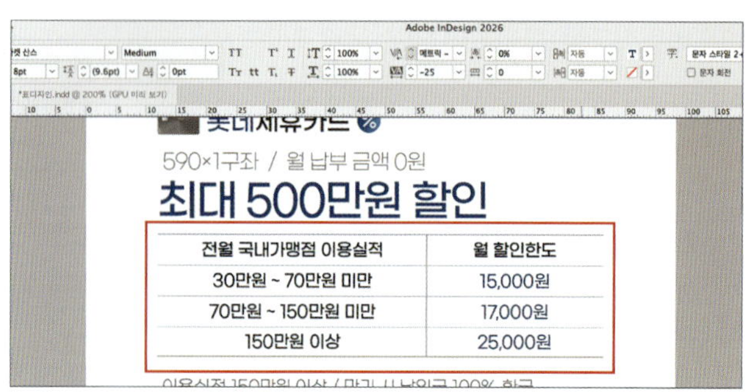

8 ① 표의 상단 한 줄만 드래그해 선택합니다. ② 색상 견본 패널 창에서 면 색상을 [검정]으로, ③ 색조는 50%로 지정합니다.

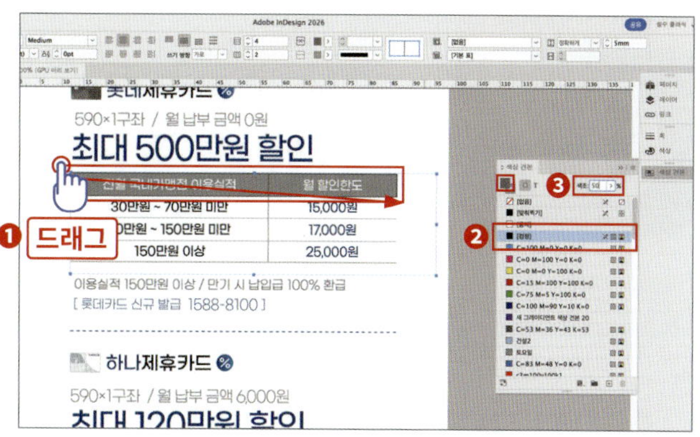

9 ① 선 색상을 선택, ② 색상을 [용지]로 선택합니다.

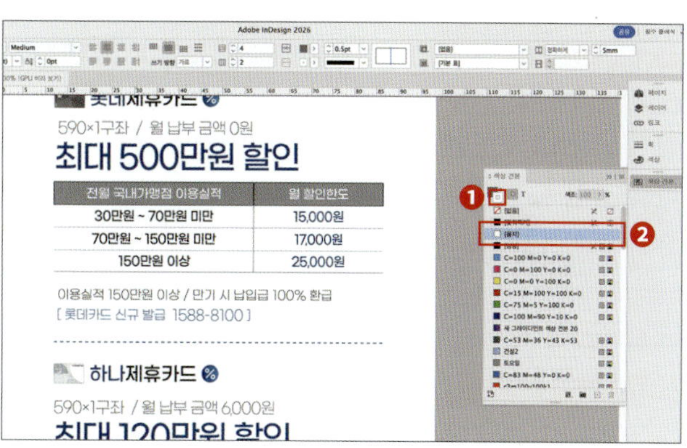

10 ① 색상 패널에서 T 을 선택, ② 텍스트 색상을 [용지]로 변경합니다.

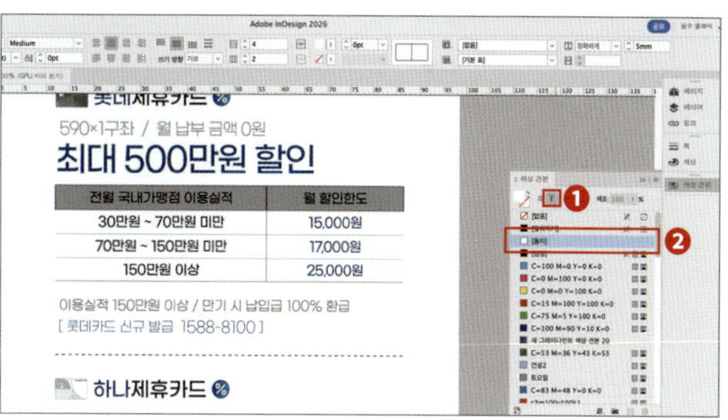

11 바탕화면을 클릭하면 선의 컬러와 문자 컬러, 면 컬러가 변경되었습니다.

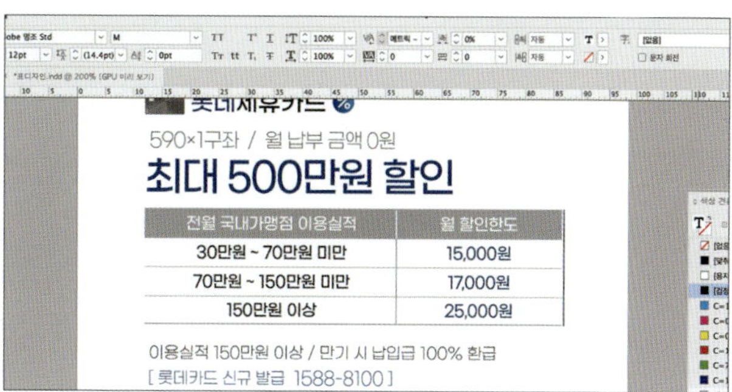

편집 디자인을 더욱 풍부하게!
이미지 활용하기

이미지 가져오기, 붙여 넣기

📁 **예제 파일** INLESSON07 > 상상력.indd/idml 📁 **완성 파일** INLESSON07 > 상상력완성.idml

인디자인에서는 원하는 방식에 맞게 이미지 삽입 방식을 선택할 수 있으며, 링크된 이미지, 벡터 파일 삽입 등 다양한 옵션을 활용하여 효율적으로 작업할 수 있습니다. 각 방법을 상황에 맞게 활용하여 원하는 결과물을 만들 수 있습니다.

미리보기
PREVIEW
—

1 ❶ [INLESSON07] > [상상력.indd] 파일을 불러옵니다.

2 ❶ 도구 모음에서 [사각형 프레임 도구]⊠를 선택하고 ❷ 이미지를 넣을 부분에 드래그하여 사각형 프레임을 만듭니다. ❸ 단축키 `Ctrl / Cmd` + `D` 를 눌러 ❹ [INLESSON07] > [무지개.ai]를 선택하면 이미지가 삽입됩니다.

3 ❶ 도구 모음의 [선택 도구]▶를 선택하고 ❷ 이미지 프레임으로 마우스를 드래그하면 프레임 안에 동그란 모양 아이콘 표시와 함께 마우스 커서가 손바닥 모양으로 바뀝니다.

4 `Ctrl / Cmd` + `Shift` + `Alt / Option`을 동시에 누르고 `<`를 클릭하여 이미지를 원하는 크기만큼 축소합니다. `>`를 클릭하면 이미지가 확대됩니다.

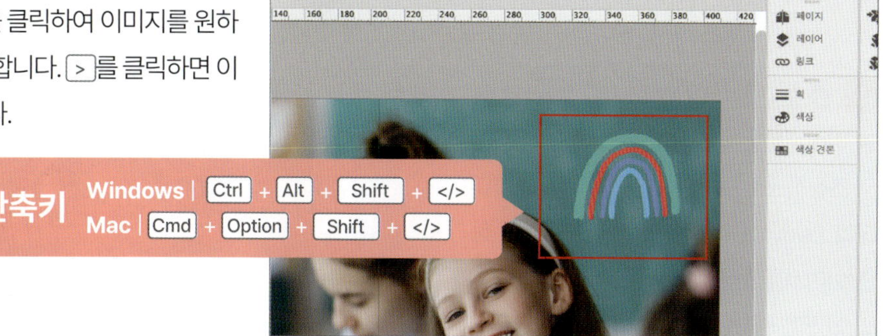

여기서 잠깐 STOP

이미지 축소, 확대 단축키는 외워서 사용하세요! 작업의 효율이 높아집니다.

5 일러스트레이터 이미지를 바로 복사
해 붙여 넣어 보겠습니다. 일러스트레이터
에서 [INLESSON07] > [공룡.ai] 파일을
엽니다.

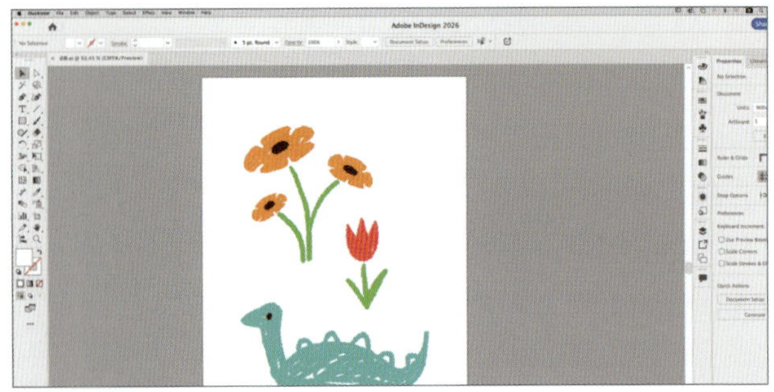

6 ① 도구 모음의 [선택 도구] ▶를 이
용하여 ② 공룡을 선택하고 Ctrl / Cmd +
C 를 눌러 복사합니다.

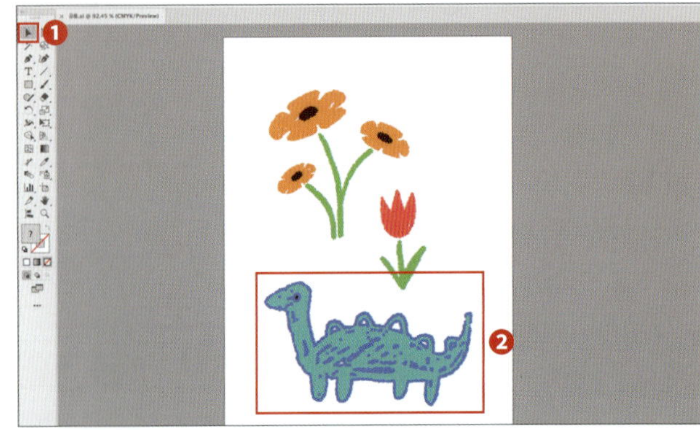

7 인디자인에 돌아와서 Ctrl / Cmd + V
를 누르면 화면 중앙에 공룡 이미지가 붙
여 넣기 됩니다.

8 ① 도구 모음의 [선택 도구] ▶로 공
룡 이미지를 선택합니다. ② 오른쪽 대각선
위 조절점으로 드래그하면 화살표가 나타납
니다. Shift 를 누른 상태에서 드래그를 하
면 이미지를 정비례 크기로 축소 복사할 수
있습니다. 원하는 크기로 변경하고 위치를
잡아 줍니다.

STOP 여기서 잠깐

이미지를 축소/확대할 때는 반드시 Shift 를 누른 상태에서 조절을 해야 이미지 비례가 유지됩니다.

9 나머지 꽃들도 같은 방법으로 복사해 붙여 넣습니다.

10 ❶ 도구 모음의 [선택 도구] ▶를 이용하여 ❷ 주황색 꽃잎을 선택합니다. ❸ 색상 견본 패널에서 원하는 색상을 선택합니다.

꿀팁!

일러스트레이터 이미지를 바로 붙여 넣으면 인디자인에서 색상을 변경할 수 있습니다.

11 디자인이 완성되었습니다.

여기서 잠깐 STOP

일러스트레이터에서 인디자인으로 복사해 붙여 넣으면 패스, 점, 선, 면 그레이디언트 등이 그대로 유지됩니다.
단, 효과를 많이 사용하거나 용량이 큰 이미지들은 단일 이미지로 변경되거나 일부분만 붙여 넣어지는 경우가 있습니다. 이때는 일러스트레이터 파일 자체를 가져오기로 불러와 디자인 작업을 해야 합니다.

이미지 확대, 축소하기

📁 **예제 파일** INLESSON07 > 두바이초콜릿.indd/idml　　📁 **완성 파일** INLESSON07 > 두바이초콜릿완성.idml

이미지를 확대하는 방법은 프레임 크기 조정, 이미지 크기 조정, 비율 유지 등의 방식으로 다양하게 할 수 있습니다. 이때 이미지의 해상도를 고려하여 적절한 방법을 사용해야 하며, 필요에 따라 이미지 프레임과 이미지 크기를 조정하여 원하는 디자인을 만들 수 있습니다.

미리보기
PREVIEW

1 [INLESSON07] > [두바이초콜릿.indd] 파일을 불러옵니다. 메뉴 바에서 [가져오기]를 선택하거나 또는 단축키 Ctrl / Cmd + D를 눌러 [INLESSON07] > [두바이초콜릿.psd]를 불러옵니다.

2 Shift 를 누른 상태에서 오른쪽 대각선 위 조절점을 드래그해서 축소합니다.

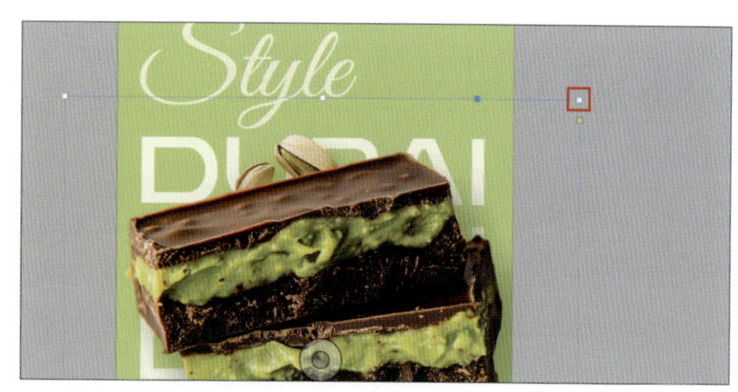

3 이미지 프레임은 축소되었지만 이미지의 일부분만 보일 뿐 이미지 자체는 축소되지 않았습니다.

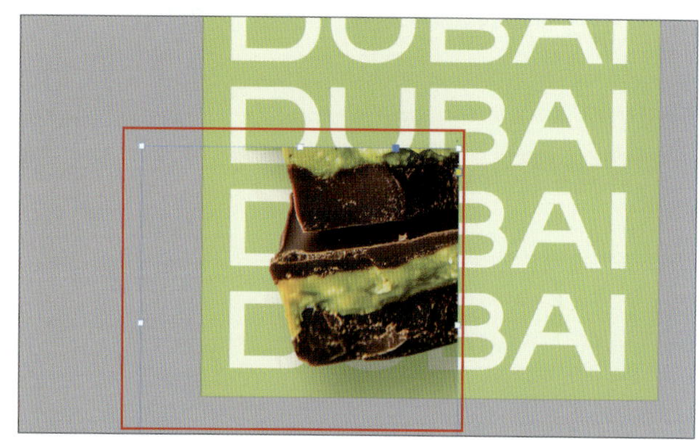

4 Ctrl / Cmd + Z 를 눌러 전 상태로 돌아갑니다. Ctrl / Cmd + Shift 를 동시에 누른 상태에서 이미지를 축소합니다. 이번엔 이미지 프레임과 이미지가 모두 축소되었습니다.

5 다시 단축키 Ctrl / Cmd + Z 를 사용하여 전 상태로 돌아갑니다. Ctrl / Cmd + Shift + Alt / Option 을 동시에 누른 상태에서 축소하면 이미지 프레임과 이미지가 모두 축소되면서 화면 중앙으로 배치됩니다. 세 방법 중 작업 스타일에 맞춰 사용하면 됩니다. 필자는 Ctrl / Cmd + Shift + Alt / Option 을 가장 많이 사용합니다.

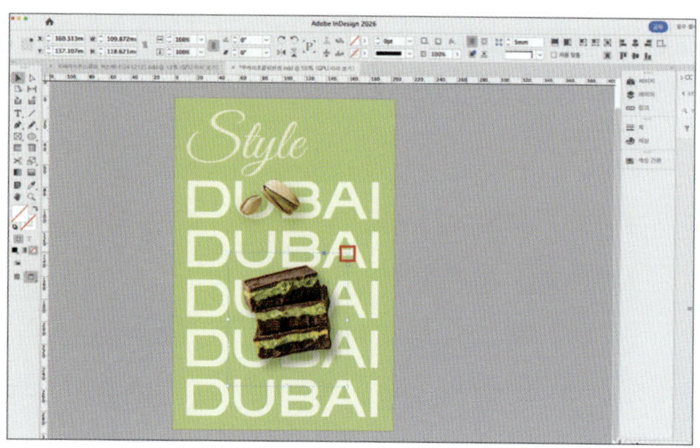

패스에 이미지 가져오기

📁 **예제 파일** INLESSON07 > 한글날포스터.indd/idml　📁 **완성 파일** INLESSON07 > 한글날포스터완성.idml

인디자인에서 패스에 이미지 불러오기는 디자인에 자유도를 높여 주는 강력한 기능입니다.
이 방법을 사용하면 모양에 맞는 이미지 배치를 할 수 있으며, 텍스트와 이미지의 배치를 창의적으로 조정할 수 있습니다. 펜 도구를 사용해 다양한 형태로 패스를 만들고, 그 안에 이미지를 불러오는 방식으로 독특한 디자인을 구현할 수 있습니다.

미리보기
PREVIEW

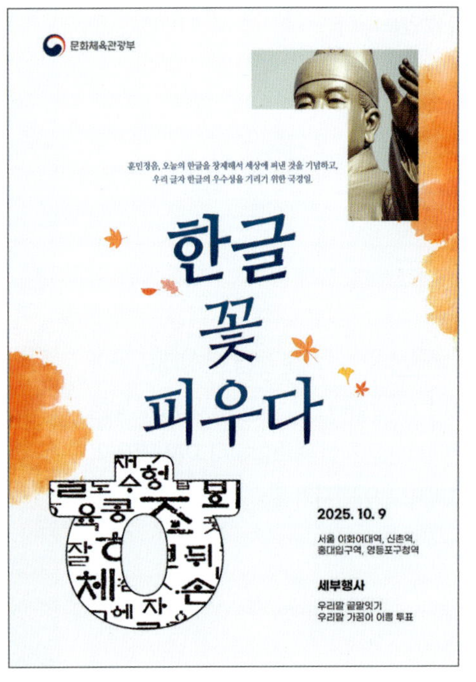

1 [INLESSON07] > [한글날포스터.indd] 파일을 불러옵니다.

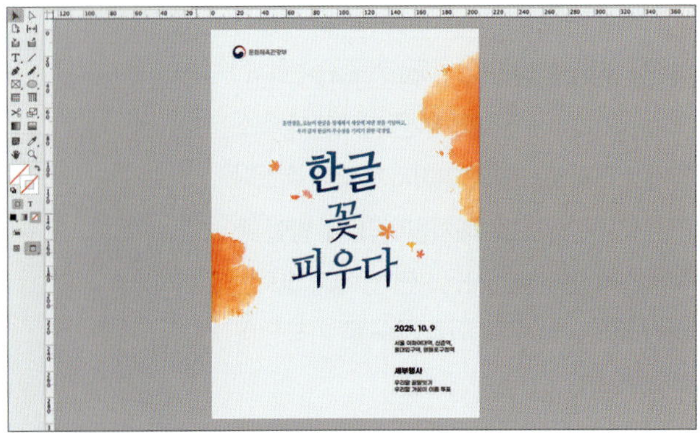

2 불러온 이미지가 움직이지 않도록 잠가 놓겠습니다. ❶ `Ctrl / Cmd` + `A` 를 눌러 모든 이미지를 전체 선택합니다. ❷ 메뉴 바에서 [개체] > [잠금]을 선택합니다.

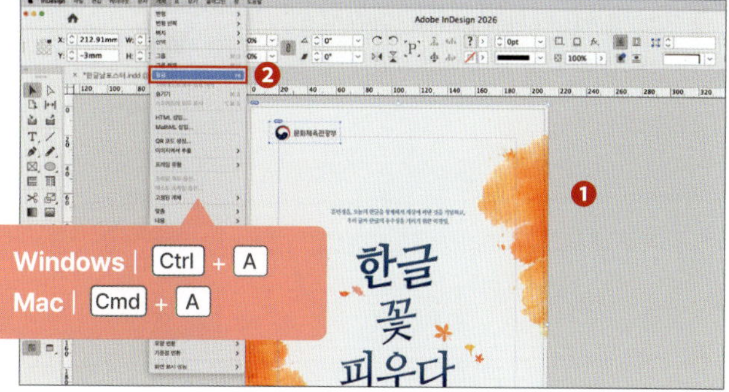

단축키 Windows | `Ctrl` + `A` Mac | `Cmd` + `A`

3 ❶ 도구 모음의 [표준] 모드로 확인하면 ❷ 이미지 프레임 왼쪽 가장자리에 자물쇠 모양이 나타납니다.

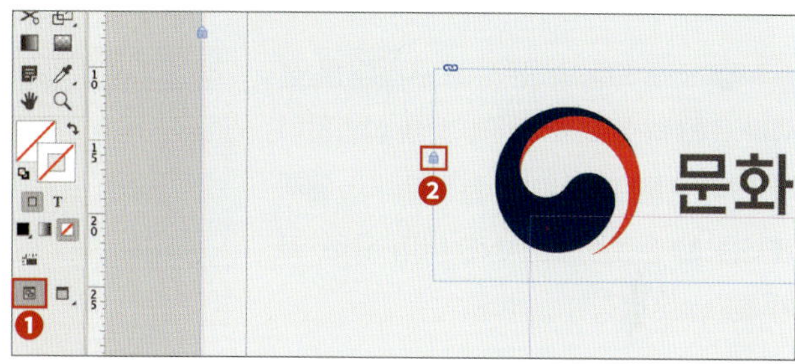

꿀팁!

잠근 개체들을 풀고 싶다면 ❶ [메뉴] > [개체] > [스프레드에 모두 잠금 해제]를 선택합니다.
단, 이 명령어는 잠겨 있는 모든 개체들이 한꺼번에 해제되니 특정한 개체를 해제하고 싶다면 ❷ 레이어 패널을 이용하면 됩니다.

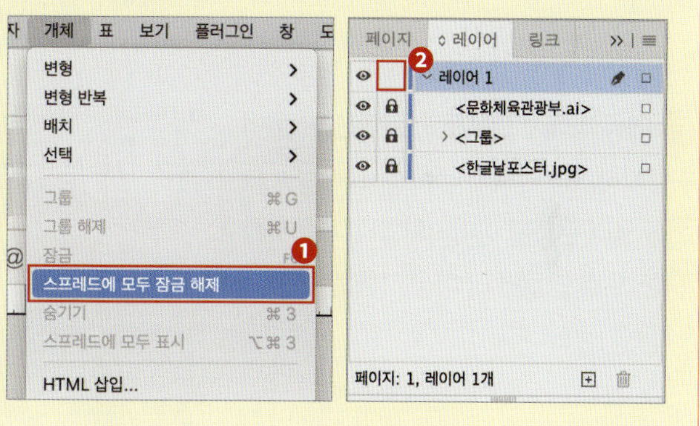

4 ❶ 도구 모음의 [펜 도구]를 사용하여 ❷ 오른쪽 상단에 'ㄱ' 모양을 만들고 닫힌 패스를 완성합니다. ❸ 단축키 `Ctrl / Cmd` + `D` 를 눌러 ㄱ 모양 안에 [INLESSON07] > [세종대왕.jpg]을 불러옵니다.

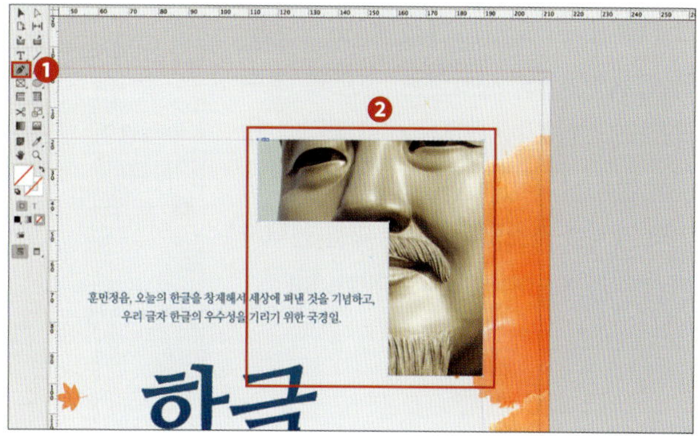

5 [Ctrl / Cmd] + [Shift] + [Alt / Option] + [<]를 이용해 이미지를 축소하고 이미지 위치를 조정합니다.

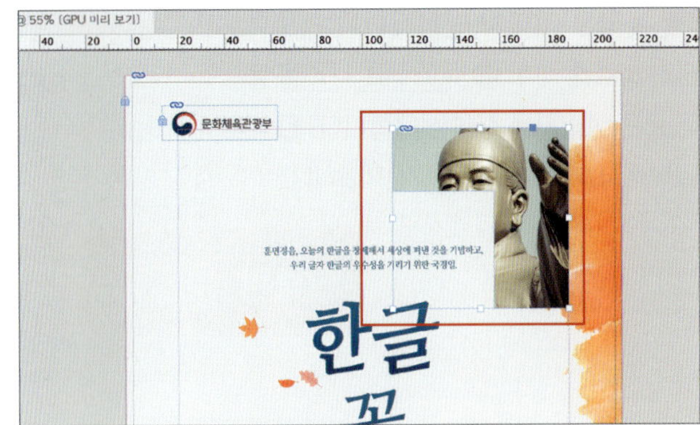

6 ❶ 도구 모음의 [문자 도구] [T]를 선택하고 ❷ 텍스트 프레임에 'ㅎ'를 삽입합니다. 원하는 폰트와 크기를 설정합니다. 예제에서는 ❸ 폰트는 [ELAND 나이스]로, 크기 400pt로 설정했습니다.

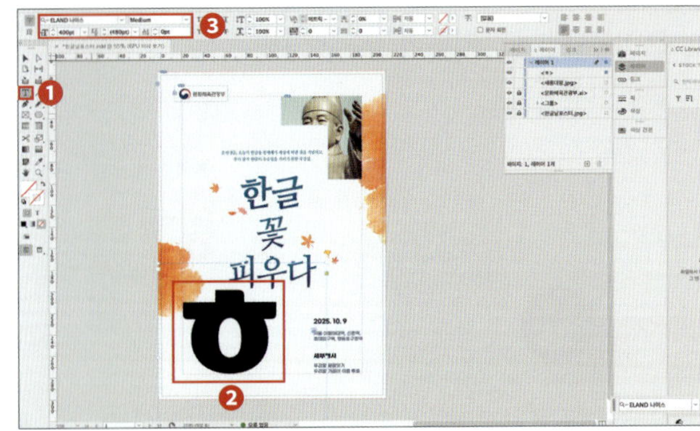

7 메뉴 바에서 [문자] > [윤곽선 만들기]를 클릭하거나 단축키 [Ctrl / Cmd] + [Shift] + [O]를 눌러 문자를 이미지화합니다. 문자를 윤곽선으로 만들면 더 이상 다른 문자로 수정이 불가능합니다.

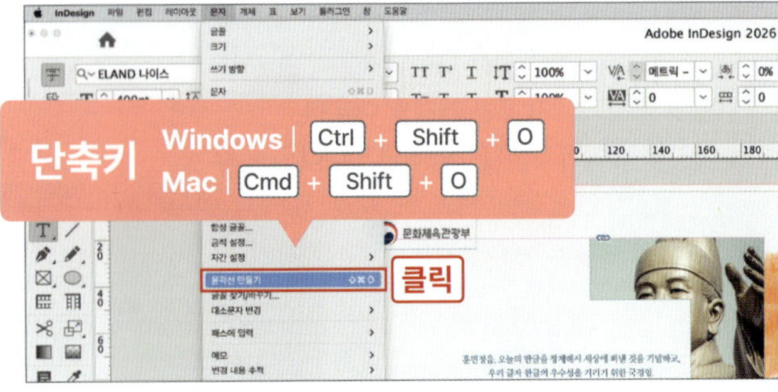

8 ❶ 도구 모음의 [선택 도구] [▶]를 선택하고 ❷ [Ctrl / Cmd] + [D]를 눌러 [INLESSON07] > [한지.jpg]을 불러와 ❸ [Ctrl / Cmd] + [Shift] + [Alt / Option] + [<]로 이미지 크기를 축소합니다. ❹ 획을 선택하고 상단 옵션 창에서 2pt로 설정합니다.

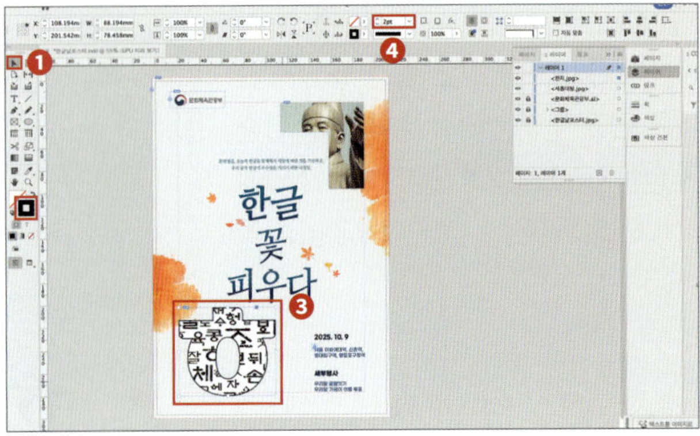

여러 개의 프레임에 이미지 한 번에 불러오기

📁 **예제 파일** INLESSON07 > 이미지불러오기.indd/idml   📁 **완성 파일** INLESSON07 > 이미지불러오기완성.idml

인디자인 CC 2023 이상 버전에서는 일러스트레이터에서 디자인한 텍스트 서식을 인디자인에 복사 붙여 넣을 수 있습니다.

1 ❶ [INLESSON07] > [이미지불러오기.indd] 파일을 불러옵니다. ❷ 도구모음에 [선택 도구] ▶ 를 선택하고 ❸ 단축키 Ctrl / Cmd + A 로 8개의 사각형 프레임을 모두 선택합니다.

2 ❶ 단축키 Ctrl / Cmd + D 를 눌러 [INLESSON07] > [프레임] 폴더를 선택하면 ❷ 8개의 이미지가 모두 선택되며 ❸ [열기]를 클릭합니다.

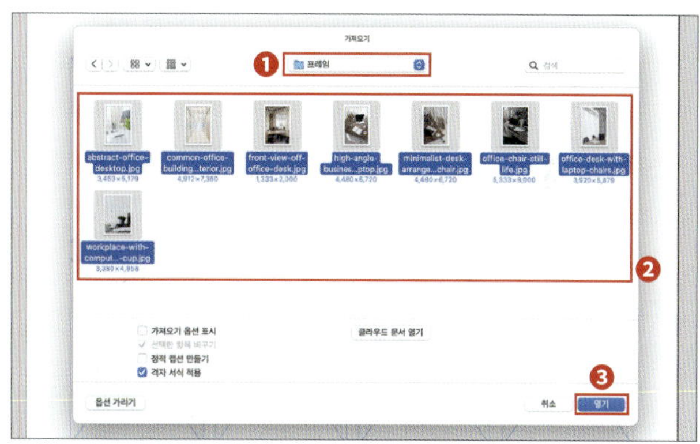

3 마우스 커서에 삽입할 이미지가 나타나며 이미지 안에 (8)이라고 나타납니다. 이는 선택한 이미지 개수입니다.

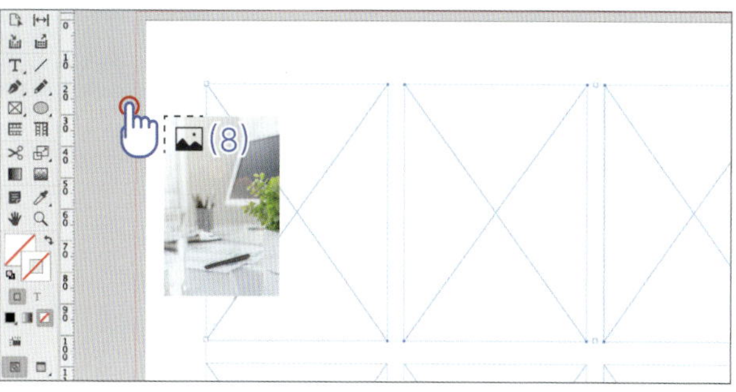

4 각각의 이미지 프레임을 클릭하면 이
미지 프레임마다 8개의 이미지가 하나씩
삽입됩니다.

5 메뉴 바에서 [개체] > [맞춤] > [비율에
맞게 프레임 채우기]를 실행하여 만들어 놓
은 프레임에 이미지 크기를 조절합니다.

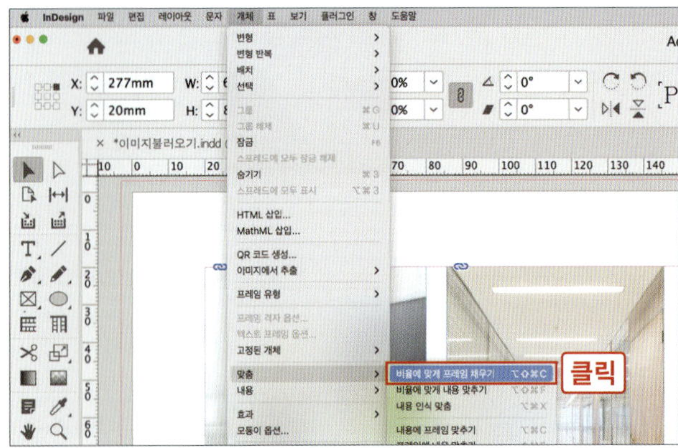

6 또는 ❶ 마우스 오른쪽 버튼을 클릭하
고 ❷ [맞춤] > [비율에 맞게 프레임 채우
기]를 실행해도 됩니다.

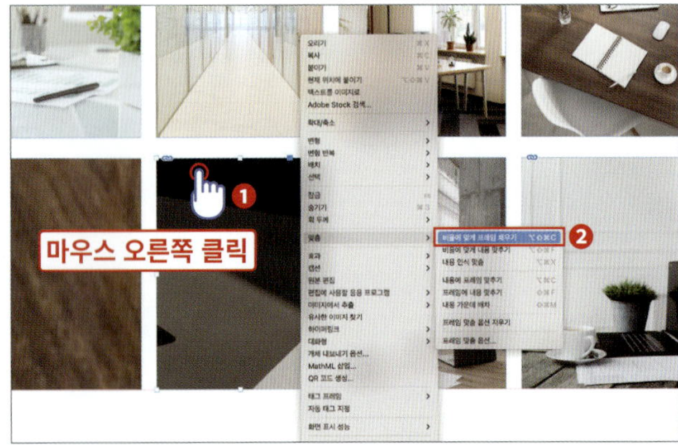

7 이미지가 완성됩니다.

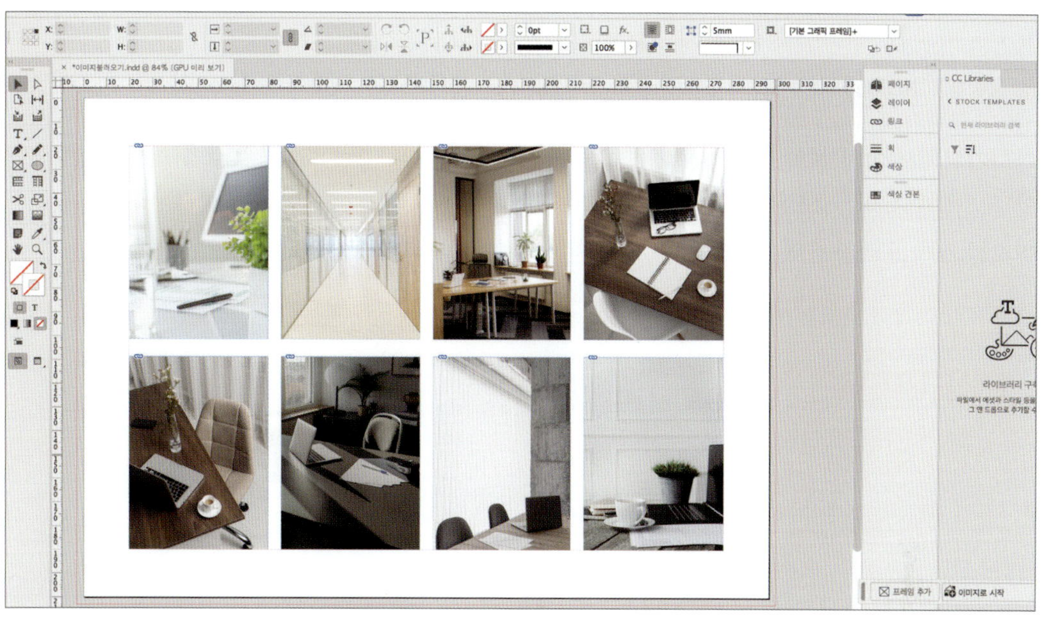

이미지 프레임이 없는 상태에서도 이미지를 불러올 수 있습니다.
불러오고 싶은 이미지들을 동시에 선택하고 [열기]를 클릭하고 Ctrl / Cmd + Shift 를 누른 채 빈 대지에 드래그하면 여러 개의 사각형으로 나눠집니다.
이 상태에서 Ctrl / Cmd + Shift 에서 손을 놓고 마우스의 드래그한 버튼은 놓지 않은 상태에서 방향키 상하좌우를 조절하면 아래 화면대로 격자의 개수를 조절할 수 있습니다. 방향키 ▲ , ▼ 는 가로, ◀ , ▶ 는 세로의 이미지 프레임 개수가 조절됩니다. 이 방법은 대량의 이미지를 이용하여 작업할 때 편리합니다.

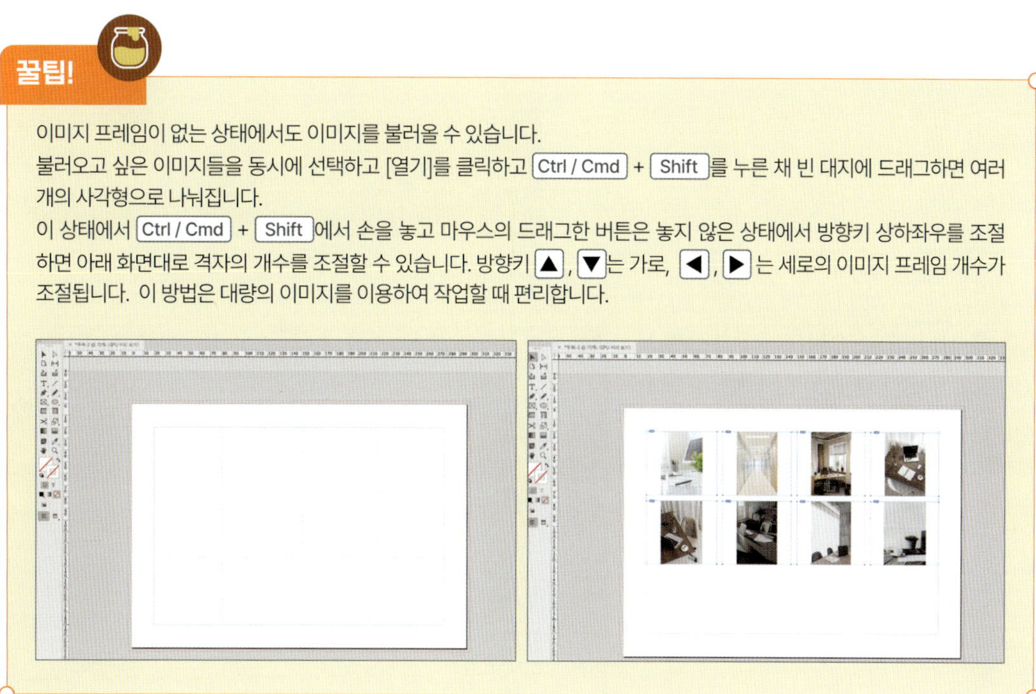

📁 **예제 파일** INLESSON07 > 간편식사.indd/idml   📁 **완성 파일** INLESSON07 > 간편식사완성.idml

인디자인에서 여러 개의 프레임에 이미지를 한 번에 불러오는 방법은 매우 유용하며, 디자인 작업의 효율성을 높이는 데 큰 도움이 됩니다. 동일한 이미지를 여러 프레임에 배치하거나, 다양한 이미지를 개별 프레임에 배치하는 방식 모두 활용할 수 있습니다.

미리보기
PREVIEW

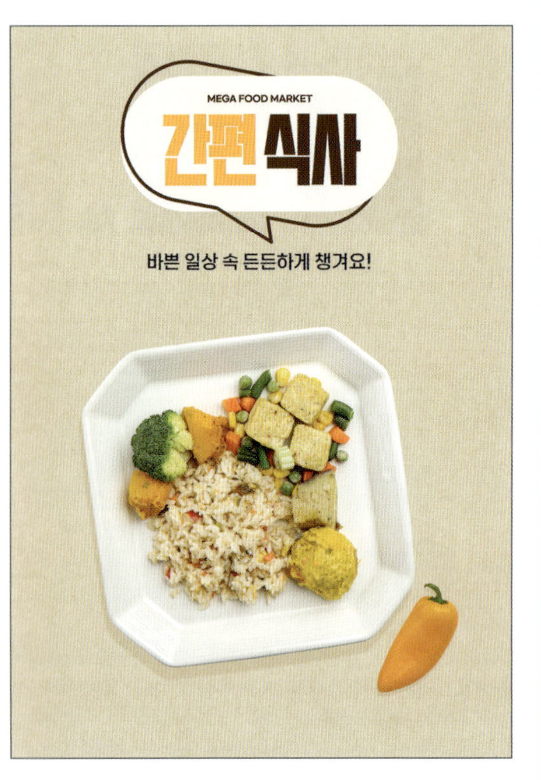

1 ❶ [INLESSON07] > [간편식사.indd] 파일을 불러오고 ❷ 🔲 로 전환합니다.

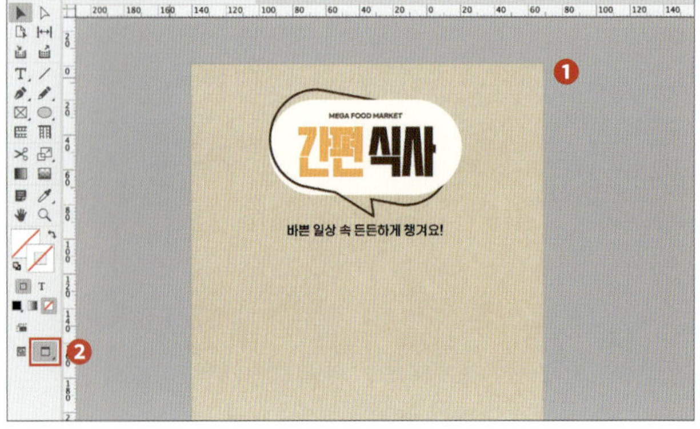

2 ❶ 단축키 Ctrl / Cmd + D 를 눌러 [INLESSON07] > [요리이미지.psd] 파일을 선택하고 ❷ 하단에 [가져오기 옵션 표시]에 체크한 후 ❸ [열기]를 클릭합니다.

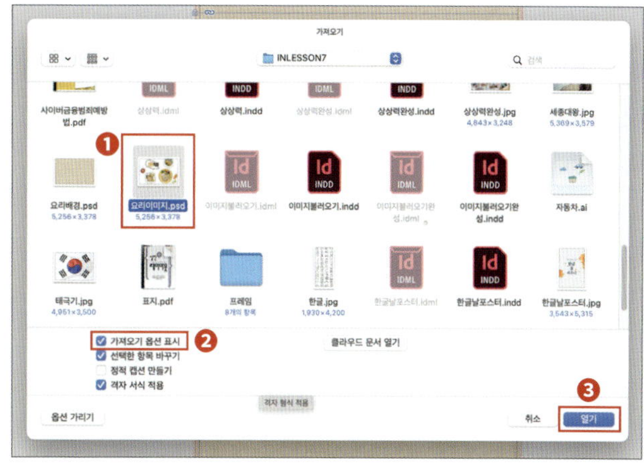

3 [이미지 가져오기 옵션] 창이 나타나면 포토샵에 작업한 레이어가 그대로 나타납니다. ❶ [사진] 폴더에서 Layer 12를 제외한 모든 레이어의 눈 아이콘을 클릭하여 비활성화하고 ❷ [확인]을 클릭합니다.

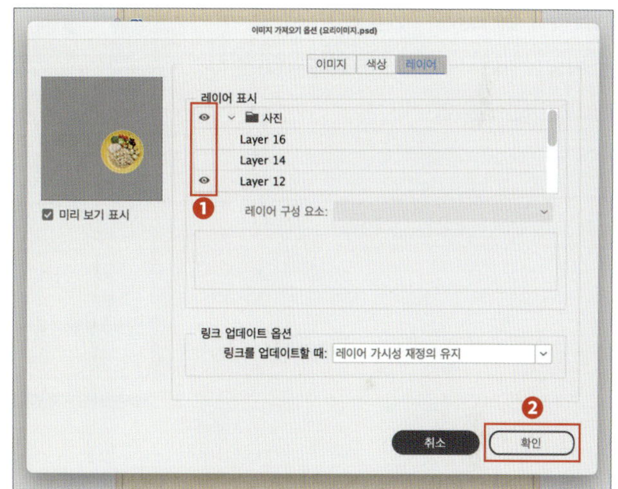

4 그런 다음 노란색 접시 이미지를 단축키 Ctrl / Cmd + Alt / Option + < 로 이미지를 축소하고 위치를 도큐먼트 하단 중앙에 배치합니다. 같은 방식으로 Layer 14(방울 토마토)도 불러옵니다.

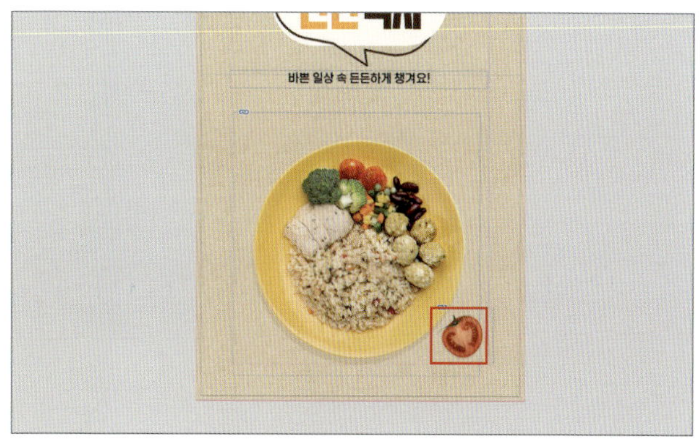

5 이미지를 불러온 상태에서 다른 레이어를 선택할 수도 있습니다. ❶ 노란색 접시를 선택하고 마우스 오른쪽 버튼을 클릭한 후 ❷ [개체 레이어 옵션]을 클릭합니다.

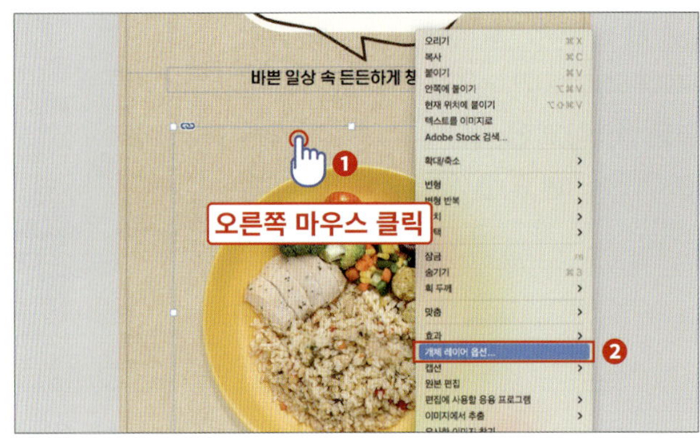

6 ❶ 팝업 창이 나타나면 [미리보기]에 체크하고 ❷ Layer 12의 눈 아이콘을 꺼서 비활성화하고 Layer 7은 활성화합니다. ❸ [확인]을 클릭합니다.

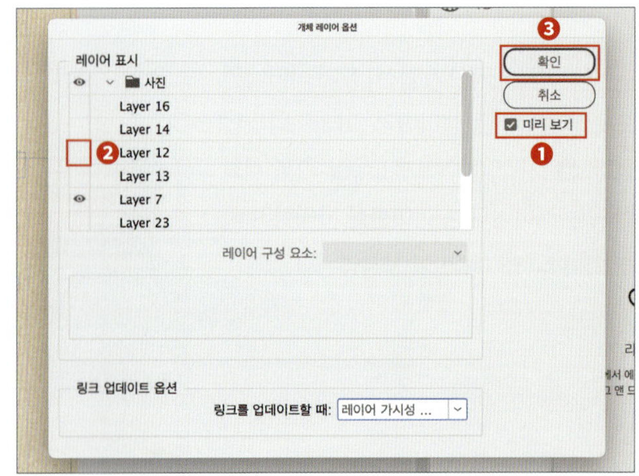

7 방울 토마토도 'Layer 23'과 '파프리카'로 변경해 주고 원하는 위치에 배치합니다.

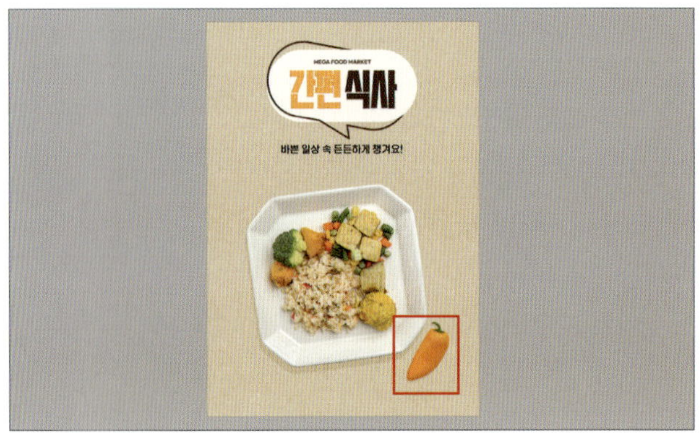

PDF 파일 가져오기

인디자인에서 PDF 파일을 삽입하여 인디자인 문서에서 사용할 수 있으며, 단일 페이지 또는 여러 페이지를 쉽게 가져올 수 있습니다.

미리보기
PREVIEW
—

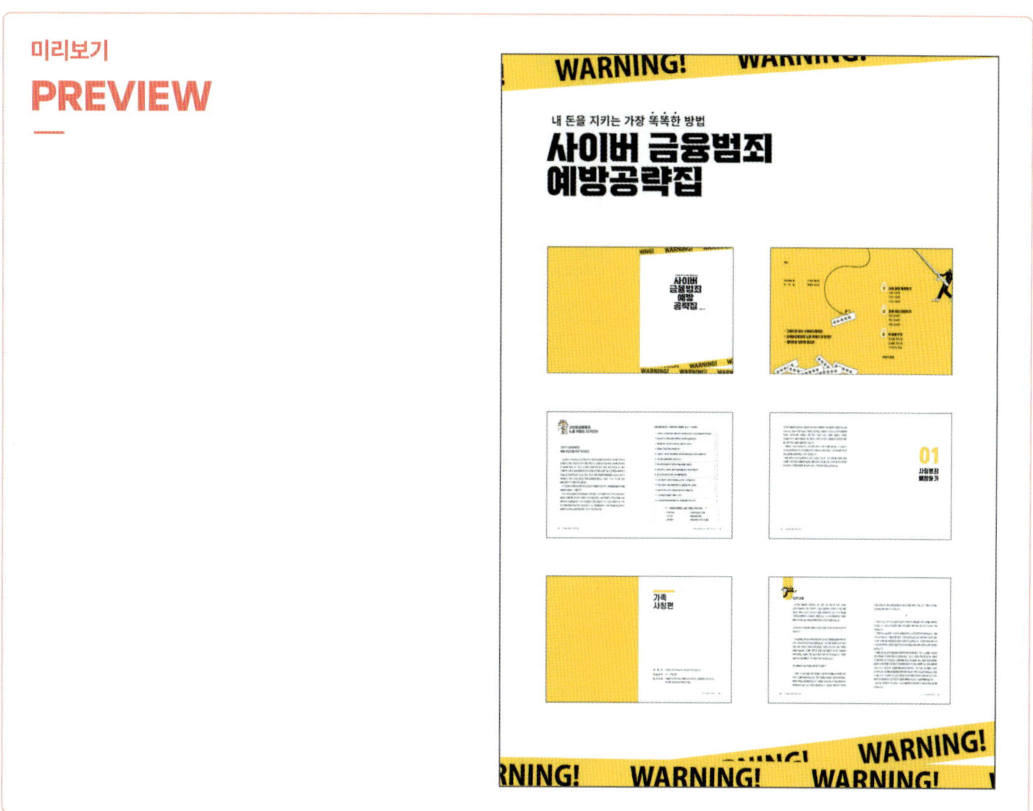

1 [INLESSON07] > [금융범죄.indd] 파일을 불러옵니다.

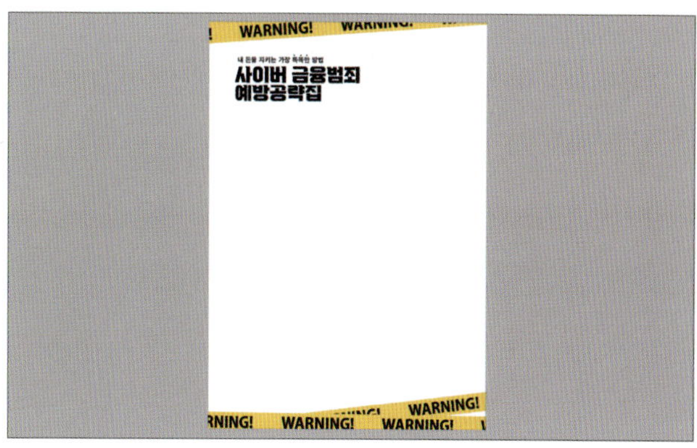

2 `Ctrl / Cmd` + `D`를 눌러 [INLESSON07] > [사이버금융범죄예방법.pdf] 파일을 선택하고 하단에 [가져오기 옵션 표시]를 선택합니다. ❶ 옵션 창에 [미리 보기 표시]에 체크하고 ❷ 페이지의 [모두]에 체크합니다. ❸ 옵션의 자르기는 '재단'을 선택하고 ❹ [확인]을 클릭합니다.

3 단축키 `Ctrl / Cmd` + `Alt / Option` + `<` 로 이미지를 축소하고 이미지 위치를 조정합니다.

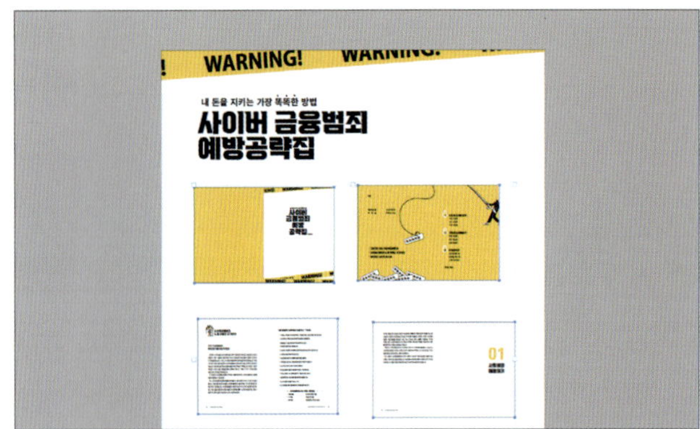

4 이미지들을 선택한 상태에서 메뉴 바에서 [창] > [개체 및 레이아웃] > [정렬]을 선택합니다.

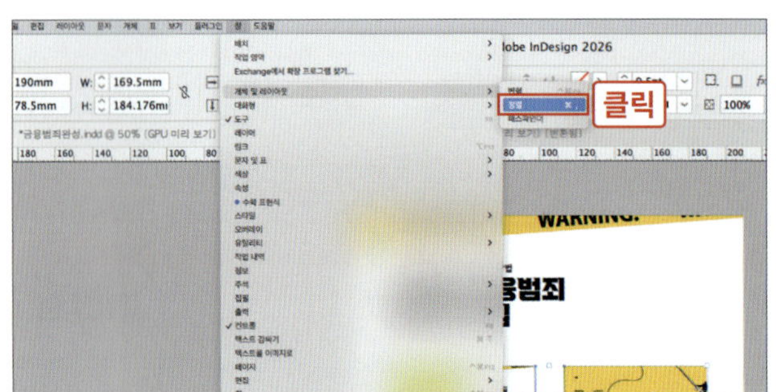

5 [정렬] 옵션 창 또는 상단의 정렬 아이콘을 이용하여 이미지들을 보기 좋게 정렬해 줍니다.

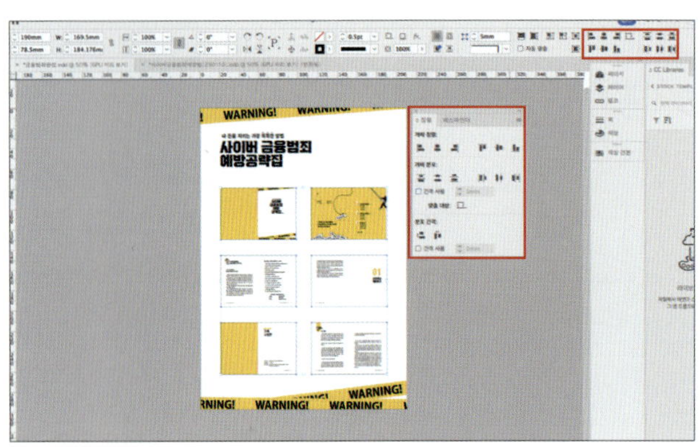

LESSON 08

디자인을 돋보이게 할
색상 이해하기

색상 견본 편집, 복제, 삭제하기

📁 **예제 파일** INLESSON08 > 썸머스포츠.indd/idml   📁 **완성 파일** INLESSON08 > 썸머스포츠완성.idml

색상은 텍스트, 배경, 테두리, 이미지 등 여러 요소에 적용되어 전체적인 디자인의 분위기를 결정합니다. 인디자인은 다양한 색상 작업을 지원하는 도구를 제공하여, 색상을 효율적으로 선택하고 조정할 수 있게 합니다.

미리보기
PREVIEW
—

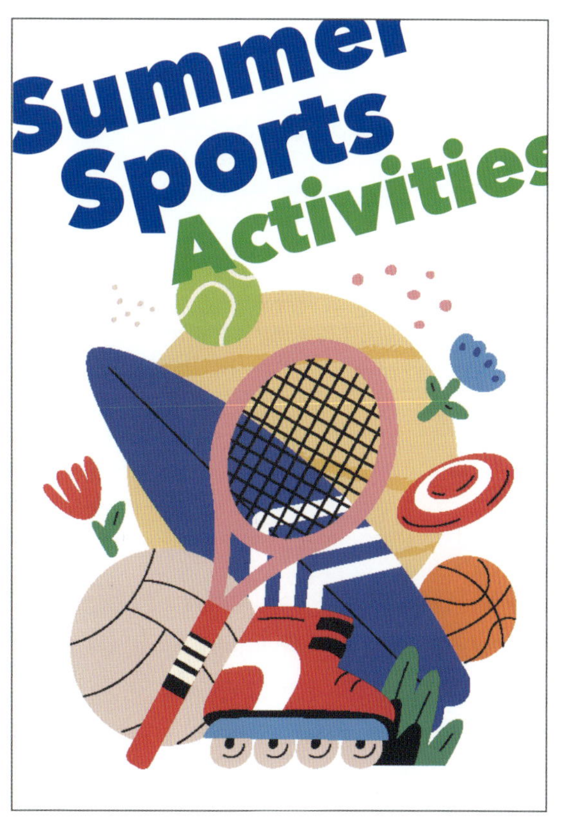

1 [INLESSON08] > [썸머스포츠.indd]
파일을 불러옵니다.

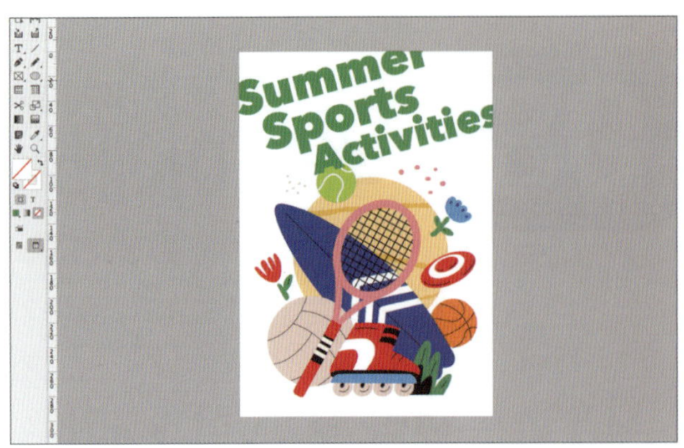

2 ❶ 도구 모음에서 [선택 도구] ▶를
선택하고 ❷ 초록색 'Summer'을 선택합니
다. ❸ 색상 견본 패널을 선택합니다.

꿀팁!

'Summer'의 색상 값을 보면 패널에 있는 숫자와 다르게 소수
점까지 표시된 것을 볼 수 있습니다. **소수점으로 표시될 정도
로 미세한 색감은 인쇄에서 표현이 불가능합니다.** 만약 화면
용이 아닌 인쇄용 디자인을 한다면 색상 값을 5 단위로 설정
하는 것이 좋습니다.

포토샵에서는 색상을 변경할 때 색상 피커를 이용하지만, 인
디자인에서는 색상 피커가 아닌 **색상 견본 패널**에서 CMYK
의 수치를 이용하여 조절하는 방법을 사용하는 것이 좋습니
다.

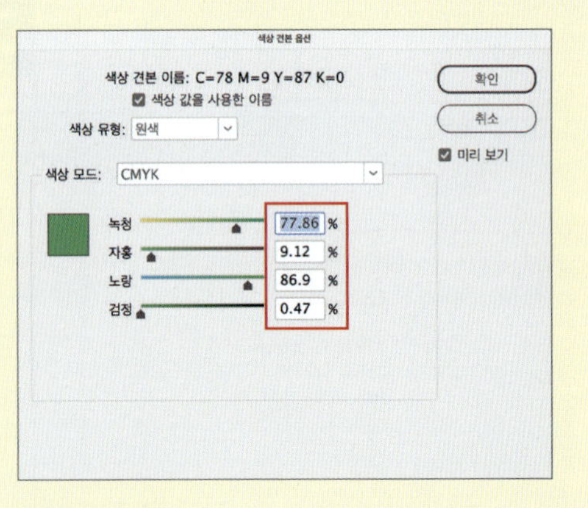

3 ❶ 패널 맨 아래 초록색 색상을 더블클
릭하면 색상 견본 옵션 창이 나타납니다. ❷
[색상 값을 사용한 이름]에 체크하고 ❸ '녹
청 100, 자홍 75, 노랑 0, 검정 0'으로 변경한
후 ❹ [확인]을 클릭합니다.

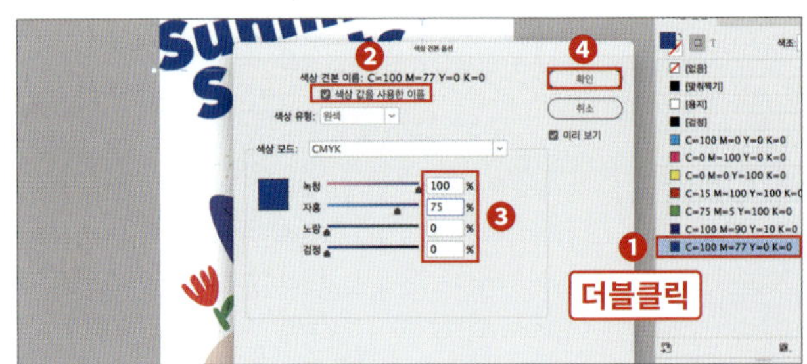

4 초록색이 파란색으로 변경되었습니다. ① 색상 견본 패널에서 변경한 파란색을 선택하고 패널 아래에 ② ➕ 버튼을 클릭합니다.

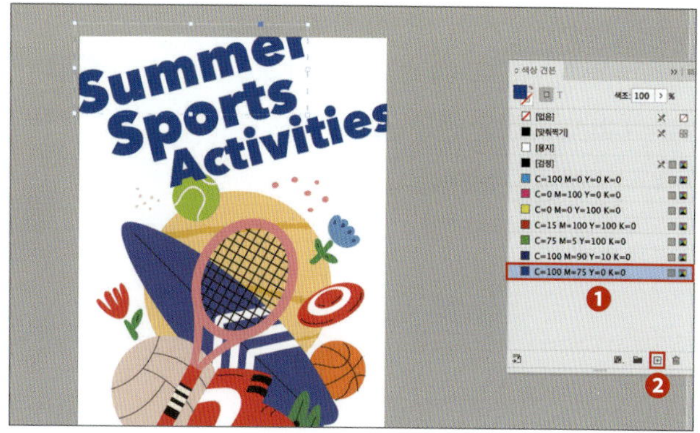

5 파란색 아래 똑같은 색상 값 사본이 복제됩니다.

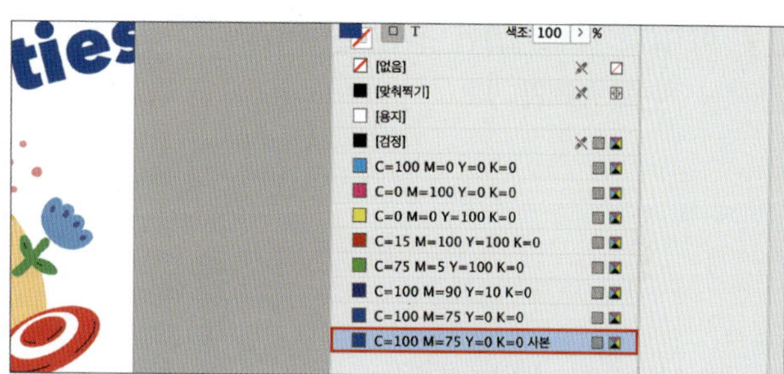

6 ① 복제한 색상을 더블클릭하여 패널이 나타나면 ② [색상 값을 사용한 이름]의 체크를 풀고, 견본 색상 이름을 '액티비티'로 바꾼 후 ③ [확인]을 클릭합니다.

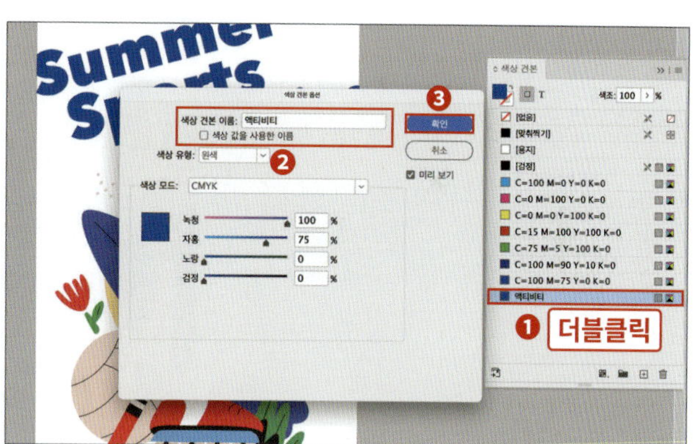

7 ① '액티비티' 색상을 더블클릭하여 ② 색상 값을 '자홍 100'으로 변경하고 ③ [확인]을 클릭합니다.

8 'Activities' 부분이 마젠타(자홍) 색상
으로 변경되었습니다. ❶ 색상 견본 패널에
서 '액티비티' 색상을 선택하고 ❷ 색상 견
본 패널 아래 🗑 을 클릭합니다.

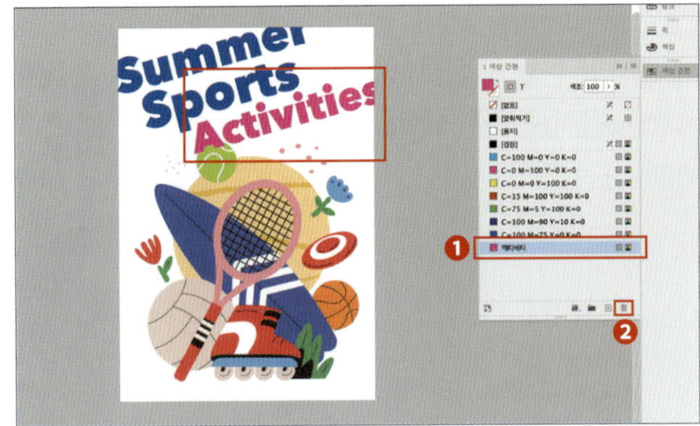

9 색상 견본 삭제 패널이 나타나면 정의
된 색상 견본을 선택합니다.

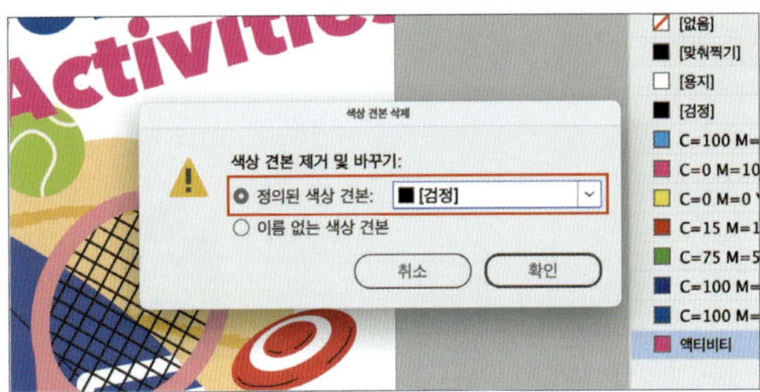

10 초록색 색상을 선택하고 [확인]을 클릭
합니다.

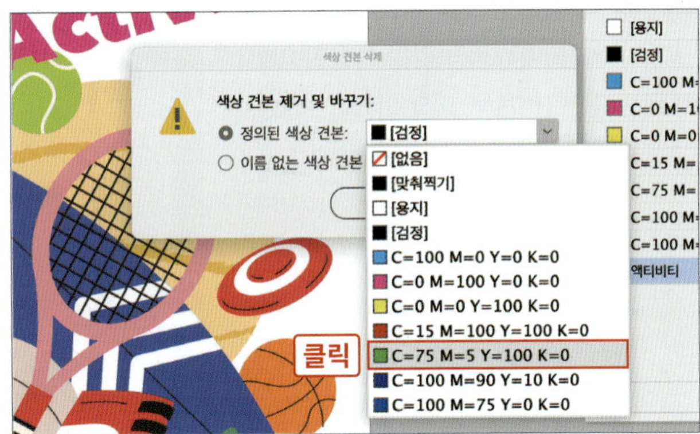

11 마젠타 색상이 초록색으로 변경되었습
니다.

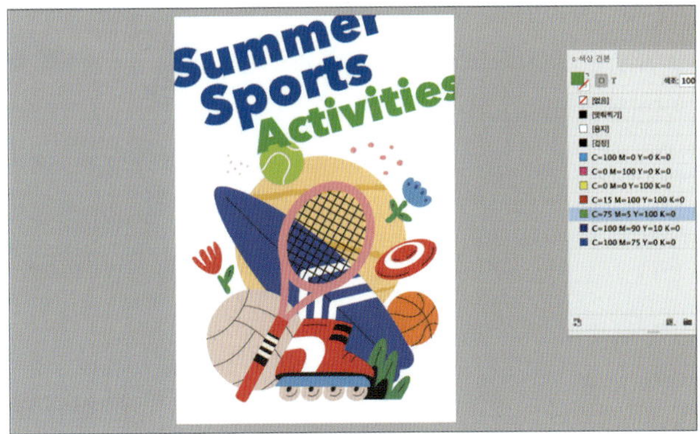

색상 견본 저장하고 불러오기

📁 **예제 파일** INLESSON08 > 통신포스터.indd/idml, 통신포스터색상견본추가.indd

인디자인에서 색상 견본을 저장하는 기능은 자주 사용하는 색상을 미리 저장해 두고, 작업 중에 쉽게 재사용할 수 있게 해 주는 매우 유용한 도구입니다. 색상 견본은 색상 샘플을 미리 저장해두고, 문서 내의 여러 개체에 일관되게 색상을 적용할 때 사용됩니다.

색상 견본을 만들면 색상을 미리 저장하고, 필요할 때 빠르게 재사용할 수 있어 작업 속도를 높이고 효율적인 디자인 작업을 할 수 있습니다.

미리보기
PREVIEW
—

1 [INLESSON08] > [통신포스터.indd] 파일을 불러옵니다.

2 ❶ 색상 견본 패널에서 복사하고 싶은 색상을 모두 선택한 후 ❷ ☰ 을 클릭하고 ❸ [색상 견본 저장]을 선택합니다.

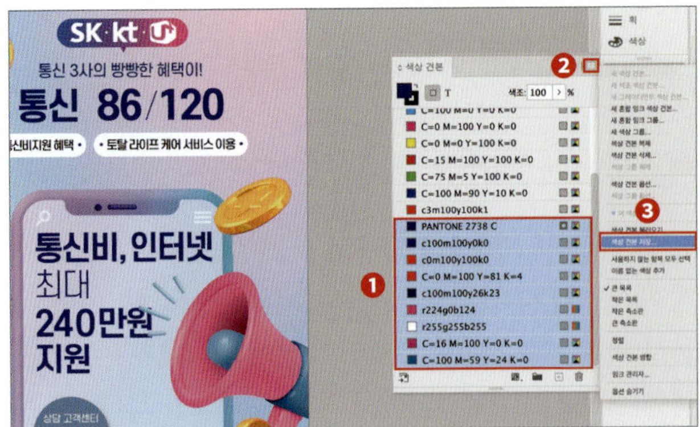

3 ❶ 팝업 창이 나타나면 원하는 곳에 폴더를 만들고 ❷ 파일명 '통신포스터'는 그대로 두고 ❸ [저장]을 클릭합니다.

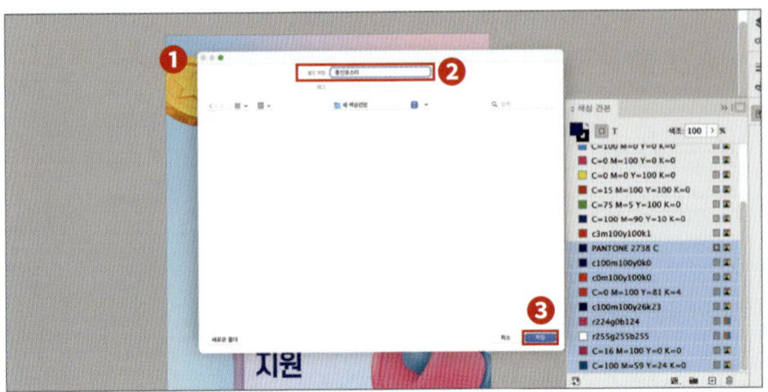

4 ❶ 새 문서를 만들고 ❷ 색상 견본 패널의 ☰ 을 클릭하고 ❸ [색상 견본 불러오기]를 선택합니다.

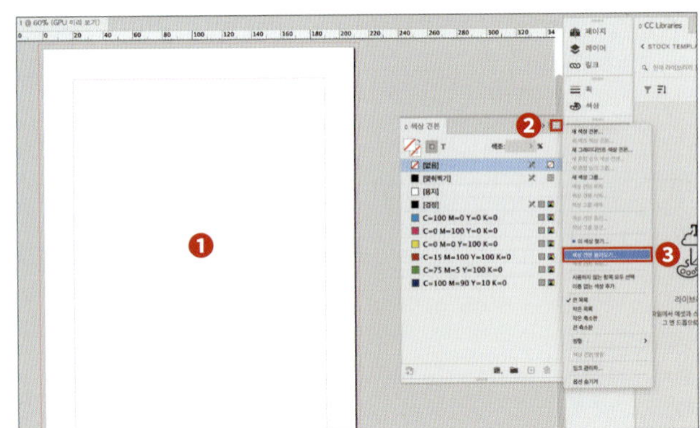

5 파일 열기 팝업 창이 나타나면 저장해 두었던 [통신포스터.ase] 파일을 선택하고 [열기]를 클릭합니다.

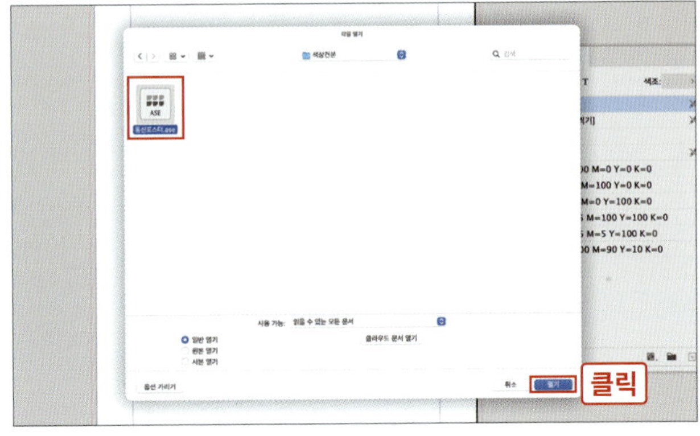

6 불러온 색상이 색상 견본 패널에 추가됩니다.

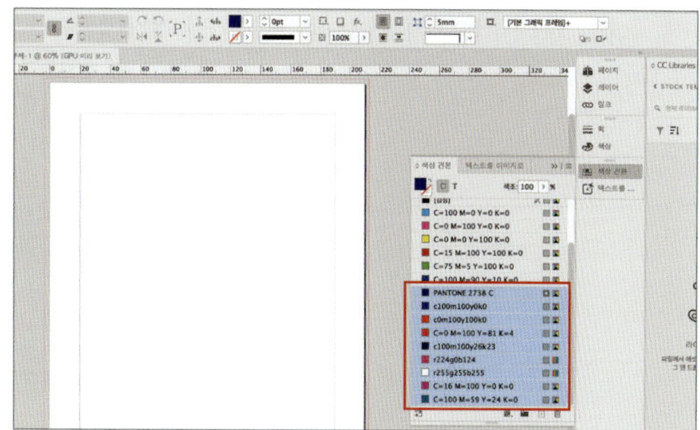

여기서 잠깐 STOP

이 방법은 색상 이름이 이름순으로만 정렬되기 때문에 원하는 정렬 상태를 유지할 수 없습니다.
만약 자주 사용하는 색상이 필요하다면 색상 견본이 포함된 인디자인 파일로 불러오는 것을 추천합니다.

7 ❶ [INLESSON08] > [썸머스포츠.indd] 파일을 불러와 ❷ 색상 견본 패널의 ≡을 클릭하고 ❸ [색상 견본 불러오기]를 선택합니다.

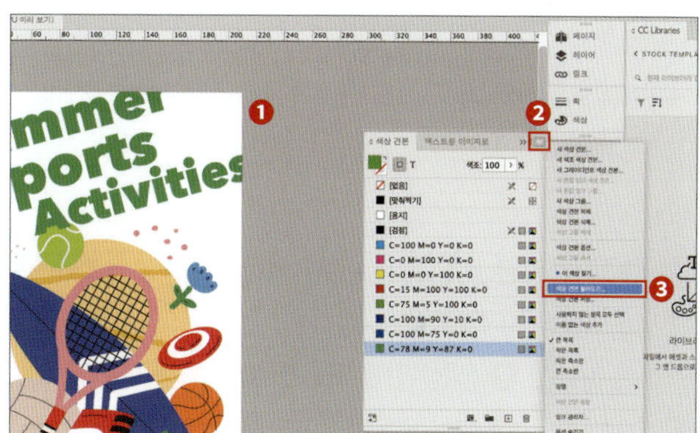

8 파일 열기 팝업 창이 나타나면 저장해 두었던 ❶ [통신포스터색상견본추가.indd] 파일을 선택하고 ❷ [열기]를 클릭합니다.

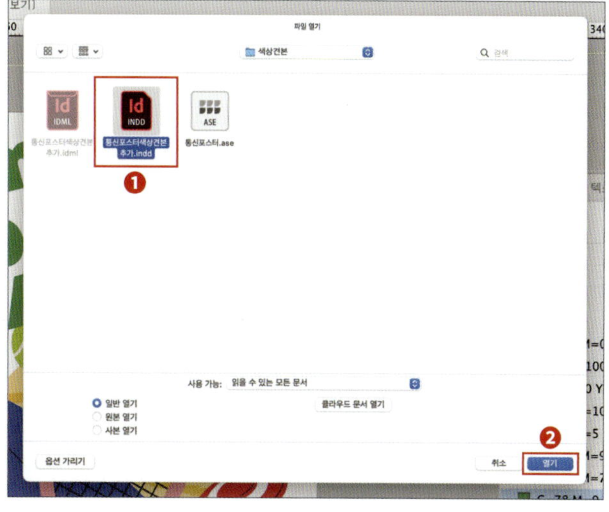

9 불러온 색상이 색상 견본 패널에 추가
됩니다.

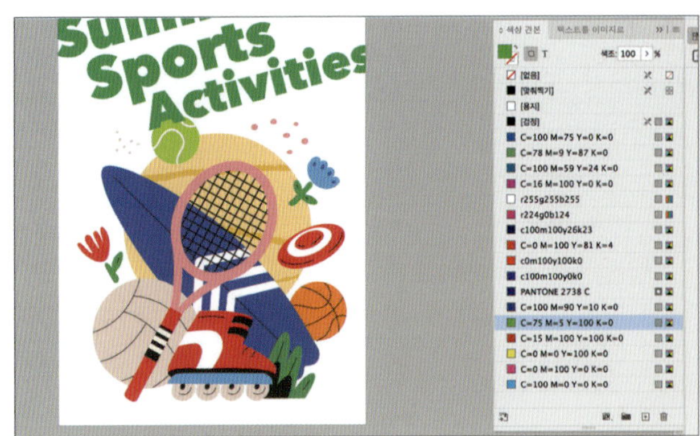

여기서 잠깐 STOP

색상명 옆에는 아이콘이 표시됩니다.

CMYK

RGB

별색

인쇄(옵셋 인쇄)를 보내기 전 RGB 색상은 모두 CMYK로 변경해야
합니다.

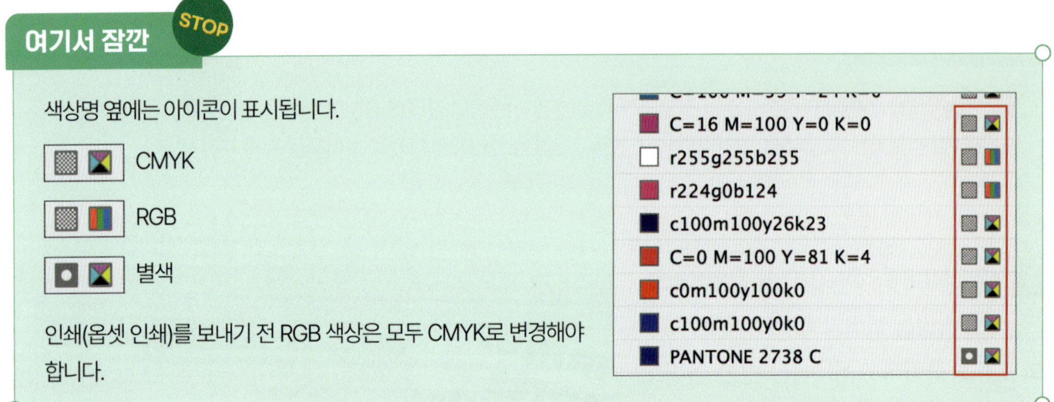

10 ❶ 색상 견본 패널에서 RGB 색상
'r224g0b124'를 더블클릭합니다. 색상 견
본 옵션 창에서 ❷ [색상 값을 사용한 이
름]에 체크하고 ❸ 색상 모드를 [CMYK]
로 변경합니다. ❹ [확인]을 클릭하면 RGB
가 CMYK로 변경됩니다.

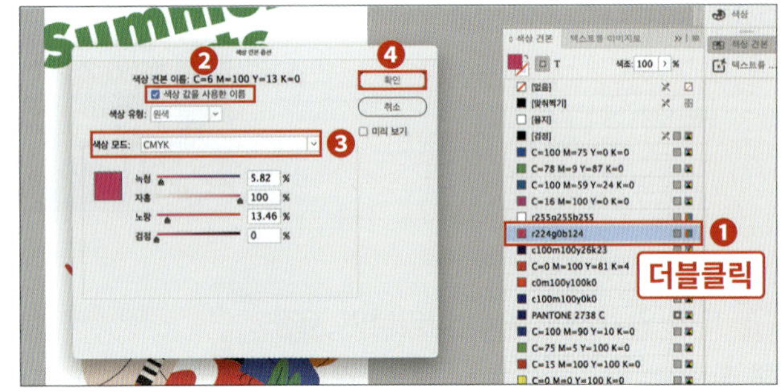

11 ❶ 색상 견본 패널에서 별색 'PANTONE
2738 C'를 더블클릭합니다. 색상 견본 옵
션 창에서 ❷ [색상 값을 사용한 이름]에
체크하고 ❸ 색상 유형을 [원색]으로 변경
합니다. ❹ [확인]을 클릭하면 원색으로
변경됩니다.

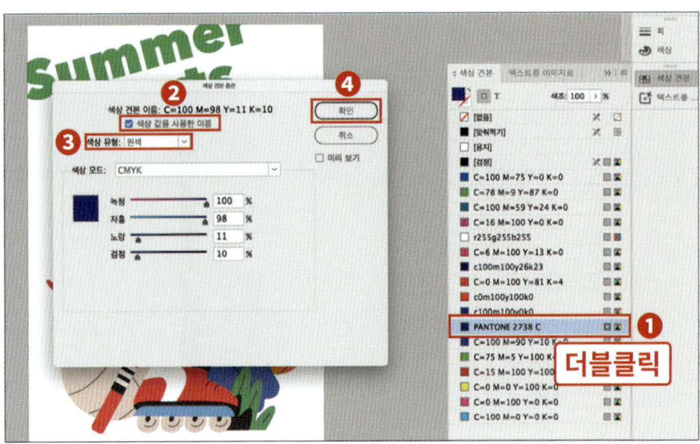

그레이디언트 만들기

📁 **예제 파일** INLESSON08 > 포인트.indd/idml　📁 **완성 파일** INLESSON08 > 포인트완성.idml

그레이디언트(Gradient) 기능은 색상이 부드럽게 변하는 효과를 적용하는 데 사용됩니다. 그레이디언트는 선형(Linear) 또는 방사형(Radial)으로 색상이 변하는 방식을 선택할 수 있습니다. 그레이디언트를 텍스트, 개체, 배경 등에 적용하여 시각적인 깊이와 강조 효과를 주는 데 유용합니다.

미리보기

PREVIEW

—

1 [INLESSON08] > [포인트.indd] 파일을 불러옵니다.

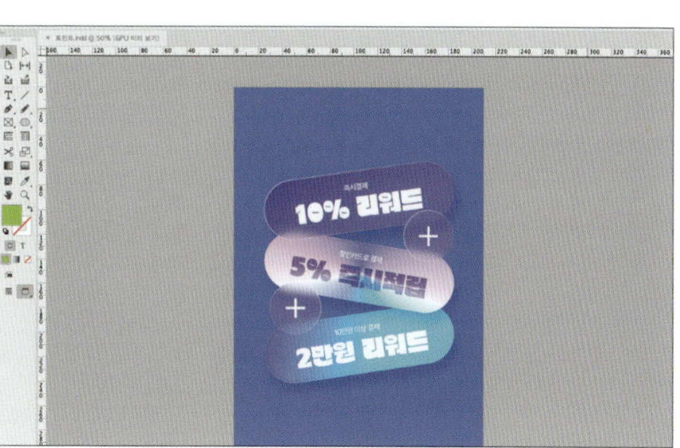

2 ❶ 도구 모음에서 [선택 도구] ▶ 를 선택하고 배경색을 선택합니다. 색상 견본 패널의 ❷ ☰ 을 클릭하고 ❸ [새 그레이디언트 색상 견본]을 클릭합니다.

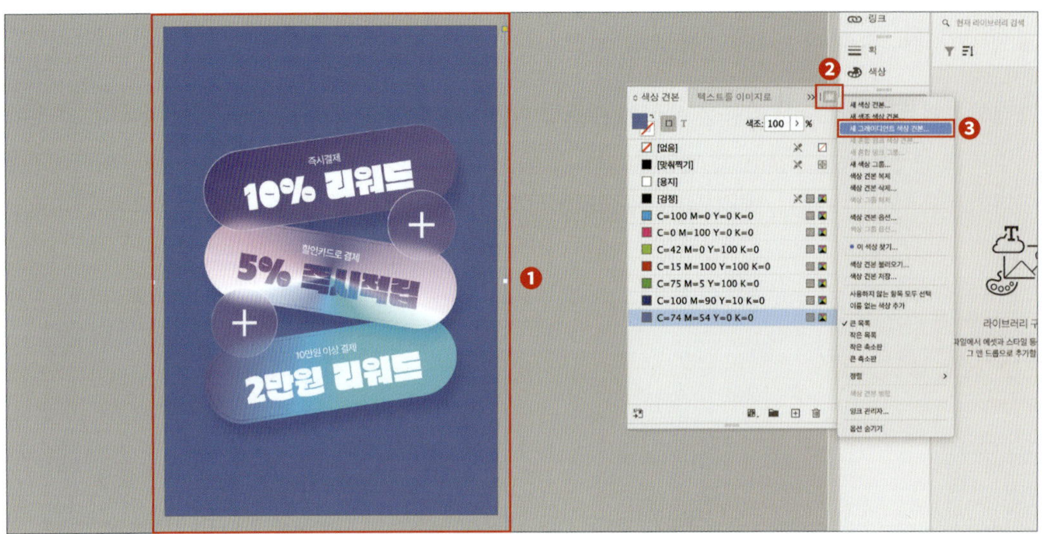

3 ❶ 새 그레이디언트 색상 견본 옵션 창에서 ❷ 유형을 [선형], 지점 색상을 [색상 견본]으로 선택합니다. ❸ 그레이디언트 경사의 왼쪽 정지점을 선택하고 색상 맨 아래에 있는 색상 'C 74, M 54, Y 0, K 0'을 선택합니다. 오른쪽 정지점도 선택하여 같은 색상을 선택하고 ❹ [추가]를 클릭한 후 ❺ [확인]을 클릭합니다.

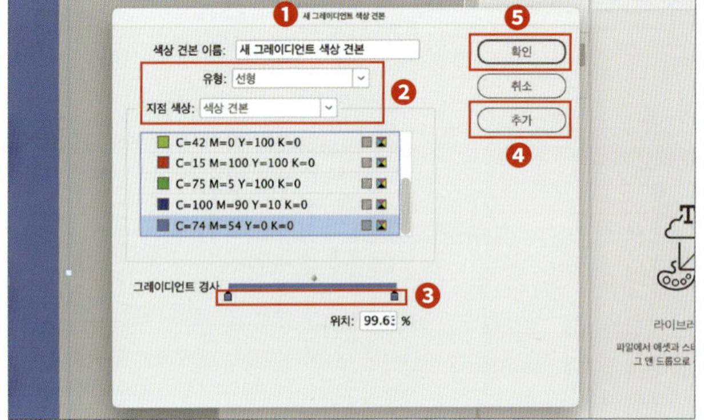

4 색상 견본 패널 맨 아래에 새 그레이디언트 색상 견본이 추가되었습니다. 추가된 색상을 더블클릭합니다.

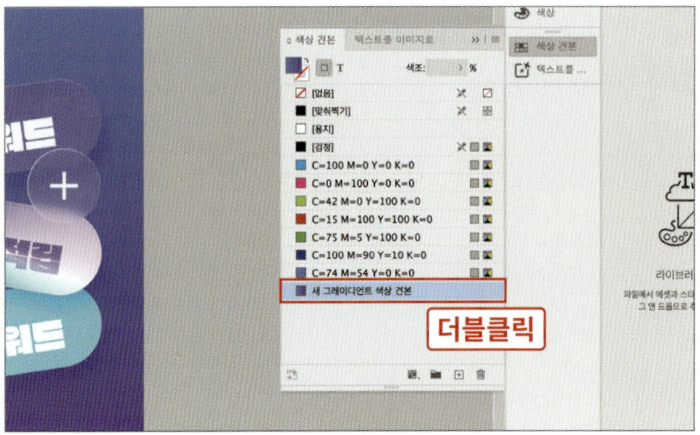

5 ❶ 새 그레이디언트 색상 견본 옵션 창에서 정지점 색상을 [CMYK]로 선택하고 ❷ 경사의 오른쪽 정지점을 선택하고 ❸ 색상 값을 '녹청 80, 자홍 90'으로 변경한 후 ❹ [확인]을 클릭합니다.

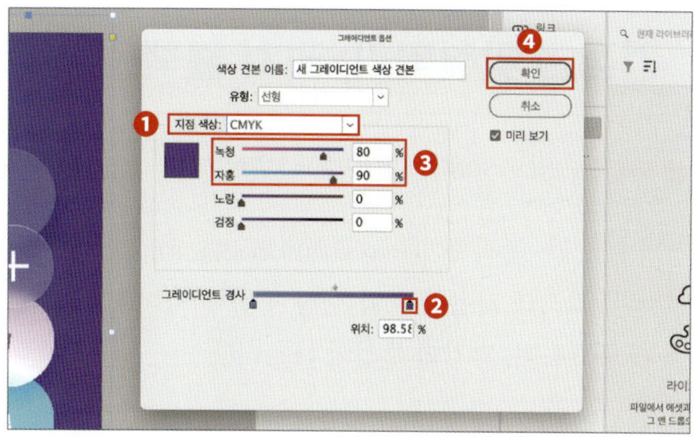

6 색상을 확인하면 왼쪽에서 오른쪽으로 색상이 흘러갑니다. ❶ 도구 모음의 [그레이디언트 견본 색상 도구] 를 선택하고 ❷ 마우스를 위에서 아래로 드래그합니다.

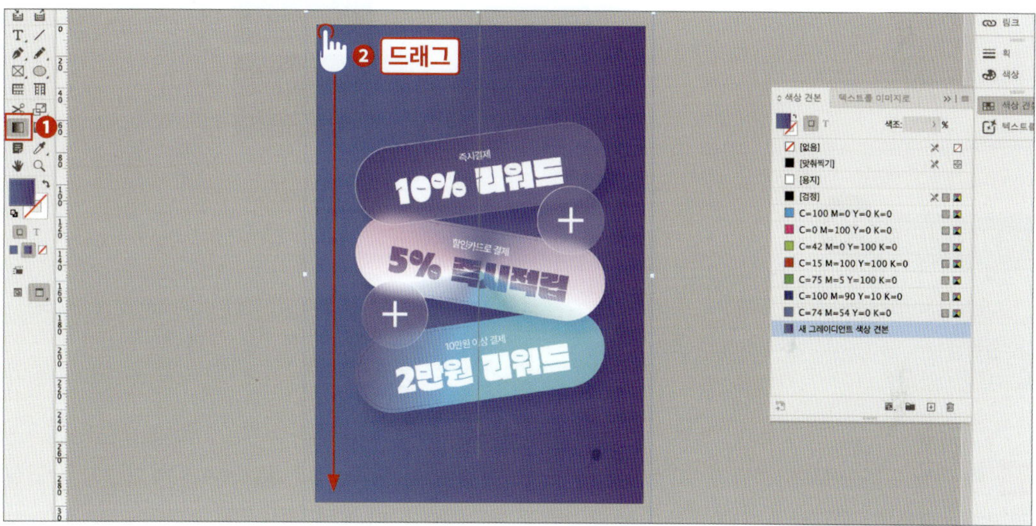

7 그레이디언트 색상이 위에서 아래로 변경이 됩니다.

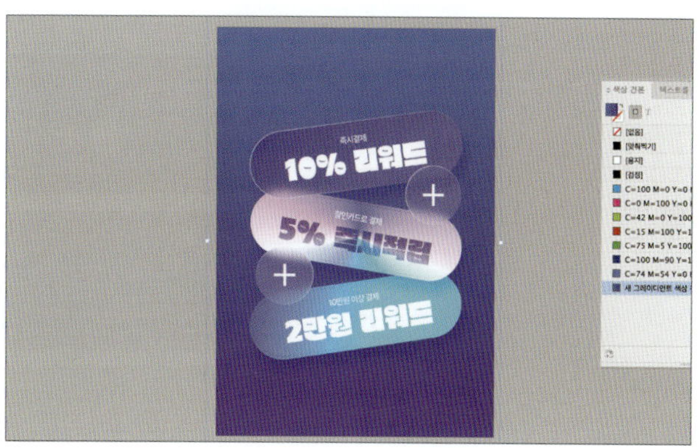

검정과 맞춰찍기, 리치 블랙의 차이

📁 예제 파일 INLESSON08 > 검정차이.indd/idml

검정(Black), 맞춰찍기(Registration Black), 리치 블랙(Rich Black)은 모두 검정 색상과 관련이 있지만, 각각의 사용 용도와 색상 조합에 차이가 있습니다. 이들 색상은 주로 인쇄에서 색상을 다룰 때 중요하며, 각각의 특성이 다릅니다.

1 [INLESSON08] > [검정차이.indd] 파일을 불러옵니다. 색상 견본 패널을 클릭합니다.

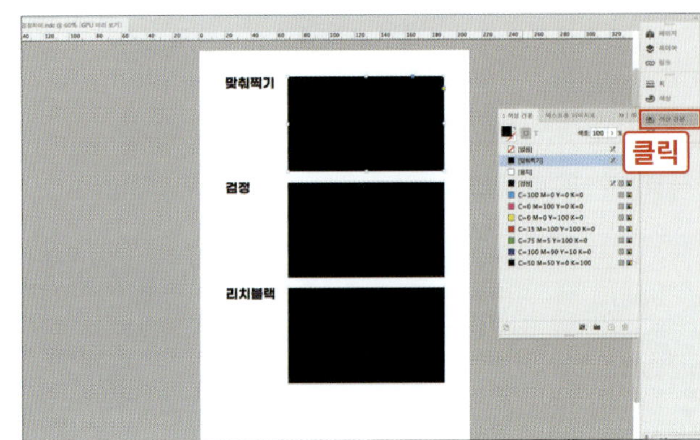

여기서 잠깐 STOP

모니터상으로 보면 맞춰찍기, 검정, 리치 블랙이 다 같은 검정으로 보입니다. 모니터에서만 보는 디자인이라면 모니터 환경에 맞게 알맞은 색상을 적용하면 되지만, 인쇄용으로 하는 디자인이라면 이 세 가지를 반드시 구분해야 합니다.

2 ❶ 먼저 도구 모음의 [선택 도구]  로 맞춰찍기 사각형을 선택합니다. ❷ 색상 견본 패널에서 '맞춰찍기'를 선택하고 ❸ 마우스 오른쪽 버튼을 클릭한 후 [새 색상 견본]을 클릭합니다.

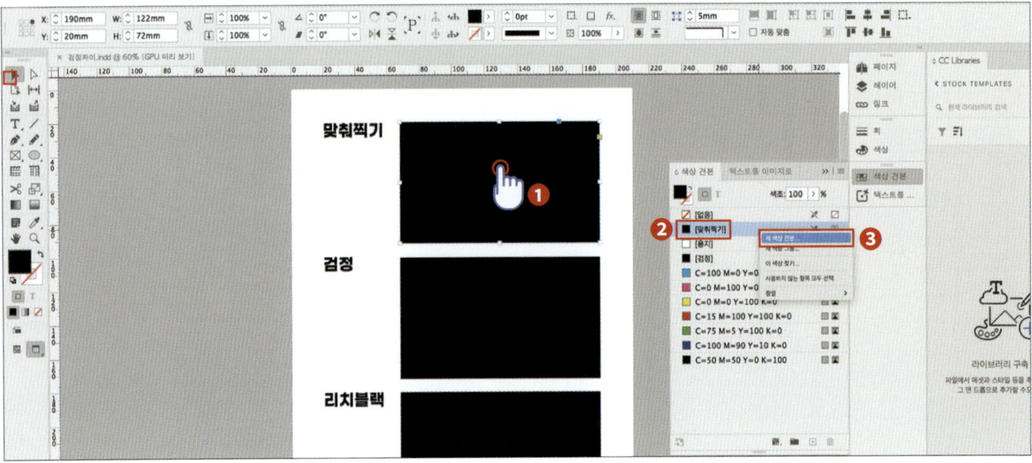

3 색상 값을 확인하면 녹청, 자홍, 노랑, 검정이 모두 100%입니다.

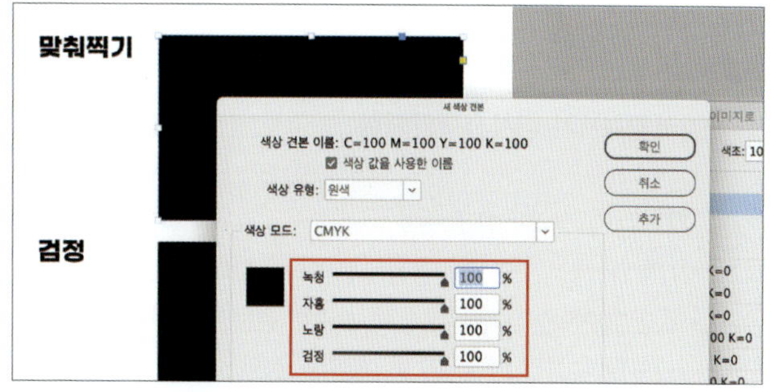

4 같은 방법으로 검정도 확인해 보면 검정만 100%입니다.

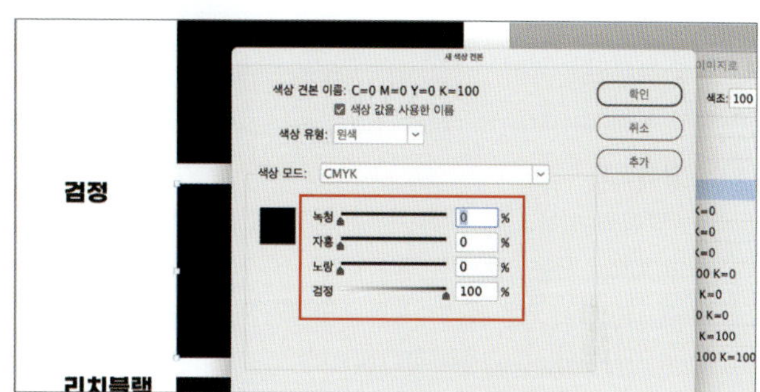

꿀팁!

'맞춰찍기'는 주로 인쇄용 PDF로 저장 시 재단선 표시나 인쇄 필름에 필요한 맞춰찍기 표시에 사용됩니다.
4도 인쇄를 하는 디자인 작업 시 넓은 배경에 일반 검정보다 깊고 풍부한 검정을 표현하고자 할 때 사용되며, 얇은 선이나 문자에는 맞춰찍기 아닌 검정을 사용하여야 인쇄 시 판이 어긋나지 않아 깔끔하게 인쇄됩니다.

5 이번엔 리치 블랙 사각형을 선택합니다. 색상 견본 패널의 색상을 더블클릭하여 색상 값을 확인하면 '녹청 50, 자홍 50, 노랑 0, 검정 100'임을 알 수 있습니다. 진하고 풍부한 검정을 표현하고 싶을 때 세 가지 색상을 이용하여 만들 수도 있습니다. 이 또한 넓은 면에만 사용하며 문자나 얇은 선에는 사용하지 않습니다.

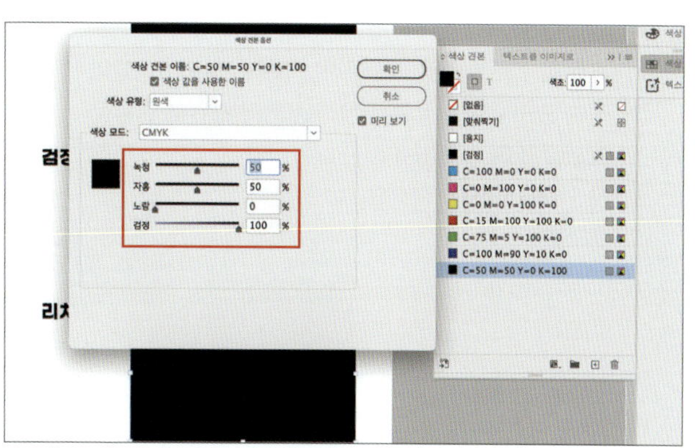

여기서 잠깐 STOP

녹청, 자홍, 노랑, 검정을 이용하면 어떠한 색상도 구현이 가능합니다.
하지만 인쇄용 디자인을 할 때에는 세 가지 이상 색을 섞지 않아야 인쇄가 깔끔하게 나옵니다.
똑같은 색상이라도 세 가지 색상을 이용하여 만드는 연습을 하면 많은 도움이 될 것입니다.

검정과 맞춰찍기, 리치 블랙의 차이

검정

- CMYK 색상 모드에서 검정은 C, M , Y 값이 0이고, K 값만 100%인 상태입니다. 즉, 순수한 검은색입니다.
- 순수한 검정만 사용되므로 색이 강렬한 인쇄 효과를 원할 때 사용됩니다.
- 주로 텍스트나 선명한 경계를 만들 때 사용됩니다.

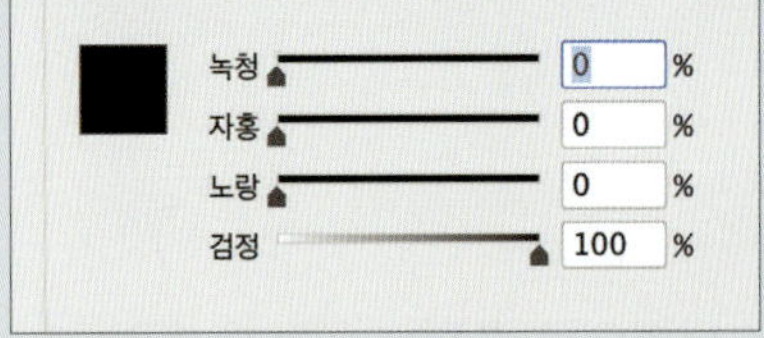

맞춰찍기

- 맞춰찍기는 모든 색상(녹청, 자홍, 노랑, 검정)을 100%로 사용하는 색상입니다.
- 인쇄물에서 모든 색상의 정렬을 맞추기 위해 사용되며 디자인에서는 거의 사용하지 않습니다.
- 이 색은 과도한 잉크가 사용되므로, 인쇄 과정에서 잉크가 뭉치거나 번질 수 있습니다.

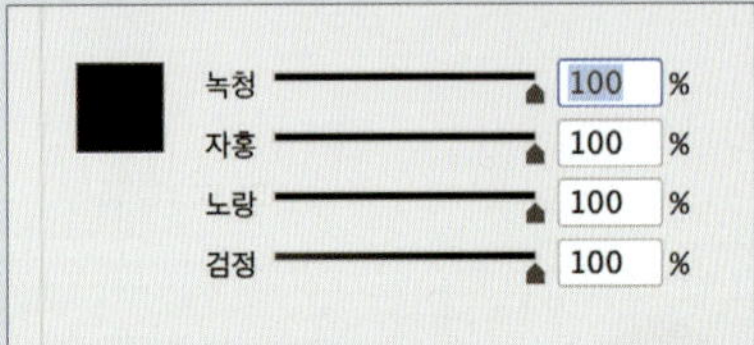

리치 블랙

- 리치 블랙은 검은색을 더욱 깊고 풍부하게 보이게 하기 위해 검정 외의 색상도 혼합하여 사용하는 방법입니다. 이 색상은 녹청, 자홍, 노랑을 추가하여 만듭니다.
- 단순히 100% 검정만 사용하는 것이 아니라, 색상이 섞여 있어서 일반적인 검은색보다 더 강렬하고 깊은 느낌을 주며 인쇄에서 사진 배경이나 큰 검은색 면적을 인쇄할 때 자주 사용됩니다.

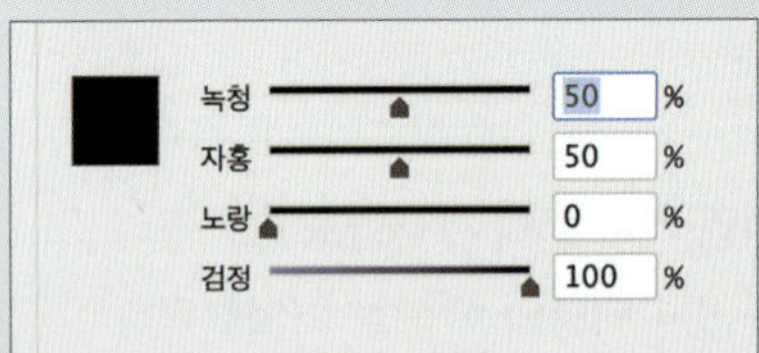

이 세 가지 색상은 모두 인쇄 작업에서 중요한 역할을 하며, 각기 다른 목적과 효과를 위해 사용됩니다.
리치 블랙은 깊은 인쇄 색상 효과를 원할 때, 맞춰찍기는 정렬 및 교정을 위해, 검정은 간단하고 깨끗한 텍스트나 선을 위해 사용됩니다.

LESSON 09

마지막까지 완벽하게!
인쇄용 파일로 저장하기

프리플라이트 활용하기

📁 **예제 파일** INLESSON09 > 레이아웃.indd/idml   📁 **완성 파일** INLESSON09 > 레이아웃완성.idml

프리플라이트(Preflight) 기능은 인디자인에서 문서를 인쇄하거나 출판하기 전에 발생할 수 있는 문제를 미리 점검하고 교정하는 도구입니다. 이 기능은 문서 내에서 발생할 수 있는 오류나 잠재적인 문제를 확인하고, 이러한 문제를 해결할 수 있도록 도와줍니다. 프리플라이트는 색상, 이미지, 폰트, 링크, 해상도 등의 요소들을 점검하여 최종 출력물의 품질을 보장합니다.

1 [INLESSON09] > [레이아웃.indd] 파일을 불러옵니다.

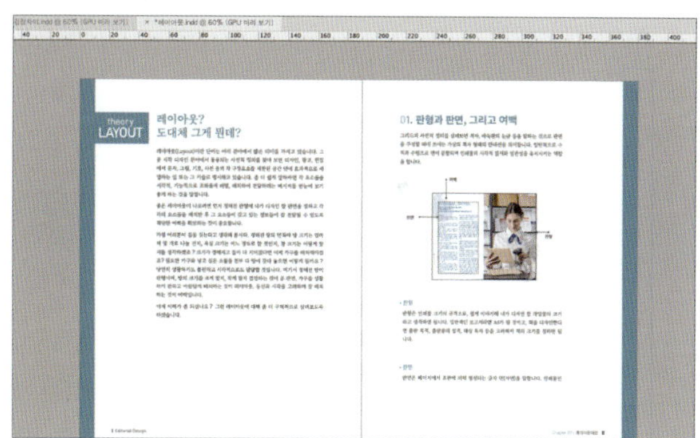

2 작업 창 하단에 빨간 원과 함께 '6개의 오류'가 보입니다. ❶ ∨ 를 클릭하고 ❷ [프리플라이트 패널]을 선택합니다.

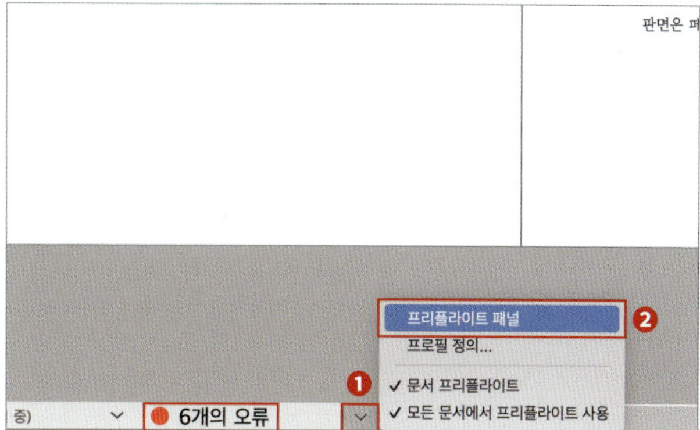

3 프리플라이트 패널이 나타나면 [링크 1], [넘치는 텍스트 1], [누락된 글꼴 4]로 총 6개의 오류가 확인됩니다.

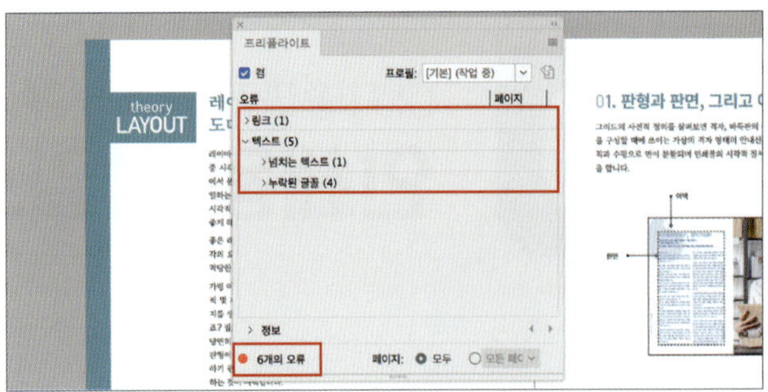

4 ❶ 프리플라이트 패널의 링크 하위에 [레이아웃.pdf]를 더블클릭하면 이미지가 선택됩니다. ❷ 링크 패널에서 빨간색 물음표를 더블클릭하면 [INLESSON09] > [레이아웃.pdf]를 연결합니다.

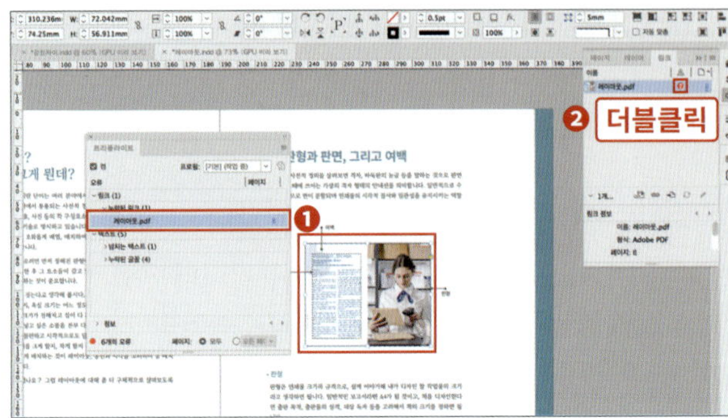

5 프리플라이트 패널에 [링크] 오류가 사라지고 하단 내용이 '5개의 오류'로 변경되었습니다.

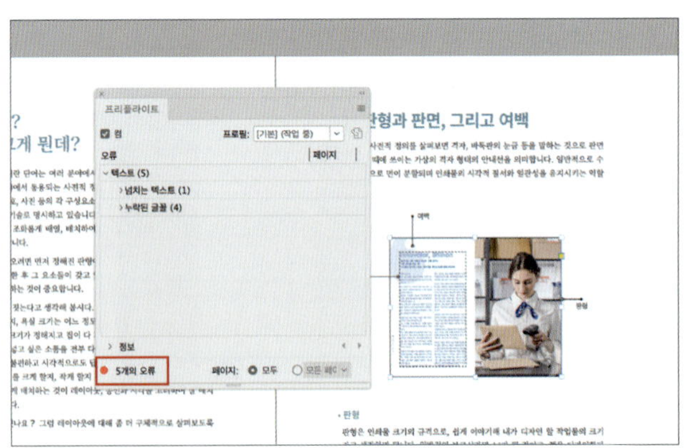

6 같은 방법으로 텍스트 하단, [텍스트 프레임]을 더블클릭하면 텍스트 프레임 오른쪽 하단에 빨간색 + 표시가 나타납니다. 이 표시는 넘치는 텍스트가 있다는 것을 알려 줍니다.

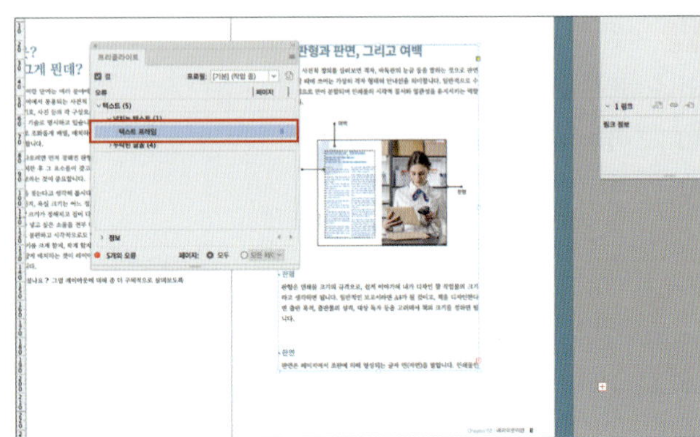

7 텍스트 프레임 하단의 조절점을 아래로 드래그하여 텍스트 프레임을 아래로 내려주면 보이지 않던 텍스트들이 나타납니다. 프리플라이트 패널에 [넘치는 텍스트] 오류 항목이 사라졌습니다.

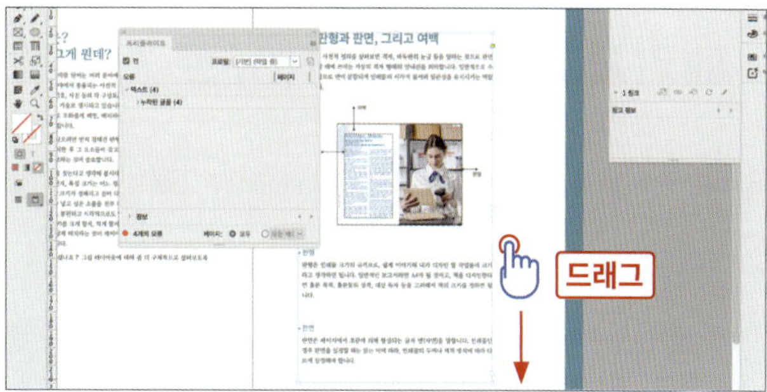

8 텍스트 하단의 [누락된 글꼴]을 더블클릭하면 누락된 글꼴에 검은색 블록이 나타납니다.

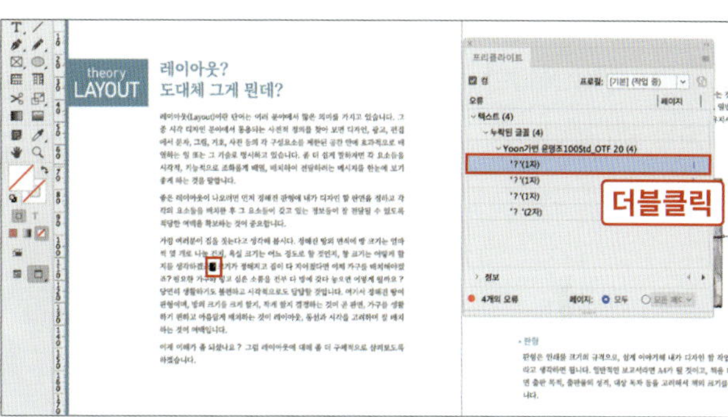

9 상단 문자 옵션 바에서 원하는 폰트를 선택합니다. 예제에서는 [본명조 Light]로 선택하였습니다. 나머지 문자들도 같은 방법으로 변경합니다.

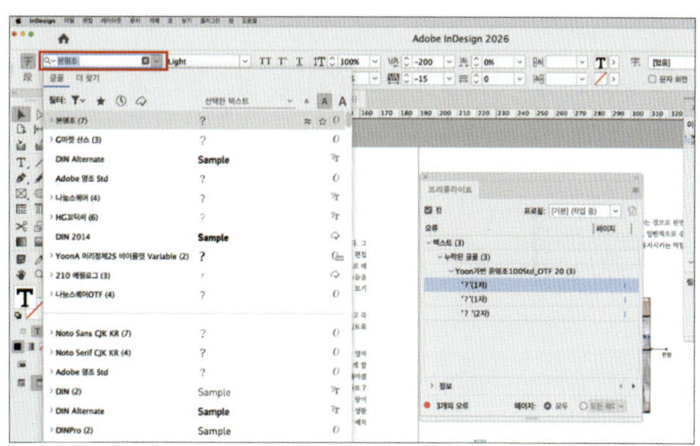

10 작업창 하단의 모든 오류가 사라져 '오류 없음'을 확인할 수 있습니다.

꿀팁!

프리플라이트는 작업을 끝내고 PDF로 저장하기 전에 확인하는 것이 좋습니다.

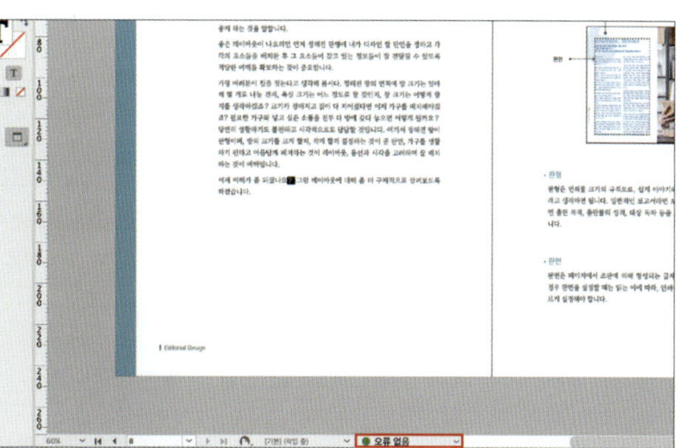

패키지하고 인쇄용 PDF로 저장하기

📁 예제 파일 INLESSON09 > 민주공화국.indd/idml   📁 완성 파일 INLESSON09 > 민주공화국.pdf

인디자인의 패키지 기능은 작업 중인 문서와 관련된 모든 파일(이미지, 폰트, 링크 등)을 하나의 폴더로 모아서 저장하는 기능입니다. PDF로 저장하는 기능은 작업 후 문서를 인쇄용 또는 디지털 배포용으로 저장하는 가장 중요한 기능 중 하나입니다.

1 [INLESSON09] > [민주공화국.indd] 파일을 불러옵니다.

2 메뉴 바에서 [파일] > [패키지]를 클릭합니다.

3 패키지 패널 [요약]을 보면 글꼴과 이미지 색상까지 확인이 가능합니다. 확인이 완료되면 [패키지]를 클릭합니다.

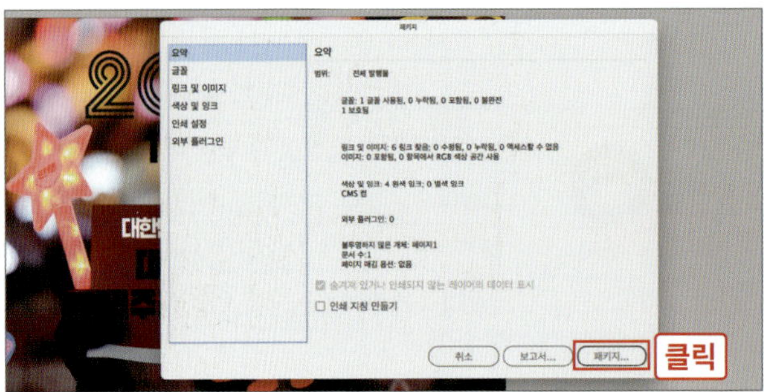

4 ❶ 저장 위치를 선택하고 ❷ [패키지]를 클릭하고 ❸ 팝업 창이 나타나면 [확인]을 클릭합니다.

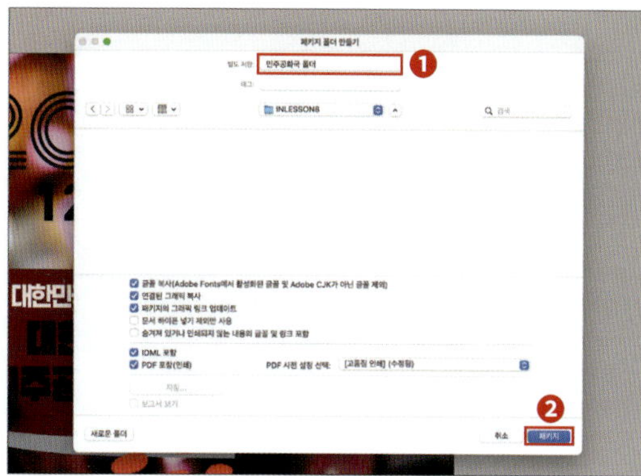 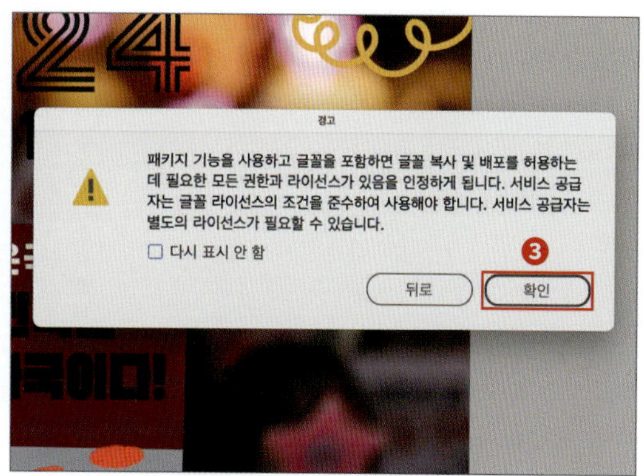

5 패키지한 폴더를 살펴보면 [Document fonts]/[Link]/민주공화국.idml, 민주공화국.indd, 민주공화국.pdf 파일이 있습니다.

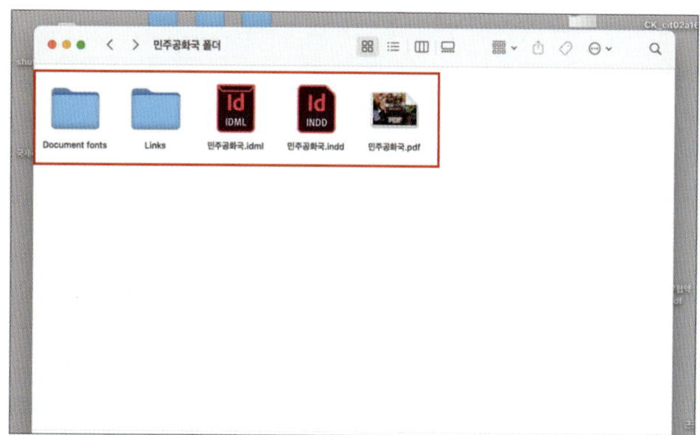

6 또한 [Link] 폴더에는 사용한 이미지들이 들어 있습니다.

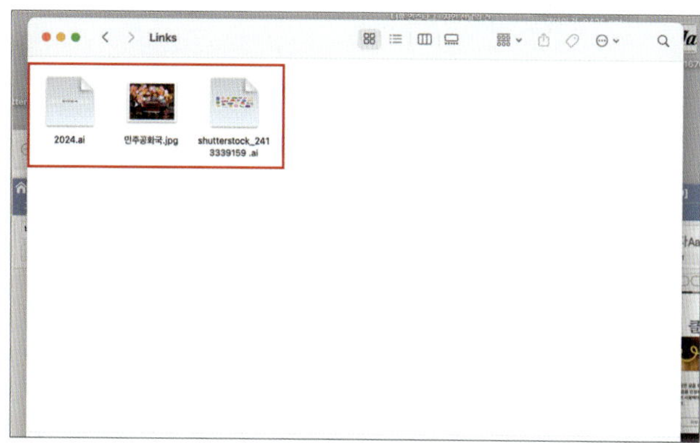

여기서 잠깐 STOP

[Document fonts] 폴더에는 디자인 작업 시 사용한 영문 폰트는 저장되지만, 한글 폰트 또는 어도비 프로그램 자체에서 사용한 '어도비 폰트'는 패키지가 안 됩니다. 한글 폰트는 따로 폴더에 담아 사용하면 됩니다.

또한 패키지로 저장된 PDF 파일은 인쇄용 파일이 아니니 인쇄용 파일은 따로 저장해야 합니다.

7 메뉴 바에서 [파일] > [Adobe PDF 사전 설정] > [고품질 인쇄]를 클릭합니다.

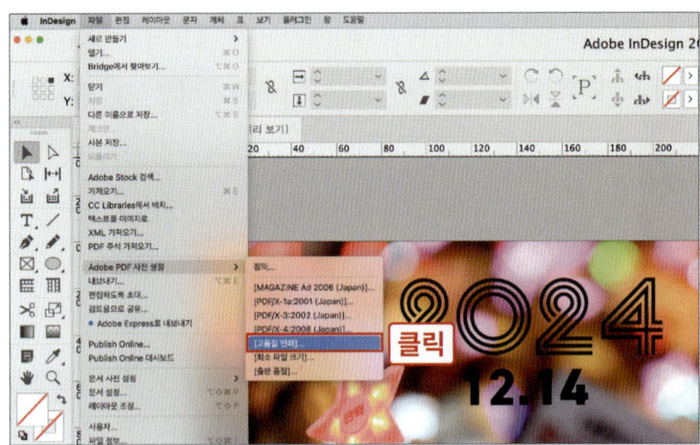

8 ❶ 본인이 원하는 폴더를 선택한 후 ❷ [확인]을 클릭합니다.

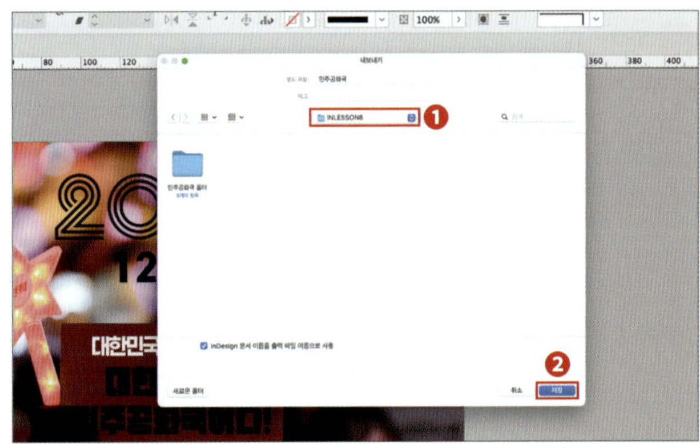

9 ❶ Adobe PDF 내보내기 창에서 [일반]에 [모두]를 선택하고 ❷ 내보내기 형식으로 [페이지]를 선택합니다.

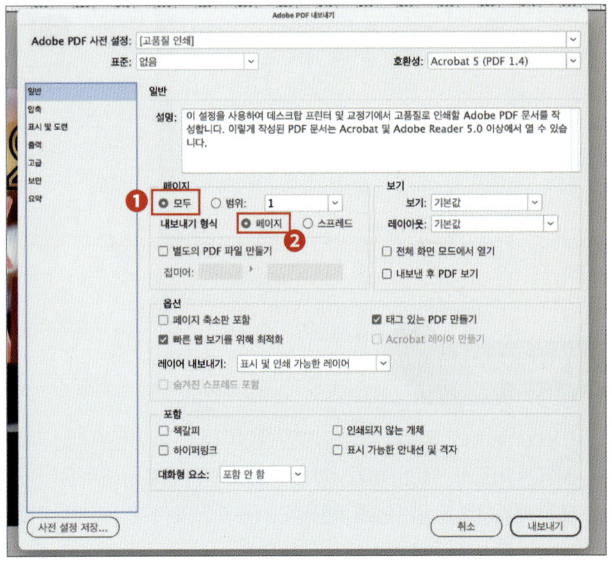

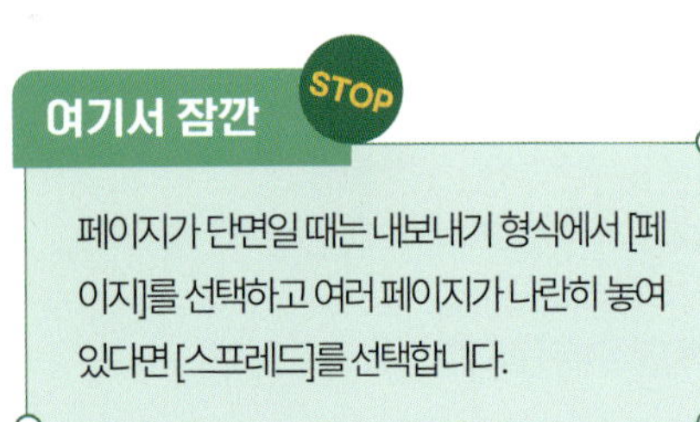

여기서 잠깐 STOP

페이지가 단면일 때는 내보내기 형식에서 [페이지]를 선택하고 여러 페이지가 나란히 놓여 있다면 [스프레드]를 선택합니다.

10 ❶ [표시 및 도련]에서 [모든 프린터 표시]에 체크하고 ❷ [도련 및 인쇄 가능 영역]에 [문서 도련 설정 사용]에 체크한 후 ❸ [내보내기]를 클릭합니다.

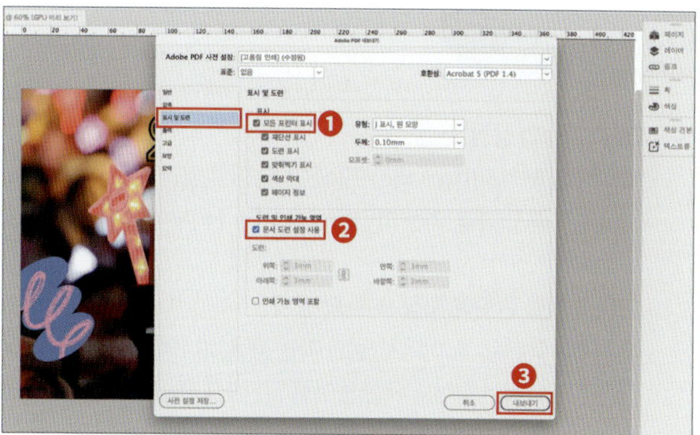

11 저장된 PDF를 확인해 보면 재단선, 도련, 맞춰찍기, 색상 막대, 페이지 정보, 도련, 저장한 날짜와 시간까지 표시됩니다.

🔍 용어 사전

인쇄용 파일에 도련과 맞춰찍기, 색상 막대 등이 어떻게 표시되는지 한 번 더 확인해 보세요.

패키지 기능의 장점

인디자인의 패키지(Package) 기능은 작업한 파일과 관련된 모든 요소(글꼴, 이미지, 링크 등)를 한 폴더에 모아서 저장하는 기능입니다. 이는 파일을 공유하거나 외부에서 작업할 때 매우 유용합니다.

- **모든 파일을 한곳에 저장 → 누락 방지**

  문서에 사용된 글꼴, 이미지, 링크 파일 등을 하나의 폴더에 포함시켜 누락 없이 저장할 수 있습니다.
  다른 컴퓨터에서 열어도 유실 없이 동일한 디자인을 유지할 수 있습니다.

- **외부 협업 및 인쇄소 전달 용이**

  디자이너가 다른 팀원, 클라이언트, 인쇄소와 파일을 공유할 때 필요한 모든 자료가 포함되어 있어 파일 누락 문제를 방지할 수 있습니다. PDF 파일과 함께 원본 파일을 제공해야 할 경우 편리합니다.

- **링크된 이미지 깨짐 방지**

  인디자인은 원본 이미지를 링크(연결)하는 방식이므로, 원본이 없는 경우 이미지를 불러올 수 없거나 품질이 저하될 수 있습니다. 패키지를 사용하면 링크된 이미지가 함께 포함되어 어디서든 깨짐 없이 유지됩니다.

- **폰트 누락 문제 해결**

  작업한 PC와 다른 환경에서 열었을 때 폰트가 없으면 자동으로 대체되거나 오류가 발생할 수 있습니다.
  패키지를 사용하면 사용된 폰트가 함께 저장되어 폰트 누락 문제를 예방할 수 있습니다.

- **파일 관리 용이**

  프로젝트 완료 후 패키지 파일을 보관하면 추후 수정 및 재작업이 편리합니다.
  문서, 이미지, 폰트가 함께 보관되므로 오랜 시간이 지나도 동일한 환경에서 수정 가능합니다.

- **프리플라이트 점검**

  패키지 생성 시 프리플라이트 검사를 통해 잠재적인 문제를 사전에 확인하고 해결할 수 있습니다.

PDF 저장의 주요 용도

PDF는 출력, 공유, 보안, 디지털 문서 저장 등 다양한 용도로 활용되는 범용 포맷입니다.

- **인쇄용 PDF**

  고품질 인쇄를 위한 파일로, 인쇄소에 제출할 때 사용합니다.
  일반적으로 고해상도 이미지와 색상 관리가 필요합니다.

- **웹용 PDF**

  웹에서 배포하거나 이메일 첨부용으로 사용하며, 파일 크기를 줄이기 위해 압축을 적용합니다.

- **인터랙티브 PDF**

  하이퍼링크, 버튼, 애니메이션, 동영상 등을 포함한 인터랙티브한 콘텐츠를 포함하는 PDF로, 웹 또는 디지털 배포에 적합합니다.

컬러 문서를 흑백 PDF로 저장하기

📁 **예제 파일** INLESSON09 > 민주공화국.indd 📁 **완성 파일** INLESSON09 > 민주공화국.pdf, 민주공화국흑백.pdf

컬러 문서를 흑백으로 전환하기는 인디자인에서 컬러 문서를 흑백으로 변환하거나 그레이스케일로 변환할 때 사용되는 과정입니다. 이 작업은 출력 파일이나 인쇄물을 흑백으로 만들거나 컬러 인쇄물에서 비용 절감을 위해 필요한 경우에 유용합니다.

1 [INLESSON09] > [민주공화국.indd] 파일을 불러와 [파일] > [내보내기]를 클릭합니다. 저장 위치를 선택하고 파일명을 '민주공화국흑백.pdf'로 지정합니다.

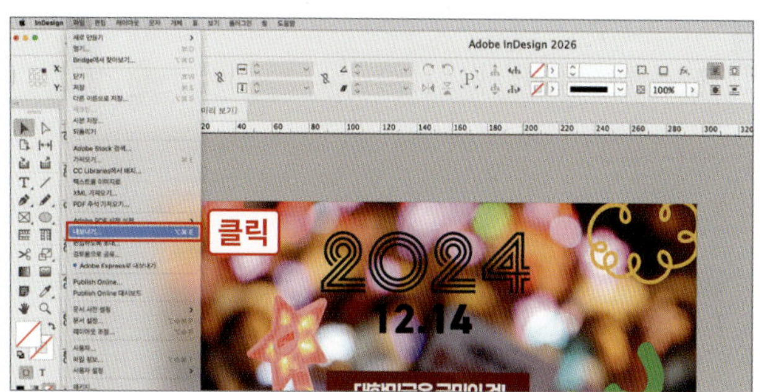

2 Adobe PDF 내보내기 창에서 [출력]을 선택합니다.

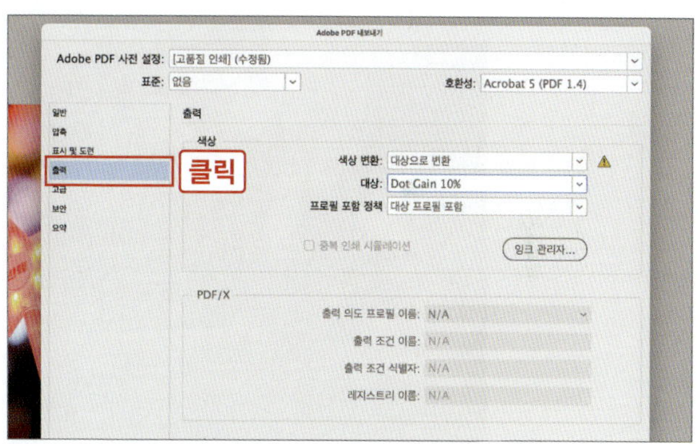

3 색상 변환을 [대상으로 변환]으로 선택합니다.

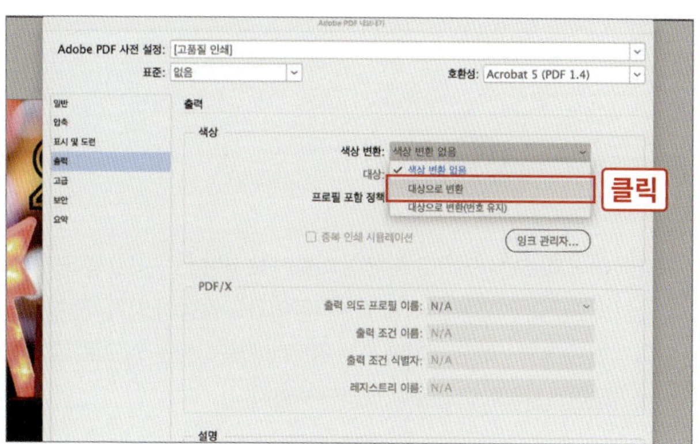

4 ❶ 대상을 [Dot Gain 10%]로 선택한 후 ❷ [내보내기]를 클릭합니다.

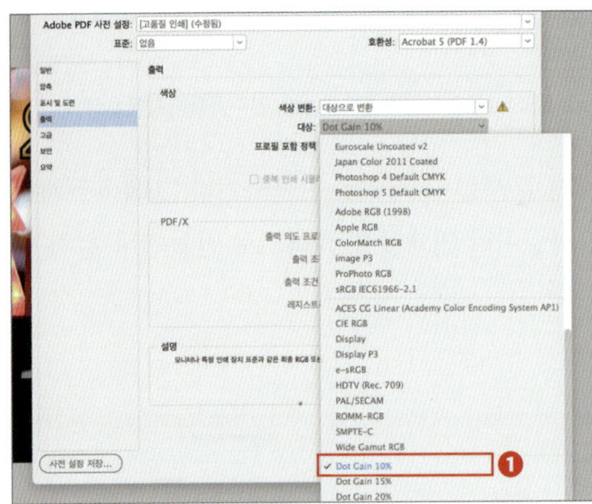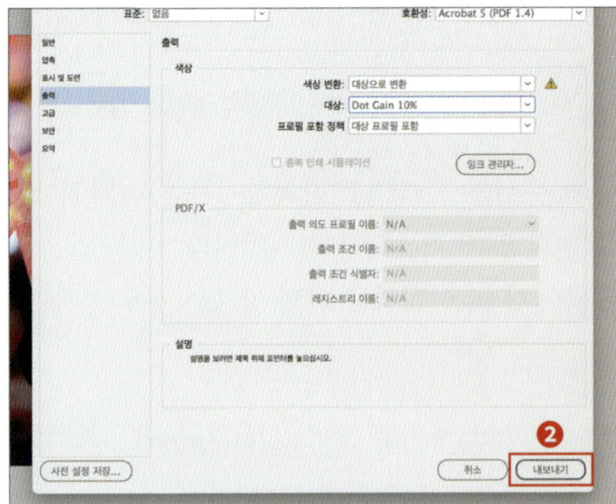

5 저장된 PDF를 확인해 보면 흑백으로 변환된 것을 확인할 수 있습니다.

여기서 잠깐

흑백 이미지로 변환했다고 해서 이 디자인 파일이 1도(단도) 인쇄가 가능하다는 이야기는 아닙니다.

앞서 배웠듯이 검정은 CMYK가 모두 들어가도 검정이 되기 때문입니다.

이 방법은 흑백으로 인쇄해야 하는 경우에 사용하는 방법으로 1도(단도) 인쇄가 필요한 경우는 사진 이미지를 포토샵에서 **그레이스케일로 변경**한 후 작업해야 합니다.

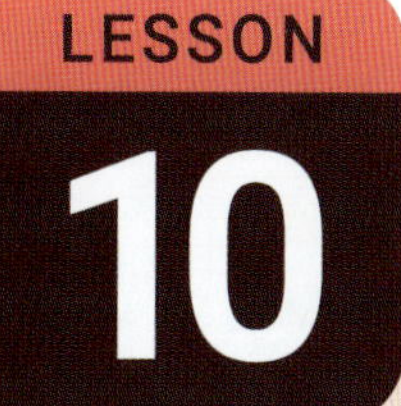

LESSON 10

인쇄를 돋보이게 할
후가공 알아보기

후가공 이미지 만들기

📁 **예제 파일** INLESSON010 > 표지 후가공.indd/idml   📁 **완성 파일** INLESSON010 > 표지후가공 완성.idml

후가공은 인쇄가 완료된 인쇄물에 추가적인 가공 작업을 더해 완성도를 높이는 작업으로 시각적 효과와 실용성, 내구성을 강화하기 위해 진행됩니다.

대표적인 후가공에는 형태를 자르는 도무송, 금·은박 등을 입히는 박 처리, 입체감을 주는 엠보싱, 코팅, 접지, 제본 등이 있습니다.

후가공은 디자인의 고급스러움을 더하고, 실용성과 기능성을 높이는 역할을 하며, 인쇄 전에 이를 고려해 작업 파일을 미리 준비해야 합니다.

이번 예제에서는 여러 가지 후가공 중 표지에서 가장 많이 사용되는 엠보싱에 대해 알아보겠습니다.

용어 사전

엠보싱이란?

인쇄된 종이에 원하는 모양으로
튀어나오도록 눌러서 가공하는 방법입니다.
입체감을 부여해 특별한 느낌을 주며
제품을 고급스럽게 표현할 수 있습니다.

1 [INLESSON10] > [표지 후가공.indd]
파일을 불러옵니다.

2 ❶ [창] > [페이지]의 1~3페이지를 모두 선택한 상태에서 ❷ 페이지 패널 아래 ➕를 클릭해 복사합니다.

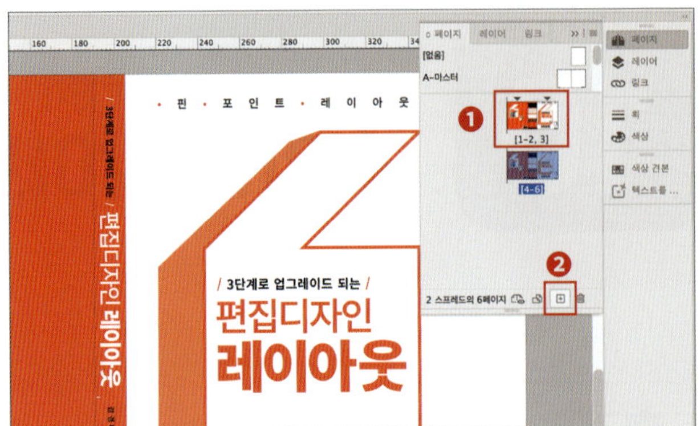

엠보싱 후가공은 인쇄된 이미지와 정확한 위치에 맞춰야 깔끔한 결과를 얻을 수 있습니다. 이를 위해 페이지를 복사한 후, 엠보싱에 필요하지 않은 이미지를 제거하여 작업하면 보다 정밀한 인쇄가 가능합니다.

3 4~6페이지 이미지들 중 엠보싱을 적용할 이미지만 남기고 모두 삭제합니다.

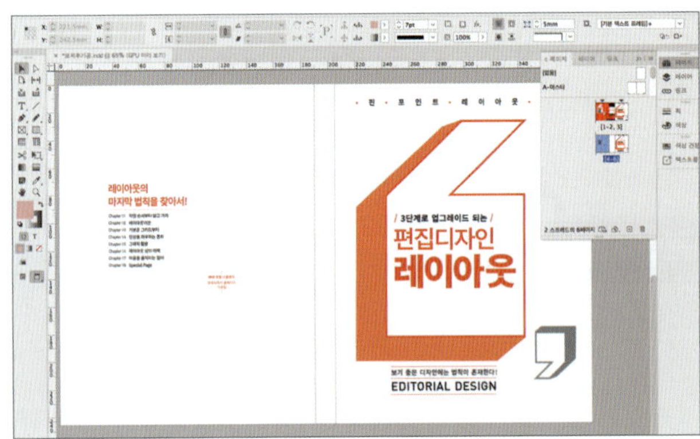

4 ❶ 각 이미지들을 도구 모음의 [선택 도구] ▶ 로 클릭해 ❷ 색상을 [검정], ❸ 색조를 [100]으로 변경합니다.

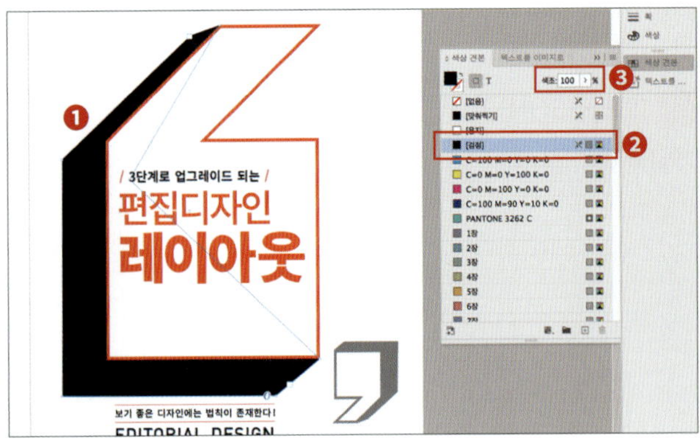

5 엠보싱할 모든 이미지를 검정 100으로 변경하였습니다. 1~3페이지는 4도 인쇄가 되는 페이지, 4~6페이지는 4도 인쇄 후 후가공 판이 되는 페이지입니다.

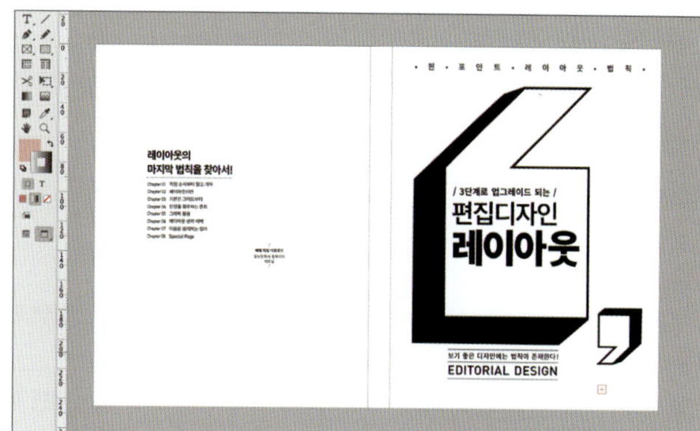

꿀팁!

일러스트레이터에서 후가공 작업 시 레이어를 활용하면 각 요소를 쉽게 구분할 수 있어 작업의 효율성과 정확도가 높아집니다. 특히, 후가공용 레이어는 '엠보싱' 등 명확한 이름으로 지정하면 구분이 쉬워 더욱 효과적입니다.

용어 사전

책 표지를 한층 돋보이게 마무리하기 위해서는 엠보싱 외에도 다양한 후가공 기법을 활용할 수 있습니다. 책표지에 활용되는 대표적인 후가공 기법에 대해 알아보겠습니다.

유광/무광 코팅이란?

오염 방지를 위해 인쇄된 용지 위에 코팅을 해 용지를 보호하는 후가공 방법입니다.

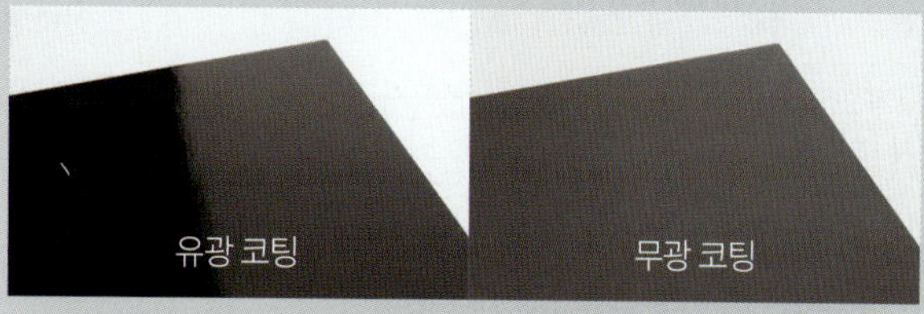

에폭시란?

원하는 부분에 송진 용액을 도포한 후 열처리를 통해 입체적인 돌출 인쇄 효과를 구현합니다. 시각적 강조가 필요한 요소에 특히 유용합니다.

박이란?

인쇄에서 특수한 박 필름을 종이에 열과 압력을 가해 전사하는 기법을 말합니다. 빛의 각도에 따라 색이 달리 보이기 때문에 시선을 사로잡는 포인트를 만들어 줍니다.

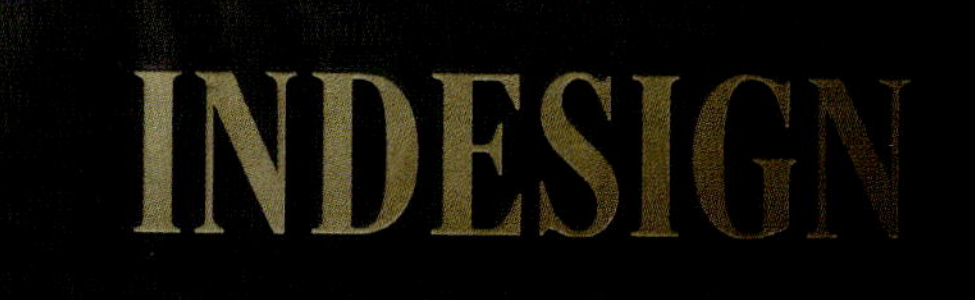

🌐 단축키 ⌄ 작업 속도를 높여 주는 **포토샵 단축키**

새로 만들기	Ctrl / Cmd + N
열기	Ctrl / Cmd + O
인쇄하기	Ctrl / Cmd + P
닫기	Ctrl / Cmd + W
모두 닫기	Ctrl / Cmd + Alt/Option + W
파일 저장	Ctrl / Cmd + S
다른 이름으로 저장	Ctrl / Cmd + Shift + S
웹용으로 저장	Ctrl / Cmd + Alt/Option + Shift + S
내보내기	Ctrl / Cmd + Alt/Option + Shift + W
종료	Ctrl / Cmd + Q
복사	Ctrl / Cmd + C
붙여 넣기	Ctrl / Cmd + V
제자리 붙여 넣기	Ctrl / Cmd + Shift + V
잘라내기	Ctrl / Cmd + X
그룹	Ctrl / Cmd + G
그룹 해제	Ctrl / Cmd + Shift + G
맨 앞으로 보내기	Ctrl / Cmd + Shift +]
맨 뒤로 보내기	Ctrl / Cmd + Shift + [
화면 확대	Ctrl / Cmd + +
화면 축소	Ctrl / Cmd + -
화면 100% 비율	Ctrl / Cmd + 1
화면 꽉 채우기	Ctrl / Cmd + 0
손바닥 도구 전환	Space Bar
실행 취소	Ctrl / Cmd + Z
이전 단계로 돌리기	Ctrl / Cmd + Shift + Z
모두 선택	Ctrl / Cmd + A
선택 해제	Ctrl / Cmd + D
선택 영역 반전	Ctrl / Cmd + Shift + I
모든 레이어 선택	Ctrl / Cmd + Alt/Option + A
문자 크기 키우기	Ctrl / Cmd + Shift + >
문자 크기 줄이기	Ctrl / Cmd + Shift + <
모두 대문자로 바꾸기	Ctrl / Cmd + Shift + K
행간 조정	Alt/Option + ▼/▲
자간 조정	Alt/Option + ◄/►
새 레이어 생성	Ctrl / Cmd + Shift + N
레이어 복사	Ctrl / Cmd + J

레이어 잠그기	Ctrl / Cmd + /
레이어 병합	Ctrl / Cmd + E
모든 레이어 병합	Ctrl / Cmd + Shift + E
패널 숨기기	Tab
눈금자	Ctrl / Cmd + R
이미지 크기 조절	Ctrl / Cmd + Alt/Option + I
캔버스 크기 조절	Ctrl / Cmd + Alt/Option + C
자유 변형	Ctrl / Cmd + T
안내선 잠그기	Ctrl / Cmd + Alt/Option + ;
안내선 보기/숨기기	Ctrl / Cmd + ;
전경색으로 채우기	Alt/Option + Backspace
배경색으로 채우기	Ctrl / Cmd + Backspace
레벨	Ctrl / Cmd + L
곡선	Ctrl / Cmd + M
색조/채도	Ctrl / Cmd + U
픽셀 유동화	Ctrl / Cmd + Shift + X
패스 선택 도구	A
스포이드 도구	I

제거 도구	J
자르기 도구	C
돋보기 도구	Z
도장 도구	S
지우개 도구	E
문자 도구	T
이동 도구	V
펜 도구	P
사각형 선택 도구	M
사각형 도구	U
올가미 도구	L

🌐 단축키 ⌄ 작업 속도를 높여 주는 **일러스트레이터 단축키**

기능	단축키
새로 만들기	Ctrl / Cmd + N
열기	Ctrl / Cmd + O
인쇄하기	Ctrl / Cmd + P
닫기	Ctrl / Cmd + W
모두 닫기	Ctrl / Cmd + Alt/Option + W
파일 저장	Ctrl / Cmd + S
다른 이름으로 저장	Ctrl / Cmd + Shift + S
웹용으로 저장	Ctrl / Cmd + Alt/Option + Shift + S
종료	Ctrl / Cmd + Q
복사	Ctrl / Cmd + C
잘라내기	Ctrl / Cmd + X
붙여 넣기	Ctrl / Cmd + V
앞에 붙여 넣기	Ctrl / Cmd + F
뒤에 붙여 넣기	Ctrl / Cmd + B
제자리 붙여 넣기	Ctrl / Cmd + Shift + V
손바닥 도구 전환	Space Bar
화면 확대	Ctrl / Cmd + +
화면 축소	Ctrl / Cmd + -
그룹	Ctrl / Cmd + G
그룹 해제	Ctrl / Cmd + Shift + G
맨 앞으로 보내기	Ctrl / Cmd + Shift +]
맨 뒤로 보내기	Ctrl / Cmd + Shift + [
오브젝트 잠금	Ctrl / Cmd + 2
오브젝트 잠금 해제	Ctrl / Cmd + Alt/Option + 2
모두 선택	Ctrl / Cmd + A
문자 크기 키우기	Ctrl / Cmd + Shift + >
문자 크기 줄이기	Ctrl / Cmd + Shift + <
클리핑 마스크 생성	Ctrl / Cmd + 7
클리핑 마스크 해제	Ctrl / Cmd + Alt/Option + 7
행간 조정	Alt/Option + ▼/▲
자간 조정	Alt/Option + ◀/▶
아웃라인 따기	Ctrl / Cmd + Shift + O
문자 패널	Ctrl / Cmd + T
윤곽선 보기	Ctrl / Cmd + Y
스마트 가이드	Ctrl / Cmd + U
눈금자	Ctrl / Cmd + R

안내선 숨기기	Ctrl / Cmd + ;	페인트 / 브러시 도구	B
안내선 잠그기	Ctrl / Cmd + Alt/Option + ;	연필 도구	N
격자 표시	Ctrl / Cmd + "	문자 도구	T
한 번 앞으로 보내기	Ctrl / Cmd +]	회전 도구	R
한 번 뒤로 보내기	Ctrl / Cmd + [	반사 도구	O
변형 반복	Ctrl / Cmd + D	그레이디언트 도구	G
아트보드 회전	Shift + H	블랜드 도구	W
아트보드 원위치	Ctrl / Cmd + Shift + 1	크기 조정 도구	S
면/선 색상 바꾸기	Shift + X	사각형 도구	M
블렌드 만들기	Ctrl / Cmd + Alt/Option + B		
패스 연결	Ctrl / Cmd + J		
실행 취소	Ctrl / Cmd + Z		
이전 단계로 돌리기	Ctrl / Cmd + Shift + Z		
선택 도구	V		
직접 선택 도구	A		
펜 도구	P		
선 도구	\		
자동 선택 도구	Y		

🌐 단축키 ˅   작업 속도를 높여 주는 인디자인 단축키

새로 만들기	Ctrl / Cmd + N	손바닥 도구 전환 — Space Bar
열기	Ctrl / Cmd + O	화면 확대 — Ctrl / Cmd + +
인쇄하기	Ctrl / Cmd + P	화면 축소 — Ctrl / Cmd + -
닫기	Ctrl / Cmd + W	내보내기 — Ctrl / Cmd + E
파일 저장	Ctrl / Cmd + S	가져오기 — Ctrl / Cmd + Alt/Option + E
다른 이름으로 저장	Ctrl / Cmd + Shift + S	실행 취소 — Ctrl / Cmd + Z
종료	Ctrl / Cmd + Q	이전 단계로 돌리기 — Ctrl / Cmd + Shift + Z
복사	Ctrl / Cmd + C	면/선 색상 바꾸기 — X
붙여 넣기	Ctrl / Cmd + V	패널 숨기기 — Tab
제자리 붙여 넣기	Ctrl / Cmd + Shift + V	한 번 앞으로 보내기 — Ctrl / Cmd +]
맨 앞으로 보내기	Ctrl / Cmd + Shift +]	한 번 뒤로 보내기 — Ctrl / Cmd + [
맨 뒤로 보내기	Ctrl / Cmd + Shift + [	찾기/바꾸기 — Ctrl / Cmd + F
잘라내기	Ctrl / Cmd + X	행간 조정 — Alt/Option + ▼/▲
그룹	Ctrl / Cmd + G	자간 조정 — Alt/Option + ◀/▶
그룹 해제	Ctrl / Cmd + Shift + G	문자 크기 키우기 — Ctrl / Cmd + Shift + >
화면 100% 비율	Ctrl / Cmd + 1	문자 크기 줄이기 — Ctrl / Cmd + Shift + <
화면 꽉 채우기	Ctrl / Cmd + 0	선택 도구 — V

직접 선택 도구	A
펜 도구	P
연필 도구	N
문자 도구	T
회전 도구	R
도형 도구	M
가위 도구	C
그레이디언트 도구	G

이미지 ∨ 저작권에 문제 없는 **무료 이미지 다운로드**

인터넷에 떠도는 이미지를 저작권 확인 없이 무심코 사용하는 등 이미지 저작권을 함부로 사용하면 법적 문제가 발생할 수 있으며, 저작권자로부터 손해 배상을 청구당할 위험이 있습니다. 또한, 기업이나 개인의 신뢰도가 하락할 수 있고, 무단 사용한 이미지가 포함된 콘텐츠가 삭제되거나 검색 엔진에서 불이익을 받을 수도 있습니다. 유튜브나 블로그 같은 플랫폼에서는 저작권 위반이 반복될 경우 계정이 정지될 가능성도 있습니다. 이러한 문제를 예방하려면 무료 저작권 이미지 사이트를 활용하거나 직접 제작한 이미지를 사용하는 것이 안전합니다.

따라서 소스를 다운로드할 때는 반드시 사용 가능한 범위와 저작권 문제를 꼼꼼히 확인하는 것이 필수적입니다.

대표적인 무료 이미지 사이트로는 Pixel, Unsplash, Pixabay, Freepik, Kaboompics, Reshot 등이 있습니다. 이 중 필자가 주로 사용하는 무료 이미지 사이트를 소개하겠습니다.

픽사베이(pixabay.com)

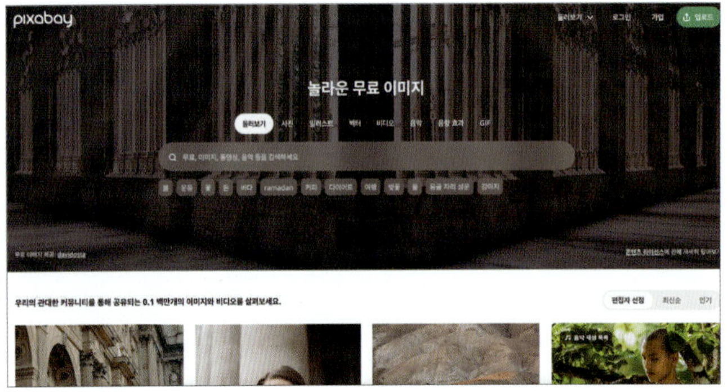

픽사베이(Pixabay)는 무료로 사용할 수 있는 고품질 이미지, 영상, 음악, 일러스트, 벡터 그래픽 등을 제공하는 웹사이트입니다. 픽사베이의 모든 콘텐츠는 크리에이티브 커먼즈(CC0) 라이선스가 적용되어 있어, 저작권 걱정 없이 누구나 자유롭게 다운로드하여 사용할 수 있습니다. 이는 개인용뿐만 아니라 **상업적 용도로도 무료로 사용 가능**하며, **별도의 출처 표기 의무도 없습니다.** 다만, 일부 사진에 등장하는 사람이나 브랜드 로고가 포함된 경우, 초상권이나 상표권 등의 법적 문제가 발생할 수 있으므로 주의가 필요합니다.

또한, 키워드 입력만으로 원하는 이미지를 쉽게 찾을 수 있으며 카테고리별로 다양한 콘텐츠를 제공, 해상도 선택 기능도 있어 프로젝트에 맞는 적절한 파일 크기를 다운로드할 수 있습니다. 사용자들은 직접 창작한 콘텐츠를 업로드하여 공유할 수도 있습니다.

프리픽(freepik.com)

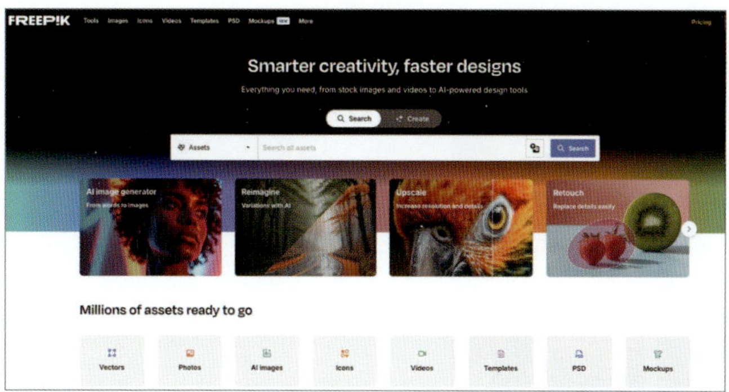

프리픽(Freepik)은 고품질의 벡터 이미지, 사진, PSD 파일, 아이콘 등을 제공하는 디자인 리소스 플랫폼입니다. 그래픽 디자이너, 마케터, 콘텐츠 제작자 등이 다양한 프로젝트에서 활용할 수 있도록 수백만 개의 무료 및 프리미엄 콘텐츠를 제공합니다.

무료 사용자의 경우 출처를 표기하면 리소스를 다운로드하여 사용할 수 있으며, 프리미엄 회원은 더 많은 콘텐츠를 출처 표기 없이 이용할 수 있습니다. 또한, 프리픽은 자체적으로 제작한 디자인뿐만 아니라, 전 세계 크리에이터들이 업로드한 자료도 제공하여 방대한 라이브러리를 갖추고 있습니다.

웹사이트는 직관적인 검색 기능과 다양한 카테고리를 제공하며, 포토샵(PSD) 파일을 포함한 편집 가능한 디자인 리소스도 지원하여 창작자들에게 유용한 도구가 되고 있습니다.

무료 이미지의 경우 **하루 다운로드 제한 수는 10회**입니다.

저작자 크레딧을 하지 않고 다운로드 횟수 제한 없이 사용하고 싶다면 프리미엄 구독 후 사용하면 됩니다.

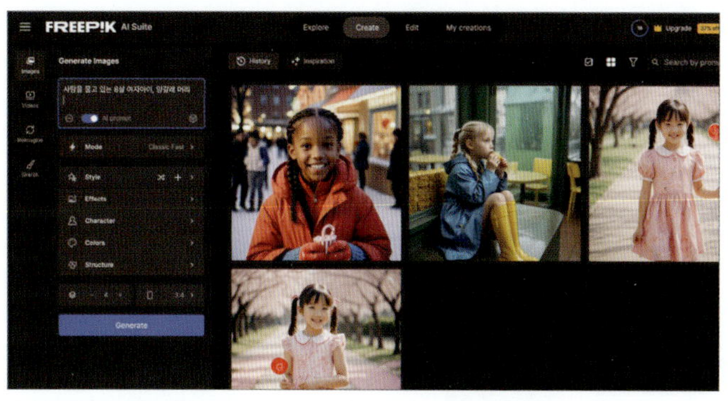

프리픽 AI Suite

- 텍스트를 입력해 이미지 생성
- 입력어 한 번에 4개의 이미지 지원

프리픽 사이트의 장점으로는 **AI 이미지 생성 기능**이 있다는 점입니다. 텍스트로 이미지를 생성할 수 있는 기능으로, 원하는 이미지를 만들고 싶을 때에 유용하게 활용할 수 있습니다. 고화질로 다운로드가 가능하나, 이 또한 **상업적 이용 시 저작자 크레딧을 명시**해야 합니다.

어도비 스톡(stock.adobe.com)

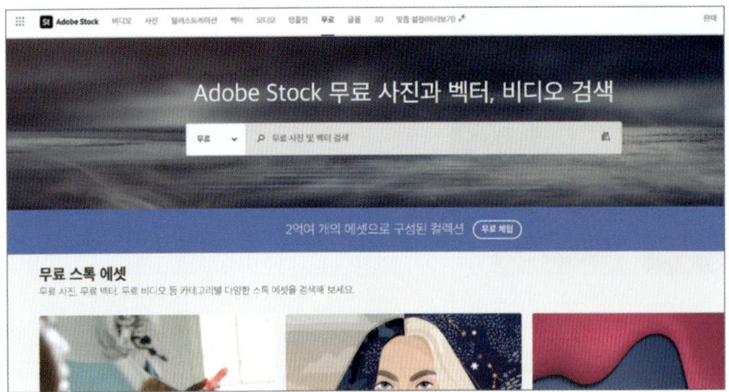

어도비 스톡(Adobe Stock)은 어도비에서 제공하는 고품질의 스톡 이미지, 벡터, 동영상, 오디오, 3D 자산 등을 제공하는 유료 콘텐츠 라이브러리입니다. 이 플랫폼은 디자인, 마케팅, 광고, 영상 제작 등 다양한 분야에서 활용할 수 있는 방대한 자료를 제공하며, 포토샵(Photoshop), 일러스트레이터(Illustrator) 등 어도비의 창작 프로그램들과 원활하게 연동되어 있어 사용자가 콘텐츠를 직접 검색하고, 편집하고, 프로젝트에 즉시 적용할 수 있습니다.

어도비 스톡은 전문가들이 제공하는 고해상도 자료를 제공하며, 상업적 용도로도 안전하게 사용할 수 있도록 각 콘텐츠에 적절한 라이선스가 포함되어 있습니다. 또한, 어도비 스톡은 사용자의 요구를 충족시키기 위해 다양한 스타일과 주제의 콘텐츠를 지속적으로 업데이트하며, AI 기반의 지능형 검색 기능을 통해 사용자가 원하는 이미지를 빠르고 정확하게 찾을 수 있도록 지원합니다.

어도비 스톡의 **콘텐츠 다운로드 횟수는 3회로, 유료 이미지는 이미지 10개를 다운받을 수 있는 체험판**이 존재합니다.

유료 이미지를 사용하고 싶을 때엔 **미리보기 다운로드 기능**을 사용해 작업물에 이미지를 얹혀보고 10장을 선별해 다운로드 후 이용해 보세요!

(미리보기 다운로드 시 이미지에 ADOBE STOCK 워터마크가 나타납니다.)

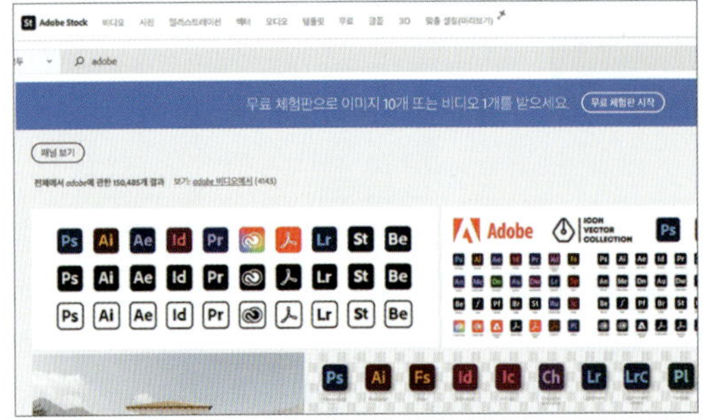

어도비 유료 이미지 다운로드 페이지

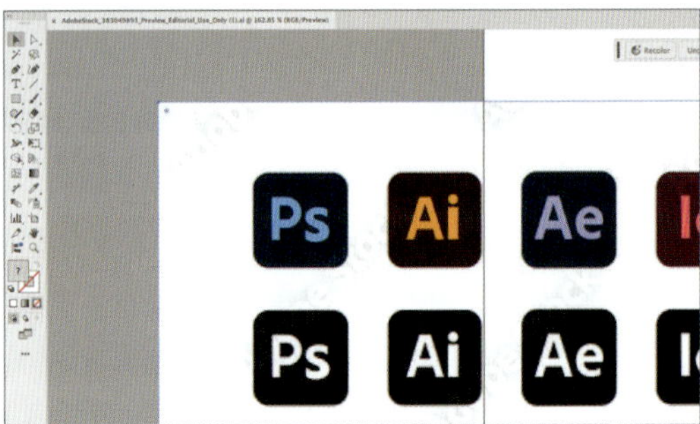

이미지 미리보기로 저장했을 시

어도비 파이어플라이(adobe.com/kr/products/firefly)

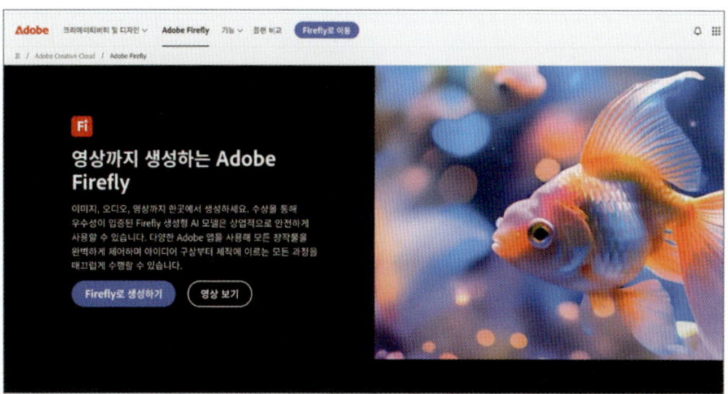

어도비 파이어플라이(Adobe Firefly)는 어도비의 생성형 AI 기반 디자인 툴로, 사용자가 텍스트 프롬프트를 입력하면 자동으로 고품질의 이미지, 일러스트, 벡터, 3D 자산 등을 생성해 주는 플랫폼입니다. 이미지 생성뿐 아니라 기존 콘텐츠의 스타일을 변경하거나 이미지 내 특정 요소를 수정하는 등 다양한 창작 작업을 지원하며, 특히 디자이너, 마케터, 콘텐츠 제작자에게 유용하여 창작 과정을 단축시키고 창의적인 아이디어를 더 쉽게 실현할 수 있게 도와줍니다.

최근 어도비는 **파이어플라이와 어도비 익스프레스에 구글 제미나이 2.5 플래시 이미지(Gemini 2.5 Flash Image) 모델을 탑재**해, 텍스트-이미지 변환 기능과 파이어플라이 보드(베타), 어도비 익스프레스에서의 이미지 생성 등 다양한 영역에 적용하고 있습니다. 이를 통해 사용자는 더 빠르고 정교한 이미지 생성과 편집을 경험할 수 있으며, 소셜 콘텐츠 제작부터 광고 캠페인용 에셋 제작까지 한 번에 처리할 수 있는 워크플로우를 구축할 수 있습니다.

어도비 파이어플라이에서 생성된 이미지는 모두 상업적으로 사용 가능합니다.

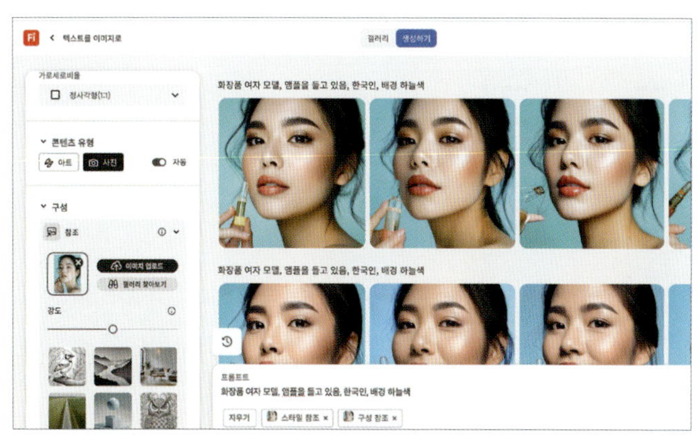

어도비 파이어플라이는 사용자가 텍스트로 설명을 제공하면, 이를 바탕으로 이미지를 생성합니다. 예를 들어, '앰풀을 들고 있는 여자'와 같은 간단한 텍스트를 입력하면 AI가 이를 바탕으로 이미지를 생성해 줍니다. 텍스트가 구체적일수록 고품질의 이미지를 생성해냅니다.

🅣 폰트 ⌄　저작권에 문제 없는 **무료 폰트 다운로드**

저작권이 있는 폰트를 무단으로 사용할 경우, 저작권 침해로 법적 문제가 발생할 수 있습니다. 폰트는 디자인 저작물로 간주되며, 이를 상업적 또는 개인적 용도로 사용하려면 해당 폰트의 라이선스를 구입하거나 허락을 받아야 합니다. 무단 사용 시 저작권자는 손해배상 청구나 법적 소송을 진행할 수 있으며, 이에 따라 금전적 손실이 발생할 수 있습니다. 따라서 폰트를 사용할 때는 반드시 라이선스 조건을 확인하고, 적법한 방법으로 사용해야 합니다.

디자인에서 정보 전달과 가독성을 높이기 위해서는 다양한 폰트를 활용하는 것이 필수적입니다. 폰트는 이미지만큼이나 작업의 퀄리티에 큰 영향을 미치는 중요한 요소이므로, 상업적 용도로 사용할 수 있는 무료 폰트를 충분히 확보해 두는 것이 중요합니다.

상업적으로 이용이 가능한 한글 폰트를 찾는다면 눈누와 공유마당 등의 사이트를 활용, 영문 폰트를 찾는다면 Dafont가 대표적인 무료 사이트라고 할 수 있습니다. 어도비 클라우드를 사용하고 있다면 어도비 폰트(fonts.adobe.com/?locale=ko)를 적극 활용하여 여러분의 작업 퀄리티를 향상시키길 바랍니다.

눈누(noonnu.cc)

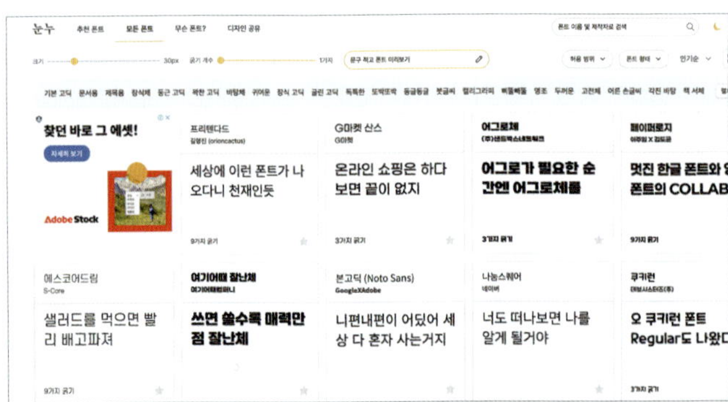

눈누(noonnu)는 무료로 사용할 수 있는 다양한 한글 폰트를 제공하는 웹사이트입니다. 이 사이트는 상업적 용도로도 사용할 수 있는 폰트를 제공하며, 사용자가 필요한 폰트를 쉽게 찾고 다운로드할 수 있도록 직관적인 검색 기능을 제공합니다.

사이트에서 제공하는 폰트는 **무료로 다운로드하여 사용**할 수 있습니다. 각 폰트는 **사용 라이선스가 명시**되어 있어, 개인 및 상업적 용도에 따라 사용할 수 있는지 확인할 수 있습니다.

눈누는 모던, 빈티지, 서체 디자인 등 다양한 스타일의 폰트를 제공합니다. 또한, 굵기나 크기 등도 다양하게 조정할 수 있는 폰트들이 많아, 프로젝트에 적합한 폰트를 쉽게 찾을 수 있습니다.

다폰트(dafont.com)

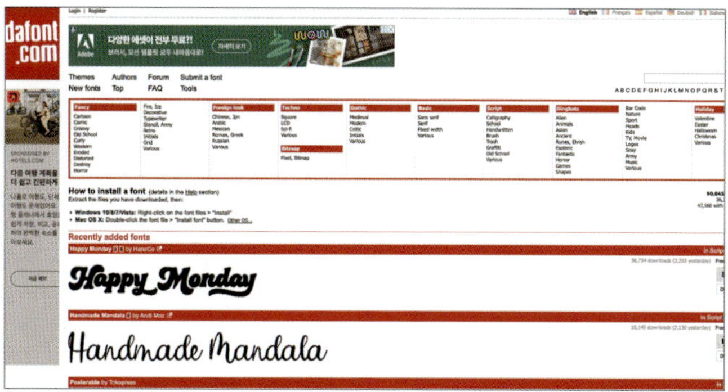

다폰트는 다양한 **영문 폰트를 제공하는 사이트**로, 수천 개의 폰트를 제공하며, 폰트가 카테고리별로 나누어져 있어 원하는 스타일의 폰트를 쉽게 찾을 수 있습니다.

또한, 미리보기 기능을 통해 원하는 폰트를 다운로드하기 전에 텍스트가 어떻게 보일지 확인할 수 있어 디자인에 맞는 최적의 폰트를 쉽게 선택할 수 있습니다.

다운로드한 폰트는 **상업적 용도에 따라 홈페이지에서 라이선스를 확인**해야 합니다.

어도비 폰트(fonts.adobe.com)

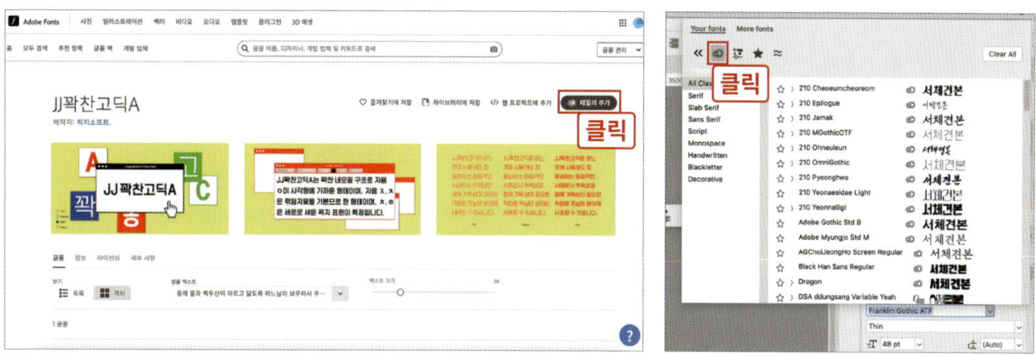

어도비 폰트(Adobe Fonts)는 어도비의 고품질 폰트 라이브러리로, 다양한 스타일과 언어의 폰트를 제공하는 서비스입니다. 이 서비스는 Adobe Creative Cloud에 통합되어 있어 포토샵, 일러스트레이터, 인디자인 등 어도비의 프로그램과 원활하게 연동되어 사용자가 폰트를 쉽게 적용하고 관리할 수 있습니다. 어도비 폰트는 상업적 용도로도 자유롭게 사용할 수 있는 라이선스가 포함되어 있어, 디자인 작업에 안전하게 활용할 수 있습니다. 또한, 클라우드 기반으로 제공되어, 폰트를 다운로드하지 않고도 다양한 디바이스에서 직접 사용할 수 있는 편리함을 제공합니다.

폰트 패널에서 ⬿를 클릭하면 어도비 폰트만 모아서 볼 수 있습니다.

찾아보기

찾아보기